▶ 金税四期下

企业税务管理与纳税筹划

项国 翟继光 ◎ 编著

基本制度、发票管理、纳税申报
税务处理、案例分析

- **发票管理**（账簿凭证管理、发票管理、增值税发票管理）
- **纳税申报**（纳税申报通用管理制度、增值税纳税申报管理、企业所得税纳税申报管理、个人所得税纳税申报管理）
- **税务处理**（金税四期个人所得税纳税筹划、金税四期企业所得税纳税筹划、增值税筹划）
- **案例解析**（精选40个典型税收筹划案例,50个疑难问题解答）

图书在版编目（CIP）数据

企业税务管理与纳税筹划 / 项国，翟继光编著 . --
上海：立信会计出版社，2023.9
ISBN 978-7-5429-7432-7

Ⅰ.①企… Ⅱ.①项…②翟… Ⅲ.①企业管理—税
收管理—研究—中国②企业管理—税收筹划—研究—中国
Ⅳ.① F812.423

中国版本图书馆 CIP 数据核字（2023）第 175713 号

责任编辑　毕芸芸

企业税务管理与纳税筹划
QIYE SHUIWU GUANLI YU NASHUI CHOUHUA

出版发行	立信会计出版社		
地　　址	上海市中山西路 2230 号	邮政编码	200235
电　　话	（021）64411389	传　　真	（021）64411325
网　　址	www.lixinaph.com	电子邮箱	lixinaph2019@126.com
网上书店	http：//lixin.jd.com		http：//lxkjcbs.tmall.com
经　　销	各地新华书店		

印　　刷	北京鑫海金澳胶印有限公司
开　　本	710 毫米 ×1000 毫米　1/16
印　　张	30
字　　数	571 千字
版　　次	2023 年 9 月第 1 版
印　　次	2023 年 9 月第 1 次
书　　号	ISBN 978-7-5429-7432-7/F
定　　价	90.00 元

如有印订差错，请与本社联系调换

前言

金税工程，是吸收国际先进经验，运用高科技手段并结合我国增值税管理实际设计的高科技管理系统。1994年2月1日，时任国务院副总理朱镕基同志指示要尽快实施以加强增值税管理为主要目标的"金税"工程，由此拉开了金税工程一期建设。2000年8月31日，国家税务总局向国务院汇报金税工程二期的建设方案并得到批准。从2005年开始，为实现"业务一体化、技术一体化、系统一体化"，国家税务总局决定实施金税工程三期建设。2019年3月1日，金税工程三期（并库版）上线。2020年11月13日，金税工程四期的采购公告发布，正式开启了金税工程四期建设。为帮助广大纳税人和税务人员了解我国金税工程建设的进程以及现行税收征管制度，我们编写了《企业税务管理与纳税筹划》一书。

全书分为九章。第一章为金税四期建设进程，包括四节，分别介绍金税工程一期建设、二期建设、三期建设以及四期建设。第二章为税务登记管理及案例分析，包括三节，分别介绍税务登记基本制度、税务登记制度改革以及税务登记典型案例分析。第三章为账簿凭证管理及案例分析，包括四节，分别介绍账簿凭证管理一般制度、发票管理制度、增值税发票管理制度以及账簿凭证管理典型案例分析。第四章为纳税申报管理及案例分析，包括五节，分别介绍纳税申报通用管理制度、增值税纳税申报管理、企业所得税纳税申报管理、个人所得税纳税申报管理以及纳税申报管理典型案例分析。第五章为税款缴纳管理及案例分析，包括四节，分别介绍税款缴纳管理通用制度、纳税担保制度、纳税信用管理制度以及税款缴纳管理典型案例分析。第六章为税务稽查管理及案例分析，包括四节，分别介绍税务稽查管理基本制度、税务稽查程序制度、税务稽查随机抽查制度以及税务稽查典型案例分析。第七章为金税四期个人所得税筹划，包括四节，分别介绍工资薪金所得、其他综合所得、个人经营所得及个人财产转让所得的纳税筹划。第八章为金税四期企业所得税筹划，包括三节，分别介绍企业设立决策、企业经营决策以及企业投资决策所得税筹划。第九章为金税四期增值税筹划，包括三节，分别介绍利用增值税纳税人身份、增值税简易计税以及增值税税收优惠进行筹划。

在金税四期背景下，企业试图通过做假账、虚开发票、隐瞒收入等违法方式减轻税收负担已经不可能有藏身之处，被税务机关查处是迟早的事。企业要想节税，必须通过合法的纳税筹划方式进行。本书精选了涉及个人所得税、企业所得税和增值税的40个典型纳税筹划案例供企业选用。这些筹划方案都是具有较大适用范围且合法合理的，可以帮助广大纳税人在合法合理的前提下减轻自己的税收负担。本书还精选了国家税务总局网站上对纳税人咨询的50个疑难问题的解答，供广大纳税人在遇到类似问题时予以参考。

本书适宜广大企事业单位的财务人员了解金税工程的征管措施，进而实现本单位财务、税务管理的合法、合规，本书也适宜作为广大税务机关了解现行征管制度并向纳税人宣传征管制度的科普教材。本书所依据的法律法规有效期截至2023年8月31日。

作者

2023年9月1日

目录

第一章 金税四期建设进程 ………001

第一节 金税工程一期建设 ………001
第二节 金税工程二期建设 ………022
第三节 金税工程三期建设 ………034
第四节 金税工程四期建设 ………066

第二章 税务登记管理及案例分析 ………102

第一节 税务登记基本制度 ………102
第二节 税务登记制度改革 ………110
第三节 税务登记典型案例分析 ………122

第三章 账簿凭证管理及案例分析 ………149

第一节 账簿凭证管理一般制度 ………149
第二节 发票管理制度 ………158
第三节 增值税发票管理制度 ………180
第四节 账簿凭证管理典型案例分析 ………213

第四章　纳税申报管理及案例分析 ………………………… 243

第一节　纳税申报通用管理制度 ……………………………… 243
第二节　增值税纳税申报管理 ………………………………… 249
第三节　企业所得税纳税申报管理 …………………………… 260
第四节　个人所得税纳税申报管理 …………………………… 263
第五节　纳税申报管理典型案例分析 ………………………… 286

第五章　税款缴纳管理及案例分析 ………………………… 305

第一节　税款缴纳管理通用制度 ……………………………… 305
第二节　纳税担保制度 ………………………………………… 317
第三节　纳税信用管理制度 …………………………………… 324
第四节　税款缴纳管理典型案例分析 ………………………… 342

第六章　税务稽查管理及案例分析 ………………………… 366

第一节　税务稽查管理基本制度 ……………………………… 366
第二节　税务稽查程序制度 …………………………………… 371
第三节　税务稽查随机抽查制度 ……………………………… 393
第四节　税务稽查典型案例分析 ……………………………… 405

第七章　金税四期个人所得税筹划 ………………………… 427

第一节　工资薪金所得的纳税筹划 …………………………… 427
第二节　其他综合所得的纳税筹划 …………………………… 437
第三节　个人经营所得的纳税筹划 …………………………… 443
第四节　个人财产转让所得的纳税筹划 ……………………… 446

第八章　金税四期企业所得税筹划 …… 454

第一节　企业设立决策所得税筹划 …… 454
第二节　企业经营决策所得税筹划 …… 457
第三节　企业投资决策所得税筹划 …… 460

第九章　金税四期增值税筹划 …… 464

第一节　利用增值税纳税人身份进行筹划 …… 464
第二节　利用增值税简易计税进行筹划 …… 467
第三节　利用增值税税收优惠进行筹划 …… 469

第一章 金税四期建设进程

> **导读**
>
> 本章介绍金税四期建设进程,包括四节,分别介绍金税工程一期建设、金税工程二期建设、金税工程三期建设以及金税工程四期建设。

第一节 金税工程一期建设

一、金税工程概述

(一)金税工程的含义

金税工程,是吸收国际先进经验,运用高科技手段并结合我国增值税管理实际设计的高科技管理系统。该系统由一个网络、四个子系统构成。一个网络是指国家税务总局(简称"税务总局"或"总局")与省、地、县级国家税务局(简称"国税局")四级计算机网络;四个子系统是指增值税防伪税控开票子系统、防伪税控认证子系统、增值税稽核子系统和发票协查子系统。金税工程实际上就是利用覆盖全国税务机关的计算机网络对增值税专用发票和企业增值税纳税状况进行严密监控的一个体系。

(二)金税工程的背景

1994年,我国的工商税收制度进行了重大改革。这次税制改革的核心内容是建立以增值税为主体的流转税制度。增值税从税制本身来看,它易于公平税负,便于征收管理。但新税制出台以后,由于税务机关当时还比较缺乏对纳税人使用增值税专用发票进行监控的有效手段,一些不法分子就趁此机会利用伪造、倒卖、盗窃、虚开增值税专用发票等手段进行偷、逃、骗国家税款的违法犯罪活动,有的还相当猖獗,严重干扰了国家的税收秩序和经济秩序。对此,国家除了进一步集中社会各方面力量,加强管理,开展打击伪造、倒卖、盗窃发票违法犯罪专项斗争,坚决维护新税制的正常运行,还决定引入现代化技术手段加强对增值税的监控管理。

1994年2月1日,时任国务院副总理朱镕基同志在听取了电子工业部[①]、航天工业总公司、财政部、国家税务总局等单位的汇报后,指示要尽快实施以加强增值税管理为主要目标的"金税"工程。为了组织实施这项工程,成立了跨部门的国家税控系统建设协调领导小组,下设"金税"工程办公室,具体负责组织、协调系统建设工作。1994年3月底,"金税"工程试点工作正式启动。

(三)金税工程的立项

1995年5月,根据朱镕基副总理金税工程要积极稳妥地向前推进的指示精神,进一步明确了金税工程包括的内容,即增值税计算机稽核系统、防伪税控系统和税控收款机系统,同时要抓好这三个系统的紧密衔接。1997年12月,在全国税务工作会议上,李鹏总理、朱镕基副总理再次强调,要用现代科技武装税务部门。国家税务总局项怀诚副局长在这次会议结束时的讲话中,把金税工程列为1998年税务系统的一项重要工作。1998年年初,财政部同意拨资金15.75亿元(包括一期试点工程的1.25亿元)用于金税工程的建设,其中,13.5亿元用于增值税稽核系统的建设,1亿元用于防伪税控系统和税控收款机的推广。1998年6月8日,金税工程项目建议书经国务院批准,原国家计划委员会同意立项。

(四)金税工程的构成

金税工程由一个网络,四个子系统组成,即覆盖全国国税系统的,区县局、地市局、省局到总局的四级广域网络;四个子系统分别为增值税防伪税控开票子系统、防伪税控认证子系统、增值税稽核子系统、发票协查子系统。

国家税务局系统整体管理呈四级分层结构,即国家税务总局;省、自治区、计划单列市国税局;地市级国税局;区县级国税局。总体来看,国税系统具有机构分布广、层次多的特点。网络设计遵循层次化设计的总体原则,将整个金税网络进行垂直分层(按照管理模式)和水平分割(按照地域),从而将大型网络面临的复杂问题分解到多个层次相对简单的网络中去解决。这样既有利于简化网络的管理,其结构又符合整体业务流程。金税网络在垂直方向按照功能划分成骨干层、分布层、接入层三个层次,在水平方向上按照地域划分成各个省、自治区、计划单列市内部的网络(简称"省内网络")。各个省内网络在地位上都是平等的,它们向上连接国家税务总局,内部包括省级国税局、地市级国税局、区县级国税局这四级机构。从垂直方向看,整个网络分为骨干层、分布层、接入层这三个层次。

[①] 1998年3月,根据第九届全国人民代表大会第一次会议通过的《国务院机构改革方案》,撤销电子工业部,其原有职能由中华人民共和国信息产业部执行。2008年3月15日,根据第十一届全国人民代表大会第一次会议通过的《国务院机构改革方案》,组建工业和信息化部,信息产业部原有职能划入工业和信息化部。

第一章　金税四期建设进程

增值税防伪税控开票子系统是运用数字密码和电子信息存储技术，通过强化增值税专用发票的防伪功能，监控企业的销售收入，解决销项发票信息真实性问题的计算机管理系统。

税务机关利用增值税防伪税控认证子系统，对增值税一般纳税人申请抵扣的增值税发票抵扣联进行解密还原认证。经认证无误的，才能作为纳税人合法的抵扣凭证。凡是不能通过认证子系统的发票一律不能抵扣。

为了保证发票信息的准确性，销项发票信息由防伪税控开票子系统自动生成，并由企业向税务机关进行电子申报；进项发票数据通过税务机关认证子系统自动生成。进项销项发票信息采集完毕后，通过计算机网络将抵扣联和存根联进行比对。目前稽核的方法采取三级交叉稽核，即本地市发票就地交叉稽核，跨地市发票上传省级税务机关交叉稽核，跨省发票上传总局进行交叉稽核。今后将在税收规模较大、发票流量较多的区县增设稽核系统，实现四级稽核的管理模式。

发票协查子系统是对有疑问的和已证实虚开的增值税发票案件协查信息。认证子系统和稽核子系统发现有问题的发票，发票协查子系统协查结果信息，通过税务系统计算机网络逐级传递，总局通过这一系统对协查工作实现组织、监控和管理。

增值税防伪税控系统的推行情况如下：

（1）2001年将增值税防伪税控系统推行到所有开具万元以上销售额增值税专用发票企业。自2002年1月1日起，所有增值税一般纳税人必须通过增值税防伪税控系统开具销售额在万元以上的专用发票，同时全国统一废止手写万元版专用发票。自2002年4月1日起，万元版手工发票一律不得作为增值税扣税凭证。

（2）2002年完成增值税防伪税控系统的全面推行工作。自2003年1月1日起，所有增值税一般纳税人必须通过增值税防伪税控系统开具专用发票，同时全国将统一废止手写版专用发票。自2003年4月1日起，手写版专用发票一律不得作为增值税的扣税凭证。

二、金税工程网络建设工作

根据《国家税务总局关于做好金税工程网络建设各项准备工作的通知》（2000年7月28日发布）的规定，按照金税工程网络建设实施方案，整个工程建设分为线路申请、环境准备、设备到货验收与分发、人员培训、安装调试、工程验收6项任务，为了保证22个省区金税工程网络建设项目的顺利实施，按期保质完成任务，各地应按照以下要求认真做好各项准备工作。

（一）建立组织机构，加强组织管理

为了确保网络建设项目的顺利实施，各地国税局应成立金税工程网络建

设项目领导小组和工程实施小组，具体负责本省区网络建设项目的组织、实施和协调。按照实施计划，总局要求集成商自签订合同之日起4个月内完成网络集成任务，各地应严格按照总局部署，结合当地实际情况，在时间紧、任务重的情况下，积极配合，抓紧工作，各项工作均应安排专人负责，以确保工程实施进度。为了保证责任落实到人，各地在接到通知后应将组织机构和工程实施队伍的建立情况上报总局（信息中心）。

（二）建立工程实施队伍，积极配合工程实施

为了配合集成商进行工程实施，同时也为了提高税务系统技术人员的技术水平，锻炼队伍，各省区应选拔本系统内（包括省区局、地市局和区县局）技术水平较高、事业心较强、能吃苦耐劳的技术人员（每个县以上单位至少1人）组建工程实施队伍。工程实施人员应在线路申请、环境准备以及设备安装调试等环节中配合集成商完成本单位的工程实施任务，并做好工程实施日志。网络投入运行后税务系统工程实施人员应承担本系统的网络运行管理工作。

（三）加强与电信部门的联系，做好线路申请准备工作

广域网通信线路的申请工作是整个工程的关键环节，直接影响工程进度，该项工作进展依赖各地电信部门的配合。为了保证线路申请工作的顺利进行，各地国税局应主动与当地电信部门联系，了解线路申请程序和有关电信网络知识，根据线路需求情况，与电信部门协商接入方案。总局与中国电信集团公司协商有关线路申请事宜，以加强线路申请工作力度。

（四）认真统计网络现状，合理处理现有网络设备

从各地上报的统计材料看，部分省市的广域网已经先期建设了一部分，购买了部分网络设备。为了保证各种网络资源的合理配置与利用，同时不与总局统一实施的网络建设项目冲突，各地应对自己广域网建设现状进行认真统计，包括各种网络设备的装备情况、通信线路情况、IP地址的划分、基本广域网的应用情况等。各地应如实反映，并对现有网络设备提出安排意见及方案。

（五）做好机房环境准备，保证设备安装调试

在工程实施之前，各地应对本省区内所有网络节点的机房情况（机房环境温度及湿度、电源配备、机房整体接地、综合布线等）进行详细核查，检查机房的避雷设施是否完好。在核查过程中，各项指标可参照《税务系统新建和改造计算机场地的暂行规定》（国税发〔1997〕069号）的有关规定，将核查情况上报总局（信息中心）。

核查过程中如发现机房环境不符合要求，各地应抓紧采取措施对机房进行改造，确保设备到货之后的安装调试。

（六）世行项目试点城市应做好衔接工作

各地世行项目试点单位应参照网络设备招标采购目录所列本次配置的网络设备，结合广域网建设现状，对照世行已配置的设备情况，为避免重复投资，可提出设备调整意见。调整意见应上报总局（信息中心），以便在商务谈判时统一解决。

三、金税工程运行环境

根据《国家税务总局关于明确金税工程运行环境等有关问题的通知》（国税函〔2000〕894号）的规定，为确保金税工程建设和运行工作的顺利实施，国家税务总局将有关金税工程运行环境等有关问题明确如下。

（一）第一批9省市系统运行环境及培训

除总局统一采购的计算机类设备外，其余计算机类设备均由各地自行解决。为防伪税控系统专用设备（包括扫描仪）配套的微机由各地自行安排。

第一批9省市培训由总局统一安排，各地具体组织，厂商和软件开发商提供师资和培训资料。

（二）第一批9省市软件安装

地市以上税务机关的稽核服务器的操作系统（AIX IRIX或UNIXWARE）由厂商（联想公司、中软公司、SCO公司）安装，联想、中软公司的安装工作即将完成，请各地注意验收；SCO公司已经提前在DELL服务器上安装了SCOUNIXWARE操作系统，SCO厂商已经给各地发货，请各地及时验货，并验收安装的操作系统。ORA－CLE数据库由总局统一购买，请各地及时验货，Oracle数据库由长城公司负责安装。

区县级税务机关的稽核／协查服务器和地市以上税务机关的协查服务器的操作系统（WINDOWS2000），由各地信息中心技术人员负责安装。WINDOWS2000产品由厂商负责发货到省局，请各地及时验货。协查系统与稽核系统共用一台服务器。

前端工作站的操作系统（WINDOWS95/98）和应用软件由各地自行安装。

服务器端应用软件由长城公司在2000年11月中旬至12月中旬安装。地市以上税务机关服务器由长城公司上门安装，区县级税务机关的服务器由各市集中到一个地点，由长城公司统一安装。

（三）第二批22省区的运行环境、培训及安装

第二批22省区的运行环境、培训及安装参照上述要求进行，具体事项另

行通知。第二批22省区地市以上稽核设备、数据库由总局统一招标购买，于2000年年底启动；区县级稽核设备与通信服务器为同一台设备，已由总局购买并下发各地，其操作系统WINDOWS2000已由总局购买Licence许可，厂商已经发货，请各地及时验货，并交由网络集成商负责安装调试。除总局统一采购的计算机类设备外，其余计算机类设备均由各地自行解决。

（四）其他事项

为保证协查子系统与其他子系统同时运行，总局要求各级稽查局原则上要与隶属的各级税务机关同址办公，由于客观原因，目前难以合署办公的，总局已要求第一批9省市的区县国税局所辖稽查局应于2000年10月底前以专线方式与区县国税局连通网络；第二批22省区区县国税局所辖稽查局，应于2001年1月底前以拨号或其他方式与区县级国税局连通。

请各地按照总局统一规划，配合做好上述工作，由总局统一配备的硬件和软件请各地组织验货和验收，并在验货清单和验收表上签字。第一批9省市的自配设备要求在2000年11月20日前配备到位，并于11月底前就所有设备到位情况向总局提交正式报告。第二批22省区的自配设备要求在2001年3月底前配备到位，以保证金税工程按时完成。

四、金税工程技术管理部门岗位职责及管理

根据《金税工程技术管理部门岗位职责及管理办法（试行）》（国税发〔2001〕45号印发）的规定，为保证金税工程的顺利实施，各级技术管理部门应做好金税工程各个系统的日常运行的维护工作，保障网络畅通以及日常数据处理和传输工作。根据金税工程有关工作规程，结合金税工程工作的实际，国家税务总局特制定金税工程技术管理岗位职责及管理办法如下。

（一）金税工程技术管理岗位职责

各级金税工程技术管理岗位实行一岗多职兼顾其他，要合理分工，岗职衔接，便于管理和考核，不同岗位不能由同一个人承担。

1.区县级技术管理部门有关岗位职责

区县级技术管理部门下设金税工程技术管理岗位和企业发行管理岗位，定员2人，主要职责如下。

1）技术管理岗位职责

（1）负责组织本级"报税系统""认证系统""稽核系统"（推行CTAIS系统的单位为CTAIS软件中的稽核子系统）、"协查系统"软硬件日常运行的维护工作（包括税务机构的代码维护工作）。

（2）负责本级金税工程网络的管理，确保金税网络畅通。

（3）运用稽核系统将业务部门采集的有关数据上传至上一级国家税务局

信息中心,并打印数据传输报告;推行CTAIS的单位运用CTAIS软件中的稽核子系统将采集的有关数据上传上一级国家税务局信息中心。

(4)运用稽核系统提取上级国家税务局的发票比对结果等数据,并打印数据传输报告;推行CTAIS的单位运用CTAIS软件中的稽核子系统提取上级国家税务局的发票比对结果等数据。

(5)对本级稽核数据库和协查数据库进行管理、维护,按时对数据库中的数据进行备份。

(6)对稽核和协查系统运行过程中出现的技术问题随时进行记录和总结,影响系统正常运行的重大技术问题,应及时向上级国家税务局信息中心报告。

(7)严禁擅自修改、删除、泄露经增值税管理部门采集、接收并审核后数据以及稽核结果;严禁擅自修改、删除、泄露稽查局经协查系统传递的协查信息(包括委托发出、受托收到、受托回复、委托收到及协查统计监控各个环节的协查信息)。

(8)严禁擅自打开系统数据库修改、删除数据。

(9)加强对超级用户和全程用户的管理,严禁擅自为无关人员设置系统操作权限。

2)企业发行管理岗位职责

(1)负责运行防伪税控企业发行子系统,凭区县税务机关签署审批的《防伪税控企业认定登记表》第三联所列的相关信息,对纳入防伪税控系统管理的企业发行"开票金税卡""税控IC卡"。

(2)负责运行防伪税控企业发行子系统,凭区县税务机关为企业办理的变更认定手续,完成防伪税控企业相关认定信息的变更工作。

(3)对本级系统进行维护以及日常的数据备份,防伪税控各系统使用过程中出现的技术问题,应填制《防伪税控系统故障登记表》报上级税务机关,重大问题及时上报。

(4)负责本级企业发行子系统专用设备(企业发行金税卡、授权IC卡)的保管工作。发生丢失、被盗的,应立即报公安机关侦破追缴,并报上级税务机关。

(5)严禁在无区县税务机关签署审批的《防伪税控企业认定登记表》或签署审批手续不全的情况下,运行企业发行子系统发行"开票金税卡""税控IC卡"。

(6)严禁擅自更改区县税务机关签署审批的《防伪税控企业认定登记表》中内容,运行企业发行子系统对纳入防伪税控管理的企业发行"开票金税卡""税控IC卡"。

(7)严禁在无变更认定登记手续或手续不全的情况下,变更防伪税控企业的相关认定信息。

(8)防伪税控企业的"开票金税卡"或"税控IC卡"出现故障,需重新发行或更换发行时，必须在服务单位出具相关的故障说明以及处理意见，并经本级增值税管理部门审批同意后，方可运行企业发行子系统重新发行或更换发行。

（9）防伪税控企业发行子系统的操作员密码必须严格保密，严禁随意泄露，一旦发生泄露必须立即修改。

（10）严禁擅自修改、删除企业发行子系统中的有关数据。

（11）严禁执行企业发行子系统的发票发售操作。

2.区县级金税工程技术管理岗位例行工作

区县级国家税务局技术管理部门于每月15日前将下列数据上传上一级国家税务局：

（1）发票存根联数据。

（2）《增值税专用发票存根联采集情况统计表》。

（3）发票抵扣联数据。

（4）《增值税发票专用抵扣联认证采集情况统计表》。

（5）一般纳税人档案变更情况数据。

（6）失控发票数据。

打印《向上级发送数据工作报告》。

区县级国家税务局技术管理部门于每月24日前从上一级国家税务局提取下列数据：

（1）相符发票数据。

（2）不符发票数据。

（3）缺联发票数据。

（4）抵扣联重号发票数据。

（5）属于失控发票数据。

（6）属于作废发票数据。

（7）红字缺联发票数据。

打印《从上级接收数据工作报告》。

区县级国家税务局技术管理部门于每月月底前打印本月发行记录，交主管领导审核签字后存档。

3.地市级技术管理部门岗位职责

地市级技术管理部门下设金税工程技术管理岗位和税务发行管理岗位，定员为2人，主要职责如下。

1）技术管理岗位职责

（1）负责组织本级"稽核系统"（推行CTAIS系统的单位为CTAIS软件中的稽核子系统）、"协查系统"软硬件的日常运行的维护工作（包括税务机构的代码维护工作），并组织指导所辖区县级技术管理部门的相关技术工作。

（2）负责本级金税工程网络的管理，确保金税网络畅通。

（3）运用稽核系统接收所辖各区县级局上传的发票稽核有关数据，并打印数据传输报告；推行CTAIS系统的单位运用CTAIS软件中的稽核子系统接收所辖各区县级局上传的发票稽核有关数据；督促所辖区县级国家税务局及时报送有关数据。

（4）运用稽核系统将当月发票抵扣联数据与全国失控、作废发票数据库比对；对发票存根联数据、抵扣联数据清分，对本地发票数据进行比对，并打印数据处理报告；推行CTAIS系统的单位运用CTAIS软件中的稽核子系统进行清分、比对。

（5）运用稽核系统将有关的数据上传至上一级国家税务局，打印数据传输报告；推行CTAIS系统的单位运用CTAIS软件中的稽核子系统将有关的数据形成文本文件传至安装在本级的"稽核系统与CTAIS通讯软件"，通过该通讯软件上传至上一级国家税务局。

（6）运用稽核系统提取上级国家税务局的发票比对结果等数据，打印数据传输报告；推行CTAIS系统的单位运用"稽核系统与CTAIS通讯软件"提取上级国家税务的发票比对结果等数据到本级国家税务局信息中心，通过该通讯软件将有关数据形成文本文件传至CTAIS系统。

（7）运用稽核系统为所辖区县级国家税务局准备本级和上级的发票比对结果，打印数据传输报告；推行CTAIS系统的单位运用CTAIS软件中的稽核子系统为区县级国家税务局准备本级和上级的发票比对结果。

（8）对本级稽核数据库和协查数据库进行管理、维护，将数据库中的数据进行备份。

（9）对稽核和协查系统运行过程中出现的技术问题随时进行记录和总结，影响系统正常运行的重大技术问题，应及时向上一级国家税务局信息中心报告。

（10）对区县级技术管理部门的金税工程数据传递、数据备份及系统维护等工作进行管理和考核。

（11）严禁擅自修改、删除、泄露经增值税管理部门接收并审核后数据以及稽核结果；严禁擅自修改、删除、泄漏稽查局经协查系统传递的协查信息（包括委托发出、受托收到、受托回复、委托收到及协查统计监控各个环节的协查信息）。

（12）严禁擅自打开系统数据库修改、删除数据。

（13）加强对超级用户和全程用户的管理，严禁擅自为无关人员设置系统操作权限。

2）税务发行岗位职责

（1）负责运用防伪税控税务发行子系统，凭本级增值税管理部门审批的手续，向下级国家税务局发行"企业发行、发售金税卡""报税、认证金税卡""授权IC卡"。

（2）对本级系统进行维护以及日常的数据备份，收集整理下级税务机关上报的《防伪税控系统故障登记表》，整理防伪税控各系统使用过程中出现的技术问题，填制《防伪税控系统故障登记表》报上级税务机关，重大问题及时上报。

（3）负责本级税务发行子系统专用设备（税务发行金税卡、授权IC卡）的保管工作。发生丢失、被盗的，应立即报公安机关侦破追缴，并报上级税务机关。

（4）严禁在无本级增值税管理部门审批手续或审批手续不全的情况下，运行税务发行子系统，向下级国家税务局发行"企业发行、发售金税卡""报税、认证金税卡""授权IC卡"。

（5）下级国家税务局的"企业发行、发售金税卡""报税、认证金税卡""授权IC卡"出现故障，需重新发行或更换发行时，必须经本级增值税管理部门审批同意后，方可运行税务发行子系统重新发行或更换发行。

（6）防伪税控税务发行子系统的操作员密码必须严格保密，严禁随意泄露，一旦发生泄露必须立即修改。

（7）严禁擅自修改、删除税务发行子系统中的有关数据。

4.地市级金税工程技术管理岗位例行工作

每月16日前检查下级国家税务局的数据上报情况，对尚未报送的，及时催报；将下级上报的数据提入本级数据库，进行如下处理：

（1）将当月发票抵扣联数据与全市失控、作废发票数据库比对。

（2）清分本、异地发票数据，对本地发票进行比对。

打印《从下级接收数据工作报告》《发票清分工作报告》《发票比对工作报告》《失控作废发票比对工作报告》。

每月17日前，将下列数据报上级国家税务局信息中心（其中推行CTAIS的单位，将数据转换成法规格式的文本文件，通过"稽核系统与CTAIS通讯软件"上传到上级国家税务局信息中心）：

（1）异地发票存根联数据。

（2）《增值税专用发票存根联采集情况统计表》。

（3）异地发票抵扣联数据。

（4）《增值税专用发票抵扣联认证采集情况统计表》。

（5）《增值税专用发票本级比对情况统计表》。

（6）一般纳税人档案变更情况数据。

（7）失控发票数据。

（8）《上月协查结果返回统计表》。

打印《向上级发送数据工作报告》。

地市级国家税务局技术管理部门于每月23日前从上级国家税务局提取并

第一章 金税四期建设进程

为下级国家税务局准备下列数据（其中推行CTAIS的单位，通过"稽核系统与CTAIS通讯软件"将下列数据接收到本级国家税务局信息中心，并转换成法规格式的文本文件，传递到CTAIS软件的稽核子系统中）：

（1）相符发票数据。
（2）不符发票数据。
（3）缺联发票数据。
（4）抵扣联重号发票数据。
（5）属于失控发票数据。
（6）属于作废发票数据。
（7）红字缺联发票数据。

打印《从上级接收数据工作报告》《向下级发送数据工作报告》。

地市级国家税务局技术管理部门于每月月底前打印本月发行记录，交主管领导审核签字后存档。

5. 省级技术管理部门岗位职责

省级技术管理部门下设金税工程技术管理岗位和税务发行岗位，定员为2人，主要职责如下。

1）技术管理岗位职责

（1）负责组织本级"稽核系统""协查系统"软硬件的日常运行维护工作（包括税务机构的代码维护工作），并组织、指导各下级技术管理部门的相关技术工作。

（2）负责本级金税工程网络的管理，确保金税网络畅通。

（3）运用稽核系统接收各下级国家税务局报送的发票稽核有关数据，打印数据传输报告；督促下级国家税务局及时报送有关数据。

（4）运用稽核系统将直属征收机关报送的当月发票抵扣联数据与全国失控、作废发票数据库比对；对发票存根联数据、抵扣联数据进行清分，对本地发票进行比对，打印数据处理报告。

（5）运用稽核系统将有关的数据上传总局信息中心，打印数据传输报告。

（6）运用稽核系统提取总局的发票比对结果等数据，打印数据传输报告。

（7）运用稽核系统为各下级国家税务局准备相关的数据，并打印数据传输报告。

（8）对本级稽核系统和协查系统的数据库进行管理、维护，将数据库中的数据进行备份。

（9）对系统运行过程中出现的技术问题随时进行记录和总结，影响系统正常运行的重大技术问题，应及时向总局信息中心报告。

（10）对下级技术管理部门的金税工程数据传递、数据备份及系统维护等工作进行管理和考核。

（11）严禁擅自修改、删除、泄露经增值税管理部门接收并审核后数据以及稽核结果；严禁擅自修改、删除、泄漏稽查局经协查系统传递的协查信息（包括委托发出、受托收到、受托回复、委托收到及协查统计监控各个环节的协查信息）。

（12）严禁擅自打开系统数据库修改、删除数据。

（13）加强对超级用户和全程用户的管理，严禁擅自为无关人员设置系统操作权限。

2）税务发行岗位职责

（1）负责运用防伪税控税务发行子系统，凭本级增值税管理部门审批的手续，向下级国家税务局发行"税务发行金税卡""授权IC卡"。

（2）对本级系统进行维护以及日常的数据备份，收集整理下级税务机关上报的《防伪税控系统故障登记表》，整理防伪税控各系统使用过程中出现的技术问题，填制《防伪税控系统故障登记表》报上级税务机关，重大问题及时上报。

（3）负责本级税务发行子系统专用设备（税务发行金税卡、授权IC卡）的保管工作。发生丢失、被盗的，应立即报公安机关侦破追缴，并报上级税务机关。

（4）严禁在无本级增值税管理部门审批手续或审批手续不全的情况下，运行税务发行子系统，向下级国家税务局发行"税务发行金税卡""授权IC卡"。

（5）下级国家税务局的"税务发行金税卡""授权IC卡"出现故障，需重新发行或更换发行时，必须经本级增值税管理部门审批同意后，方可运行税务发行子系统重新发行或更换发行。

（6）防伪税控税务发行子系统的操作员密码必须严格保密，严禁随意泄露，一旦发生泄露必须立即修改。

（7）严禁擅自修改、删除税务发行子系统中的有关数据。

6.省级金税工程技术管理岗位例行工作

每月18日前检查下级国家税务局的数据上报情况，对尚未报送的，及时催报；将下级上报的数据提入本地数据库，进行如下处理：

（1）将当月发票抵扣联数据与全省失控、作废发票数据库比对。

（2）清分本、异地发票数据。

（3）对本地发票进行比对。

打印《从下级接收数据工作报告》《发票清分工作报告》《发票比对工作报告》《失控作废发票比对工作报告》。

每月19日前，将下列数据报总局信息中心：

（1）异地发票存根联数据。

（2）《增值税专用发票存根联采集情况统计表》。

（3）异地发票抵扣联数据。

（4）《增值税专用发票抵扣联认证采集情况统计表》。
（5）《增值税专用发票本级比对情况统计表》。
（6）一般纳税人档案变更情况数据。
（7）失控发票数据。
（8）《上月协查结果返回统计表》。

打印《向上级发送数据工作报告》。

省级税务局技术管理部门于每月22日前从总局提取并为下级国家税务局准备下列数据：

（1）相符发票。
（2）不符发票数据。
（3）缺联发票数据。
（4）抵扣联重号发票数据。
（5）属于失控发票数据。
（6）属于作废发票数据。
（7）红字缺联票数据。

打印《从上级接收数据工作报告》《向下级发送数据工作报告》。

省级税务局技术管理部门于每月月底前打印本月发行记录，交主管领导审核签字后存档。

7.总局信息中心岗位职责

总局信息中心下设金税工程技术管理岗位和税务发行岗位，定员为2～3人，主要职责如下。

1）技术管理岗位职责

（1）负责组织本级"稽核系统""协查系统"日常运行维护工作（包括税务机构的代码维护工作），并组织、指导各省技术管理部门的相关技术工作。

（2）负责金税工程网络的管理，确保金税网络畅通。

（3）运用稽核系统接收各省报送的发票稽核有关数据，打印数据传输报告；督促省级税务局及时报送有关数据。

（4）对全国跨省发票数据进行清分、比对，打印数据处理报告。

（5）为各省级税务局准备总局的发票比对结果等数据，打印数据传输报告。

（6）对本级稽核系统和协查系统的数据库进行管理、维护，将数据库中的数据进行备份。

（7）对省级技术管理部门的金税工程数据传递、数据备份及系统维护等工作进行管理和考核。

（8）严禁擅自修改、删除、泄露经增值税管理部门接收并审核后数据以及稽核结果；严禁擅自修改、删除、泄漏稽查局经协查系统传递的协查信息（包括委托发出、受托收到、受托回复、委托收到及协查统计监控各个环节的协查信息）。

（9）严禁擅自打开系统数据库修改、删除数据。

（10）加强对超级用户和全程用户的管理，严禁擅自为无关人员设置系统操作权限。

2）税务发行岗位职责

（1）负责运用防伪税控税务发行子系统，凭本级增值税管理部门审批的手续，向下级国家税务局发行"税务发行金税卡""授权IC卡"。

（2）对本级系统进行维护以及日常的数据备份，收集整理下级税务机关上报的《防伪税控系统故障登记表》。

（3）按照密码安全性的要求，适时统一布置更换系统密钥。

（4）负责本级税务发行子系统专用设备（税务发行金税卡、授权IC卡）的保管工作。发生丢失、被盗的，应立即报公安机关侦破追缴。

（5）严禁在无本级增值税管理部门审批手续或审批手续不全的情况下，运行税务发行子系统，向下级国家税务局发行"税务发行金税卡""授权IC卡"。

（6）下级国家税务局的"税务发行金税卡""授权IC卡"出现故障，需重新发行或更换发行时，必须经本级增值税管理部门审批同意后，方可运行税务发行子系统重新发行或更换发行。

（7）严禁随意泄露系统的密钥。

（8）防伪税控税务发行子系统的操作员密码必须严格保密，严禁随意泄露，一旦发生泄露必须立即修改。

（9）严禁擅自修改、删除税务发行子系统中的有关数据。

8.总局信息中心技术管理岗位例行工作

每月20日前检查下级国家税务局的数据上报情况，对尚未报送的，及时催报；将下级上报的数据提入本级数据库，进行如下处理：

（1）将当月发票抵扣联数据与全国失控、作废发票数据库比对。

（2）清分。

（3）比对。

打印《从下级接收数据工作报告》《发票清分工作报告》《发票比对工作报告》《失控作废发票比对工作报告》。

每月21日前为下级国家税务局准备下列数据：

（1）相符发票数据。

（2）不符发票数据。

（3）缺联发票数据。

（4）抵扣联重号发票数据。

（5）属于失控发票数据。

（6）属于作废发票数据。

（7）红字缺联票数据。

打印《向下级发送数据工作报告》。

每月月底前打印本月发行记录，交主管领导审核签字后存档。

（二）金税工程设备和网络管理办法

（1）按照税务系统计算机机房建设和管理的有关法规，加强机房的管理与维护工作，保证金税工程硬件设备的运行环境。

（2）建立机房值班制度，由专人负责金税工程专用设备的日常管理和维护工作，建立设备的运行维护日志，定期汇总分析；同时设立值班热线电话，负责处理系统运行过程中的各种问题。

（3）制定设备管理规程，以及硬件故障处理应急方案，建立金税工程专用硬件设备的资源管理库（包括软硬件配置、厂商技术支持联系人及电话等、常规故障处理流程等项目），由专人负责落实，保证金税工程各种硬件设备的正常运行。

（4）建立设备维修档案，记录设备的故障、维修以及部件更换等情况，对所出现的故障进行认真分析，有针对性地采取预防维护措施。定期汇总设备运行状况。

（5）制定网络运行管理办法，充分利用网络管理软件，实时监控网络运行情况，确保网络系统正常运行。利用网管软件配备的相应模块，实时监控相应硬件的运行状况。网络运行管理由专人负责，对网络运行过程中产生的各种事件进行分析汇总，采取预防管理维护措施，并做好网络系统运行日志。

（6）制定网络故障应急方案，确保金税工程正常运转。

（7）制定系统安全管理办法，保证网络及金税工程各类数据库安全。安装计算机病毒防查软件，加强计算机病毒防范措施，定期检查、清除服务器、工作站计算机病毒，做好计算机病毒监测记录。对于采取软盘方式报送数据的区县级单位或征收单位，技术管理部门应培训业务操作人员学会在接收数据前先对软盘进行检查、清除病毒的方法。

（8）严格按照金税工程的要求做好数据的备份工作，数据备份介质为磁带，数据备份每月一次，特殊情况随时备份，备份介质必须异地存放并保存10年。

（9）除特殊情况外，中小型机和服务器都放在各级信息中心。各级信息中心要加强对重要的计算机设备的统一管理。

（10）制定金税工程设备和网络管理考核办法，加强上级对下级的监督。

（三）做好计算机技术培训工作

各级技术管理部门要组织好对同级局领导、业务人员、技术人员的计算机操作培训和其他技术方面的培训。

（四）处罚

各岗位操作人员应严格按该职责及管理办法执行，如有违反，应按照《税务人员违法违纪行政处分暂行法规》及其他有关法规追究责任。

五、金税工程增值税管理部门岗位设置及职责

根据《金税工程增值税管理部门岗位设置及职责（试行）》（国税发〔2001〕76号印发）的规定，为加强金税工程管理，明确管理责任，严肃管理纪律，提高金税工程的质量与效率，确保金税工程顺利推行和正常运转，根据金税工程有关工作规程，结合金税工程工作实际，国家税务总局制订本岗位职责。

金税工程日常工作在总局及省、自治区、直辖市、计划单列市国家税务局（以下简称"省局"）由流转税管理部门牵头负责（其中防伪税控系统、稽核系统由流转税管理部门主管），在地、市国家税务局（以下简称"市局"）及地、市以下国家税务局由增值税管理部门负责。金税工程增值税管理部门岗位设置及职责是指各级国家税务机关增值税管理部门负责金税工程所设的岗位及其工作职责。

（一）总局岗位设置及职责

总局设置稽核管理岗位。

（1）负责全国金税工程有关系统运行的组织实施及相关政策法规的贯彻落实，不得随意变通。

（2）研究解决金税工程有关系统运行中存在的问题。

（3）按规定的权限操作稽核系统，不得擅自改动软件，不得擅自改写数据，也不得擅自允许他人进行操作。

（4）负责对发票协查情况进行统计。

（5）负责对下列统计表进行统计分析：①《增值税专用发票存根联采集情况统计表》。②《增值税专用发票抵扣联认证采集情况统计表》。③《增值税一般纳税人分类统计表》。④《增值税专用发票本级比对情况统计表》。⑤《增值税专用发票本级比对不符详细情况统计表》。⑥《上月协查结果返回统计表》。⑦《增值税专用发票下级上报比对情况统计表》。⑧《增值税专用发票下级上报比对不符详细情况统计表》。⑨《全国增值税专用发票比对情况汇总统计表（含各级比对情况）》。

（6）负责对省局金税工程有关系统运行的业务管理及考核。

（二）省局岗位设置及职责

省局设置稽核管理岗位。

第一章 金税四期建设进程

（1）严格按照规定组织实施金税工程有关系统的运行工作，不得随意变通。

（2）负责接收下一级收回的防伪税控专用设备，妥善保管，按规定统一登记造册并集中销毁，不得隐匿、丢失或擅自处理。

（3）按规定的权限操作稽核系统，不得改动软件，不得擅自改写数据，也不得擅自允许他人进行操作。

（4）负责对发票协查情况进行统计。

（5）负责对下列统计表进行统计分析：①《增值税专用发票存根联采集情况统计表》。②《增值税专用发票抵扣联认证采集情况统计表》。③《增值税一般纳税人分类统计表》。④《增值税专用发票本级比对情况统计表》。⑤《增值税专用发票本级比对不符详细情况统计表》。⑥《上月协查结果返回统计表》。⑦《增值税专用发票下级上报比对情况统计表》。⑧《增值税专用发票下级上报比对不符详细情况统计表》。⑨《增值税专用发票本地比对情况统计表（含下级比对情况）》。⑩《增值税专用发票比对情况汇总统计表（含各级比对情况）》。

（6）负责对市局金税工程有关系统运行的业务管理及考核。

（7）对在工作中出现的问题随时进行记录和总结，并及时上报。

（三）市局岗位设置及职责

市局设置稽核管理岗位。

（1）严格按照规定组织实施金税工程有关系统的运行工作，不得随意变通。

（2）负责接收下一级税务机关收回的防伪税控专用设备，妥善保管，并按规定上缴省局，不得隐匿、丢失或擅自处理。

（3）按规定的权限操作稽核系统，不得改动软件，不得擅自改写数据，也不得擅自允许他人进行操作。

（4）负责统计打印新认定一般纳税人和已取消一般纳税人资格的纳税人档案信息（若属稽核系统初次运行，则统计打印全部一般纳税人档案信息）。

（5）负责对发票协查情况进行统计。

（6）负责对下列统计表进行统计分析：①《增值税专用发票存根联采集情况统计表》。②《增值税专用发票抵扣联认证采集情况统计表》。③《增值税一般纳税人分类统计表》。④《增值税专用发票本级比对情况统计表》。⑤《增值税专用发票本级比对不符详细情况统计表》。⑥《上月协查结果返回统计表》。⑦《增值税专用发票比对情况汇总统计表（含各级比对情况）》。

（7）负责对县局金税工程有关系统运行的业务管理及考核。

（8）对在工作中出现的问题随时进行记录和总结，并及时上报。

（四）县局岗位设置及职责

县局（含省、地市直属分局、涉外分局）设置税务登记岗位、增值税一般纳税人认定岗位、发票发售岗位、报税管理岗位、认证管理岗位、数据采集岗位、日常稽核岗位、设备管理岗位。（其中，若下级征收机关已设有发票发售岗位、报税管理岗位、认证管理岗位、日常稽核岗位，则在本级不再设立相同岗位，工作量较少的地区，可一人多岗或一岗多责。）

1.税务登记岗位

（1）对企业向税务机关申请办理税务登记时提供的营业执照、注册资金证明、银行账号证明、身份证明（居民身份证、护照或者其他合法证件）、房屋产权证明、房屋租赁合同等有关证件、资料的合法性进行审核，对其经营场所、货物仓库必须进行实地察访，确认无误后，按有关规定办理税务登记。严禁在未经核实的情况下办理税务登记。

（2）办理税务登记工作结束后，及时将企业的有关税务登记资料和电子信息传递给增值税一般纳税人认定岗位。

2.增值税一般纳税人认定岗位

（1）对向税务机关申请办理增值税一般纳税人认定手续的企业报送的营业执照、税务登记证副本、法人代表、办税人员的身份证明（包括居民身份证原件及复印件、护照原件及复印件）及经营场地（如房产证或租赁合同）等有关证件、资料与其申请办理税务登记的资料进行核验，经核验无误后，应按有关规定办理一般纳税人资格认定。对有问题的企业，一律不得认定为一般纳税人。

（2）根据商贸企业上报的预计年销售额核定其使用专用发票的数量及限额，并将有关资料和电子信息传递给发票发售岗位。新认定的商贸企业月专用发票发售量原则上不得超过25份，且首次只能领购限额万元版的专用发票。

（3）接受发票发售岗位传递来的商贸企业要求调整已核定的专用发票数量及限额的申请，并通知管理部门对企业领购专用发票的使用情况及经营情况（主要指有无真实的货物交易）进行核实。根据反馈情况调整企业专用发票的使用数量或限额。专用发票的数量及限额调整后，及时将有关资料和电子信息传递给发票发售岗位。

3.发票发售岗位

（1）在发票发售前，必须按规定审核企业提供的资料及有关申报纳税情况，不得违反规定向企业发售发票，也不得无故对企业拒售发票。

（2）做好纸质发票的保管工作，不得丢失、损毁。

（3）按规定的权限操作发票发售子系统，不得改动软件，也不得擅自允许他人进行操作。

（4）负责使用发票发售子系统对企业发售发票，包括纸质发票和写在企业税控IC卡上的电子发票，并确认两者的号码、数量一致。在发票入库、发售过程中，不得出现纸质发票与电子发票的号码、代码或数量不一致的情况。

（5）负责查询由本岗位售出专用发票的流向。

（6）在税控企业依法注销税务登记、终止纳税义务、被取消一般纳税人资格、减少分开票机时，应及时核查金税卡内尚未申报的数据和软盘中专用发票开具的明细信息，并收缴两卡，登记造册，逐级交上级部门集中销毁。

（7）接受商贸企业提出的调整已核定的专用发票数量及限额的申请，并将申请传递给认定岗位，根据认定岗位调整的数量和限额发售专用发票。

（8）接受日常稽核岗位要求暂停向经评估异常的商贸企业发售专用发票的通知，暂停向其发售专用发票，并收缴其尚未使用的专用发票。

（9）对发票发售子系统的有关数据按规定定期进行备份。

（10）发售管理岗位人员的授权卡应妥善保管，不得擅自借与他人使用。

（11）按照规定正确使用和保管系统设备，不得因使用或保管不当造成系统设备损坏。

（12）对在工作中出现的问题随时进行记录和总结，并及时上报。

4.报税管理岗位

（1）按规定的权限操作报税子系统，不得改动软件，也不得擅自允许他人进行操作。

（2）对企业的报税软盘必须首先进行病毒检测，未经检测不得接收数据。

（3）负责所辖防伪税控企业报税数据（包括由认证系统补录的发票存根联数据）的接收和处理工作。

（4）在受理报税的过程中，应认真审核企业的报税数据，对不符合规定的不得接收。

（5）按规定时间及内容向稽核系统传递数据，不得无故滞后或错传数据；对数据按规定定期进行备份。

（6）负责对已取消防伪税控资格企业的报税情况进行检查处理，并按规定在报税系统中注销该企业登记信息。

（7）负责督促所辖防伪税控企业按照规定时间报税。

（8）负责配合征收岗位对防伪税控企业纳税申报情况进行核查。

（9）负责对所辖防伪税控企业报税的辅导和培训工作。

（10）对报税金税卡的时钟不得擅自修改。

（11）报税管理岗位人员的授权卡应妥善保管，不得擅自借与他人使用。

（12）正确使用和保管系统设备，不得因使用或保管不当而造成系统设备损坏。

（13）对在工作中出现的问题随时进行记录和总结，并及时上报。

5.认证管理岗位

（1）按规定的权限操作认证子系统，不得改动软件，也不得擅自允许他人进行操作。

（2）负责对所辖防伪税控企业取得的增值税专用发票抵扣联进行防伪认证，并按规定加盖相应认证戳记。

（3）负责向防伪税控企业下达《认证结果通知书》和认证清单，督促防伪税控企业将认证相符的专用发票抵扣联连同《认证结果通知书》和认证清单一起按月装订成册备查。

（4）在进行发票认证时，对计算机不能识别的发票，如果票面清晰，按票面信息进行人工校正。

（5）在发票认证过程中，对认证不符或密文有误的专用发票必须扣留，并按规定及时将发票及相关电子信息传递给稽查局，不得拖延或交由企业自行处理。

（6）接收稽查局协查结果为正常的发票原件，不得拒收。

（7）对按规定需要通过认证子系统补录的发票存根联必须及时进行补录，不得无故拒绝。

（8）按照规定的时间及内容向稽核系统传递数据，不得无故滞后或错传数据；对数据按规定定期进行备份。

（9）对认证金税卡的时钟不得擅自修改。

（10）认证管理岗位人员的授权卡及认证印章应妥善保管，不得擅自借与他人使用。

（11）按照规定正确使用和保管系统设备，不得因使用或保管不当造成系统设备损坏。

（12）对在工作中出现的问题随时进行记录和总结，并及时上报。

6.数据采集岗位

（1）按规定的权限操作稽核系统，不得改动软件，也不得擅自允许他人进行操作。

（2）接收数据前必须首先对软盘进行病毒检测，未经检测不得接收。

（3）负责专用发票进、销项数据采集，对征收机关报送的数据进行审核，如发现发票明细数据和统计表数据不符的，不得接收或自行修改数据。

（4）负责一般纳税人基本情况数据采集。从征管系统通过软盘或网络传递取得一般纳税人档案、非独立核算分支机构明细表和一般纳税人资格注销审批信息，录至一般纳税人档案库。无法从征管系统取得的数据，依据纳税人填写的《增值税一般纳税人申请认定表》《非独立核算分支机构明细表》和一般纳税人资格注销审批信息，手工录入各项数据至一般纳税人档案库。

（5）负责失控发票数据采集，根据失控发票清单的内容，及时录入计算机。

（6）必须按规定的时间完整地录入一般纳税人档案变动信息及失控发票

数据，不得无故滞后或漏采、错采数据。

（7）在规定的时间内完成数据的准备工作，不得无故滞后。

（8）将采集到的数据完整读入稽核系统，不得重复或遗漏。

（9）负责对采集的进、销项数据进行统计分析。

（10）负责对下级征收机关发售、报税、认证岗位的业务管理及考核。

（11）按照规定正确使用和保管系统设备，不得因使用或保管不当造成系统设备损坏。

（12）对在工作中出现的问题随时进行记录和总结，并及时上报。

7.日常稽核岗位

根据《增值税日常稽查管理办法》对商贸企业按月进行增值税的纳税评估，对使用防伪税控系统开具专用发票的商贸企业要重点进行审核评估，凡纳税申报情况异常且无正当理由的，须立即移送稽查部门进行检查，同时必须通知发票发售岗位，暂停向其发售专用发票，并收缴其尚未使用的专用发票。待检查结束后，视其情况再进行专用发票的发售。

8.税控设备管理岗位

（1）对收回的防伪税控专用设备应妥善保管，并按规定上缴上一级税务机关，不得隐匿、丢失或擅自处理。

（2）及时汇总上报《丢失、被盗金税卡情况表》，对出现的丢失、被盗金税卡情况不得隐瞒或拖延上报。

（3）定期检查防伪税控系统的运行情况，监督服务单位的"两卡"收发存及技术服务情况。

（4）对在工作中出现的问题随时进行记录和总结，并及时上报。

（五）税务征收机关岗位设置及职责

税务征收机关设置发票发售岗位、报税管理岗位、认证管理岗位、日常稽核岗位。

1.发票发售岗位

同县局发票发售岗位。

2.报税管理岗位

同县局报税管理岗位。

3.认证管理岗位

同县局认证管理岗位。

4.日常稽核岗位

同县局日常稽核岗位。

第二节 金税工程二期建设

一、金税工程二期建设概况

(一) 金税工程二期建设步骤

2000年8月31日,国家税务总局向国务院汇报金税工程二期的建设方案并得到批准。2001年7月1日,增值税防伪税控发票开票、认证、交叉稽核、协查四个子系统,在全国全面开通,两个月来,总体运行情况良好,对加强增值税专用发票管理,打击偷、骗税犯罪行为,增加税收收入等方面起到积极有效的作用。

金税工程二期期间的主要实施步骤如下:

第一,在全国范围内建立覆盖总局、省局、地(市)局、县(区)局的四级交叉稽核;把稽核和防伪税控原本相互独立的系统捆绑在一起运行,做到数据共享、功能互补,解决交叉稽核中由于人工录入数据造成的数据错误;同时把海关增值税完税凭证纳入金税工程管理。

第二,将增值税征管各环节都放在网络上运行,尤其要采集纳税人的增值税申报信息和税款缴纳信息,以此对纳税人进行纳税评估和监控。

金税工程二期取得的主要成果是增值税交叉稽核系统和发票协查系统在全国范围内联网运行;防伪税控认证子系统在全国范围内推广运行,防伪税控开票子系统已经大规模推广。

(二) 全面推广应用增值税防伪税控系统

根据《国务院办公厅转发国家税务总局关于全面推广应用增值税防伪税控系统意见的通知》(国办发〔2000〕12号)的规定,增值税防伪税控系统(以下简称"税控系统")是运用数字密码和电子存储技术,强化增值税专用发票防伪功能,实现对增值税一般纳税人税源监控的计算机管理系统,也是国家"金税工程"的重要组成部分。自1994年在部分地区和行业进行税控系统应用试点以来,取得了初步成效。为了进一步加强增值税管理,保障国家税收,防范和严厉打击各种偷、骗增值税等违法犯罪活动,经与有关部门共同研究,现提出如下意见:

(1) 在2002年年底以前,将税控系统覆盖到所有的增值税一般纳税人。有关企业要按照税务机关的要求及时安装使用税控系统,凡逾期不安装使用的,税务机关停止向其发售增值税专用发票,并收缴其库存未用的增值税专用发票。

（2）纳入税控系统管理的企业，必须通过该系统开具增值税专用发票；对使用非税控系统开具增值税专用发票的，税务机关要按照《中华人民共和国发票管理办法》（以下简称《发票管理办法》）的有关规定进行处罚；对破坏、擅自改动、拆卸税控系统进行偷税的，要依法予以严惩。

（3）有关企业取得税控系统开具的增值税专用发票，属于扣税范围的，应按税务机关规定的时限申报认证；凡逾期未申报认证的，一律不得作为扣税凭证，已经抵扣税款的，由税务机关如数追缴，并按《中华人民共和国税收征收管理法》（以下简称《税收征收管理法》）的有关规定进行处罚；凡认证不符的，不得作为扣税凭证，税务机关要查明原因，依法处理。

（4）适当减轻企业使用税控系统的经济负担。税控系统专用和通用设备的购置费用准予在企业成本中列支，同时可凭购货发票（增值税专用发票）所注明的增值税税额，计入该企业当期的增值税进项税额。具体办法由国务院有关部门另行制定。

（5）税控系统专用设备和技术维护实行国家统一定价，具体标准由原国家计委制定。

（6）税控系统生产研制单位要确保技术安全和专用设备的质量，做好日常技术维护工作。各级税务机关要对税控系统的销售和售后服务进行严格监督，但自身不得直接或间接从事与其相关的商业性经营活动。

二、正式恢复推行防伪税控系统和对金税工程二期进行完善与拓展

根据《国家税务总局关于正式恢复推行防伪税控系统和对金税工程二期进行完善与拓展有关工作的通知》（国税发明电〔2002〕52号）的规定，防伪税控系统PCI标准接口的技术开发工作业已完成，总局决定正式恢复推行防伪税控系统。同时，为了充分发挥金税工程二期防范增值税专用发票犯罪活动的作用，总局决定对金税工程二期的功能进行完善与拓展。

拟完善与拓展的具体内容如下。

1.完善内容

（1）推行专用发票抵扣联信息企业采集方式。

（2）税务端防伪税控系统实现网络化运行。

（3）分离防伪税控发行系统和发售系统，两个系统各自相对独立运行。

（4）增设红字专用发票稽核功能。

（5）完善涉嫌违规发票查处流程。

（6）完善金税工程运行监控台，加强对金税工程二期系统运行的管理。

2.拓展功能

（1）开发增值税一般纳税人认定系统。

（2）开发增值税专用发票内部管理系统。

（3）开发增值税电子申报系统。

（4）开发增值税纳税评估系统，用增值税税款申报、缴纳信息与专用发票信息进行比对，以及时发现"真票虚开"犯罪活动，充分发挥金税工程二期的税控功能。

（5）开发成品油零售环节增值税管理系统。

针对部分小型企业一时难以完全具备使用防伪税控开票系统的技术素质这一实际情况，浙江等地国税部门组织开发了防伪税控开票系统共享设备，指定按有关规定可以从事税务代理业务的社会中介机构使用该共享设备为小企业集中代开专用发票。实践情况表明，此种集中开票方式不仅有利于税务部门加强对这些小企业的管理，也使这些小企业节省了支出，因此税务部门要做好宣传介绍工作，让小企业充分了解这种方式的优点而选择这种方式，税务部门务必认识到应引导和鼓励小企业选择集中开票方式是明年上半年完成推广工作的关键措施。但是否采用集中开票方式应由纳税人自愿选择，税务部门不得强制要求纳税人采用集中开票方式。

有关企业采集抵扣联信息的软件和增值税申报软件，总局决定制定并公布统一的业务、技术标准，实行市场准入原则由软件开发企业进行开发，总局组织测试合格后向社会公布有关企业名单及其软件产品的品牌，纳税人自愿选择使用何种软件，凡未经总局测试合格的这两种软件，各地国税部门不得推行使用，已经使用这两种软件的地区不要再扩大推行范围，以避免浪费。

总局召开全国金税工程工作会议，主要内容是对推行防伪税控系统和完善与拓展金税工程二期的工作进行动员与部署，请各省、自治区、直辖市和计划单列市国税局主管金税工程的副局长和流转税处、信息中心、稽查局的领导各一个参加，会议的具体时间和地点另行通知。

各省、自治区、直辖市和计划单列市国税局的防伪税控系统扩大推行工作和完善与拓展金税工程二期的工作，仍按现行职责分工由流转税处、信息中心和稽查局共同负责，流转税处牵头。

三、进一步明确推行防伪税控系统和金税工程二期完善与拓展

根据《国家税务总局关于进一步明确推行防伪税控系统和金税工程二期完善与拓展有关工作的通知》（国税函〔2003〕139号）的规定，《国家税务总局关于正式恢复推行防伪税控系统和对金税工程二期进行完善与拓展有关工作的通知》（国税发明电〔2002〕52号）对正式恢复推行防伪税控系统和完善与拓展金税工程二期的有关工作进行了部署，国家税务总局对有关问题进一步明确如下：

第一章 金税四期建设进程

（1）2003年7月1日起，增值税一般纳税人必须通过防伪税控系统开具专用发票，同时全国统一废止增值税一般纳税人所用的手写版专用发票。2003年10月1日起，增值税一般纳税人所用的手写版专用发票一律不得作为增值税的扣税凭证。税务部门为小规模纳税人代开的手写版专用发票，可继续使用。

（2）从事集中开票服务业务的社会中介机构，其所需防伪税控开票系统共享设备（以下简称"共享设备"），必须在国家税务总局指定的生产厂家范围内选购。目前暂定以下厂家为供应商：航天信息股份有限公司、宁波金禾电子信息公司、杭州广翔计算机软件有限公司。没有社会中介机构提供集中开票服务的地区，由税务部门为小型企业进行集中开票，所需共享设备由国家税务总局集中采购配发。

（3）对于采纳集中开票方式的纳税人，不得收取防伪税控培训费，对其收取的防伪税控专用设备维护费也应大幅度降低收费标准。防伪税控服务单位可以向社会中介机构收取培训费，社会中介机构可以向纳税人收取专用发票开票费。总局正在会同有关部门研究制定上述培训费、开票费、维护费的收费标准，在统一标准公布前，可暂由各省、自治区、直辖市和计划单列市国税局自行确定开票费标准，并与航天信息股份有限公司设在各省的分公司商定社会中介机构培训费和对纳税人收取的维护费的标准。

（4）金税工程二期完善与拓展的各项具体工作的时间进度安排如下：

第一，关于完善工作。专用发票抵扣联信息企业采集方式税务端软件，2003年5月1日至6月30日安装调试，7月1日起全国推行。网络版防伪税控税务端软件，2003年3月1日至4月30日进行培训，5月1日至6月30日安装调试，自7月1日起全国推行。因防伪税控发行系统和发售系统分开而需配备发售系统专用设备的工作，于2003年3月底完成。红字专用发票稽核软件，于2003年5月1日至6月30日安装调试，自7月1日起全国推行。完善涉嫌违规发票查处流程有关软件及监控台软件，2003年7月份安装调试，8月1日起全国推行。

第二，关于拓展工作。发票内部管理系统、增值税一般纳税人认定系统、增值税纳税评估系统、成品油零售环节增值税管理系统等4个软件，于2003年4月1日至5月15日进行培训，5月1日至6月30日安装调试，7月1日起全国推行。另外，根据金税工程二期完善与拓展工作的时间进度，各地要及时将红字专用发票稽核业务需求以及新拓展软件的业务需求和接口业务需求书面移交稽查局，从而使协查系统同步做好各项工作。

第三，为保证时间进度，总局计划培训地市一级的师资，对地市级以下税务部门有关人员的培训，由各省、自治区、直辖市和计划单列市国税局负责。

（5）要认真做好金税工程二期完善和拓展的环境准备工作。按照总局一体化要求，所有金税工程二期完善与拓展系统均采用三层体系结构，数据统一集中到地市，数据库服务器使用金税工程现有稽核协查数据库服务器,每个省局和每个地市新增加一台PC服务器安装Weblogic应用服务器软件。PC服务器硬件及相应的操作系统和应用服务器软件由总局统一采购配备。在推行完善和拓展软件之前,各地要及时改进和完善网络以及客户端微机等系统环境条件,以满足实际运行中的需要。此部分由各地自行解决;推行增值税专用发票抵扣联信息网上认证系统,要求各地充分利用省一级的互联网WEB网站,不满足要求的要尽快扩容,没有的要尽快建设,在2003年4月底前完成。金税工程二期完善与拓展后,将增加一些新的操作岗位,这些岗位都要配备相应的微机,由各地自行解决,按照每个子系统的推行时间和要求配备。请各地在2003年预算中预留一部分资金用于金税工程二期拓展。

(6)各地技术部门在继续做好以上技术支持工作的基础上要做好以下工作:

第一,及时解决运行故障。发生重大问题,要及时填写重大问题报告,统一报总局技术支持中心。

第二,金税工程二期统一软件的版本维护。软件的升级必须按照总局的统一部署进行,没有总局的许可,各地不得擅自升级软件,以免造成软件版本不一致,影响系统的正常运行。

第三,确保网络畅通。金税工程二期完善和拓展后,应用系统将全部上网运行,各地一定要确保网络畅通,遇到问题必须立即解决。

第四,继续做好数据处理工作。2003年,新推行的应用系统比较多,数据库的管理工作将更繁重,数据库的维护、备份等任务十分重要;有关应用系统全部进行网络化运行后,系统管理员的作用将更加突出,各级税务机关务必做好数据处理工作,确保整个系统安全运行。

(7)要进一步加强协查机构和队伍建设。各地要尽快解决好机构和人员问题,各省局稽查部门内部要设置专门的协查机构,配备适当数量人员,地市级局的稽查部门内部也酌情考虑成立专门的协查机构,配备适当数量的专门协查人员,并要保持协查专业岗位工作人员的相对稳定。

(8)要认真搞好廉政建设。金税工程建设将不可避免地涉及一些财、物的分配,将涉及与防伪税控开票子系统服务单位的合作,将涉及纳税人购买通用设备等问题,对此,各级税务机关和广大税务干部要认真遵守总局制定的有关廉政纪律,严格执行总局的有关廉政制度。

四、金税工程协查信息管理系统机外工作规程

(一)总则

根据《金税工程协查信息管理系统机外工作规程(试行)》(国税发〔2003〕129号印发)的规定,为了提高中国税收管理信息系统,即金税工程

中协查信息管理系统（以下简称"协查系统"）的工作效率，在全国范围内统一规范协查系统机外工作程序，国家税务总局制定该规程。该规程适用于全国使用协查系统的县以上国家税务局（分局）、稽查局。

协查系统机外工作按照委托管理、受托管理、实施调查、监控分析、文书管理等环节，分工负责，互相配合，互相制约，开展各项相关业务工作。协查系统机外工作应当遵循准确、完整、及时和依法处理的原则。

对于认证系统转入、稽核系统导入和内部生成协查，按照该规程进行调查并作出税务处理；确认企业有涉嫌税收违法行为或已证实虚开的增值税专用发票（以下简称"专用发票"）以及其他需要核查的发票等，按照《税务稽查工作规程》（自2021年8月11日起，被《税务稽查案件办理程序规定》取代，下同）一般程序的有关规定处理。

（二）委托管理

1.由认证系统转入的专用发票信息的处理

（1）由征收、管理部门移送以下资料：专用发票复印件、《认证结果通知书》、电子数据（软盘数据）。由征收、管理部门负责填写《防伪税控认证不符和密文有误增值税专用发票协查处理台账》。

（2）组织协查岗位（委托管理岗位）对电子数据（软盘数据）进行杀毒处理后，将专用发票复印件与之进行核对。核对无误的，将数据读入协查系统，并通过系统内"纳税人信息补齐功能"，自动补齐纳税人相关信息，不能自动补齐的，通过协查修改功能手工补齐；核对有误的，应当将电子数据（软盘数据）退回征收、管理部门重新制作。

地（市）级委托管理岗位于每月17日、省级组织协查岗位于每月19日、总局组织协查岗位于每月21日，从同级稽核系统导入比对不符、缺联、失控、作废等专用发票信息，生成协查信息。

2.内部生成委托协查

稽查局、征收部门、管理部门、出口退税管理部门等根据工作需要要求发起内部生成委托协查，协查信息按提出协查要求部门分别进行统计分析。

（1）内部生成委托协查的专用发票主要包括：①各地发生涉税案件的有疑问专用发票；②出口供货企业开具的有疑问专用发票；③增值税一般纳税人管理中发现的有疑问专用发票；④能够确定受托方的丢失被盗专用发票；⑤其他需要异地协查的专用发票。

（2）对内部生成委托协查，各提出协查要求的部门应当填写《专用发票协查表》，说明提出协查的理由，提出具体的协查要求，由该部门负责人审批后，连同专用发票复印件或有关资料移交稽查局的组织协查岗位（委托管理岗位）。组织协查岗位（委托管理岗位）接收后应当分部门填写《协查系统内部生成委托协查处理台账》，在1个工作日内录入协查系统。

（3）对"已证实虚开"的专用发票，应当由实施检查部门提供《已证实虚开的增值税专用发票通知单》、专用发票复印件或专用发票明细资料、稽查案件协查基本信息和税务协查报告，经部门负责人审批后，将有关资料移交稽查局的组织协查岗位（委托管理岗位）。组织协查岗位（委托管理岗位）接收后填写《协查系统内部生成委托协查处理台账》，将查处和掌握的情况以"附件"形式，连同完整的专用发票信息在1个工作日内录入协查系统。

（4）对案情复杂的大要案，由本级稽查局负责人审批后，在3个工作日内录入协查系统。

协查领导岗位应当在收到待审批协查信息后2个工作日内审批委托协查信息。组织协查岗位（委托管理岗位）根据审批意见在1个工作日内将信息提交网络。

"已证实虚开"专用发票协查提交网络后，组织协查岗位（委托管理岗位）在1个工作日内向对方寄送纸质《已证实虚开的增值税专用发票通知单》及有关证据资料。

请求上级稽查局组织协查的案件，应当附有大案要案报告。上级稽查局接到下级稽查局要求组织协查的协查信息后，组织协查岗位（委托管理岗位）应当在1个工作日内提交领导岗位审批，协查领导岗位应当在2个工作日内审批完毕。上级组织协查信息经协查领导岗位审批同意发出协查后，组织协查岗位（委托管理岗位）应当在1个工作日内将信息提交网络。

3.委托协查收到返回结果后的处理

（1）收到认证系统转入委托协查结果后，组织协查岗位（委托管理岗位）应当向征收、管理部门提供《防伪税控认证不符和密文有误增值税专用发票协查结果通知单》，并填写《防伪税控认证不符和密文有误增值税专用发票协查处理台账》。

（2）收到内部生成委托协查结果后，组织协查岗位（委托管理岗位）应当向提出协查要求的部门提供《增值税专用发票调查结果清单》，并填写《协查系统内部生成委托协查处理台账》。

（3）收到协查结果后，确认企业有涉嫌税收违法行为的，组织协查岗位（委托管理岗位）应当将有关资料按照《税务稽查工作规程》一般程序的有关规定处理。

（4）案件审结后，稽查局实施部门或审理部门应当将《税务处理决定书》《税务行政处罚决定书》复印件提供给组织协查岗位（委托管理岗位），由其填写《协查系统内部生成委托协查处理台账》后，录入税务处理结果。

（三）受托管理

组织协查岗位（受托管理岗位）收到系统转来的各类协查信息后，应当在1个工作日内提交协查领导岗位审批。协查领导岗位应当于2个工作日内进行审批。组织协查岗位（受托管理岗位）根据审批意见打印《协查处理单》《协查表》《增值税专用发票明细清单》，在1个工作日内转检查岗位实施调查，同时填写《协查系统受托协查处理台账》。

受托收到稽核系统导入"比对不符""缺联""失控""作废"专用发票信息，组织协查岗位（受托管理岗位）应当及时向委托方纳税人主管税务机关电话索要纸质证明材料，并于收到材料后1个工作日内移交检查岗位处理，同时填写《协查系统受托协查处理台账》。委托方纳税人主管税务机关应当在收到索要材料电话后3个工作日内寄送纸质证明材料。

受托收到"已证实虚开"专用发票信息和纸质资料后，组织协查岗位（受托管理岗位）应当在1个工作日内将涉及的纳税人作为稽查案源转检查岗位，按照《税务稽查工作规程》一般程序的有关规定处理，并填写《协查系统受托协查处理台账》。

组织协查岗位（受托管理岗位）收到检查岗位转来的协查结果后，填写《协查系统受托协查处理台账》，并于1个工作日内将结果录入协查系统，将《税务协查报告》内容录入在"附加说明"栏内，提交协查领导岗位审批。协查领导岗位应当在2个工作日内进行审批。组织协查岗位（受托管理岗位）根据审批意见在1个工作日内提交网络。

来源于认证系统和内部生成的受托协查，协查结果为"有问题"的专用发票，组织协查岗位（受托管理岗位）应当在协查结果提交网络后1个工作日内向对方寄送纸质证明材料。

收到协查结果后，确认企业有涉嫌税收违法行为的，组织协查岗位（受托管理岗位）应当将有关资料按照《税务稽查工作规程》一般程序的有关规定处理。

案件审结后，稽查局实施部门或审理部门应当将《税务处理决定书》《税务行政处罚决定书》复印件提供给组织协查岗位（受托管理岗位），由其填写《协查系统受托协查处理台账》后，录入税务处理结果。

（四）实施调查

检查岗位收到受托协查专用发票后，按照该规程的要求，对所协查专用发票记载的经济业务的真实性进行调查。检查岗位对协查结果负责，取证资料应当完整、合法有效。检查人员对有关企业和个人依法进行调查时应当出示协查专用的《税务检查通知书》。

对受托协查专用发票，应当重点检查以下内容：

（1）是否有涉票企业，该企业是否领购（取得）了需要协查的专用发票。

（2）专用发票的真伪，以及是否为废票或者丢失被盗专用发票。

（3）专用发票各联次票面填开的项目内容是否一致。

（4）是否申报纳税（抵扣）税款。

（5）购（销）货物或者应税劳务交易是否真实，查证供货企业出口货物是否自产。

（6）票款结算是否相符，货票款是否一致。

（7）其他。

根据协查调查结果，选择适用的"协查结果类型"。协查结果类型的定义如下：正常指经协查纳税人涉及协查发票的交易业务正常及正常开具或取得该发票；虚开指经协查按国家有关法律、法规确定为虚开的发票；查无此户指经协查本辖区内没有该纳税人登记信息且无法查找到该纳税户；查无此票指经协查本辖区内未发现协查信息提供的发票，即协查信息提供的纳税人未领购过此号码发票且税务机关未发售过此号码发票；假票废票指经协查确定为假发票或已作废发票，购货方不许抵扣。其他指协查结果除上述情况以外的发票。

被查企业已办理注销或已被列为非正常户的，由企业所属税务机关出具《企业及增值税专用发票信息查询及结果证明单》。

被查企业情况属于查无此户的，经税务登记部门核实后，由该部门所属税务机关出具《企业信息查询及结果证明单》。协查结果为查无此票，受托方为销货方时，经专用发票管理部门核实后，由企业所属税务机关出具《企业及增值税专用发票信息查询及结果证明单》；受托方为购货方时，由稽查局出具调查证明材料。

对于要求稽查局外部的税务机关相关部门配合核实、出具证明材料的，相关部门应当在5日内返回核实结果并出具证明材料。

调查结束后，检查岗位填写《协查表》，制作《税务协查报告》，连同《协查处理单》《增值税专用发票明细清单》及取证材料提交稽查局负责人审批。审批后，转组织协查岗位（受托管理岗位）。

案件审结后，稽查局实施部门或审理部门应当将《税务处理决定书》《税务行政处罚决定书》复印件反馈给组织协查岗位（受托管理岗位）。

（五）监控分析

监控管理岗位应当对协查委托信息、受托回复结果信息进行监控和深入分析。委托协查的具体监控考核指标是委托协查选票准确率。其中内部生成委托协查选票准确率要求达到30%，并按提出协查要求的部门分别计算。受托协查的具体监控考核指标是受托协查按期回复率，要求达到100%。

省级协查监控管理岗位应当在每季度终了后15日内向总局报送季度《协查动态分析报告》。报告内容包括：

（1）该季度本地区协查系统运行总体情况和存在问题。

（2）对内部生成委托协查选票准确率和受托协查按期回复率没有达到要

求的原因进行分析并提出切实可行的措施；对两率的变化规律进行分析、对变化趋势进行预测。

（3）对监控数据中发现的异常信息进行跟踪分析并提出处理意见。

（4）对协查数据和协查结果进行分析，发掘案源线索，及时总结发现专用发票违法犯罪的新动向。

（5）对通过协查发现线索转入稽查程序查处的稽查案件的情况进行汇总上报。

（6）对协查系统的软件功能、业务需求、节点变更、网络及设备运行情况等进行监控分析并上报有关情况及意见和建议。

对协查信息管理系统运行当中发现的问题，特别是影响协查系统正常运行的重大事故，应当按照《国家税务总局关于上报协查系统运行问题的通知》的要求，及时上报。

（六）文书管理

协查任务结束后，形成的各类协查函件与文书资料（包括电子文档），在30日内进行整理归档。

协查资料由协查综合管理岗位定期整理归档，归档时间由各地根据实际工作情况自行确定，保管期限至少5年。归档资料包括以下几类。

（1）委托协查需归档的资料包括：①认证系统转入协查的归档资料：专用发票复印件、《认证结果通知书》、软盘数据、《增值税专用发票协查函》《增值税专用发票协查回复函》《增值税专用发票明细清单》《增值税专用发票调查结果清单》《防伪税控认证不符和密文有误增值税专用发票协查结果通知单》等。②内部生成协查的归档资料：专用发票复印件、《已证实虚开的增值税专用发票通知单》《专用发票协查表》《增值税专用发票协查函》《增值税专用发票协查回复函》《增值税专用发票调查结果清单》等。

（2）受托协查需归档的资料包括：《增值税专用发票协查函》《协查处理单》《协查表》《增值税专用发票明细清单》《增值税专用发票协查回复函》《企业及增值税专用发票信息查询及结果证明单》《企业信息查询及结果证明单》《税务检查通知书》、专用发票复印件、《税务协查报告》《税务处理决定书》《税务行政处罚决定书》复印件等。

（3）上报统计表、《协查动态分析报告》等有关资料。

（4）协查信息管理系统运行情况反馈表、台账等有关协查工作的综合资料。

案卷应当按协查编号、在完成协查工作后装订立卷，做到资料齐全，目录清晰，规范管理，便于查找。

五、金税工程综合征管软件业务支持中心管理办法

（一）总则

根据《金税工程综合征管软件业务支持中心管理办法（试行）》（国税发〔2006〕25号印发）的规定，为贯彻落实国家税务总局"统筹规划、统一标准，突出重点、分步实施，整合资源、讲究实效，加强管理、保证安全"的信息化建设指导思想，做好金税工程（综合征管软件）（以下简称"软件"）运行维护工作，国家税务总局在辽宁、河南、湖南、深圳四省（市）国家税务局设立国家税务总局综合征管软件业务支持中心（以下简称"支持中心"）。

国家税务总局征收管理司负责各支持中心的业务指导和管理。支持中心所在地税务机关应全力支持中心开展各项工作。

为规范支持中心的管理机制，确保支持中心及时、有效地开展工作，国家税务总局特制定《金税工程综合征管软件业务支持中心管理办法（试行）》。

（二）组织机构与人员

支持中心是全国软件运行维护体系的重要组成部分，主要负责国税系统软件的业务支持工作。每个支持中心负责若干省（市）的业务支持工作。

各支持中心设在征管处，主任由征管处负责人兼任，另外至少指定一名同志专职负责支持中心的日常工作。

支持中心工作人员由专职和兼职人员组成，专职工作人员应有8～12名，兼职工作人员由有关处（室）人员和基层业务骨干组成，工作人员的配备要科学合理。

专职工作人员要熟悉软件，具有一定的实际工作经验，能胜任本岗位的工作。专职工作人员要在支持中心工作两年以上。

支持中心负责人的配备及调动事先应征得国家税务总局征管司的同意。

（三）工作职责

1.编写和修订软件业务需求

根据税收政策和管理措施的调整变化，或基层单位先进的工作经验，编写和修订相应业务需求，确保软件应用与税收政策、税收管理措施的变化保持同步，并保证软件适应基层工作需要。

2.提供业务支持

对软件应用过程中提出的业务问题提供咨询和解答。

3.审核软件业务规范性

对软件开发和修改进行业务指导，审核软件开发过程和结果是否符合业

务规范。

4.测试与培训

对软件版本升级进行综合业务测试,对下发的软件补丁进行专项业务测试;协助总局编写业务和操作培训教材,并完成培训任务。

5.上线支持

为上线单位提供现场支持和培训。

6.业务支持平台维护

参与业务支持平台的维护工作。

7.课题研究

结合信息化建设的发展和工作实际,对软件应用、运行维护以及其他相关领域开展研究。

支持中心应积极主动地开展各项工作,并完成国家税务总局交办的其他任务。

(四)工作流程与要求

国家税务总局出台的各种税收政策、管理办法和其他调整措施,由国家税务总局下发支持中心编写和修订业务需求后报总局审核。

通过业务支持平台和书面报告等方式搜集、整理的问题,由主管支持中心负责及时答复;凡涉及修改软件的,由支持中心编制业务需求并上报国家税务总局审核;对不能确定的问题上报国家税务总局,待国家税务总局明确后再进行答复。

国家税务总局将软件开发和修改的各种文档下发支持中心,支持中心对软件开发过程和结果是否符合业务规范进行审核,并将审核结果反馈国家税务总局。

软件版本升级或调整规模较大时由国家税务总局组织测试。一般性软件补丁由国家税务总局下发支持中心进行专项业务测试,支持中心将测试结果上报国家税务总局。

国家税务总局在内联网建立统一的软件业务支持平台,支撑全国软件运行维护工作。通过该平台实现具体任务的分配和接收、结果的反馈及支持中心与各省(市)之间的沟通等工作。支持中心应配备专人负责登录业务支持平台,接收国家税务总局分配的工作任务和各省(市)提交的问题等。

各省(市)问题的提交,各支持中心问题答复和需求编写等工作要严格按照总局统一的标准完成。

对各省(市)提交的问题,支持中心一般应在2个工作日内答复。凡涉及修改软件的,程序修改要求或业务需求一般应在5个工作日内编写完成并上报国家税务总局。对于复杂问题,支持中心在征得国家税务总局的同意后,可适当延长工作时限。

支持中心对工作过程中形成的各类文档,要按有关规定进行归档和处理,工作结束后应报国家税务总局备案。国家税务总局统一进行知识库的维护。

(五)设备与经费

各支持中心所在地国家税务局,要为支持中心提供相对独立的办公场所并配备必要的软硬件和网络环境。

各支持中心经费由国家税务总局专项拨款,专款专用,支持中心所在地国家税务局负责支持中心经费的日常管理和监督,严格执行经费支出审批手续和制度。国家税务总局定期对经费的使用和管理情况进行审核。

(六)考核与奖惩

国家税务总局每年对支持中心的工作情况实施考评。对业绩突出的给予表彰。对两年考评不合格的,撤销支持中心资格。

各支持中心的日常考核工作由所在省(市)国家税务局负责。

各支持中心要建立严格的奖惩制度,每年对工作人员进行考评。国家税务总局对表现优异的人员予以表彰。

(七)培训与交流

国家税务总局建立培训机制,定期组织支持中心人员进行培训,不断提高工作人员的综合素质和技能。工作人员的日常学习和培训工作由各支持中心负责。

国家税务总局定期召开例会,组织各支持中心进行工作研讨、交流与协作。

第三节 金税工程三期建设

一、金税工程三期建设概况

(一)金税三期的含义

金税三期是一项国家级税收管理的信息系统工程,是国家电子政务建设的重要组成部分。金税三期系统融合了税收征管变革和技术创新,统一了全国国地税征管应用系统版本,搭建了统一的纳税服务平台,实现了全国税收数据大集中,对于进一步规范全国税收执法、优化纳税服务、实现"降低税务机关征纳成本和执法风险,提高纳税人遵从度和满意度"的"两提高、两降低"的税收征管改革目标具有极其重要的意义。

第一章 金税四期建设进程

金税三期系统的应用,提高了查处企业违规风险水平的效率,由于金税三期系统不断进行更新,过去企业的舞弊方法不再起作用,违规操作的企业会成为税务预警的对象。

(二)金税三期的进展

从2005年开始,为实现"业务一体化、技术一体化、系统一体化",国家税务总局决定实施金税三期工程建设。2005年9月7日,国务院审议通过金税三期工程项目建议书;2007年4月9日,国家发展和改革委员会(以下简称"发改委")批准金税三期工程可行性研究报告;2008年9月24日,发改委正式批准初步设计方案和中央投资概算,标志金税三期工程正式启动。2013年,金税三期工程在重庆、山东、山西等国税局、地税局系统单轨上线运行。根据国家税务总局的部署,2015年1月8日,金税三期工程优化版应用系统在三省(区)六单位(广东、内蒙古、河南的国税局、地税局)单轨上线。

(三)金税三期的意义

实施金税三期工程有以下三项意义:

一是优化纳税服务,通过信息网络为纳税人提供优质、便捷、全方位的税收服务;逐步实现纳税人足不出户轻松办税,从而大大减轻纳税人办税负担。

二是统一国、地税核心征管应用系统版本,实现业务操作和执法标准统一规范,促进税务部门管理职能变革;实现全国数据大集中,及时利用全面准确的数据信息,提高决策的科学化水平和税收征管水平,有效降低税收成本。

三是有力地推动国家电子政务建设,促进政府部门间信息共享和协作,为提高国家宏观经济管理能力和决策水平提供全方位支持,从而对国家的经济建设和社会发展产生积极而重要的作用。

(四)金税三期的总体目标

金税三期工程确定了"一个平台、两级处理、三个覆盖、四类系统"的工作目标,将建成一个年事务处理量超过100亿笔、覆盖税务机关内部用户超过80万户、管理过亿纳税人的现代化税收管理信息化系统。

"一个平台"是建立一个包含网络硬件和基础软件的统一的技术基础平台。实现覆盖税务总局、国地税各级机关以及与其他政府部门的网络互联;逐步建成基于因特网的纳税服务平台。

"两级处理"是依托统一的技术基础平台,建立税务总局、省局两级数据处理中心和以省局为主、税务总局为辅的数据处理机制,逐步实现税务系统的数据信息在税务总局和省局集中处理,实现涉税电子数据在税务总局、省局两级的集中存储、集中处理和集中管理,使业务流程更加简化,管理和监控更加严密,纳税服务更加简便,系统维护更加便捷,系统运行更加安全。支持数据总体分析，实现宏观分析与微观分析相结合、全局分析与局部透视相结合，全面提升数据综合利用水平，提高决策支持能力。

二、金税三期工程管理办法

（一）总则

根据《金税三期工程管理办法（试行）》（国税发〔2009〕143号印发）以及《国家税务总局关于修改金税三期工程管理办法及相关规程部分条款的通知》（国税发〔2010〕49号）的规定，为加强金税三期工程管理，保障工程建设质量和进度，贯彻落实税收信息化建设"统筹规划、统一标准、突出重点、分步实施、整合资源、讲求实效、加强管理、保证安全"的基本原则和"一体化"要求，国家税务总局制定该办法。

该办法适用于金税三期工程建设。该办法内容包括组织机构、工程管理、立项和资金管理、项目管理、采购管理、监督监理和支持保障等。金税三期工程管理办公室（以下简称"工程办"）根据该办法制定相关规程。

（二）组织机构

为保证工程建设的顺利实施，确保质量和进度达到预期目标，在国家税务总局领导下，金税三期工程组织机构由全国税收信息化工作领导小组（以下简称"领导小组"）、领导小组办公室（以下简称"信息办"）、工程办及其职能组和项目组组成。

1.领导小组

领导小组负责审定税务系统信息化建设规划，研究解决信息化建设中的重大问题。领导小组组长由总局局长担任，副组长由其他局领导担任，成员由局内各单位主要负责同志组成。

2.信息办

信息办是领导小组的日常办事机构，设在征管和科技发展司，主任由征管和科技发展司司长担任，副主任由办公厅、政策法规司、收入规划核算司、纳税服务司、征管和科技发展司、财务管理司、人事司、监察局、电子税务管理中心、集中采购中心相关领导担任。主要职责包括以下方面：

（1）负责审议税务系统信息化建设规划，报信息化领导小组审定。

（2）负责审议税收管理信息化建设资金的预算安排意见，报信息化工作领导小组审定。

（3）负责审定以总局信息办名义发布的与信息化有关的各类业务、技术规范和标准。

（4）负责审议税收管理信息化建设项目安排，报信息化工作领导小组审定。

（5）协调处理信息化工作有关问题。

（6）办理领导小组交办事务。

3. 工程办

工程办是金税三期工程建设主体单位，在信息办指导下开展工作。主任由征管和科技发展司司长担任，副主任由办公厅、征管和科技发展司、财务管理司、人事司、监察局、电子税务管理中心、集中采购中心相关领导担任。主要职责包括以下方面：

（1）负责工程总体规划的制定及修订，监控实施过程，使用各种工程管理工具保障工程成功。

（2）负责向领导小组和信息办汇报工程进展，提出工作建议，并汇总资源需求，提请信息办做出安排。

（3）推动、监控工程的各项工作，包括项目启动、需求编写、规划设计、采购、实施、试点、推广，以及会议管理、预算和风险管理、资源分配等。

（4）管理项目的运作，对集中办公人员实施有效管理，解决项目实施中的问题。

（5）协调项目之间的关系，解决跨项目有关问题。

4. 职能组

根据工程建设需要，工程办设立综合组、业务组、架构组、项目管理组和采购组等职能组。

5. 项目组

项目组是承担某一独立任务的工程组织单元，由工程办根据工程需要设立，一般由项目管理、业务、技术三类人员组成。其职责包括以下方面：

（1）对项目的交付成果负责，确保项目达到工程总体规划中确定的项目目标。

（2）根据工程的总体规划制定项目计划，规划项目的进度和所需资源。

（3）负责向工程办汇报项目进展情况，提出资源需求、项目问题和建议，协助办理项目采购工作。

（4）推动和管理项目中的主要工作，包括项目例会、问题跟踪、计划调整、人力资源、进度、质量、风险和里程碑监控等。

总局相关单位在金税三期工程中的管理职责分别为：办公厅主要负责预算资金支付，指导金税三期工程档案管理工作；征管和科技发展司主要负责需求与标准管理、规划设计和项目管理；财务管理司主要负责预算审核，监督预算执行情况，办理财务有关手续；人事司主要负责金税三期工程人力资源管理和激励机制的制定及落实；电子税务管理中心在工程办框架内负责运维、安全、灾备、证书体系和北京、南海数据中心的建设，承担网络等基础设施的实施工作；集中采购中心主要负责金税三期工程采购项目的组织实施和采购管理。

（三）工程管理

工程办负责组织完成金税三期工程管理工作，包括工程计划、组织、沟通、协调、执行、风险控制和档案管理等。

工程办应按照工程目标和范围，从工程任务、时间进度和里程碑、人力资源投入、预算、采购等几个方面全面规划和描述工程达到预定目标的途径，形成工程计划。

工程办应有效组织和配置所需人力资源，明确各职能组、项目组的分工和责任。

工程办应做好内部各职能组、项目组之间的沟通，划清职能组与项目组的工作边界。建立定期报告制度，及时收集工程、项目进展情况，向信息办、领导小组报告。

工程办应做好与局内单位和局外单位的协调。每半年向发改委、财政部报告工程进展，向有关单位发送工程状态报告。

工程办应根据工程计划，持续监控各个环节，及时调整工程计划，修正和优化工程管理的流程和标准，保证工程顺利执行。

工程办应加强内部风险控制和外部风险管理，做好项目结项验收和知识转移，配合相关单位对工程每个阶段进行验收和评估。

工程办应建立工程档案管理制度，对工程建设过程各环节产生的档案统筹管理，确保档案管理的完整性。

（四）立项和资金管理

工程办根据发改委批复的金税三期工程可行性研究报告、初步设计方案和投资概算以及工程总体规划，提出金税三期工程预算申请，由财务管理司报财政部审批；工程办根据年度工作计划，提出年度支出预算申请，包括资金总规模和组成，由财务管理司报财政部审批。

对于招标采购类项目，主要建设内容和投资概算与初步设计无重大变化、工作过程中无重大分歧的，按照以下流程办理立项手续：

（1）工程办提出项目建设初步建议。

（2）工程办组织专家对项目的必要性和可行性进行论证。

（3）工程办根据论证意见和相关要求编制项目立项报告，报主管局领导审批。主管局领导应在2个工作日内做出是否批准项目启动的意见。

（4）主管局领导批准项目启动后，工程办主任签署《金税三期工程项目立项通知书》，提交采购；同时，工程办提出项目资金动用申请，由财务管理司报财政部审批。

对主要建设内容和投资概算有重大调整或工作过程中有重大分歧的项目，工程办要在2个工作日内向局领导报告，局领导要在5个工作日内完成审批。

其他支付项目,按以下流程办理立项手续:工程办提出项目初步建议,经局领导同意后,由财务管理司报财政部审批。

所有支付项目经财政部审批后,工程办向办公厅转交项目资金使用通知书和年度用款计划。

因不可抗力、外部因素变化或因工作需要确需增加、取消项目或对项目内容、预算进行重大调整,工程办应按立项手续报财政部批复后执行。

金税三期工程建设资金实行国库集中支付。支付方式包括直接支付和授权支付,支付程序按财政部相关规定执行。

工程办应建立台账,记录金税三期工程资金使用情况。工程办使用金税三期工程资金采购的信息化设备、产品和开发的软件,应按规定纳入固定资产管理。

金税三期工程完工后,办公厅会同工程办等相关单位,按规定编制工程竣工决算报表,做到依据明确、编报及时、内容完整。

(五)项目管理

招标采购类支付项目,工程办按照项目管理方式组织成立项目组,负责具体项目的管理。各项目组在工程办的统一管理下,负责项目的启动、执行、结项等工作。

项目组成立后,进入启动阶段。项目组制定项目计划,组织完成项目申报书报工程办审定。协助完成项目采购和其他相关准备工作。

项目采购工作完成后,进入执行阶段。项目组在工程办领导下组织和推动项目实施,执行项目计划,以确保达成既定目标。

项目目标完成后,进入结项阶段。项目组准备项目验收所需材料,提请工程办进行项目验收和评估,协助办理资金支付手续。

(六)采购管理

金税三期工程项目采购应遵照国家法律法规和有关部委的相关规定办理;充分考虑信息化建设"一体化"要求和可持续发展需要,合理设置有关条款和评标办法;精简流程,提高效率,主动适应金税三期工程建设的进度要求。

按照金税三期工程可行性研究报告批复,金税三期工程建设项目实行公开招标,委托代理机构采购。因特殊情况需要公开招标以外其他采购方式的,按《中华人民共和国招标投标法》(以下简称《招标投标法》)、《中华人民共和国政府采购法》(以下简称《政府采购法》)和财政部有关文件的规定办理。

在无重大分歧、无质疑投诉的情况下,项目采购时间(从接到采购需求到合同签订完毕)控制在8周内。采购领导小组组长如有特殊情况,可以委托其他局领导主持采购领导小组会议。集中采购中心成立专门小组,专司金税三期工程项目采购工作。

（七）监督监理

金税三期工程接受金税三期工程监督小组和负有监督职责的相关单位依法进行的监督检查，金税三期工程监督办法另行制定。

金税三期工程实行工程监理制。工程办可聘请专业人士对项目档案和合同文本等提出咨询意见。工程办应按照政务公开有关规定向社会公开金税三期工程有关信息。

（八）支持保障

工程办负责工作场地、办公环境和沟通平台等方面的综合保障。

工程办协助人事司建立金税三期工程人才库，完善人力资源激励机制，培养核心工作团队，支持后续"一体化"工作。

三、金税三期工程资金管理规程

（一）总则

根据《金税三期工程资金管理规程（试行）》（国税发〔2009〕143号印发）的规定，为了加强国家税务总局金税三期工程资金管理，根据《金税三期工程管理办法》和其他有关规定，国家税务总局制定该规程。

金税三期工程资金管理包括项目的预算编制和审核、资金的支付和会计核算、预算的执行和监督等。

金税三期工程项目资金开支范围包括发改委批复的初步设计方案和投资概算中列明的数据中心（南海）土建工程中的工程费用、工程其他费用和预备费，以及信息系统工程中的硬件购置费、系统软件购置费、应用系统定制费、系统集成费、其他费用和预备费等。

金税三期工程资金管理应当坚持统筹规划、科学论证、勤俭节约、专款专用、保障安全、追踪问效的原则，严禁挪用、挤占金税三期工程资金。

（二）预算编制

工程办根据金税三期工程初步设计和投资概算、实施方案以及财政部编制年度预算要求，提出年度金税三期工程项目立项的实施意见和项目预算，列入总局机关预算；经财务管理司审核，提交局长办公会审议，纳入总局部门预算。

金税三期工程项目预算，按照部门预算编报要求，实行"二上、二下"的程序：

（1）编制上报"一上"预算建议数。工程办按照金税三期工程建设的总体进度提出年度项目预算建议数；办公厅将工程办提出的年度项目预算建议数列入总局机关"一上"预算，经财务管理司审核后报财政部。

（2）编制上报"二上"预算方案数。工程办根据下达的年度项目预算指标控制数，提出年度项目"二上"预算；办公厅将工程办提出的年度项目"二上"预算方案数列入总局机关"二上"预算，经财务管理司审核，报局长办公会审议，纳入总局"二上"部门预算。

（3）"二下"预算批复。财务管理司按照财政部批复的年度预算，向办公厅下达年度金税三期工程项目资金预算；办公厅及时将财政部批复的项目预算抄送工程办及有关部门。

（4）预算调整。工程办应严格按照财政部预算批复的项目执行，不得自行调整。确需调整预算的，应按预算编报审核程序，报财政部批复后执行。

（三）资金支付

按照财政部的规定，金税三期工程资金实行国库集中支付。支付方式包括直接支付和授权支付，支付程序按财政部相关规定执行。

1. 用款计划

办公厅及相关预算单位根据批准的年度项目预算和财政部确定的支付方式，按照规定编制分月直接支付用款计划和授权支付用款计划。

2. 支付程序

（1）直接支付程序。办公厅及相关预算单位依据年度预算、分月用款计划和有关支付凭证，提出支付申请，填写《中央基层预算单位财政直接支付申请书》，逐级审核报至总局财务管理司。属于基建项目的，需先报当地财政监察专员办事处审核签署意见后再报总局财务管理司。总局财务管理司对财政直接支付申请进行汇总后，填写《财政直接支付汇总申请书》报财政部。办公厅及相关预算单位将收到的《财政直接支付入账通知书》作为预算单位收到和付出相应款项的凭证。

（2）授权支付程序。办公厅及相关预算单位在财政部批复的分月用款计划额度内办理资金支付，依据相关支付凭证进行账务处理。

3. 注销及恢复

办公厅及相关预算单位应对年度预算资金剩余额度与财政部及代理银行进行核对，在年底予以注销。项目资金用款额度的恢复和使用按财政部相关规定执行。

4. 会计核算

办公厅应按照规定的会计科目对金税三期工程资金的收入、支出和结余进行核算。

5. 工程决算

工程或阶段完成后，办公厅应按财政部规定编制竣工财务决算，做到依据明确、编报及时、内容完整。

（四）台账管理

1.金税三期工程资金管理应当建立专用台账

（1）财务管理司、办公厅、工程办、集中采购中心根据各单位职责，分别建立金税三期工程资金预算台账、资金支付台账、资金使用台账、采购实施计划执行和合同执行台账。工程办统一设计台账的主要事项和指标。

（2）各单位台账的管理须指定专人负责，及时记录，由工程办牵头，财务管理司、办公厅、集中采购中心参与，按月进行台账核对，定期在工程办例会上通报。

2.各单位台账的设置和记录应满足的要求

（1）财务管理司台账。应记录金税三期工程项目预算情况，包括项目名称、项目编号、预算金额等。

（2）办公厅台账。应记录金税三期工程项目付款情况，包括项目名称、项目编号、付款金额（分期）等。

（3）工程办台账。应记录项目的启动、运转、验收、资金使用情况等。

（4）集中采购中心台账。应记录项目采购进度情况，包括项目采购启动、发标、评标、合同签署、合同执行及付款情况等。

（五）资产管理

使用金税三期工程资金购置的信息化设备和开发的软件，应按规定纳入固定资产管理。资产使用单位负责设备或软件的到货验收和入库登记工作。

对于需要调拨的信息化设备和软件，应按有关规定及时办理调拨手续。具体流程包括：

（1）工程办组织资产使用单位进行固定资产到货验收工作，收集各验收单位反馈的验收单，填写《验收汇总单》，在项目到货验收完毕之后的合同付款审核环节，将《验收汇总单》随付款手续转交采购部门（含授权采购部门）。

（2）采购部门（含授权采购部门）依据项目合同条款办理付款手续，并在项目到货验收完毕后的合同付款环节，将付款手续连同项目主管部门转交的《验收汇总单》一并提交办公厅。

（3）办公厅在确认《验收汇总单》并办理付款后，将《验收汇总单》提交财务管理司。

（4）财务管理司根据办公厅确认的《验收汇总单》，办理资产调拨手续，下达《国家税务局系统固定资产调拨单》。

（5）固定资产调出和接收单位根据《国家税务局系统固定资产调拨单》分别对调出和调入资产进行账务处理和会计核算。

金税三期工程的资金使用和形成资产，应按国家档案管理有关规定建立档案。

（六）监督和报告制度

财务管理司应严格按国家有关法律、法规和财务制度以及总局的相关规定，对金税三期工程资金使用情况进行监督。

工程办应根据金税三期工程资金使用情况，不断完善有关工作制度。工程办应定期向局领导报告预算执行等情况。金税三期工程资金使用情况应接受纪检监察、内部审计以及财政、审计部门的监督检查。

四、金税三期工程项目管理规程

（一）总则

根据《金税三期工程项目管理规程（试行）》（国税发〔2009〕143号印发）的规定，为加强金税三期工程项目建设过程中的协调与合作，确保建设的顺利进行，依据《金税三期工程管理办法》，国家税务总局制定该规程。该规程适用于金税三期工程项目管理。

根据项目管理规范，结合金税三期工程建设实际，金税三期工程项目建设过程分为立项审批、采购、实施、运行维护等阶段。

项目管理遵循的原则：业务需求和技术实现"一体化"管理原则；部门职责明确，分工协作原则；项目管理各项工作可操作性原则。

（二）立项审批

工程办职能组根据发改委批复的可行性研究报告、初步设计方案和投资概算等文件，提出项目建设初步建议。

工程办项目管理组整理、汇总项目建设初步建议，报工程办审核同意后，起草成立项目组的文件，由工程办发布。

项目组负责制定项目计划，组织编写项目申报书、专家论证资料，报工程办审核。项目申报书应包括项目名称、责任人、依据、项目建设的必要性和可行性、目标、主要内容、具体需求（业务需求与技术要求）、在金税三期工程总体规划中的定位（与其他项目的关系）、信息安全需求、运行条件、具体实施计划及初步预算等。

各职能组对项目组提交的项目申报书进行业务、技术、预算审核。审核通过后，工程办综合组组织专家进行论证，并邀请有关单位参加。

项目组根据专家论证意见和相关要求编制工程项目立项报告，由工程办报主管局领导审批。主管局领导应在2个工作日内做出是否批准项目启动的意见。

主管局领导批准项目启动后，由工程办主任签署《金税三期工程项目立项通知书》。工程办提出项目资金动用申请，由财务管理司报财政部审批。

工程办将项目申报书、审核意见、专家论证意见、项目立项通知书等文档正式移交采购，由集中采购中心启动政府采购程序，并报财政部备案。

（三）采购

由集中采购中心按《金税三期工程采购管理规程》执行。

（四）实施

1. 应用系统建设项目

（1）项目组牵头组织应用系统项目开发工作，业务组、架构组、项目管理组参加。明确责任主体和责任人，拟定项目计划，经工程办批准后执行。进行过程管理，定期向工程办报告项目进展情况。

（2）开发工作基本完成后，项目组牵头组织测试、试点、初验、推广、终验等的准备工作，业务组、架构组、项目管理组参加。工程办组织项目测试、试点、初验、推广、终验工作。项目组负责项目资料收集、整理，按《金税三期工程档案管理规程》要求，按时向综合组移交归档。

2. 技术体系建设项目

（1）项目组牵头组织技术体系项目实施工作，架构组、项目管理组参加。明确责任人，拟定项目计划，经工程办批准后执行。进行项目里程碑管理，定期向工程办报告项目进展情况。

（2）实施工作基本完成后，项目组组织初验、试点、推广、终验等的准备工作，架构组、项目管理组参加。工程办组织项目初验、试点、推广、终验工作。项目组负责项目资料收集、整理，按《金税三期工程档案管理规程》要求，按时向综合组移交归档。

（五）运行维护

项目推广后，移交税务总局有关单位进行日常运行维护，有关移交工作规程另行制定。

（六）立项变更

对未立项的项目，原则上不得组织实施。特殊情况需进行项目变更的，由职能组或项目组提出项目变更申请（包括追加项目、取消项目、调整项目预算、调整项目范围，申请格式同项目申报书），经工程办审核后向局领导报告，局领导审批同意后，工程办主任签署《金税三期工程项目立项通知书》或《金税三期工程项目变更通知书》。

五、金税三期工程项目采购管理规程

（一）总则

根据《金税三期工程项目采购管理规程（试行）》（国税发〔2009〕143号印发）以及《国家税务总局关于修改金税三期工程管理办法及相关规程部分条款的通知》（国税发〔2010〕49号）的规定，为保证金税三期工程建设顺利实施，做好金税三期工程项目采购工作，规范采购程序，提高采购效率，根据《政府采购法》《国家税务总局机关政府采购各部门职责和工作规程》及有关规定，国家税务总局制定该规程。

金税三期工程项目采购，坚持客观公正、公开透明、公平竞争、诚实信用、择优适用原则。

按照金税三期工程可行性研究报告批复，金税三期工程建设项目实行公开招标，委托代理机构采购。因特殊情况需要公开招标以外其他采购方式的，按《招标投标法》《政府采购法》和财政部有关文件的规定办理。

该规程适用于金税三期工程硬件设备采购、软件开发及相关服务采购项目。

（二）采购组织架构

金税三期工程采购实行"政府采购领导小组—采购工作组—集中采购中心"三位一体组织架构。

政府采购领导小组组长由主管政府采购工作的局领导担任，由征管和科技发展司、财务管理司、监察局、电子税务管理中心、集中采购中心等单位领导参加。

政府采购领导小组办公室设在集中采购中心，政府采购领导小组日常工作由集中采购中心负责。

采购工作组组长由集中采购中心项目负责人担任，由工程办项目组、采购组及金税三期工程监督工作小组组成。

（三）采购工作组职责分工

1.集中采购中心工作职责

（1）负责组建采购工作组。
（2）负责办理采购项目委托采购手续及相关工作协调。
（3）参加采购代理机构组织的开标、评标。
（4）负责组织采购项目合同商谈及制定。
（5）负责合同签署、合同保管及合同执行中有关工作的协调。
（6）负责保证金收退及付款等工作。

2.项目组工作职责

（1）参与采购工作组工作。
（2）负责提供采购项目业务及技术需求。
（3）参与审核招标文件及合同。
（4）负责招标文件业务及技术问题澄清。
（5）参与开标、评标及合同商谈。
（6）组织项目验收。

3.工程办采购组工作职责

（1）参与采购工作组工作。
（2）参与工程办项目组工作。
（3）负责与工程办、集中采购中心之间的工作协调和信息沟通。
（4）根据集中采购中心授权，承担集中采购中心部分职责。

4.金税三期工程监督工作小组工作职责

（1）参与采购工作组工作。
（2）对采购项目招标活动进行全程或重点监督。
（3）负责采购项目的审计监督。
（4）对采购过程中的违法违纪违规行为进行调查处理。

（四）采购管理体制

金税三期工程项目的采购实行集体领导、集体审议、集体决策工作机制。由采购工作组集体研究项目招标采购原则，报政府采购领导小组审定。

由政府采购领导小组集体研究审定项目招标采购原则、评标结果、其他采购重大问题或争议事项。实行评标委员会评标制度。评标委员会的组建、职责等按照政府采购有关规定执行。

（五）采购程序

1.进入采购程序

根据金税三期工程"立项目录"或"立项通知书"，并由工程办提交业务需求和技术方案后，进入采购程序。

2.研究招标采购原则

召开采购工作组会，研究采购方式、投标人资质条件、评标方法、评标标准和评委会组成等招标采购原则。

预算资金较大项目、技术复杂项目或有争议项目，应组织专家对采购及有关问题进行论证。

3.审定招标采购原则

召开政府采购领导小组会，审定招标采购原则，确定采购方式、评标方法、评标标准和评委会组成等招标采购事宜。

4.办理委托采购手续

根据政府采购领导小组审定意见,由集中采购中心按照《国家税务总局机关政府采购各部门职责和工作规程》规定的委托采购程序办理委托手续。

5.编制招标文件

由采购代理机构根据采购项目需求编制招标文件,送集中采购中心会签工程办审核。

6.招标与投标

(1)根据政府采购有关规定,由采购代理机构在相关指定媒体上公开发布招标公告。自招标文件发布至投标截止日,不得少于20天。

(2)根据项目实际需要及潜在投标人询问,采购代理机构可以对已发出的招标文件进行澄清或修改,并在相关媒体上发布更正公告。更正公告应在提交投标文件截止时间15天前发出。

7.开标及评标

(1)开标前,由采购代理机构按规定程序和要求,组建评标委员会。

(2)由采购代理机构组织公开开标;集中采购中心会同工程办相关人员参加开标。

(3)由采购代理机构组织评标活动,完成评标工作。

8.审定评标结果

(1)由采购代理机构将评标结果送集中采购中心,集中采购中心提请召开政府采购领导小组会审定。

(2)政府采购领导小组审定评标结果后,由集中采购中心通知采购代理机构按程序发布中标公告及中标通知书。

9.合同签署与执行

(1)根据评标结果,由集中采购中心完成合同初稿,送工程办会签。

(2)集中采购中心修订合同,并由集中采购中心领导按程序完成合同签署工作。合同正本一式三份,由中标供应商、集中采购中心及工程办各保管一份。

(3)合同签署后,由工程办根据合同约定负责组织项目实施和验收,并提交项目验收报告。

10.保证金收退及付款

集中采购中心根据合同约定及时办理投标保证金、履约保证金收退工作,并按照合同条款和项目验收报告办理付款。

六、金税三期工程后勤管理规程

(一)总则

根据《金税三期工程后勤管理规程(试行)》(国税发〔2009〕143号印

发）的规定，为加强金税三期工程集中办公后勤管理，根据《金税三期工程管理办法》及相关规定，国家税务总局制定该规程。该规程适用于金税三期工程集中办公后勤管理。

该规程内容包括集中办公地点选择管理、人员后勤管理、工作环境管理、住宿餐饮管理、费用支付管理和设备耗材管理等。金税三期工程后勤管理坚持以服务为中心，统筹兼顾、勤俭节约、保障安全、有效管理的原则。

（二）集中办公地点选择管理

集中办公地点原则上应安排在金三环宾馆，如不能满足工作需要可以选择其他地点。选择的基本原则是：距离税务总局办公地点较近、交通便利、设施齐全、安全卫生、收费合理的党政机关事业单位出差和会议定点饭店。

（1）工作环境。基本办公条件是各种类型的会议室齐备，会议室宽敞明亮，配有必要的办公设施（投影仪、幕布等）。具体要求是：具有能容纳150～200人的大型会议室，15～20个能容纳10～20人的中小型会议室，能满足30人以上同时对外通话的总机线路，能满足150人同时上互联网。

（2）住宿环境。能满足集中办公人员最高峰时对房间的需要，房间宽敞明亮、清洁、安全、基础设施（主要包括床、床头柜、办公桌、办公椅、台灯、电视机、电话、网线接口、卫生间等）齐全。

（3）就餐环境。能提供集中办公人员最高峰时的就餐环境；能提供卫生达标、荤素搭配、主食副食花样较多、营养可口的食品。

（4）收费合理。在不突破财政部批复的集中办公人员经费标准的前提下，能够满足金税三期集中办公人员工作、生活、学习、锻炼所必需的基本条件。

（5）金税三期工程管理办公室综合组（以下简称"综合组"）应及时收集集中办公人员的意见和建议，与集中办公地点管理人员沟通，督促其不断改进工作。

集中办公地点应采用招标或协议方式选取。特殊情况下（如时间紧迫）可经工程办会议研究确定，报局领导批准。

在经费按项目归集的前提下，根据实际工作需要，后勤管理可采用集中管理与分散管理两种模式。集中管理是由综合组负责管理集中办公的后勤事宜；分散管理是由各项目组分别自行负责本项目的后勤管理工作，定期或不定期采用报表的形式报告工程办，综合组及时了解汇总各项目组的后勤管理情况，做好日常检查和监督。

（三）人员后勤管理

金税三期工程集中办公人员包括从总局各个司局抽调的专职和兼职人

员,从各省市国税局、地税局借调人员和上挂人员。所有集中办公人员汇总形成人才库。

集中办公所需人力资源由工程办从人才库中调配。各项目组和职能组未经工程办同意抽调的工作人员,综合组不予提供相应的后勤服务。

集中办公人员抽调工作流程:项目或阶段启动前,各项目组或职能组拟定集中办公人员数量及其专业技能要求或人员名单(包括姓名、出生年月、工作单位、通信地址、业务专长等),综合组负责据此汇总编制人力资源需求,经工程办同意后,以人事部门的正式文件下发给抽调人员所在单位。项目或阶段执行期间,各项目组要随时向工程办报告集中办公人员的动态变化情况。人员调整按照人事部门有关制度执行。项目或阶段结束时,综合组根据集中办公人员工作情况更新人才库档案信息。

集中办公人员须持有关会议通知或文件在规定的时间和地点报到,填写登记表,办理住宿等相关手续。

采用集中管理模式的集中办公人员实行考勤管理制度,采用分散管理模式的可参照执行。

(1)各项目组应对本组集中办公人员每天进行考勤登记,项目组长对考勤结果负责,并及时把考勤表交综合组汇总。综合组定期或不定期对考勤情况进行抽查,并把汇总结果按月上报工程办和总局人事部门。

(2)集中办公人员出差、请假、休假应由各项目组管理。离开集中办公地点的人员须办理退房手续,综合组安排行李存放地点。未按规定办理退房等手续的,综合组不予报销相关差旅费用。返回集中办公地点的人员须到综合组重新办理住宿登记。

(3)项目组如需安排集体休假,应报工程办同意。

(4)初次违反后勤管理规定的集中办公人员,综合组应责令其改正;两次以上的,综合组应在工程办范围内通报。

(四)工作环境管理

集中办公工作环境管理由综合组负责,包括对工作时间、工作场地、会议场地和沟通平台的管理。

1.工作时间

工作时间为8:00—12:00,14:00—18:00。

2.工作场地

(1)集中办公人员应在指定的工作场地集中办公。

(2)各项目组使用工作场地应按周安排,未报下周场地使用计划的,到期自动收回。如遇特殊情况确需调配的,应提前告知综合组。

(3)使用工作场地流程:经办人填写场地安排表,项目负责人签字,综合组核实并签字后予以安排。

3.会议场地

（1）工程办召开的例会、专题会议等工作会议，由综合组负责会议通知、会场安排等工作。

（2）项目组召开的内部会议，综合组只负责安排会议场地。

4.沟通平台

（1）集中办公启动时，综合组负责协调设备管理部门搭建集中办公地点的沟通平台。

（2）集中办公期间，综合组负责协调设备管理部门解决沟通平台设施的维护及系统安全保障等。

（3）集中办公结束后，综合组负责协调设备管理部门拆除沟通平台，归还相应设施。

（五）住宿餐饮管理

1.住宿管理

（1）原则上集中办公人员一人一间标准间。如果房源紧张，综合组可对住宿进行调整。

（2）集中办公人员应严格遵守集中办公地点制定的各项规章制度。

（3）原则上不允许集中办公人员留宿外来人员。

（4）住宿一经安排，禁止私自调房。如遇特殊情况，须经综合组同意并进行登记后，方可调房。

2.餐饮管理

（1）一般采取自助餐形式。特殊情况需要工作桌餐、加班餐等，经项目组负责人签字后，综合组可在规定标准内予以安排。

（2）工作桌餐标准按照与集中办公地点协商的标准执行。

（3）特殊就餐的工作流程：经办人（或小组）填写审批单，项目组负责人签字，综合组核实并签字后予以安排。

（4）集中办公人员到总局工作，需在总局就餐的，由项目组长提供人员名单，综合组负责办理总局就餐卡、出入证。工作结束时，综合组统一收回。办理流程为：各项目组应把需要到总局就餐的集中办公人员名单进行登记，项目组负责人签字，综合组进行汇总，综合组负责人审核签字，工程办负责人审批签字，到总局相关部门办理有关手续。

（六）费用支付管理

集中办公人员费用按项目归集管理，其费用来源和支出应严格按照《金税三期工程资金管理规程》的有关规定执行。

费用支出项目包括住宿费、就餐费、会议室使用费、就医费等，由综合组统筹管理。

综合组负责将金税三期集中办公人员名单交给集中办公地点医务室，集中办公人员凭本人身份证到医务室就诊取药。如遇特殊情况需要外出就医的，应经集中办公地点医务室医生签字后方可外出就医。医疗费用回原工作单位报销。

（七）设备耗材管理

办公设备主要包括打印机、复印机、碎纸机、传真机、笔记本电脑、无线路由器、照相机、录像机、录音笔、面板、图书资料等；耗材主要包括墨盒、硒鼓、光盘、U盘等；日常办公用品包括纸张、笔墨、信封、档案袋（盒）、订书机等。办公设备的购置、登记、管理等应严格按照总局规定的程序、流程和要求进行。

1. 办公设备领用

经办人填写设备领用单，项目组负责人签字，综合组审核签字，项目组统一领回后由其负责人发放给使用者，项目组应将包含使用者签字的发放明细送交综合组备案。

耗材及日常办公用品领用。经办人填写领用单，项目负责人签字，经办人统一领回发放。

2. 办公设备和耗材使用

应本着爱护、节约的原则使用办公设备和耗材。个人使用的办公设备由使用人负责管理，项目组公共使用的办公设备由组长负责管理。

3. 办公设备维护

集中办公人员使用的办公设备出现问题或损坏，应及时报告综合组，由综合组统一安排修复，不得擅自处理。

4. 办公设备收回

项目工作结束后，项目组组长负责收回本组各类办公设备，与设备领用单注明的规格、型号、数量等信息进行核实，综合组按单验收入库。设备不能收回的，综合组应将情况及时报告工程办。

七、金税三期工程档案管理规程

（一）总则

根据《金税三期工程档案管理规程（试行）》（国税发〔2009〕143号印发）的规定，为规范金税三期工程档案管理工作，充分发挥档案在工程建设、运行、管理、监督等方面的作用，根据《金税三期工程管理办法》，依据《国家电子政务工程建设项目档案管理暂行办法》《归档文件整理规则》（DA/T222000）和《电子文件归档与管理规范》（GB/T 18894—2002）的原则要求，结合工作实际，国家税务总局制定该规程。

该规程适用于金税三期工程建设档案管理全过程，包括档案的产生、收集、整理、归档、移交、使用、管理和验收等。

该规程所称档案是指在金税三期项目建设全过程中形成的、具有保存价值的各种形式和载体的历史记录，是金税三期项目竣工验收、运行维护、升级改造等工作的重要依据。

工程办是金税三期工程项目档案管理工作的主体，在办公厅监督指导下制定档案工作计划，建立健全归档制度、档案分类编号方案等管理制度和业务规范，检查、监督、指导档案管理工作。

档案管理工作涉及的有关单位有办公厅、财务管理司、人事司、电子税务管理中心、集中采购中心、信息办、工程办以及各中标单位。凡是与金税三期有关的所有文档，必须在工程办备案存档。

（二）档案的收集和整理

各相关单位需配备专（兼）职档案管理人员，负责本单位在金税三期建设过程中产生的各类档案的收集整理、归档移交工作。档案管理人员要保持相对稳定。

档案的收集、整理、归档应与项目建设进程同步实施，项目档案的形成、积累和管理要列入项目建设计划和各单位职责范围、工作标准或岗位责任制。各相关单位在金税三期建设中形成的具有使用和保存价值的档案在办理完毕后，由各单位专（兼）职档案管理人员按文件形成的先后顺序或完成情况及时收集、整理，定期向工程办综合组移交归档。

档案归档整理办法按照《金税三期工程归档文件整理办法》执行。归档范围按照《国家电子政务工程建设项目文件归档范围和保管期限表》执行。

项目档案纳入合同管理，档案人员参与起草招标文件有关条款和合同谈判。实行事前介入、事中控制、事后审核、验收把关的管理模式，确保项目档案的完整、准确、系统、安全和及时、规范。各项目组、职能组、集中采购中心在项目设计开发、施工、监理、设备采购、委托中介招标等合同、协议中均应设立专门条款，对项目文件的整编归档内容、整理标准质量、介质和套数、移交时间等方面提出具体要求，并写明违约责任。监理合同应增加对设计、施工单位归档文件的审核责任，罚则中应明确审核责任占质量保证金的比例。各职能组在涉及知识产权的招标文件、合同、协议中应明确与知识产权相关的归档材料的提交内容、深度等要求。

监理合同应符合《信息化工程监理规范》（GB/T 19668—2005）、《建设工程监理规范》（GB/T 50319—2000）的要求，监理单位应依据合同对参加金税三期建设单位（以下简称"参建单位"）的档案收集整理情况进行检查审核，如发现问题，应及时督促其整改。

工程办归档的纸质文件应为原件或正本，且签章手续完备。工程办要对各类电子文件（含照片、录像等）、载体进行收集和归档，归档范围参照纸质文件归档范围。归档电子文件应将所采集的相关原始数据一并保存，同时要保证其真实、完整、有效和安全。

在项目建设过程中，工程办结合项目进度对各相关单位项目文件的收集、整理情况进行检查和管控；在项目验收、审验合同时，工程办组织相关部门对项目同步进行档案验收。

档案保管期限分为永久、30年、10年三种。具体保管期限的划分见《国家电子政务工程建设项目文件归档范围和保管期限表》。

（三）档案的移交与利用

工程办负责协调组织对相关单位进行档案管理的培训、指导。各参建单位应按招标文件、合同、协议以及有关规定，及时向工程办移交档案，交接双方应办理档案移交手续。按合同要求每次付款时要检查前期档案的移交情况，没有按合同移交档案材料的，工程办不予签字付款。

文书纸质文档在形成后的1个月内移交；项目文档必须在项目或阶段验收时同步移交；电子文档归档时要将形成的初始文档、中间文档和最终文档以及全程著录的元数据以光盘形式随纸质文档一并保存移交。

工程办在档案移交上要注重监理单位自身形成的文件档案的收集整理和移交工作，同时要督促检查监理单位按照监理合同对参建单位文件材料的形成情况进行质量把关；监理工程师对归档清单和内容应逐一签字确认，监理单位审核签署后移交工程办管理。

工程办按季度对各相关单位的档案管理工作进行检查，对各单位移交的档案进行阶段性审查。对不符合档案归档要求的有关单位，工程办应对其发出整改通知书。工程办在金税三期工程竣工验收后3个月内，根据税务总局档案管理规定，向办公厅移交档案。

如需利用工程档案，须经本部门负责人签字并经工程办领导同意后，方可查阅、复印。国家税务总局和各省市国税局、地税局的金税三期工程档案实行分级管理，分别归档。

（四）档案的验收

档案验收包括项目档案初步验收和工程档案竣工验收。项目档案初步验收是项目验收的重要环节，工程办负责组织相关专家进行项目档案的初步验收工作。工程档案竣工验收是金税三期工程竣工验收的必备条件，由发改委、国家档案局组织的竣工验收委员会下设的档案专家组负责。

档案验收可以采用听取汇报、现场查看、质询、抽查档案等方式。档案验收的主要内容为：

（1）有无档案管理体制和职责，是否建立档案工作规章制度和业务规范，是否采取有效措施对本单位和各参建单位形成的档案进行统一管理。

（2）档案的收集、整理和归档是否纳入合同管理，要求是否明确，控制措施是否有效。

（3）档案的收集、整理、归档和移交是否符合有关档案管理标准的要求。

（4）档案实体和信息是否安全，档案装具、归档文件的制成材料是否符合耐久性要求。

档案验收结果分为合格与不合格。合格的，形成验收报告；不合格的，工程办根据专家意见提出整改意见，责令整改，并组织复查。

八、金税三期工程资金支付审批流程

（一）总则

根据《金税三期工程资金支付审批流程（试行）》（国税发〔2009〕143号印发）的规定，为提高金税三期工程资金支付效率，保证项目顺利实施，根据《金税三期工程管理办法》和《金税三期工程资金管理规程》，国家税务总局制定该流程。

该流程所称资金是指发改委批复的金税三期工程初步设计方案和投资概算中列明的数据中心（南海）土建工程中的工程费用、工程其他费用和预备费，信息系统工程中的硬件购置费、系统软件购置费、应用系统定制费、系统集成费、其他费用和预备费等。

（二）资金支付

资金支付包括招标采购类支付（包括小额政府采购）和其他支付。资金支付范围和支付标准应严格执行国家有关法规、政策。

（三）资金动用审批程序

（1）在项目开展之前，金税三期工程管理办公室项目组（以下简称"项目组"）应按照财政部预算编制的要求和发改委的批复，根据年度内实际可完成的工作量，安排并制定详尽的项目预算和说明，包括我方人员的费用预

第一章 金税四期建设进程

算和乙方的费用预算。项目组向综合组提出电子和纸质立项依据、项目预算和项目计划。

（2）综合组对项目组提交的项目预算进行审核，审核确认后提交工程办审批。

（3）财务管理司对工程办提交的项目预算审核确认后报财政部审批。

（4）财务管理司接到财政部的项目预算资金批复后转交工程办，工程办填写《金税三期工程项目资金使用通知书》转交办公厅和集中采购中心。

（四）招标采购类支付项目资金支付审批程序（包括小额政府采购）

（1）集中采购中心收到乙方提交的付款申请后，将付款申请和有关资料交工程办综合组织确认。

（2）综合组将收到的付款申请转交有关项目组确认项目进度及合同验收等情况。项目组组长签字确认后，交综合组审核并登记台账。经综合组负责人签字，报工程办主任审批，提交集中采购中心办理付款。

（3）集中采购中心对工程办提交的有关资料审核后提出付款处理意见，将符合付款条件项目的有关资料、凭证整理后，送交总局办公厅财务处。有关资料主要包括：①乙方付款申请、凭证（发票）。②金税三期工程项目立项通知书（标明项目编号）。③项目合同文本（有关文本部分）或缴费协议书（附费用标准）。④工程进度报表（包括监理签字确认）。⑤项目验收报告。⑥经费报销单（经办人、项目组组长、工程办主任、集中采购中心主任签字）。⑦资产验收入库单据或资产调拨单据。如果是直接支付方式，还需要以上资料的复印件。

（4）办公厅根据财政部的项目资金批复，审核集中采购中心提交的项目支付申请资料并授权支付。如果是直接支付方式，经财务管理司审核后按照合同约定和国库集中支付的有关规定及各项财务规章制度，办理资金支付手续。

（五）其他支付项目资金支付审批程序

（1）工程办按照财政部批复的事项，依据税务总局的有关规定确定支付范围和标准，报局领导同意后作为报销审核的依据。

（2）经办人填写报销凭单，在有关原始凭证或报销清单上签字确认，附购物或消费明细清单，经所在项目组组长签字，报综合组审核并登记台账，经综合组负责人签字同意后，报工程办主任签批。工程办主任签批后，经办人到办公厅报销。

（3）办公厅根据财政部的项目资金批复，审核无误后办理资金支付手续。

（六）监督管理

工程办对项目预算执行情况进行检查和监督，发现突破项目支付范围、标准、预算规模或自行变更资金用途的，应及时发出整改通知书，令其整改。

资金支付过程中，办公厅、财务管理司、集中采购中心、工程办要按照《金税三期工程资金管理规程》中台账管理的要求登记台账。由工程办牵头，办公厅、财务管理司和集中采购中心参与，定期对账。

项目结项时，项目组要进行专项资金的使用情况分析，报工程办审核汇总。工程办要定期向财政部汇报专项资金使用情况。

按照《国家电子政务工程建设项目管理暂行办法》（国家发改委令55号），各项目组应于每年1月10日前向工程办报送上年度金税三期工程建设进度和概预算执行情况，于7月10日前向工程办报送上半年建设进度和概预算执行情况，工程办汇总后于每年1月底和7月底前将建设进度、概预算执行情况报送发改委。

九、金税三期其他管理制度

（一）增值税税控系统专用设备和技术维护费用抵减增值税税额

根据《财政部　国家税务总局关于增值税税控系统专用设备和技术维护费用抵减增值税税额有关政策的通知》（财税〔2012〕15号）的规定，为减轻纳税人负担，经国务院批准，自2011年12月1日起，增值税纳税人购买增值税税控系统专用设备支付的费用以及缴纳的技术维护费（以下简称"二项费用"）可在增值税应纳税额中全额抵减。

增值税纳税人2011年12月1日（含，下同）以后初次购买增值税税控系统专用设备（包括分开票机）支付的费用，可凭购买增值税税控系统专用设备取得的增值税专用发票，在增值税应纳税额中全额抵减（抵减额为价税合计额），不足抵减的可结转下期继续抵减。增值税纳税人非初次购买增值税税控系统专用设备支付的费用，由其自行负担，不得在增值税应纳税额中抵减。增值税税控系统包括：增值税防伪税控系统、货物运输业增值税专用发票税控系统、机动车销售统一发票税控系统和公路、内河货物运输业发票税控系统。增值税防伪税控系统的专用设备包括金税卡、IC卡、读卡器或金税盘和报税盘；货物运输业增值税专用发票税控系统专用设备包括税控盘和报税盘；机动车销售统一发票税控系统和公路、内河货物运输业发票税控系统专用设备包括税控盘和传输盘。

增值税纳税人2011年12月1日以后缴纳的技术维护费（不含补缴的2011年

11月30日以前的技术维护费），可凭技术维护服务单位开具的技术维护费发票，在增值税应纳税额中全额抵减，不足抵减的可结转下期继续抵减。技术维护费按照价格主管部门核定的标准执行。

增值税一般纳税人支付的二项费用在增值税应纳税额中全额抵减的，其增值税专用发票不作为增值税抵扣凭证，其进项税额不得从销项税额中抵扣。

纳税人购买的增值税税控系统专用设备自购买之日起3年内因质量问题无法正常使用的，由专用设备供应商负责免费维修，无法维修的免费更换。

纳税人在填写纳税申报表时，对可在增值税应纳税额中全额抵减的增值税税控系统专用设备费用以及技术维护费，应按以下要求填报：

增值税一般纳税人将抵减金额填入《增值税纳税申报表（适用于增值税一般纳税人）》第23栏"应纳税额减征额"。当本期减征额小于或等于第19栏"应纳税额"与第21栏"简易征收办法计算的应纳税额"之和时，按本期减征额实际填写；当本期减征额大于第19栏"应纳税额"与第21栏"简易征收办法计算的应纳税额"之和时，按本期第19栏与第21栏之和填写，本期减征额不足抵减部分结转下期继续抵减。

小规模纳税人将抵减金额填入《增值税纳税申报表（适用于小规模纳税人）》第11栏"本期应纳税额减征额"。当本期减征额小于或等于第10栏"本期应纳税额"时，按本期减征额实际填写；当本期减征额大于第10栏"本期应纳税额"时，按本期第10栏填写，本期减征额不足抵减部分结转下期继续抵减。

主管税务机关要加强纳税申报环节的审核，对于纳税人申报抵减税款的，应重点审核其是否重复抵减以及抵减金额是否正确。

税务机关要加强对纳税人的宣传辅导，确保该项政策措施落实到位。

（二）停止发售金税卡IC卡等税控专用设备

根据《国家税务总局关于停止发售金税卡IC卡等税控专用设备有关问题的公告》（国家税务总局公告2014年第44号）的规定，随着营业税改征增值税试点工作在全国逐步展开，金税盘、税控盘等增值税防伪税控专用设备的使用更加广泛，性能日趋成熟。国家税务总局决定，全面推行金税盘、报税盘，停止发售金税卡、IC卡等税控专用设备。自2014年8月1日起，增值税防伪税控系统服务单位只允许发售金税盘、报税盘，停止发售金税卡、IC卡等税控专用设备。原使用金税卡、IC卡的纳税人可以继续使用金税卡、IC卡等税控专用设备。

（三）增值税税控系统打通整合项目试运行

根据《国家税务总局关于增值税税控系统打通整合项目试运行有关问题

的通知》（税总函〔2014〕430号）的规定，为满足增值税管理及营改增工作需要，进一步方便纳税人开具增值税发票，国家税务总局进行了增值税税控系统打通整合，已在天津、辽宁、江苏、浙江、河南、宁夏、宁波、湖北八省（区、市）开展了税务端系统升级工作。

增值税税控系统打通整合，是在现有增值税防伪税控系统（以下简称"防伪税控系统"）只可以开具增值税专用发票和增值税普通发票，货物运输业增值税专用发票税控系统（以下简称"货运税控系统"）只可以开具货物运输业增值税专用发票和机动车销售统一发票的基础上打通整合，实现了两个税控系统的功能互通。打通整合后的原防伪税控系统和原货运税控系统均可以开具增值税专用发票、增值税普通发票、货物运输业增值税专用发票、机动车销售统一发票（以下统称"增值税发票"）。

1.试点地区试点纳税人范围

（1）10月1日后新认定的增值税一般纳税人。

（2）现有既使用防伪税控系统金税盘又使用货运税控系统税控盘开具增值税发票的增值税一般纳税人。

（3）邮政业、电信业及铁路运输业纳税人不纳入本次试运行范围。

2.系统升级时间安排

非试点地区税务机关应于10月1日前完成税务端系统升级工作。试点地区税务机关应于10月1日起组织开展试运行纳税人端软件升级工作。

3.试运行有关内容

（1）试点纳税人自愿选择使用防伪税控系统金税盘或货运税控系统税控盘开具增值税发票。

（2）试点纳税人向系统服务单位领购税控设备后，由税务机关负责设备发行工作。系统服务单位负责相关开票系统的安装调试及开票培训工作。

（3）对于目前既使用防伪税控系统金税盘又使用货运税控系统税控盘的纳税人，在选择确定了继续使用的税控系统后，由系统服务单位给予免费升级。对于纳税人不需使用的专用设备，按照专用设备缴销有关规定处理。

（4）试点地区应提前准备好相关系统部署环境，具体要求另行发文明确。

4.试运行工作要求

（1）试点地区要做好试运行准备工作，按照本通知要求，制定符合本地区实际情况的试运行方案，制定试运行应急处理预案，组织服务单位做好试点纳税人培训工作。

（2）各地税务机关应按时完成税务端系统升级工作，密切监控相关业务功能的情况，发现问题及时处理并上报税务总局。

（3）试点地区省国税局应于11月底前通过公文系统将试运行工作情况报告国家税务总局。

第一章　金税四期建设进程

（四）增值税税控系统打通整合试运行期间红字货物运输业增值税专用发票开具

根据《国家税务总局关于增值税税控系统打通整合试运行期间红字货物运输业增值税专用发票开具有关问题的通知》（税总函〔2014〕468号）的规定，为落实国务院进一步深化行政审批制度改革的要求，提高办税效率，国家税务总局拟取消申请开具红字增值税专用发票的审核。为做好相关准备工作，正在试运行的税控系统打通整合软件中增加了《开具红字货物运输业增值税专用发票信息表》功能。

系统试运行期间，实际受票方或承运人申请开具红字货物运输业增值税专用发票的，主管税务机关通过增值税税控系统出具《开具红字货物运输业增值税专用发票信息表》，不再出具《开具红字货物运输业增值税专用发票通知单》。

（五）增值税税控系统服务单位监督管理

根据《国家税务总局关于印发〈增值税税控系统服务单位监督管理办法〉的通知》（税总发〔2015〕118号）的规定，为进一步加强税务机关对增值税税控系统服务单位的监督管理，不断优化对增值税纳税人的开票服务，在广泛征求意见的基础上，国家税务总局制定了新的《增值税税控系统服务单位监督管理办法》。

纳税人可自愿选择使用航天信息股份有限公司（以下简称"航天信息"）或国家信息安全工程技术研究中心（以下简称"国家信息安全中心"）生产的增值税税控系统专用设备。纳税人可自愿选择具备服务资格的维护服务单位（以下简称"服务单位"）进行服务。服务单位对航天信息或国家信息安全中心生产的专用设备均可以进行维护服务。

服务单位开展的增值税税控系统操作培训应遵循使用单位自愿的原则，严禁收费培训，严禁强行培训，严禁强行搭售通用设备、软件或其他商品。税务机关应做好专用设备销售价格和技术维护价格的收费标准、增值税税控系统通用设备基本配置标准等相关事项的公示工作，以便接受纳税人监督。

各地要高度重视纳税人对服务单位的投诉举报工作。各级税务机关应设立并通过各种有效方式向社会公布投诉举报电话，及时处理增值税税控系统使用单位对服务单位的投诉举报。省国税局负责对投诉举报及处理情况进行跟踪管理，按月汇总相关情况，随服务质量调查情况一并上报国家税务总局。

税务机关应向需使用增值税税控系统的每一位纳税人发放《增值税税控系统安装使用告知书》（以下简称《使用告知书》），告知纳税人有关政策规定和享有的权利。服务单位应凭《使用告知书》向纳税人销售专用设备，提供售后服务，严禁向未持有《使用告知书》的纳税人发售专用设备。

税务机关和税务工作人员严禁直接或间接从事税控系统相关的商业性经营活动，严禁向纳税人推销任何商品。各级税务机关应高度重视服务单位监督管理工作，严格落实监督管理办法，认真履行监督管理职责。对于工作失职渎职、服务单位违规行为频发的地区，将按有关规定追究相关单位或人员的责任。对服务单位监管不力、问题频出的地区，税务总局将进行通报批评并要求限期整改。

1.总则

为保障增值税税控系统的正常运行，加强对服务单位的监督，根据《中华人民共和国税收征收管理法》及《国务院办公厅转发国家税务总局关于全面推广应用增值税防伪税控系统意见的通知》（国办发〔2000〕12号）有关规定，制定该办法。

该办法中的增值税税控系统，是指国家税务总局组织开发的，运用数字密码和电子存储技术，强化增值税发票管理，实现对增值税纳税人税源监控的增值税管理系统。

该办法中的服务单位，是指从事增值税税控系统专用设备（以下简称"专用设备"）销售以及为使用增值税税控系统的增值税纳税人（以下简称"使用单位"）提供增值税税控系统维护服务的企业或事业单位。该办法中的专用设备，是指按照税务机关发票管理要求，能够保证涉税数据的正确生成、可靠存储和安全传递，经税务机关发行后方可与增值税税控系统配套使用的特定设备。

服务单位应当依据该办法的规定，为使用单位提供优质、高效、便捷的服务，保障使用单位能够正确使用增值税税控系统。

税务机关应依据该办法对服务单位专用设备的质量、供应、增值税税控系统操作培训以及系统安装、调试和维护等服务工作及投诉举报处理等情况进行监督管理。

2.监督管理内容

航天信息股份有限公司（以下简称"航天信息"）和国家信息安全工程技术研究中心（以下简称"国家信息安全中心"）要切实做好专用设备生产工作，保障专用设备的产品质量，对税务机关同意设立的所有服务单位提供相关技术培训和技术支持，保障专用设备及时供应。航天信息和国家信息安全中心对其设立的服务单位制定统一的服务规范和内部监管办法，切实做好对设立的服务单位的监督管理工作。对其设立的服务单位评比考核须综合参考省国税局对本省服务单位监督管理意见，考评结果、服务单位建设情况及监督管理情况应报送国家税务总局。航天信息和国家信息安全中心与问题频发的服务单位承担连带责任。

省以下（含本级，下同）服务单位的设立、更换应商省国税局同意。原则上地市均应设立服务单位。对于按地市设立服务单位有困难的地区，经省国税局同意可不按地市设立服务单位。省国税局设立、更换第三方服务单位需报国家税务总局备案。

省服务单位保障本地区专用设备的及时供应，依据统一的服务规范和内部监管办法对设立的下级服务单位进行监督管理。对设立的下级服务单位评比考核须综合参考当地国税局对本地服务单位监督管理意见，考评结果、服务单位建设情况及监督管理情况应报送省国税局。省服务单位与问题频发的下设服务单位承担连带责任。省服务单位应建立投诉举报处理机制，设立并公布统一的投诉举报电话，及时处理使用单位的投诉举报，并按月汇总报省国税局。

市以下（含本级，下同）服务单位按下列要求负责本地区专用设备的销售：

（1）根据增值税管理及使用单位的需要，保障专用设备及时供应。

（2）根据税务机关的《增值税税控系统安装使用告知书》，按照国家价格主管部门确定的价格标准销售专用设备，并通过增值税税控系统单独开具增值税发票，不得以任何借口提高专用设备销售价格和拒绝销售专用设备。

（3）不得以任何理由向使用单位强行销售计算机、打印机等通用设备、软件、其他商品或服务。使用单位自愿向服务单位购买通用设备、软件、其他商品或服务的，应进行书面确认。

市以下服务单位按下列要求负责本地区使用单位增值税税控系统的培训：

（1）市服务单位应建立固定的培训场所，配备必要的培训用计算机、打印机、专用设备等培训设施和专业的培训师资，按照统一的培训内容开展培训工作，确保使用单位能够熟练使用专用设备及通过增值税税控系统开具发票。

（2）服务单位应在培训教室的显著位置悬挂《国家发展改革委关于完善增值税税控系统收费政策的通知》（发改价格〔2012〕2155号）、《财政部 国家税务总局关于增值税税控系统专用设备和技术维护费用抵减增值税税额有关政策的通知》（财税〔2012〕15号）、《增值税税控系统通用设备基本配置标准》等展板。

（3）服务单位应向使用单位免费提供增值税税控系统操作培训，不得增加其他任何收费培训内容。

（4）培训应遵循使用单位自愿的原则。服务单位不得以培训作为销售、安装专用设备的前提条件。

市以下服务单位按下列要求负责本地区使用单位增值税税控系统日常服务：

（1）使用单位向服务单位提出安装要求后，服务单位应在3个工作日内（含本数，下同）完成使用单位增值税税控系统的安装、调试，并填写《增值税税控系统安装单》。

（2）服务单位应配备足够数量的服务人员，设立并公布统一的服务热线电话，及时向使用单位提供维护服务，保障增值税税控系统正常使用。对于通过电话或网络等方式不能解决的问题，应在24小时内做出响应，现场排除故障不得超过2个工作日。

市以下服务单位按下列要求收取本地区使用单位增值税税控系统技术维护费：

（1）服务单位应与使用单位签订技术维护合同，合同中应明确具体的服务标准、服务时限和违约责任等事项。使用单位拒绝签订的除外。

（2）服务单位应按照国家价格主管部门确定的标准按年收取技术维护费，不得一次性收取1年以上的技术维护费。

3.监督管理方法

（1）不定期抽查。省国税局应对本地区服务单位的专用设备销售、培训、收费及日常服务等情况进行不定期抽查，并将抽查情况上报国家税务总局。

（2）问卷调查。市国税局应每年组织开展服务质量调查，抽取部分使用单位调查了解服务情况，根据使用单位的反映对服务单位的工作质量进行评价。调查可以采取电话调查、网络调查和实地调查等方式。调查时应通过《增值税税控系统服务质量调查表》（以下简称《服务质量调查表》）记录调查结果。

调查比例不得低于本辖区上年末使用单位总数的2%或不少于50户（含，下同）。

市国税局应于每年3月底前将调查情况汇总上报省国税局，省国税局应于每年4月10日前将调查情况汇总上报国家税务总局。

（3）投诉举报处理。各级税务机关应设立并公布统一的投诉举报电话，及时处理使用单位的投诉举报，建立投诉举报受理、处置、反馈制度。对使用单位的投诉举报处理情况应登记《增值税税控系统服务质量投诉举报处理情况记录表》（以下简称《投诉举报处理情况记录表》），按月汇总上报省国税局。省国税局对省以下税务机关投诉举报电话的设立公布及受理投诉举报情况进行跟踪管理。

受理投诉举报来源包括网络、信函、电话以及现场等形式。

税务机关受理投诉举报后应及时自行组织或委托下级税务机关进行核实。对于经核实投诉举报情况属实、服务单位违反有关规定的，属于有效投诉举报。对于无法核实或经调查投诉举报情况不实的，属于无效投诉举报。

对于有效投诉举报问题得到解决的，由税务机关受理部门进行电话回访，听取使用单位的意见；对于有效投诉举报问题无法得到解决的，由税务机关受理部门向上一级税务机关报告，由上一级税务机关责成同级服务单位解决。

税务机关应将投诉举报处理的过程和结果记入《投诉举报处理情况记录表》。

（4）联系制度。省国税局及市国税局每年至少与本地区服务单位召开一次联席会议。服务单位将服务情况及存在的问题，向税务机关报告。税务机关向服务单位通报调查及投诉举报情况，研究提高服务质量的措施。

税务机关对不定期抽查、问卷调查、受理投诉举报以及日常管理中使用单位反映的情况进行汇总统计，作为对服务单位监督考核的依据。

4.违约责任

服务单位发生下列情形之一的，主管税务机关应对服务单位进行约谈并要求其立即纠正：

（1）未按规定销售专用设备、安装专用设备、提供培训、提供维护服务，影响使用单位增值税税控系统正常使用的。

（2）未按该办法第二章有关规定履行服务单位职责的。

（3）未按规定处理投诉举报的。

（4）税务机关接到有效投诉举报，但一年内有效投诉举报率不超过1%的。

$$有效投诉举报率 = \frac{有效投诉举报户数}{使用单位户数} \times 100\%$$

（5）税务机关对服务单位的调查结果不满意率在5%以上未超过10%的。

$$不满意率 = \frac{不满意使用单位户数}{调查的使用单位总户数} \times 100\%$$

"不满意使用单位户数"是指在《服务质量调查表》中综合评价"不满意"的户数。

服务单位发生下列情形之一的，省国税局应责令相关服务单位进行整改，并停止其在规定地区半年内接受新用户的资格，同时向国家税务总局报告：

（1）发生上述第（1）（2）（3）（4）项情形之一，未纠正的。

（2）向使用单位强行销售计算机、打印机等通用设备、软件、其他商品或服务的。

（3）违反市场公平竞争原则，进行虚假宣传，恶意诋毁竞争对手的。

（4）对接到的投诉举报没有及时处理，影响使用单位正常经营，造成严重后果的。

（5）税务机关对服务单位的调查结果不满意率超过10%的。

（6）一年内有效投诉举报率在1%以上未超过5%或有效投诉举报在10户以上未超过30户的。

服务单位发生下列情形之一的，属于航天信息和国家信息安全中心授权的服务单位，省国税局应上报国家税务总局并建议授权单位终止其服务资格；属于省国税局批准成立的服务单位，省国税局终止其服务资格：

（1）以税务机关的名义进行有偿更换设备、升级软件及强行销售其他商品或服务的。

（2）未按该办法第二章有关规定发售专用设备，影响使用单位增值税税控系统正常使用，造成严重后果的。

（3）拒绝接受税务机关依据该办法进行监督管理的。

（4）由于违反法律和法规行为，造成无法正常为使用单位提供服务的。

（5）违反市场公平竞争原则，进行恶意竞争，造成严重后果的。

（6）一年内税务机关接到的有效投诉举报率超过5%或有效投诉举报超过30户的。

服务单位对税务机关做出的处罚决定不服的，可以向同级税务机关或上级税务机关申诉。

（六）推行增值税发票系统升级版

根据《国家税务总局关于推行增值税发票系统升级版有关问题的公告》（国家税务总局公告2014年第73号）的规定，为适应税收现代化建设需要，着眼于税制改革的长远规划，满足增值税一体化管理要求，切实减轻基层税务机关和纳税人负担，税务总局对现行增值税发票系统进行了整合升级，并在部分地区试运行取得成功。税务总局决定自2015年1月1日起在全国范围推行增值税发票系统升级版，有关问题公告如下。

1.推行范围

自2015年1月1日起新认定的增值税一般纳税人（以下简称"一般纳税人"）和新办的小规模纳税人。

2.发票使用

（1）一般纳税人销售货物、提供应税劳务和应税服务开具增值税专用发票、货物运输业增值税专用发票和增值税普通发票。

（2）小规模纳税人销售货物、提供应税劳务和应税服务开具增值税普通发票。

（3）一般纳税人和小规模纳税人从事机动车（旧机动车除外）零售业务开具机动车销售统一发票。

（4）通用定额发票、客运发票和二手车销售统一发票继续使用。

3.系统使用

增值税发票系统升级版是对增值税防伪税控系统、货物运输业增值税专用发票税控系统、稽核系统以及税务数字证书系统等进行整合升级完善。实现纳税人经过税务数字证书安全认证、加密开具的发票数据，通过互联网实时上传税务机关，生成增值税发票电子底账，作为纳税申报、发票数据查验以及税源管理、数据分析利用的依据。

（1）增值税发票系统升级版纳税人端税控设备包括金税盘和税控盘（以下统称"专用设备"）。专用设备均可开具增值税专用发票、货物运输业增值税专用发票、增值税普通发票和机动车销售统一发票。新认定的一般纳税人和新办小规模纳税人自愿选择使用金税盘或税控盘。除通用定额发票、客运发票和二手车销售统一发票，新认定的一般纳税人和新办小规模纳税人发生增值税业务对外开具发票应当使用专用设备开具。

（2）纳税人应在互联网连接状态下在线使用增值税发票系统升级版开具发票。增值税发票系统升级版可自动上传已开具的发票明细数据。

（3）纳税人因网络故障等原因无法在线开票的，在税务机关设定的离线开票时限和离线开具发票总金额范围内仍可开票，超限将无法开具发票。纳税人开具发票次月仍未连通网络上传已开具发票明细数据的，也将无法开具发票。纳税人需连通网络上传发票后方可开票，若仍无法连通网络的需携带专用设备到税务机关进行征期报税或非征期报税后方可开票。纳税人已开具未上传的增值税发票为离线发票。离线开票时限是指自第一份离线发票开具时间起开始计算可离线开具的最长时限。离线开票总金额是指可开具离线发票的累计不含税总金额，离线开票总金额按不同票种分别计算。纳税人离线开票时限和离线开票总金额的设定标准及方法由各省、自治区、直辖市和计划单列市税务局确定。

（4）按照有关规定不使用网络办税或不具备网络条件的特定纳税人，以离线方式开具发票，不受离线开票时限和离线开具发票总金额限制。特定纳税人的相关信息由主管税务机关在综合征管系统中设定，并同步至增值税发票系统升级版。

（5）纳税人应在纳税申报期内将上月开具发票汇总情况通过增值税发票系统升级版进行网络报税。特定纳税人不使用网络报税，需携带专用设备和相关资料到税务机关进行报税。

（6）一般纳税人发票认证、稽核比对、纳税申报等涉税事项仍按照现行规定执行。

（七）加强增值税税控系统管理

根据《国家税务总局关于加强增值税税控系统管理有关问题的通知》（税总函〔2016〕368号）的规定，加强增值税税控系统管理有关制度如下：

（1）集团总部采取集中购买税控一体化解决方案的纳税人，其所需的税控专用设备可以直接向航天信息股份有限公司或国家信息安全工程技术研究中心，以及上述两家单位授权的销售单位（以下简称"销售单位"）购买。销售单位应保障税控专用设备的质量和如数供应，不得以任何理由推诿、拖延或者拒绝纳税人购买税控专用设备的要求。各地税务机关要及时为纳税人或其书面委托的单位办理税控专用设备发行，不限定只为本省范围购买的税控专用设备进行发行。各地税务机关要进一步简化税控专用设备发行流程，提高办税效率。

（2）纳税人购买税控专用设备后，销售单位不得向纳税人指定增值税税控系统维护服务单位（以下简称"服务单位"），不得强迫纳税人接受服务。纳税人可在所在区域范围内具备服务资格的服务单位间自行选择。纳税人向服务单位提出安装要求后，服务单位应在3个工作日内完成纳税人增值税税控系统的安装、调试，不得以任何理由推诿、拖延或拒绝。承担集团总部集中购买税控一体化解决方案的单位，应为纳税人做好增值税税控系统的维护服务，可以自建服务体系，并接受当地税务机关的监督管理，也可委托具备服务资格的服务单位提供服务，并承担相关责任。

（3）严禁销售单位及服务单位借销售税控专用设备或维护服务之机违规搭售设备、软件、其他商品，或收取规定之外的各种名目的费用。《国家税务总局关于发布增值税发票税控开票软件数据接口规范的公告》（国家税务总局公告2016年第25号），已对纳税人使用的增值税发票税控开票软件相关数据接口规范予以发布，供纳税人免费使用，任何单位和个人不得向使用增值税税控系统的纳税人收取任何名义的开票软件接口费用。

（4）各地税务机关要加强对销售单位、服务单位的监督管理，及时回应纳税人投诉，对存在问题的销售单位、服务单位责令其立即纠正，并限期整改。对违反规定的，按照《增值税税控系统服务单位监督管理办法》有关规定严肃处理。

第四节 金税工程四期建设

一、金税工程四期建设概况

（一）金税四期的含义

金税四期是国家推行的金税工程计划中的第四期，是第三期的升级版。金税工程，作为经国务院批准的国家级电子政务工程十二金之一，是吸收国际先进经验，运用高科技手段结合我国增值税管理实际设计的高科技管理系统。

自1994年开始，金税工程历经一期、二期、三期到四期的建设，从2019年3月1日金税三期（并库版）的上线到2020年11月13日金税四期的采购公告发布，体现了金税工程更新换代时间之短，更体现了国家电子政务工程的快速发展。

（二）金税四期的特点

与金税三期相比，金税四期增加了"非税"业务管控，大家最关注的社会保险也被纳入税务机关管理并通过金税四期工程进行征管；增加了与人民银行的信息联网，对资金进行严格管控；增加了对企业相关人员身份信息及信用的管控；实行云化服务，全流程智能办税。

（三）决策指挥端建设目标

为打造智慧税务，实现税收治理现代化的规划要求，税务总局决定推进金税工程决策指挥端建设工作，为领导层打造一套信息获取及时准确、页面展示直观形象、实操实控简单明了、指挥决策精准有力的"作战图"指挥平台，以实现以下目标。

1. "智慧办公"提效率

引入可视化、语音化、智能化技术，建设先进的多人音视频沟通系统，提供便捷的线上沟通、线上会商功能，实现全方位、宽领域、多场景的互动，解决会议室订不上、异地办公交互难的问题，提升智慧办公、智慧协作水平。

2. "智慧指挥"添能力

搭建各层级间上下贯通、左右互联的弹性指挥控制链条，组成纵向贯穿各级税务机关，横向覆盖各地区各部门的指挥网络，为总局和省以下税务机关提供方便快捷的实时指挥能力。

3. "智慧决策"有帮手

智能收集推送重大事项、税务要情，运用个性化信息推送服务技术和人工智能交互界面技术，实现领导决策任务差异化推送和智能关联推送，方便领导第一时间掌握重要情况，更好地服务宏观经济决策，提升税收治理现代化水平。

（四）金税四期决策指挥项目的主体功能

该项目主体功能包括三个模块，即"视频指挥台""重大事项"和"重要日程"。

1.视频指挥台模块

该模块主要用于满足总局领导与司局领导、各省市领导，各司局领导、各省市领导及有关干部之间，在指定区域（指税务内网覆盖区域，如总局不同办公区，总局、省局、市局办公和驻点区域等）对相关事件（如紧急任务下发、最新政策研讨、重点工作事项的汇报与交流）进行视频交互、远程指挥、情况汇报以及交流分析。该模块可开展一对多视频指挥，多对多视频沟通，支撑多方稳定通话、便捷分享屏幕和文档。

2.重大事项模块

该模块主要通过分析匹配信息文档的标签与个人岗位、职务等信息，根据不同使用者的个人偏好，将内网和互联网上相关涉税信息、高层动态、社会热点、经济动态、国内外大事等信息进行个性化的推送，满足千人千面的定制化需求，使得使用人可以在该模块快速方便地浏览感兴趣的信息。

3.重要日程模块

该模块主要是结合日历，将与系统使用者有关的行程进行展示和共享，可以根据需要设定日程提醒，同时便于上级领导安排和召集会议、确定相关行程等重要事务性安排。该模块还可提供指定人员在岗状态信息和外出情况信息的查询，便于掌握人员工作动态，对视频指挥台模块开展远程视频会议起到辅助提示作用。

（五）金税四期决策指挥项目的辅助功能

除主体功能外，该项目需求还包括多人音视频沟通、会议室预定功能等在内的辅助功能，同时还要求保留接口提供功能扩展能力，用于决策指挥系统后期相关功能模块的衔接。

1.多人音视频沟通

可根据需要，随时使用音视频方式与上级、同事连线沟通。支持几十人同时在线，单次沟通不限时长。设置了主持人角色，由会议发起人为首任主持人，主持人可以使用特定限制和管理，组织会议顺利进行，避免参会人员发言冲突。同时可以根据目前发言人进行界面优化和突出显示，根据需要选择降噪模式，消除敲击键盘声等的干扰。满足屏幕共享和远程协助，参会人可以通过屏幕共享直观展示会议议题、会议文件等，实时进行远程互动和写作。

2.会议室预定

可实现会议室在线预定、变更，支持会议排座管理、会议席卡打印。支持查看不同办公区所有会议室的使用情况，以及会议室的实时预定情况、预订者、预定时间，在会议室资源紧张时可以与预订者进行协调。

3.扩展接口

提供应用标准开发框架，实现功能可扩展性，满足未来办公协同的需求。

二、金税四期建设相关报道

（一）国家税务总局局长2021年新年献词[①]

岁序更替，华章日新。回首一年的艰辛与不易，满载一年的收获与成绩，我们即将辞别充满挑战、奋发勇进的2020年，迎来见证中国共产党百年风华的2021年。在这新元肇始、万象更新的美好时刻，我谨代表国家税务总局并以我个人名义，向为税收事业辛勤奉献的全国税务干部职工及家属，向长期以来关心支持税收工作的广大纳税人缴费人和社会各界致以新年的祝福和诚挚的问候！

历史，总在一些特殊的年份给人们以汲取智慧、继续前行的力量。2020年

---

① 资料来源：国家税务总局官方网站http://www.chinatax.gov.cn/chinatax/n810219/n810724/c5160377/content.html。

第一章 金税四期建设进程

以来,面对突如其来的疫情和各种风险矛盾叠加带来的严峻挑战,全国税务系统深入学习领会习近平新时代中国特色社会主义思想,认真贯彻落实党中央、国务院决策部署,尽锐出战、善作善成,支持统筹推进疫情防控和经济社会发展取得良好成效,多项税收工作实现新的突破,在高质量推进新时代税收现代化进程中留下浓墨重彩的一笔。

这一年,我们坚毅果敢应对战疫大考。结合税务实际及时推出并认真落实"四力"举措,聚焦"优惠政策落实要给力",建立健全优惠政策直达快享的落实机制,确保全年新增减税降费超过2.5万亿元;聚焦"非接触式办税要添力",分批实现211个税费事项网上办理,全年通过非接触式办理税费业务量占比近9成;聚焦"数据服务大局要加力",深化拓展税收大数据分析应用,一篇篇独具税务视角的分析报告、一串串反映经济动态的税收数据,在服务各级领导决策、助力市场主体发展中发挥了积极作用;聚焦"疫情防控工作要尽力",从严抓好群防群控、联防联控,全国税务系统上下同心、投身战疫,4 200多支党员突击队闻令即动、逆行出征,让税务蓝成为抗疫战场的硬核力量。

这一年,我们担当作为服务发展大局。坚持把税收工作放到党和国家事业发展大局中谋划推进,依法依规组织收入,坚决不收"过头税费",严厉打击虚开骗税;完善支持脱贫攻坚政策指引,落实相关优惠政策减税约1 000亿元;连续第7年开展"便民办税春风行动",持续优化税收营商环境,纳税人满意度进一步提升;组织召开"一带一路"税收征管合作机制线上会议,达成15项最新成果,中国税务的国际影响力持续扩大。

这一年,我们开拓创新推进改革大事。积极克服疫情影响,科学精准把握工作节奏,因时因势调整策略方法,在精耕细作中确保个人所得税三步改革圆满完成,首次年度汇算清缴顺利落地;稳步推进增值税专用发票电子化试点,并以此为契机着力推进智慧税务建设;深化税务系统纪检监察体制改革试点,促进税务系统全面从严治党向纵深发展;有序推进职务与职级并行工作,为干事创业添活力增动能。

在这个特殊的年份,有许多平凡的税务人温暖着我们、感动着我们、激励着我们。他们面对疫情汛情,义无反顾、向险而行,坚守在疫情防控和抗洪抢险的第一线;他们以村为家、以民为亲,脚踏实地、苦干实干,扎根在决战决胜脱贫攻坚的最前沿;他们肩负重大税收改革发展任务,夜以继日、不辞辛劳,忙碌于服务"六稳""六保"的主战场。正是有了千千万万平凡的税务人默默无闻长期坚守和关键时刻挺身而出,税收事业发展才会蹄疾步稳,中国税务精神才会愈发闪耀出熠熠光辉。

春晖渐近旧岁去,一元复始万象新。新年意味着新的起点、新的希望、新的征程。2021年是我国现代化建设进程中具有特殊重要性的一年,全国税务系统要以习近平新时代中国特色社会主义思想为指导,深入贯彻党的十九大和十九届二中、三中、四中、五中全会及中央经济工作会议精神,坚持党对税收工作的全面领导，进一步加强政治机关建设，统筹做好落实减税降费和组织收入工作，深入优化税务执法方式，着力推进税收各项改革和"金税四期"建设，不断完善税收营商环境，持续加强全面从严治党和严管善待干部队伍工作，努力实现"十四五"税收事业开好局、起好步，以优异成绩庆祝建党100周年。

前进的道路总是不平坦的，需要越过一岭又一峰，闯过一关又一坎。我们前行中有困难，更有战胜困难的勇气和智慧；我们奋进中有挑战，更有应对挑战的信心和力量。2021年的钟声即将敲响，让我们壮怀功成不必在我的胸襟，砥砺功成必定有我的担当，以永不懈怠的精神状态和一往无前的奋斗姿态，昂首阔步迈向新的一年。

衷心祝愿大家身体健康、工作顺利、阖家幸福、万事如意！

（二）王军到税务总局驻北京特派办调研[①]

2021年3月，国家税务总局党委书记、局长王军到税务总局驻北京特派办调研，并看望慰问税务干部，勉励大家继续不忘初心、牢记使命，进一步发挥特派办撬动引领作用，为高质量推进新发展阶段税收现代化加油添劲、再立新功。税务总局党委委员、总经济师王道树参加调研活动。

王军指出，北京特派办自成立以来，在推动决策有效落实、查处重大涉税案件、开展内部监督、防范税收风险等方面发挥了重要作用。他要求，税务总局驻各地特派办要始终坚持以习近平新时代中国特色社会主义思想为指导，认真学习贯彻党的十九届五中全会精神，深入贯彻落实全国两会精神及中央深改委第十七次会议精神，确保党中央、国务院一系列决策部署在税务系统落地生根；要进一步提高政治站位，充分发挥好党建引领作用，加强调查研究，提炼经验做法，注重总结归纳，持续深化细化新"纵合横通强党建"制度机制；要进一步发挥自身职能作用，深化对区域经济发展和税收政策落实的分析、研判，加强与省税务局的优势互补、协作配合，共同落实好税务总局党委决策部署；要进一步完善内控机制建设，发挥好特派办特殊稽审、提级稽审、撬动稽审作用，注重人才引进和培养工作；要进一步完善制度设计，明确岗位职责，深入落实风险防控"四个有人管"的要求，为专票电子化改革、"金税四期"建设发挥保驾护航作用，更好服务新发展阶段税收现代化建设。

王军强调，2021年"我为纳税人缴费人办实事暨便民办税春风行动"已启动，各级税务部门要进一步从纳税人缴费人最直观的办税体验着眼着力，探索推进税费服务产品发布前体验制度等创新做法，多角度听取纳税人缴费人呼声，尽心尽力为纳税人缴费人服务，全心全意让纳税人缴费人满意。要充分依托税收大数据优势，深入开展税收经济分析，发挥以税资政作用，更好服务京津冀协同发展等国家区域发展战略，服务各级党委政府宏观

[①] 资料来源：国家税务总局官方网站http://www.chinatax.gov.cn/chinatex/n810219/n810724/c5161991/content.html.

决策和地方经济社会发展，以优异成绩庆祝建党100周年。

王道树指出，北京特派办要围绕首都城市战略定位，找准服务首都"四个中心"功能建设的抓手，在推进"两区"建设方面继续发挥积极作用；要持续优化营商环境，坚持不懈推动落实好"便民办税春风行动"各项举措，在全面建设社会主义现代化国家新征程中展现税务铁军的担当作为。

税务总局办公厅、稽查局、督察内审司主要负责人参加调研慰问。

三、进一步深化税收征管改革

根据中共中央办公厅、国务院办公厅印发的《关于进一步深化税收征管改革的意见》（2021年3月24日）的规定，近年来，我国税收制度改革不断深化，税收征管体制持续优化，纳税服务和税务执法的规范性、便捷性、精准性不断提升。为深入推进税务领域"放管服"改革，完善税务监管体系，打造市场化法治化国际化营商环境，更好服务市场主体发展，就进一步深化税收征管改革提出如下意见。

（一）总体要求

1. 指导思想

以习近平新时代中国特色社会主义思想为指导，全面贯彻党的十九大和十九届二中、三中、四中、五中全会精神，围绕把握新发展阶段、贯彻新发展理念、构建新发展格局，深化税收征管制度改革，着力建设以服务纳税人缴费人为中心、以发票电子化改革为突破口、以税收大数据为驱动力的具有高集成功能、高安全性能、高应用效能的智慧税务，深入推进精确执法、精细服务、精准监管、精诚共治，大幅提高税法遵从度和社会满意度，明显降低征纳成本，充分发挥税收在国家治理中的基础性、支柱性、保障性作用，为推动高质量发展提供有力支撑。

2. 工作原则

坚持党的全面领导，确保党中央、国务院决策部署不折不扣落实到位；坚持依法治税，善于运用法治思维和法治方式深化改革，不断优化税务执法方式，着力提升税收法治化水平；坚持为民便民，进一步完善利企便民服务措施，更好满足纳税人缴费人合理需求；坚持问题导向，着力补短板强弱项，切实解决税收征管中的突出问题；坚持改革创新，深化税务领域"放管服"改革，推动税务执法、服务、监管的理念和方式手段等全方位变革；坚持系统观念，统筹推进各项改革措施，整体性集成式提升税收治理效能。

3. 主要目标

到2022年，在税务执法规范性、税费服务便捷性、税务监管精准性上取得重要进展。到2023年，基本建成"无风险不打扰、有违法要追究、全过程强智控"的税务执法新体系，实现从经验式执法向科学精确执法转变；基本建成"线下服务无死角、线上服务不打烊、定制服务广覆盖"的税费服务新体系，实现从无差别服务向精细化、智能化、个性化服务转变；基本建成以"双随机、一公开"监管和"互联网+监管"为基本手段、以重点监管为补充、以"信用+风险"监管为基础的税务监管新体系，实现从"以票管税"向"以数治税"分类精准监管转变。到2025年，深化税收征管制度改革取得显著成效，基本建成功能强大的智慧税务，形成国内一流的智能化行政应用系统，全方位提高税务执法、服务、监管能力。

（二）全面推进税收征管数字化升级和智能化改造

1.加快推进智慧税务建设

充分运用大数据、云计算、人工智能、移动互联网等现代信息技术，着力推进内外部涉税数据汇聚联通、线上线下有机贯通，驱动税务执法、服务、监管制度创新和业务变革，进一步优化组织体系和资源配置。2022年基本实现法人税费信息"一户式"、自然人税费信息"一人式"智能归集，2023年基本实现税务机关信息"一局式"、税务人员信息"一员式"智能归集，深入推进对纳税人缴费人行为的自动分析管理、对税务人员履责的全过程自控考核考评、对税务决策信息和任务的自主分类推送。2025年实现税务执法、服务、监管与大数据智能化应用深度融合、高效联动、全面升级。

2.稳步实施发票电子化改革

2021年建成全国统一的电子发票服务平台，24小时在线免费为纳税人提供电子发票申领、开具、交付、查验等服务。制定出台电子发票国家标准，有序推进铁路、民航等领域发票电子化，2025年基本实现发票全领域、全环节、全要素电子化，着力降低制度性交易成本。

3.深化税收大数据共享应用

探索区块链技术在社会保险费征收、房地产交易和不动产登记等方面的应用，并持续拓展在促进涉税涉费信息共享等领域的应用。不断完善税收大数据云平台，加强数据资源开发利用，持续推进与国家及有关部门信息系统互联互通。2025年建成税务部门与相关部门常态化、制度化数据共享协调机制，依法保障涉税涉费必要信息获取；健全涉税涉费信息对外提供机制，打造规模大、类型多、价值高、颗粒度细的税收大数据，高效发挥数据要素驱动作用。完善税收大数据安全治理体系和管理制度，加强安全态势感知平台建设，常态化开展数据安全风险评估和检查，健全监测预警和应急处置机制，确保数据全生命周期安全。加强智能化税收大数据分析，不断强化税收大数据在经济运行研判和社会管理等领域的深层次应用。

（三）不断完善税务执法制度和机制

1.健全税费法律法规制度

全面落实税收法定原则，加快推进将现行税收暂行条例上升为法律。完善现代税收制度，更好发挥税收作用，促进建立现代财税体制。推动修订税收征收管理法、反洗钱法、发票管理办法等法律法规和规章。加强非税收入管理法制化建设。

2.严格规范税务执法行为

坚持依法依规征税收费，做到应收尽收。同时，坚决防止落实税费优惠政策不到位、征收"过头税费"及对税收工作进行不当行政干预等行为。全面落实行政执法公示、执法全过程记录、重大执法决定法制审核制度，推进执法信息网上录入、执法程序网上流转、执法活动网上监督、执法结果网上查询，2023年基本建成税务执法质量智能控制体系。不断完善税务执法及税费服务相关工作规范，持续健全行政处罚裁量基准制度。

3.不断提升税务执法精确度

创新行政执法方式，有效运用说服教育、约谈警示等非强制性执法方式，让执法既有力度又有温度，做到宽严相济、法理相融。坚决防止粗放式、选择性、"一刀切"执法。准确把握一般涉税违法与涉税犯罪的界限，做到依法处置、罚当其责。在税务执法领域研究推广"首违不罚"清单制度。坚持包容审慎原则，积极支持新产业、新业态、新模式健康发展，以问题为导向完善税务执法，促进依法纳税和公平竞争。

4.加强税务执法区域协同

推进区域间税务执法标准统一，实现执法信息互通、执法结果互认，更好服务国家区域协调发展战略。简化企业涉税涉费事项跨省迁移办理程序，2022年基本实现资质异地共认。持续扩大跨省经营企业全国通办涉税涉费事项范围，2025年基本实现全国通办。

5.强化税务执法内部控制和监督

2022年基本构建起全面覆盖、全程防控、全员有责的税务执法风险信息化内控监督体系，将税务执法风险防范措施嵌入信息系统，实现事前预警、事中阻断、事后追责。强化内外部审计监督和重大税务违法案件"一案双查"，不断完善对税务执法行为的常态化、精准化、机制化监督。

（四）大力推行优质高效智能税费服务

1.确保税费优惠政策直达快享

2021年实现征管操作办法与税费优惠政策同步发布、同步解读，增强政策落实的及时性、确定性、一致性。进一步精简享受优惠政策办理流程和手续，持续扩大"自行判别、自行申报、事后监管"范围，确保便利操作、快速享受、有效监管。2022年实现依法运用大数据精准推送优惠政策信息，促进市场主体充分享受政策红利。

2.切实减轻办税缴费负担

积极通过信息系统采集数据，加强部门间数据共享，着力减少纳税人缴费人重复报送。全面推行税务证明事项告知承诺制，拓展容缺办理事项，持续扩大涉税资料由事前报送改为留存备查的范围。

3.全面改进办税缴费方式

2021年基本实现企业税费事项能网上办理,个人税费事项能掌上办理。2022年建成全国统一规范的电子税务局,不断拓展"非接触式""不见面"办税缴费服务。逐步改变以表单为载体的传统申报模式,2023年基本实现信息系统自动提取数据、自动计算税额、自动预填申报,纳税人缴费人确认或补正后即可线上提交。

4.持续压减纳税缴费次数和时间

落实《优化营商环境条例》,对标国际先进水平,大力推进税(费)种综合申报,依法简并部分税种征期,减少申报次数和时间。扩大部门间数据共享范围,加快企业出口退税事项全环节办理速度,2022年税务部门办理正常出口退税的平均时间压缩至6个工作日以内,对高信用级别企业进一步缩短办理时间。

5.积极推行智能型个性化服务

全面改造提升12366税费服务平台,加快推动向以24小时智能咨询为主转变,2022年基本实现全国咨询"一线通答"。运用税收大数据智能分析识别纳税人缴费人的实际体验、个性需求等,精准提供线上服务。持续优化线下服务,更好满足特殊人员、特殊事项的服务需求。

6.维护纳税人缴费人合法权益

完善纳税人缴费人权利救济和税费争议解决机制,畅通诉求有效收集、快速响应和及时反馈渠道。探索实施大企业税收事先裁定并建立健全相关制度。健全纳税人缴费人个人信息保护等制度,依法加强税费数据查询权限和留痕等管理,严格保护纳税人缴费人及扣缴义务人的商业秘密、个人隐私等,严防个人信息泄露和滥用等。税务机关和税务人员违反有关法律法规规定、因疏于监管造成重大损失的,依法严肃追究责任。

(五)精准实施税务监管

1.建立健全以"信用+风险"为基础的新型监管机制

健全守信激励和失信惩戒制度,充分发挥纳税信用在社会信用体系中的基础性作用。建立健全纳税缴费信用评价制度,对纳税缴费信用高的市场主体给予更多便利。在全面推行实名办税缴费制度基础上,实行纳税人缴费人动态信用等级分类和智能化风险监管,既以最严格的标准防范逃避税,又避免影响企业正常生产经营。健全以"数据集成+优质服务+提醒纠错+依法查处"为主要内容的自然人税费服务与监管体系。依法加强对高收入高净值人员的税费服务与监管。

2.加强重点领域风险防控和监管

对逃避税问题多发的行业、地区和人群,根据税收风险适当提高"双随机、一公开"抽查比例。对隐瞒收入、虚列成本、转移利润以及利用"税收洼地""阴阳合同"和关联交易等逃避税行为,加强预防性制度建设,加大依法防控和监督检查力度。

3.依法严厉打击涉税违法犯罪行为

充分发挥税收大数据作用，依托税务网络可信身份体系对发票开具、使用等进行全环节即时验证和监控，实现对虚开骗税等违法犯罪行为惩处从事后打击向事前事中精准防范转变。健全违法查处体系，充分依托国家"互联网+监管"系统多元数据汇聚功能，精准有效打击"假企业"虚开发票、"假出口"骗取退税、"假申报"骗取税费优惠等行为，保障国家税收安全。对重大涉税违法犯罪案件，依法从严查处曝光并按照有关规定纳入企业和个人信用记录，共享至全国信用信息平台。

（六）持续深化拓展税收共治格局

1.加强部门协作

大力推进会计核算和财务管理信息化，通过电子发票与财政支付、金融支付和各类单位财务核算系统、电子档案管理信息系统的衔接，加快推进电子发票无纸化报销、入账、归档、存储。持续深化"银税互动"，助力解决小微企业融资难融资贵问题。加强情报交换、信息通报和执法联动，积极推进跨部门协同监管。

2.加强社会协同

积极发挥行业协会和社会中介组织作用，支持第三方按市场化原则为纳税人提供个性化服务，加强对涉税中介组织的执业监管和行业监管。大力开展税费法律法规的普及宣传，持续深化青少年税收法治教育，发挥税法宣传教育的预防和引导作用，在全社会营造诚信纳税的浓厚氛围。

3.强化税收司法保障

公安部门要强化涉税犯罪案件查办工作力量，做实健全公安派驻税务联络机制。实行警税双方制度化、信息化、常态化联合办案，进一步畅通行政执法与刑事执法衔接工作机制。检察机关发现负有税务监管相关职责的行政机关不依法履责的，应依法提出检察建议。完善涉税司法解释，明晰司法裁判标准。

4.强化国际税收合作

深度参与数字经济等领域的国际税收规则和标准制定，持续推动全球税收治理体系建设。落实防止税基侵蚀和利润转移行动计划，严厉打击国际逃避税，保护外资企业合法权益，维护我国税收利益。不断完善"一带一路"税收征管合作机制，支持发展中国家提高税收征管能力。进一步扩大和完善税收协定网络，加大跨境涉税争议案件协商力度，实施好对所得避免双重征税的双边协定，为高质量引进来和高水平走出去提供支撑。

（七）强化税务组织保障

1.优化征管职责和力量

强化市县税务机构在日常性服务、涉税涉费事项办理和风险应对等方面的职责，适当上移全局性、复杂性税费服务和管理职责。不断优化业务流程，合理划分业务边界，科学界定岗位职责，建立健全闭环管理机制。加大人力资源向风险管理、税费分析、大数据应用等领域倾斜力度，增强税务稽查执法力量。

2.加强征管能力建设

坚持更高标准、更高要求，着力建设德才兼备的高素质税务执法队伍，加大税务领军人才和各层次骨干人才培养力度。高质量建设和应用学习兴税平台，促进学习日常化、工作学习化。

3.改进提升绩效考评

在实现税务执法、税费服务、税务监管行为全过程记录和数字化智能归集基础上，推动绩效管理渗入业务流程、融入岗责体系、嵌入信息系统，对税务执法等实施自动化考评，将法治素养和依法履职情况作为考核评价干部的重要内容，促进工作质效持续提升。

（八）认真抓好贯彻实施

1.加强组织领导

各地区各有关部门要增强"四个意识"、坚定"四个自信"、做到"两个维护"，切实履行职责，密切协调配合，确保各项任务落地见效。税务总局要牵头组织实施，积极研究解决工作推进中遇到的重大问题，加强协调沟通，抓好贯彻落实。地方各级党委和政府要按照税务系统实行双重领导管理体制的要求，在依法依规征税收费、落实减税降费、推进税收共治、强化司法保障、深化信息共享、加强税法普及、强化经费保障等方面提供支持。

2.加强跟踪问效

在税务领域深入推行"好差评"制度，适时开展监督检查和评估总结，减轻基层负担，促进执法方式持续优化、征管效能持续提升。

3.加强宣传引导

税务总局要会同有关部门认真做好宣传工作，准确解读便民利企政策措施，及时回应社会关切，正确引导社会预期，营造良好舆论氛围。

四、国家税务总局学习贯彻落实《关于进一步深化税收征管改革的意见》

根据《国家税务总局关于深入学习贯彻落实〈关于进一步深化税收征管改革的意见〉的通知》（税总发〔2021〕21号）规定，为贯彻落实好中共中央办公厅、国务院办公厅印发的《关于进一步深化税收征管改革的意见》（以下简称《意见》），深入推进税务领域"放管服"改革，打造市场化、法治化、国际化营商环境，更好服务市场主体发展，有关要求如下。

第一章 金税四期建设进程

（一）充分认识《意见》的重大意义

党的十八大以来，在以习近平同志为核心的党中央坚强领导下，我国税收制度改革不断深化，税收征管体制持续优化，纳税服务和税务执法的规范性、便捷性、精准性不断提升，但与推进国家治理体系和治理能力现代化的要求相比、与纳税人缴费人的期待相比仍有一定差距。《意见》立足于解决当前税收征管中存在的突出问题和深层次矛盾，围绕把握新发展阶段、贯彻新发展理念、构建新发展格局，对进一步深化税收征管改革作出全面部署，具有多方面重大意义。

（1）这是党中央、国务院关于"十四五"时期税收改革发展的重要制度安排。党中央、国务院高度重视深化税收征管改革。2020年12月30日，习近平总书记主持召开中央全面深化改革委员会第十七次会议，对进一步优化税务执法方式、深化税收征管改革进行研究。党的十九届五中全会对深化税收征管制度改革提出了明确要求。李克强总理在2021年的《政府工作报告》中强调，要深化财税金融体制改革，纵深推进"放管服"改革，加快营造市场化、法治化、国际化营商环境，激发各类市场主体活力。《意见》充分体现党的十九届五中全会、全国两会和《中华人民共和国国民经济和社会发展第十四个五年规划和2035年远景目标纲要》（以下简称"十四五"规划纲要）精神，坚持问题导向和目标导向，提出了进一步深化税收征管改革的指导思想、工作原则、主要目标和重点任务，集成推出一系列针对性强、含金量高的服务征管举措，不仅将有力推动税收征管改革不断走向深入，而且为"十四五"时期税收工作确立了总体规划和蓝图框架。

（2）这是体现党中央、国务院关心关怀、顺应纳税人缴费人期盼的重大民心工程。2021年是建党100周年，中央部署在全党开展党史学习教育和"我为群众办实事"实践活动，强调要落实以人民为中心的发展思想，践行全心全意为人民服务的宗旨。《意见》体现"十四五"规划纲要关于坚持共同富裕方向、不断满足人民对美好生活向往的要求，顺应人民群众期待，坚持为民便民，聚焦解决纳税人缴费人的堵点、难点、痛点问题，推出一系列优质高效智能、利企便民惠民的措施，以更好满足纳税人缴费人合理需求，必将指导税务部门在提升纳税人缴费人办税缴费体验中不断提高社会满意度，进一步增强人民群众获得感。

（3）这是指导税务部门当前及今后一个时期"带好队伍、干好税务"、更好服务国家治理现代化的纲领性文件。党的十八大以来，税务部门深入学习贯彻习近平新时代中国特色社会主义思想以及习近平总书记关于税收工作的重要论述，确立了以"带好队伍、干好税务"为主要内容的新时代税收现代化建设总目标，有力服务了经济社会发展大局。《意见》提出深入推进精确执法、精细服务、精准监管、精诚共治,为税务部门持续深入"干好税务"指明了方向;《意见》就坚持党对税收工作的全面领导、建设高素质税务执法队伍、人才培养、绩效考评等作出系列部署,对税务部门持续深入"带好队伍"提出了明确要求,必将有力促进构建税务部门全面从严治党新格局,引领保障高质量推进新发展阶段税收现代化不断取得新成绩、开创新局面,更好发挥税收在国家治理中的基础性、支柱性、保障性作用,为推动高质量发展、服务国家治理现代化提供有力支撑。

各级税务机关和广大税务干部要充分认识《意见》的重大意义,切实把思想和行动统一到党中央、国务院重大部署上来,结合深入开展党史学习教育、"我为群众办实事"实践活动以及落实"十四五"规划纲要,认真抓好《意见》的学习贯彻,确保落地见效。

(二)准确把握《意见》的主要内容

《意见》提出了进一步深化税收征管改革的6个方面24类重点任务,涉及税收工作的各个方面。各级税务机关要准确把握,积极推动《意见》各项部署安排落实落地。

1.数据赋能更有效

运用现代信息技术建设智慧税务,实现从信息化到数字化再到智慧化是税收征管发展趋势。要深刻领会《意见》聚焦发挥数据生产要素的创新引擎作用,把"以数治税"理念贯穿税收征管全过程的部署安排,稳步实施发票电子化改革,深化税收大数据共享应用,着力建设具有高集成功能、高安全性能、高应用效能的智慧税务,全面推进税收征管数字化升级和智能化改造。

2.税务执法更精确

坚持严格规范公正文明执法,是全面推进依法治国的基本要求,是维护社会公平正义的重要举措。要深刻理解《意见》健全执法制度机制、把握税务执法时度效的核心要义,运用法治思维,创新行政执法方式,严格规范税务执法行为,强化税务执法内部控制和监督,坚决防止粗放式、选择性、"一刀切"执法,推动从经验式执法向科学精确执法转变。

3.税费服务更精细

不断满足纳税人缴费人的服务需求,是税务部门践行以人民为中心的发展思想的直接体现,是构建一流税收营商环境的具体行动。要深刻认识《意见》大力推行优质高效智能税费服务的重要意义,切实做到税费优惠政策直达快享,有效减轻办税缴费负担,全面改进办税缴费方式,实现从无差别服务向精细化、智能化、个性化服务转变,持续提升纳税人缴费人获得感。

4.税务监管更精准

实施科学精准的税务监管,维护经济税收秩序,是税务部门的重要职责。要深刻把握《意见》对管出公平、管出质量的部署要求,建立健全以"信用+风险"为基础的新型监管机制,推动从"以票管税"向"以数治税"分类精准监管转变,既以最严格的标准防范逃避税,又避免影响企业正常生产经营,实现对市场主体干扰最小化、监管效能最大化。

5.税收共治更精诚

税收工作深度融入国家治理,与政治、经济、社会、文化和民生等各领域息息相关,深化税收征管改革需要各方面的支持、配合和保障。要深刻认识《意见》进一步拓展税收共治格局的重要作用,聚焦重点领域和薄弱环节,突出制度化、机制化、信息化,进一步做实做精部门协作、社会协同、税收司法保障和国际税收合作,凝聚更大合力为税收工作提供强大支撑。

6.组织保障更有力

加强组织体系建设,是税收治理体系和治理能力现代化的重要组成部分。要深刻理解《意见》进一步激发税务干部活力动力的精神实质,着眼新使命新职责,优化征管职责和力量,加强征管能力建设,改进提升绩效考评,提高干部队伍法治素养和依法履职能力,为进一步深化税收征管改革提供强有力的组织保障。

(三)坚决抓好《意见》的贯彻实施

1.加强组织领导,突出党建引领

各级税务机关要坚持和加强党对贯彻落实《意见》工作的领导,增强"四个意识"、坚定"四个自信"、做到"两个维护"。税务总局成立《意见》落实领导小组及其办公室,各省税务局要加强统一领导,成立本级领导小组及其办公室,扎实推进各项改革任务落地。

2.细化任务分工,分步有序实施

税务总局制定贯彻落实工作方案,明确阶段工作安排,分步推进《意见》实施;细化路线图时间表责任人,分类推进任务落地。各相关司局要按照任务分工,主动担当作为,积极加强与有关部门的沟通协调和对各地税务机关的工作指导。各省税务局既要按照税务总局统一部署抓好贯彻落实,确保全国"一盘棋";又要积极向当地党委政府汇报,推动制定本地实施方案,将深化税收征管改革纳入当地"十四五"改革发展规划之中统筹安排,凝聚条块协同推进的合力。

3.强化统筹集成,持续优化提升

《意见》涉及征管服务理念、业务制度、岗责体系和信息系统的优化调整,必须坚持系统观念,不仅要把正在开展的发票电子化改革、金税四期建设、便民办税春风行动等重点工作作为落实《意见》的重要举措,而且要把今后一段时期"带好队伍、干好税务"的系列改革,都纳入《意见》的贯彻落实中统筹谋划、集成贯通、一体推进,务求取得系统性、开创性成效。

4.做好宣传解读，严格督查考评

各级税务机关要认真组织集中学习和培训，引导税务干部统一思想认识，自觉融入改革大局。要突出让纳税人缴费人更有获得感，加强贯彻落实《意见》的宣传工作，深入解读《意见》促进税务执法监管公平公正公开、办税缴费服务便民利民惠民的举措，积极宣传改革经验做法和成效。要积极回应社会关切，引导社会各界理解和支持税收工作。要注重工作实效，力戒形式主义、官僚主义。要将《意见》贯彻实施工作纳入督查督办和绩效考评，定期开展评估总结、跟踪问效。要健全激励和问责机制，对工作不力、进度迟缓的要依规严肃问责。

五、金税四期与金税三期相比新增的功能

（一）增加了全流程智能办税

金税四期工程增加了全流程智能办税功能，纳税流程更加便捷，为纳税人服务的功能更加强大。

为切实落实好2022年"我为纳税人缴费人办实事暨便民办税春风行动"的各项举措，开展好第31个全国税收宣传月活动，税务部门不断优化智慧税务服务方式，让纳税服务更加智能、高效、便捷，进一步提升纳税人缴费人的满意度与获得感。

在山东，国家税务总局烟台经济技术开发区税务局"智税服务团队"将智慧税务理念融入税收宣传工作中，为纳税人提供"浸入式"税费优惠政策宣讲新体验。税务干部辅导纳税人使用VR设备，了解增值税留抵退税操作办理流程。

在河北，国家税务总局隆尧县税务局结合纳税人缴费人需求，在全省率先引入24小时智慧办税舱，可一舱通办包括实名采集、新办登记、各项税费申报缴纳等涉税费业务，实现全天候自助办税，为纳税人缴费人带来极大便利。

在辽宁，国家税务总局朝阳市税务局第二税务分局依托"空中客服"——智能自助服务平台，以"人机对话"的形式远程辅导纳税人办理涉税业务。

在山西，国家税务总局大同经济技术开发区税务局为纳税人缴费人提供全流程智慧服务，纳税人缴费人办税过程中可随时呼叫远程导税人员，在线解决疑难问题。纳税人可以在智慧税务办税大厅使用双屏智能辅导系统办理涉税业务。

在河南，国家税务总局郑州市郑东新区税务局联合郑东新区政务服务局正式上线智慧税务服务——"云帮办"系统，通过"一对一"可视化方式为纳税人解决涉税疑难。

在贵州，国家税务总局都匀市税务局引入大数据、人工智能、生物识别

第一章 金税四期建设进程

等技术,在智慧办税厅设立智慧导税员,通过人脸识别系统记录纳税人信息和相关涉税资料,精准引导纳税人到相应区域办理涉税业务,提高纳税服务效率。

在重庆,国家税务总局重庆市北碚区税务局打造全天候、全智能、全业务的智慧办税服务厅,并将智能机器人"税小宝"正式引入到纳税服务中,纳税人可通过语音实现同"税小宝"的交互,了解最新的税费优惠政策。

在大连,国家税务总局大连市中山区税务局办税服务厅运用大数据、云计算等手段,通过智能问办平台,为纳税人精准推送优惠政策信息,帮助他们算清算细减税降费红利账。

在青岛,国家税务总局青岛高新技术产业开发区税务局打造"智慧税务岛",一个税务窗口同时为2位纳税人办理业务,不断提升服务质效。

在厦门,厦门市税务部门"智慧办税厅"在火炬高新区软件园二期揭牌亮相,该智慧办税厅依托智能科技手段,内设智能导税区、办税监控平台、政策快充驿站等多个功能区,创新推出同屏智能咨询辅导以及代开发票自动盖章新功能,为周边软件园、企业等提供"集成智能、双向联动、学办一体"的涉税服务。

在深圳,国家税务总局深圳市福田区税务局推动办税服务厅向智能化转变,提升纳税人办税体验。在办税服务厅,税务干部使用智能平板电脑向纳税人展示"远程办"业务,帮助纳税人轻松办税。

税务稽查风险案例

2022年9月,天津市河西区税务局根据互联网数据监测线索,对天津某企业服务集团有限公司发布涉税虚假宣传信息进行处理。

经查,该公司通过互联网网站发布"返税服务"等涉税虚假宣传信息,歪曲解读税收政策,误导社会公众。天津市河西区税务局联合当地市场监管部门对该公司进行约谈,责令其删除违规内容、及时消除影响,并依据《涉税专业服务监管办法(试行)》相关规定,扣减其涉税专业服务信用积分。

天津市河西区税务局有关部门负责人表示,下一步将深入贯彻落实国家税务总局、国家互联网信息办公室、国家市场监督管理总局《关于规范涉税中介服务行为 促进涉税中介行业健康发展的通知》,常态化开展规范管理工作,严肃查处违规行为,促进涉税中介行业健康发展,保障国家税收利益和纳税人缴费人合法权益。

（二）增加了信息核查

1.信息核查三大功能

金税四期工程增加了信息核查功能，可以全方位核查企业相关人员的手机号码、企业纳税状态以及企业登记注册信息。

2019年6月26日，中国人民银行、工业和信息化部、国家税务总局、国家市场监督管理总局四部门联合召开企业信息联网核查系统启动会。中国工商银行、交通银行、中信银行、中国民生银行、招商银行、广发银行、平安银行、上海浦东发展银行等8大银行作为首批用户接入企业信息联网核查系统。该系统可以实现企业相关人员手机号码、企业纳税状态、企业登记注册信息核查的三大功能。

税务稽查风险案例

根据呼税稽罚〔2022〕1号文件显示的案情，内蒙古某财务咨询有限公司的违法行为如下：

（一）通过个人账户、支付宝、微信隐匿收入

（1）该单位在2019—2021年，通过个人银行卡、支付宝、微信等途径收取代理记账收入，但未在该单位财务核算账簿中体现，隐匿应税收入，应补缴2019年1月1日至2019年12月31日期间增值税9 747.35元；应补缴2020年1月1日至2020年12月31日期间增值税12 658.85元；应补缴2021年1月1日至2021年12月31日期间增值税4 056.14元。共计补缴增值税26 462.34元。

（2）该单位在2019—2021年，通过个人银行卡、支付宝、微信等途径收取代理记账收入，但未在该单位财务核算账簿中体现，隐匿应税收入，应补缴2019年1月1日至2019年12月31日期间城市维护建设税341.16元；应补缴2020年1月1日至2020年12月31日期间城市维护建设税443.06元；应补缴2021年1月1日至2021年12月31日期间城市维护建设税141.96元。共计补缴城市维护建设税926.18元。

（3）该单位在2019—2021年，通过个人银行卡、支付宝、微信等途径收取代理记账收入，但未在该单位财务核算账簿中体现，隐匿应税收入，应补缴2019年1月1日至2019年12月31日期间企业所得税7 301.55元；应补缴2020年1月1日至2020年12月31日期间企业所得税5 863.43元。共计补缴企业所得税13 164.98元。

（二）帮助员工隐匿工资收入

根据该单位提供的银行转账记录及工资表证据，该单位存在帮助员工隐匿工资收入的行为。

第一章　金税四期建设进程

（1）致使员工杨某欣2019年度少缴纳个人所得税税款3 768.78元，滞纳金1 064.68元；2020年度少缴纳个人所得税税款5 467.98元，滞纳金546.8元。

（2）致使员工张某霞2020年度少缴纳个人所得税税款2 349.83元，滞纳金234.98元；虽杨某欣、张某霞已于2021年1月16日更正申报并缴清税款及滞纳金，但该单位违法行为已实施，并造成相应后果。

国家税务总局呼和浩特市税务局稽查局根据《中华人民共和国税收征收管理法》第六十三条、第六十九条，认定该单位的行为构成偷税。对定性为偷税的增值税、城市维护建设税、企业所得税处以0.5倍的罚款，合计20 276.8元。对该单位未履行扣缴义务人职责导致员工杨某欣、张某霞少缴纳个人所得税的行为，处以0.5倍罚款，罚款金额5 793.29元。

2.企业信息联网核查系统的建立

2019年11月19日，中国人民银行办公厅印发了《企业信息联网核查系统管理办法》（银办发〔2019〕197号印发），制定该办法的目的是加强企业信息联网核查系统及其业务管理，维护系统安全、稳定、高效运行，推进落实账户实名制。

企业信息联网核查系统是中国人民银行联合工业和信息化部、国家税务总局、国家市场监督管理总局建设的，为参与机构提供企业（含企业法人、非法人企业、个体工商户，下同）相关人员手机号码、企业纳税状态、企业登记注册等信息真实性、有效性核查服务的业务处理平台。

企业信息联网核查系统的参与机构包括银行业金融机构、非银行支付机构、特许清算机构、中国人民银行同意加入的其他机构。中国人民银行清算总中心、中国人民银行省会（首府）城市中心支行以上分支机构清算中心和深圳市中心支行清算中心（以下简称"运行机构"）负责企业信息联网核查系统运行管理。

参与机构按照自愿加入、自愿使用的原则，加入企业信息联网核查系统，办理企业信息联网核查业务。参与机构应当以法人为单位加入企业信息联网核查系统。参与机构原则上应当以接口方式加入系统，业务量较小的参与机构可以以非接口方式加入系统。未经中国人民银行批准，参与机构不得代理其他机构加入企业信息联网核查系统。

企业信息联网核查结果仅作为参与机构审核企业相关人员手机号码、企业纳税状态、企业登记注册等信息真实性、有效性的内部参考。对企业信息联网核查结果不一致或有其他异常的，参与机构有权采取措施进一步核实，并根据法律制度规定及内部管理要求予以处理。参与机构不得以核查结果不一致为由拒绝办理相关业务。因企业信息联网核查结果导致的办理纠纷及相关责任，由参与机构自行解决和承担。

参与机构应当建立本单位企业信息联网核查业务管理办法和操作规程、内控制度、责任追究制度、应急预案,确保企业信息传输、存储安全,严控数据使用权限,防止信息泄露。运行机构应当建立企业信息联网核查内控制度和企业信息安全保护机制,严格按照《中华人民共和国网络安全法》《金融行业信息系统信息安全等级保护实施指引》(JR/T0071—2012)等有关规定,确保企业信息传输、存储安全,防止信息泄露。制订系统运行维护管理制度、突发事件应急预案,组织开展系统突发事件应急处置。与工业和信息化部、国家税务总局、国家市场监督管理总局相关技术部门建立协调机制。参与机构、运行机构应当对通过企业信息联网核查系统获得的信息保密,不得用于其他目的,不得向任何单位和个人提供,法律、法规另有规定的除外。

企业信息联网核查系统运行时间由中国人民银行统一规定。中国人民银行及其分支机构依法对企业信息联网核查系统参与机构、运行机构进行监督管理。

3.企业信息联网核查系统的联网核查

参与机构开展企业信息联网核查暂仅限于办理支付结算相关业务,不得用于办理其他业务。其中,企业相关人员手机号码信息联网核查暂仅限于办理企业银行账户开立、变更、撤销等相关业务。参与机构开展企业相关人员手机号码信息联网核查时应当取得被核查人的书面授权。未经被核查人书面授权的不得进行手机号码信息联网核查。

参与机构开展企业相关人员手机号码信息联网核查时,应当准确、完整向企业信息联网核查系统提交企业统一社会信用代码(尚未取得统一社会信用代码的个体工商户可以提供营业执照号码,下同)和被核查人手机号码身份证件类型、身份证件号码、姓名。企业信息联网核查系统依次核查手机号码、身份证件类型、身份证件号码、姓名的一致性,当某一要素核查不一致时停止对后续要素核查,并返回相应核查结果。上述要素全部核查一致的,同时返回手机号码归属运营商和归属地信息。

参与机构开展企业纳税状态联网核查时,应当准确、完整向企业信息联网核查系统提交企业统一社会信用代码(或纳税人识别号)、企业名称。企业信息联网核查系统依次核查企业统一社会信用代码(或纳税人识别号)、名称的一致性,当某一要素核查不一致时停止对后续要素核查,并返回相应核查结果。上述要素全部核查一致的,同时返回登记税务机关代码、名称和纳税人状态信息。

参与机构开展企业登记信息联网核查时,应当准确、完整向企业信息联网核查系统提交企业统一社会信用代码、企业名称、法定代表人(单位负责人)姓名及其身份证件号码。法定代表人或单位负责人授权他人办理账户相关业务的,还应当提交代理人姓名及其身份证件号码。企业信息联网核查系统依次核查企业统一社会信用代码、企业名称、法定代表人(单位负责人)姓名、身份证件号码的一致性,当某一要素核查不一致时,停止对后续要素核查，并返回相应核查结果。上述要素全部核查一致的，同时返回企业登记状态、营业执照记载其他信息、股权结构信息、董事、监事、高级管理人员信息、企业历史变更信息、是否纳入异常经营名录、是否纳入严重违法失信企业名单、营业执照作废声明等信息。

参与机构可以采用单笔核查、批量核查方式进行企业信息联网核查。对单笔核查，企业信息联网核查系统实时返回核查结果。对批量核查，企业信息联网核查系统于次日返回核查结果。参与机构收到企业信息联网核查系统返回的核查结果后，应当与相关资料进行核对，并按照有关规定处理。

参与机构进行企业信息联网核查时，发现核查结果存在疑义的，可以通过企业信息联网核查系统反馈疑义信息。参与机构在办理企业信息联网核查业务时，发现客户凭虚假证明文件办理相关业务的，应当及时向公安机关报案。

银行为企业办理基本存款账户开立或撤销业务的，应当于当日至迟下一工作日在企业信息联网核查系统中标注该企业开销户状态信息。

4.企业信息联网核查系统的查询、监测和统计

参与机构可以按照参与机构代码、参与机构名称、企业统一社会信用代码、企业名称、操作员等条件查询和下载本机构及辖属机构企业信息联网核查系统核查日志。中国人民银行分支机构可以查询和下载本单位、辖区中国人民银行分支机构以及辖区参与机构的核查日志。

中国人民银行及其分支机构可以对参与机构企业信息联网核查异常操作以及企业信息联网核查异常情况进行监测。

中国人民银行及其分支机构可以对辖区参与机构的企业信息联网核查业务量、非接口方式参与机构操作员数量等进行统计。参与机构可以对本机构及辖属机构的核查业务量进行统计。

5.企业信息联网核查系统参与机构的管理

加入企业信息联网核查系统的参与机构应当具备下列条件：①拥有支付系统行号；②满足加入企业信息联网核查系统的相关技术及安全性要求；③具有健全的企业信息联网核查业务管理办法和操作规程、内控制度、责任追究办法、应急预案等业务管理制度；④中国人民银行规定的其他条件。

申请机构申请加入企业信息联网核查系统，应当按照申请、初审、准备、加入的程序办理。申请机构申请接入企业信息联网核查系统应提交《企业信息联网核查系统加入（退出）申请表》及相关管理制度。其中，国家开发银行、政策性银行、国有商业银行、股份制商业银行、中国邮政储蓄银行、特许清算机构及其他机构向中国人民银行清算总中心提出申请；其他银行、非银行支付机构经所在地中国人民银行分支机构向所在地中国人民银行省会（首府）城市中心支行以上分支机构和深圳市中心支行（以下统称人民银行省一级分支机构）提出申请。

中国人民银行清算总中心收到申请后，应当在5个工作日内进行初审，并将初审结果告知申请机构。中国人民银行省一级分支机构收到申请后，应当

在5个工作日内进行初审,并将初审结果告知申请机构和当地中国人民银行省一级分支机构清算中心。

申请以接口方式加入系统的申请机构在通过初审后,应当按照运行机构要求做好相关技术准备工作,并通过中国人民银行清算总中心的验收。中国人民银行清算总中心应当将技术验收报告反馈申请机构和当地中国人民银行省一级分支机构清算中心。申请以非接口方式加入系统的申请机构在通过初审后,按照《中国人民银行支付系统数字证书管理办法》(银办发〔2016〕112号文印发)规定的程序,申请企业信息联网核查系统企业证书。企业证书应符合《金融电子认证规范》(JR/T0118－2015)等标准要求准备就绪后,中国人民银行省一级分支机构清算中心应当将有关情况连同申请机构申请表一并报中国人民银行清算总中心。

中国人民银行清算总中心就申请机构正式加入系统向中国人民银行提出申请。中国人民银行确定申请机构加入系统时间后,书面批复中国人民银行清算总中心并抄送相关中国人民银行省一级分支机构。中国人民银行清算总中心收到批复后,正式办理申请机构加入系统手续。

参与机构出现下列情况之一的,中国人民银行及其省一级分支机构视情况给予通报批评、暂停业务办理并限期整改等措施;情节严重的,强制其退出企业信息联网核查系统;被强制退出企业信息联网核查系统的机构,2年内不得申请加入企业信息联网核查系统:①提供虚假申请材料,采取欺骗手段加入企业信息联网核查系统的;②因内部管理不善,影响企业信息联网核查系统安全稳定运行的;③因业务处理不规范,出现客户大量投诉造成恶劣影响的;④未经中国人民银行批准,擅自代理其他机构开展企业信息联网核查的;⑤违反规定将通过企业信息联网核查系统获得的信息用于其他目的或违规向其他单位或个人提供的;⑥其他严重违反企业信息联网核查系统管理制度的情形。

6.企业信息联网核查系统的管理

运行机构调整企业信息联网核查系统架构、增加系统业务功能、接入其他业务系统、基于系统开展业务创新以及其他重要事项,应提前30日逐级书面报告至中国人民银行,经批准后方可实施。运行机构应于每季度结束后10日内将季度系统建设、业务处理、运行管理、数据安全等情况逐级书面报告至中国人民银行。运行机构统一维护企业信息联网核查系统中的参与机构代码、地区代码、行别代码等基础信息。

以接口方式加入系统的参与机构自行设置操作员。以非接口方式加入系统的参与机构设置一个法人机构业务主管、一个法人机构系统管理员和若干个业务操作员法人机构业务主管可以进行查询、统计、监测和业务操作员维护等,业务操作员可以进行单笔核查、批量核查、疑义信息提交等。

以非接口方式加入系统的参与机构法人机构业务主管、法人机构系统管理员由所在地中国人民银行省级分支机构清算中心设置和维护,业务操作员由参与机构法人机构业务主管、法人机构系统管理员共同设置和维护。

以非接口方式加入系统的参与机构需要新增、变更、删除法人机构业务主管或系统管理员的,应当向所在地中国人民银行省一级分支机构清算中心提交《企业信息联网核查系统操作员信息维护申请表》,并加盖公章。中国人民银行省一级分支机构清算中心应当在5个工作内在系统中维护操作员信息。

非接口方式的参与机构操作员登录企业信息联网核查系统应当使用用户证书。参与机构应当按照《中国人民银行支付系统数字证书管理办法》规定的程序,申请企业信息联网核查系统用户证书参与机构操作员证书可以使用支付系统用户证书。用户证书应符合《金融电子认证规范》等标准要求。

税务稽查风险案例

2021年12月,浙江省杭州市税务部门经税收大数据分析发现网络主播黄某涉嫌偷逃税款,在相关税务机关协作配合下,依法对其开展了全面深入的税务检查。

经查,黄某在2019年至2020年期间,通过隐匿个人收入、虚构业务转换收入性质虚假申报等方式偷逃税款6.43亿元,其他少缴税款0.6亿元。

在税务调查过程中,黄某能够配合并主动补缴税款5亿元,同时主动报告税务机关尚未掌握的涉税违法行为。综合考虑上述情况,国家税务总局杭州市税务局稽查局依据《中华人民共和国个人所得税法》《中华人民共和国税收征收管理法》《中华人民共和国行政处罚法》等相关法律法规规定,按照《浙江省税务行政处罚裁量基准》,对黄某追缴税款、加收滞纳金并处罚款,共计13.41亿元。其中,对隐匿收入偷税但主动补缴的5亿元和主动报告的少缴税款0.31亿元,处0.6倍罚款计3.19亿元;对隐匿收入偷税但未主动补缴的0.27亿元,处4倍罚款计1.09亿元;对虚构业务转换收入性质偷税少缴的1.16亿元,处1倍罚款计1.16亿元。

杭州市税务局有关负责人表示,税务部门将持续加强对网络直播行业从业人员的税收监管,并对协助偷逃税款的相关经纪公司及经纪人、网络平台企业、中介机构等进行联动检查,依法严肃查处涉税违法行为,切实提高税法遵从度,营造法治公平的税收环境。

(三)增加了信息共享

金税四期工程建立各部委、人民银行及银行等参与机构的通道,可以实现多部门的信息共享。

1.税务部门与自然资源部门的信息共享

根据《国家税务总局 自然资源部关于进一步深化信息共享 便利不动产登记和办税的通知》(税总财行发〔2022〕1号)的规定,税务部门和自然资源主管部门要立足本地信息化建设实际,密切加强合作,以解决实际问题为导向,合理确定信息共享方式,及时实现共享实时化。2022年年底前,全国所有市县税务部门和自然资源主管部门应实现不动产登记涉税业务的全流程信息实时共享。

自然资源主管部门应向税务部门推送统一受理的不动产登记申请和办税信息,主要包括权利人、证件号、共有情况、不动产单元号、坐落、面积、交易价格、权利类型、登记类型、登记时间等不动产登记信息,以及办理纳税申报时所需的其他登记信息。税务部门应向自然资源主管部门推送完税信息,主要包括纳税人名称、证件号、不动产单元号、是否完税、完税时间,以及办理不动产登记时所需的其他完税信息。

各省、自治区、直辖市和计划单列市(以下简称"各省")税务部门和自然资源主管部门原则上应通过构建"省对省"模式实现信息共享,即两部门在省级层面打通共享路径,通过政务服务平台或连接专线实现不动产登记和办税信息实时共享。条件暂不具备的,可由省税务部门与自然资源主管部门协商,以接口方式实现信息实时共享;对不动产登记信息管理基础平台已迁移至电子政务外网的市县,可通过调用省税务部门部署于电子政务外网的数据接口实现信息实时共享;已实现信息实时共享的市县暂可保持原有共享方式。各省自然资源主管部门要积极创造条件,会同税务部门推动实现"省对省"模式。

各省税务部门和自然资源主管部门要强化部门协作,共同研究确定信息共享方式、制定接口规范标准、完成接口开发,确保不动产登记和办税所需信息实时共享到位;要建立安全的信息共享物理环境、网络环境、数据加密与传输机制,保障数据安全;要制定信息共享安全制度,共享信息仅用于不动产登记和办税工作,防止数据外泄,确保信息安全。各省税务部门和自然资源主管部门要深入推进"以地控税、以税节地"工作,以不动产单元代码为关键字段,加强地籍数据信息的共享。税务部门要加快构建基于地理信息系统的城镇土地使用税、房产税税源数据库,不断提升税收征管质效;自然资源主管部门要加强地籍调查工作,在不动产登记信息管理基础平台上,建立健全地籍数据库,推进地籍数据信息的共享应用。

税务部门和自然资源主管部门要在巩固"一窗受理、并行办理"工作成果基础上,以部门信息实时共享为突破口,大力推进信息化技术支撑下的线上线下"一窗办事"。不动产登记和办税联办业务原则上应该通过"一窗办事"综合窗口受理,不得通过单一窗口分别受理、串联办理。2022年年底前,全国所有市县应实现不动产登记和办税线下"一窗办事";2023年年底前,全国所有市县力争实现不动产登记和办税"网上（掌上）办理"。

线下实现"一窗办事"。各省税务部门和自然资源主管部门要统一线下综合受理窗口业务规范，坚决取消违法违规的前置环节、合并相近环节，对退税、争议处理等特殊业务，可单独设置业务窗口，进一步改善企业群众办事体验。要积极推动税务部门税收征管系统与自然资源主管部门不动产登记系统对接，应用信息化手段整合各部门业务，将纸质资料"现场传递"提升为电子资料"线上流转"。要认真梳理优化办理流程，在综合受理窗口统一收件、统一录入后，自然资源主管部门不动产登记系统自动将税务部门所需信息推送至税收征管系统。税务部门并行办理税收业务，及时确定税额，为纳税人提供多渠道缴纳方式，力争实现税费业务现场即时办结。纳税人完税后，税收征管系统向自然资源主管部门不动产登记系统实时反馈完税信息，自然资源主管部门依法登簿、发证。

积极推进线上"一窗办事"。各省税务部门和自然资源主管部门要围绕智慧税务建设和"互联网＋不动产登记"的目标，加强网上不同业务系统相互融合，实行"一次受理、自动分发、集成办理、顺畅衔接"，实现登记、办税网上申请、现场核验"最多跑一次"或全程网办"一次不用跑"。各省要结合本地区实际，明确"一窗办事"平台开发层级和应用范围，统筹加快手机APP、小程序等开发应用，逐步实现不动产登记和办税全程"掌上办理"。要打通信息数据壁垒、统一流程环节，实现线上线下业务办理有机贯通衔接。

2.税务部门与民政部门的信息共享

根据《民政部 国家税务总局关于加强民政部门与税务部门合作开展婚姻登记信息共享工作的通知》（民函〔2016〕107号）的规定，按照国家有关税收政策规定，纳税人在购买或出售家庭住房时，如满足规定条件，可以享受相应的税收优惠。税务部门在受理纳税人提出的家庭住房税收优惠申请时，需要了解当事人的婚姻信息。税务部门通过开展与民政部门婚姻登记信息的共享工作，对特定的纳税人婚姻登记信息进行查询，不仅可以简化纳税人办理涉税事项所需提供资料，方便群众办事，也可以在一定程度上防范税收风险，对提高政府治理能力具有重要意义。各地民政部门和税务部门要高度重视，采取有效措施，切实把此项工作抓实抓好。

根据当前民政、税务部门的信息化水平和信息利用状况，婚姻登记信息共享工作在省级层面开展。各省（自治区、直辖市）可根据实际情况，就省级以下各级民政部门与税务部门婚姻登记信息共享事宜进行统筹安排。

在确保婚姻登记管理信息系统独立和信息安全的前提下，各地婚姻登记信息共享应通过省级民政部门和同级税务部门之间网络发起查询请求和反馈查询结果，具体方式及信息交换频率、反馈时间，由省级民政部门、税务部门根据实际情况协商确定。数据接口的开发费用，所需配置的设备、设施

（如前置机、安全及网络设备等）由省级税务部门提供。对暂不具备网络共享条件的，可采用移动储存介质按批量进行数据交换。同时，要通过逐步提升信息化建设水平，尽早实现通过网络方式进行共享。

税务部门应根据工作需要，将所需查询的当事人姓名、身份证件类型及号码提供给民政部门。民政部门应向税务部门提供所需查询的当事人在民政部门办理婚姻登记的基本信息，包括当事人婚姻登记类别（结婚、离婚、补发结婚证、补发离婚证、撤销受胁迫结婚登记信息），登记时间，配偶姓名、身份证件类型及号码，婚姻登记机关名称等信息。

各省级民政部门、税务部门要充分认识婚姻登记信息共享工作的重要性，加强协调配合。主动向当地政府汇报，联合争取各方面支持。建立由省级民政部门、税务部门主要负责同志组成的协调小组，因地制宜，制定本省（自治区、直辖市）婚姻登记信息共享工作方案，明确信息共享内容、传递途径、交换频率、反馈时间、使用和管理要求等，及时协调和解决信息共享及核实比对中的问题。

各省级地方税务部门要主动与同级民政部门联系，就信息共享工作的具体事宜进行沟通。从民政部门获取的当事人婚姻登记信息查询结果，仅限于办理其房地产交易涉税事项使用，不得用于其他用途。地方税务部门要加强安全保密管理，签订保密协议，明确专人负责信息核查，并上报省级地方税务部门备案。建立责任追究机制，严格限制婚姻登记信息的查询并实行痕迹化管理。如发生信息泄露致当事人合法权益遭受损害等事件的，要依法追究相关单位和人员的责任。

各省级民政部门要积极配合，及时向同级税务部门传递婚姻登记信息查询结果。同时，进一步健全和完善婚姻登记数据库，加快婚姻登记档案补录工作，不断提高婚姻登记信息化管理水平。

3.税务部门与公安部门的信息共享

根据《国家税务总局　公安部关于建立车辆购置税完税证明和机动车销售发票信息共享核查机制有关工作的通知》（税总发〔2017〕12号）的规定，要加强税务机关和公安机关交通管理部门协作，建立车辆购置税完税证明、机动车销售发票（包括机动车销售统一发票和二手车销售发票，下同）信息共享及核查工作机制，优化便民服务。

（1）建立车辆购置税完税证明信息共享和核查工作机制。各地省级税务机关和公安机关交通管理部门要建立协作工作机制，加强车辆购置税完税证明信息共享和核查。省级税务机关要在2017年2月底前开设至同级公安机关交通管理部门的数据传输专线，计划单列市税务机关向本省省级税务机关开设数据传输专线。自2017年5月1日起实时（每5分钟）将本省（含计划单列市）税务机关签发的车辆购置税的完税证明电子信息传输给公安机关交通管理部门，公安机关交通管理部门要做好信息接收工作。省级税务机关向同级公安机关交通管理部门传输信息的范围暂限于汽车、挂车的车辆购置税完税证明电子信息。

（2）严格审核车辆购置税完税证明。公安机关交通管理部门在办理机动车注册登记业务时，要对照税务机关传输的车辆购置税完税证明电子信息，严格审查车主提供的车辆购置税完税证明。对比对无误的，公安机关交通管理部门按规定程序办理车辆登记手续；对比对信息不符的，启动嫌疑车辆调查程序，向当地税务机关核实，待核实无误后再办理车辆登记手续；对因技术原因导致信息传输故障或者未收到信息暂时无法进行信息比对的，公安机关交通管理部门可先依据车主提供的车辆购置税完税证明办理车辆登记手续，待传输故障排除或者收到相关信息后，再履行比对程序。省级公安机关交通管理部门要每周汇总传输故障、未收到信息和比对不符的车辆信息，并传输至对应的省级税务机关。省级税务机关收到公安机关交通管理部门传输的已办理车辆登记手续但因传输故障、未收到信息而未履行比对程序的车辆信息，应会同公安机关交通管理部门及时核查，排除技术故障，补传相关信息。

（3）加强对嫌疑车辆购置税完税证明的稽查。省级税务机关要将公安机关交通管理部门通报的比对不符的车辆信息清分至纳税人所在地主管税务机关依法处理，并及时传输补办的车辆完税证明信息。各地税务机关要配合公安机关交通管理部门开展针对车辆购置税信息比对不一致情况的调查核实，并在收到核实请求后10个工作日内反馈核查结果。对因信息传输故障或者未收到信息而未履行比对程序直接办理车辆登记手续、后经比对仍缺失完税信息的车辆，税务机关要及时与当事人联系核查。经核查，税务机关发现纳税人未按照规定缴纳车辆购置税的，责令其补税；纳税人拒绝缴纳的，或者经核查发现伪造变造车辆购置税完税证明的，税务机关按照《中华人民共和国税收征收管理法》依法处罚；构成犯罪的，依法追究刑事责任；公安机关交通管理部门依法撤销机动车登记，收缴机动车牌证。

（4）加强机动车销售发票核查管理。公安部和国家税务总局已建立数据传输专线，国家税务总局每周汇总全国机动车销售发票信息传输至公安部，交通管理信息系统自动比对机动车销售发票信息。对销售发票票面信息同税务机关传输的电子信息比对不符或者未查到销售发票电子信息的，公安部定期清分至车辆登记地公安机关交通管理部门，各地税务机关要配合公安机关交通管理部门核查。具体工作机制由各省公安机关交通管理部门与各省税务机关协商确定。经核查发现伪造变造机动车销售发票的，税务机关按照《中华人民共和国税收征收管理法》和《中华人民共和国发票管理办法》依法处罚；构成犯罪的，依法追究刑事责任；公安机关交通管理部门依法撤销机动车登记，收缴机动车牌证。

为进一步提高便民服务水平，各地税务机关要与当地公安机关交通管理部门加强合作，及时互相通报政策，协调车辆购置税征收权限设置层级和相应的业务范围、办理条件，加快向县级税务机关下放业务权限，确保车辆登记与车辆购置税征收权限设置层级、业务范围一致。各地税务机关要结合实际情况，在当地公安机关车辆登记部门设置车辆购置税征收点，并在机动车登记服务站点增设业务代办网点和自助缴税机，逐步推行通过互联网缴纳车辆购置税，方便群众缴税。

税务稽查风险案例

2022年2月，山东省济南市税务部门经税收大数据分析，发现部分机动车销售企业存在虚开发票嫌疑，遂联合公安部门依法进行立案检查。

经查，以葛某为首的虚开犯罪团伙控制35家汽车销售空壳公司，对外虚开机动车销售统一发票925份，价税合计金额2.59亿元，帮助购车人低价购车偷逃税款，并从中非法牟利。

目前，山东省济南市历下区人民法院已依法对该案3名被告人以虚开增值税专用发票罪作出一审判决，其中主犯葛某被判处有期徒刑9年6个月并处罚金50万元。相关购车人所偷逃税款正在依法追缴中。

济南市税务局有关负责人表示，下一步，税务部门将充分运用税收大数据，有效发挥常态长效打击"假企业""假出口""假申报"工作机制作用，不断提高部门联合打击的协同性、精准性，坚决依法严厉打击各种偷逃税行为，营造法治、透明、公平的税收营商环境。

4.税务部门与工商管理部门的信息共享

根据《国家税务总局　国家工商行政管理总局[①]关于加强税务工商合作、实现股权转让信息共享的通知》（国税发〔2011〕126号）的规定，税务部门、工商行政管理部门应加强信息共享，强化股权转让税收征管，提升企业登记管理信息服务国家税收征管的能力，发挥税收调节收入分配的作用。

工商行政管理部门向税务部门提供有限责任公司已经在工商行政管理部门完成股权转让变更登记的股权转让相关信息，包括营业执照注册号、公司名称、住所、股东姓名或者名称、股东证件类型、股东证件号码、股东出资

[①]2018年3月，根据第十三届全国人民代表大会第一次会议批准的国务院机构改革方案，将国家工商行政管理总局的职责整合，组建中华人民共和国国家市场监督管理总局；将国家工商行政管理总局的商标管理职责整合，重新组建中华人民共和国国家知识产权局；不再保留国家工商行政管理总局。下同。

额、出资比例、登记日期。

税务部门向工商行政管理部门提供企业因股东转让股权在税务部门办理的涉税信息和税务部门从工商行政管理部门获取公司股东转让股权变更登记信息后征收税款的有关信息。其中，企业因股东转让股权在税务部门办理的涉税信息包括营业执照注册号、企业名称、纳税人识别号、股东姓名或者名称、股东证件类型、股东证件号码；税务部门从工商行政管理部门获取公司股东转让股权变更登记信息后征收税款的有关信息包括营业执照注册号、纳税人姓名或者名称、纳税人识别号、税种、税款所属期、税款数额。

国家税务总局和国家工商行政管理总局建立信息共享平台和交换机制，开展股权变更登记信息共享工作。省及省以下各级国家税务局、地方税务局分别与同级工商行政管理局协商进行信息交换。要充分利用计算机网络交换信息，逐步确立信息化条件下的信息交换机制。有条件的地方，可以建立税务、工商信息共享平台，或者利用政府信息共享平台，进行信息集中交换。暂不能通过网络交换信息的，税务部门和工商行政管理部门可采用光盘等介质交换。

省及省以下各级国家税务局、地方税务局和工商行政管理局要高度重视，积极向当地政府汇报有关工作，争取支持。要建立由国家税务局、地方税务局和工商行政管理局主要领导组成的信息共享领导协调小组，定期或者不定期召开联席会议，及时协调和解决信息共享工作中的问题。要严格落实相关保密制度，确保信息安全，对获取的相关信息，不得向税务部门、工商行政管理部门以外的第三方提供，擅自对外提供有关信息的，要承担相应的法律责任。要巩固已有的税务、工商合作成果，继续利用已有的政府信息共享平台，建立健全信息共享制度，探索税务、工商协调配合新模式。

税务稽查风险案例

2022年1月，陕西省延安市税务局与公安部门密切配合，成立税警联合专案组，经过深入调查，成功破获跨省系列虚开增值税专用发票案，捣毁犯罪窝点5个，抓获犯罪嫌疑人11名。

税警联合专案组先后赴山西、河北、北京、上海、浙江、湖南、新疆等15省（区、市）90多个市县，深入200余家公司调查取证。经查，犯罪嫌疑人利用空壳公司，制造虚假购销合同，虚开增值税专用发票5 162份，价税合计金额近10亿元。目前，案件已移交检察机关审查起诉。

陕西省延安市税务局有关负责人表示，税务部门将充分发挥税务、公安、检察、海关、人民银行、外汇管理六部门联合打击涉税违法犯罪行为的工作机制作用，进一步加大对虚开骗税违法犯罪行为的常态化精准打击力度，为经济社会发展营造良好的税收环境。

（四）增加了"非税"业务

金税四期工程监控的业务范围更加全面，涵盖了"非税"业务，其中最主要的"非税"业务就是社会保险费的征收业务。目前，金税四期涵盖的"非税"业务包括以下九类。

1. 单位社会保险费

社会保险费单位缴费人应当依照法律、行政法规规定或者税务机关依照法律、行政法规规定确定的申报期限、申报内容，申报缴纳社会保险费。

2. 城乡居民社会保险费

参加城乡居民基本社会保险的缴费人，以及代办单位集中代收城乡居民社会保险费的代办人员，应当依照法律、行政法规规定或者税务机关依照法律、行政法规规定确定的申报期限、申报内容，申报缴纳城乡居民社会保险费。

3. 灵活就业人员社会保险费

无雇工的个体工商户、未在用人单位参加社会保险的非全日制从业人员以及其他灵活就业人员参加社会保险的，应当依照法律、行政法规规定或者税务机关依照法律、行政法规规定确定的申报期限、申报内容，申报缴纳社会保险费。

4. 残疾人就业保障金

未按规定比例安排残疾人就业的机关、团体、企业、事业单位和民办非企业等用人单位，应依照法律、行政法规规定或者税务机关依照法律、行政法规规定确定的申报期限、申报内容，向税务机关申报缴纳残疾人就业保障金。

5. 文化事业建设费

在中华人民共和国境内提供广告服务的广告媒介单位和户外广告经营单位，以及提供娱乐服务的单位和个人，应依照法律、行政法规规定或者税务机关依照法律、行政法规规定确定的申报期限、申报内容，申报缴纳文化事业建设费。

中华人民共和国境外的缴纳义务人，在境内未设有经营机构的，以服务接受方为扣缴义务人。文化事业建设费的扣缴义务人依照法律、行政法规规定或者税务机关依照法律、行政法规规定确定的申报期限、申报内容，就应税项目向税务机关申报入库其代扣代缴的文化事业建设费。

6. 废弃电器电子产品处理基金

中华人民共和国境内电器电子产品的生产者，应依照法律、行政法规规定或者税务机关依照法律、行政法规规定确定的申报期限、申报内容，申报缴纳废弃电器电子产品处理基金。

7.石油特别收益金

凡在中华人民共和国陆地领域和所辖海域独立开采并销售原油的企业，以及在上述领域以合资、合作等方式开采并销售原油的其他企业，均应依照法律、行政法规规定或者税务机关依照法律、行政法规规定确定的申报期限、申报内容，申报缴纳石油特别收益金。

8.油价调控风险准备金

在中华人民共和国境内生产、委托加工和进口汽、柴油的成品油生产经营企业，在国际市场原油价格低于国家规定的成品油价格调控下限时，应依照法律、行政法规规定或者税务机关依照法律、行政法规规定确定的申报期限、申报内容，申报缴纳油价调控风险准备金基金。

9.其他非税收入

非税收入缴费人依据法律、行政法规规定或者税务机关确定的申报期限、申报内容，申报缴纳划转至税务部门征收的非税收入项目。

六、金税四期建设的成就

（一）智慧税务建设的成就

2020年12月，习近平总书记主持召开中央深改委第十七次会议研究部署进一步优化税务执法方式、深化税收征管改革等工作。2021年3月，中办、国办印发《关于进一步深化税收征管改革的意见》，税收现代化事业自此开启了新的征程。

习近平总书记多次强调，要加快数字中国建设，增强数字政府效能。《关于进一步深化税收征管改革的意见》描绘了数字化背景下中国智慧税务建设蓝图。2021年是落实《关于进一步深化税收征管改革的意见》的第一年，也是金税四期工程建设的开启之年。

国家税务总局加强顶层设计，明确提出进一步深化税收征管改革，要坚持科技创新和深化大数据应用，全面推进税收征管数字化升级和智能化改造，建成具有高集成功能、高安全性能、高应用效能的智慧税务。自《关于进一步深化税收征管改革的意见》印发以来，税务部门紧跟数字化转型时代潮流，坚持理论与实践融合共进，通过税收实践形成理论成果，又以理论研究指导实践创新，全面推进税收征管数字化升级和智能化改造。

改革应时应势，智慧税务建设实现标志性突破。2021年，对标一流谋划形成金税四期顶层设计。借鉴4个国际组织、26个国家（地区）的320多条先进做法，完成金税四期建设的顶层设计，形成推动我国税收征管方式从"收税"到"报税"再到"算税"、征管流程从"上机"到"上网"再到"上云"、征管效能从"经验管税"到"以票管税"再到"以数治税"的智慧税务蓝图。

一步步改革，印刻时代特征。"我们过去是税务干部带着税票下户'收税'，到后来纳税人送申报表到税务所、办税厅或网上'报税'，再到2018年个人所得税改革中，税务总局打造自然人税收管理系统（ITS），在个人所得税年度汇算中探索实现数据智能归集、税款自动计算、推送确认申报的自动'算税'，这就是税收征管现代化发展的历程。"国家税务总局总经济师饶立新介绍。

2021年，建成全国统一的电子发票服务平台。2021年12月1日在试点地区成功推出全面数字化的电子发票，24小时在线免费为纳税人提供发票开具、交付、查验等服务，实现发票全领域、全环节、全要素电子化，大幅降低制度性交易成本，为推动税收征管数字化转型乃至撬动经济社会数字化转型提供有利条件。

经济合作与发展组织（OECD）税收政策与管理中心有关负责人表示，中国深化税收征管数字化升级和智能化改造为各国提供了有益借鉴。2021年以来，税务部门细化了金税四期建设的战略目标，制定了有力有效的保障措施，为推动税收征管方式、征管流程和征管效能的优化升级奠定了坚实基础。

2021年度，国家税务总局深入落实《关于进一步深化税收征管改革的意见》，精心谋划智慧税务蓝图，全面完成金税四期顶层设计，深化税收征管理念、业务、技术、岗责变革，推动征管方式从"收税"到"报税"再到"算税"、征管流程从"上机"到"上网"再到"上云"、征管效能从"经验管税"到"以票控税"再到"以数治税"转变，税收征管数字化升级和智能化改造有力推进，数字法治、智慧法治建设取得明显成效。

税务稽查风险案例

简易税务行政处罚决定书（节选）

主体名称：温州＊＊＊医疗美容门诊部有限公司
处罚决定书文号：温税一稽罚〔2022〕217号
处罚类别：罚款
处罚决定时间：2022-06-13
处罚内容：对你单位少缴的增值税、城市维护建设税、企业所得税税款747 432.09元处以百分之六十的罚款计448 459.25元；对未如实代扣代缴个人所得税，造成2018－2020年度少代扣个人所得税185 451.71元，处以百分之五十罚款92 725.86元。

罚款金额（万元）：54.118 511

违法行为类型：温州***医疗美容门诊部有限公司涉嫌其他违法案

处罚依据

《中华人民共和国税收征收管理法》第六十三条第一款"纳税人伪造、变造、隐匿、擅自销毁账簿、记账凭证，或者在账簿上多列支出或者不列、少列收入，或者经税务机关通知申报而拒不申报或者进行虚假的纳税申报，不缴或者少缴应纳税款的，是偷税。对纳税人偷税的，由税务机关追缴其不缴或者少缴的税款、滞纳金，并处不缴或者少缴的税款百分之五十以上五倍以下的罚款；构成犯罪的，依法追究刑事责任"、第六十九条"扣缴义务人应扣未扣、应收而不收税款的，由税务机关向纳税人追缴税款，对扣缴义务人处应扣未扣、应收未收税款百分之五十以上三倍以下的罚款"之规定。

违法事实

经检查，你单位存在如下涉税问题：

（1）存在账外经营，收入未如实申报。检查人员核对你单位员工工资册后发现工资明细偏低，2018年人员工资基本在3400元左右，且未反映营销客服人员的绩效奖金，不符合常理。多次约谈你单位法定代表人陈某某后，他承认2018年1月至2020年12月期间，公司部分绩效工资发放及无社保人员薪金是通过原董事长陈某某的建行卡（账号：43***98）发放的，而这张卡发放工资的收入来源，主要是客户向第三方金融服务公司申请的消费贷款、新氧POS机收款结算、美团APP收款、散客收款等门诊账外收入，公司未如实申报纳税。

经梳理，该建行卡涉及你单位2018年门诊收入为4 193 494.66元，2019年门诊收入201 820.89元，2020年门诊收入94 646.92元，上述账外收入共计4 489 962.47元。

（2）发放员工工资未如实代扣代缴个人所得税。2018—2020年度，你单位工资薪金支出账载金额为6 887 491.53元，你单位在前期自查过程中发现2018年11月至2020年3月有发放386 004元奖金因会计记账错误，计入相关"福利费"科目，未包含在工资薪金中代扣代缴个人所得税，而陈某某的建行卡（账号：43***98）2018年度用于你单位部分绩效工资发放及无社保人员的薪金发放金额为1 759 457.1元也未代扣代缴个人所得税，因此2018—2020年度少代扣个人所得税189 435.06元。

处罚机关：温州市税务局

(二)征管改革建设的成就

《关于进一步深化税收征管改革的意见》提出了6个方面24项重点改革事项,明确了路线图、时间表,要求推动税收征管的技术变革、业务变革和组织变革。

"这是党中央、国务院关于'十四五'时期税收征管改革的重要制度安排,也是税务部门开启'十四五'时期税收现代化新征程的动员令。"《关于进一步深化税收征管改革的意见》印发之初,国家税务总局党委书记、局长王军这样表示。

开局关系全局,起步决定后势。《关于进一步深化税收征管改革的意见》印发后,税务总局第一时间召开党委扩大会议,深入学习习近平总书记关于税收工作的重要论述和《关于进一步深化税收征管改革的意见》精神,对贯彻落实工作作出部署。

面对千头万绪的改革任务,王军局长担任《关于进一步深化税收征管改革的意见》落实领导小组组长,先后组织召开23次党委会议、6次局长办公会、4次座谈会,聚焦改革任务,突出问题导向,明确"工作方案+任务分工+试点引领"的《关于进一步深化税收征管改革的意见》落实总体框架,确保在思想和行动上始终与党中央、国务院决策部署保持高度一致。

一组数字可以看出深化税收征管改革的决心与成效:2021年,国家税务总局制定6个阶段24项实施安排,将《关于进一步深化税收征管改革的意见》细化为100项改革措施、247个实施步骤、770多个工作节点,部署14个省级税务局开展综合和专项试点。

在改革推动下,31个省(自治区、直辖市)党委政府全部出台实施方案,36个省(自治区、直辖市和计划单列市)税务局、6个税务总局驻地方特派办全部制发工作方案,细化制定7575项措施任务……绘就了"十四五"时期税收征管改革"合成"蓝图。

2021年以来,国家税务总局围绕智慧税务和精确执法、精细服务、精准监管、精诚共治"四精"统筹谋划、集成贯通、一体推进,先后出台90多项高含金量举措,带领指导部分地区在重点改革领域取得较好成效,推动深化税收征管改革稳步行进,纳税人缴费人的获得感明显增强。

在广东,数字化电子发票国产信创省级平台上线;在河北,办税服务厅标准化建设、智慧化转型顺利推进,并推出"远程帮办、问办结合"服务……一份沉甸甸的改革清单,让2021年《关于进一步深化税收征管改革的意见》落实开局之年,迈出准、稳、新的关键一步,成为成色十足的"进一步深化税收征管改革落实元年"。

全国工商联发布的《2021年万家民营企业评价营商环境报告》显示,企业对税费缴纳便利度获得感最强、认可度最高。第三方开展的全国纳税人满意度调查结果显示，2021年综合得分较2020年同口径提升2.1分。

（三）税务执法改革的成就

习近平总书记指出，全面推进科学立法、严格执法、公正司法、全民守法，不断开创依法治国新局面。这一深刻论断，为依法治税提供了根本遵循。

《关于进一步深化税收征管改革的意见》指出，健全税费法律法规制度。2021年6月10日，十三届全国人大常委会第二十九次会议表决通过了《中华人民共和国印花税法》。截至目前，我国18个税种，已有12个税种完成立法，税收法定又迈出坚实一步。

循法而行，依法而治。"法治是最好的营商环境"。税收执法一头连着政府，一头连着群众。执法关乎对党和政府的信任、对税收法治的信心。

2021年以来，税务部门准确把握税务执法的时度效，推动从经验式执法向科学精确执法转变，努力让纳税人在每一个执法行为中都能看到风清气正、从每一项执法决定中都能感受到公平正义，实现力度和温度同步彰显。

税务执法更加规范了。2021年以来，税务部门依法查处并公开曝光郑某、黄某、邓某等一系列重大偷逃税案件，让持续开展典型案例曝光成为常态，对各类税收违法行为保持"零容忍"的高压态势，对不法分子形成了有力震慑，体现出税务部门维护国家税收安全和社会公平正义的决心。

专家学者普遍认为，接连曝光的一系列涉税违法案件，彰显税务部门对各类涉税违法犯罪行为紧盯不放、严厉打击的高压态势和维护国家税法权威的坚定决心。同时也表明国家对文娱领域和网络直播行业各类税收违法行为的查处和曝光不是"一阵风"，税收综合治理长效机制正在逐步建立。

税务执法更有温度了。这一年，税务部门在处理涉税案件时，坚持依法依规、宽严相济、过罚相当的原则，既保持力度不减，又彰显出执法温度，有力营造了公平竞争的税收环境。

同时，税务部门不断探索创新税务执法"五步工作法"，将提示提醒、督促整改和约谈警示作为立案稽查的前提，充分体现了税务执法的"温度"和"柔性"；对警示后仍拒不配合整改的依法进行立案稽查和公开曝光，又充分体现了严格执法的"力度"和"刚性"。

税务执法更加精准了。这一年，税务部门持续推进区域执法协同，新出台支持和推动京津冀、长三角等地区协调发展30余条措施，更好服务国家区域协调发展战略。四川、重庆试点简化跨省迁移办理程序，实现川渝跨省迁移线上"一网通办"、线下"一窗综办"。北京、天津、河北联合发布税务行政处罚裁量基准，规范7类53项违法行为，实现京津冀税务行政处罚"一把尺"。

税务稽查风险案例

2021年11月，浙江省杭州市税务部门通过税收大数据分析，发现朱某某、林某某两名网络主播涉嫌偷逃税款，在相关税务机关协作配合下，对其依法开展了全面深入税务稽查。

经查，朱某某、林某某在2019年至2020年期间，通过在上海、广西、江西等地设立个人独资企业，虚构业务将其取得的个人工资薪金和劳务报酬所得转变为个人独资企业的经营所得，偷逃个人所得税。两人的上述行为违反了相关税收法律法规，扰乱了税收征管秩序。

杭州市税务局稽查局依据《中华人民共和国税收征收管理法》《中华人民共和国个人所得税法》《中华人民共和国行政处罚法》等相关法律法规，对朱某某追缴税款、加收滞纳金并拟处1倍罚款共计6 555.31万元，对林某某追缴税款、加收滞纳金并拟处1倍罚款共计2 767.25万元。杭州市税务局稽查局依法向朱某某、林某某下达税务行政处理决定书，并依法履行税务行政处罚告知程序。

检查中，税务部门发现李某某涉嫌策划、实施和帮助朱某某、林某某偷逃税，并干扰税务机关调查。税务部门依法对李某某进行立案检查，依法另行处理。同时，税务部门通过税收大数据分析，还发现其他个别网络主播在文娱领域税收综合治理中自查自纠不到位，存在涉嫌偷逃税行为，正由属地税务机关依法进行稽查。

杭州市税务局有关负责人表示，将按照文娱领域税收综合治理工作的有关要求，进一步加强对文娱领域从业人员的税收管理，促使其提升税法遵从意识，自觉依法纳税。对涉嫌偷逃税的人员，依法依规加大查处力度，营造公平竞争的税收环境，积极推动文娱领域长期规范健康发展。

（四）税费服务改革的成就

治国有常，而利民为本。习近平总书记强调，以人民为中心的发展思想，要体现在经济社会发展各个环节。

税务部门服务着几千万企业纳税人、数亿自然人纳税人和十亿多缴费人，是与人民群众打交道最多、频度最高、联系最紧密的公共服务窗口单位之一。在全面深化税收征管改革的新征程中，"纳税人缴费人"始终是最核心的关键词。

税收征管改革，就是要让纳税人缴费人拥有越来越多的获得感、幸福感。《关于进一步深化税收征管改革的意见》提出，大力推行优质高效智能税费服务。

第一章 金税四期建设进程

人民有所呼，改革有所应。税务部门始终把服务纳税人缴费人作为税收工作的根本出发点和落脚点。

精细之处，最见真功夫。2021年以来，税务部门聚焦"精处"，落在"细处"，在倾心倾力中持续优化税费服务，网上办事越来越简、办理时间越来越短、享受服务越来越好，这样的变化正在被不同地区的纳税人缴费人所感知。

2021年，税务部门结合连续第8年开展的"我为纳税人缴费人办实事暨便民办税春风行动"，出台并全部落实100条服务措施。2022年，"春风"还在持续，税务总局在2022年初已陆续出台105条便民办税缴费措施的基础上，再推出16条便民办税缴费新措施，升级形成2022年"我为纳税人缴费人办实事暨便民办税春风行动2.0版"。121条服务举措，让"春风"更暖心。

2021年，税务部门运用大数据累计54批向5.39亿户（次）纳税人精准推送税费优惠政策，让政策红利更快直达企业。全年新增减税降费超过1.1万亿元，为制造业中小微企业办理延缓缴纳税费2 100多亿元，有力服务"六稳""六保"大局。2022年实施新的组合式税费支持政策，是党中央、国务院在复杂严峻国内外形势下，应对经济下行压力、稳住宏观经济大盘的关键性举措。正在开展的第31个全国税收宣传月，税务部门把宣传辅导各项税费支持政策作为重点内容，采取多种形式让纳税人缴费人应知、尽知，确保政策直达、快享。

2021年以来，申报更便捷。服务越来越精细，带来纳税申报越来越便利。2021年在分批次取消58%税务证明事项的基础上，税务总局在全国范围内对6项税务证明事项实行告知承诺制；主动推出财产行为税"十税"合并申报，增值税、消费税分别与附加税费整合申报改革，共使相关税费填报表单总量减少2/3……

2021年以来，办税更简单。"非接触式"办税缴费范围不断扩大，除法律规定要求和需线下办理的事项外，200多项办税缴费事项全部实现"非接触式"办理，网上申报率保持在99%以上。

随着税务部门不断推进税收征管数字化升级和智能化改造，企业办税也越来越便利，纳税服务不断创新升级，企业办税更加省时省事。现在企业了解政策、办税缴费基本都可以通过网上办、掌上办，不用再去办税服务厅了。①

---

① 摘自：杨志聪. 进一步深化税收征管这一年［N］.中国税务报，2022-4-19（5249）.

第二章 税务登记管理及案例分析

> **导读**
>
> 本章介绍税务登记管理及案例分析,分为三节,分别介绍税务登记基本制度、税务登记制度改革以及税务登记典型案例分析。

第一节 税务登记基本制度

一、总则

（一）立法依据与适用范围

（1）为了规范税务登记管理,加强税源监控,根据《中华人民共和国税收征收管理法》（以下简称《税收征收管理法》）以及《中华人民共和国税收征收管理法实施细则》（以下简称《税收征收管理法实施细则》）的规定,制定《税务登记管理办法》（2003年12月17日国家税务总局令第7号公布,根据2014年12月27日《国家税务总局关于修改〈税务登记管理办法〉的决定》、2018年6月15日《国家税务总局关于修改部分税务部门规章的决定》、2019年7月24日《国家税务总局关于公布取消一批税务证明事项以及废止和修改部分规章规范性文件的决定》修正）。

（2）企业,企业在外地设立的分支机构和从事生产、经营的场所,个体工商户和从事生产、经营的事业单位,均应当按照《税收征收管理法》及《税收征收管理法实施细则》和《税务登记管理办法》的规定办理税务登记。

上述规定以外的纳税人,除国家机关、个人和无固定生产、经营场所的流动性农村小商贩外,也应当按照《税收征收管理法》及《税收征收管理法实施细则》和《税务登记管理办法》的规定办理税务登记。

根据税收法律、行政法规的规定负有扣缴税款义务的扣缴义务人（国家机关除外）,应当按照《税收征收管理法》及《税收征收管理法实施细则》和《税务登记管理办法》的规定办理扣缴税款登记。

（二）主管机关及证件办理

（1）县以上（含本级，下同）税务局（分局）是税务登记的主管税务机关，负责税务登记的设立登记、变更登记、注销登记和税务登记证验证、换证以及非正常户处理、报验登记等有关事项。

（2）税务登记证件包括税务登记证及其副本、临时税务登记证及其副本。扣缴税款登记证件包括扣缴税款登记证及其副本。

（3）县以上税务局（分局）按照国务院规定的税收征收管理范围，实施属地管理。有条件的城市，可以按照"各区分散受理、全市集中处理"的原则办理税务登记。

（4）税务局（分局）执行统一纳税人识别号。纳税人识别号由省、自治区、直辖市和计划单列市税务局按照纳税人识别号代码行业标准联合编制，统一下发各地执行。

已领取组织机构代码的纳税人，其纳税人识别号共15位，由纳税人登记所在地6位行政区划码加9位组织机构代码组成。以业主身份证件为有效身份证明的组织，即未取得组织机构代码证书的个体工商户以及持回乡证、通行证、护照办理税务登记的纳税人，其纳税人识别号由身份证件号码加2位顺序码组成。

纳税人识别号具有唯一性。

（三）税务登记证件的使用

纳税人办理下列事项时，必须提供税务登记证件：①开立银行账户；②领购发票。

纳税人办理其他税务事项时，应当出示税务登记证件，经税务机关核准相关信息后办理手续。

二、设立登记

（一）需要办理税务登记的主体

（1）企业，企业在外地设立的分支机构和从事生产、经营的场所，个体工商户和从事生产、经营的事业单位（以下统称"从事生产、经营的纳税人"），向生产、经营所在地税务机关申报办理税务登记：①从事生产、经营的纳税人领取工商营业执照的，应当自领取工商营业执照之日起30日内申报办理税务登记，税务机关发放税务登记证及副本；②从事生产、经营的纳税人未办理工商营业执照但经有关部门批准设立的，应当自有关部门批准设立之日起30日内申报办理税务登记，税务机关发放税务登记证及副本；③从事生产、经营的纳税人未办理工商营业执照也未经有关部门批准设立的，应当自纳税义务发生之日起30日内申报办理税务登记，税务机关发放临时税务登记证及副本；④有独立的生产经营权、在财务上独立核算并定期向发包人或者出租人上交承包费或租金的承包承租人，应当自承包承租合同签订之日起30日内，向其承包承租业务发生地税务机关申报办理税务登记，税务机关发放临时税务登记证及副本；⑤境外企业在中国境内承包建筑、安装、装配、勘探工程和提供劳务的，应当自项目合同或协议签订之日起30日内，向项目所在地税务机关申报办理税务登记，税务机关发放临时税务登记证及副本。

（2）上述规定以外的其他纳税人，除国家机关、个人和无固定生产、经营场所的流动性农村小商贩外，均应当自纳税义务发生之日起30日内，向纳税义务发生地税务机关申报办理税务登记，税务机关发放税务登记证及副本。

（3）税务机关对纳税人税务登记地点发生争议的，由其共同的上级税务机关指定管辖。

疑难问题解答

问：我是一名货车司机，车辆挂靠在物流公司。请问我能在户籍所在地办理临时税务登记吗？

答：《国家税务总局关于税收征管若干事项的公告》（国家税务总局公告2019年第48号）第二条"关于临时税务登记问题"规定："从事生产、经营的个人应办而未办营业执照，但发生纳税义务的，可以按规定申请办理临时税务登记。"因此，这种情况下，可以到户籍所在地办理临时税务登记。

（二）必须提供的证件和资料

纳税人在申报办理税务登记时，应当根据不同情况向税务机关如实提供以下证件和资料：①工商营业执照或其他核准执业证件；②有关合同、章程、协议书；③组织机构统一代码证书；④法定代表人或负责人或业主的居民身份证、护照或者其他合法证件。

其他需要提供的有关证件、资料，由省、自治区、直辖市税务机关确定。

（三）填写税务登记表

纳税人在申报办理税务登记时，应当如实填写税务登记表。

税务登记表的主要内容包括：①单位名称、法定代表人或者业主姓名及其居民身份证、护照或者其他合法证件的号码；②住所、经营地点；③登记类型；④核算方式；⑤生产经营方式；⑥生产经营范围；⑦注册资金（资本)、投资总额;⑧生产经营期限;⑨财务负责人、联系电话;⑩国家税务总局确定的其他有关事项。

(四)办理时限与主要内容

(1)纳税人提交的证件和资料齐全且税务登记表的填写内容符合规定的,税务机关应当日办理并发放税务登记证件。纳税人提交的证件和资料不齐全或税务登记表的填写内容不符合规定的,税务机关应当场通知其补正或重新填报。

(2)税务登记证件的主要内容包括纳税人名称、税务登记代码、法定代表人或负责人、生产经营地址、登记类型、核算方式、生产经营范围(主营、兼营)、发证日期、证件有效期等。

(五)扣缴税款登记

已办理税务登记的扣缴义务人应当自扣缴义务发生之日起30日内,向税务登记地税务机关申报办理扣缴税款登记。税务机关在其税务登记证件上登记扣缴税款事项,税务机关不再发放扣缴税款登记证件。

根据税收法律、行政法规的规定可不办理税务登记的扣缴义务人,应当自扣缴义务发生之日起30日内,向机构所在地税务机关申报办理扣缴税款登记。税务机关发放扣缴税款登记证件。

三、变更登记

(1)纳税人税务登记内容发生变化的,应当向原税务登记机关申报办理变更税务登记。

(2)纳税人已在工商行政管理机关办理变更登记的,应当自工商行政管理机关变更登记之日起30日内,向原税务登记机关如实提供下列证件、资料,申报办理变更税务登记:①工商登记变更表;②纳税人变更登记内容的有关证明文件;③税务机关发放的原税务登记证件(登记证正、副本和登记表等);④其他有关资料。

(2)纳税人按照规定不需要在工商行政管理机关办理变更登记,或者其变更登记的内容与工商登记内容无关的,应当自税务登记内容实际发生变化之日起30日内,或者自有关机关批准或者宣布变更之日起30日内,持下列证件到原税务登记机关申报办理变更税务登记:①纳税人变更登记内容的有关证明文件;②税务机关发放的原税务登记证件(登记证正、副本和税务登记表等);③其他有关资料。

(3)纳税人提交的有关变更登记的证件、资料齐全的,应如实填写税务登记变更表,符合规定的,税务机关应当日办理;不符合规定的,税务机关应通知其补正。

(4)税务机关应当于受理当日办理变更税务登记。纳税人税务登记表和税务登记证中的内容都发生变更的，税务机关按变更后的内容重新发放税务登记证件；纳税人税务登记表的内容发生变更而税务登记证中的内容未发生变更的，税务机关不重新发放税务登记证件。

四、停业与复业登记

（一）停业登记

（1）实行定期定额征收方式的个体工商户需要停业的，应当在停业前向税务机关申报办理停业登记。纳税人的停业期限不得超过1年。

（2）纳税人在申报办理停业登记时，应如实填写停业复业报告书，说明停业理由、停业期限、停业前的纳税情况和发票的领、用、存情况，并结清应纳税款、滞纳金、罚款。税务机关应收存其税务登记证件及副本、发票领购簿、未使用完的发票和其他税务证件。

（3）纳税人在停业期间发生纳税义务的，应当按照税收法律、行政法规的规定申报缴纳税款。

（二）复业登记

（1）纳税人应当于恢复生产经营之前，向税务机关申报办理复业登记，如实填写《停业复业报告书》，领回并启用税务登记证件、发票领购簿及其停业前领购的发票。

（2）纳税人停业期满不能及时恢复生产经营的，应当在停业期满前到税务机关办理延长停业登记，并如实填写《停业复业报告书》。

五、注销登记

（一）终止纳税义务登记

纳税人发生解散、破产、撤销以及其他情形，依法终止纳税义务的，应当在向工商行政管理机关或者其他机关办理注销登记前，持有关证件和资料向原税务登记机关申报办理注销税务登记；按规定不需要在工商行政管理机关或者其他机关办理注册登记的，应当自有关机关批准或者宣告终止之日起15日内，持有关证件和资料向原税务登记机关申报办理注销税务登记。

纳税人被工商行政管理机关吊销营业执照或者被其他机关予以撤销登记的，应当自营业执照被吊销或者被撤销登记之日起15日内，向原税务登记机关申报办理注销税务登记。

（二）迁址登记

纳税人因住所、经营地点变动，涉及改变税务登记机关的，应当在向工商行政管理机关或者其他机关申请办理变更、注销登记前，或者住所、经营地点变动前，持有关证件和资料，向原税务登记机关申报办理注销税务登记，并自注销税务登记之日起30日内向迁达地税务机关申报办理税务登记。

（三）境外企业登记

境外企业在中国境内承包建筑、安装、装配、勘探工程和提供劳务的，应当在项目完工、离开中国前15日内，持有关证件和资料，向原税务登记机关申报办理注销税务登记。

（四）注销税务登记的办理

纳税人办理注销税务登记前，应当向税务机关提交相关证明文件和资料，结清应纳税款、多退（免）税款、滞纳金和罚款，缴销发票、税务登记证件和其他税务证件，经税务机关核准后，办理注销税务登记手续。

疑难问题解答

问：我企业注册地在天津，下属有三家子公司，现拟将企业注册地迁移回石家庄，请问，相关税务手续如何办理，需要经过哪些程序？

答：（国家税务总局河北省税务局）《国家税务总局关于京津冀范围内纳税人办理跨省（市）迁移有关问题的通知》（税总发〔2015〕161号）规定：

"四、具体业务操作

"（一）迁出地税务机关业务流程

"1.跨省（市）迁移纳税人向迁出地税务机关填报《注销税务登记申请审批表》（一照一码户填制《清税申报表》），并结清其已申报税款及滞纳金、罚款和各类查补税款。

"2.迁出地税务机关负责办理纳税人的结税清票、收缴证件等相关工作。

"3.迁出地税务机关办理完上述有关事项后，在征管系统中进行迁出处理，填制《纳税人迁移通知书》一式三份（一份由迁出地税务机关留存，一份送迁入地税务机关确认，一份交纳税人到迁入地税务机关办理涉税事项时校验），并通知纳税人在规定的时间内办理迁入手续。

"4.迁出地税务机关填制《移交纳税登记户资料清单》和《税源户移交签收单》，并向迁入地税务机关移交纳税人档案及其他纳税资料。

"（二）迁入地税务机关业务流程

"1.纳税人持《纳税人迁移通知书》、变更后的营业执照副本及复印件和其他有关资料等，到迁入地税务机关税务登记部门办理迁入手续。

"2.迁入地税务机关将"税务档案"和《移交纳税登记户资料清单》与《纳税人迁移通知书》等资料核对无误后,在征管系统中进行税务登记操作。

"3.迁入地税务机关办理完毕迁入手续后,填写《税源户移交签收单》回执回复迁出地税务机关,并告知纳税人在规定期限内到其主管税务机关办理申报纳税等相关涉税事宜。"

六、外出经营报验登记

(一)外管证的办理

(1)纳税人到外县(市)临时从事生产经营活动的,应当在外出生产经营以前,持税务登记证到主管税务机关开具《外出经营活动税收管理证明》(以下简称《外管证》)。

(2)税务机关按照一地一证的原则,发放《外管证》,《外管证》的有效期限一般为30日,最长不得超过180天。

(二)报验登记

纳税人应当在《外管证》注明地进行生产经营前向当地税务机关报验登记,并提交下列证件、资料:①税务登记证件副本;②《外管证》。

纳税人在《外管证》注明地销售货物的,除提交以上证件、资料外,应如实填写《外出经营货物报验单》,申报查验货物。

(三)缴销手续

(1)纳税人外出经营活动结束,应当向经营地税务机关填报《外出经营活动情况申报表》,并结清税款、缴销发票。

(2)纳税人应当在《外管证》有效期届满后10日内,持《外管证》回原税务登记地税务机关办理《外管证》缴销手续。

七、证照管理

(一)税务机关的管理

(1)税务机关应当加强税务登记证件的管理,采取实地调查、上门验证等方法进行税务登记证件的管理。

(2)税务登记证式样改变,需统一换发税务登记证的,由国家税务总局确定。

（二）遗失税务登记证件的处理

纳税人、扣缴义务人遗失税务登记证件的，应当自遗失税务登记证件之日起15日内，书面报告主管税务机关，如实填写《税务登记证件遗失报告表》，并将纳税人的名称、税务登记证件名称、税务登记证件号码、税务登记证件有效期、发证机关名称在税务机关认可的报刊上作遗失声明，凭报刊上刊登的遗失声明到主管税务机关补办税务登记证件。

八、非正常户处理

（一）列入非正常户

已办理税务登记的纳税人未按照规定的期限申报纳税，在税务机关责令其限期改正后，逾期不改正的，税务机关应当派员实地检查，查无下落并且无法强制其履行纳税义务的，由检查人员制作非正常户认定书，存入纳税人档案，税务机关暂停其税务登记证件、发票领购簿和发票的使用。

（二）注销与追征

纳税人被列入非正常户超过三个月的，税务机关可以宣布其税务登记证件失效，其应纳税款的追征仍按《税收征收管理法》及其《实施细则》的规定执行。

九、法律责任

（一）纳税人的法律责任

（1）纳税人不办理税务登记的，税务机关应当自发现之日起3日内责令其限期改正；逾期不改正的，依照《税收征收管理法》第六十条第一款的规定处罚。

（2）纳税人通过提供虚假的证明资料等手段，骗取税务登记证的，处2 000元以下的罚款；情节严重的，处2 000元以上10 000元以下的罚款。纳税人涉嫌其他违法行为的，按有关法律、行政法规的规定处理。

（二）扣缴义务人的法律责任

（1）扣缴义务人未按照规定办理扣缴税款登记的，税务机关应当自发现之日起3日内责令其限期改正，并可处以1 000元以下的罚款。

（2）纳税人、扣缴义务人违反该办法规定，拒不接受税务机关处理的，税务机关可以收缴其发票或者停止向其发售发票。

（三）税务人员的法律责任

税务人员徇私舞弊或者玩忽职守，违反该办法规定为纳税人办理税务登记相关手续，或者滥用职权，故意刁难纳税人、扣缴义务人的，调离工作岗位，并依法给予行政处分。

第二节 税务登记制度改革

一、推进"三证合一"改革的意见

《国家税务总局关于推进工商营业执照、组织机构代码证和税务登记证"三证合一"改革的若干意见》（税总发〔2014〕152号）规定，根据《国务院关于促进市场公平竞争维护市场正常秩序的若干意见》（国发〔2014〕20号，以下简称《意见》）的要求，国家税务总局就税务部门推进税务登记证和工商营业执照、组织机构代码证"三证合一"改革工作提出以下意见。

（一）基本思路

推进税务登记证和工商营业执照、组织机构代码证"三证合一"是落实国务院注册资本登记制度改革，便利市场主体，激发市场活力的重大举措，也是税务部门贯彻党中央和国务院转变职能、简政放权的工作要求。各级税务机关要提高对"三证合一"改革工作的认识，积极谋划，为改革提供动力，主动作为，不断探索登记制度便利化，切实方便市场主体，加强税源管控，降低征纳成本，提高税务行政管理效率，促进经济社会持续健康发展。

推进"三证合一"改革的基本思路是大力推进"三证联办"、积极探索"一证三码"、最终实现"一证一码"。"三证合一"的试点工作将由国务院有关部门部署进行。在正式推开"一证一码"之前，可以"三证联办""一证三码"等形式作为过渡。"三证联办"是现行法律框架内"三证合一"较好的实现形式。一窗受理、三证同发，实现工商营业执照、组织机构代码证和税务登记证联合办理，简化办证程序，缩短办理时限，方便市场主体，降低社会成本和行政成本。"一证三码"是推进"三证合一"的重要形式。一个证照、三个代码，形式上更符合"三证合一"要求，方便市场主体，也有利于整合部门资源，提高部门间信息共享水平，加强部门间协作配合，统一对市场主体的事后监管。

（二）主要形式

1."三证联办"

"三证联办"是指工商、质监、税务部门实现工商营业执照、组织机构代码证和税务登记证"三证"联办同发。它是由一个窗口单位归口受理申请表和申请资料，一次性采集信息，并共享至联合办证部门，限时反馈；各部门收到申请信息、材料后，按照职责分工，同时启动复查审办，准予登记的，一并制作"三证"，并反馈受理窗口；受理窗口一次性将"三证"发放申请人，部门间实现数据互换、档案共享、结果互认。

各地税务机关要按照现行各部门行政管理职责、证件式样、赋码规则，协调相关部门实现信息互联互通，实施"三证联办"。

2."一证三码"

"一证三码"是指工商、质监、税务部门的工商营业执照、组织机构代码证和税务登记证共同赋码，向市场主体发放包含"三证"功能三个代码的证照，简称"一证三码"。它是由一个窗口单位归口受理申请表和申请资料，一次性采集信息，并共享至联合办证部门，限时反馈；各部门收到申请信息、材料后，按照职责分工，同时启动复查审办，准予登记的，分别按本部门赋码规则进行证照赋码，并反馈受理窗口；受理窗口制作"一证三码"的证照发放申请人，部门间实现数据互换、档案共享、结果互认。

（三）工作要求

1.提高认识，加强领导

"三证合一"是中央推进商事制度改革，便利市场主体，激发市场活力的重大举措，时间紧、任务重、要求高。各级税务机关要高度重视，深刻领会，切实提高对此项改革工作的认识，加强领导，认真落实。

2.于法有据，稳步推进

"三证合一"改革要在法律法规框架内依法推进。当前，作为过渡各地税务机关要大力推进"三证联办"，积极探索"一证三码"试点工作，为实现"一证一码"改革创造条件。

3.积极配合，规范流程

各地税务机关要积极配合牵头单位工作，努力攻坚克难，扎实推进改革。无论是"三证联办"还是"一证三码"，均要制定严格的流程规范，强化风险管控，确保安全高效，推进信息共享。

4.加强宣传，及时反馈

要做好对纳税人的宣传工作，充分运用各种媒体，让广大纳税人了解此项改革创新的意义及其带来的便利。同时，要加强对此项改革信息与数据的统计分析，运用分析成果，及时指导和改进工作。此外，要及时将相关工作情况、问题及改进建议报告国家税务总局（征管和科技发展司）。

疑难问题解答

问：我们在郑州市新成立了一家公司，人在异地无法进行现场税务登记，请问该怎样进行网上登记呢？我们去河南省电子税务局找不到入口。

河南省电子税务局一共有4个登录口：CA登录、短信登录、个人登录、代理登录。CA登录、短信登录、代理登录三种方式没有注册入口，只有个人登录可以注册并成功登录，但进去之后只有个税之类的个人服务，没有企业相关的服务，找不到在哪里进行企业税务登记。

答：（国家税务总局河南省税务局）根据现行政策规定，实行三证合一的纳税人无须做税务登记，请您进入电子税务局（https：//etax.henan.chinatax.gov.cn/web/dzswj/ythclient/mh.html）进行信息确认。进入后无须登录，进入公众服务—特色业务下面的新办纳税人套餐—身份信息报告确认进行信息确认。国家税务总局河南省电子税务局系统由航天金穗公司开发维护并提供技术支持，如您遇到具体操作问题，您可以拨打400-011-0088热线向航天金穗公司详细咨询。

二、社会组织等纳税人使用统一社会信用代码及办理税务登记问题

根据《国家税务总局关于明确社会组织等纳税人使用统一社会信用代码及办理税务登记有关问题的通知》（税总函〔2016〕121号）的规定，为进一步落实《国务院关于批转发展改革委等部门法人和其他组织统一社会信用代码制度建设总体方案的通知》（国发〔2015〕33号）关于建立覆盖全面、稳定且唯一的统一社会信用代码制度的要求，国家税务总局就社会组织等未纳入"三证合一"登记制度改革的纳税人使用统一社会信用代码及办理税务登记有关事宜通知如下：

（1）对于2016年1月1日以后在机构编制、民政部门登记设立并取得统一社会信用代码的纳税人，以18位统一社会信用代码为其纳税人识别号，按照现行规定办理税务登记，发放税务登记证件。对已在机构编制、民政部门设立并办理税务登记的纳税人，税务部门应积极配合登记机关逐步完成存量代码的转换工作，实现法人及其他组织统一社会信用代码在税务部门的全覆盖。

（2）税务部门与民政部门之间能够建立省级统一的信用信息共享交换平台、政务信息平台、部门间数据接口（以下统称"信息共享平台"）并实现登记信息实时传递的，可以参照企业、农民专业合作社"三证合一、一照一码"的做法，对已取得统一社会信用代码的社会组织纳税人进行"三证合一"登记模式改革试点，由民政部门受理申请，只发放标注统一社会信用代码的社会组织（社会团体、基金会、民办非企业单位）法人登记证，赋予其税务登记证的全部功能，不再另行发放税务登记证件。

（3）与民政部门共同开展"三证合一"登记制度改革试点的税务机关，

应加强与当地民政部门的协调配合，明晰职责，统筹做好改革试点前后的过渡衔接工作。要以依法行政、方便纳税人、降低行政成本为原则，共享登记信息，统一登记条件，规范登记流程和登记申请文书材料。要认真梳理有关信息需求，尽可能在登记环节采集信息。对暂时不能在登记环节采集的信息，应在办理涉税事宜环节补充采集，以确保信息完整准确。要切实做好后续监管工作，确保改革试点稳步推进。

各地执行中如有问题和建议，请及时向国家税务总局（征管和科技发展司）反馈。

三、个体工商户营业执照和税务登记证"两证整合"

根据《国家工商行政管理总局 国家税务总局 国家发展和改革委员会 国务院法制办公室关于实施个体工商户营业执照和税务登记证"两证整合"的意见》（工商个字〔2016〕167号）的规定，为进一步深化商事制度改革，加快推进"三证合一"登记制度改革向个体工商户延伸，实施个体工商户营业执照和税务登记证"两证整合"，经国务院同意，国家税务总局等4个部门提出如下意见。

（一）充分认识实施个体工商户"两证整合"登记制度改革的重要意义

个体工商户是我国公民从事经营活动的一个重要主体形式，我国个体经济在推动经济发展、增加财政收入、促进就业创业、维护社会稳定等方面发挥着重要作用。"两证整合"登记制度是指将个体工商户登记时依次申请，分别由工商行政管理部门核发营业执照、税务部门核发税务登记证，改为一次申请、由工商行政管理部门核发一个营业执照的登记制度。全面推行"两证整合"登记制度改革，是贯彻党的十八大和十八届三中、四中、五中全会精神，落实国务院决策部署，深化商事制度改革的重要举措。加快推进这一改革，有利于建立程序更为便利、内容更为完善、流程更为优化、资源更为集约的市场准入新模式，简化个体工商户登记注册程序，便利公民从事个体经营，促进个体私营经济健康发展，有力推动大众创业、万众创新。加快推进这一改革，能够有效推动工商、税务等部门实现信息共享，提升公共服务和行政管理效能，对于推进简政放权、建设服务型政府，提高国家治理体系和治理能力现代化水平，具有十分重要的意义。各地要站在全局高度充分认识这一改革的重要意义，提高思想认识，加强协调配合，确保这一利国利民的改革举措顺利实施。

（二）改革目标和基本原则

1.改革目标

通过个体工商户"两证整合"，实现公民只需填写"一张表"，向"一个窗口"提交"一套材料"即可办理个体工商户工商登记及税务登记，将由工商行政管理、税务部门分别核发的营业执照和税务登记证，改为由工商行政管理部门核发一个加载法人和其他组织统一社会信用代码（以下简称"统一社会信用代码"）的营业执照。同时，实现工商、税务部门的个体工商户数据信息实时共享。

2.基本原则

（1）便捷高效。按照程序简便、办照高效的要求，优化审批流程，创新服务方式，提高登记效率，方便个体工商户登记。

（2）规范统一。按照优化、整合、一体化的原则，科学制定"两证整合"登记流程，实行统一的"两证整合"登记程序和登记要求，规范登记条件、登记材料。

（3）统筹推进。大力推行一窗受理、一站式服务工作机制，将"两证整合"登记制度改革与全程电子化登记管理、企业信用信息公示系统建设、信用信息共享平台建设等工作统筹考虑、协同推进。

（三）改革的主要内容

1.全面实施个体工商户营业执照和税务登记证整合

根据相关法律法规和国家标准，建立统一登记流程、统一编码和赋码规则等，全面实行个体工商户"两证整合"登记模式。通过"一窗受理、互联互通、信息共享"，由工商行政管理部门核发加载统一社会信用代码的营业执照，该营业执照具有原营业执照和税务登记证的功能，税务部门不再发放税务登记证。工商行政管理部门赋码后，将统一社会信用代码和相关信息按规定期限回传统一代码数据库。

2.统一登记条件，规范登记流程

按照"保留必需、合并同类、优化简化"的原则，整合优化申请、受理、审查、核准、发照、公示等程序，缩短登记审批时限。实行统一的登记条件、登记文书格式规范。申请人办理个体工商户注册登记时只需填写"一张表"，向"一个窗口"提交"一套材料"即可。工商行政管理部门受理申请并核准后，向个体工商户核发加载统一社会信用代码的营业执照，在国家企业信用信息公示系统进行公示，并与税务部门共享申请材料和审核信息，实现实时数据交换、档案互认。个体工商户的电子登记档案与纸质登记档案具有同等法律效力。

税务机关在个体工商户办理涉税事宜时，确认统一社会信用代码等相关信息，进行税务管理。

3.优化登记管理服务方式

个体工商户登记要做到公开办理、限时办理、透明办理，条件公开、流程公开、结果公开。除涉及国家秘密、商业秘密或个人隐私外，要及时公开个体工商户的基础信息。各地要结合本地区实际，制定简明易懂的"两证整合"登记办事指南,严格按照《个体工商户登记业务流程》的规定办理个体工商户开业登记、变更登记、注销登记。工商部门要切实履行对申请人的告知义务,包括告知相关涉税事宜,及时提供咨询服务,强化内部督查和社会监督,提高登记效率。

4.改造升级系统,实现信息共享

各地要依托已有的"三证合一"信息共享交换平台,以省(计划单列市)为单位,建立工作机制,确定工作职责,落实责任人员,严格操作规程,切实按照《个体工商户"两证整合"工商税务信息共享技术方案》实施信息交换和共享。工商、税务部门按有关要求将个体工商户相关登记信息实时传输至信息共享交换平台。要强化信息化保障,改造、升级各自信息化业务系统,确保个体工商户"两证整合"改革的顺利进行。

5.建立部门信息传递与数据共享的保障机制

要充分利用全国信用信息共享平台,推动个体工商户基础信息和相关信用信息在政府部门间广泛共享和有效应用。积极推进"两证整合"申请、受理、审查、核准、发照、公示等全程电子化登记管理,最终实现"两证整合"网上办理。

6.积极统筹推进,确保平稳实施

确定黑龙江、上海、福建、湖北省(市)为试点地区。4个试点地区自2016年10月1日起实施个体工商户"两证整合",工商行政管理部门向新开业个体工商户发放加载统一社会信用代码的营业执照。其他27个省(自治区、直辖市)及5个计划单列市自2016年12月1日起实施个体工商户"两证整合"。

对2016年12月1日前成立的个体工商户申请办理变更登记或换照的,换发加载统一社会信用代码的营业执照。暂未取得加载统一社会信用代码营业执照的个体工商户,其营业执照和税务登记证继续有效。各地可以鼓励个体工商户主动换领加载统一社会信用代码的营业执照,可以先行赋予统一社会信用代码并建立与原管理代码的映射关系。但是,要充分尊重广大个体经营者的意愿,不得组织对"两证整合"前登记的个体工商户强制换照,对于因实行强制换照而引发群体性事件的,要追究相关人员的责任,严肃处理。

已领取加载统一社会信用代码营业执照且在税务机关办理涉税事项的个体工商户申请注销登记,应当向登记机关提交税务机关出具的《清税证明》。

7.清理相关法规文件,推动改革成果广泛认可和应用

各地要及时梳理与"两证整合"登记模式相冲突的相关文件,尽快在制度框架内依法及时进行修订和完善,确保改革在法治轨道内运行。"两证整合"改革后,加载统一社会信用代码的营业执照具备原工商营业执照和原税务登记证的效力,各级政府部门、企事业单位及中介机构等均要予以认可,各行业主管部门要加强指导和督促,做好代码转换以及部门间信息系统衔接。

(四)工作要求

1. 加强组织领导

工商、税务、发展改革和法制部门要积极推动县级以上地方各级人民政府强化统筹,建立健全政府主导、相关部门参与的工作协调机制,加强对"两证整合"登记制度改革工作的领导,协调解决改革中出现的重大问题,做好人、财、物、网络、技术等的保障。

2. 加强工作落实

工商、税务、发展改革部门要加强协调配合,各司其职,倒排时间表,制定详细工作方案和应急预案,做好法规文件的清理、信息系统升级改造等工作。要做好基础数据采集工作,提高数据质量,确保数据准确、完整;对于申请变更登记和主动申请换照的,要做好换照前后工作的延续和衔接,确保改革举措顺利平稳开展,各项工作落实到位。

3. 加强协同推进

各地要把促进个体经济发展同实施"两证整合"改革结合起来,清理、取消限制个体经济发展的政策制度,制定、出台促进个体经济发展的政策措施。建立协同推进工作机制,加强信息化保障,形成工作合力。要积极构建公平的市场秩序和良好的营商环境,研究、探索对个人网商等新型市场主体依法登记问题,稳妥推进个人网商登记工作,实现线上线下统一登记、一致监管、公平纳税。

4. 加强业务培训

"两证整合"登记制度改革涉及面广、改革内容多、实施操作比较复杂,工商、税务部门要围绕"两证整合"登记制度改革涉及的法律法规、技术标准、业务流程、文书规范、信息传输等开展专门的业务培训,切实提高相关工作人员的思想认识和业务水平。要特别加强办事窗口能力建设,使窗口工作人员准确把握改革要求,熟练掌握业务流程和工作规范,提高服务效率和质量。

5. 加强宣传引导

要充分利用各种新闻媒介,加大对个体工商户"两证整合"登记制度改革的宣传解读力度,及时解答和回应社会关注的热点问题,使社会各界充分知晓改革、支持改革,自觉应用改革成果。

6. 加强督促检查

各地工商、税务、发展改革部门要制定督促检查工作计划,按照责任单位、时间节点和工作要求,做好跟踪督查。要严肃工作纪律,对实施改革工作协调配合不力,造成工作脱节、延误改革进程的单位和个人进行通报批评,加大问责和考核力度。

黑龙江、上海、福建、湖北四个试点地区要密切关注试点过程,将试点过程中遇到的问题和情况及时报告工商总局、税务总局、国家发展改革委、国务院法制办。全面实施个体工商户"两证整合"后，各地区对在改革推进过程中遇到的新情况新问题也要及时报告。

四、境外非政府组织代表机构税务登记

根据《国家税务总局关于做好境外非政府组织代表机构税务登记办理有关工作的通知》（税总函〔2017〕34号）的规定，为进一步落实《中华人民共和国境外非政府组织境内活动管理法》关于境外非政府组织机构凭登记证书依法办理税务登记的要求，国家税务总局就境外非政府组织机构办理税务登记有关事宜通知如下：

（1）对于2017年1月1日以后在公安部门登记设立的境外非政府组织机构，以18位统一社会信用代码为纳税人识别号，按照现行规定办理税务登记，发放税务登记证件。对已在民政等部门登记设立并已办理税务登记，但未取得统一社会信用代码的境外非政府组织机构，税务部门应积极配合公安、民政等部门逐步完成存量代码的转换工作。对于持民政等部门颁发的登记证书到税务部门办理涉税事项的纳税人，要提醒及时到公安部门领取新的登记证书。

（2）税务部门在为纳税人办理税务登记时，可以通过境外非政府组织网上办事服务平台（http：//ngo.mps.gov.cn）查询纳税人的设立登记信息。税务部门要加强与当地公安部门的协调配合，积极创造条件，采取有效措施，建立信息交换传递和数据共享机制，充分利用信息化优势，减少纳税人重复报送资料，提高办事效率，降低行政成本。

（3）国税局、地税局要加强协作，任何一方均可为纳税人办理税务登记。受理登记申请的税务机关通过国税局、地税局的信息共享渠道，及时将登记信息传递至另一方，确保双方征管基础信息一致，避免纳税人"多头跑"。

各地执行中如有问题和建议，请及时向税务总局（征管科技司）反馈。

五、进一步优化办理企业税务注销程序

根据《国家税务总局关于进一步优化办理企业税务注销程序的通知》（税总发〔2018〕149号）的规定，有关进一步优化办理企业税务注销程序的事项如下。

（一）实行清税证明免办服务

对向市场监管部门申请简易注销的纳税人，符合下列情形之一的，可免予到税务机关办理清税证明，直接向市场监管部门申请办理注销登记。

（1）未办理过涉税事宜的。

（2）办理过涉税事宜但未领用发票、无欠税（滞纳金）及罚款的。

（二）优化税务注销即办服务

对向市场监管部门申请一般注销的纳税人，税务机关在为其办理税务注销时，进一步落实限时办结规定。对未处于税务检查状态、无欠税（滞纳金）及罚款、已缴销增值税专用发票及税控专用设备，且符合下列情形之一的纳税人，优化即时办结服务，采取"承诺制"容缺办理，即纳税人在办理税务注销时，若资料不齐，可在其作出承诺后，税务机关即时出具清税文书。

（1）纳税信用级别为A级和B级的纳税人。
（2）控股母公司纳税信用级别为A级的M级纳税人。
（3）省级人民政府引进人才或经省级以上行业协会等机构认定的行业领军人才等创办的企业。
（4）未纳入纳税信用级别评价的定期定额个体工商户。
（5）未达到增值税纳税起征点的纳税人。

纳税人应按承诺的时限补齐资料并办结相关事项。若未履行承诺的，税务机关将对其法定代表人、财务负责人纳入纳税信用D级管理。

（三）简化税务注销办理的资料和流程

1.简化资料

对已实行实名办税的纳税人，免予提供税务登记证件和个人身份证件。

2.开设专门窗口

在办税服务厅设置注销业务专门服务窗口，并根据情况及时增加专门服务窗口数量。

3.提供"套餐式"服务

整合税务注销前置事项，实行"一窗受理、内部流转、限时办结、窗口出件"的"套餐式"服务模式。

4.强化"首问责任制"和"一次性告知"

纳税人到办税服务厅办理税务注销时，首次接待的税务人员应负责问清情况，区分事项和复杂程度，分类出具需要办理的事项告知书，并做好沟通和辅导工作。

5.优化内部工作流程和岗责分配

对纳税人办理注销业务涉及多事项的，要创新工作方式，简并优化流程、岗责，实现联动、限时处理。

（四）工作要求

1.提高认识，迅速落实

进一步优化办理企业税务注销程序，是积极落实党中央、国务院关于优化营商环境、深化"放管服"改革要求的重要举措。各级税务机关要提高认识，深刻领会其重要意义。同时，也应清醒认识到，税务注销是税收征收管理的最后一个环节，事关国家税收安全。尤其是在当前虚开增值税发票等涉税违法案件高发的态势下，应防止不法分子钻制度空子、造成税收流失。

各级税务机关应由主要领导负总责，结合实际抓紧制定实施方案，细化措施办法，明确责任分工，强力协调推进，确保通知要求能够迅速有序落地。

2.加强培训，广泛宣传

各级税务机关应加强对工作人员，尤其是一线办税人员的专项业务培训，确保相关人员全面了解改革的具体措施，熟练掌握工作流程和办理要求。

各级税务机关要切实加强对纳税人的宣传辅导，通过税务网站、纳税人学堂、办税服务厅等多渠道、多角度开展解读和宣传辅导，回应纳税人和社会关切，确保纳税人享受改革红利。

3.跟踪问效，强化督导

各级税务机关应采取多种形式，对基层改革落实情况进行督察。要及时总结创新经验或提出合理化建议，并及时上报税务总局。

税务总局应对各地税务机关改革措施落实情况进行督察督导，对纳税人实际办税感受进行走访调研、组织明察暗访，并将结果纳入绩效考评。对工作落实不力、纳税人反映强烈的问题，一经核实，将依法依规追究相关领导及人员的责任。

六、深化"放管服"改革更大力度推进优化税务注销办理程序

根据《国家税务总局关于深化"放管服"改革更大力度推进优化税务注销办理程序工作的通知》（税总发〔2019〕64号）的规定，有关更大力度推进优化税务注销办理程序的事项如下。

（一）进一步扩大即办范围

（1）符合《国家税务总局关于进一步优化办理企业税务注销程序的通知》（税总发〔2018〕149号，以下简称《通知》）第一条第一项规定情形，即未办理过涉税事宜的纳税人，主动到税务机关办理清税的，税务机关可根据纳税人提供的营业执照即时出具清税文书。

（2）符合《通知》第一条第二项规定情形，即办理过涉税事宜但未领用发票、无欠税（滞纳金）及罚款的纳税人，主动到税务机关办理清税，资料齐全的，税务机关即时出具清税文书；资料不齐的，可采取"承诺制"容缺办理，在其作出承诺后，即时出具清税文书。

（3）经人民法院裁定宣告破产的纳税人，持人民法院终结破产程序裁定书向税务机关申请税务注销的，税务机关即时出具清税文书，按照有关规定核销"死欠"。

（二）进一步简化税务注销前业务办理流程

（1）处于非正常状态纳税人在办理税务注销前，需先解除非正常状态，补办纳税申报手续。符合以下情形的，税务机关可打印相应税种和相关附加的《批量零申报确认表》，经纳税人确认后，进行批量处理：①非正常状态期间增值税、消费税和相关附加需补办的申报均为零申报的。②非正常状态期间企业所得税月（季）度预缴需补办的申报均为零申报，且不存在弥补前期亏损情况的。

（2）纳税人办理税务注销前，无需向税务机关提出终止"委托扣款协议书"申请。税务机关办结税务注销后，委托扣款协议自动终止。

（三）进一步减少证件、资料报送

对已实行实名办税的纳税人，免予提供以下证件、资料：

（1）《税务登记证》正（副）本、《临时税务登记证》正（副）本和《发票领用簿》。

（2）市场监督管理部门吊销营业执照决定原件（复印件）。

（3）上级主管部门批复文件或董事会决议原件（复印件）。

（4）项目完工证明、验收证明等相关文件原件（复印件）。

更大力度推进优化税务注销办理程序，是进一步贯彻落实党中央、国务院关于深化"放管服"改革、优化营商环境要求的重要举措。各地税务机关要高度重视，抓好落实，并严格按照法律、行政法规规定的程序和该通知要求办理相关事项。

疑难问题解答

问：实名办税纳税人，办理税务注销时可免予提供哪些资料？

答：对已实行实名办税的纳税人，免予提供税务登记证件和个人身份证件。

对已实行实名办税的纳税人，免予提供以下证件、资料：

（1）《税务登记证》正（副）本、《临时税务登记证》正（副）本和《发票领用簿》。

（2）市场监督管理部门吊销营业执照决定原件（复印件）。

（3）上级主管部门批复文件或董事会决议原件（复印件）。

（4）项目完工证明、验收证明等相关文件原件（复印件）。

七、进一步完善简易注销登记便捷中小微企业市场退出

根据《国家市场监督管理总局 国家税务总局关于进一步完善简易注销登记便捷中小微企业市场退出的通知》（国市监注发〔2021〕45号）的规定，近年来，市场监管总局、国家税务总局积极推行企业简易注销登记改革试点改革工作，极大地便利了未开业或无债权债务市场主体退出市场。为落实国务院部署和《政府工作报告》要求，实行中小微企业、个体工商户简易注销登记，持续深化商事制度改革，畅通市场主体退出渠道，提高市场主体活跃度，实行以下制度。

（一）拓展简易注销登记适用范围

在《关于全面推进企业简易注销登记改革的指导意见》（工商企注字〔2016〕253号，以下简称《指导意见》）、《关于加强信息共享和联合监管的通知》（工商企注字〔2018〕11号）基础上，将简易注销登记的适用范围拓展至未发生债权债务或已将债权债务清偿完结的市场主体（上市股份有限公司除外，下同）。市场主体在申请简易注销登记时，不应存在未结清清偿费用、职工工资、社会保险费用、法定补偿金、应缴纳税款（滞纳金、罚款）等债权债务。全体投资人书面承诺对上述情况的真实性承担法律责任。

税务部门通过信息共享获取市场监管部门推送的拟申请简易注销登记信息后，应按照规定的程序和要求，查询税务信息系统核实相关涉税情况，对经查询系统显示为以下情形的纳税人，税务部门不提出异议：一是未办理过涉税事宜的纳税人，二是办理过涉税事宜但没领用过发票（含代开发票）、没有欠税和没有其他未办结事项的纳税人，三是查询时已办结缴销发票、结清应纳税款等清税手续的纳税人。

（二）实施个体工商户简易注销登记

营业执照和税务登记证"两证整合"改革实施后设立登记的个体工商户通过简易程序办理注销登记的，无须提交承诺书，也无须公示。个体工商户在提交简易注销登记申请后，市场监管部门应当在1个工作日内将个体工商户拟申请简易注销登记的相关信息通过省级统一的信用信息共享交换平台、政务信息平台、部门间的数据接口（以下统称"信息共享交换平台"）推送给同级税务等部门，税务等部门于10天（自然日，下同）内反馈是否同意简易注销。对于税务等部门无异议的，市场监管部门应当及时办理简易注销登记。税务部门不提异议的情形与本通知第一条相关规定一致。

（三）压缩简易注销登记公示时间

将简易注销登记的公示时间由45天压缩为20天，公示期届满后，市场主体可直接向市场监管部门申请办理简易注销登记。市场主体应当在公示期届满

之日起20天内向市场监管部门申请，可根据实际情况申请适当延长，最长不超过30天。市场主体在公示后，不得从事与注销无关的生产经营活动。

（四）建立简易注销登记容错机制

市场主体申请简易注销登记的，经市场监管部门审查存在"被列入企业经营异常名录""存在股权（投资权益）被冻结、出质或动产抵押等情形""企业所属的非法人分支机构未办注销登记的"等不适用简易注销登记程序的，无须撤销简易注销公示，待异常状态消失后可再次依程序公示申请简易注销登记。对于承诺书文字、形式填写不规范的，市场监管部门在市场主体补正后予以受理其简易注销申请，无须重新公示。

（五）优化注销平台功能流程

允许市场主体通过注销平台进行简易注销登记，对符合条件的市场主体实行简易注销登记全程网办。市场主体填报简易注销信息后，平台自动生成《全体投资人承诺书》，除机关、事业法人、外国投资人等特殊情形外，全体投资人实名认证并进行电子签名。市场主体可以通过邮寄方式交回营业执照，对于营业执照丢失的，可通过国家企业信用信息公示系统免费发布营业执照作废声明。

各地市场监管部门、税务部门要按照简易注销技术方案，做好系统开发升级。同时，加强部门协同监管，市场主体在简易注销登记中隐瞒真实情况、弄虚作假的，市场监管部门可以依法作出撤销注销登记等处理，在恢复企业主体资格的同时将该企业列入严重违法失信名单，并通过国家企业信用信息公示系统公示，防止市场主体利用简易注销登记恶意逃避法律责任。在推进改革过程中，各地市场监管部门、税务部门要注意收集简易注销登记中遇到的新情况、新问题，及时向市场监管总局和税务总局报告。

第三节　税务登记典型案例分析

一、行政处罚认定主体争议案[①]

再审申请人湖南省长沙市地方税务局稽查局（以下简称"长沙地税稽查局"）与被申请人余某某税务行政处罚一案，长沙市天心区人民法院于2015年7月21日作出〔2015〕天行初字第00028号行政判决。余某某不服，向湖南省长沙市中级人民法院提起上诉，该院于2015年11月3日作出〔2015〕长中行终字第00665号行政判决，已经发生法律效力。长沙地税稽查局不服，向湖南省高级人民法院（以下简称"湖南高院"）申请再审，湖南高院于2017年3月

[①] 资料来源：湖南省高级人民法院〔2017〕湘行再104号行政判决书。

第二章 税务登记管理及案例分析

24日作出〔2016〕湘行申319号行政裁定，决定提审本案。湖南高院立案再审后，依法组成合议庭对本案进行了审理。本案现已审理终结。

一审法院经审理查明：长沙市雨花区甲海鲜酒楼（以下简称"甲酒楼"）系经长沙市工商行政管理局雨花分局登记的个体工商户，登记的经营者为余某某。甲酒楼办理的税务登记证记载：纳税人为甲酒楼，负责人为余某某，登记注册类型为个体户。

2012年10月18日，长沙地税稽查局决定对甲酒楼涉嫌发票违法行为立案检查。2012年10月22日，长沙地税稽查局对甲酒楼发出税务事项检查通知书，称将对该酒楼2010年1月1日至2011年12月31日期间（如检查发现此期间以外明显的税收违法嫌疑或线索不受此限）涉税情况进行检查。税务事项检查通知书送达甲酒楼，由余某某签收。2012年10月22日至23日，甲酒楼向长沙地税稽查局提交利润表、资产负债表、主营业务收入明细账、主营业务成本总账、应交税费明细账、本年利润明细账、利润分配明细账、税务稽查底稿等材料。2012年10月31日，长沙地税稽查局向余某某制作了询问（调查）笔录，余某某陈述：甲酒楼股东有四个人；知道酒楼存在真实收入远大于日常申报纳税收入，少缴税款的事实；酒楼由"阳某1"承包经营，日常经营管理由"阳某1"负责，合同约定所有法律责任都由"阳某1"承担。2013年3月20日，长沙地税稽查局对甲酒楼作出税务事项告知书、税务行政处罚事项告知书、责令限期改正通知书，告知甲酒楼在向主管税务机关进行纳税申报时采取虚假纳税申报的手段少申报应纳税款，拟给予509 082.82元罚款的行政处罚，并告知了陈述、申辩、举证的权利；同时，责令甲酒楼予以改正。税务事项告知书、税务行政处罚事项告知书、责令限期改正通知书送达甲酒楼，由余某某签收，并加盖甲酒楼公章。2015年3月5日，长沙地税稽查局对余某某（甲酒楼）稽查案件进行集体审理，作出处以罚款509 082.82元的决定。2015年3月5日，长沙地税稽查局对余某某作出长地税稽罚〔2015〕13号税务行政处罚决定（以下简称"13号处罚决定"），认定余某某（甲酒楼）在2010年1月至2011年12月期间，取得营业收入后未如实向主管地方税务机关申报缴纳税款，采取虚假纳税申报的手段，少缴营业税835 742.39元，少缴城市维护建设税46 209.22元，少缴个人所得税136 214.01元，少缴应纳税款的行为已构成偷税；对余某某作出处以罚款共计509 082.82元的行政处罚。税务行政处罚决定书于2015年3月9日送达甲酒楼。2015年3月31日，长沙地税稽查局对余某某（甲酒楼）作出限期缴纳税款通知书（催告书），催告缴纳欠税款，并于次日送达余某某、甲酒楼。余某某不服，遂提起本案诉讼，请求撤销13号处罚决定。

一审法院认为：本案是对13号处罚决定的合法性进行审查。根据《税收征收管理法》第五条、第十四条以及《税收征收管理法实施细则》第九条的规定，长沙地税稽查局有权对辖区内偷税、逃避追缴欠税、骗税、抗税案件进行查处。本案争议的焦点是：承担甲酒楼偷税行为行政法律责任的主体问题。根据《税收征收管理法》第四条以及《税务登记管理办法》第二条的规定，个体工商户为纳税人。甲酒楼作为个体工商户系税法规定的纳税人。《税收征收管理法实施细则》第三条第二款规定："纳税人应当依照税收法律、行政法规的规定履行纳税义务；其签订的合同、协议等与税收法律、行政法规相抵触的，一律无效。"根据纳税人法定的原则，税务机关只向纳税人征收税款，也只有纳税人才依照税法承担纳税义务。在税收征收法律关系中，纳税义务不能通过合同、协议等方式转移纳税义务。甲酒楼为税务登记的纳税人，甲酒楼工商登记的经营者为余某某。而个体工商户个人经营的，以个人财产承担责任。对于甲酒楼的偷税行为，长沙地税稽查局对余某某作出行政处罚符合法律规定。余某某诉称，甲酒楼实际由他人承包经营，应由实际经营人承担偷税的法律责任，于法无据，不予支持。长沙地税稽查局作出的13号处罚决定认定事实清楚，证据确凿，适用法律、法规正确，符合法定程序。据此，依照《中华人民共和国行政诉讼法》（以下简称《行政诉讼法》）第六十九条之规定，判决驳回余某某的诉讼请求。一审案件受理费50元，由余某某负担。

二审法院对一审法院认证相关证据的意见为：一审法院虽然采信了长沙地税稽查局提供的《询问通知书》及其送达回证、《询问笔录》，但并未就该证据所证明的相关偷税主体问题进行查实。同时，一审法院以余某某提交的关于湖南盛记餐饮酒店管理有限公司（以下简称"盛记餐饮公司"）对甲酒楼行使所有权、经营权，和甲酒楼承包经营的七份证据，均是由案外人出具或签订，在本案中无法确认其真实性为由，不予采纳，其认证理由难以令人信服。

二审法院认为：根据《税收征收管理法》第十四条、《税收征收管理法实施细则》第九条的规定，长沙地税稽查局依法负有税收征收管理的法定职责，其对余某某作出13号处罚决定，主体职权合法。但是，长沙地税稽查局以"余某某（甲酒楼）"为涉案处罚对象，主要证据不足。

长沙地税稽查局以余某某为处罚对象的法律依据是，《中华人民共和国民法通则》（以下简称《民法通则》，自2021年1月1日起被《中华人民共和国民法典》取代，下同）第二十六条、第二十九条，《最高人民法院关于贯彻执行〈中华人民共和国民法通则〉若干问题的意见（试行）》（自2021年1月1日起废止）第四十一条、第四十二条、第四十三条、第四十四条，《个体工商户条例》（国务院第596号令），以及《税收征收管理法》第四条的规定。上述规定是指个体工商户的登记、债务承担、经营管理、户主与字号在诉讼中的表述、变更登记，以及纳税人的规定等内容。《税收征收管理法》第四条第一款规定："法律、行政法规规定负有纳税义务的单位和个人为纳税人。"故如何认定涉案纳税义务人是本案的焦点。

本案中，甲酒楼有两种法律资格：其一是个体工商户，其二是盛记餐饮公司下属的一个分店。

关于个体工商户法律资格问题：甲酒楼经长沙市工商行政管理局雨花分局于2008年7月24日登记为个体工商户，经营地址长沙市雨花区东二环668号，经营者余某某。而登记成立于2007年1月24日、经营者盛某1、经营地址与此相同的长沙市雨花区盛记海鲜酒楼海悦店（以下简称"盛记海悦店"），于2011年1月11日才予注销。2009年3月3日，盛某1、余某某、阳某2签订协议，合伙经营该酒楼。长沙地税稽查局据以处罚的税收违法行为的时间段为2010年1月至2011年12月。长沙地税稽查局在对余某某作询问（调查）笔录时，余某某陈述该店由阳某1（上诉人称系阳某2的弟弟）承包经营。那么，在同一经营地址有两个个体工商户交叉、实际承包经营人又非其中任何一人的情况下，长沙地税稽查局认定余某某为纳税人，显系事实认定不清。至于税务登记证登记的经营人与实际经营人不一致的问题，相关主管机关可以依法予以处理，但不是本案所要审查的。

关于甲酒楼为盛记餐饮公司下属分店的问题：2009年10月12日，盛记餐饮公司经长沙市工商行政管理局雨花分局登记成立；公司股东为盛某2、魏某某、胡某某、余某某、阳某2。该公司所辖窑岭店和海悦店两个分店。2011年3月，盛记餐饮公司、甲酒楼、阳某2等签订《承包经营合同》，就阳某2承包经营盛记餐饮公司所属的甲酒楼作出约定。上述事实与余某某陈述的、甲酒楼由阳某1承包经营的事实相互佐证。可见，长沙地税稽查局并未全面、客观地调查核实甲酒楼的法律性质。

另外，因甲酒楼的工商登记户主与实际经营人不一致，长沙地税稽查局在检查涉嫌偷税违法行为时作出的《税务检查通知书》《责令限期改正通知书》以及《税务行政处罚事项告知书》等行政执法文书中，都把检查对象表述为酒楼字号即"长沙市雨花区甲酒楼"，并未同时标注"余某某"加"括号"的方式。长沙地税稽查局在最后的《税务处理决定书》和《税务行政处罚决定书》等文书中却标注以"余某某（长沙市雨花区甲酒楼）"字样。显然"长沙市雨花区甲酒楼"与"余某某（长沙市雨花区甲酒楼）"两种表述的内涵是不一样的，后者明确界定为"余某某"是实际经营者，而实际情况并非如此。

综上所述，涉案甲酒楼到底是属于个体工商户性质还是盛记餐饮公司下属的分店，长沙地税稽查局没有调查清楚。如果是前者，要同时明确实际经营人；如果是后者，则应处罚所属公司。长沙地税稽查局仅从工商营业执照和税务登记证登记的形式表象来认定余某某是纳税义务人，缺乏事实和法律依据。

故其作出的13号处罚决定,在处罚对象的确定方面主要证据不足,应予撤销。一审法院认为,根据纳税人法定原则,在税收征收法律关系中,纳税义务不能通过合同、协议等方式转移。根据《税收征收管理法实施细则》第三条第二款"纳税人应当依照税收法律、行政法规的规定履行纳税义务;其签订的合同、协议等与税收法律、行政法规相抵触的,一律无效"的规定,可见,一审法院曲解了上述法律规定。纳税义务是依法不能通过合同、协议等方式转移的,但要以确定法定的纳税义务人为前提。而纳税义务人的确定,不能仅仅从登记形式上简单地罗列。故一审判决认定事实错误。余某某的上诉理由成立,其上诉请求应予支持。依照《行政诉讼法》第七十条第一项、第八十九条第一款第二项的规定,判决撤销一审判决,撤销13号处罚决定。本案一、二审案件受理费各50元,合计100元,由长沙地税稽查局负担。

长沙地税稽查局申请再审称:1.二审对事实认定所采信的证据均系余某某在一审审理过程中提交的复印件,违反了基本的行政诉讼证据规则,二审法院对本案事实认定所依据的证据不足。2.二审判决认为长沙地税稽查局未调查清楚甲酒楼的法律性质而将余某某认定为涉案处罚对象主要依据不足,系认定事实不清。长沙地税稽查局将余某某认定为涉案处罚对象正确。第一,在2008年7月24日至2011年1月11日期间,盛记海悦店和甲酒楼是登记于同一经营地址的两个不同纳税主体,本案中长沙地税稽查局的处罚对象是以余某某为经营者的甲酒楼,盛记海悦店不是涉案纳税主体。第二,甲酒楼是否属于承包经营以及实际经营者是何人,均不影响长沙地税稽查局依法对其偷税行为进行行政处罚。在本案中,无论余某某将甲酒楼承包给何人,只要余某某不主动进行纳税申报或变更,长沙地税稽查局便无法将未变更的主体列为税收行政处罚的对象。若将没有进行纳税申报的实际经营者作为税务稽查对象,不仅增加了税收执法成本,而且不具备可操作性,更违背了我国以税务登记和纳税申报为基础的税收征管制度。第三,二审判决认为甲酒楼是盛记餐饮公司下属分店,系认定事实不清。第四,行政执法文书和最终处罚文书对执法对象表述虽不一致,但余某某和甲酒楼系同一主体,长沙地税稽查局对执法对象的表述符合法律规定。3.二审判决若不依法纠正,将造成税务执法行为无所适从的严重后果。根据税收法定的原则,税务机关只能依据相应的税务登记证明确定纳税人,若需将纳税人背后的承包关系或合伙关系全部查清才能予以处罚,实质上是将行政处罚相对人无限扩大,既没有法律依据,事实上也不可能执行。综上所述,余某某为法定纳税主体,长沙地税稽查局所作税务行政处罚决定处罚对象准确、权限和程序合法有效、处罚幅度合法。请求撤销二审判决,改判驳回余某某的全部诉讼请求。

余某某辩称:1.余某某代理人在一审庭审中明确表明余某某提交的证据均

第二章 税务登记管理及案例分析

可提交原件予以查证,二审认定事实符合客观事实的认定。2.长沙地税稽查局于2012年10月31日对余某某所作的询问调查笔录中,余某某已明确告知执法人员,甲酒楼由"阳某1"承包经营,但长沙地税稽查局未就相关情况向余某某进一步查证,亦未要求余某某提供相关证据材料。余某某提交了相关证据材料,长沙地税稽查局却视而不见。3.将余某某作为涉案处罚对象缺乏证据证明且与客观事实不符。盛记海悦店与甲酒楼二者实为一体,在甲酒楼存在偷税行为期间,余某某并非实际经营人,也非非法利益的实际获得者,不是偷税行为的违法责任人。综上所述,二审判决认定事实清楚、适用法律正确,请求驳回长沙地税稽查局的再审申请,维持二审判决。

双方当事人在本案一、二审期间提交并经质证的证据,已随本案一、二审案卷移送本院。在本案再审期间,双方当事人均没有提交新的证据。因长沙地税稽查局在再审申请理由中称,二审法院采信余某某在本案一审中提交的真实性难以确定的复印材料认定本案事实违反证据规定,余某某请求湖南高院对其一审提交的证据组织质证。为此,湖南高院经双方同意于2018年5月8日对余某某在一审中提交的证据组织了质证,但余某某只提交了部分原件且该原件中的一部分与一审中提交的复印件不一致。该次质证结束后,余某某反复强烈要求本院再次组织质证,经征得长沙地税稽查局的同意,湖南高院于2018年6月13日再次对余某某在一审提交的证据组织了质证,该次质证中,长沙地税稽查局对余某某在一审提交的关于证明甲酒楼实为盛记餐饮公司经营管理,且自2010年7月至2012年9月由阳某2承包的证据的真实性、合法性和关联性均不予认可,且请求湖南高院对余某某多次反复要求本案进行质证的行为予以制裁。

湖南高院对余某某在本案一审中提交的关于甲酒楼实为盛记餐饮公司经营管理,且自2010年7月至2012年9月由阳某2承包的证据的认证意见为:首先,由于该部分证据载明的签署人除余某某外的其他人均为案外人,在该部分案外人既没有作为当事人参加诉讼,也没有由余某某申请到庭接受质证的情况下,难以确认该部分证据的真实性;其次,虽然余某某在长沙地税稽查局对其进行调查时,曾陈述甲酒楼有四位股东,实际由"阳某1"承包经营,所有责任均由"阳某1"负责,但在长沙地税稽查局于2013年3月20日向其告知拟作出的涉案行政处罚及当事人依法享有的陈述、申辩、举证的权利后,一直没有对此提出异议,且未提供上述证据用以证明甲酒楼及余某某不是拟查处年度的纳税主体;再次,长沙地税稽查局据以作出被诉行政行为的事实,均系根据甲酒楼及余某某提供的相关财务证据予以认定。因此,在长沙地税稽查局根据甲酒楼及余某某提供的相关财务证据确认案件事实并作出被诉行政行为后,余某某在提起本案诉讼时又提交上述证据拟证明余某某及甲酒楼不是本案被诉行政行为的适格纳税人，该证据的提交程序显然不当。因余某某未能对其没有在长沙地税稽查局告知的举证期间内提交该部分证据的原因作出合理解释，根据《最高人民法院关于行政诉讼证据若干问题的规定》第五十九条"被告在行政程序中依照法定程序要求原告提供证据，原告依法应当提供而拒不提供，在诉讼程序中提供的证据，人民法院一般不予采纳"的规定，余某某提交的上述证据应不予采纳，二审法院采信该部分证据不当，依法予以纠正。

湖南高院对一审法院查明认定的事实予以认定，另查明：2010年1月至2011年12月，甲酒楼持续在向湖南省长沙市地方税务局领购发票，缴销发票，申报纳税及缴纳税款。

湖南高院认为：《税收征收管理法》（2013年修正）第十五条规定："企业，企业在外地设立的分支机构和从事生产、经营的场所，个体工商户和从事生产、经营的事业单位（以下统称'从事生产、经营的纳税人'）自领取营业执照之日起三十日内，持有关证件，向税务机关申报办理税务登记。税务机关应当于收到申报的当日办理登记并发给税务登记证件。"第二十五条第一款规定："纳税人必须依照法律、行政法规规定或者税务机关依照法律、行政法规的规定确定的申报期限、申报内容如实办理纳税申报，报送纳税申报表、财务会计报表以及税务机关根据实际需要要求纳税人报送的其他纳税资料。"第六十三条第一款规定："纳税人伪造、变造、隐匿、擅自销毁账簿、记账凭证，或者在账簿上多列支出或者不列、少列收入，或者经税务机关通知申报而拒不申报或者进行虚假的纳税申报，不缴或者少缴应纳税款的，是偷税。对纳税人偷税的，由税务机关追缴其不缴或者少缴的税款、滞纳金，并处不缴或者少缴的税款百分之五十以上五倍以下的罚款；构成犯罪的，依法追究刑事责任。"本案中，甲酒楼系由工商行政管理部门注册登记的个体工商户，其属于法定的纳税主体。由于甲酒楼在2010年1月至2011年12月期间持续向湖南省长沙市地方税务局领购发票、缴销发票、申报并缴纳税款，同时，亦在13号处罚决定作出前向税务查处机关提交了其在该期间的财务报表等会计税务资料，因此长沙地税稽查局在查清相关案件事实后，认定法定纳税人甲酒楼在该期间存在偷税行为，并将其作为税务处罚对象，有事实和法律依据。

《税收征收管理法》（2015年修正）第十八条规定："纳税人按照国务院税务主管部门的规定使用税务登记证件。税务登记证件不得转借、涂改、损毁、买卖或者伪造。"《税收征收管理法实施细则》（2016年修订）第三条第二款规定："纳税人应当依照税收法律、行政法规的规定履行纳税义务；其签订的合同、协议等与税收法律、行政法规相抵触的，一律无效。"本案中，甲酒楼系税务机关依法登记的纳税人，故其负有依法使用税务登记证件，不得转借他人使用的法定义务；同时，当其税务登记内容发生变化时，负有依法申请办理税务登记变更或注销手续的义务；此外，其应当依法履行纳税义务，不得违反税收法律、行政法规规定与他人签订合同、协议。即使余某某抗辩的甲酒楼为盛记餐饮公司经营管理并由"阳某1"承包经营的事实成立，但因甲酒楼从未依法办理税务登记的变更或注销手续，当事人约定由税务登记的纳税人之外的主体承担纳税义务的协议因违反税收法律、行政法规的规定而对税务机关不产生约束力，故长沙地税稽查局在此情形下继续将甲酒楼认定为偷税主体并将其作为税务行政处罚对象，亦无不当。

《民法通则》（2009年修正）第二十六条规定："公民在法律允许的范围内，依法经核准登记，从事工商业经营的，为个体工商户。个体工商户可以起字号。"第二十九条规定："个体工商户，农村承包经营户的债务，个人经营的，以个人财产承担；家庭经营的，以家庭财产承担。"本案中，余某某作为甲酒楼的登记经营者，依法应以其个人财产对甲酒楼的债务承担责任。由于甲酒楼因经营行为而应依法承担的税负，及因违反税法规定而应依法缴纳的税务行政罚款，均属甲酒楼的债务，余某某作为登记经营者，亦应以其个人财产对该罚款承担缴纳责任。因此，长沙地税稽查局在查明甲酒楼存在偷税行为并作出被诉的13号处罚决定时，将本案被处罚人表述为余某某（甲酒楼）符合上述规定，该处理方式并无不当。

综上所述，长沙地税稽查局的再审请求成立，依法应予支持。二审判决认定基本事实不清楚，适用法律错误，依法应予纠正；一审判决认定事实清楚，适用法律正确，依法应予维持。

2018年7月10日，湖南高院依照《最高人民法院关于适用〈中华人民共和国行政诉讼法〉的解释》第一百一十九条第一款、第一百二十二条之规定，作出〔2017〕湘行再104号行政判决书，判决撤销湖南省长沙市中级人民法院〔2015〕长中行终字第00665号行政判决；维持长沙市天心区人民法院〔2015〕天行初字第00028号行政判决。本案二审案件受理费50元，由余某某负担。

二、送达程序轻微违法争议案①

上诉人天津甲环保节能科技发展有限公司（以下简称"甲公司"）诉被上诉人国家税务总局天津市税务局第二稽查局行政处罚一案，不服天津市河西区人民法院〔2018〕津0103行初144号行政判决，向天津市第二中级人民法院（以下简称"天津二中院"）提起上诉。本案现已审理终结。

---

① 资料来源：天津市第二中级人民法院〔2019〕津02行终196号行政判决书。

原审法院查明，2017年7月24日，原天津市静海区国家税务局稽查局接到举报后，对原告进行税务稽查立案。2017年8月29日，原天津市静海区国家税务局稽查局向原告下达《税务检查通知书》，并在原告住所进行实地勘验。因原告住所无人办公，故原天津市静海区国家税务局稽查局于2017年8月29日向原告公告送达《税务检查通知书》。后经调查，原天津市静海区国家税务局稽查局于2017年12月21日作出津静国税稽处〔2017〕73号《税务处理决定书》，查明原告2016年4—6月份销售收入1 686 910.26元未进行申报纳税，决定原告应补缴增值税286 774.74元，应补缴企业所得税25 303.65元，自滞纳之日起按日加收滞纳金，并于2018年1月3日向原告公告送达，后又于2018年3月23日向原告直接送达。原天津市静海区国家税务局稽查局在津静国税稽处〔2017〕73号《税务处理决定书》查明的应补缴税款基础上，于2017年12月21日作出被诉《税务行政处罚决定书》，决定对原告应补缴的增值税286 774.74元，处以0.5倍罚款143 387.37元，对原告应补缴的企业所得税25 303.65元，对原告处以0.5倍罚款12 651.83元，共计156 039.21元。原天津市静海区国家税务局稽查局于2018年1月3日向原告公告送达被诉《税务行政处罚决定书》，又于2018年3月23日向原告直接送达《税务行政处罚决定书》。原告对此《税务行政处罚决定书》不服，于2018年8月16日向天津市静海区人民法院提起行政诉讼。因在原告起诉前，原天津市静海区国家税务局稽查局在机构改革中已经被撤销，其职责由国家税务总局天津市税务局第二稽查局负责承担，故原告于2018年9月7日从天津市静海区人民法院撤回起诉，并于同日提起行政诉讼。

另查明，2018年3月23日原告已自行缴纳津静国税稽处〔2017〕73号《税务处理决定书》和被诉《税务行政处罚决定书》规定的缴纳税款、罚款、滞纳金的义务。

原审法院认为，根据《税收征收管理法》第五条和《税收征收管理法实施细则》第九条规定，被告作为原天津市静海区国家税务局稽查局的职责承担机关，具有作出被诉《税务行政处罚决定书》的主体资格和法定职权。虽然被告代理人当庭未能准确陈述被告主体资格和法定职权的依据，但是不影响被告的法定职权，且原告对此亦无异议。第一，在行政程序方面，被告依据《税务稽查工作规程》，在接到举报后，履行了立案、下达《税务检查通知书》、调查取证、制作《税务稽查报告》、重大税务案件集体审议、处罚前告知、作出处罚决定并送达等行政程序。但在《税务行政处罚定书》的送达程序上，被告先进行了公告送达，后又进行了直接送达。即使静海区独流税务所曾于2017年9月30日出具了认定原告为非正常户的情况说明，但是根据《税务登记管理办法》第四十一条的规定，被告对原告"应纳税款的追征仍按《税收征收管理法》及其《实施细则》的规定执行",故被告仍应当根据《税收征收管理法实施细则》第一百零六条规定的各项前提条件,依法采取公告送达。本案中,被告未提供任何证据证明其在公告送达前已经依法履行了除公告以外的其他送达方式且均无法送达,被告应承担举证不能的法律后果,即被告未采取法定其他送达方式就径行采取公告送达。因此,被告送达《税务行政处罚决定书》的行政程序,违反了《税收征收管理法实施细则》第一百零六条第二项规定的适用公告送达的前提条件,即"采用本章规定的其他送达方式无法送达",属于行政程序轻微违法。同理,被告在履行处罚前告知程序上,亦存在未采取法定其他送达方式就公告送达的程序违法问题,亦属于行政程序轻微违法。鉴于被告在公告送达后已经通过直接送达方式,履行了向原告的送达程序,且原告已经缴纳了相关《税务处理决定书》和被诉《税务行政处罚决定书》规定的税款、罚款、滞纳金,并对《税务行政处罚决定书》依法提起了行政诉讼,故被告的程序轻微违法对原告的权利未产生实际影响。第二,在起诉期限方面,被告的违法送达程序,导致原告无法及时知晓被诉《税务行政处罚决定书》,视为被诉《税务行政处罚决定书》未被公告送达。因此,被告主张按照其公告送达时间计算原告起诉期限的观点,不予支持。本案应根据被告向原告直接送达《税务行政处罚决定书》的时间即2018年3月23日计算起诉期限。原告于2018年8月16日向天津市静海区人民法院提起针对本案被诉标的的行政诉讼,并未超过法定六个月的起诉期限。原告在向天津市静海区人民法院起诉后至向原审法院起诉前的时间,应属于《行政诉讼法》第四十八条第一款规定的不计算在起诉期限内的时间。原告于2018年9月7日从天津市静海区人民法院撤回起诉,并于同日向天津市河西区人民法院提起行政诉讼,亦未耽误起诉期限。故原告提起的行政诉讼,符合法定起诉期限。第三,在事实认定和法律适用方面,津静国税稽处〔2017〕73号《税务处理决定书》决定:"原告对销售货物未申报纳税,应补缴增值税286 774.74元,应补缴企业所得税25 303.65元,自滞纳之日起按日加收滞纳金。"原告于2018年3月23日收到该《税务处理决定书》后,对其既未申请复议也未提起诉讼。该《税务处理决定书》已经生效,其所决定的原告应当补缴相应税款的事实已经被生效法律文书所固定。因此,被诉《决定书》根据该生效《税务处理决定书》固定的事实,亦决定对原告应补缴的增值税和企业所得税分别处以0.5倍罚款的决定,符合《税收征收管理法》第六十三条的规定且为最低幅度的处罚,事实清楚,适用法律正确,裁量适当。综上所述,依照《行政诉讼法》第七十四条第一款第二项的规定,判决确认被告国家税务总局天津市税务局第二稽查局作出的津静国税稽罚〔2017〕54号《税务行政处罚决定书》违法,但不予撤销。案件受理费

50元，由被告国家税务总局天津市税务局第二稽查局负担。

原审法院判决后，上诉人甲公司不服向天津二中院提起上诉，请求撤销原审判决，并撤销被上诉人作出的津静国税稽罚〔2017〕54号《税务行政处罚决定书》。主要理由：被上诉人在行政处罚程序过程中，未按照相关的法律规定，向上诉人交代应有的权利，导致上诉人丧失了知情权、要求听证权、申请复议权等权利，直接造成了上诉人被处罚，缴纳相应税款70余万元，而且还导致了其他一些后果，不属于轻微违法，是严重违法，应当予以撤销。

被上诉人国家税务总局天津市税务局第二稽查局辩称，原审判决认定事实清楚，程序合法，适用法律正确，上诉人的上诉请求不成立。请求驳回上诉人的上诉请求，维持原审判决。

经庭审质证，双方当事人对对方当事人在原审中提交证据的质证意见与原审一致。合议庭经评议认为，原审法院的认证意见正确，法院予以认定。

上诉人在法院二审审理期间提交了以下证据：1.天津市静海区人民法院〔2017〕津0118民初7808号民事判决书、天津市静海区人民法院〔2017〕津0118民初6489号民事判决书。这些证据证明被上诉人调查事实不清，对上诉人造成了实质影响。2.甲公司的法定代表人邢某某和天津市静海区公安局经侦支队的刘警官于2018年3月23日和24日的通话记录，证明原审判决阐述"被上诉人情节轻微违法、并未对上诉人造成实质影响"是错误的，对造成上诉人产生了实质影响。

被上诉人对上诉人在二审期间提交的证据质证认为，证据1真实性无异议，但不认可关联性。证据2真实性、合法性、关联性均不认可。

合议庭经评议认为，上诉人在二审期间提交的证据与本案不具有关联性，不能证明其证明目的，法院不予采纳。

天津二中院审理查明的事实与原审判决认定的事实一致。

天津二中院认为，根据《税收征收管理法》第五条和《税收征收管理法实施细则》第九条规定，被上诉人作为原天津市静海区国家税务局稽查局的职责承担机关，具有作出被诉《税务行政处罚决定书》的主体资格和法定职权。经审查，被上诉人作出的被诉行政行为，违反了《税收征收管理法实施细则》第一百零六条第（二）项关于适用公告送达的前提条件的规定。鉴于被上诉人对上诉人作出的行政处罚决定认定事实清楚，处理结果正确。虽存在违反法定送达程序的问题，但属于轻微违法，原审法院予以确认违法，但不予撤销并无不当。关于上诉人认为被上诉人送达程序违法，对其权利产生实际影响，被上诉人作出的被诉《行政处罚决定书》应予撤销的上诉主张，缺乏法律依据，不予支持。被上诉人提交的证据能够证实上诉人2016年4—6月份销售收入1 686 910.26元未进行申报纳税的事实。根据《税收征收管理法》第六十三条的规定，决定对企业销售货物未申报纳税，应补缴增值税286 774.74元，处以0.5倍罚款143 387.38元，应补缴企业所得税25 303.65元，并处以0.5倍罚款12 651.83元，共计应缴款项156 039.21元的行政处罚，系在法定处罚种类和幅度内作出并无不妥。上诉人主张的被上诉人作出被诉《税务行政处罚决定书》中销售数额与事实不符，属于认定事实不清的上诉理由，缺乏事实和法律依据，不予支持。综上所述，原审判决认定事实清楚，适用法律正确，依法应予维持。

2019年6月26日，天津二中院根据《行政诉讼法》第八十九条第一款第（一）项之规定，作出〔2019〕津02行终196号行政判决书，判决驳回上诉，维持原判。二审案件受理费50元，由上诉人甲公司负担。

三、非正常户税务文书送达案①

上诉人东莞市甲鞋业有限公司（以下简称"甲公司"）因与被上诉人国家税务总局东莞市税务局（以下简称"东莞税务局"）税务行政复议纠纷一案，不服广东省东莞市第一人民法院〔2018〕粤1971行初957号行政判决，向东莞市中级人民法院（以下简称"东莞中院"）提起上诉。东莞中院受理后，依法组成合议庭对本案进行了审理。现已审理终结。

2018年11月27日，甲公司向原审法院提起诉讼，请求判令：1.撤销东莞税务局作出的东税复驳字〔2018〕2号《驳回行政复议申请决定书》。2.甲公司无须支付税款444 366.78元及滞纳金252 362.13元，同时要求东莞税务局向甲公司退还税款444 366.78元及滞纳金252 362.13元，并支付从甲公司支付上述款项之日起至东莞税务局实际返还之日止的利息（按银行同期贷款利率计算）。3.本案诉讼费用由东莞税务局承担。

原审法院查明：2017年8月15日，原东莞市国家税务局稽查局向甲公司作出东国税稽处〔2017〕308号《税务处理决定书》，认定甲公司向曲靖市圣牛皮革有限公司购买货物，取得由该公司开具增值税专用发票22份，金额合计2 017 127.36元，税额合计342 911.64元，税价合计为2 360 039元；向曲靖市利成皮革有限公司购买货物，取得由该公司开具增值税专用发票6份，金额合计596 794.86元，税额合计101 455.14元，税价合计为698 250元；根据云南省曲靖市麒麟区国家税务局稽查局发出的《已证实虚开通知书》证实上述28发票为虚开增值税专用发票，依法不得抵扣进项税款，甲公司已经持上述发票到东莞税务局道滘税务分局申报抵扣，抵扣税款444 366.78元，依据《中华人民共和国增值税暂行条例》（以下简称《增值税暂行条例》）第九条的规定，

---

① 资料来源：广东省东莞市中级人民法院〔2019〕粤19行终310号行政判决书。

决定向甲公司追缴已扣增值税款444 366.78元，依据《税收征收管理法》第三十二条的规定，决定对上述追缴的税款从滞纳之日起按日加收万分之五的滞纳金，要求甲公司在收到决定书15日内缴清上述税款及滞纳金，并告知甲公司可以在缴清上述款项或提供担保被税务机关确认之日起六十日内依法向东莞税务局申请行政复议。原东莞市国家税务局稽查局于2017年10月2日向甲公司经营地址邮寄送达上述《税务处理决定书》，但被退回。此外，东莞税务局道滘税务分局经调查于2016年3月24日根据《税务登记管理办法》（2014年修正）第四十条的规定，认定甲公司为非正常户。2017年11月22日，原东莞市国家税务局稽查局通过报纸对上述《税务处理决定书》进行公告送达。2018年6月5日，甲公司向东莞税务局道滘税务分局补缴增值税及滞纳金400 001.30元。2018年8月22日，甲公司分两笔向东莞税务局道滘税务分局补缴增值税及滞纳金126 414.03元及170 313.58元，至此甲公司缴清上述《税务处理决定书》的所有税款和滞纳金。2018年9月11日，甲公司向东莞税务局提出行政复议，请求撤销上述税务处理决定书。东莞税务局于2018年9月17日受理后，经审查作出东税复驳字〔2018〕2号《驳回行政复议申请决定书》，认为甲公司在税务机关确定的15日期限内没有缴纳税款及滞纳金，也未提供相应的担保，不具备提起行政复议的条件，根据《中华人民共和国行政复议法实施条例》（以下简称《行政复议法实施条例》）第四十八条第一款第（二）项的规定，决定驳回甲公司的行政复议申请。甲公司不服，向原审法院提起行政诉讼。

原审法院认为：甲公司对于东莞税务局职权无异议，原审法院不再赘述。本案的争议焦点在于东莞税务局作出的东税复驳字〔2018〕2号《驳回行政复议申请决定书》是否合法有据。首先，关于原东莞市国家税务局稽查局送达涉案《税务处理决定书》的程序是否合法。原审法院认为，原东莞市国家税务局稽查局在作出《税务处理决定书》后首先通过邮寄送达，被退件后，再通过公告的方式送达，符合《税收征收管理法实施细则》第一百零四条"直接送达税务文书有困难的，可以委托其他有关机关或者其他单位代为送达，或者邮寄送达"及第一百零六条"有下列情形之一的，税务机关可以公告送达税务文书，自公告之日起满30日，即视为送达：（一）同一送达事项的受送达人众多；（二）采用本章规定的其他送达方式无法送达"的规定，原审法院依法予以确认。其次，在本案中，原东莞市国家税务局稽查局于2017年12月22日以公告方式送达《税务处理决定书》，公告期限为30日，公告期满视为送达，而甲公司则于2018年8月22日缴清税款及滞纳金，根据《税收征收管理法》第八十八条第一款"纳税人、扣缴义务人、纳税担保人同税务机关在纳税上发生争议时，必须先依照税务机关的纳税决定缴纳或者解缴税款及滞纳金或者提供相应的担保，然后可以依法申请行政复议；对行政复议决定不服的，可以依法向人民法院起诉"的规定，超过了《税务行政复议规则》（2015修正）第三十二条第一款"申请人可以在知道税务机关作出具体行政行为之日起60日内提出行政复议申请"规定的提出行政复议的法定期限，东莞税务局依据《国行政复议法实施条例》第四十八条第一款第（二）项"有下列情形之一的，行政复议机关应当决定驳回行政复议申请……（二）受理行政复议申请后，发现该行政复议申请不符合行政复议法和本条例规定的受理条件的"的规定，驳回甲公司的行政复议申请，证据充分，适用法律正确，原审法院依法予以确认。甲公司的诉讼请求没有事实和法律依据，原审法院依法予以驳回。综上所述，原审法院根据《行政诉讼法》第六十九条的规定，判决驳回甲公司的全部诉讼请求。本案收取诉讼费用人民币50元，由甲公司承担。

一审宣判后，甲公司不服，向东莞中院提起上诉，请求判令：一、撤销原审判决。二、撤销东莞税务局作出的东税复驳字〔2018〕2号《驳回行政复议申请决定书》。三、追加原东莞市国家税务局稽查局为本案共同被告。四、撤销原东莞市国家税务局稽查局于2017年8月15日作出的东国税稽处〔2017〕308号税务处理决定书。五、甲公司无须支付税款444 366.78元及滞纳金252 362.13元，东莞税务局向甲公司退还税款444 366.78元及滞纳金252 362.13元，并支付从甲公司支付上述款项之日起至实际返还之日止的利息。六、本案诉讼费由东莞税务局承担。事实与理由：一、原审判决并未查清本案事实。1.甲公司是否涉嫌虚开增值税专用发票尚未定性，因此并不需要缴纳税款及滞纳金。甲公司与曲靖市圣牛皮革有限公司及曲靖市利成皮革有限公司具有实际交易，甲公司与前述公司达成合意并实际支付货款。最终前述公司出具的下列发票税务机关认为存在问题：甲公司于2014年10月至2015年11月抵扣由曲靖市圣牛皮革有限公司开具的增值税专用发票共22份，由曲靖市利成皮革公司开具的增值税专用发票共6份，价税共计3 058 289元，税款共计444 366.78元。甲公司与曲靖市圣牛皮革有限公司及曲靖市利成皮革有限公司存在真实交易，双方达成交易合意并签订合同，甲公司支付了全部货款。甲公司是否涉嫌虚开增值税专用发票目前尚未定性，因此，甲公司是否需要补缴税款尚未最终裁决，滞纳金部分亦不应缴纳。2.因为税务机关未及时通知甲公司缴纳税款无端产生了252 362.13元滞纳金。根据《增值税暂行条例》第二十三条规定，增值税最长缴纳时间为1个季度，但在本案中，涉案发票最早抵扣时间为2014年10月，税务机关至2018年才告知甲公司发票存在问题。即使发票确实存在问题，税务机关应于2014年发现问题并通知补缴，因税务机关未及时发现问题，无端产生了滞纳金。二、本案中东国税稽处〔2017〕308号税务处理决定书送达程序违法，公告送达无效。

甲公司2018年才收到该决定书，提出的复议申请并未超出法定期限。原东莞市国家税务局稽查局依据《税收征收管理法实施细则》第一百零六条，于2017年11月22日公告送达了东国税稽处〔2017〕308号税务处理决定书，其送达公告的理由违背客观事实，公告送达违法。甲公司自2015年12月8日变更住所登记后一直在东莞市道滘镇蔡白村彭辣小组生产经营。这一信息在国家企业信用信息公示系统亦予以公示。甲公司的联系地址和联系方式从未变更过，税务机关完全可以依据《税收征收管理法实施细则》第一百零一条或第一百零五条规定的送达方式送达，但是其违法采用公告送达方式，致使甲公司一直没有收到处理决定书，无法维护自己的合法权益。该不利后果应由税务机关承担。

三、根据法律规定，复议机关维持原行政行为，法院应当追加复议机关为共同被告。根据《最高人民法院关于适用〈中华人民共和国行政诉讼法〉的解释》第五十九条、第一百三十四条规定，东莞税务局驳回甲公司的复议申请属复议维持行为，甲公司有权利作出共同起诉。原审法院无视法律规定，要求甲公司在一审起诉状中变更两被告为一被告，否则不予受理，一审过程中，甲公司再次要求追加东莞市国家税务局稽查局为共同被告，原审法院仍然拒绝追加。在未追究共同被告的情况下，原审法院对本案进行了裁判，此行为不仅违背法律规定，而且损害甲公司诉讼权利。

被上诉人东莞税务局答辩称：一、原审判决认定事实清楚、适用法律正确，请二审法院予以维持。二、东莞税务局驳回上诉人行政复议申请，证据充分，适用法律正确，请二审法院予以维持。1.原东莞市国家税务局稽查局（以下简称"稽查局"）以公告形式送达东国税稽处〔2017〕308号《税务处理决定书》程序合法，文书已依法生效。稽查局于2017年8月15日作出案涉《税务处理决定书》，在对《税务处理决定书》进行送达时，在甲公司税务登记地址已经查无其下落，无法直接送达及留置送达该《税务处理决定书》，且向上述地址邮寄该《税务处理决定书》因"收件人错误"被邮政退件，亦无法邮寄送达。被退件后，稽查局于2017年11月22日通过东莞日报以公告方式送达该《税务处理决定书》，公告期限为30日。根据《税收征收管理法实施细则》第一百零六条第二项的规定，由于本案中采用直接送达、邮件送达、留置送达等方式无法送达，稽查局以公告方式送达该《税务处理决定书》符合法律规定，该《税务处理决定书》于公告满30日即2017年12月23日视为送达，已依法生效。2.甲公司提起行政复议申请的时间超过法定期限，东莞税务局驳回其行政复议申请，事实清楚，证据充分，适用法律正确，根据《税收征收管理法》第八十八条第一款以及《税务行政复议规则》第三十三条第二款之规定，稽查局于2017年12月23日以公告形式完成向甲公司送达《税务处理决定书》。《税务处理决定书》已依法生效。甲公司没有在《税务处理决定书》所确定的"自收到本决定书之日起15日内"的期限缴纳税款及滞纳金,也未提供相应的担保,甲公司已不具备提起行政复议的条件。虽然甲公司在2018年6月5日、2018年8月22日缴纳了税款及滞纳金,但是其逾期缴纳税款及滞纳金的行为并不产生恢复提起行政复议权利的法律效果。甲公司于2018年9月11日才向东莞税务局申请行政复议,其申请行政复议的时间已超过法定的期限,不符合《行政复议法实施条例》第二十八条所规定的受理条件。东莞税务局依据《行政复议法实施条例》第四十八条第一款第(二)项之规定驳回行政复议申请于法有据,依法应予维持。3.甲公司在上诉状中称复议机关维持原行政行为,与事实不符。东莞税务局受理甲公司的复议申请后,对其复议申请是否符合受理条件进行了程序上的审查,由于甲公司的申请不符合《行政复议法实施条例》第二十八条规定的受理条件,东莞税务局依据《行政复议法实施条例》第四十八条第一款第(二)项作出驳回甲公司复议申请的复议决定。如前所述,由于甲公司的复议申请不符合法定受理条件,东莞税务局作出决定驳回行政复议申请,并非维持原具体行政行为。

东莞中院确认原审法院查明的事实为本案法律事实。

东莞中院认为,本案的争议焦点是东莞税务局作出的东税复驳字〔2018〕2号《驳回行政复议申请决定书》是否合法有据的问题。现论述如下:

首先,原东莞市国家税务局稽查局送达案涉《税务处理决定书》的程序合法。东莞税务局在原审期间提交了《东莞市国家税务局道滘税务分局纳税人涉税事项调查表》《非正常户认定登记表》《非正常户查询结果》、2017年10月3日原东莞市国家税务局稽查局向甲公司邮寄案涉《税务处理决定书》的邮件退单、《东莞日报》送达公告等证据材料,反映了甲公司被认定为非正常户,并且原东莞市国家税务局稽查局采取直接送达及邮寄送达的方式均无法送达《税务处理决定书》的情况下,以公告的方式进行送达的事实。上述送达程序符合《税收征收管理法实施细则》第一百零四条"直接送达税务文书有困难的,可以委托其他有关机关或者其他单位代为送达,或者邮寄送达"及该细则第一百零六条第(二)项"有下列情形之一的,税务机关可以公告送达税务文书,自公告之日起满30日,即视为送达:(二)采用本章规定的其他送达方式无法送达"的规定,程序合法,予以确认。关于甲公司主张其于2016年11月还在工商登记的注册地正常经营,原审送达程序有误的问题,甲公司并未提交证据足以证明其上述期间在注册地正常经营的事实,亦未能提交证据足以推翻东莞税务局提交的关于送达的证据材料,故不予支持其该主张。

其次,《税收征收管理法》第八十八条第一款:"纳税人、扣缴义务人、纳税担保人同税务机关在纳税上发生争议时,必须先依照税务机关的纳税决定缴纳或者解缴税款及滞纳金或者提供相应的担保，然后可以依法申请行政复议；对行政复议决定不服的，可以依法向人民法院起诉"，及《税务行政复议规则》（2015修正）第三十二条第一款"申请人可以在知道税务机关作出具体行政行为之日起60日内提出行政复议申请"规定了纳税人提出行政复议前须先依照税务机关的纳税决定缴纳或者解缴税款及滞纳金或者提供相应的担保，以及提出行政复议的法定期限。结合本案查明的事实，原东莞市国家税务局稽查局于2017年11月22日通过报纸对案涉的《税务处理决定书》进行公告送达，公告期限为30日，公告期满视为送达，甲公司本应在公告期满即2017年12月22日后15日内缴清欠缴的税款及滞纳金或提供相应担保，然后可自上述款项或提供担保被税务机关确认之日起六十日内依法向东莞税务局申请行政复议。而甲公司于2018年6月5日才补缴税款及滞纳金，于同年8月22日缴清，于2018年9月11日向东莞税务局提出行政复议，请求撤销案涉《税务处理决定书》。可见，甲公司提起行政复议申请的时间已远超出法定期限。退一步说，即使甲公司于2018年6月5日才知道税务机关作出的具体行政行为，但其提起行政复议申请的时间仍超出法定期限。故东莞税务局驳回甲公司的行政复议申请，证据充分，适用法律正确，予以确认。

另外，关于甲公司主张东莞税务局复议维持原东莞市国家税务局稽查局原行政行为，应追加原东莞市国家税务局稽查局为共同被告的问题。结合《行政诉讼法》第二十六条第二款"经复议的案件，复议机关决定维持原行政行为的，作出原行政行为的行政机关和复议机关是共同被告；复议机关改变原行政行为的，复议机关是被告"，以及《最高人民法院关于适用〈中华人民共和国行政诉讼法〉的解释》第一百三十三条"行政诉讼法第二十六条第二款规定的'复议机关决定维持原行政行为'，包括复议机关驳回复议申请或者复议请求的情形，但以复议申请不符合受理条件为由驳回的除外"的规定，东莞税务局作出东税复驳字〔2018〕2号《驳回行政复议申请决定书》，认为甲公司在税务机关确定的15日期限内没有缴纳税款及滞纳金，也未提供相应的担保，不具备提起行政复议的条件，而决定驳回甲公司的行政复议申请，符合上述规定中复议机关"以复议申请不符合受理条件为由驳回"的条件，即不属于"复议机关决定维持原行政行为"的情形，无须追加作出原行政行为的行政机关原东莞市国家税务局稽查局为共同被告。

综上所述，甲公司的上诉请求没有事实和法律依据，予以驳回。原审法院认定事实清楚，适用法律正确，予以维持。

2019年9月1日，东莞中院依照《行政诉讼法》第八十九条第一款第（一）项之规定，作出〔2019〕粤19行终310号行政判决书，判决驳回上诉，维持原判。本案二审案件受理费50元，由甲公司负担（已预交）。

四、对外承包未办税务登记处罚案[①]

原审原告保山甲煤炭有限公司干沟煤矿(以下简称"干沟煤矿")因与原审被告国家税务总局保山市税务局稽查局、原审被告国家税务总局云南省税务局税务行政处罚及行政赔偿一案,不服保山市隆阳区人民法院作出的〔2018〕云0502行初3号行政判决,向云南省保山市中级人民法院(以下简称"保山中院")提起上诉。保山中院受理后,依法组成合议庭,并于2018年11月7日公开开庭审理了本案。二审中,根据《国家税务总局云南省税务局公告》(2018年第1号)、《国家税务总局保山市税务局公告》(2018年第5号),本案被上诉人云南省国家税务局变更为国家税务总局云南省税务局,被上诉人保山市国家税务局稽查局变更为国家税务总局保山市税务局稽查局。本案现已审理终结。

原审判决认定,2016年3月22日被告保山市国家税务局稽查局决定对原告保山甲煤炭有限公司干沟煤矿立案检查,并向原告送达《云南省保山市国家税务局(稽查局)税务检查通知书》和《云南省保山市国家税务局(稽查局)调取账簿资料通知书》,告知原告根据《税收征收管理法》第五十四条规定,决定派闻某某、杨某某等人,自2016年3月22日起对原告2012年1月1日至2015年12月31日期间(如检查发现此期间以外明显的税收违法嫌疑或线索不受此限)涉税情况进行检查。同时告知原告决定调取原告2012年1月1日至2015年12月31日的账簿、记账凭证、报表和其他有关资料,并要求原告于2016年3月22日前将上述资料送到保山市国家税务局(稽查局)。被告保山市国家税务局稽查局于2016年3月24日以"在对企业实地检查时发现企业2016年1—2月过磅单。与负责过磅人员核实,企业在此期间确实有销售收入产生,故申请对该企业2016年1月至2月增值税纳税情况一并进行检查"为由,变更了对原告税务稽查的期间。被告保山市国家税务局稽查局以"该案件涉嫌偷税数额巨大,证据资料收集、汇总工作量较大,纳税人对检查出的数据核对也比较费时"为由,分别于2016年5月21日、2016年9月30日、2016年12月31日、2017年3月31日决定对该案件检查时限进行延期。被告保山市国家税务局稽查局于2016年3月22日向原告调取2012年1月至2012年12月会计凭证16册、会计账本2册、过磅单3册,以上材料于2016年4月17日退还给原告。被告保山市国家税务局稽查局于2016年3月24日向原告调取2013年1月至2013年12月过磅单7册、2014年1月至2014年12月过磅单12册、2015年3月至2015年12月过磅单9册、2016年1月至2016年2月过磅单2册,以上材料在"调取账簿资料清单"上注明"原件已提取"。被告保山市国家税务局稽查局于2016年4月17日出具《保山市国家税务局(稽查局)提取证据专用收据》,表明被告向

[①] 资料来源:云南省保山市中级人民法院〔2018〕云05行终86号行政判决书。

原告提取的证据名称系"保山甲煤炭有限公司干沟煤矿过磅单",证据出处"保山甲煤炭有限公司干沟煤矿过磅单房",内容摘要"过磅车辆牌照号、数量、单价、金额、过磅员签名",证据所属时间从2011年12月21日至2016年2月25日(但2012年9月25日至2012年11月14日、2013年4月27日至2013年10月24日时间段没有"过磅单")及对应该时段的"过磅单"数量。原告的法定代表人付某和及干沟煤矿现场生产负责人董某某在《保山市国家税务局(稽查局)提取证据专用收据》上签字并加盖原告的公章。被告保山市国家税务局稽查局于2016年6月17日制作《保山甲煤炭有限公司干沟煤矿过磅单2012年、2013年、2014年、2015年、2016年1—2月统计汇总表》,原告的采购员郭某某、过磅员石某某在汇总表上签字并加盖原告的公章。被告保山市国家税务局稽查局于2016年7月15日制作《税务稽查工作底稿(一)》,对原告"取得货物销售收入未计提销项税额"进行汇总,原告的法定代表人付某和及干沟煤矿现场生产负责人董某某在底稿中签字并注明"数据已核对,与过磅单所载金额一致",并加盖原告的公章。被告保山市国家税务局稽查局分别于2016年9月22日、2017年8月11日向原告送达《税务事项通知书》(保国税稽通〔2016〕101号、保国税通〔2017〕60号),将检查查实的主要问题书面告知原告,并告知原告在收到该通知书后3日内,如有不同意见,可依法提出书面或口头申辩,如有新的证据也一并提供。原告分别于2016年9月26日、2017年8月14日作出《关于云南省保山市国家税务局稽查局税务事项通知书保国税稽通〔2016〕101号的回复函》《关于云南省保山市国家税务局稽查局税务事项通知书保国税通〔2017〕60号的回复函》,内容为"原告于2008年1月9日与董某某签订保山干沟煤矿承包生产经营协议,承包时间为八年。根据协议在承包期内干沟煤矿的所有生产经营、原煤的生产销售、各种税费的缴纳等综合成本均由董某某负责。在承包期间,董某某没有与原告进行承包结算,合同期满后董某某未向原告提供全面的财务依据,导致原告与董某某无法进行结算,几年来原告未分到利润"。被告保山市国家税务局稽查局于2017年7月24日召开税收违法案件集体审理会议,并形成《保山甲煤炭有限公司干沟煤矿取得货物销售收入少缴纳增值税案件集体审理纪要》,统一意见为:1.原告的行为系偷税,应补缴增值税2 505 077.64元,拟罚款1 252 538.93元。2.该案件达到移送司法机关条件,应予移送。3.根据重大案件提请审理标准的相关要求,将本案件提请保山市国家税务局审理委员会审理。被告保山市国家税务局稽查局于2017年7月25日向保山市国家税务局重大税务案件审理委员会报送《重大税务案件审理提请书》(保国税稽重审题字1号),保山市国家税务局重大税务案件审理委员会于2017年7月27日作出《受理通知书》(保国税重审受字〔2017〕1号),经审理后于2017年8月10日作出《补充调查通知书》

（保国税重审补字〔2017〕）。被告保山市国家税务局稽查局根据《补充调查通知书》，于2017年8月11日向保山市隆阳区国家税务局发送《关于查询保山甲煤炭有限公司干沟煤矿涉税相关情况的函》。保山市隆阳区国家税务局于2017年8月11日向被告报送《关于保山甲煤炭有限公司干沟煤矿与纳税主体相关的情况说明》《保山甲煤炭有限公司干沟煤矿纳税情况说明》及《保山甲煤炭有限公司干沟煤矿防伪税控认证情况说明》，上述三份情况说明的内容是：1.保山甲煤炭有限公司干沟煤矿是隆阳区国家税务局的管户。2.干沟煤矿或董某某从未向隆阳区国家税务局提交过《出租、发包报告》、承包（承租）协议合同复印件，也未进行过任何相关事项的备案事宜。3.经查，董某某在隆阳区国家税务局管辖范围内未办理过临时税务登记。4.保山甲煤炭有限公司干沟煤矿2012年1月1日至2016年2月29日增值税合计入库税款86 995.91元，并附有入库税款明细统计表。5.经增值税防伪税控系统查询，原告2012年1月1日至2016年2月29日无发票抵扣认证信息。被告于2017年8月11日向保山市地方税务局稽查局发送《关于查询保山甲煤炭有限公司干沟煤矿纳税情况的函》，保山市地方税务局直属征收分局于2017年8月11日向被告作出《关于保山甲煤炭有限公司干沟煤矿纳税情况的说明》，内容是：1.该公司或董某某从未向保山市地方税务局直属征收分局提交过《出租、发包报告》、承包（承租）协议合同复印件。2.经查，董某某在保山市地方税务局直属征收分局未办理过临时税务登记。3.《保山甲煤炭有限公司干沟煤矿2012年至2016年2月地税分税种已缴税统计表》，证实原告2012年至2016年2月缴纳城市维护建设税、地方教育附加、教育费附加、印花税、资源税、企业所得税等合计税款23 337.26元。被告保山市国家税务局稽查局分别于2017年8月13日、14日向保山市隆阳区国家税务局第一税务分局和通过"金三系统"查询原告《增值税纳税申报表》，证实原告2012年1月至6月属于小规模纳税人，2012年7月至2016年2月属于一般纳税人及相关申报信息。被告保山市国家税务局稽查局于2017年8月21日召开税收违法案件集体审理会议，并形成《保山甲煤炭有限公司干沟煤矿取得货物销售收入少缴纳增值税案件集体审理纪要》，统一意见为：1.原告的行为系偷税，应补缴增值税2 418 081.73元，拟罚款1 209 040.96元。2.该案件达到移送司法机关条件，应予移送。3.根据原告的回函，对原告提出因2008年1月9日与董某某签订生产经营协议，所有税费应由董某某负责承担的意见不予认可，纳税主体仍为原告。4.根据重大案件提请审理标准的相关要求，将本案件提请保山市国家税务局审理委员会审理。被告保山市国家税务局稽查局于2017年8月21日向保山市国家税务局重大税务案件审理委员会报送《重大税务案件审理提请书》（保国税稽重审提字2号），保山市国家税务局重大税务案件审理委员会于2017年8月21日作出《受理通知书》（保国税重审受字〔2017〕2号），于2017年8月25日作出《保山市国家税务局重大税务案件审理委员会审理意见书》（保国税重审决字〔2017〕1号），审理委员会同意被告于2017年8月21日集体审理后形成的统一意见。被告保山市国家税务局稽查局于2017年9月5日作出《云南省保山市国家税务局（稽查局）税务处理决定书》（保国税稽处〔2017〕3号）并于同日向原告送达，原告加盖公章进行签收。《税务处理决定决定书》内容是：一、违法事实。经检查核实原告的"过磅单"所记录的销售数量、金额是企业真实的全部销售收入，由于原告原因，当期未进行会计核算，"过磅单"记载所取得收入未全额如实进行纳税申报，属于原告隐瞒销售收入行为。主要证据：2012年1—6月"过磅单"5 077份，销售煤36 365.529吨，销售收入4 833 436元；2012年7月、8月、9月、11月、12月"过磅单"1 350份，销售煤15 327.57吨，销售收入2 235 793元；2013年1—4月、10—12月"过磅单"2021份，销售煤23 895.45吨，销售收入3 245 361元；2014年1月至12月"过磅单"2 647份，销售煤34 749.93吨，销售收入3 838 222元；2015年3—7月、9—12月"过磅单"3 413份，销售煤51 571.63吨，销售收入5 580 190元；2016年1—2月"过磅单"936份，销售煤13 479.3吨，销售收入1 372 367元。二、处理决定。根据《增值税暂行条例》第一条、第五条、第十二条第一款、第十九条，《中华人民共和国增值税暂行条例实施细则》（以下简称《增值税暂行条例实施细则》）第二条第一款、第三条第一款，《税收征收管理法》第六十三条第一款之规定，由税务机关追缴其不缴或少缴的税款2 418 081.73元；根据《税收征收管理法》第三十二条规定，以上少缴税款2 418 081.73元从滞纳之日起，按日加收万分之五的滞纳金。三、告知原告履行税务处理决定的时间、地点、方式、逾期履行的后果、申请行政复议的时间及途径。原告于2017年9月20日将税款2 418 081.73元及滞纳金1 413 106.57元缴至被告保山市国家税务局稽查局指定的账户内。原告不服被告保山市国家税务局稽查局作出《云南省保山市国家税务局（稽查局）税务处理决定书》（保国税稽处〔2017〕3号），于2017年10月23日向被告云南省国家税务局申请行政复议，要求：1.依法决定撤销保山市国家税务局稽查局作出的保国税稽处〔2017〕3号《税务处理决定书》。2.依法决定赔偿申请人3 831 188.30元。云南省国家税务局于同日受理了原告的行政复议申请，并将行政复议申请书副本及《云南省国家税务局行政复议答复通知书》（云国税复答字〔2017〕4号）发送被申请人云南省保山市国家税务局。被申请人于2017年10月30日提出《云南省保山市国家税务局行政复议答复书》（保国税复答字〔2017〕1号），并提交了作出具体行政行为的证据、依据和其他相关材料。被告云南省国家税务局经审查于2017年12月21日作出《云南省国家税务局行政复议决定书》（云国税复决字〔2017〕4号），该《行政复议决定书》于2017年12月22日向原告邮寄送达，原告于同年12月23日收到。《行政复议决定书》认为，该案认定事实清楚、证据确凿、适用依据正确、程序合法、内容适当，根据《中华人民共和国行政复议法》（以下简称《行政复议法》）第二十八条第一项、《税务行政复议规则》第七十五条第一项的规定，作出如下决定：一是维持保山市国家税务局稽查局于2017年9月5日以《税务处理决定书》（保国税稽处〔2017〕3号）作出的处理决定。二是根据《中华人民共和国国家赔偿法》（以下简称《国家赔偿法》）第三条、第四条规定，本机关认为申请人的赔偿请求不属于国家赔偿范围，并告知了原告不服决定的救济途径。原告不服《云南省保山市国家税务局（稽查局）税务处理决定书》（保国税稽处〔2017〕3号）和《云南省国家税务局行政复议决定书》（云国税复决字〔2017〕4号），向法院提起行政诉讼，请求依法判决撤销被告保山市国家税务局稽查局作出的保国税稽处〔2017〕3号《税务处理决定书》、依法撤销云南省国家税务局云国税复决字〔2017〕4号《行政复议决定书》、依法判决保山市国家税务局稽查局赔偿原告3 831 188.30元。

原审人民法院认为，根据《税收征收管理法》第十四条的规定"本法所称税务机关是指各级税务局、税务分局、税务所和按照国务院规定设立的并向社会公告的税务机构"和《税收征收管理法实施细则》第九条"《税收征收管理法》第十四条所称按照国务院规定设立的并向社会公告的税务机构，是指省以下税务局的稽查局。稽查局专司偷税、逃避追缴欠税、骗税、抗税案件的查处。国家税务总局应当明确划分税务局和稽查局的职责，避免职责交叉"的规定，被告保山市国家税务局稽查局经法律法规的授权，可以以自己的名义作出税务处理决定，故被告云南省保山市国家税务局稽查局是本案适格被告。根据《行政复议法》第十二条的规定"对国税等实行垂直领导的行政机关的具体行政行为不服的，向上一级主管部门申请行政复议"及《税务行政复议规则》第二十九条的规定，被告云南省国家税务局是本案适格被告。根据《税收征收管理法》第六十三条第一款"纳税人伪造、变造、隐匿、擅自销毁账簿、记账凭证，或者在账簿上多列支出或者不列、少列收入，或者经税务机关通知申报而拒不申报或者进行虚假的纳税申报，不缴或者少缴应纳税款的，是偷税。对纳税人偷税的，由税务机关追缴其不缴或者少缴的税款、滞纳金，并处不缴或者少缴的税款百分之五十以上五倍以下的罚款；构成犯罪的，依法追究刑事责任"的规定，本案被告云南省保山市国家税务局稽查局通过对原告被稽查时间段内的销售货物凭证（过磅单）的调取统计并经原告核实确认，查询相应时段原告向税务机关申报纳税信息和税款入库信息，分别按照增值税小规模纳税人和增值税一般纳税人计算方式计算出原告少缴或不缴的税款，认定原告取得收入未全额如实进行纳税申报属于隐瞒销售收入行为，被告通过选案、立案、调查取证、集体讨论、上报国家税务局重大税务案件审理委员会审理、作出《云南省保山市国家税务局（稽查局）税务处理决定书》（保国税稽处〔2017〕3号）并依法送达。综上所述，该院认为被告云南省保山市国家税务局稽查局作出的行政行为事实清楚、证据确凿充分，程序合法，适用法律法规正确。被告云南省国家税务局在受理原告的行政复议申请后，依法对被申请人作出的具体行政行为进行了审查，提出意见，经行政复议机关的负责人同意通过后，依据《行政复议法》第二十八条第（一）项和《税务行政复议规则》第七十五条第（一）项的规定，作出《云南省国家税务局行政复议决定书》（云国税复决字〔2017〕4号）并依法送达。被告云南省国家税务局作出的行政行为证据确凿、适用法律、法规正确，符合法定程序。关于原告提出其不是本案纳税主体，被告作出的行政处理决定及行政复议决定应当予以撤销的诉讼请求，根据《税收征收管理法实施细则》第四十九条第二款"发包人或者出租人应当自发包或者出租之日起30日内将承包人或者承租人的有关情况向主管税务机关报告。发包人或者出租人不报告的，发包人或者出租人与承包人或者承租人承担纳税连带责任"和《税务登记管理办法》第十条第（四）项"有独立的生产经营权、在财务上独立核算并定期向发包人或者出租人上交承包费或租金的承包承租人，应当自承包承租合同签订之日起30日内，向其承包承租业务发生地税务机关申报办理税务登记，税务机关发放临时税务登记证及副本"的规定，如本案原告与案外人存在承包关系，原告应当按法律法规的规定向税务机关报告有关情况，承包人应当向业务发生地税务机关申报办理税务登记，但本案根据被告提交的证据表明，在税务机关登记的纳税人系原告且在2012年1月至2016年2月向税务机关申报纳税的主体也是原告，原告从未向税务机关提交过《出租、发包报告》或承包协议合同等材料，也未向税务机关进行过任何相关事项的备案。同时也没有与原告有承包关系的案外人向相关税务机关申报纳税的事实，故原告的该诉讼请求，不予支持。原告要求被告云南省保山市国家税务局稽查局赔偿其损失的诉讼请求，根据《国家赔偿法》的规定，只有存在违法行为才有赔偿，故对原告的行政赔偿诉讼请求，不予支持。综上所述，依据《行政诉讼法》第六十九条、第七十九的规定，判决驳回原告保山甲煤炭有限公司干沟煤矿的诉讼请求。案件受理费50元，由原告保山甲煤炭有限公司干沟煤矿负担。

上诉人干沟煤矿上诉请求：1.撤销云南省保山市隆阳区人民法院〔2018〕云0502行初3号行政判决书，并依法改判支持上诉人一审全部诉讼请求。2.判令被上诉人承担一、二审诉讼费用。事实及理由：一、一审判决认定事实不清，证据不足。本案涉案煤炭物流事实不清，涉案资金流向不调查且刻意回避，对涉案煤炭销售款的流向及合法性均未予以查明。二、《保山市国家税务局重大税务案件审理委员会审理意见书》（报国税重审决字〔2017〕1号）及税务事项告知书，两行政行为违反法定程序。三、本案因被上诉人的原因导致损失扩大。

被上诉人国家税务总局保山市税务局稽查局（以下简称"保山市税务稽查局"）辩称：

1. 答辩人根据《税收征收管理法》第十四条及《税收征收管理法实施细则》第九条的规定，原保山市国家税务局稽查局具有独立执法主体资格，可以以自己的名义作出税务行政处罚决定。

2. 根据《税收征收管理法》第四条第一款、第十五条第一款，《增值税暂行条例》第一条的规定，被答辩人已依法办理工商营业执照、税务登记证和组织机构代码证，是法定的纳税主体，应依法履行如实申报和缴纳税款的义务。根据《税收征收管理法实施细则》第四十九条第二款、《税务登记管理办法》第十条第（四）项的规定，因被答辩人主张的承包双方，均未按照法律法规的规定向税务机关报告有关的情况或申报办理税务登记，且2012年1月至2016年2月申报纳税行为均由被答辩人作出，故被答辩人是法定的纳税主体。

3. 答辩人作出的税务行政处罚决定认定事实清楚、证据确凿，程序合法，适用法律法规正确。（1）税务行政处罚决定对被答辩人偷税事实的认定准确。根据《税收征收管理法》第六十三条第一款的规定，答辩人在对被答辩人涉案情况依法进行立案检查过程中，对被答辩人2012年1月至2016年2月销售煤炭凭证（过磅单）进行调查取证，对销售凭证反映应税收入情况进行统计汇总并经被答辩人核实确认，按照增值税小规模纳税人、一般纳税人应纳税额计算公式计算被答辩人2012年1月至2016年2月应纳税额，与被答辩人对应时段的纳税申报信息和税款入库信息比对，查明被答辩人2012年1月至2016年2月销售货物取得销售收入未计入公司收入，进行虚假的纳税申报导致少缴应纳税款，其行为已构成偷税。原保山市国家税务局稽查局作出的税务处理决定对被答辩人少缴税款事实认定准确。（2）税务处理决定对计税依据、少缴税款加收滞纳金的认定准确。根据《增值税暂行条例》第一条"在中华人民共和国境内销售货物或者提供加工、修理修配劳务以及进口货物的单位和个人，为增值税的纳税人，应当依照本条例缴纳增值税"的规定，被答辩人2012年1月至2016年2月销售货物取得销售收入应当依法缴纳增值税。根据《增值税暂行条例》第五条、第十一条第一款、第十二条第一款、第十九条，《增值税暂行条例实施细则》第二条第一款、第三条第一款，以及

《税收征收管理法》第六十三条第一款的规定，被答辩人在上述期间销售货物取得收入未全额如实进行纳税申报并缴纳增值税，该行为造成国家税款流失2 418 081.73元，税务机关作出补缴税款2 418 081.73元的处理决定计税依据准确。根据《税收征收管理法》第三十二条的规定，以上少缴税款加收滞纳金1 413 106.57元的法律适用准确，处理适当。被答辩人主张"本案因被上诉人的原因导致损失扩大"无事实和法律依据。原保山市国家税务局稽查局在对被答辩人涉税情况依法进行立案检查过程中，对被答辩人2012年1月至2016年2月销售煤炭凭证（过磅单）进行调查取证，对销售煤炭凭证（过磅单）反映应税收入情况进行统计汇总并经被答辩人核实确认，证据之间相互印证，形成证明被答辩人少缴税款事实的完整证据链，本案涉案煤炭物流、资金流向、票据流向不影响对被答辩人少缴税款事实的认定。被答辩人主张本案涉案款项系违法所得无事实和法律依据。（3）答辩人作出的行政行为程序合法。答辩人对被答辩人作出的行政处罚及税务稽查立案、检查、审理、告知、决定和执行各环节均符合《税收征收管理法》《税收征收管理法实施细则》和国家税务总局《税务稽查工作规程》的规定，手续完备，程序合法。被答辩人主张《保山市国家税务局重大税务案件审理委员会审理意见书》（报国税重审决字〔2017〕1号）及税务事项告知书，两行政行为违反法定程序无事实及法律依据。

4.答辩人在本案中无国家赔偿义务。答辩人依法对被答辩人的税收违法行为作出的税务行政处罚决定，事实清楚、证据确凿、程序合法、适用法律法规正确、处理结果适当，未侵犯被答辩人合法权益并造成财产损害，无赔偿义务。综上所述，原保山市国家税务局稽查局作出的税务处理决定认定事实清楚、证据确凿，程序合法，适用法律法规正确。请求二审法院驳回上诉，维持原判。

被上诉人国家税务总局云南省税务局（以下简称"省税务局"）答辩称：一、答辩人作出复议决定的事实清楚，证据确凿，适用法律、法规正确。（一）原税务处理决定对纳税主体的认定准确。（二）原税务处理决定对纳税人少缴税款事实的认定准确。（三）原税务处理决定对计税依据、少缴税款及加收滞纳金计算的认定准确。（四）原税务处理决定符合法定程序。（五）被答辩人提出的行政赔偿请求于法无据。二、答辩人是适格的行政复议主体，且行政复议程序符合法律规定。答辩人依法受理被答辩人提出的行政复议申请，依法开展复议工作，并在法定期限内作出《行政复议决定书》并送达被答辩人。行政复议程序符合《行政复议法》《税务行政复议规则》的规定。综上所述，答辩人作出的复议决定认定事实清楚，证据确凿，适用法律、法规正确，符合法定程序。一审认定事实清楚，适用法律正确，请求二审法院依法驳回上诉,维持原判。

二审庭审过程中,被上诉人保山市税务稽查局向保山中院提交〔2018〕云05行终69号判决书1份,欲证明之前已经存在相关类似案件的生效法律文书。经质证,上诉人对该判决的真实性、合法性无异议,对证明目的持有异议。被上诉人省税务局对判决书三性无异议。

保山中院认为,〔2018〕云05行终69号判决书系生效法律文书,且系本案上诉期间形成的新证据,予以采信。

上诉人及被上诉人省税务局未提交二审新证据。双方当事人对一审判决认定事实均无异议。

经审理,二审查明的事实与一审认定一致,法院予以确认。

保山中院认为,依据《中华人民共和国行政处罚法》(以下简称《行政处罚法》)第六条:"公民、法人或者其他组织对行政机关所给予的行政处罚,享有陈述权、申辩权;对行政处罚不服的,有权依法申请行政复议或者提起行政诉讼。公民法人或者其他组织因行政机关违法给予行政处罚受到损害的,有权依法提出赔偿要求"的规定,上诉人干沟煤矿作为保山甲煤炭有限公司的分支机构,根据《税收征收管理法》第十五条的规定及被上诉人一审提交该煤矿的营业执照、税务登记证副本等材料,可以作为行政处罚的对象,其对被上诉人作出的税务处罚决定有权提起行政诉讼并一并主张行政赔偿。本案被上诉人国家税务总局保山市税务局稽查局根据《税收征收管理法》第十四条及《税收征收管理法实施细则》第九条的规定,具有作出本案行政处罚决定的法定职权。根据《行政复议法》第十二条及《税务行政复议规则》第十六条,被上诉人国家税务总局云南省税务局是适格的行政复议机关。

本案中,上诉人干沟煤矿作为纳税人,依据《增值税暂行条例》第一条:"在中华人民共和国境内销售货物或者提供加工、修理修配劳务以及进口货物的单位和个人,为增值税的纳税人,应当依照本条例缴纳增值税"的规定,其在煤炭销售的经济行为中应当依法履行缴纳增值税的法定义务。被上诉人保山市税务稽查局根据上诉人干沟煤矿提供的煤炭销售凭证认定其于2012年1月至2016年2月应税期间未依法申报缴纳税款,致使国家税款流失2 418 081.73元的事实清楚,上诉人认为因其《采矿许可证》于2012年9月到期,主张本案行政处罚确定的应税期间的销售煤炭收入应以非法所得进行没收,而不能对该非法收入予以征税。经审查,上诉人所提出的采矿许可涉及的矿业行政管理职责不属被上诉人的法定职权,该收入在被上诉人作出行政处罚决定时也未经职能机关依法认定并进行没收处理,且该事项也非属行政诉讼审查范围,同时,其主张被上诉人及一审法院未查明涉案煤炭物流、资金及票据流向的观点，与被上诉人作出行政行为期间其自认账簿资料遗失并对销售凭证即过磅单的签章确认事实相矛盾，故其认为一审判决未认定导致本案事实认定不清的观点缺乏事实依据，该项上诉理由不予支持。关于上诉人提出的被上诉人在作出被诉行政决定前经保山市税务稽查局重大税务案件审理委员会先行作出审理意见，存在程序违法的观点，法院认为，该案件审理委员会属于保山市税务稽查局的内设机构，其对被上诉人审理的案件作出审理意见系依行政机关内部行政事务的处理程序履行职责义务，该处理行为并不对外直接产生行政法律意义的效力，也当然不会对该事项涉及的行政管理相对人的权利和义务产生实质影响，且被上诉人在作出被诉行政决定过程中已给予了其陈述、申辩并向其送达税务事项告知书，充分保障了行政相对人的相应权利，上诉人以此认为被诉行政处理决定存在程序违法的观点不能成立。关于上诉人提出本案因被上诉人的原因导致损失扩大的主张，根据《税收征收管理法》第三十二条的规定，上诉人应税期间及少缴税额已经其确认，被上诉人依此对其自滞纳税款之日起，加收少缴税款滞纳金1 413 106.57元符合法律规定，上诉人的该项上诉主张不予支持。

综上所述，被上诉人作出的行政处理决定及复议决定并无违法和不当之处，也未对上诉人造成财产损害。一审判决认定事实清楚，适用法律正确，审判程序合法，上诉人干沟煤矿的上诉请求依法不能得到支持。

2018年11月14日，保山中院依照《行政诉讼法》第八十九条第一款第（一）项之规定，作出〔2018〕云05行终86号行政判决书，判决驳回上诉，维持原判。案件受理费50元，由上诉人保山甲煤炭有限公司干沟煤矿负担。

第三章　账簿凭证管理及案例分析

> **导读**
>
> 本章介绍账簿凭证管理及案例分析，分为四节，分别介绍账簿凭证管理一般制度、发票管理制度、增值税发票管理制度以及账簿凭证管理典型案例分析。

第一节　账簿凭证管理一般制度

一、税收征收管理法的相关规定

（一）《税收征收管理法》的规定

《税收征收管理法》（1992年9月4日第七届全国人民代表大会常务委员会第二十七次会议通过，1995年2月28日第八届全国人民代表大会常务委员会第十二次会议第一次修正，2001年4月28日第九届全国人民代表大会常务委员会第二十一次会议修订，2013年6月29日第十二届全国人民代表大会常务委员会第三次会议第二次修正，2015年4月24日第十二届全国人民代表大会常务委员会第十四次会议第三次修正）的相关规定如下。

（1）纳税人、扣缴义务人按照有关法律、行政法规和国务院财政、税务主管部门的规定设置账簿，根据合法、有效凭证记账，进行核算。

（2）从事生产、经营的纳税人的财务、会计制度或者财务、会计处理办法和会计核算软件，应当报送税务机关备案。

纳税人、扣缴义务人的财务、会计制度或者财务、会计处理办法与国务院或者国务院财政、税务主管部门有关税收的规定抵触的，依照国务院或者国务院财政、税务主管部门有关税收的规定计算应纳税款、代扣代缴和代收代缴税款。

（3）税务机关是发票的主管机关，负责发票印制、领购、开具、取得、保管、缴销的管理和监督。

单位、个人在购销商品、提供或者接受经营服务以及从事其他经营活动中，应当按照规定开具、使用、取得发票。

发票的管理办法由国务院规定。

（4）增值税专用发票由国务院税务主管部门指定的企业印制；其他发票，按照国务院税务主管部门的规定，分别由省、自治区、直辖市国家税务局、地方税务局指定企业印制。

未经上述税务机关指定，不得印制发票。

（5）国家根据税收征收管理的需要，积极推广使用税控装置。纳税人应当按照规定安装、使用税控装置，不得损毁或者擅自改动税控装置。

（6）从事生产、经营的纳税人、扣缴义务人必须按照国务院财政、税务主管部门规定的保管期限保管账簿、记账凭证、完税凭证及其他有关资料。账簿、记账凭证、完税凭证及其他有关资料不得伪造、变造或者擅自损毁。

（二）《税收征收管理法实施细则》的规定

《税收征收管理法实施细则》（2002年9月7日中华人民共和国国务院令第362号公布，根据2012年11月9日《国务院关于修改和废止部分行政法规的决定》第一次修订，根据2013年7月18日《国务院关于废止和修改部分行政法规的决定》第二次修订，根据2016年2月6日《国务院关于修改部分行政法规的决定》第三次修订）的相关规定如下。

（1）从事生产、经营的纳税人应当自领取营业执照或者发生纳税义务之日起15日内，按照国家有关规定设置账簿。

上述所称账簿，是指总账、明细账、日记账以及其他辅助性账簿。总账、日记账应当采用订本式。

（2）生产、经营规模小又确无建账能力的纳税人，可以聘请经批准从事会计代理记账业务的专业机构或者财会人员代为建账和办理账务。

（3）从事生产、经营的纳税人应当自领取税务登记证件之日起15日内，将其财务、会计制度或者财务、会计处理办法报送主管税务机关备案。

纳税人使用计算机记账的，应当在使用前将会计电算化系统的会计核算软件、使用说明书及有关资料报送主管税务机关备案。

纳税人建立的会计电算化系统应当符合国家有关规定，并能正确、完整核算其收入或者所得。

（4）扣缴义务人应当自税收法律、行政法规规定的扣缴义务发生之日起10日内，按照所代扣、代收的税种，分别设置代扣代缴、代收代缴税款账簿。

（5）纳税人、扣缴义务人会计制度健全，能够通过计算机正确、完整计算其收入和所得或者代扣代缴、代收代缴税款情况的，其计算机输出的完整的书面会计记录，可视同会计账簿。

纳税人、扣缴义务人会计制度不健全，不能通过计算机正确、完整计算其收入和所得或者代扣代缴、代收代缴税款情况的，应当建立总账及与纳税或者代扣代缴、代收代缴税款有关的其他账簿。

（6）账簿、会计凭证和报表，应当使用中文。民族自治地方可以同时使用当地通用的一种民族文字。外商投资企业和外国企业可以同时使用一种外国文字。

（7）纳税人应当按照税务机关的要求安装、使用税控装置，并按照税务机关的规定报送有关数据和资料。

税控装置推广应用的管理办法由国家税务总局另行制定，报国务院批准后实施。

（8）账簿、记账凭证、报表、完税凭证、发票、出口凭证以及其他有关涉税资料应当合法、真实、完整。

账簿、记账凭证、报表、完税凭证、发票、出口凭证以及其他有关涉税资料应当保存10年；但是，法律、行政法规另有规定的除外。

疑难问题解答

问：A公司向法院起诉交了10 000元受理费，后法院适用简易程序决定收取受理费5 000元，决定退还5 000元。对于退还的5 000元，法院需要正规票据，原来有正规收据（由税务局监制，是不需要交税的），现在正规收据取消了，请问应该如何出具票据？

答：（国家税务总局湖北省税务局）第一，《中华人民共和国增值税暂行条例》（国务院令第691号）第一条规定，在中华人民共和国境内销售货物或者加工、修理修配劳务，销售服务、无形资产、不动产以及进口货物的单位和个人，为增值税的纳税人，应当依照本条例缴纳增值税。

第二，根据《国家税务总局货物和劳务税司关于做好增值税发票使用宣传辅导有关工作的通知》（税总货便函〔2017〕127号）附件——《增值税发票开具指南》第二章第一节第四条的规定，纳税人应在发生增值税纳税义务时开具发票。

第三，人民法院在向当事人收取诉讼费时应当开具《人民法院诉讼费收费专用票据》等类型的相关专用票据，该票据属于财政票据。关于退还诉讼费相关手续及票据事宜，详情请您直接拨打当地12368司法服务热线咨询确认诉讼费退还等相关手续办理事宜。

二、企业所得税税前扣除凭证管理

《企业所得税税前扣除凭证管理办法》（国家税务总局公告2018年第28号）的规定如下：

（一）总则

（1）该办法所称税前扣除凭证，是指企业在计算企业所得税应纳税所得额时，证明与取得收入有关的、合理的支出实际发生，并据以税前扣除的各类凭证。

（2）该办法所称企业是指《中华人民共和国企业所得税法》（以下简称《企业所得税法》）及其实施条例规定的居民企业和非居民企业。

（二）税前扣除凭证管理的原则

（1）税前扣除凭证在管理中遵循真实性、合法性、关联性原则。真实性是指税前扣除凭证反映的经济业务真实，且支出已经实际发生；合法性是指税前扣除凭证的形式、来源符合国家法律、法规等相关规定；关联性是指税前扣除凭证与其反映的支出相关联且有证明力。

（2）企业发生支出，应取得税前扣除凭证，作为计算企业所得税应纳税所得额时扣除相关支出的依据。

（3）企业应在当年度《企业所得税法》规定的汇算清缴期结束前取得税前扣除凭证。

（4）企业应将与税前扣除凭证相关的资料，包括合同协议、支出依据、付款凭证等留存备查，以证实税前扣除凭证的真实性。

（三）税前扣除凭证的种类

税前扣除凭证按照来源分为内部凭证和外部凭证。

内部凭证是指企业自制用于成本、费用、损失和其他支出核算的会计原始凭证。内部凭证的填制和使用应当符合国家会计法律、法规等相关规定。

外部凭证是指企业发生经营活动和其他事项时，从其他单位、个人取得的用于证明其支出发生的凭证，包括但不限于发票（包括纸质发票和电子发票）、财政票据、完税凭证、收款凭证、分割单等。

（四）增值税应税项目的支出凭证

企业在境内发生的支出项目属于增值税应税项目（以下简称"应税项目"）的，对方为已办理税务登记的增值税纳税人，其支出以发票（包括按照规定由税务机关代开的发票）作为税前扣除凭证；对方为依法无须办理税务登记的单位或者从事小额零星经营业务的个人，其支出以税务机关代开的发票或者收款凭证及内部凭证作为税前扣除凭证，收款凭证应载明收款单位名称、个人姓名及身份证号、支出项目、收款金额等相关信息。

小额零星经营业务的判断标准是个人从事应税项目经营业务的销售额不超过增值税相关政策规定的起征点。

税务总局对应税项目开具发票另有规定的，以规定的发票或者票据作为税前扣除凭证。

疑难问题解答

问：我公司竞拍取得某矿区采矿权，出让公告规定：竞拍人支付出让金之后，还需要根据省政府《关于深入开展开山采石专项整治切实加强采石场管理的通知》要求，支付给已经被整治关闭的原采矿权人"整合费"，补偿原采矿权的人员费、环境恢复费等。请问，这个"整合费"我们所得税依据什么扣除，对方是否应开无形资产发票给我们？

答：（国家税务总局江苏省税务局）根据国家税务总局公告2018年第28号第九条的规定，企业在境内发生的支出项目属于增值税应税项目（以下简称"应税项目"）的，对方为已办理税务登记的增值税纳税人，其支出以发票（包括按照规定由税务机关代开的发票）作为税前扣除凭证；对方为依法无须办理税务登记的单位或者从事小额零星经营业务的个人，其支出以税务机关代开的发票或者收款凭证及内部凭证作为税前扣除凭证，收款凭证应载明收款单位名称、个人姓名及身份证号、支出项目、收款金额等相关信息。小额零星经营业务的判断标准是个人从事应税项目经营业务的销售额不超过增值税相关政策规定的起征点。税务总局对应税项目开具发票另有规定的，以规定的发票或者票据作为税前扣除凭证。

根据国家税务总局公告2018年第28号第十条的规定，企业在境内发生的支出项目不属于应税项目的，对方为单位的，以对方开具的发票以外的其他外部凭证作为税前扣除凭证；对方为个人的，以内部凭证作为税前扣除凭证。

问：公司属于建筑公司，工地上有时会发生一些没有发票的费用，如修理打印机、补胎，还有食堂买菜，都是在工地附近的村庄中购买支付的，没有发票，金额也就几十元至三四百元。请问，收据可以企业所得税前扣除吗？如果能扣除，收据填写有要求吗？

答：（国家税务总局河北省税务局）《企业所得税税前扣除凭证管理办法》（国家税务总局公告2018年第28号）规定：

"第二条 本办法所称税前扣除凭证，是指企业在计算企业所得税应纳税所得额时，证明与取得收入有关的、合理的支出实际发生，并据以税前扣除的各类凭证。

"第五条 企业发生支出，应取得税前扣除凭证，作为计算企业所得税应纳税所得额时扣除相关支出的依据。

"第九条 企业在境内发生的支出项目属于增值税应税项目（以下简

称"应税项目")的,对方为已办理税务登记的增值税纳税人,其支出以发票(包括按照规定由税务机关代开的发票)作为税前扣除凭证;对方为依法无须办理税务登记的单位或者从事小额零星经营业务的个人,其支出以税务机关代开的发票或者收款凭证及内部凭证作为税前扣除凭证,收款凭证应载明收款单位名称、个人姓名及身份证号、支出项目、收款金额等相关信息。

"小额零星经营业务的判断标准是个人从事应税项目经营业务的销售额不超过增值税相关政策规定的起征点。

"税务总局对应税项目开具发票另有规定的,以规定的发票或者票据作为税前扣除凭证。

"第十三条 企业应当取得而未取得发票、其他外部凭证或者取得不合规发票、不合规其他外部凭证的,若支出真实且已实际发生,应当在当年度汇算清缴期结束前,要求对方补开、换开发票、其他外部凭证。补开、换开后的发票、其他外部凭证符合规定的,可以作为税前扣除凭证。

"第十六条 企业在规定的期限未能补开、换开符合规定的发票、其他外部凭证,并且未能按照本办法第十四条的规定提供相关资料证实其支出真实性的,相应支出不得在发生年度税前扣除。"

(五)非应税项目及境外项目的支出凭证

(1)企业在境内发生的支出项目不属于应税项目的,对方为单位的,以对方开具的发票以外的其他外部凭证作为税前扣除凭证;对方为个人的,以内部凭证作为税前扣除凭证。

企业在境内发生的支出项目虽不属于应税项目,但按税务总局规定可以开具发票的,可以发票作为税前扣除凭证。

(2)企业从境外购进货物或者劳务发生的支出,以对方开具的发票或者具有发票性质的收款凭证、相关税费缴纳凭证作为税前扣除凭证。

疑难问题解答

问:采购合同诉讼,法院判决我公司付给供应商材料款100万元,但供应方不给开发票,我公司可以凭判决书列支成本税前扣除吗?

答:(国家税务总局河北省税务局)根据《国家税务总局关于发布〈企业所得税税前扣除凭证管理办法〉的公告》(国家税务总局公告2018年第28号)的相关规定,企业在经营活动、经济往来中常常伴生有合同协议、付款凭证等相关资料,在某些情形下,则为支出依据,如法院判决企业支付违约金而出具的裁判文书。以上资料不属于税前扣除凭证，但属于与企业经营活动直接相关且能够证明税前扣除凭证真实性的资料，企业也应按照法律、法规等相关规定，履行保管责任，以备包括税务机关在内的有关部门、机构或者人员核实。

（六）不合规凭证及其补正

（1）企业取得私自印制、伪造、变造、作废、开票方非法取得、虚开、填写不规范等不符合规定的发票（以下简称"不合规发票"），以及取得不符合国家法律、法规等相关规定的其他外部凭证（以下简称"不合规其他外部凭证"），不得作为税前扣除凭证。

（2）企业应当取得而未取得发票、其他外部凭证或者取得不合规发票、不合规其他外部凭证的，若支出真实且已实际发生，应当在当年度汇算清缴期结束前，要求对方补开、换开发票、其他外部凭证。补开、换开后的发票、其他外部凭证符合规定的，可以作为税前扣除凭证。

（3）企业在补开、换开发票、其他外部凭证过程中，因对方注销、撤销、依法被吊销营业执照、被税务机关认定为非正常户等特殊原因无法补开、换开发票、其他外部凭证的，可凭以下资料证实支出真实性后，其支出允许税前扣除：①无法补开、换开发票、其他外部凭证原因的证明资料（包括工商注销、机构撤销、列入非正常经营户、破产公告等证明资料）；②相关业务活动的合同或者协议；③采用非现金方式支付的付款凭证；④货物运输的证明资料；⑤货物入库、出库内部凭证；⑥企业会计核算记录以及其他资料。上述第一项至第三项为必备资料。

（4）汇算清缴期结束后，税务机关发现企业应当取得而未取得发票、其他外部凭证或者取得不合规发票、不合规其他外部凭证并且告知企业的，企业应当自被告知之日起60日内补开、换开符合规定的发票、其他外部凭证。其中，因对方特殊原因无法补开、换开发票、其他外部凭证的，企业应当按照规定，自被告知之日起60日内提供可以证实其支出真实性的相关资料。

（5）企业在规定的期限未能补开、换开符合规定的发票、其他外部凭证，并且未能按照规定提供相关资料证实其支出真实性的，相应支出不得在发生年度税前扣除。

（6）除发生上述第（4）项规定的情形外，企业以前年度应当取得而未取得发票、其他外部凭证，且相应支出在该年度没有税前扣除的，在以后年度取得符合规定的发票、其他外部凭证或者按照该办法第十四条的规定提供可以证实其支出真实性的相关资料，相应支出可以追补至该支出发生年度税前扣除，但追补年限不得超过五年。

疑难问题解答

问：购买方同时丢失专票发票联和抵扣联，根据国家税务总局2020年1号公告规定，增值税可凭加盖销售方发票专用章的相应发票记账联复印件抵扣进项税，请问企业所得税可凭加盖销售方发票专用章的相应发票记账联复印件税前扣除吗？

答：（国家税务总局河南省税务局）根据《国家税务总局关于发布〈企业所得税税前扣除凭证管理办法〉的公告》（国家税务总局公告2018年第28号）规定，税前扣除凭证，是指企业在计算企业所得税应纳税所得额时，证明与取得收入有关的、合理的支出实际发生，并据以税前扣除的各类凭证。税前扣除凭证在管理中遵循真实性、合法性、关联性原则。真实性是指税前扣除凭证反映的经济业务真实，且支出已经实际发生；合法性是指税前扣除凭证的形式、来源符合国家法律、法规等相关规定；关联性是指税前扣除凭证与其反映的支出相关联且有证明力。税前扣除凭证按照来源分为内部凭证和外部凭证。内部凭证是指企业自制用于成本、费用、损失和其他支出核算的会计原始凭证。内部凭证的填制和使用应当符合国家会计法律、法规等相关规定。外部凭证是指企业发生经营活动和其他事项时，从其他单位、个人取得的用于证明其支出发生的凭证，包括但不限于发票（包括纸质发票和电子发票）、财政票据、完税凭证、收款凭证、分割单等。

因此，扣除凭证，是指企业在计算企业所得税应纳税所得额时，证明与取得收入有关的、合理的支出实际发生，并据以税前扣除的各类凭证。具体事宜建议您联系主管税务机关进一步确认。

（七）特殊业务的扣除凭证

（1）企业与其他企业（包括关联企业）、个人在境内共同接受应纳增值税劳务（以下简称"应税劳务"）发生的支出，采取分摊方式的，应当按照独立交易原则进行分摊，企业以发票和分割单作为税前扣除凭证，共同接受应税劳务的其他企业以企业开具的分割单作为税前扣除凭证。

企业与其他企业、个人在境内共同接受非应税劳务发生的支出，采取分摊方式的，企业以发票外的其他外部凭证和分割单作为税前扣除凭证，共同接受非应税劳务的其他企业以企业开具的分割单作为税前扣除凭证。

（2）企业租用（包括企业作为单一承租方租用）办公、生产用房等资产发生的水、电、燃气、冷气、暖气、通信线路、有线电视、网络等费用，出租方作为应税项目开具发票的，企业以发票作为税前扣除凭证；出租方采取分摊方式的，企业以出租方开具的其他外部凭证作为税前扣除凭证。

疑难问题解答

问：我单位属于建安企业，在施工场地与甲方共用水电，甲方在扣除我单位水电费时，只提供水电费分割单不提供发票，我单位能否以开具的分割单作为税前扣除凭证？

答：（国家税务总局内蒙古自治区税务局）根据《国家税务总局关于发布〈企业所得税税前扣除凭证管理办法〉的公告》（国家税务总局公告2018年第28号）第八条和第十九条的规定，税前扣除凭证按照来源分为内部凭证和外部凭证。内部凭证是指企业自制用于成本、费用、损失和其他支出核算的会计原始凭证。内部凭证的填制和使用应当符合国家会计法律、法规等相关规定。外部凭证是指企业发生经营活动和其他事项时，从其他单位、个人取得的用于证明其支出发生的凭证，包括但不限于发票（包括纸质发票和电子发票）、财政票据、完税凭证、收款凭证、分割单等。企业租用（包括企业作为单一承租方租用）办公、生产用房等资产发生的水、电、燃气、冷气、暖气、通信线路、有线电视、网络等费用，出租方作为应税项目开具发票的，企业以发票作为税前扣除凭证；出租方采取分摊方式的，企业以出租方开具的其他外部凭证作为税前扣除凭证。

问：我公司与重庆的某商场物业分公司签订办公室租赁协议，由物业公司代收代交水电费，将水电费公司开具给物业公司的发票复印件盖公章及我公司应交水电费的收据提供给我公司，不予开具发票给我公司。请问该物业公司的做法是否合理？若合理，我公司是否可以所得税税前扣除该费用？该物业分公司没有转供资质。

答：（国家税务总局厦门市税务局）《中华人民共和国发票管理办法》（国务院令第587号修订）规定，销售商品、提供服务以及从事其他经营活动的单位和个人，对外发生经营业务收取款项，收款方应当向付款方开具发票；特殊情况下，由付款方向收款方开具发票。

根据《国家税务总局关于发布〈企业所得税税前扣除凭证管理办法〉的公告》（国家税务总局公告2018年第28号）的规定，企业租用（包括企业作为单一承租方租用）办公、生产用房等资产发生的水、电、燃气、冷气、暖气、通信线路、有线电视、网络等费用，出租方作为应税项目开具发票的，企业以发票作为税前扣除凭证；出租方采取分摊方式的，企业以出租方开具的其他外部凭证作为税前扣除凭证。

因此，若属于物业公司代收转付水电费，应由水务集团及供电公司开具发票给付款方。出租方采取分摊方式的，按水务集团及供电公司的发票复印件和分割单及合同注明分割方式为分割依据。若不属于代收转付，则属于转售水电费，应由物业公司开具转售水电费发票作为税前扣除凭证。

三、电子会计凭证报销入账归档管理

根据《财政部 国家档案局关于规范电子会计凭证报销入账归档的通知》（财会〔2020〕6号）的规定，有关规范电子会计凭证报销入账归档的事项如下。

（1）电子会计凭证是指单位从外部接收的电子形式的各类会计凭证，包括电子发票、财政电子票据、电子客票、电子行程单、电子海关专用缴款书、银行电子回单等电子会计凭证。

（2）来源合法、真实的电子会计凭证与纸质会计凭证具有同等法律效力。

（3）除法律和行政法规另有规定外，同时满足下列条件的，单位可以仅使用电子会计凭证进行报销入账归档：①接收的电子会计凭证经查验合法、真实；②电子会计凭证的传输、存储安全、可靠，对电子会计凭证的任何篡改能够及时被发现；③使用的会计核算系统能够准确、完整、有效接收和读取电子会计凭证及其元数据，能够按照国家统一的会计制度完成会计核算业务，能够按照国家档案行政管理部门规定格式输出电子会计凭证及其元数据，设定了经办、审核、审批等必要的审签程序，且能有效防止电子会计凭证重复入账；④电子会计凭证的档及管理符合《会计档案管理办法》（财政部 国家档案局令第79号）等要求。

（4）单位以电子会计凭证的纸质打印件作为报销入账归档依据的，必须同时保存打印该纸质件的电子会计凭证。

（5）符合档案管理要求的电子会计档案与纸质档案具有同等法律效力。除法律、行政法规另有规定外，电子会计档案可不再另以纸质形式保存。

（6）单位和个人在电子会计凭证报销入账归档中存在违反该通知规定行为的，县级以上人民政府财政部门、档案行政管理部门应当依据《中华人民共和国会计法》《中华人民共和国档案法》等有关法律、行政法规处理处罚。

第二节 发票管理制度

一、《发票管理办法》的规定

《发票管理办法》（1993年12月12日国务院批准，1993年12月23日财政部令第6号发布，根据2010年12月20日《国务院关于修改〈中华人民共和国发票管理办法〉的决定》第一次修订，根据2019年3月2日《国务院关于修改部分行政法规的决定》第二次修订）的规定如下。

（一）总则

（1）为了加强发票管理和财务监督，保障国家税收收入，维护经济秩序，根据《税收征收管理法》，制定该办法。

（2）在中华人民共和国境内印制、领购、开具、取得、保管、缴销发票的单位和个人（以下称"印制、使用发票的单位和个人"），必须遵守该办法。

（3）该办法所称发票，是指在购销商品、提供或者接受服务以及从事其他经营活动中，开具、收取的收付款凭证。发票的种类、联次、内容以及使用范围由国务院税务主管部门规定。

（4）国务院税务主管部门统一负责全国的发票管理工作。省、自治区、直辖市税务机关依据职责做好本行政区域内的发票管理工作。

财政、审计、市场监督管理、公安等有关部门在各自的职责范围内，配合税务机关做好发票管理工作。

（5）对违反发票管理法规的行为，任何单位和个人可以举报。税务机关应当为检举人保密，并酌情给予奖励。

（二）发票的印制

（1）增值税专用发票由国务院税务主管部门确定的企业印制；其他发票，按照国务院税务主管部门的规定，由省、自治区、直辖市税务机关确定的企业印制。禁止私自印制、伪造、变造发票。

（2）印制发票的企业应当具备下列条件：①取得印刷经营许可证和营业执照；②设备、技术水平能够满足印制发票的需要；③有健全的财务制度和严格的质量监督、安全管理、保密制度。

税务机关应当以招标方式确定印制发票的企业，并发给发票准印证。

（3）印制发票应当使用国务院税务主管部门确定的全国统一的发票防伪专用品。禁止非法制造发票防伪专用品。

（4）发票应当套印全国统一发票监制章。全国统一发票监制章的式样和发票版面印刷的要求，由国务院税务主管部门规定。发票监制章由省、自治区、直辖市税务机关制作。禁止伪造发票监制章。

发票实行不定期换版制度。

（5）印制发票的企业按照税务机关的统一规定，建立发票印制管理制度和保管措施。

发票监制章和发票防伪专用品的使用和管理实行专人负责制度。

（6）印制发票的企业必须按照税务机关批准的式样和数量印制发票。

（7）发票应当使用中文印制。民族自治地方的发票，可以加印当地一种通用的民族文字。有实际需要的，也可以同时使用中外两种文字印制。

（8）各省、自治区、直辖市内的单位和个人使用的发票，除增值税专用发票外，应当在本省、自治区、直辖市内印制；确有必要到外省、自治区、直辖市印制的，应当由省、自治区、直辖市税务机关商印制地省、自治区、直辖市税务机关同意，由印制地省、自治区、直辖市税务机关确定的企业印制。

禁止在境外印制发票。

（三）发票的领购

（1）需要领购发票的单位和个人，应当持税务登记证件、经办人身份证明、按照国务院税务主管部门规定式样制作的发票专用章的印模，向主管税务机关办理发票领购手续。主管税务机关根据领购单位和个人的经营范围和规模，确认领购发票的种类、数量以及领购方式，在5个工作日内发给发票领购簿。

单位和个人领购发票时，应当按照税务机关的规定报告发票使用情况，税务机关应当按照规定进行查验。

（2）需要临时使用发票的单位和个人，可以凭购销商品、提供或者接受服务以及从事其他经营活动的书面证明、经办人身份证明，直接向经营地税务机关申请代开发票。依照税收法律、行政法规规定应当缴纳税款的，税务机关应当先征收税款，再开具发票。税务机关根据发票管理的需要，可以按照国务院税务主管部门的规定委托其他单位代开发票。

禁止非法代开发票。

（3）临时到本省、自治区、直辖市以外从事经营活动的单位或者个人，应当凭所在地税务机关的证明，向经营地税务机关领购经营地的发票。

临时在本省、自治区、直辖市以内跨市、县从事经营活动领购发票的办法，由省、自治区、直辖市税务机关规定。

（4）税务机关对外省、自治区、直辖市来本辖区从事临时经营活动的单位和个人领购发票的，可以要求其提供保证人或者根据所领购发票的票面限额以及数量交纳不超过1万元的保证金，并限期缴销发票。

按期缴销发票的，解除保证人的担保义务或者退还保证金；未按期缴销发票的，由保证人或者以保证金承担法律责任。

税务机关收取保证金应当开具资金往来结算票据。

疑难问题解答

问：废旧物资回收经营企业向个人收购废旧物资的时候，是否可以由回收企业向税务机关申请使用收购发票，自行开具作为企业所得税购进货物的成本列支。此外，使用收购发票是否有只能在福建省内收购废旧物资使用的规定。在使用时具体有哪些要求？

答：（国家税务总局福建省税务局）收购单位向其他个人购买货物，

可以开具收购发票。除另有规定外，收购发票仅限于福建省（不含厦门）范围内使用。严禁跨规定的区域使用收购发票。

文件依据如下：

《福建省增值税普通发票（收购）使用规定》（国家税务总局福建省税务局公告2018年第8号发布）规定：

"第二条 收购发票，是收购单位向其他个人购买货物、支付款项时开具的发票，是其成本列支并可按照增值税有关规定据以抵扣增值税进项税额的凭证。

"收购发票包括五联版的纸质增值税普通发票（收购）和增值税电子普通发票（收购）两种形式。

"第八条 除另有规定外，收购发票仅限于福建省（不含厦门）范围内使用。严禁跨规定的区域使用收购发票。

"第九条 收购发票应按下列要求开具：……（四）'货物或应税劳务、服务名称'栏填写收购的货物名称，属于农业产品的，仅限于种植业、养殖业、林业、牧业、水产业生产的各种植物、动物的初级产品。农业产品的征税范围按财政部、国家税务总局的规定确定。选择相应的商品和服务税收分类与编码。……"

（四）发票的开具和保管

（1）销售商品、提供服务以及从事其他经营活动的单位和个人，对外发生经营业务收取款项，收款方应当向付款方开具发票；特殊情况下，由付款方向收款方开具发票。

（2）所有单位和从事生产、经营活动的个人在购买商品、接受服务以及从事其他经营活动支付款项，应当向收款方取得发票。取得发票时，不得要求变更品名和金额。

（3）不符合规定的发票，不得作为财务报销凭证，任何单位和个人有权拒收。

（4）开具发票应当按照规定的时限、顺序、栏目，全部联次一次性如实开具，并加盖发票专用章。

任何单位和个人不得有下列虚开发票行为：①为他人、为自己开具与实际经营业务情况不符的发票；②让他人为自己开具与实际经营业务情况不符的发票；③介绍他人开具与实际经营业务情况不符的发票。

（5）安装税控装置的单位和个人，应当按照规定使用税控装置开具发票，并按期向主管税务机关报送开具发票的数据。

使用非税控电子器具开具发票的，单位和个人应当将非税控电子器具使用的软件程序说明资料报主管税务机关备案，并按照规定保存、报送开具发票的数据。

国家推广使用网络发票管理系统开具发票，具体管理办法由国务院税务主管部门制定。

（6）任何单位和个人应当按照发票管理规定使用发票，不得有下列行为：①转借、转让、介绍他人转让发票、发票监制章和发票防伪专用品；②知道或者应当知道是私自印制、伪造、变造、非法取得或者废止的发票而受让、开具、存放、携带、邮寄、运输；③拆本使用发票；④扩大发票使用范围；⑤以其他凭证代替发票使用。

税务机关应当提供查询发票真伪的便捷渠道。

（7）除国务院税务主管部门规定的特殊情形外，发票限于领购单位和个人在本省、自治区、直辖市内开具。

省、自治区、直辖市税务机关可以规定跨市、县开具发票的办法。

（8）除国务院税务主管部门规定的特殊情形外，任何单位和个人不得跨规定的使用区域携带、邮寄、运输空白发票。

禁止携带、邮寄或者运输空白发票出入境。

（9）开具发票的单位和个人应当建立发票使用登记制度，设置发票登记簿，并定期向主管税务机关报告发票使用情况。

（10）开具发票的单位和个人应当在办理变更或者注销税务登记的同时，办理发票和发票领购簿的变更、缴销手续。

（11）开具发票的单位和个人应当按照税务机关的规定存放和保管发票，不得擅自损毁。已经开具的发票存根联和发票登记簿，应当保存5年。保存期满，报经税务机关查验后销毁。

疑难问题解答

问：在报销个人通勤费时，发票抬头应当写个人还是公司？

答：（国家税务总局浙江省税务局）根据《中华人民共和国发票管理办法》（国务院令第587号修订）规定，销售商品、提供服务以及从事其他经营活动的单位和个人，对外发生经营业务收取款项，收款方应当向付款方开具发票；特殊情况下，由付款方向收款方开具发票。

开具发票应当按照规定的时限、顺序、栏目，全部联次一次性如实开具，并加盖发票专用章。任何单位和个人不得有下列虚开发票行为：①为他人、为自己开具与实际经营业务情况不符的发票。②让他人为自己开具与实际经营业务情况不符的发票。③介绍他人开具与实际经营业务情况不符的发票。

根据《中华人民共和国发票管理办法实施细则》第二十八条的规定，单位和个人在开具发票时，必须做到按照号码顺序填开，填写项目齐全，

第三章 账簿凭证管理及案例分析

内容真实，字迹清楚，全部联次一次打印，内容完全一致，并在发票联和抵扣联加盖发票专用章。

问：我公司为商贸企业销售护肤品，与商场合作开设租赁柜，已签订租赁合同，因合作的商场较多，我公司注册地在总部办公，现其中一个商场以实际经营地与注册地不符为由不给我公司开具物业费及租赁费发票，请问我司该如何处理？

答：（国家税务总局河南省税务局）《中华人民共和国发票管理办法》（国务院令第587号修订）规定：

"第六条 对违反发票管理法规的行为，任何单位和个人可以举报。……

"第十九条 销售商品、提供服务以及从事其他经营活动的单位和个人，对外发生经营业务收取款项，收款方应当向付款方开具发票；特殊情况下，由付款方向收款方开具发票。

"第二十条 所有单位和从事生产、经营活动的个人在购买商品、接受服务以及从事其他经营活动支付款项，应当向收款方取得发票。取得发票时，不得要求变更品名和金额。

"第二十一条 不符合规定的发票，不得作为财务报销凭证，任何单位和个人有权拒收。

"第二十二条 开具发票应当按照规定的时限、顺序、栏目，全部联次一次性如实开具，并加盖发票专用章。

"任何单位和个人不得有下列虚开发票行为：

"（一）为他人、为自己开具与实际经营业务情况不符的发票；

"（二）让他人为自己开具与实际经营业务情况不符的发票；

"（三）介绍他人开具与实际经营业务情况不符的发票。

"第三十五条 违反本办法的规定，有下列情形之一的，由税务机关责令改正，可以处1万元以下的罚款；有违法所得的予以没收：

"（一）应当开具而未开具发票，或者未按照规定的时限、顺序、栏目，全部联次一次性开具发票，或者未加盖发票专用章的；……"

因此，根据上述规定，销售商品、提供服务以及从事其他经营活动的单位和个人，对外发生经营业务收取款项，收款方应当向付款方开具发票；特殊情况下，由付款方向收款方开具发票。如果该企业应当开具而未开具发票，建议您提供企业名称、地址等相关信息，向12366热线进行投诉举报，我们将会对您反映的问题进行核实并帮助您索取发票。

问：给香港注册的公司开具增值税普通发票，税号一栏写上了公司海外注册证明书上的编号，该发票是否有效？

答：（国家税务总局福建省税务局）购买方为非居民企业，开具增值

163

税普通发票时"纳税人识别号"栏可以不填。

文件依据如下：

《国家税务总局关于增值税发票开具有关问题的公告》（国家税务总局公告2017年第16号）规定："一、自2017年7月1日起，购买方为企业的，索取增值税普通发票时，应向销售方提供纳税人识别号或统一社会信用代码；销售方为其开具增值税普通发票时，应在'购买方纳税人识别号'栏填写购买方的纳税人识别号或统一社会信用代码。不符合规定的发票，不得作为税收凭证。本公告所称企业，包括公司、非公司制企业法人、企业分支机构、个人独资企业、合伙企业和其他企业。"

（五）发票的检查

（1）税务机关在发票管理中有权进行下列检查：①检查印制、领购、开具、取得、保管和缴销发票的情况；②调出发票查验；③查阅、复制与发票有关的凭证、资料；④向当事各方询问与发票有关的问题和情况；⑤在查处发票案件时，对与案件有关的情况和资料，可以记录、录音、录像、照相和复制。

（2）印制、使用发票的单位和个人，必须接受税务机关依法检查，如实反映情况，提供有关资料，不得拒绝、隐瞒。

税务人员进行检查时，应当出示税务检查证。

（3）税务机关需要将已开具的发票调出查验时，应当向被查验的单位和个人开具发票换票证。发票换票证与所调出查验的发票有同等的效力。被调出查验发票的单位和个人不得拒绝接受。

税务机关需要将空白发票调出查验时，应当开具收据；经查无问题的，应当及时返还。

（4）单位和个人从中国境外取得的与纳税有关的发票或者凭证，税务机关在纳税审查时有疑义的，可以要求其提供境外公证机构或者注册会计师的确认证明，经税务机关审核认可后，方可作为记账核算的凭证。

（5）税务机关在发票检查中需要核对发票存根联与发票联填写情况时，可以向持有发票或者发票存根联的单位发出发票填写情况核对卡，有关单位应当如实填写，按期报回。

疑难问题解答

问：我公司系实业公司，经营范围为企业管理咨询及矿产品、零配件等的销售。受疫情影响，公司近几年并未开展经营范围内的业务。但我公司于2002年对外投资的企业经营状况良好，每年我公司从被投资单位均取得了较高的分红收益，积累了较多的货币资金和留存收益。为提高资产的利用率、增加企业的利润，我公司近几年均将自有资金拆借给特定的数个企业并收取利息。我公司的资金拆借以银行基准利率为依据并参考市场波动确定，为合法合规的借贷行为。对于上述交易，我公司均能提供完整真实的交易记录和资金流水。应借款方要求，我公司须向其开具利息收入发票。企业间的资金拆借是非常普遍的商业行为，我公司近几年的拆借行为也是真实合法的，但因我公司非专业从事贷款服务，未面向非特定对象放贷，无法办理增加金融服务类的经营范围。请问此种情况下，我公司能否申领发票并开具利息收入税目？

答：（国家税务总局江苏省税务局）根据《中华人民共和国发票管理办法》（国务院令第587号修订）及《增值税发票开具使用指南》（税总货便函〔2017〕127号）的规定，销售商品、提供服务以及从事其他经营活动的单位和个人，对外发生经营业务收取款项，收款方应当向付款方开具发票；特殊情况下，由付款方向收款方开具发票。

因此，纳税人发生应税行为，除国家有明令禁止销售的外，即使超出营业执照上的经营范围，也应当据实开具发票。

问：我公司向房东（法人）租赁场地，房东代物业向我们收取水电费，然后可以给我司开水电费发票吗？（水电费超出其经营范围）

答：（国家税务总局福建省税务局）纳税人发生应税行为，除国家有明令禁止销售的，即使超出营业执照上的经营范围，也应当据实开具发票。

文件依据如下：

根据《中华人民共和国发票管理办法》（国务院令第587号修订）及《增值税发票开具使用指南》（税总货便函〔2017〕127号）的规定，销售商品、提供服务以及从事其他经营活动的单位和个人，对外发生经营业务收取款项，收款方应当向付款方开具发票；特殊情况下，由付款方向收款方开具发票。

（六）罚则

（1）违反该办法的规定，有下列情形之一的，由税务机关责令改正，可以处1万元以下的罚款；有违法所得的予以没收：①应当开具而未开具发票，或者未按照规定的时限、顺序、栏目，全部联次一次性开具发票，或者未加盖发票专用章的；②使用税控装置开具发票，未按期向主管税务机关报送开具发票的数据的；③使用非税控电子器具开具发票，未将非税控电子器具使用的软件程序说明资料报主管税务机关备案，或者未按照规定保存、报送开具发票的数据的；④拆本使用发票的；⑤扩大发票使用范围的；⑥以其他凭证代替发票使用的；⑦跨规定区域开具发票的；⑧未按照规定缴销发票的；⑨未按照规定存放和保管发票的。

（2）跨规定的使用区域携带、邮寄、运输空白发票，以及携带、邮寄或者运输空白发票出入境的，由税务机关责令改正，可以处1万元以下的罚款；情节严重的，处1万元以上3万元以下的罚款；有违法所得的予以没收。

丢失发票或者擅自损毁发票的，依照上述规定处罚。

（3）违反该办法的规定虚开发票的，由税务机关没收违法所得；虚开金额在1万元以下的，可以并处5万元以下的罚款；虚开金额超过1万元的，并处5万元以上50万元以下的罚款；构成犯罪的，依法追究刑事责任。

非法代开发票的，依照上述规定处罚。

（4）私自印制、伪造、变造发票，非法制造发票防伪专用品，伪造发票监制章的，由税务机关没收违法所得，没收、销毁作案工具和非法物品，并处1万元以上5万元以下的罚款；情节严重的，并处5万元以上50万元以下的罚款；对印制发票的企业，可以并处吊销发票准印证；构成犯罪的，依法追究刑事责任。

上述规定的处罚，《税收征收管理法》有规定的，依照其规定执行。

（5）有下列情形之一的，由税务机关处1万元以上5万元以下的罚款；情节严重的，处5万元以上50万元以下的罚款；有违法所得的予以没收：①转借、转让、介绍他人转让发票、发票监制章和发票防伪专用品的；②知道或者应当知道是私自印制、伪造、变造、非法取得或者废止的发票而受让、开具、存放、携带、邮寄、运输的。

（6）对违反发票管理规定2次以上或者情节严重的单位和个人，税务机关可以向社会公告。

（7）违反发票管理法规，导致其他单位或者个人未缴、少缴或者骗取税款的，由税务机关没收违法所得，可以并处未缴、少缴或者骗取的税款1倍以下的罚款。

（8）当事人对税务机关的处罚决定不服的，可以依法申请行政复议或者向人民法院提起行政诉讼。

（9）税务人员利用职权之便，故意刁难印制、使用发票的单位和个人，或者有违反发票管理法规行为的，依照国家有关规定给予处分；构成犯罪的，依法追究刑事责任。

疑难问题解答

问：因为公司要举办生日会，然后我代表公司去购买物品。购买物品的第一件事,就是问商家能不能开发票。他告诉我可以开发票,那我就下了这个单,然后到货之后我确认收货了。接着他告诉我开不了发票。然后我就跟商家说,给我退款退货。他告诉我没有运费险,意思就是我要是退货,这个运费由我自己承担。面对这个情况,我该怎么办?怎么报销呢?感觉好无奈。

答:(国家税务总局海南省税务局)《中华人民共和国发票管理办法》(国务院令第587号修订)第十九条规定:"销售商品、提供服务以及从事其他经营活动的单位和个人,对外发生经营业务收取款项,收款方应当向付款方开具发票;特殊情况下,由付款方向收款方开具发票。"第二十二条规定:"开具发票应当按照规定的时限、顺序、栏目,全部联次一次性如实开具,并加盖发票专用章。"

很抱歉,报销问题不属于税务部门咨询范围。如您购买商品、接受服务时遇到拒开发票,请提供拒开发票的纳税人名称、具体地址、业务发生日期、金额以及您的联系方式等信息,以便进一步核实处理。

二、《中华人民共和国发票管理办法实施细则》的规定

《中华人民共和国发票管理办法实施细则》(2011年2月14日国家税务总局令第25号公布,根据2014年12月27日《国家税务总局关于修改〈中华人民共和国发票管理办法实施细则〉的决定》、2018年6月15日《国家税务总局关于修改部分税务部门规章的决定》、2019年7月24日《国家税务总局关于公布取消一批税务证明事项以及废止和修改部分规章规范性文件的决定》修正,以下简称《发票管理办法实施细则》)的规定如下。

(一)总则

(1)在全国范围内统一式样的发票,由国家税务总局确定。

在省、自治区、直辖市范围内统一式样的发票,由省、自治区、直辖市税务局(以下简称"省税务局")确定。

(2)发票的基本联次包括存根联、发票联、记账联。存根联由收款方或开票方留存备查;发票联由付款方或受票方作为付款原始凭证;记账联由收款方或开票方作为记账原始凭证。

省以上税务机关可根据发票管理情况以及纳税人经营业务需要,增减除发票联以外的其他联次,并确定其用途。

(3)发票的基本内容包括发票的名称、发票代码和号码、联次及用途、客户名称、开户银行及账号、商品名称或经营项目、计量单位、数量、单价、大小写金额、开票人、开票日期、开票单位(个人)名称(章)等。

省以上税务机关可根据经济活动以及发票管理需要，确定发票的具体内容。

（4）用票单位可以书面向税务机关要求使用印有本单位名称的发票，税务机关依据《发票管理办法》第十五条的规定，确认印有该单位名称发票的种类和数量。

（二）发票的印制

（1）发票准印证由国家税务总局统一监制，省税务局核发。

税务机关应当对印制发票企业实施监督管理，对不符合条件的，应当取消其印制发票的资格。

（2）全国统一的发票防伪措施由国家税务总局确定，省税务局可以根据需要增加本地区的发票防伪措施，并向国家税务总局备案。

发票防伪专用品应当按照规定专库保管，不得丢失。次品、废品应当在税务机关监督下集中销毁。

（3）全国统一发票监制章是税务机关管理发票的法定标志，其形状、规格、内容、印色由国家税务总局规定。

（4）全国范围内发票换版由国家税务总局确定；省、自治区、直辖市范围内发票换版由省税务局确定。

发票换版时，应当进行公告。

（5）监制发票的税务机关根据需要下达发票印制通知书，被指定的印制企业必须按照要求印制。

发票印制通知书应当载明印制发票企业名称、用票单位名称、发票名称、发票代码、种类、联次、规格、印色、印制数量、起止号码、交货时间、地点等内容。

（6）印制发票企业印制完毕的成品应当按照规定验收后专库保管，不得丢失。废品应当及时销毁。

（三）发票的领购

（1）《发票管理办法》第十五条所称经办人身份证明是指经办人的居民身份证、护照或者其他能证明经办人身份的证件。

（2）《发票管理办法》第十五条所称发票专用章是指用票单位和个人在其开具发票时加盖的有其名称、税务登记号、发票专用章字样的印章。

发票专用章式样由国家税务总局确定。

（3）税务机关对领购发票单位和个人提供的发票专用章的印模应当留存备查。

（4）《发票管理办法》第十五条所称领购方式是指批量供应、交旧购新或者验旧购新等方式。

（5）《发票管理办法》第十五条所称发票领购簿的内容应当包括用票单

位和个人的名称、所属行业、购票方式、核准购票种类、开票限额、发票名称、领购日期、准购数量、起止号码、违章记录、领购人签字（盖章）、核发税务机关（章）等内容。

（6）《发票管理办法》第十五条所称发票使用情况是指发票领用存情况及相关开票数据。

（7）税务机关在发售发票时，应当按照核准的收费标准收取工本管理费，并向购票单位和个人开具收据。发票工本费征缴办法按照国家有关规定执行。

（8）《发票管理办法》第十六条所称书面证明是指有关业务合同、协议或者税务机关认可的其他资料。

（9）税务机关应当与受托代开发票的单位签订协议，明确代开发票的种类、对象、内容和相关责任等内容。

（10）《发票管理办法》第十八条所称保证人，是指在中国境内具有担保能力的公民、法人或者其他经济组织。

保证人同意为领购发票的单位和个人提供担保的，应当填写担保书。担保书内容包括：担保对象、范围、期限和责任以及其他有关事项。

担保书须经购票人、保证人和税务机关签字盖章后方为有效。

（11）《发票管理办法》第十八条第二款所称由保证人或者以保证金承担法律责任，是指由保证人缴纳罚款或者以保证金缴纳罚款。

（12）提供保证人或者交纳保证金的具体范围由省税务局规定。

（四）发票的开具和保管

（1）《发票管理办法》第十九条所称特殊情况下，由付款方向收款方开具发票，是指下列情况：①收购单位和扣缴义务人支付个人款项时；②国家税务总局认为其他需要由付款方向收款方开具发票的。

（2）向消费者个人零售小额商品或者提供零星服务的，是否可免予逐笔开具发票，由省税务局确定。

（3）填开发票的单位和个人必须在发生经营业务确认营业收入时开具发票。未发生经营业务一律不准开具发票。

（4）开具发票后，如发生销货退回需开红字发票的，必须收回原发票并注明"作废"字样或取得对方有效证明。

开具发票后，如发生销售折让的，必须在收回原发票并注明"作废"字样后重新开具销售发票或取得对方有效证明后开具红字发票。

（5）单位和个人在开具发票时，必须做到按照号码顺序填开，填写项目齐全，内容真实，字迹清楚，全部联次一次打印，内容完全一致，并在发票联和抵扣联加盖发票专用章。

（6）开具发票应当使用中文。民族自治地方可以同时使用当地通用的一种民族文字。

（7）《发票管理办法》第二十六条所称规定的使用区域是指国家税务总局和省税务局规定的区域。

（8）使用发票的单位和个人应当妥善保管发票。发生发票丢失情形时，应当于发现丢失当日书面报告税务机关。

疑难问题解答

问：增值税视同销售是否需要开具发票？

答：（国家税务总局福建省税务局）纳税人发生增值税视同销售情形应据实开具发票。

文件依据如下：

一、《中华人民共和国增值税暂行条例实施细则》（财政部　国家税务总局第50号令）第四条规定："单位或者个体工商户的下列行为，视同销售货物：（一）将货物交付其他单位或者个人代销。（二）销售代销货物。（三）设有两个以上机构并实行统一核算的纳税人，将货物从一个机构移送其他机构用于销售，但相关机构设在同一县（市）的除外。（四）将自产或者委托加工的货物用于非增值税应税项目。（五）将自产、委托加工的货物用于集体福利或者个人消费。（六）将自产、委托加工或者购进的货物作为投资，提供给其他单位或者个体工商户。（七）将自产、委托加工或者购进的货物分配给股东或者投资者。（八）将自产、委托加工或者购进的货物无偿赠送其他单位或者个人。"

二、《财政部　国家税务总局关于全面推开营业税改征增值税试点的通知》（财税〔2016〕36号）第十四条规定："下列情形视同销售服务、无形资产或者不动产：（一）单位或者个体工商户向其他单位或者个人无偿提供服务，但用于公益事业或者以社会公众为对象的除外。（二）单位或者个人向其他单位或者个人无偿转让无形资产或者不动产，但用于公益事业或者以社会公众为对象的除外。（三）财政部和国家税务总局规定的其他情形。本通知附件规定的内容，除另有规定执行时间外，自2016年5月1日起执行。"

三、《中华人民共和国发票管理办法》第十九条规定："销售商品、提供服务以及从事其他经营活动的单位和个人，对外发生经营业务收取款项，收款方应当向付款方开具发票；特殊情况下，由付款方向收款方开具发票。"

问：我公司是房地产开发企业，增值税一般纳税人，自来水表是我公司的户头，自来水公司将水费发票开具给我公司。水费发票内容包含三部分：①水冰雪*用水费，税率为3%；②不征税自来水*不征税自来水,不征税;③水冰雪*污水处理费,免税。施工方在施工过程中产生的水费在支付工程款时扣回,现在施工单位向我公司索要水费发票。我公司在扣回水费时没有加价,是原价扣回,如何开具发票?能否参照《国家税务总局关于物业管理服务中收取的自来水水费增值税问题的公告》(国家税务总局公告2016年第54号)开票?公告中"对外支付的自来水水费"是否包含"不征税自来水"和"污水处理费"?

答:(国家税务总局河南省税务局)一、《中华人民共和国发票管理办法》(国函〔1993〕174号)第十九条规定:"销售商品、提供服务以及从事其他经营活动的单位和个人,对外发生经营业务收取款项,收款方应当向付款方开具发票;特殊情况下,由付款方向收款方开具发票。"

二、《中华人民共和国增值税暂行条例》(国务院令第691号)第二条规定:"增值税税率……(二)纳税人销售交通运输、邮政、基础电信、建筑、不动产租赁服务,销售不动产,转让土地使用权,销售或者进口下列货物,税率为11%……2.自来水……"

三、《财政部 税务总局关于调整增值税税率的通知》(财税〔2018〕32号)规定:"一、纳税人发生增值税应税销售行为或者进口货物,原适用17%和11%税率的,税率分别调整为16%、10%。"

四、《财政部 税务总局 海关总署关于深化增值税改革有关政策的公告》(财政部 税务总局 海关总署公告2019年第39号)规定:"一、增值税一般纳税人发生增值税应税销售行为或者进口货物,原适用16%税率的,税率调整为13%;原适用10%税率的,税率调整为9%。"

五、《财政部 国家税务总局关于部分货物适用增值税低税率和简易办法征收增值税政策的通知》(财税〔2009〕9号)第二条规定:"下列按简易办法征收增值税的优惠政策继续执行,不得抵扣进项税额……(三)一般纳税人销售自产的下列货物,可选择按照简易办法征收率计算缴纳增值税……5.自来水……"

六、《财政部 国家税务总局关于简并增值税征收率政策的通知》(财税〔2014〕57号)第二条规定:"财税〔2009〕9号文件第二条第(三)项和第三条'依照6%征收率'调整为'依照3%征收率'。"

七、《国家税务总局关于物业管理服务中收取的自来水水费增值税问题的公告》(国家税务总局公告2016年第54号)规定:"提供物业管理服务的纳税人,向服务接受方收取的自来水水费,以扣除其对外支付的自来水水费后的余额为销售额,按照简易计税方法依3%的征收率计算缴纳增值税。"

八、《财政部 国家税务总局关于污水处理费有关增值税政策的通知》(财税〔2001〕97号)规定:"为了切实加强和改进城市供水、节水和水污染防治工作,促进社会经济的可持续发展,加快城市污水处理设施的建设步伐,根据《国务院关于加强城市供水节水和水污染防治工作的通知》的规定，对各级政府及主管部门委托自来水厂（公司）随水费收取的污水处理费，免征增值税。本通知自2001年7月1日起执行，此前对上述污水处理费未征税的一律不再补征。"

九、《国家税务总局关于水资源费改税后城镇公共供水企业增值税发票开具问题的公告》（国家税务总局公告2017年第47号）规定："根据《财政部 税务总局 水利部关于印发〈扩大水资源税改革试点实施办法〉的通知》（财税〔2017〕80号）有关规定，现对城镇公共供水企业开具增值税普通发票问题，公告如下：原对城镇公共供水用水户在基本水价（自来水价格）外征收水资源费的试点省份，在水资源费改税试点期间，按照不增加城镇公共供水企业负担的原则，城镇公共供水企业缴纳的水资源税所对应的水费收入，不计征增值税，按'不征税自来水'项目开具增值税普通发票。本公告自2017年12月1日起施行。"

十、依据《国家税务总局关于增值税发票管理若干事项的公告》（国家税务总局公告2017年第45号）附件（商品和服务税收分类编码表）的规定。

因此，根据上述文件规定，收款方向付款方开具发票，您公司扣施工方的自来水水费需要开具发票，财税〔2009〕9号文件规定自产的自来水可以简易计税，国家税务总局公告2016年第54号文件主要针对提供物业管理服务的纳税人。按照您的描述，您公司不适用上述简易征收文件，应按照适用税率开具发票。污水处理费不属于冰雪水，开具冰雪水不符合如实开具要求。自来水水费包括不征税自来水水费，污水处理费是否包括公告没有明确，建议咨询税局。

（五）发票的检查

（1）《发票管理办法》第三十二条所称发票换票证仅限于在本县（市）范围内使用。需要调出外县（市）的发票查验时，应当提请该县（市）税务机关调取发票。

（2）用票单位和个人有权申请税务机关对发票的真伪进行鉴别。收到申请的税务机关应当受理并负责鉴别发票的真伪；鉴别有困难的，可以提请发票监制税务机关协助鉴别。

在伪造、变造现场以及买卖地、存放地查获的发票，由当地税务机关鉴别。

疑难问题解答

问：河南通用定额发票如何查验真伪？有没有网址？报销时公司要求

第三章 账簿凭证管理及案例分析

上传查验记录。

答：（国家税务总局河南省税务局）一、根据《中华人民共和国发票管理办法实施细则》（国家税务总局令第37号修订）第三十三条的规定，用票单位和个人有权申请税务机关对发票的真伪进行鉴别。收到申请的税务机关应当受理并负责鉴别发票的真伪；鉴别有困难的，可以提请发票监制税务机关协助鉴别。在伪造、变造现场以及买卖地、存放地查获的发票，由当地税务机关鉴别。

二、国家税务总局河南省税务局官方网站发布的《办税指南》"1.2.6发票真伪鉴定"规定："五、办理材料：1.待鉴别发票，1份，必报……2.待鉴定发票复印件或者电子数据，1份，条件报送（行政执法部门鉴定发票的提供）……3.单位介绍信，1份，条件报送（行政执法部门鉴定发票的提供）……"

因此，根据上述文件，若您取得河南省税务局监制的发票后，您可通过以下途径再次尝试查询：①可以登录国家税务总局河南省税务局官网（http://henan.chinatax.gov.cn），在"我要查询"—"发票查询"栏目输入发票代码、发票号码、收款方纳税人识别号进行查询。②关注"河南税务"微信公众号，在"微查询"—"发票查询"中进行发票查询。目前，各发票查询途径可正常使用。如您想进一步确定发票真伪，也可按照《办税指南》规定，携带相关资料到当地税务机关大厅办理发票真伪鉴定业务。

问：打车定额发票如何在网站上查真伪？

答：（国家税务总局福建省税务局）由于您未提供取得发票的时间，无法直接为您查验。您可以进入国家税务总局福建省税务局官方网站—我要查询—非税控发票查询，按照页面提示填写票面信息（"开票日期"栏次填写您取得发票的日期）并提交查验流向。

问：购买家具后要求商家开发票，商家说只有定额发票，开发票要我承担税点，怎么办？只有订货单，有转账和消费记录。

答：（国家税务总局河南省税务局）《中华人民共和国发票管理办法》（国务院令第587号修订）规定：

"第六条 对违反发票管理法规的行为，任何单位和个人可以举报。

"第十九条 销售商品、提供服务以及从事其他经营活动的单位和个人，对外发生经营业务收取款项，收款方应当向付款方开具发票；特殊情况下，由付款方向收款方开具发票。

"第二十条 所有单位和从事生产、经营活动的个人在购买商品、接受服务以及从事其他经营活动支付款项，应当向收款方取得发票。取得发票时，不得要求变更品名和金额。

"第二十一条 不符合规定的发票,不得作为财务报销凭证,任何单位和个人有权拒收。

"第二十二条 开具发票应当按照规定的时限、顺序、栏目,全部联次一次性如实开具,并加盖发票专用章。

"任何单位和个人不得有下列虚开发票行为:

"(一)为他人、为自己开具与实际经营业务情况不符的发票;

"(二)让他人为自己开具与实际经营业务情况不符的发票;

"(三)介绍他人开具与实际经营业务情况不符的发票。"

因此,根据上述文件规定,销售商品、提供服务以及从事其他经营活动的单位和个人,对外发生经营业务收取款项,收款方应当向付款方开具发票;特殊情况下,由付款方向收款方开具发票。如果该商户应当开具而未开具发票,建议您提供商户名称、地址等相关信息,向12366热线进行投诉举报,我们将会对您反映的问题进行核实并帮助您索取发票。

(六)罚则

(1)税务机关对违反发票管理法规的行为进行处罚,应当将行政处罚决定书面通知当事人;对违反发票管理法规的案件,应当立案查处。

对违反发票管理法规的行政处罚,由县以上税务机关决定;罚款额在2 000元以下的,可由税务所决定。

(2)《发票管理办法》第四十条所称的公告是指,税务机关应当在办税场所或者广播、电视、报纸、期刊、网络等新闻媒体上公告纳税人发票违法的情况。公告内容包括纳税人名称、纳税人识别号、经营地点、违反发票管理法规的具体情况。

(3)对违反发票管理法规情节严重构成犯罪的,税务机关应当依法移送司法机关处理。

疑难问题解答

问:假设甲公司持有复垦券30亩,A母公司与甲公司签订复垦券购买协议,购买复垦券并支付款项,购买时未开具发票;拍地后A母公司设立子公司B,最终土地由B公司开发,甲、A、B三家公司可否签订补充协议,由甲公司直接开增值税专票给B公司,B公司获取的发票在增值税、土地增值税、企业所得税前能否扣除?

答:(国家税务总局河南省税务局)一、《中华人民共和国发票管理办法》（国务院令第587号修订）规定：

"第十九条 销售商品、提供服务以及从事其他经营活动的单位和个人，对外发生经营业务收取款项，收款方应当向付款方开具发票；特殊情况下，由付款方向收款方开具发票。

"第二十条 所有单位和从事生产、经营活动的个人在购买商品、接受服务以及从事其他经营活动支付款项，应当向收款方取得发票。取得发票时，不得要求变更品名和金额。

"第二十一条 不符合规定的发票，不得作为财务报销凭证，任何单位和个人有权拒收。

"第二十二条 开具发票应当按照规定的时限、顺序、栏目，全部联次一次性如实开具，并加盖发票专用章。任何单位和个人不得有下列虚开发票行为：

"（一）为他人、为自己开具与实际经营业务情况不符的发票。

"（二）让他人为自己开具与实际经营业务情况不符的发票。

"（三）介绍他人开具与实际经营业务情况不符的发票。"

二、根据《最高人民法院关于适用〈全国人民代表大会常务委员会关于惩治虚开、伪造和非法出售增值税专用发票犯罪的决定〉的若干问题的解释》规定，具有下列行为之一的，属于"虚开增值税专用发票"：①没有货物购销或者没有提供或接受应税劳务而为他人、为自己、让他人为自己、介绍他人开具增值税专用发票。②有货物购销或者提供或接受了应税劳务但为他人、为自己、让他人为自己、介绍他人开具数量或者金额不实的增值税专用发票。③进行了实际经营活动，但让他人为自己代开增值税专用发票。

三、《国家税务总局关于发布〈企业所得税税前扣除凭证管理办法〉的公告》（国家税务总局公告2018年第28号）第二条规定："本办法所称税前扣除凭证，是指企业在计算企业所得税应纳税所得额时，证明与取得收入有关的、合理的支出实际发生，并据以税前扣除的各类凭证。"第四条规定："税前扣除凭证在管理中遵循真实性、合法性、关联性原则。真实性是指税前扣除凭证反映的经济业务真实，且支出已经实际发生；合法性是指税前扣除凭证的形式、来源符合国家法律、法规等相关规定；关联性是指税前扣除凭证与其反映的支出相关联且有证明力。"

因此，根据上述文件规定，销售商品、提供服务以及从事其他经营活动的单位和个人，对外发生经营业务收取款项，收款方应当向付款方开具发票。A母公司购买甲公司复垦券并支付款项，甲公司应对A母公司开具发票。

三、机动车发票管理制度

《机动车发票使用办法》（国家税务总局、工业和信息化部、公安部公告2020年第23号印发）的规定如下。

（一）适用范围

（1）该办法所称机动车发票是指销售机动车（不包括二手车）的单位和个人（以下简称"销售方"）通过增值税发票管理系统开票软件中机动车发票开具模块所开具的增值税专用发票和机动车销售统一发票（包括纸质发票、电子发票）。增值税发票管理系统开票软件自动在增值税专用发票左上角打印"机动车"字样。

机动车发票均应通过增值税发票管理系统开票软件在线开具。按照有关规定不使用网络办税或不具备网络条件的特定纳税人，可以离线开具机动车发票。

（2）开通机动车发票开具模块的销售方分为机动车生产企业、机动车授权经销企业、其他机动车贸易商三种类型。

机动车生产企业包括国内机动车生产企业及进口机动车生产企业驻我国办事机构或总授权代理机构；机动车授权经销企业是指经机动车生产企业授权，且同时具备整车销售、零配件销售、售后维修服务等经营业务的机动车经销企业；其他机动车贸易商，是指除上述两类企业以外的机动车销售单位和个人。

对于已开通机动车发票开具模块的销售方，税务机关可以根据其实际生产经营情况调整划分类型。

（二）发票开具管理

（1）主管税务机关对机动车发票实行分类分级规范管理，提升办税效率，加强后续服务和监管。①对使用机动车发票开具模块的销售方，需要调整机动车发票用量的，可以按需要即时办理。对于同时存在其他经营业务申领发票的，仍应按现行有关规定执行。②对经税务总局、省税务局大数据分析发现的税收风险程度较高的纳税人，严格控制其发票领用数量和最高开票限额，并加强事中事后监管。

（2）主管税务机关可以结合销售方取得机动车的相关凭据判断其经营规模，并动态调整机动车发票领用数量。

取得机动车的相关凭据包括：①增值税专用发票；②海关进口增值税专用缴款书；③货物进口证明书；④机动车整车出厂合格证；⑤法院判决书、裁定书、调解书，以及仲裁裁决书、调解书，公证债权文书；⑥国家税务总局规定的其他凭证。

（三）开具发票的要求

1.一般规定

销售方应当按照销售符合国家机动车管理部门车辆参数、安全等技术指标规定的车辆所取得的全部价款如实开具机动车发票。

向消费者销售机动车，销售方应当开具机动车销售统一发票；其他销售机动车行为，销售方应当开具增值税专用发票。

2.使用机动车发票开具模块的规则

销售方使用机动车发票开具模块时，应遵循以下规则：

（1）国内机动车生产企业销售本企业生产的机动车、进口机动车生产企业驻我国办事机构或总授权代理机构和从事机动车进口的其他机动车贸易商销售本企业进口的机动车，应通过增值税发票管理系统和机动车合格证管理系统，依据车辆识别代号/车架号将机动车发票开具信息与国产机动车合格证电子信息或车辆电子信息（以下统称"车辆电子信息"）进行关联匹配。

（2）销售方购进机动车直接对外销售，应当通过机动车发票开具模块获取购进机动车的车辆识别代号/车架号等信息后，方可开具对应的机动车发票。

3.开具增值税专用发票的规则

销售机动车开具增值税专用发票时，销售方应遵循以下规则：

（1）正确选择机动车的商品和服务税收分类编码。

（2）增值税专用发票"规格型号"栏应填写机动车车辆识别代号/车架号，"单位"栏应选择"辆"，"单价"栏应填写对应机动车的不含增值税价格。汇总开具增值税专用发票，应通过机动车发票开具模块开具《销售货物或应税劳务、服务清单》，其中的规格型号、单位、单价等栏次也应按照上述增值税专用发票的填写要求填开。国内机动车生产企业若不能按上述规定填写"规格型号"栏的，应当在增值税专用发票（包括《销售货物或应税劳务、服务清单》）上，将相同车辆配置序列号、相同单价的机动车，按照同一行次汇总填列的规则开具发票。

（3）销售方销售机动车开具增值税专用发票后，发生销货退回、开票有误、销售折让等情形，应当凭增值税发票管理系统校验通过的《开具红字增值税专用发票信息表》开具红字增值税专用发票。发生销货退回、开票有误的，在"规格型号"栏填写机动车车辆识别代号/车架号；发生销售折让的，"规格型号"栏不填写机动车车辆识别代号/车架号。

4.开具机动车销售统一发票的规则

销售机动车开具机动车销售统一发票时，销售方应遵循以下规则：

（1）按照"一车一票"原则开具机动车销售统一发票，即一辆机动车只能开具一张机动车销售统一发票，一张机动车销售统一发票只能填写一辆机动车的车辆识别代号/车架号。

（2）机动车销售统一发票的"纳税人识别号/统一社会信用代码/身份证明号码"栏，销售方根据消费者实际情况填写。如果消费者需要抵扣增值税，则该栏必须填写消费者的统一社会信用代码或纳税人识别号，如果消费者为个人，则应填写个人身份证明号码。

（3）开具纸质机动车销售统一发票后，如果发生销货退回或开具有误的，销售方应开具红字发票，红字发票内容应与原蓝字发票一一对应，并按以下流程操作：①销售方开具红字发票时，应当收回消费者所持有的机动车销售统一发票全部联次。如果消费者已办理车辆购置税纳税申报的，则不需退回报税联；如果消费者已办理机动车注册登记的，则不需退回注册登记联；如果消费者为增值税一般纳税人且已抵扣增值税的，则不需退回抵扣联。②消费者已经办理机动车注册登记的，销售方应当留存公安机关出具的机动车注销证明复印件；如果消费者无法取得机动车注销证明，销售方应留存机动车生产企业或者机动车经销企业出具的退车证明或者相关情况说明。

（4）消费者丢失机动车销售统一发票，无法办理车辆购置税纳税申报或者机动车注册登记的，应向销售方申请重新开具机动车销售统一发票；销售方核对消费者相关信息后，先开具红字发票，再重新开具与原蓝字发票存根联内容一致的机动车销售统一发票。

（5）机动车销售统一发票打印内容出现压线或者出格的，若内容清晰完整，无须退还重新开具。

（四）电子信息管理

（1）已办理车辆购置税纳税申报的机动车，不得更改车辆电子信息；未办理车辆购置税纳税申报的机动车，可以按照机动车出厂合格证相关管理规定修改车辆电子信息，但销售方所开具的机动车销售统一发票内容应与修改后的车辆电子信息一致。

（2）税务部门与工信部门应加强对车辆电子信息的管理。省税务机关应当将机动车销售统一发票电子信息实时传输至同级公安机关，公安机关应当将机动车登记核查信息反馈税务部门。

（五）罚则与施行时间

（1）销售方未按规定开具机动车发票的，按照《税收征收管理法》《发票管理办法》等法律法规的规定处理。

（2）该办法自2021年5月1日起试行，2021年7月1日起正式施行。自该办法试行之日起制造的机动车，销售方应按该办法规定开具机动车发票。制造日期按照国产机动车的制造日期或者进口机动车的进口日期确定。

第三章 账簿凭证管理及案例分析

疑难问题解答

问：机动车销售统一发票申请红字信息表如何处理？

答：（国家税务总局天津市税务局）机动车销售统一发票开具红字发票无须申请红字信息表，通过机动车销售统一发票负数发票开具模块开具即可。

四、网络发票管理

《网络发票管理办法》（2013年2月25日国家税务总局令第30号公布，根据2018年6月15日《国家税务总局关于修改部分税务部门规章的决定》修正）的规定如下。

（一）适用范围

（1）在中华人民共和国境内使用网络发票管理系统开具发票的单位和个人办理网络发票管理系统的开户登记、网上领取发票手续、在线开具、传输、查验和缴销等事项，适用该办法。

（2）该办法所称网络发票是指符合国家税务总局统一标准并通过国家税务总局及省、自治区、直辖市税务局公布的网络发票管理系统开具的发票。

国家积极推广使用网络发票管理系统开具发票。

（二）税务机关的义务

（1）税务机关应加强网络发票的管理，确保网络发票的安全、唯一、便利，并提供便捷的网络发票信息查询渠道；应通过应用网络发票数据分析，提高信息管税水平。

（1）税务机关应根据开具发票的单位和个人的经营情况，核定其在线开具网络发票的种类、行业类别、开票限额等内容。

开具发票的单位和个人需要变更网络发票核定内容的，可向税务机关提出书面申请，经税务机关确认，予以变更。

（三）网络发票的开具

（1）开具发票的单位和个人开具网络发票应登录网络发票管理系统，如实完整填写发票的相关内容及数据，确认保存后打印发票。

开具发票的单位和个人在线开具的网络发票，经系统自动保存数据后即完成开票信息的确认、查验。

（2）单位和个人取得网络发票时，应及时查询验证网络发票信息的真实性、完整性，对不符合规定的发票，不得作为财务报销凭证，任何单位和个人有权拒收。

（3）开具发票的单位和个人需要开具红字发票的，必须收回原网络发票全部联次或取得受票方出具的有效证明，通过网络发票管理系统开具金额为负数的红字网络发票。

（4）开具发票的单位和个人作废开具的网络发票，应收回原网络发票全部联次，注明"作废"，并在网络发票管理系统中进行发票作废处理。

（5）开具发票的单位和个人在网络出现故障，无法在线开具发票时，可离线开具发票。开具发票后，不得改动开票信息，并于48小时内上传开票信息。

（四）变更与注销

（1）开具发票的单位和个人应当在办理变更或者注销税务登记的同时，办理网络发票管理系统的用户变更、注销手续并缴销空白发票。

（2）税务机关根据发票管理的需要，可以按照国家税务总局的规定委托其他单位通过网络发票管理系统代开网络发票。

税务机关应当与受托代开发票的单位签订协议，明确代开网络发票的种类、对象、内容和相关责任等内容。

（五）违规处理

（1）开具发票的单位和个人必须如实在线开具网络发票，不得利用网络发票进行转借、转让、虚开发票及其他违法活动。

（2）开具发票的单位和个人违反该办法规定的，按照《发票管理办法》有关规定处理。

（六）试行电子发票

省以上税务机关在确保网络发票电子信息正确生成、可靠存储、查询验证、安全唯一等条件的情况下，可以试行电子发票。

第三节　增值税发票管理制度

一、增值税专用发票使用制度

（一）一般规定

（1）根据《增值税专用发票使用规定》（国税发〔2006〕156号）的规定，增值税专用发票（以下简称"专用发票"）是增值税一般纳税人（以下简称"一般纳税人"）销售货物或者提供应税劳务开具的发票，是购买方支付增值税税额并可按照增值税有关规定据以抵扣增值税进项税额的凭证。

第三章 账簿凭证管理及案例分析

（2）一般纳税人应通过增值税防伪税控系统（以下简称"防伪税控系统"）使用专用发票。使用，包括领购、开具、缴销、认证纸质专用发票及其相应的数据电文。

防伪税控系统是指经国务院同意推行的，使用专用设备和通用设备、运用数字密码和电子存储技术管理专用发票的计算机管理系统。

专用设备是指金税卡、IC卡、读卡器和其他设备。

通用设备是指计算机、打印机、扫描器具和其他设备。

（3）专用发票由基本联次或者基本联次附加其他联次构成，基本联次为三联：发票联、抵扣联和记账联。发票联，作为购买方核算采购成本和增值税进项税额的记账凭证；抵扣联，作为购买方报送主管税务机关认证和留存备查的凭证；记账联，作为销售方核算销售收入和增值税销项税额的记账凭证。其他联次用途，由一般纳税人自行确定。

（4）初始发行是指主管税务机关将一般纳税人的下列信息载入空白金税卡和IC卡的行为。①企业名称；②税务登记代码；③开票限额；④购票限量；⑤购票人员姓名、密码；⑥开票机数量；⑦国家税务总局规定的其他信息。

一般纳税人发生上述①③④⑤⑥⑦项信息变化，应向主管税务机关申请变更发行；发生第②项信息变化，应向主管税务机关申请注销发行。

（5）一般纳税人凭《发票领购簿》、IC卡和经办人身份证明领购专用发票。一般纳税人有下列情形之一的，不得领购开具专用发票：①会计核算不健全，不能向税务机关准确提供增值税销项税额、进项税额、应纳税额数据及其他有关增值税税务资料的。上列其他有关增值税税务资料的内容，由省、自治区、直辖市和计划单列市国家税务局确定；②有《税收征收管理法》规定的税收违法行为，拒不接受税务机关处理的；③有下列行为之一，经税务机关责令限期改正而仍未改正的：虚开增值税专用发票；私自印制专用发票；向税务机关以外的单位和个人买取专用发票；借用他人专用发票；未按该规定第十一条开具专用发票；未按规定保管专用发票和专用设备；未按规定申请办理防伪税控系统变更发行；未按规定接受税务机关检查。

有上列情形的，如已领购专用发票，主管税务机关应暂扣其结存的专用发票和IC卡。

（6）有下列情形之一的，为该规定第八条所称未按规定保管专用发票和专用设备：①未设专人保管专用发票和专用设备；②未按税务机关要求存放专用发票和专用设备；③未将认证相符的专用发票抵扣联、《认证结果通知书》和《认证结果清单》装订成册；④未经税务机关查验，擅自销毁专用发票基本联次。

（7）一般纳税人销售货物或者提供应税劳务，应向购买方开具专用发票。

商业企业一般纳税人零售的烟、酒、食品、服装、鞋帽（不包括劳保专用部分）、化妆品等消费品不得开具专用发票。

增值税小规模纳税人（以下简称"小规模纳税人"）需要开具专用发票的，可向主管税务机关申请代开。销售免税货物不得开具专用发票，法律、法规及国家税务总局另有规定的除外。

（8）专用发票应按下列要求开具：①项目齐全，与实际交易相符；②字迹清楚，不得压线、错格；③发票联和抵扣联加盖财务专用章或者发票专用章；④按照增值税纳税义务的发生时间开具。

对不符合上列要求的专用发票，购买方有权拒收。

（9）一般纳税人销售货物或者提供应税劳务可汇总开具专用发票。汇总开具专用发票的，同时使用防伪税控系统开具《销售货物或者提供应税劳务清单》，并加盖财务专用章或者发票专用章。

（10）一般纳税人在开具专用发票当月，发生销货退回、开票有误等情形，收到退回的发票联、抵扣联符合作废条件的，按作废处理；开具时发现有误的，可即时作废。

作废专用发票须在防伪税控系统中将相应的数据电文按"作废"处理，在纸质专用发票（含未打印的专用发票）各联次上注明"作废"字样，全联次留存。

（11）同时具有下列情形的，为该规定所称作废条件：①收到退回的发票联、抵扣联时间未超过销售方开票当月；②销售方未抄税并且未记账；③购买方未认证或者认证结果为"纳税人识别号认证不符""专用发票代码、号码认证不符"。

该规定所称抄税，是报税前用IC卡或者IC卡和软盘抄取开票数据电文。

（12）一般纳税人开具专用发票应在增值税纳税申报期内向主管税务机关报税，在申报所属月份内可分次向主管税务机关报税。

报税，是纳税人持IC卡或者IC卡和软盘向税务机关报送开票数据电文。

（13）因IC卡、软盘质量等问题无法报税的，应更换IC卡、软盘。

因硬盘损坏、更换金税卡等原因不能正常报税的，应提供已开具未向税务机关报税的专用发票记账联原件或者复印件，由主管税务机关补采开票数据。

（14）一般纳税人注销税务登记或者转为小规模纳税人，应将专用设备和结存未用的纸质专用发票送交主管税务机关。

主管税务机关应缴销其专用发票，并按有关安全管理的要求处理专用设备。

（15）专用发票的缴销，是指主管税务机关在纸质专用发票监制章处按"V"字剪角作废，同时作废相应的专用发票数据电文。

被缴销的纸质专用发票应退还纳税人。

（16）用于抵扣增值税进项税额的专用发票应经税务机关认证相符（国家税务总局另有规定的除外）。认证相符的专用发票应作为购买方的记账凭证，不得退还销售方。

认证是指税务机关通过防伪税控系统对专用发票所列数据的识别、确认。

认证相符是指纳税人识别号无误，专用发票所列密文解译后与明文一致。

（17）经认证，有下列情形之一的，不得作为增值税进项税额的抵扣凭证，税务机关退还原件，购买方可要求销售方重新开具专用发票。①无法认证是指专用发票所列密文或者明文不能辨认，无法产生认证结果。②纳税人识别号认证不符，是指专用发票所列购买方纳税人识别号有误。③专用发票代码、号码认证不符，是指专用发票所列密文解译后与明文的代码或者号码不一致。

（18）经认证，有下列情形之一的，暂不得作为增值税进项税额的抵扣凭证，税务机关扣留原件，查明原因，分别情况进行处理。①重复认证是指已经认证相符的同一张专用发票再次认证。②密文有误是指专用发票所列密文无法解译。③认证不符是指纳税人识别号有误，或者专用发票所列密文解译后与明文不一致。认证不符不含该规定第二十六条第二项、第三项所列情形。④列为失控专用发票是指认证时的专用发票已被登记为失控专用发票。

（19）专用发票抵扣联无法认证的，可使用专用发票发票联到主管税务机关认证。专用发票发票联复印件留存备查。

疑难问题解答

问：我公司设立后将要开展第一笔业务，为了能顺利开展，我公司打算在纳税义务发生前核定增值税专用发票，待纳税义务发生时便于开票。考虑到后期业务量较大，需要的专票较多，我公司每个月想申请百万元版专票200份。我公司在电子税局提交了增值税专用发票核定申请，后被大厅审核人员从网上退回，理由是需要携带资料到大厅办理。后经向工作人员询问，初次核定专用发票，只能批复25份10万元版的。若需要增加数量和提高开票限额，大厅无审批权限，需要向主管税局递交书面申请，由主管税局审批通过后方能办理。请问像我们这种还未开展业务（尚未签订业务合同，未取得购进发票）但即将开展，想提前申请200份百万元版的专票，是否可以获批？

答：（国家税务总局河南省税务局）一、根据《国家税务总局关于新办纳税人首次申领增值税发票有关事项的公告》（国家税务总局公告2018年第29号）的规定，同时满足下列条件的新办纳税人首次申领增值税发票，主管税务机关应当自受理申请之日起2个工作日内办结，有条件的主管税务机关当日办结：①纳税人的办税人员、法定代表人已经进行实名信息采集和验证（需要采集、验证法定代表人实名信息的纳税人范围由各省税务机关确定）；②纳税人有开具增值税发票需求，主动申领发票；③纳税人按照规定办理税控设备发行等事项。税务机关为符合规定的首次申领增值税发票的新办纳税人办理发票票种核定，增值税专用发票最高开票限额不超过10万元，每月最高领用数量不超过25份；增值税普通发票最高开票限额不超过10万元,每月最高领用数量不超过50份。各省税务机关可以在此范围内结合纳税人税收风险程度,自行确定新办纳税人首次申领增值税发票票种核定标准。

二、根据《中华人民共和国发票管理办法》(国务院令第587号)第十五条的规定,需要领购发票的单位和个人,应当持税务登记证件、经办人身份证明、按照国务院税务主管部门规定式样制作的发票专用章的印模,向主管税务机关办理发票领购手续。主管税务机关根据领购单位和个人的经营范围和规模,确认领购发票的种类、数量以及领购方式,在5个工作日内发给发票领购簿。

三、国家税务总局河南省税务局官方网站发布的《办税指南》"1.2.1.6增值税专用发票核定调整"规定:"【办理条件】税务机关依据已办理增值税专用发票核定纳税人的申请,根据其生产经营变化情况,对其使用税控系统开具的增值税专用发票和机动车销售统一发票单次(月)领用量、离线开具时限、离线开具总金额进行调整,以及机动车销售统一发票最高开票限额予以变更。【办理材料】1.《纳税人领用发票票种核定表》。2.经办人身份证明。"

因此,根据上述文件规定,首次申领增值税发票的新办纳税人办理发票票种核定,增值税专用发票最高开票限额不超过10万元,每月最高领用数量不超过25份。如果您单位发票数量及限额不够用,您可携带上述资料到主管税务机关办理增值税专用发票核定调整及增值税税控系统专用设备变更发行业务。上述业务可通过网上办理。国家税务总局河南省电子税务局系统由航天金穗公司开发维护并提供技术支持,如您遇到具体操作问题,您可以拨打400-011-0088热线向航天金穗公司详细咨询。另外,您也可以登录国家税务总局河南省税务局网站(http://henan.chinatax.gov.cn),在"纳税服务"—"办税指南"中查看上述业务详细办理流程。具体办理事宜您可联系主管税务机关进一步确认。

问:我想请问开具给河北省保定市某某公司的增值税专用发票上的购买方地址写河北省保定市某某地址可以吗?还是保定市的前面不能加河北省三个字?购买方营业执照上面是没有河北省三个字的。

答:(国家税务总局河北省税务局)根据《国家税务总局关于修订〈增值税专用发票使用规定〉的通知》(国税发〔2006〕156号)规定,专用发票应按下列要求开具:①项目齐全,与实际交易相符;②字迹清楚,不得压线、错格;③发票联和抵扣联加盖财务专用章或者发票专用章;④按照增值税纳税义务的发生时间开具。对不符合上列要求的专用发票,购买方有权拒收。

（二）增值税专用发票审核检查操作规程

根据《增值税专用发票审核检查操作规程（试行）》（国税发〔2008〕33号）的规定，该规程所称增值税专用发票审核检查，是指各级税务机关按照规定的程序和方法，运用"增值税专用发票审核检查子系统"（以下简称"核查子系统"），对增值税专用发票稽核比对结果属于异常的增值税专用发票进行核对、检查和处理的日常管理工作。

（1）审核检查的增值税专用发票是指全国增值税专用发票稽核系统产生稽核比对结果为"不符""缺联""属于作废"的增值税专用发票。

（2）增值税专用发票审核检查工作由各级税务机关的流转税管理部门负责组织，稽查局和信息中心配合，税务机关管理部门（指管户的税务局、税务分局、税务所及负责税源管理的内设机构）具体实施。

（3）国家税务总局流转税管理部门设置审核检查管理岗，每月6日前（含当日，遇法定节假日比照征管法实施细则有关规定顺延，下同）统计下列报表：①《全国审核检查情况汇总统计表》；②《分地区审核检查情况汇总统计表》；③《全国审核检查结果统计表》；④《分地区审核检查结果统计表》；⑤《分地区审核检查税务处理情况统计表》。

（4）省税务机关流转税管理部门设置审核检查管理岗，每月5日前统计并上报下列报表：①《本级审核检查情况汇总统计表》；②《分地区审核检查情况汇总统计表》；③《本级审核检查结果统计表》；④《分地区审核检查结果统计表》；⑤《分地区审核检查税务处理情况统计表》。

（5）地市税务机关流转税管理部门设置审核检查管理岗，按月查询下列统计报表，分析本地审核检查工作进度和质量情况：①《本级审核检查情况汇总统计表》；②《分地区审核检查情况汇总统计表》；③《本级审核检查结果统计表》；④《分地区审核检查结果统计表》；⑤《分地区审核检查税务处理情况统计表》。

（6）区县税务机关流转税管理部门设置审核检查管理岗，负责以下工作：

一是将核查子系统无法自动分发的异常专用发票信息分拣到指定的税务机关管理部门。

二是按月查询下列统计报表，对税务机关管理部门的审核检查工作进行监控和督促：①《本级审核检查情况汇总统计表》；②《分地区审核检查情况汇总统计表》；③《本级审核检查结果统计表》；④《分地区审核检查结果统计表》；⑤《分地区审核检查税务处理情况统计表》。

（7）税务机关管理部门设置审核检查岗和审核检查综合岗。

审核检查岗负责以下工作：①收到核查任务后，打印《审核检查工作底稿》；②对异常增值税专用发票进行审核检查，填写《审核检查工作底稿》，根据审核检查情况提出核查处理意见；③将《审核检查工作底稿》提交部门领导和区县主管局长审批；④经区县主管局长审批，将审核检查结果、税务处理意见及接收异地核查的回复信息录入核查子系统，对需异地核查的在核查子系统中发起委托异地核查；⑤将审核检查结果、回复异地核查信息、委托异地核查函及税务处理结果提交审核检查综合岗进行复核。⑥审核检查资料整理归档。

审核检查综合岗负责以下工作：①将审核检查任务分派到审核检查岗；②对审核检查岗录入的审核检查结果、税务处理结果、委托异地核查信息、回复异地核查信息进行复核；③发出《增值税抵扣凭证委托审核检查函》及《增值税抵扣凭证审核检查回复函》。

（8）省税务机关信息中心设置核查子系统技术维护岗，负责下列工作：①核查子系统的系统维护和技术支持；②保障核查子系统正常运行的技术环境，及时解决网络和设备故障；③对审核检查结果中的技术问题进行确认；④系统代码维护。

（9）地市、区县税务机关信息中心设置核查子系统技术维护岗，负责下列工作：①对审核检查结果中的技术问题进行确认；②系统代码维护。

（10）审核检查岗接收核查任务后，按下列要求进行审核检查：①核查抵扣凭证原件；②查看有关购销合同、账务处理、资金往来、货物情况等；③根据工作需要可进行实地核查，实地核查必须两人以上；④填写《审核检查工作底稿》。

（11）经审核检查，对不同类型异常抵扣凭证分别进行处置。

"不符"发票：①抵扣联票面信息与抵扣联电子信息相符的，传递给销售方主管税务机关审核检查；②抵扣联票面信息与抵扣联电子信息不相符、与存根联电子信息相符的，按该规程第十七条和第十八条规定进行处理；③抵扣联票面信息与抵扣联、存根联电子信息均不相符的，根据抵扣联票面信息修改抵扣联电子信息，传递给销售方主管税务机关审核检查。

"缺联"发票：①抵扣联票面信息与抵扣联电子信息相符的，传递给销售方主管税务机关审核检查；②抵扣联的票面信息与抵扣联电子信息不相符的，根据抵扣联票面信息修改抵扣联电子信息，传递给销售方主管税务机关审核检查。

"属于作废"发票：①纳税人未申报抵扣的，按该规程第十七条和第十八条规定进行处理；②纳税人已申报抵扣，传递给销售方主管税务机关审核检查。

（12）经审核检查，对接收的异地《增值税抵扣凭证委托审核检查函》中增值税专用发票按照以下类型回复委托方税务机关：①辖区内无此纳税人的，按照"辖区内无此纳税人"录入核查子系统；②辖区内有此纳税人的，分别按照"无相应存根联""虚开发票""存抵不相符""该票未申报""企业漏采集""企业误作废""税务机关漏传递""税务机关发票发售错误"和"其他"等录入核查子系统。

（13）税务机关管理部门应按下列时限完成审核检查工作：①对不需要委托异地核查的异常增值税专用发票，应当在30日内完成审核检查并录入处理结果。②需要委托异地核查的异常增值税专用发票,应当在30日内发出《增值税抵扣凭证委托审核检查函》并根据回复情况15日内录入处理结果。③对接收的异地《增值税抵扣凭证委托审核检查函》,应当在30日内完成审核检查并向委托方税务机关发出《增值税抵扣凭证审核检查回复函》。

(14)税务机关管理部门应依照有关档案管理规定,将审核检查工作中形成的《审核检查工作底稿》及有关资料及时归档。

(15)异常增值税专用发票的审核检查结果分为以下类型:一是企业问题,二是税务机关操作问题或技术问题。其中,企业问题包括以下方面:①操作问题。操作问题包括销售方已申报但漏采集、购买方已认证但未申报抵扣、购买方票面信息采集错误、其他操作问题。②一般性违规问题。一般性违规问题包括销售方违规作废、购买方未按规定取得、购买方未按规定抵扣、其他违规。③涉嫌偷骗税问题。涉嫌偷骗税问题包括涉嫌偷税、逃避追缴欠税、骗取出口退税、抗税以及其他需要立案查处的税收违法行为,涉嫌增值税专用发票和其他发票违法犯罪行为,需要进行全面系统的税务检查的。

(16)经区县主管局长批准,税务机关管理部门对审核检查结果分别进行处理:①属于"企业操作问题"和"税务机关操作问题或技术问题",符合税法规定抵扣条件的,允许其抵扣增值税进项税额;②属于企业问题中"一般性违规问题"的,依据现行规定处理;③属于企业问题中"涉嫌偷骗税"的,不需要对企业作出税务处理,将《增值税抵扣凭证审核检查移交清单》及相关资料移交稽查部门查处。

对于走逃企业或者非正常户的异常发票,经过审核检查确能证明涉嫌偷骗税行为的,移交稽查部门查处。

(17)稽查部门应当在自接收涉嫌偷骗税有关资料之日起1个月内立案检查。

(18)各级税务机关应将异常增值税专用发票审核检查工作纳入税收工作考核范围,定期对以下指标进行考核:

审核检查完成率=本期完成审核检查发票数÷本期应完成审核检查发票数×100%

其中,本期完成审核检查发票数=按期完成审核检查发票数+逾期完成审核检查发票数,本期应完成审核检查发票数=本期按期应完成审核检查发票数+前期逾期未完成审核检查发票数。

审核检查按期完成率=按期完成审核检查发票数÷按期应完成审核检查发票数×100%

异地核查回复率=本期回复异地核查发票数÷本期应回复异地核查发票数×100%

其中,本期回复异地核查发票数=按期回复异地核查发票数+逾期回复异地核查发票数,本期应回复异地核查发票数=本期按期应回复异地核查发票数+前期逾期未回复异地核查发票数。

异地核查按期回复率＝按期完成异地核查发票数÷按期应完成异地核查凭证数×100%

疑难问题解答

问：某税务局对我公司购进货物取得发票不允许抵扣，理由是我方付款方式不是公司账户支付，是公司员工账户支付的，因此发票不允许报销抵扣。税务管理员还说"销售货物方可以这样收款，开具发票也是符合规定，但是不允许公司抵扣报销"。

（1）所以我想请问到底有没有相关问题的正确回答？这个发票能不能开？为什么允许开，不允许用？

（2）关于这个问题官网留言回复不会因为付款账户不一致而不允许进项税抵扣。我给税务管理部门也说了。他们说官网上说的不对，他们说的才对。请问以后以谁说的算？

（3）我们也是挣血汗钱，就被他们一句话只许开不许用，难道政策规定同一个业务发生卖货方可以不因为支付账户不同允许开发票（因为要交税钱），买货方却因为支付账户不同不允许抵扣（因为抵扣公司可以少缴纳税款）就损失了。

答：（国家税务总局大连市税务局）《国家税务总局关于加强增值税征收管理若干问题的通知》（国税发〔1995〕192号）规定："购进货物或应税劳务支付货款、劳务费用的对象。纳税人购进货物或应税劳务，支付运输费用，所支付款项的单位，必须与开具抵扣凭证的销货单位、提供劳务的单位一致，才能够申报抵扣进项税额，否则不予抵扣。"

综上所述，建议纳税人按照上述规定进行处理，如有疑义，请咨询当地税务局进行确认。

问：公司购进货物，货款支付由公司员工个人代为支付后报销。开具的发票会因我公司付款账户不同而对进项抵扣有限制吗？

答：（国家税务总局云南省税务局）《国家税务总局关于加强增值税征收管理若干问题的通知》（国税发〔1995〕192号）规定："购进货物或应税劳务支付货款、劳务费用的对象。纳税人购进货物或应税劳务，支付运输费用，所支付款项的单位，必须与开具抵扣凭证的销货单位、提供劳务的单位一致，才能够申报抵扣进项税额，否则不予抵扣。"

因此，建议参考上述文件开具发票。若您对此任有疑问，可以拨打12366纳税服务热线咨询相关问题，我们可以将您的疑问以咨询工单的形式流转至您的主管税务机关核实处理。

（三）在全国开展营业税改征增值税试点有关征收管理问题

根据《国家税务总局关于在全国开展营业税改征增值税试点有关征收管理问题的公告》（国家税务总局公告2013年第39号）的规定，有关征收管理问题如下。

1.关于纳税人发票使用问题

（1）提供港口码头服务、货运客运场站服务、装卸搬运服务、旅客运输服务的一般纳税人，可以选择使用定额普通发票。

（2）从事国际货物运输代理业务的一般纳税人，应使用六联专用发票或五联增值税普通发票，其中第四联用作购付汇联；从事国际货物运输代理业务的小规模纳税人，应使用普通发票，其中第四联用作购付汇联。

（3）纳税人于本地区试点实施之日前提供改征增值税的营业税应税服务并开具营业税发票后，如发生服务中止、折让、开票有误等情形，且不符合发票作废条件的，应于2014年3月31日前向原主管税务机关申请开具营业税红字发票，不得开具红字专用发票和红字货运专票。需重新开具发票的，应于2014年3月31日前向原主管税务机关申请开具营业税发票，不得开具专用发票或货运专票。

2.关于税控系统使用问题

（1）自本地区营改增试点实施之日起，一般纳税人提供货物运输服务、开具货运专票的，使用货物运输业增值税专用发票税控系统（以下简称"货运专票税控系统"）；提供货物运输服务之外的其他增值税应税服务、开具专用发票和增值税普通发票的，使用增值税防伪税控系统（以下简称"防伪税控系统"）。

（2）自2013年8月1日起，一般纳税人从事机动车（旧机动车除外）零售业务开具机动车销售统一发票，应使用机动车销售统一发票税控系统（以下简称"机动车发票税控系统"）。

（3）试点纳税人使用的防伪税控系统专用设备为金税盘和报税盘，纳税人应当使用金税盘开具发票，使用报税盘领购发票、抄报税；货运专票税控系统和机动车发票税控系统专用设备为税控盘和报税盘，纳税人应当使用税控盘开具发票，使用报税盘领购发票、抄报税。货运专票税控系统及专用设备管理，按照现行防伪税控系统有关规定执行。各省税务机关可对现有相关文书作适当调整。

（4）北京市小规模纳税人自2012年9月1日起使用金税盘或税控盘开具普通发票，使用报税盘领购发票、抄报税的办法继续执行。

3.关于增值税专用发票（增值税税控系统）最高开票限额审批问题

增值税专用发票（增值税税控系统）实行最高开票限额管理。最高开票限额是指单份专用发票或货运专票开具的销售额合计数不得达到的上限额度。

最高开票限额由一般纳税人申请，区县税务机关依法审批。一般纳税人申请最高开票限额时，需填报《增值税专用发票最高开票限额申请单》。主管税务机关受理纳税人申请以后，根据需要进行实地查验。实地查验的范围和方法由各省国税机关确定。

税务机关应根据纳税人实际生产经营和销售情况进行审批，保证纳税人生产经营的正常需要。

4.关于货运专票开具问题

（1）一般纳税人提供应税货物运输服务，使用货运专票；提供其他增值税应税项目、免税项目或非增值税应税项目的，不得使用货运专票。

（2）货运专票中"承运人及纳税人识别号"栏填写提供货物运输服务、开具货运专票的一般纳税人信息；"实际受票方及纳税人识别号"栏填写实际负担运输费用、抵扣进项税额的一般纳税人信息；"费用项目及金额"栏填写应税货物运输服务明细项目及不含增值税的销售额；"合计金额"栏填写应税货物运输服务项目不含增值税的销售额合计；"税率"栏填写增值税税率；"税额"栏填写按照应税货物运输服务项目不含增值税的销售额和适用税率计算得出的增值税税额；"价税合计（大写）（小写）"栏填写不含增值税的销售额和增值税税额的合计；"机器编号"栏填写货运专票税控系统税控盘编号。

（3）税务机关在代开货运专票时，货运专票税控系统在货运专票左上角自动打印"代开"字样；"税率"栏填写小规模纳税人增值税征收率；"税额"栏填写按照应税货物运输服务项目不含增值税的销售额和小规模纳税人增值税征收率计算得出的增值税税额；"备注"栏填写税收完税凭证号码；其他栏次内容与第（2）项相同。

5.关于货运专票管理问题

（1）货运专票暂不纳入失控发票快速反应机制管理。

（2）货运专票的认证结果类型包括"认证相符""无法认证""认证不符""密文有误"和"重复认证"等类型（暂无失控发票类型），稽核结果类型包括"相符""不符""缺联""重号""属于作废"和"滞留"等类型。认证、稽核异常货运专票的处理按照专用发票的有关规定执行。

（3）稽核异常的货运专票的核查工作，按照《增值税专用发票审核检查操作规程（试行）》的有关规定执行。

（四）简化增值税发票领用和使用程序

根据《国家税务总局关于简化增值税发票领用和使用程序有关问题的公告》（国家税务总局公告2014年第19号）的规定，有关简化增值税发票领用和使用程序问题如下。

1.简化纳税人领用增值税发票手续

取消增值税发票（包括增值税专用发票、货物运输业增值税专用发票、增值税普通发票和机动车销售统一发票，下同）手工验旧。税务机关应用增值税一般纳税人（以下简称"一般纳税人"）发票税控系统报税数据，通过信息化手段实现增值税发票验旧工作。

2.简化专用发票审批手续

一般纳税人申请专用发票（包括增值税专用发票和货物运输业增值税专用发票，下同）最高开票限额不超过10万元的，主管税务机关不需事前进行实地查验。各省国税机关可在此基础上适当扩大不需事前实地查验的范围，实地查验的范围和方法由各省国税机关确定。

3.简化红字专用发票办理手续

一般纳税人开具专用发票后，发生销货退回或销售折让，按照规定开具红字专用发票后，不再将该笔业务的相应记账凭证复印件报送主管税务机关备案。

4.实行分类分级规范化管理

对增值税发票实行分类分级规范化管理，提高工作效率，减少办税环节。

以下纳税人可一次领取不超过3个月的增值税发票用量，纳税人需要调整增值税发票用量，手续齐全的，按照纳税人需要即时办理：

（1）纳税信用等级评定为A类的纳税人。

（2）地市国税局确定的纳税信用好，税收风险等级低的其他类型纳税人。

上述纳税人2年内有涉税违法行为、移交司法机关处理记录，或者正在接受税务机关立案稽查的，不适用上述规定。

辅导期一般纳税人专用发票限量限额管理工作，按照《增值税一般纳税人纳税辅导期管理办法》有关规定执行。

5.建立高效联动的风险防控机制

税务机关在做好纳税服务，提高办税效率的同时，充分利用信息化手段，建立高效联动的风险防控机制，科学设立风险防控指标，加强日常评估及后续监控管理，提升后续监控的及时性和针对性，跟踪分析纳税人发票使用及纳税申报情况。对纳税人发票使用异常且无正当理由的，税务机关可重新核定发票限额及领用数量。

疑难问题解答

问：我公司为一般纳税人，因业务需要租用B公司（一般纳税人）的厂房。由于供电协议是以B公司的名义签署，电力公司每月按用电总量开具给B公司，实际电费由我公司承担。那么我公司如何取得电费发票进行抵扣呢？（B公司不能更改电费户头为我公司）

答：（国家税务总局安徽省税务局）《安徽省国家税务局关于增值税若干问题的公告》（安徽省国家税务局公告2014年第9号）规定："二、关于转供水电问题 增值税一般纳税人向其他单位或个人租赁房屋或场地，除收取租金外，因转供水、电单独向承租方收取水费、电费属于销售货物行为，应按水、电的适用税率计提销项税，可以向索取增值税专用发票的承租方（不包括个人）开具增值税专用发票。"

（五）红字增值税发票开具有关问题

根据《国家税务总局关于红字增值税发票开具有关问题的公告》（国家税务总局公告2016年第47号）的规定，增值税一般纳税人开具增值税专用发票（以下简称"专用发票"）后，发生销货退回、开票有误、应税服务中止等情形但不符合发票作废条件，或者因销货部分退回及发生销售折让，需要开具红字专用发票的，按以下方法处理：

（1）购买方取得专用发票已用于申报抵扣的，购买方可在增值税发票管理新系统（以下简称"新系统"）中填开并上传《开具红字增值税专用发票信息表》（以下简称《信息表》），在填开《信息表》时不填写相对应的蓝字专用发票信息，应暂依《信息表》所列增值税税额从当期进项税额中转出，待取得销售方开具的红字专用发票后，与《信息表》一并作为记账凭证。购买方取得专用发票未用于申报抵扣、但发票联或抵扣联无法退回的，购买方填开《信息表》时应填写相对应的蓝字专用发票信息。销售方开具专用发票尚未交付购买方，以及购买方未用于申报抵扣并将发票联及抵扣联退回的，销售方可在新系统中填开并上传《信息表》。销售方填开《信息表》时应填写相对应的蓝字专用发票信息。

（2）主管税务机关通过网络接收纳税人上传的《信息表》，系统自动校验通过后，生成带有"红字发票信息表编号"的《信息表》，并将信息同步至纳税人端系统中。

（3）销售方凭税务机关系统校验通过的《信息表》开具红字专用发票，在新系统中以销项负数开具。红字专用发票应与《信息表》一一对应。

（4）纳税人也可凭《信息表》电子信息或纸质资料到税务机关对《信息表》内容进行系统校验。

税务机关为小规模纳税人代开专用发票，需要开具红字专用发票的，按照一般纳税人开具红字专用发票的方法处理。

纳税人需要开具红字增值税普通发票的，可以在所对应的蓝字发票金额范围内开具多份红字发票。红字机动车销售统一发票需与原蓝字机动车销售统一发票一一对应。

按照《国家税务总局关于纳税人认定或登记为一般纳税人前进项税额抵扣问题的公告》（国家税务总局公告2015年第59号）的规定，需要开具红字专用发票的，按照上述规定执行。

第三章 账簿凭证管理及案例分析

疑难问题解答

问：我司在银行有开对公账户，对公账户中产生的开户手续费和交易手续费是否需要开具增值税发票才能进行税前抵扣？

答：（国家税务总局安徽省税务局）直接收费金融服务是指为货币资金融通及其他金融业务提供相关服务并且收取费用的业务活动。其以提供直接收费金融服务收取的手续费、佣金、酬金、管理费、服务费、经手费、开户费、过户费、结算费、转托管费等各类费用为销售额。

一、根据财税〔2016〕36号文件第二十六条的规定，纳税人取得的增值税扣税凭证不符合法律、行政法规或者国家税务总局有关规定的，其进项税额不得从销项税额中抵扣。

根据财税〔2016〕36号文件附件2《营业税改征增值税试点有关事项的规定》的规定，纳税人接受贷款服务向贷款方支付的与该笔贷款直接相关的投融资顾问费、手续费、咨询费等费用，其进项税额不得从销项税额中抵扣。

二、根据《国家税务总局关于发布〈企业所得税税前扣除凭证管理办法〉的公告》（国家税务总局公告2018年第28号）第九条的规定，企业在境内发生的支出项目属于增值税应税项目的，对方为已办理税务登记的增值税纳税人，其支出以发票（包括按照规定由税务机关代开的发票）作为税前扣除凭证。

问：已抵扣专用发票可不可以部分红冲，只冲销一部分？如果可以，有什么支持文件呢？

答：（国家税务总局河北省税务局）根据《国家税务总局关于红字增值税发票开具有关问题的公告》（国家税务总局公告2016年第47号）的规定，增值税一般纳税人开具增值税专用发票（以下简称"专用发票"）后，发生销货退回、开票有误、应税服务中止等情形但不符合发票作废条件，或者因销货部分退回及发生销售折让，需要开具红字专用发票的，按以下方法处理：①购买方取得专用发票已用于申报抵扣的，购买方可在增值税发票管理新系统（以下简称"新系统"）中填开并上传《开具红字增值税专用发票信息表》（以下简称《信息表》），在填开《信息表》时不填写相对应的蓝字专用发票信息，应暂依《信息表》所列增值税税额从当期进项税额中转出，待取得销售方开具的红字专用发票后，与《信息表》一并作为记账凭证。②主管税务机关通过网络接收纳税人上传的《信息表》，系统自动校验通过后，生成带有"红字发票信息表编号"的《信息表》，并将信息同步至纳税人端系统中。③销售方凭税务机关系统校验通过的《信息表》开具红字专用发票，在新系统中以销项负数开具。红字专用发票应与《信息表》一一对应。④纳税人也可凭《信息表》电子信息或纸质资料到税务机关对《信息表》内容进行系统校验。纳税人需要开具红字增值税普通发票的，可以在所对应的蓝字发票金额范围内开具多份红字发票。

问：农产品采购，对方开具零税率普通发票，可以抵扣进项税，需要对方提供自产自销免税农产品证明吗？对方没有自产自销农产品免税证明，可以抵扣进项税吗？

答：（国家税务总局厦门市税务局）《中华人民共和国增值税暂行条例》（国务院令第538号）第十五条规定："下列项目免征增值税：（一）农业生产者销售的自产农产品……"

《财政部 国家税务总局关于简并增值税税率有关政策的通知》（财税〔2017〕37号）文件规定："二、纳税人购进农产品，按下列规定抵扣进项税额：（一）除本条第（二）项规定外，纳税人购进农产品，取得一般纳税人开具的增值税专用发票或海关进口增值税专用缴款书的，以增值税专用发票或海关进口增值税专用缴款书上注明的增值税税额为进项税额；从按照简易计税方法依照3%征收率计算缴纳增值税的小规模纳税人取得增值税专用发票的，以增值税专用发票上注明的金额和11%的扣除率计算进项税额；取得（开具）农产品销售发票或收购发票的，以农产品销售发票或收购发票上注明的农产品买价和11%的扣除率计算进项税额。……"

《财政部 税务总局关于调整增值税税率的通知》（财税〔2018〕32号）规定，纳税人购进农产品，原适用11%扣除率的，扣除率调整为10%。纳税人购进用于生产销售或委托加工16%税率货物的农产品，按照12%的扣除率计算进项税额。

《财政部 税务总局 海关总署关于深化增值税改革有关政策的公告》（财政部 税务总局 海关总署公告2019年第39号）规定，纳税人购进农产品，原适用10%扣除率的，扣除率调整为9%。纳税人购进用于生产或者委托加工13%税率货物的农产品，按照10%的扣除率计算进项税额。

按上述情况，没有要求自产自销农产品免税证明。农业生产者销售的自产农产品免征增值税，发票应开具免税，而非零税率。如果发票开具错误，请退回重开。

问：我公司车辆到充电站充电，充电站是一般纳税人，对方应该对我公司开具多少税率发票，能开具6%的充电服务费发票吗？

答：（国家税务总局湖北省税务局）使用充电桩为汽车提供充电服务，我们认为实际上属于企业的售电行为，应按照销售电力产品缴纳增值税。2019年4月1日以后，一般纳税人适用税率为13%。

综上所述，请您直接联系当地主管税务机关，需要由其依据相关政策法规并结合贵单位实际经营情况实事求是来认定。湖北省电子税务局（https://etax.hubei.chinatax.gov.cn）—公众服务—办税地图—当地主管税务机关办税服务厅联系电话。

二、代开增值税专用发票制度

（一）货物运输业小规模纳税人代开增值税专用发票管理

《货物运输业小规模纳税人申请代开增值税专用发票管理办法》（国家税务总局公告2017年第55号发布，根据国家税务总局公告2018年第31号、2019年第45号修正）规定如下：

（1）同时具备以下条件的增值税纳税人（以下简称"纳税人"）适用该办法：①在中华人民共和国境内（以下简称"境内"）提供公路或内河货物运输服务，并办理了税务登记（包括临时税务登记）。②提供公路货物运输服务的（以4.5吨及以下普通货运车辆从事普通道路货物运输经营的除外），取得《中华人民共和国道路运输经营许可证》和《中华人民共和国道路运输证》；提供内河货物运输服务的，取得《国内水路运输经营许可证》和《船舶营业运输证》。③在税务登记地主管税务机关按增值税小规模纳税人管理。

（2）纳税人在境内提供公路或内河货物运输服务，需要开具增值税专用发票的，可在税务登记地、货物起运地、货物到达地或运输业务承揽地（含互联网物流平台所在地）中任何一地，就近向税务机关（以下称代开单位）申请代开增值税专用发票。

（3）纳税人应将营运资质和营运机动车、船舶信息向主管税务机关进行备案。

（4）完成上述备案后，纳税人可向代开单位申请代开增值税专用发票，并向代开单位提供以下资料：①《货物运输业代开增值税专用发票缴纳税款申报单》（以下简称《申报单》）；②加载统一社会信用代码的营业执照（或税务登记证或组织机构代码证）复印件；③经办人身份证件及复印件。

（5）纳税人申请代开增值税专用发票时，应按机动车号牌或船舶登记号码分别填写《申报单》，挂车应单独填写《申报单》。《申报单》中填写的运输工具相关信息，必须与其向主管税务机关备案的信息一致。

（6）纳税人对申请代开增值税专用发票时提交资料的真实性和合法性承担责任。

（7）代开单位对纳税人提交资料的完整性和一致性进行核对。资料不符合要求的，应一次性告知纳税人补正资料；符合要求的，按规定代开增值税专用发票。

（8）纳税人申请代开增值税专用发票时，应按照所代开增值税专用发票上注明的税额向代开单位全额缴纳增值税。

（9）纳税人代开专用发票后，如发生服务中止、折让、开票有误等情形，需要作废增值税专用发票、开具增值税红字专用发票、重新代开增值税专用发票、办理退税等事宜的，应由原代开单位按照现行规定予以受理。

（10）纳税人在非税务登记地申请代开增值税专用发票，不改变主管税务机关对其实施税收管理。

（11）纳税人应按照主管税务机关核定的纳税期限，按期计算增值税应纳税额，抵减其申请代开增值税专用发票缴纳的增值税后，向主管税务机关申报缴纳增值税。

（12）纳税人代开增值税专用发票对应的销售额，一并计入该纳税人月（季、年）度销售额，作为主管税务机关对其实施税收管理的标准和依据。

（13）增值税发票管理新系统定期将纳税人异地代开发票、税款缴纳等数据信息清分至主管税务机关。主管税务机关应加强数据比对分析，对纳税人申请代开增值税专用发票金额明显超出其实际运输能力的，主管税务机关可暂停其在非税务登记地代开增值税专用发票并及时约谈纳税人。经约谈排除疑点的，纳税人可继续在非税务登记地申请代开增值税专用发票。

（14）各省、自治区、直辖市和计划单列市税务局可根据该办法制定具体实施办法。

（15）该办法未明确事项，按现行增值税专用发票使用规定及税务机关代开增值税专用发票有关规定执行。

（二）网络平台道路货物运输企业代开增值税专用发票试点

根据《国家税务总局关于开展网络平台道路货物运输企业代开增值税专用发票试点工作的通知》（税总函〔2019〕405号）的规定，为进一步优化纳税服务，提高货物运输业小规模纳税人使用增值税专用发票的便利性，根据《中华人民共和国税收征收管理法》及其实施细则、《中华人民共和国发票管理办法》及其实施细则、《交通运输部 国家税务总局关于印发〈网络平台道路货物运输经营管理暂行办法〉的通知》（交运规〔2019〕12号）等规定，国家税务总局决定在全国范围内开展网络平台道路货物运输企业代开增值税专用发票试点工作。

1.试点内容

经国家税务总局各省、自治区、直辖市和计划单列市税务局（以下简称"各省税务局"）批准，纳入试点的网络平台道路货物运输企业（以下简称"试点企业"）可以为同时符合以下条件的货物运输业小规模纳税人（以下简称"会员"）代开增值税专用发票，并代办相关涉税事项。

（1）在中华人民共和国境内提供公路货物运输服务，取得《中华人民共和国道路运输经营许可证》和《中华人民共和国道路运输证》。以4.5吨及以下普通货运车辆从事普通道路货物运输经营的，无须取得《中华人民共和国道路运输经营许可证》和《中华人民共和国道路运输证》。

（2）以自己的名义对外经营，并办理了税务登记（包括临时税务登记）。

（3）未做增值税专用发票票种核定。

（4）注册为该平台会员。

2.试点企业的条件

试点企业应当同时符合以下条件：

（1）按照《交通运输部　国家税务总局关于印发〈网络平台道路货物运输经营管理暂行办法〉的通知》（交运规〔2019〕12号）规定，取得经营范围中注明"网络货运"的《道路运输经营许可证》。

（2）具备与开展业务相适应的相关线上服务能力，包括信息数据交互及处理能力，物流信息全程跟踪、记录、存储、分析能力，实现交易、运输、结算等各环节全过程透明化动态管理，对实际承运驾驶员和车辆的运输轨迹实时展示，并记录含有时间和地理位置信息的实时运输轨迹数据。

（3）与省级交通运输主管部门建立的网络货运信息监测系统实现有效对接，按照要求完成数据上传。

（4）对会员相关资质进行审查，保证提供运输服务的实际承运车辆具备合法有效的营运证，驾驶员具有合法有效的从业资格证。

试点企业代开增值税专用发票不得收取任何费用，否则将取消其试点企业资格。

3.专用发票的开具

试点企业按照以下规定为会员代开增值税专用发票：

（1）仅限于为会员通过本平台承揽的货物运输服务代开增值税专用发票。

（2）应与会员签订委托代开增值税专用发票协议。协议范本由各省税务局制定。

（3）使用自有增值税发票税控开票软件，按照3%的征收率代开增值税专用发票，并在发票备注栏注明会员的纳税人名称、纳税人识别号、起运地、到达地、车种车号以及运输货物信息。如内容较多，可另附清单。

（4）代开增值税专用发票的相关栏次内容，应与会员通过本平台承揽的运输服务，以及本平台记录的物流信息保持一致。平台记录的交易、资金、物流等相关信息应统一存储，以备核查。

（5）试点企业接受会员提供的货物运输服务，不得为会员代开专用发票。试点企业可以按照《货物运输业小规模纳税人申请代开增值税专用发票管理办法》（国家税务总局公告2017年第55号发布）的相关规定，代会员向试点企业主管税务机关申请代开专用发票。

4.涉税事项的办理

（1）试点企业代开增值税专用发票应当缴纳的增值税，由试点企业按月代会员向试点企业主管税务机关申报缴纳，并将完税凭证转交给会员。

（2）试点企业办理增值税纳税申报时，代开增值税专用发票对应的收入不属于试点企业的增值税应税收入，无须申报。试点企业应按月将代开增值税专用发票和代缴税款情况向主管税务机关报备，具体报备的有关事项由各省税务局确定。

（3）会员应按照其主管税务机关核定的纳税期限，按规定计算增值税应纳税额，抵减已由试点企业代为缴纳的增值税后，向主管税务机关申报纳税。

5.工作要求

（1）各地税务机关应高度重视网络平台道路货物运输企业代开专用发票试点工作，总结前期开展互联网物流平台企业代开专用发票试点工作的经验，严格按照税务总局部署落实好相关工作。

（2）各省税务局负责组织实施网络平台道路货物运输企业代开专用发票试点工作，按照纳税人自愿的原则确定试点企业。开展试点工作需要纳税人周知的其他事项，由各省税务局负责办理。

（3）各地税务机关应积极推动试点工作开展，加强试点企业的管理，分析试点企业运行数据。发现试点企业虚构业务、虚开发票等违法违规行为的，应立即取消其试点资格并依法处理。

（4）各地税务机关应与当地道路货运行业主管部门对接，充分利用和挖掘内外部大数据资源，深入开展物流行业经济分析和税收风险管理工作，及时总结试点经验，提升试点成效。试点过程中发现的情况和问题，请及时上报国家税务总局（货物和劳务税司）。

疑难问题解答

问：个人登记为临时税务登记证，在税局代开增值税专用发票，需加盖什么章？我只查询到了"增值税纳税人应在代开增值税专用发票的备注栏上，加盖本单位的发票专用章（为其他个人代开的特殊情况除外）。税务机关在代开增值税普通发票以及为其他个人代开增值税专用发票的备注栏上，加盖税务机关代开发票专用章"。那么请问，个人登记为临时税务登记证，需加盖个人刻的发票专用章还是税局的代开发票章？如果刻个人的发票专用章，我感觉特别奇怪。

答：（国家税务总局上海市税务局）根据所述情况，如个人登记临时税务登记证仅限于代开增值税发票的，盖税局的代开发票章即可。

三、增值税专用发票制度改革

（一）调整增值税专用发票防伪措施

根据《国家税务总局关于调整增值税专用发票防伪措施有关事项的公告》（国家税务总局公告2019年第9号）的规定，为加强和改进增值税专用发票管理，国家税务总局决定调整增值税专用发票防伪措施，自2019年第一季度起增值税专用发票按照调整后的防伪措施印制。

取消光角变色圆环纤维、造纸防伪线等防伪措施，继续保留防伪油墨颜色擦可变、专用异型号码、复合信息防伪等防伪措施。

税务机关库存和纳税人尚未使用的增值税专用发票可以继续使用。

（二）海关缴款书抵扣及小规模纳税人开具专票改革

《国家税务总局关于增值税发票管理等有关事项的公告》（国家税务总局公告2019年第33号）规定如下：

（1）增值税一般纳税人取得海关进口增值税专用缴款书（以下简称"海关缴款书"）后如需申报抵扣或出口退税，按以下方式处理：①增值税一般纳税人取得仅注明一个缴款单位信息的海关缴款书，应当登录本省（区、市）增值税发票选择确认平台（以下简称"选择确认平台"）查询、选择用于申报抵扣或出口退税的海关缴款书信息。通过选择确认平台查询到的海关缴款书信息与实际情况不一致或未查询到对应信息的，应当上传海关缴款书信息，经系统稽核比对相符后，纳税人登录选择确认平台查询、选择用于申报抵扣或出口退税的海关缴款书信息。②增值税一般纳税人取得注明两个缴款单位信息的海关缴款书，应当上传海关缴款书信息，经系统稽核比对相符后，纳税人登录选择确认平台查询、选择用于申报抵扣或出口退税的海关缴款书信息。

（2）稽核比对结果为不符、缺联、重号、滞留的异常海关缴款书按以下方式处理：①对于稽核比对结果为不符、缺联的海关缴款书，纳税人应当持海关缴款书原件向主管税务机关申请数据修改或核对。属于纳税人数据采集错误的，数据修改后再次进行稽核比对；不属于数据采集错误的，纳税人可向主管税务机关申请数据核对，主管税务机关会同海关进行核查。经核查，海关缴款书票面信息与纳税人实际进口货物业务一致的，纳税人登录选择确认平台查询、选择用于申报抵扣或出口退税的海关缴款书信息。②对于稽核比对结果为重号的海关缴款书，纳税人可向主管税务机关申请核查。经核查，海关缴款书票面信息与纳税人实际进口货物业务一致的，纳税人登录选择确认平台查询、选择用于申报抵扣或出口退税的海关缴款书信息。③对于稽核比对结果为滞留的海关缴款书，可继续参与稽核比对，纳税人不需申请数据核对。

（3）增值税小规模纳税人（其他个人除外）发生增值税应税行为，需要开具增值税专用发票的，可以自愿使用增值税发票管理系统自行开具。选择自行开具增值税专用发票的小规模纳税人，税务机关不再为其代开增值税专用发票。增值税小规模纳税人应当就开具增值税专用发票的销售额计算增值税应纳税额，并在规定的纳税申报期内向主管税务机关申报缴纳。在填写增值税纳税申报表时，应当将当期开具增值税专用发票的销售额，按照3%和5%的征收率，分别填写在《增值税纳税申报表》（小规模纳税人适用）第2栏和第5栏"税务机关代开的增值税专用发票不含税销售额"的"本期数"相应栏次中。

（三）取消增值税扣税凭证认证确认期限改革

《国家税务总局关于取消增值税扣税凭证认证确认期限等增值税征管问题的公告》（国家税务总局公告2019年第45号）的规定如下：

（1）增值税一般纳税人取得2017年1月1日及以后开具的增值税专用发票、海关进口增值税专用缴款书、机动车销售统一发票、收费公路通行费增值税电子普通发票，取消认证确认、稽核比对、申报抵扣的期限。纳税人在进行增值税纳税申报时，应当通过本省（自治区、直辖市和计划单列市）增值税发票综合服务平台对上述扣税凭证信息进行用途确认。

增值税一般纳税人取得2016年12月31日及以前开具的增值税专用发票、海关进口增值税专用缴款书、机动车销售统一发票，超过认证确认、稽核比对、申报抵扣期限，但符合规定条件的，仍可按照《国家税务总局关于逾期增值税扣税凭证抵扣问题的公告》（2011年第50号，国家税务总局公告2017年第36号、2018年第31号修改）、《国家税务总局关于未按期申报抵扣增值税扣税凭证有关问题的公告》（2011年第78号，国家税务总局公告2018年第31号修改）规定，继续抵扣进项税额。

（2）纳税人享受增值税即征即退政策，有纳税信用级别条件要求的，以纳税人申请退税税款所属期的纳税信用级别确定。申请退税税款所属期内纳税信用级别发生变化的，以变化后的纳税信用级别确定。纳税人适用增值税留抵退税政策，有纳税信用级别条件要求的，以纳税人向主管税务机关申请办理增值税留抵退税提交《退（抵）税申请表》时的纳税信用级别确定。

（四）增值税发票综合服务平台

《国家税务总局关于增值税发票综合服务平台等事项的公告》（国家税务总局公告2020年第1号）的规定如下：

（1）税务总局将增值税发票选择确认平台升级为增值税发票综合服务平台，为纳税人提供发票用途确认、风险提示、信息下载等服务。纳税人取得增值税专用发票、机动车销售统一发票、收费公路通行费增值税电子普通发票后，如需用于申报抵扣增值税进项税额或申请出口退税、代办退税，应当登录增值税发票综合服务平台确认发票用途。增值税发票综合服务平台登录地址由国家税务总局各省（自治区、直辖市和计划单列市）税务局（以下简称"各省税务局"）确定并公布。

纳税人应当按照发票用途确认结果申报抵扣增值税进项税额或申请出口退税、代办退税。纳税人已经申报抵扣的发票，如改用于出口退税或代办退税，应当向主管税务机关提出申请，由主管税务机关核实情况并调整用途。纳税人已经确认用途为申请出口退税或代办退税的发票，如改用于申报抵扣，应当向主管税务机关提出申请，经主管税务机关核实该发票尚未申报出口退税，并将发票电子信息回退后，由纳税人调整用途。

（2）纳税人通过增值税电子发票公共服务平台开具的增值税电子普通发票，属于税务机关监制的发票，采用电子签名代替发票专用章，其法律效力、基本用途、基本使用规定等与增值税普通发票相同。

增值税电子普通发票版式文件格式为OFD格式。单位和个人可以登录全国增值税发票查验平台（https://inv-veri.chinatax.gov.cn）下载增值税电子发票版式文件阅读器查阅增值税电子普通发票。

（3）纳税人办理增值税普通发票、增值税电子普通发票、收费公路通行费增值税电子普通发票、机动车销售统一发票、二手车销售统一发票票种核定事项，除税务机关按规定确定的高风险等情形外，主管税务机关应当即时办结。

（4）纳税人同时丢失已开具增值税专用发票或机动车销售统一发票的发票联和抵扣联，可凭加盖销售方发票专用章的相应发票记账联复印件，作为增值税进项税额的抵扣凭证、退税凭证或记账凭证。

纳税人丢失已开具增值税专用发票或机动车销售统一发票的抵扣联，可凭相应发票的发票联复印件，作为增值税进项税额的抵扣凭证或退税凭证；纳税人丢失已开具增值税专用发票或机动车销售统一发票的发票联，可凭相应发票的抵扣联复印件，作为记账凭证。

疑难问题解答

问：劳务派遣业务差额征税，开具增值税普通发票必须通过开票软件的差额征税系统开具才能享受差额征税的政策吗？另外，劳务派遣业务享受差额征税有几种开票方式？

答：（国家税务总局河北省税务局）根据《财政部 国家税务总局关于进一步明确全面推开营改增试点有关劳务派遣服务、收费公路通行费抵扣等政策的通知》（财税〔2016〕47号）的规定，一般纳税人提供劳务派遣服务，可以按照《财政部 国家税务总局关于全面推开营业税改征增值税试点的通知》（财税〔2016〕36号）的有关规定，以取得的全部价款和价外费用为销售额，按照一般计税方法计算缴纳增值税；也可以选择差额纳税，以取得的全部价款和价外费用，扣除代用工单位支付给劳务派遣员工的工资、福利和为其办理社会保险及住房公积金后的余额为销售额，按照简易计税方法依5%的征收率计算缴纳增值税。

小规模纳税人提供劳务派遣服务，可以按照《财政部 国家税务总局关于全面推开营业税改征增值税试点的通知》（财税〔2016〕36号）的有关规定，以取得的全部价款和价外费用为销售额，按照简易计税方法依3%的征收率计算缴纳增值税；也可以选择差额纳税，以取得的全部价款和价外费用，扣除代用工单位支付给劳务派遣员工的工资、福利和为其办理社会保险及住房公积金后的余额为销售额，按照简易计税方法依5%的征收率计算缴纳增值税。

选择差额纳税的纳税人，向用工单位收取用于支付给劳务派遣员工工资、福利和为其办理社会保险及住房公积金的费用，不得开具增值税专用发票，可以开具普通发票。劳务派遣服务，是指劳务派遣公司为了满足用工单位对于各类灵活用工的需求，将员工派遣至用工单位，接受用工单位管理并为其工作的服务。

根据《国家税务总局关于全面推开营业税改征增值税试点有关税收征收管理事项的公告》（国家税务总局公告2016年第23号）规定，按照现行政策规定适用差额征税办法缴纳增值税，且不得全额开具增值税发票的（财政部、税务总局另有规定的除外），纳税人自行开具或者税务机关代开增值税发票时，通过新系统中差额征税开票功能，录入含税销售额（或含税评估额）和扣除额，系统自动计算税额和不含税金额，备注栏自动打印"差额征税"字样，发票开具不应与其他应税行为混开。

根据文件规定，提供劳务派遣服务的纳税人在开具发票时，一要正确选择商品和应税劳务名称，二要正确选择征收率。劳务派遣差额纳税、按照简易计税方法依5%的征收率计算缴纳增值税，开具专用发票的，需分别开具1张专用发票、1张普通发票，其中，差额专用发票征收率为5%，扣除额普通发票征收率为0。开具普通发票的，原则上使用差额征税模块开具1张普通发票（差额或扣除额为零时，也可使用差额模块开具），征收率为5%；确需开具2张普通发票，差额发票征收率为5%，扣除额发票征收率为0。

四、增值税专用发票电子化

（一）在新办纳税人中实行增值税专用发票电子化

根据《国家税务总局关于在新办纳税人中实行增值税专用发票电子化有关事项的公告》（国家税务总局公告2020年第22号）的规定，为全面落实《优化营商环境条例》，深化税收领域"放管服"改革，加大推广使用电子发票的力度，国家税务总局决定在前期宁波、石家庄和杭州等3个地区试点的基础上，在全国新设立登记的纳税人（以下简称"新办纳税人"）中实行增值税专用发票电子化（以下简称"专票电子化"）。

（1）自2020年12月21日起，在天津、河北、上海、江苏、浙江、安徽、广东、重庆、四川、宁波和深圳等11个地区的新办纳税人中实行专票电子化，受票方范围为全国。其中，宁波、石家庄和杭州等3个地区已试点纳税人开具增值税电子专用发票（以下简称"电子专票"）的受票方范围扩至全国。自2021年1月21日起，在北京、山西、内蒙古、辽宁、吉林、黑龙江、福建、江西、山东、河南、湖北、湖南、广西、海南、贵州、云南、西藏、陕西、甘肃、青海、宁夏、新疆、大连、厦门和青岛等25个地区的新办纳税人中实行专票电子化，受票方范围为全国。实行专票电子化的新办纳税人具体范围由国家税务总局各省、自治区、直辖市和计划单列市税务局（以下简称"各省税务局"）确定。

（2）电子专票由各省税务局监制，采用电子签名代替发票专用章，属于增值税专用发票，其法律效力、基本用途、基本使用规定等与增值税纸质专用发票（以下简称"纸质专票"）相同。

（3）电子专票的发票代码为12位，编码规则：第1位为0，第2～5位代表省、自治区、直辖市和计划单列市，第6～7位代表年度，第8～10位代表批次，第11～12位为13。发票号码为8位，按年度、分批次编制。

（4）自各地专票电子化实行之日起，本地区需要开具增值税纸质普通发票、增值税电子普通发票（以下简称"电子普票"）、纸质专票、电子专票、纸质机动车销售统一发票和纸质二手车销售统一发票的新办纳税人，统一领取税务UKey开具发票。税务机关向新办纳税人免费发放税务UKey，并依托增值税电子发票公共服务平台，为纳税人提供免费的电子专票开具服务。

（5）税务机关按照电子专票和纸质专票的合计数，为纳税人核定增值税专用发票领用数量。电子专票和纸质专票的增值税专用发票（增值税税控系统）最高开票限额应当相同。

（6）纳税人开具增值税专用发票时，既可以开具电子专票，也可以开具纸质专票。受票方索取纸质专票的，开票方应当开具纸质专票。

（7）纳税人开具电子专票后，发生销货退回、开票有误、应税服务中止、销售折让等情形，需要开具红字电子专票的，按照以下规定执行：①购买方已将电子专票用于申报抵扣的，由购买方在增值税发票管理系统（以下简称"发票管理系统"）中填开并上传《开具红字增值税专用发票信息表》（以下简称《信息表》），填开《信息表》时不填写相对应的蓝字电子专票信息。购买方未将电子专票用于申报抵扣的，由销售方在发票管理系统中填开并上传《信息表》，填开《信息表》时应填写相对应的蓝字电子专票信息。②税务机关通过网络接收纳税人上传的《信息表》，系统自动校验通过后，生成带有"红字发票信息表编号"的《信息表》，并将信息同步至纳税人端系统中。③销售方凭税务机关系统校验通过的《信息表》开具红字电子专票，在发票管理系统中以销项负数开具。红字电子专票应与《信息表》一一对应。④购买方已将电子专票用于申报抵扣的，应当暂依《信息表》所列增值税税额从当期进项税额中转出，待取得销售方开具的红字电子专票后，与《信息表》一并作为记账凭证。

（8）受票方取得电子专票用于申报抵扣增值税进项税额或申请出口退税、代办退税的，应当登录增值税发票综合服务平台确认发票用途，登录地址由各省税务局确定并公布。

（9）单位和个人可以通过全国增值税发票查验平台（https：//inv-veri.chinatax.gov.cn）对电子专票信息进行查验；可以通过全国增值税发票查验平台下载增值税电子发票版式文件阅读器，查阅电子专票并验证电子签名有效性。

（10）纳税人以电子发票（含电子专票和电子普票）报销入账归档的，按照《财政部　国家档案局关于规范电子会计凭证报销入账归档的通知》（财会〔2020〕6号）的规定执行。

疑难问题解答

问：通过增值税电子发票公共服务平台开具的增值税电子普通发票是否有发票专用章？

答：（国家税务总局天津市税务局）没有。根据《国家税务总局关于增值税发票综合服务平台等事项的公告》（国家税务总局公告2020年第1号）的规定，纳税人通过增值税电子发票公共服务平台开具的增值税电子普通发票，属于税务机关监制的发票，采用电子签名代替发票专用章，其法律效力、基本用途、基本使用规定等与增值税普通发票相同。增值税电子普通发票版式文件格式为OFD格式。单位和个人可以登录全国增值税发票查验平台（https：//inv-veri.chinatax.gov.cn）下载增值税电子发票版式文件阅读器查阅增值税电子普通发票。

问：我们是一家软件公司，如果想要开发电子发票辅助协同软件，请

第三章 账簿凭证管理及案例分析

问如何进行第三方电子发票平台备案？

答：（国家税务总局湖北省税务局）第一，《国家税务总局关于进一步做好增值税电子普通发票推行工作的指导意见》（税总发〔2017〕31号）规定：

"三、规范电子发票服务平台建设

"电子发票服务平台以纳税人自建为主，也可由第三方建设提供服务平台。电子发票服务平台应免费提供电子发票版式文件的生成、打印、查询和交付等基础服务。

"税务总局负责统一制定电子发票服务平台的技术标准和管理制度，建设对服务平台进行监督管理的税务监管平台。电子发票服务平台必须遵循统一的技术标准和管理制度。平台建设的技术方案和管理方案应报税务机关备案。"

第二，联系电话：027-87322067。

由于您的问题涉及当地主管税务机关的具体涉税征管操作事项，建议您直接联系当地主管税务机关进行处理。湖北省电子税务局（https://etax.hubei.chinatax.gov.cn）—公众服务—办税地图—当地主管税务机关办税服务厅联系电话。

（二）进一步扩大增值税电子发票电子化报销、入账、归档试点工作

根据《国家档案局办公室 财政部办公厅 商务部办公厅 国家税务总局办公厅关于进一步扩大增值税电子发票电子化报销、入账、归档试点工作的通知》（档办发〔2021〕1号）的规定，为贯彻2021年中央经济工作会议精神，落实《税务总局等十三部门关于推进纳税便利化改革优化税收营商环境若干措施的通知》要求，加快增值税电子发票应用和推广实施工作，降低企业交易成本，推进"六保""六稳"工作，助力国家数字经济发展，按照国务院有关要求，在前两批试点的基础上，国家档案局会同财政部、商务部、国家税务总局拟再选定一批单位开展增值税电子发票电子化报销、入账、归档试点工作，形成示范效应，进一步完善数字经济发展所需的制度和标准规范，有关事项如下。

1.试点内容

（1）开展增值税电子发票电子化报销入账试点工作，过程符合《企业会计信息化工作规范》（财会〔2013〕20号）有关要求。

（2）开展增值税电子发票电子化归档试点，档案部门或档案人员从会计核算部门或会计核算系统接收电子发票，过程符合《会计档案管理办法》

（财政部　国家档案局令第79号）、《财政部　国家档案局关于规范电子会计凭证报销入账归档的通知》（财会〔2020〕6号），归档存储格式符合要求，归档过程中电子发票真实性、完整性、可用性、安全性有保障。

（3）及时总结试点工作，形成可推广、可复制的经验和做法，试点完成后及时报送试点工作总结报告。

2.试点单位条件

（1）科学设计增值税电子发票电子化归集、报销、入账、归档方案。

（2）试点所需人员、资金有保障。

（3）愿意为电子发票推广应用发挥示范带头作用。

3.试点验收条件

（1）实现增值税电子发票电子化归集、报销、入账、归档。

（2）形成3个月的财务数据，对增值税电子发票电子化归集、报销、入账、归档方案进行验证，采用的管理和技术方案可行。

（3）2021年10月底前完成试点工作，形成试点工作总结报告。

4.试点工作组织

（1）国家档案局、财政部、商务部、国家税务总局组成协调小组对试点工作进行指导，对中央企业总部的试点工作进行验收。

（2）各省、自治区、直辖市、计划单列市及新疆生产建设兵团档案局、财政部门、商务部门、税务局（以下统称"省级试点工作组织部门"）和各中央企业总部负责本地区、本集团的试点工作，负责选定本地区或本集团所属的企业及行政事业单位进行试点，指导试点单位开展试点工作，对完成试点的单位进行验收。

（3）省级试点工作组织部门、各中央企业总部要高度重视此项工作，成立联合工作组共同开展此项工作，加强对试点工作组织领导。

（4）省级试点工作组织部门、各中央企业总部要综合考虑本地区、本集团经济发展实际，从打通产业链上下游及配合增值税专用发票电子化等方面选定具有代表性的单位开展试点。

5.试点方案报送

有试点意向的单位编制试点方案报所在地省级试点工作组织部门联合审核。有试点意向中央企业所属单位编制试点方案报中央企业总部审核。试点方案编制提纲模板见附件。省级试点工作组织部门对试点方案审核同意后确定不少于10家的本地区试点单位名单，中央企业总部对试点方案审核同意后确定不多于5家企业的集团试点单位名单（可包含总部作为试点单位），与推荐单位的试点方案一同于2021年3月31日前报国家档案局。国家档案局联合财政部、商务部、国家税务总局审核确定试点单位名单。纳入本次试点范围的企业可参加财政部电子发票入账数据标准和财务报表数据标准试点。

第三章 账簿凭证管理及案例分析

附件

试点方案编制提纲（模板）

一、情况简介

（本单位主要产品或业务，人员数量，2020年经营情况）

二、本单位财务会计系统实施情况

（包括报销系统、核算系统等的实施时间，主要功能）

三、电子发票电子化归集、报销、入账、归档方案

（对电子发票电子化归集、报销、入账、归档的详细设计）

四、试点工作组织实施方案

五、试点工作计划

（细化到月）

（三）三部门有关司局就"专票电子化"管理与操作有关问题答问

2020年12月20日，国家税务总局发布了《关于在新办纳税人中实行增值税专用发票电子化有关事项的公告》（国家税务总局公告2020年第22号），决定在前期宁波、石家庄和杭州等3个地区试点的基础上，在全国新办纳税人中实行增值税专用发票电子化。随着电子发票逐步推广应用，各单位应当按照有关法律法规的规定，规范使用电子发票进行报销入账归档等活动。

2015年12月，财政部、国家档案局印发新修订《会计档案管理办法》（财政部 国家档案局令第79号印发），随后又于2020年3月印发《财政部 国家档案局关于规范电子会计凭证报销入账归档的通知》（财会〔2020〕6号）。上述文件均对包括电子发票在内的各类电子会计凭证的报销入账归档工作作出了明确规定。

为进一步回应社会关切，服务和指导基层单位更加规范使用电子发票，财政部、国家档案局、国家税务总局有关部门结合已经发布的相关文件，就增值税电子专用发票（以下简称"电子专票"）全流程电子化管理操作等有关问题回答如下。

（1）电子专票作为电子会计凭证与纸质会计凭证法律效力是否相同？

答：电子会计凭证是指以电子形式生成、传输、存储的各类会计凭证，包括电子原始凭证、电子记账凭证。电子专票属于电子会计原始凭证。国家税务总局2020年第22号公告第二条规定："电子专票由各省税务局监制，采用电子签名代替发票专用章，属于增值税专用发票，其法律效力、基本用途、基本使用规定等与增值税纸质专用发票相同。"《财政部 国家档案局关于规范电子会计凭证报销入账归档的通知》（财会〔2020〕6号）规定："来

源合法、真实的电子会计凭证与纸质会计凭证具有同等法律效力。"《中华人民共和国和档案法》第三十七条规定:"电子档案应当来源可靠、程序规范、要素合规""电子档案与传统载体档案具有同等效力,可以以电子形式作为凭证使用"。因此,来源合法、真实的电子专票作为电子会计凭证与纸质会计凭证具有同等的法律效力,且可作为电子档案进行保存归档。

(2)实行专票电子化的新办纳税人如何开具电子专票?

答:实行专票电子化的新办纳税人可向税务机关免费领取税务UKey,通过电子税务局、办税服务厅等渠道申请电子专票票种核定,在国家税务总局增值税发票查验平台(https://inv-veri.chinatax.gov.cn)下载并安装增值税发票开票软件(税务UKey版)后,开具电子专票。开票完成后,纳税人可以通过电子邮件、二维码等方式,远程交付电子专票给受票方。

(3)受票方收到电子专票后,应如何查验其发票真伪?

答:电子专票采用可靠的电子签名代替原发票专用章,采用经过税务数字证书签名的电子发票监制章代替原发票监制章,更好适应了发票电子化改革的需要。

纳税人可以通过国家税务总局增值税发票查验平台(https://inv-veri.chinatax.gov.cn)下载增值税电子发票版式文件阅读器,查阅电子专票并验证电子签名以及电子发票监制章有效性。

验证电子签名的具体方法如下:通过增值税电子发票版式文件阅读器打开已下载的电子专票版式文件,鼠标移动到左下角"销售方"相关信息处,点击鼠标右键,再点击提示框中的"验证"按钮,即可弹出验证结果,如图3-1所示。

图3-1 验证电子签名

如图3-2所示,如果验证结果为"该签章有效!受该签章保护的文档内容未被修改。该签章之后的文档内容无变更",则表明销售方的电子签名有效。

图3-2 验证电子签名结果

验证电子发票监制章的具体方法如下:通过增值税电子发票版式文件阅读器打开已下载的电子专票版式文件,鼠标右键点击发票上方椭圆形的发票监制章,选择"验证",即可显示验证结果,如图3-3所示。

图3-3 验证电子签章结果

此外，纳税人还可以在全国增值税发票查验平台上，通过录入发票代码、发票号码、开票日期、发票校验码等字段，对电子专票信息进行查验。

（4）受票方收到电子专票后，如何申请抵扣增值税进项税额或出口退税、代办退税？

答：受票方取得电子专票用于申报抵扣增值税进项税额或申请出口退税、代办退税的，应当登录增值税发票综合服务平台确认发票用途，登录地址由各省税务局确定并公布。

（5）使用电子专票进行报销入账归档的基本规定有哪些？

答：依据财会〔2020〕6号文件的规定，电子专票作为电子会计凭证的一种，同时满足下列条件的，可以仅使用电子专票进行报销入账归档：

一是接收的电子会计凭证经查验合法、真实。

二是电子会计凭证的传输、存储安全、可靠，对电子会计凭证的任何篡改能够及时被发现。

三是使用的会计核算系统能够准确、完整、有效接收和读取电子会计凭证及其元数据，能够按照国家统一的会计制度完成会计核算业务，能够按照国家档案行政管理部门规定格式输出电子会计凭证及其元数据，设定了经办、审核、审批等必要的审签程序，且能有效防止电子会计凭证重复入账。

四是电子会计凭证的归档及管理符合《会计档案管理办法》（财政部 国家档案局令第79号发布）等要求。

采用电子专票进行报销、入账且本单位财务信息系统能导出符合国家档案部门规定的电子归档格式的，应当将电子专票与其他电子会计记账凭证等一起归档保存，电子专票不再需要打印和保存纸质件；不满足上述条件的单位，采用电子专票纸质打印件进行报销、入账的，电子专票应当与其纸质打印件一并交由会计档案人员保存。

（6）如何借助标准化手段支持会计核算系统对电子专票进行自动接收、识别和入账处理？

答：财政部即将出台电子发票入账数据标准，并将会同国家税务总局在部分企业开展试点，以进一步规范电子发票等电子凭证入账，方便受票方会计核算系统进行自动化的接收、识别和入账处理。

（7）电子专票的纸质打印件能否单独作为报销入账归档依据使用？

答：不能。根据财会〔2020〕6号文件的规定，各单位无论采用何种报销、入账方式，只要接收的是电子专票，则必须归档保存电子专票。单位如果以电子专票的纸质打印件作为报销入账归档依据的，必须同时保存打印该纸质件的电子专票。

（8）受票方应如何防范电子专票的纸质打印件重复报销入账的风险？

答：电子专票的纸质打印件只是承载电子专票发票信息的载体，不具备物理防伪功能，具有可复制的特点。为避免电子专票的纸质打印件重复报销入账，各单位应建立完善的内控机制，严格按照财会〔2020〕6号文件的规定执行。如果以电子专票的纸质打印件作为报销入账归档依据的，必须同时保存打印该纸质件的电子专票。同时建议各单位在报销入账时对发票代码、号码进行查重处理。对于已经使用财务信息系统的单位，可以通过建立发票数据库的方式，升级系统功能，利用系统进行自动比对；对于尚未使用财务软件实行纯手工记账的单位，可以通过电子表格等方式，建立已入账发票手工台账，有效防范重复报销、虚假入账等风险。

（9）包括电子专票在内的各类电子发票应如何归档保存？

答：电子发票归档保存分以下几种情况进行。

已建立电子档案管理系统的单位，实施了会计信息系统，与电子发票相关的记账凭证、报销凭证等已全部实现电子化（不包括纸质凭证扫描，下同），可将电子发票与相关的记账凭证、报销凭证等电子会计凭证通过归档接口或手工导入电子档案管理系统进行整理、归档并长期保存，归档方法可参照《企业电子文件归档和电子档案管理指南》（档办发〔2015〕4号）；如果与电子发票相关的记账凭证、报销凭证等未实现电子化，可单独将电子发票通过归档接口或手工导入电子档案管理系统进行整理、归档并长期保存，整理、归档、长期保存方法可参照《企业电子文件归档电子档案管理指南》（档办发〔2015〕4号）。

无电子档案管理系统的单位，如果实施了会计信息系统，与电子发票相关的记账凭证、报销凭证等已全部实现电子化，可将电子发票与相关的记账凭证、报销凭证等移交会计档案管理人员保存，编制档号，存储结构建议采取图3-4所示方式。

同时，建立电子会计档案台账或者目录，台账或者目录的结构建议如表3-1所示。

表3-1 电子会计档案台账或者目录

序号	纳税人识别号	年度	交易事项	开票方名称	发票号码	开具日期	报销单据号	记账凭证号	文件名	备注

保存电子发票时，应当采用多重备份、定期检测等方法，保证电子发票档案在规定的保管期限内不会丢失并能被读取。

图3-4 电子文件存储结构

第三章 账簿凭证管理及案例分析

（10）接收电子专票的单位，相关的纸质会计凭证该如何保管？

答：接受电子专票的单位，如果部分业务的报销、入账仍采用纸质凭证，该部分纸质凭证仍应按传统纸质会计档案的管理方法进行管理。

（11）上述关于电子专票报销入账归档的问答口径是否适用于其他增值税电子发票？

答：同样适用。

第四节　账簿凭证管理典型案例分析

一、企业所得税税前扣除凭证案例[①]

上诉人广州市甲科技实业有限公司（以下简称"甲科技公司"）因与被上诉人国家税务总局广州市税务局第一稽查局（以下简称"市税务局第一稽查局"）、国家税务总局广州市税务局（以下简称"市税务局"）税务处理及行政复议决定一案，不服广州铁路运输法院〔2019〕粤7101行初5475号行政判决，向广州铁路运输中级法院（以下简称"广州铁路中院"）提起上诉。广州铁路中院受理后，依法组成合议庭进行了审理。本案现已审理终结。

原审法院经审理查明：2017年9月19日，原安徽省马鞍山市国家税务局稽查局向原广州市国家税务局南区稽查局出具《已证实虚开通知单》及发票明细单，证实马鞍山佳荣物流有限公司、马鞍山福瑞物流有限公司在2013年至2014年期间，在无实际货物运输业务行为的情况下，向甲科技公司虚开发票。

2018年3月30日，原广州市国家税务局南区稽查局出具穗国税南稽检通〔2018〕167号《税务检查通知书》，通知甲科技公司，该局将自2018年4月2日起对其2013年1月1日至2014年12月31日期间涉税情况进行检查。该通知书于2018年4月16日直接送达甲科技公司。

2018年5月11日，原广州市国家税务局南区稽查局向中国银行发出穗国税南稽许〔2018〕191号《检查存款账户许可证明》，要求其协助查询甲科技公司的相关支票的支付交易情况。在案证据中的9张出票人为甲科技公司的中国银行支票复印件记载的收款人分别为上饶市信江运输有限公司、江西伟兴物流有限公司。甲科技公司于2018年7月16日在上述支票复印件上盖章确认与原件核对无误，原件存于其处。

2018年7月2日，原广州市国家税务局南区稽查局出具穗国税南稽税通〔2018〕479号《税务事项通知书》，根据《税收征收管理法》第五十四条第（三）项、《企业所得税税前扣除凭证管理办法》（国家税务总局公告2018年第28号）第十四条、第十五条的规定，通知甲科技公司自收到通知书之日起

[①] 资料来源：广州铁路运输中级法院〔2020〕粤71行终1279号行政判决书。

60日内补开、换开符合规定的货物运输业增值税专用发票,因对方特殊原因无法补开、换开货物运输业增值税专用发票的,应当自收到通知书之日起60日内提供可以证实相关真实性的资料。该通知书于2018年7月4日直接送达甲科技公司。甲科技公司于2018年8月31日出具《情况说明》,提出由于马鞍山佳荣物流有限公司、马鞍山福瑞物流有限公司已被列入工商经营异常名录,甲科技公司无法在期限内补开、换开发票、其他外部凭证,现向该局提供证实真实性的相关资料,包括原始发货托运凭证,收款凭证。甲科技公司于2019年1月23日出具《关于无法补开合法发票的情况说明》,提出其根据税务通知书的要求,要求三鑫运业物流有限公司补开具合法正规的运输发票,但是由于三鑫运业物流有限公司没有进行工商登记,没有经营执照,无法补开合法正规的发票给甲科技公司。

2018年7月31日,因税务机构改革,国家税务总局广州市税务局稽查局出具穗税稽税通〔2018〕129431号《税务事项通知书》,通知甲科技公司对其税务检查相关工作暂以国家税务总局广州市税务局稽查局名义开展。该通知书于同日直接送达甲科技公司。

2018年11月30日,因税务机构改革,市税务局第一稽查局出具穗税一稽税通〔2018〕90324号《税务事项通知书》,通知甲科技公司对其税务检查相关工作,执法主体由国家税务总局广州市税务局稽查局变更为国家税务总局广州市税务局第一稽查局以及检查人员变更等事项。该通知书于同日直接送达甲科技公司。甲科技公司于2018年12月20日向市税务局第一稽查局出具《情况说明》,提出该公司货物由三鑫运业物流有限公司承运,三鑫运业物流有限公司称其将货物转至马鞍山佳荣物流有限公司、马鞍山福瑞物流有限公司,三鑫运业物流有限公司并向甲科技公司出具上述马鞍山两家公司开具的增值税发票。甲科技公司称,号码为00208439的发票于2013年10月收到并进行抵扣认证,号码为00209270的发票于2013年11月收到并进行抵扣认证,号码分别为00468117、00468118的发票于2014年1月收到并进行抵扣认证,号码分别为00473405、00473406、00473407的发票于2014年4月收到并进行抵扣认证,号码分别为00822107、00822108的发票于2014年6月收到并进行抵扣认证,号码分别为00823765、00823766的发票于2014年7月收到并抵扣认证。甲科技公司称已经将上述11张增值税发票通过国税前台人工扫描认证进行抵扣,至今没做进项税转出,款项分别于2013年10月、11月、12月,2014年1月、4月、5月、6月累计结清;并且上述11张增值税专用发票涉及的成本合计669 168.47元,已经分别在2013年10月、11月,2014年1月、4月、6月、7月,结转本年利润,并在企业所得税税前扣除,至检查日止未作企业所得税纳税调整,未足额缴纳企业所得税。此外,由于三鑫运业物流有限公司有时候在对账时会把一些杂小的运费漏记,在收款时就产生了应付款与支票金额不符的情况，从而产生了少量的现金支付。

2019年1月9日，市税务局第一稽查局出具穗税一稽询〔2019〕3号《询问通知书》，通知甲科技公司法定代表人黄某某于2019年1月11日到该局就涉税事宜接受询问。该通知书于同日直接送达甲科技公司，甲科技公司于2019年1月11日向市税务局第一稽查局出具《补充说明》，并分别于2019年1月11日、1月25日、2月22日向市税务局第一稽查局提交了《承运合同》《采购合同》、收据、送货单、货物托运单、对账单、银行流水、记账凭证、会计账簿、《增值税纳税申报表》《企业所得税纳税申报表》等材料。

2019年1月19日，市税务局第一稽查局对甲科技公司的法定代表人黄某某进行调查，并制作《询问（调查）笔录》。甲科技公司于2019年1月31日向市税务局第一稽查局出具《税务稽查情况说明》，再次说明其货物运输及收款情况，提出其公司没有接受第三方开具的发票以及主观或客观的偷税、逃税。

2019年1月25日，市税务局第一稽查局制作《税务稽查工作底稿（二）》，记载了涉案增值税发票的代码、号码、金额、涉及的税额以及涉及的成本数额，甲科技公司未缴纳增值税、城市维护建设税、教育费附加、地方教育附加以及企业所得税的情况。同日，甲科技公司陈述上述底稿记载的数据准确，其与三鑫运业物流有限公司的交易属实，三鑫运业物流有限公司与其签订的合同有合同章，收据有财务章，开具的发票已由税务前台抵扣认证，事发后2019年1月24日甲科技公司去查证三鑫运业物流有限公司，发现其无工商登记，故无法补开发票。

2019年5月8日，市税务局第一稽查局出具穗税一稽罚告〔2019〕150022号《税务行政处罚事项告知书》，书面告知甲科技公司处罚依据、金额以及依法享受的陈述、申辩、听证等权利。该《处罚事项告知书》于2019年5月14日直接送达甲科技公司。2019年5月16日，甲科技公司向市税务局第一稽查局提出《听证申请》和《关于举行听证会的说明》，书面提出陈述申辩意见及听证申请。市税务局第一稽查局受理后于2019年5月29日举行听证，并制作《听证笔录》。

2019年7月16日，市税务局第一稽查局向甲科技公司作出穗税一稽处〔2019〕150414号《税务处理决定书》。该《税务处理决定书》的主要内容为："我局于2018年4月2日起至2019年5月7日对你单位2013年1月1日至2014年12月31日缴纳税费情况进行检查。违法事实及处理决定如下：一、违法事实。（一）你单位向三鑫运业物流有限公司购进运输服务，但从销售方取得第三方马鞍山佳荣物流有限公司开具的9份货物运输业增值税专用发票，发票代码3400131730，发票号码00208439、00209270、00468117、00468118、00473405、00473406、00473407、00823765、00823766，金额共547 686.49元，税额共计60 245.51元，价税合计共607 932.00元；你单位向三鑫运业物流有限公司购进运输服务，从销售方取得第三方马鞍山福瑞物流有限公司开具的货物运输业增值税专用发票2份，发票代码3400131730，发票号码00822107、00822108，金额共计121 481.98元，税额共计13 363.02元，价税合计共134 845.00元。以上11份发票经原安徽省马鞍山市国家税务局稽查局证实，上述发票为虚开的增值税专用发票。上述发票涉及的进项税额合计73 608.53元，你单位于2013年10月、11月和2014年1月、4月、6月、7月（税款所属时期）向税务机关申报抵扣，至我局检查之日止未作进项转出处理，少缴增值税及相关城市维护建设税、教育费附加及地方教育附加。（二）上述2013年取得的2张发票涉及的金额107 525.22元，2014年取得的9张发票涉及的金额561 643.25元，合计669 168.47元，你单位分别于2013年、2014年当年企业所得税税前扣除669 168.47元……至我局检查之日止未作纳税调整。经原广州市国家税务局南区稽查局发出《税务事项通知书》（穗国税南稽税通〔2018〕479号）后，你单位未能在规定的期限内从销售方补开、换开发票，也无法提供涉及金额669 168.47元支出真实性的相关资料，造成少计企业所得税应纳税所得额。……二、处理决定。（一）追缴增值税及附加税费。根据《税收征收管理法》第六十三条第一款、《财政部、国家税务总局关于将铁路运输和邮政业纳入营业税改征增值税试点的通知》（财税〔2013〕106号）附件1《营业税改征增值税试点实施办法》第一条、第八条、第十八条、第二十三条、第五十一条及《国家税务总局关于纳税人虚开增值税专用发票征补税款问题的公告》（2012年第33号）规定，'纳税人取得虚开的增值税专用发票，不得作为增值税合法有效的扣税凭证抵扣其进项税额'的规定，你单位取得上述虚开的货物运输业增值税专用发票11份，其进项税额不予抵扣，对你单位追缴增值税73 608.53元，其中2013年11 827.78元，2014年61 780.75元。根据《中华人民共和国城市维护建设税暂行条例》（2011年1月8日修订）第二条、第三条、第四条的规定，对你单位追缴纳城市维护建设税5 152.61元，其中2013年827.95元，2014年4 324.66元。根据《征收教育费附加的暂行规定》（2011年1月8日修订）第二条、第三条的规定，对你单位追缴教育费附加2 208.26元，其中2013年354.83元，2014年1 853.43元。根据《关于贯彻落实广东省地方教育附加征收使用管理暂行办法的意见》（粤财综〔2011〕58号）和《广东省地方教育附加征收使用管理暂行办法》第六条、第十条的规定，对你单位追缴地方教育附加1 472.16元，其中2013年236.55元，2014年1 235.61元。（二）追缴企业所得税。根据《税收征收管理法》第十九条、《企业所得税法》第一条第一款、第二条第二款、第三条第一款、第五条、第八条、《发票管理办法》第二十一条和《企业所得税税前扣除凭证管理办法》第十六条'企业在规定的期限未能补开、换开符合规定的发票、其他外部凭证，并且未能按照该办法第十四条的规定提供相关资料证实其支出真实性的，相应支出不得在发生年度税前扣除'的规定，上述发票是不符合规定的发票，不得作为税前扣除的凭据。应调增你单位2013年度应纳税所得额106 105.89元（成本107 525.22元－城市维护建设税827.95元－教育费附加354.83元－地方教育附加236.55元），年度原申报应纳税所得额1 109 434.04元，调整后年度应纳税所得额为1 215 539.93元，应按25%的税率应缴纳企业所得税303 884.98元，原申报年度应缴企业所得税277 358.51元，应补缴2013年度企业所得税26 526.47元；应调增你单位2014年度应纳税所得额554 229.55元（成本561 643.25元－城市维护建设税4 324.66元－教育费附加1 853.43元－地方教育附加1 235.61元），年度原申报应纳税所得额1 183 033.85元，调整后年度应纳税所得额为1 737 263.40元，应按25%的税率应缴纳企业所得税434 315.85元，原申报年度应缴企业所得税295 758.46元，应补缴2014年度企业所得税138 557.39元。合计应补缴企业所得税165 083.86元。（三）加收滞纳金。根据《税收征收管理法》第三十二条、《税收征收管理法实施细则》第七十五条的规定，对你单位上述少缴增值税73 608.53元、城市维护建设税5 152.61元、企业所得税165 083.86元从滞纳税款之日起，至实际缴纳之日止按日加收万分之五的滞纳金。综上所述，你单位应补缴增值税73 608.53元、城市维护建设税5 152.61元、教育费附加2 208.26元、地方教育附加1 472.16元、企业所得税165 083.86元，并从税款滞纳之日起至实际缴纳或者解缴税款之日止，按日加收滞纳税款万分之五的滞纳金。"上述《税务处理决定书》于2019年7月22日直接送达甲科技公司。

2019年8月13日，甲科技公司不服上述《税务处理决定书》，向市税务局申请行政复议。市税务局于同日受理后，于2019年8月20日向市税务局第一稽查局发出《行政复议答复通知书》。市税务局第一稽查局于2019年8月27日作出《行政复议答复书》，并提交了相关证据材料。2019年9月29日，市税务局作出《行政复议延期审理通知书》，决定行政复议决定延期至2019年11月11日之前作出。2019年10月15日，市税务局作出穗税行复〔2019〕27号《行政复议决定书》，根据《行政复议法》第二十八条第一款第（一）项及《行政复议法实施条例》第四十三条的规定，决定维持市税务局第一稽查局作出的穗税一稽处〔2019〕150414号《税务处理决定书》。甲科技公司仍不服，诉至原审法院。

原审另查明，《国家税务总局广州市税务局关于设立国家税务总局广州市税务局第一稽查局、国家税务总局广州市税务局第二稽查局、国家税务总局广州市税务局第三稽查局的公告》（国家税务总局广州市税务局公告2018年第5号）规定："一、国家税务总局广州市税务局第一稽查局主要职责：承担广州市税务局列名大企业的税务稽查、税收高风险事项应对和协查等工作；负责广州市越秀区、白云区、花都区、从化区区域内的税收、社会保险费和有关非税收入违法案件的查处以及查办案件的执行工作，承接广州市税务局稽查局指定案件的查处以及执行工作。"

经稽查局局长审批，市税务局第一稽查局办理税收违法案件审理时限延长至2019年7月22日。

原审法院认为：市税务局第一稽查局的职权有相应的法律、法规予以规定，有权作出涉案税务处理决定。甲科技公司对市税务局第一稽查局的职权并无异议，原审法院不予赘述。本案中，涉案税务处理决定认定的11份增值税发票的代码、号码、金额、涉及的成本数额以及税额，甲科技公司将涉案11份增值税发票涉及的进项税额73 608.53元向税务机关申报抵扣，至市税务局第一稽查局检查之日止未作进项转出处理以及甲科技公司将涉案11份增值税发票涉及的成本669 168.47元在当年企业所得税税前扣除，至市税务局第一稽查局检查之日止未作纳税调整的事实有相应证据证实，且甲科技公司对此均没有异议，原审法院予以确认。根据本案的案件事实及各方当事人的诉辩意见，本案的争议焦点是：一是甲科技公司是否具有《税收征收管理法》第六十三条第一款规定的偷税行为和主观故意。二是市税务局第一稽查局适用《企业所得税税前扣除凭证管理办法》的第十六条适用法律是否正确。三是涉案稽查程序是否合法。四是涉案《税务处理决定书》计算加收滞纳金的期限是否符合法律规定。

一、甲科技公司是否具有《税收征收管理法》第六十三条第一款规定的偷税行为和主观故意。《税收征收管理法》第六十三条第一款规定："纳税人伪造、变造、隐匿、擅自销毁账簿、记账凭证，或者在账簿上多列支出或者不列、少列收入，或者经税务机关通知申报而拒不申报或者进行虚假的纳税申报，不缴或者少缴应纳税款的，是偷税。对纳税人偷税的，由税务机关追缴其不缴或者少缴的税款、滞纳金，并处不缴或者少缴的税款百分之五十以上五倍以下的罚款；构成犯罪的，依法追究刑事责任。"《国家税务总局关于纳税人虚开增值税专用发票征补税款问题的公告》（国家税务总局公告2012年第33号）规定："纳税人取得虚开的增值税专用发票，不得作为增值税合法有效的扣税凭证抵扣其进项税额。"本案中，涉案11份增值税发票系由马鞍山佳荣物流有限公司、马鞍山福瑞物流有限公司公司开具，根据安徽省马鞍山市国家税务局稽查局2017年9月19日向原广州市国家税务局南区稽查局出具的《已证实虚开通知单》及发票明细单，证实马鞍山佳荣物流有限公司、马鞍山福瑞物流有限公司在2013年至2014年期间，在无实际货物运输业务行为的情况下，向甲科技公司虚开发票。甲科技公司明知其与开票单位不具有真实的业务往来的情况下，进行虚假的纳税申报，将取得的涉案11份增值税发票用于抵扣进项税额违反相关法律规定，少缴增值税、城市维护建设税、教育费附加、地方教育附加，符合《税收征收管理法》第六十三条第一款规定的偷税行为和偷税的主观故意。甲科技公司主张其不知道开票单位提供的涉案发票属于虚开的发票以及没有偷税的故意，与事实不符，原审法院不予采纳。甲科技公司取得的涉案11份增值税发票为虚开的发票，依法不得作为增值税合法有效的抵扣凭证抵扣其进项税额。甲科技公司将涉案取得虚开的11份增值税发票用于抵扣进项税额违反相关法律规定，少缴增值税、城市维护建设税、教育费附加、地方教育附加，市税务局第一稽查局依法追缴相应的增值税、城市维护建设税、教育费附加、地方教育附加认定事实清楚，适用法律正确，处理结果适当。

二、市税务局第一稽查局适用《企业所得税税前扣除凭证管理办法》的第十六条适用法律是否正确。《企业所得税税前扣除凭证管理办法》第十四条规定："企业在补开、换开发票、其他外部凭证过程中，因对方注销、撤销、依法被吊销营业执照、被税务机关认定为非正常户等特殊原因无法补开、换开发票、其他外部凭证的，可凭以下资料证实支出真实性后，其支出允许税前扣除：（一）无法补开、换开发票、其他外部凭证原因的证明资料（包括工商注销、机构撤销、列入非正常经营户、破产公告等证明资料）。（二）相关业务活动的合同或者协议。（三）采用非现金方式支付的付款凭证。（四）货物运输的证明资料。（五）货物入库、出库内部凭证。（六）企业会计核算记录以及其他资料。前款第一项至第三项为必备资料。"第十六条规定："企业在规定的期限未能补开、换开符合规定的发票、其他外部凭证，并且未能按照该办法第十四条的规定提供相关资料证实其支出真实性的，相应支出不得在发生年度税前扣除。"其一，在实施时间上，《企业所得税税前扣除凭证管理办法》自2018年7月1日起实施，原广州市国家税务局南区稽查局于2018年7月2日出具穗国税南稽税通〔2018〕479号《税务事项通知书》时，该管理办法已经实施。其二，在制定依据上，《企业所得税税前扣除凭证管理办法》系根据《企业所得税法》及其实施条例、《税收征收管理法》及其实施细则、《发票管理办法》及其实施细则等规定而制定的，具有充分的上位法依据。其三，在内容上，《企业所得税税前扣除凭证管理办法》的第十四条是针对企业未取得外部凭证或取得不合规外部凭证的情况下，规定企业可以采取的补救措施，有利于企业及时改正相应的不合法或不合规的纳税行为。本案中，甲科技公司申报企业所得税使用了涉案11份增值税发票作为抵扣凭证，市税务局第一稽查局适用《企业所得税税前扣除凭证管理办法》第十四条的规定，要求甲科技公司采取相应的补救措施，并无不当。甲科技公司并未提供符合《企业所得税税前扣除凭证管理办法》第十四条规定的证实其支出真实性相关资料，市税务局第一稽查局则适用该管理办法第十六条的规定予以处理，亦并无不当。市税务局第一稽查局向甲科技公司追缴其少缴的企业所得税165 083.86元，认定事实清楚，适用法律正确，处理结果适当。关于甲科技公司认为其货物运输业务真实，因此其实际发生的运输费应当在税前扣除的主张。经查，甲科技公司向市税务局第一稽查局提交的《承运合同》中承运方盖章为"三鑫运业物流有限公司业务专用章",提交的《收款收据》中的收款单位为"三鑫物流有限公司财务专用章",《承运合同》中的业务专用章与《收款收据》中的财务专用章指向的单位名称明显不一致。经甲科技公司盖章确认无误的中国银行支票复印件的收款人为"上饶市信江运输有限公司""江西伟兴物流有限公司",亦与前述的《承运合同》中的业务专用章与《收款收据》中的财务专用章指向的单位名称明显不一致。现甲科技公司不能举证证实其支出真实性的合法、合规的凭证,其认为涉案运输费应当在税前扣除的主张不能成立,原审法院不予支持。

三、涉案稽查程序是否合法。《税务稽查工作规程》第二十二条第四款规定:"检查应当自实施检查之日起60日内完成;确需延长检查时间的,应当经稽查局局长批准。"本案中,原广州市国家税务局南区稽查局于2018年3月30日对甲科技公司立案调查,因执法机构改革,国家税务总局广州市税务局稽查局、市税务局第一稽查局分别向甲科技公司告知了执法主体及相应的变更情况,并经稽查局局长审批,依法延长本案的检查时间,并未违反上述法律规定。甲科技公司提出市税务局第一稽查局违反法定办理时限的主张不能成立,原审法院不予支持。甲科技公司主张市税务局第一稽查局关于涉案9张中国银行支票复印件取证程序违法,其提出执法主体将调取的涉案9张中国银行支票复印件交由甲科技公司确认后,作为甲科技公司提供的证据。经查,涉案9张中国银行支票复印件经甲科技公司于2018年7月16日盖章确认与原件核对无误,原件存于其处。涉案9张中国银行支票复印件具有真实性,可以作为市税务局第一稽查局作出涉案《税务处理决定书》的证据。甲科技公司提出上述主张,不能成立,原审法院不予支持。

四、涉案《税务处理决定书》计算加收滞纳金的期限是否符合法律规定。《税收征收管理法》第三十二条规定:"纳税人未按照规定期限缴纳税款的,扣缴义务人未按照规定期限解缴税款的,税务机关除责令限期缴纳外,从滞纳税款之日起,按日加收滞纳税款万分之五的滞纳金。"《税收征收管理法实施细则》第七十五条规定:"《税收征收管理法》第三十二条规定的加收滞纳金的起止时间,为法律、行政法规规定或者税务机关依照法律、行政法规的规定确定的税款缴纳期限届满次日起至纳税人、扣缴义务人实际缴纳或者解缴税款之日止。"本案中,涉案税务处理决定认定甲科技公司少缴增值税73 608.53元、城市维护建设税5 152.61元、企业所得税165 083.86元事实清楚,根据上述规定,责令甲科技公司自滞纳税款之日起,至实际缴纳或者解缴税款之日止,按日加收滞纳税款万分之五的滞纳金,并无不当。甲科技公司称市税务局第一稽查局超过法定检查期限缺乏事实和法律依据,甲科技公司主张该期间的滞纳金不应由其承担,理由不能成立,原审法院不予支持。

《行政复议法》第十二条第二款规定:"对海关、金融、国税、外汇管理等实行垂直领导的行政机关和国家安全机关的具体行政行为不服的，向上一级主管部门申请行政复议。"本案中，甲科技公司不服市税务局第一稽查局作出的涉案《税务处理决定书》，市税务局依法有权进行行政复议。《行政复议法》第二十八条规定："行政复议机关负责法制工作的机构应当对被申请人作出的具体行政行为进行审查，提出意见，经行政复议机关的负责人同意或者集体讨论通过后，按照下列规定作出行政复议决定：（一）具体行政行为认定事实清楚，证据确凿，适用依据正确，程序合法，内容适当的，决定维持……"市税务局第一稽查局作出涉案《税务处理决定书》合法，市税务局作出穗税行复〔2019〕27号《行政复议决定书》，决定维持上述《税务处理决定书》，符合法律规定。经审查，市税务局作出上述行政复议决定程序合法。

综上所述，市税务局第一稽查局作出的穗税一稽处〔2019〕150414号《税务处理决定书》和市税务局作出的穗税行复〔2019〕27号《行政复议决定书》，认定事实清楚，适用法律正确，程序合法，符合法定权限。甲科技公司请求撤销上述《税务处理决定书》和《行政复议决定书》，理由不充分，原审法院不予支持。依照《行政诉讼法》第六十九条、第七十九条的规定，判决驳回甲科技公司的诉讼请求。

上诉人甲科技公司不服原审判决，向广州铁路中院提起上诉称：一、甲科技公司相关运费已真实发生，不具有偷税行为和主观故意，原审判决认定事实错误。原审判决认定的仅仅是增值税及其附加税费的追缴合法适当，但增值税进项税额不能抵扣，不等于相关支出不能在企业所得税税前扣除，少缴增值税和少缴企业所得税是不同的问题。换言之，虚开的增值税发票虽不得抵扣进项税额，但相关支出如真实发生，且符合《企业所得税法》等相关规定，可以在企业所得税税前扣除，不属于偷税。甲科技公司的《货物采购合同》《承运合同》、对账单、货物托运单、送货单，以及运费支付的收据、支票存根、银行交易明细等，证明运输业务真实存在，运输费用已经真实支付。根据《企业所得税法》第八条的规定，除了发票，能够证明业务真实的相关资料，同样是有效的税前扣除凭证。因此，甲科技公司将相关运费支出在企业所得税税前扣除的行为，符合法律规定，不具有偷税行为和主观故意。二、原审判决未核实甲科技公司与龚某某之间业务和支出的真实性，且对市税务局第一稽查局改变证据来源导致认定事实不清的情况未予重视，原审判决认定事实错误。1."三鑫运业物流有限公司"是龚某某虚拟的公司，甲科技公司是与龚某某发生业务。甲科技公司提交的证据足以形成证据链，证明甲科技公司与龚某某之间运输业务客观存在，运输费用真实。2.对于原审法院提及的"中国银行支票复印件"，甲科技公司在原审庭审及代理词中均反复强调其证据来源存在问题，但原审判决未作回应。三、原审法院对稽查时间超期的问题及甲科技公司提出的补充质证意见未作回应,错误采纳市税务局第一稽查局逾期提交的证据,认定本案适用《企业所得税税前扣除凭证管理办法》,适用法律错误。原审判决实质上认可了市税务局第一稽查局在原审庭审结束后两个多月才补充提交的证据《延长税收违法案件检查时限审批表》和《延长税收违法案件审理时限审批表》。由于反复延长检查时限多达八次,其中四次延长时限理由仅为"该案正在资料审核中",并非基于"确需延长检查时间"的合理事由,导致检查在《企业所得税税前扣除凭证管理办法》施行后才完成,并据此作出对甲科技公司不利的处理决定,不符合"从旧兼从轻"的法律适用原则,属于适用法律错误。退一步说,即使适用《企业所得税税前扣除凭证管理办法》,甲科技公司已按照该办法第十四条第(一)至(三)款的规定,提供了相关证明资料,因此,相应支出在发生年度税前扣除于法有据。据此,请求判决:1.撤销原审判决。2.撤销市税务局第一稽查局作出的穗税一稽处〔2019〕150414号《税务处理决定书》。3.撤销市税务局作出的穗税行复〔2019〕27号《行政复议决定书》。4.本案全部诉讼费用由市税务局第一稽查局、市税务局承担。

被上诉人市税务局第一稽查局二审期间提交答辩意见称:一、原审判决认定事实清楚,适用法律正确,请求予以维持。1.甲科技公司在明知其与开票单位之间不存在真实货物运输业务的情况下,仍以开票单位虚开的增值税专用发票向税务机关申报抵扣,造成少缴增值税、城市维护建设税、教育费附加、地方教育附加,市税务局第一稽查局依法予以追缴具有事实和法律依据。2.鉴于甲科技公司的11份增值税专用发票是虚开的发票,不能证实该公司的运输费用真实发生,不能作为企业所得税税前扣除的凭证,原广州市国家税务局南区稽查局已依法通知甲科技公司在指定期限内补开、换开发票,或提供资料证实其支出的真实性,甲科技公司在指定期限内既不能补开、换开发票,提供的资料也不能证实其支出的真实性,市税务局第一稽查局依法追缴企业所得税具有事实和法律依据。3.甲科技公司少缴增值税、城市维护建设税、企业所得税,根据《税收征收管理法》第三十二条、《税收征收管理法实施细则》第七十五条的规定,市税务局第一稽查局依法对甲科技公司少缴的税款加收滞纳金具有事实和法律依据。二、对甲科技公司上诉事实和理由的回应意见。1.甲科技公司以开票单位虚开的增值税专用发票向税务机关申报抵扣,原审判决认定甲科技公司具有偷税行为和主观故意具有事实和法律依据。2.甲科技公司在诉讼过程中对中国银行支票联的来源提出异议,但该中国银行支票联已经甲科技公司盖章确认,可以作为认定事实的依据。3.市税务局第一稽查局已根据《税务稽查工作规程》的规定延长案件办理期限,不存在超期办案的情形。4.本案适用《企业所得税税前扣除凭证管理办法》更有利于保护行政相对人的合法权益,且根据"实体从旧,程序从新"的法律适用原则，市税务局第一稽查局的具体行政行为未违反"从旧兼从轻"的法律适用原则。综上所述，市税务局第一稽查局作出的被诉税务处理决定认定事实清楚，证据充分，程序合法，适用法律正确，原审判决具有事实和法律依据，请求驳回甲科技公司的上诉请求，维持原审判决。

被上诉人市税务局二审期间提交答辩意见称：市税务局收到甲科技公司复议申请后依法进行审查，作出被诉行政复议决定并告知甲科技公司，认定事实清楚，适用法律正确，程序合法。甲科技公司取得并使用不合规发票的事实清楚，且其不能提交符合要求的证明资料。市税务局第一稽查局作出的被诉税务处理决定认定事实清楚，证据确凿，适用依据正确，程序合法，内容适当，市税务局作出被诉行政复议决定予以维持符合法律规定。综上所述，原审法院认定事实清楚，适用法律正确，请求驳回上诉，维持原判。

经审查，原审法院查明事实清楚，且有相应证据证实，广州铁路中院予以确认。

广州铁路中院认为，根据查明的案件事实及各方当事人的诉辩意见，本案争议焦点主要在于：一、被诉《税务处理决定书》追缴企业所得税是否符合法律规定。二、被诉稽查程序是否合法。

一、被诉《税务处理决定书》追缴企业所得税是否符合法律规定。《企业所得税法》第八条规定："企业实际发生的与取得收入有关的、合理的支出，包括成本、费用、税金、损失和其他支出，准予在计算应纳税所得额时扣除。"《税收征收管理法》第十九条规定："纳税人、扣缴义务人按照有关法律、行政法规和国务院财政、税务主管部门的规定设置账簿，根据合法、有效凭证记账，进行核算。"第六十三条第一款规定："纳税人伪造、变造、隐匿、擅自销毁账簿、记账凭证，或者在账簿上多列支出或者不列、少列收入，或者经税务机关通知申报而拒不申报或者进行虚假的纳税申报，不缴或者少缴应纳税款的，是偷税。对纳税人偷税的，由税务机关追缴其不缴或者少缴的税款、滞纳金，并处不缴或者少缴的税款百分之五十以上五倍以下的罚款；构成犯罪的，依法追究刑事责任。"《发票管理办法》第二十一条规定："不符合规定的发票，不得作为财务报销凭证，任何单位和个人有权拒收。"《企业所得税税前扣除凭证管理办法》第十四条规定："企业在补开、换开发票、其他外部凭证过程中，因对方注销、撤销、依法被吊销营业执照、被税务机关认定为非正常户等特殊原因无法补开、换开发票、其他外部凭证的，可凭以下资料证实支出真实性后，其支出允许税前扣除：（一）无法补开、换开发票、其他外部凭证原因的证明资料（包括工商注销、机构撤销、列入非正常经营户、破产公告等证明资料）。（二）相关业务活动的合同或者协议。（三）采用非现金方式支付的付款凭证。（四）货物运输的证明资料。（五）货物入库、出库内部凭证。（六）企业会计核算记录以及其他资料。前款第一项至第三项为必备资料。"第十六条规定："企业在规定的期限未能补开、换开符合规定的发票、其他外部凭证，并且未能按照该办法第十四条的规定提供相关资料证实其支出真实性的，相应支出不得在发生年度税前扣除。"根据上述规定，企业在申请企业所得税税前扣除时，扣除的支出应为企业实际发生的与取得收入有关的合理支出，且支出的真实性具有相关资料予以证实。对于企业进行虚假纳税申报、少缴应纳税款的，由税务机关追缴其少缴的税款。本案中，甲科技公司使用涉案11份虚开的货物运输业增值税专用发票进行企业所得税税前扣除，其税前扣除支出的发票不具有真实性，相应支出不应作为企业所得税税前扣除。因此，市税务局第一稽查局要求甲科技公司采取相应的补救措施证明其支出真实性，并无不当。因甲科技公司未能提交符合《企业所得税税前扣除凭证管理办法》第十四条规定的证实支出真实性的相关资料，市税务局第一稽查局认定其税前扣除不符合上述法律法规的规定，据此作出被诉税务处理决定追缴其少缴的企业所得税，认定事实清楚，适用法律正确，处理结果适当，依法应予维持。关于甲科技公司认为其货物运输业务真实，实际发生的运输费应当在税前扣除，以及市税务局第一稽查局适用《企业所得税税前扣除凭证管理办法》导致适用法律错误的主张，原审判决已作出详细评述，广州铁路中院予以认可，不再赘述。

二、涉案稽查程序是否合法。《税务稽查工作规程》第二十二条第四款规定："检查应当自实施检查之日起60日内完成；确需延长检查时间的，应当经稽查局局长批准。"本案中，原广州市国家税务局南区稽查局自2018年4月2日对甲科技公司进行税务检查，其后因执法机构改革，国家税务总局广州市税务局稽查局、市税务局第一稽查局分别向甲科技公司告知了执法主体及相应的变更情况。因需延长检查时间，经稽查局局长审批，市税务局第一稽查局依法延长本案的检查时间，并未违反上述规定。因此，甲科技公司上诉主张市税务局第一稽查局违反法定办理时限，于法无据，不予采纳。

市税务局受理甲科技公司的行政复议申请后，经审查市税务局第一稽查局作出的被诉税务处理决定，认定事实清楚，适用依据正确，程序合法，遂根据《行政复议法》第二十八条规定在法定期限内作出被诉行政复议决定，复议程序合法。

综上所述，原审判决认定事实清楚，适用法律正确，程序合法，予以维持。甲科技公司的上诉请求不能成立，予以驳回。

2020年8月3日，广州铁路中院依照《行政诉讼法》第八十九条第一款第（一）项规定，作出〔2020〕粤71行终1279号行政判决书，判决驳回上诉，维持原判。二审案件受理费50元，由上诉人广州市甲科技实业有限公司负担。

二、丢失账簿与虚开发票案①

上诉人北京甲商贸有限公司（以下简称"甲公司"）因诉国家税务总局北京市税务局第一稽查局（以下简称"北京税务第一稽查局"）、国家税务总局北京市税务局（以下简称"北京税务局"）罚款、责令改正及行政复议决定一案，不服北京市西城区人民法院（以下简称"一审法院"）所作〔2020〕京0102行初62号行政判决，向北京市第二中级人民法院（以下简称"北京二中院"）提出上诉。北京二中院依法组成合议庭，对本案进行了审理，现已审理终结。

2017年10月20日，原北京市石景山区国家税务局稽查局（以下简称"原石景山国税稽查局"）作出石国税稽罚〔2017〕9号《税务行政处罚决定书》（以下简称"被诉处罚决定"），其中认定甲公司存在的违法事实为：（一）未按规定保管账簿、记账凭证的行为。经查，甲公司2012年明细账、记账凭证等资料搬家时丢失，根据《税收征收管理法》第二十四条、第六十条第一款第二项和《税收征收管理法实施细则》第二十九条第二款等相关文件之规定，甲公司的上述行为属于未按规定保管账簿、记账凭证的行为。（二）虚开增值税专用发票的行为。甲公司2012年11月28日为某商贸（北京）有限公司（以下简称"某公司"）开具52份增值税专用发票，发票代码：1100112140，发票号码：09700854至09700875、09701381至09701410，金额合计3 892 926.63元，税额合计661 797.47元，价税合计4 554 724.10元。经金税协查，西城国税稽查局调查取证，某公司2012年11月第50号1/1记账凭证记载，2012年11月30日收到由甲公司2012年11月28日开具52份增值税专用发票，发票代码：1100112140、发票号码：09700854至09700875、09701381至09701410，发票的票面货物名称全部为螺纹钢。某公司2012年12月第16号1/1记账凭证记载，2012年12月25日以银行转账（建行北京财满支行，账号×××）方式，分两笔支付甲公司货款4 554 724.10元。经金税协查，西城国税稽查局调取到某公司与甲公司之间相关业务的"采购合同"1份，"采购合同"的总合同金额4 554 724.10元。某公司会计核算中记账凭证没有出、入库单据，也没有相关运费的核算记载。经金税协查，西城国税稽查局对某公司取得甲公司开具增值税专用发票涉及的有关货物情况进行调查取证，检查发现某公司2012年12月第20号1/1记账凭证记载，某公司2012年12月25日支付4 554 724.10元货款的当日，甲公司仍然通过某公司的银行账户（建行北京财满支行，账号×××）分两笔将上述4 554 724.10元货款全部转回给某公司。调查证实甲公司开具上述52份增值税专用发票后，将货款资金全部回流给了支付方某公司。通过调查询问证实，某公司的人员与甲公司没有办理过钢材货物的交收，即某公司与甲公司没有进行过实际钢材贸易。根据《发票管理办法》第二十二条、第三十七条、

---

① 资料来源：北京市第二中级人民法院〔2011〕京02行终397号行政判决书。

《国家税务总局关于纳税人虚开增值税专用发票征补税款问题的公告》（国家税务总局公告2012年第33号，以下简称"33号公告"）等相关文件之规定，甲公司的上述行为属于虚开增值税专用发票的行为。根据《税收征收管理法》第二十四条、第六十条第一款第二项、《税收征收管理法实施细则》第二十九条第二款、33号公告、《发票管理办法》第二十二条第二款第一项、第三十七条的规定，（一）对甲公司为他人开具与实际经营业务情况不符的发票行为应定性为虚开，对该公司虚开行为处以20万元处罚。（二）对甲公司未按照规定保管账簿或者保管记账凭证和有关资料的行为，责令限期改正，并处以罚款2 000元。

甲公司不服被诉处罚决定，向原北京市国家税务局（以下简称"原北京国税局"）申请行政复议。北京税务局于2020年1月9日作出京税复决字〔2020〕1号《行政复议决定书》（以下简称"被诉复议决定"），决定维持被诉处罚决定。

甲公司向一审法院诉称，一、被诉处罚决定认定事实错误。甲公司2012年明细账、记账凭证丢失并非故意行为，不应属于《税收征收管理法》第六十条第一款第二项规定的行为。二、被诉处罚决定定性甲公司构成虚开增值税专用发票行为缺乏事实依据。1.甲公司系为配合某公司向中国某公司贸易融资而与其签订采购合同并开具增值税专用发票，主观上没有偷逃税款的目的。2.涉案交易甲公司皆依法开具发票并足额缴纳税款，客观上没有造成国家税款损失。三、被诉处罚决定违反了《行政处罚法》第三十八条和《关于加强行政执法与刑事司法衔接工作的意见》第一条第三款的规定。鉴于被诉处罚决定作出时，甲公司所涉虚开增值税发票案已进入检察院审查起诉阶段，此时作出行政处罚，明显违反了上述规定。故诉请法院判决撤销被诉复议决定和被诉处罚决定，本案诉讼费由北京税务第一稽查局和北京税务局承担。

北京税务第一稽查局一审辩称，一、被诉处罚决定认定事实清楚，证据确实充分，适用法律正确，程序合法。2017年8月16日，原石景山国税稽查局（后因税务机构改革，工作职责由北京税务第一稽查局承继）向甲公司送达税务检查通知书，决定对其2012年1月1日至2012年12月31日期间的涉税情况进行检查。经检查发现：1.甲公司存在未按规定保管账簿、记账凭证的行为。2.甲公司存在虚开增值税专用发票行为。针对上述发现的税收违法行为，原石景山国税稽查局按照法定程序作出被诉处罚决定。二、甲公司的诉讼请求及理由没有事实与法律依据，不能成立。1.关于甲公司所称2012年明细账、记账凭证丢失并非故意行为，不应属于《税收征收管理法》第六十条第一款第二项的行为问题。根据《税收征收管理法》第二十四条第一款及《税收征收管理法实施细则》第二十九条第二款的规定，甲公司的账簿、记账凭证等涉税资料应当保存10年。《行政处罚法》及《税收征收管理法》并未规定税务机关在实施行政处罚时需以行政相对人存在主观故意为前提。因此，无论甲公司丢失2012年明细账、记账凭证是否是故意行为，原石景山国税稽查局都有权对其进行处罚。2.关于甲公司所称被诉处罚决定认定其构成虚开增值税专用发票行为缺乏事实依据的问题。税务机关判定纳税人是否存在虚开发票的行为，主要是调查纳税人是否存在真实交易及有交易情况下是否按照交易内容开具发票。本案中，甲公司除了与某公司签订采购合同外，双方并未实际交付货物和实际支付合同款项，甲公司是在没有真实交易的情况下为某公司开具的增值税专用发票。甲公司的行为虽然未构成刑法上的虚开增值税专用发票罪，但因此种行为严重扰乱了增值税专用发票的正常管理秩序，因而已构成违反发票管理规定的虚开发票的行政违法行为。3.关于甲公司所称被诉处罚决定违反《行政处罚法》第三十八条、《关于加强行政执法与刑事司法衔接工作的意见》第一条第三款规定的问题。根据上述规定，行政机关有权根据情况对行政相对人的违法行为实施行政处罚；同时，如果行政相对人的行为涉嫌构成犯罪，行政机关有权移送司法机关处理，此规定并不意味着行政机关对移送司法机关处理的案件就一定不能实施行政处罚。对司法机关未就同一主体立案处理的案件，行政机关在移送前有权实施行政处罚。本案中，原石景山国税稽查局在对甲公司实施税务行政处罚前，并未向司法机关移送。而且，在处罚前，公安机关起诉意见书提请追究的是刘某某个人的刑事责任。稽查局处罚的主体与公安机关立案侦查的对象不是同一主体，被诉处罚决定并未违反上述规定。综上所述，被诉处罚决定事实清楚、证据充分、适用法律正确、程序合法，应予维持。甲公司所诉没有事实和法律依据，请法院依法驳回甲公司的诉讼请求。

北京税务局一审辩称，一、北京税务局已依法受理甲公司要求撤销被诉处罚决定的行政复议申请并作出行政复议决定，履行了行政复议的法定职责。二、被诉复议决定认定事实清楚，证据充分，适用法律正确，甲公司的诉求没有依据不能成立。综上所述，请求法院依法驳回甲公司的诉讼请求。

一审法院经审理查明，2017年8月8日，原石景山国税稽查局决定对甲公司2012年1月1日至2012年12月31日涉嫌税收违法行为立案调查。原石景山国税稽查局于2017年8月14日作出税务检查通知书，并于2017年8月16日向甲公司送达。原石景山国税稽查局于2017年9月6日作出责令限期改正通知书，并于2017年9月7日向甲公司送达。2017年9月11日，原石景山国税稽查局向甲公司作出并送达税务行政处罚事项告知书。2017年9月13日，甲公司提出听证申请。2017年9月18日，原石景山国税稽查局向甲公司作出并送达税务行政处罚听证通知书。2017年9月27日，原石景山国税稽查局按照听证程序举行听证会。经原北京市石景山区国家税务局重大税务案件审理委员会审理，原石景山国税稽查局于2017年10月20日作出被诉处罚决定。原石景山国税稽查局向甲公司送达被诉处罚决定。2017年10月23日，原石景山国税稽查局以甲公司涉嫌触犯

《中华人民共和国刑法》第二百零三条为由，将甲公司案件移送北京市公安局丰台分局。

甲公司不服被诉处罚决定，向原北京国税局提起行政复议申请。2017年11月9日，原北京国税局受理甲公司提起的行政复议申请。2017年11月16日，原北京国税局向甲公司作出受理行政复议申请通知书。2017年11月20日，原北京国税局向原石景山国税稽查局送达行政复议答复通知书。2017年11月27日，原北京国税局收到原石景山国税稽查局提交的行政复议答复意见书及相关材料。2018年1月5日，原北京国税局向甲公司作出行政复议中止审理通知书。原北京国税局向甲公司送达上述通知书。2020年1月8日，北京税务局向甲公司作出行政复议恢复审理通知书。北京税务局向甲公司送达上述通知书。2020年1月9日，北京税务局作出被诉复议决定。甲公司不服，向法院提起行政诉讼。

另，对于被诉处罚决定及被诉复议决定认定的事实，法院亦予确认。

另查，2017年2月26日，北京市公安局丰台分局作出的丰公诉字〔2017〕438号起诉意见书载明，犯罪嫌疑人分别为赵某、刘某某、李某某，拟将犯罪嫌疑人赵某、李某某、刘某某涉嫌虚开增值税专用发票罪的案件移送北京市丰台区人民检察院审查起诉，依法追究犯罪嫌疑人赵某、刘某某、李某某的刑事责任。

2017年12月31日，北京市西城区人民检察院作出京西检公诉刑诉〔2018〕76号起诉书，指控某公司、甲公司、北京某商贸有限公司（以下简称"某1公司"）、赵某、刘某某（于2016年9月20日被北京市公安局丰台分局刑事拘留）犯虚开增值税专用发票罪。

2018年6月15日，北京税务局挂牌成立，承继了原北京国税局的工作职责。自2018年8月17日起，原石景山国税稽查局的工作职责由北京税务第一稽查局承继。

2019年7月9日，法院〔2019〕京02刑终113号《刑事判决书》（以下简称"113号刑事判决书"）载明："经审理查明……某公司找到刘某某任法定代表人的某1公司和甲公司，由某1公司于2012年8月至2013年3月，给某公司开具增值税专用（进项）发票103份，税额合计16 150 052.28元，价税合计111 150 360.6元；甲公司于2012年11月，给某公司开具增值税专用（进项）发票52份，税额合计661 797.47元，价税合计4 554 724.1元。某公司将上述某1公司和甲公司开具的进项发票全部认证抵扣。在此过程中，某公司以支付货款名义转给某1公司90 241 794.78元，经甲公司后转回某公司85 491 794.78元；2012年12月25日，某公司支付甲公司4 554 724.1元，当日全部转回某公司。某1公司、甲公司在给某公司虚开增值税专用（进项）发票交易过程中，获取非法利益共计475万元……针对上诉人、上诉单位的上诉理由及相应辩护人的辩护意见和北京市人民检察院第二分院的出庭意见,法院综合评判如下:1.各上诉单位、各上诉人的行为不构成虚开增值税专用发票罪。增值税是以商品或应税劳务在流转过程中产生的增值额为计税依据而征收的一种流转税,增值税的征收以有实际商品流转或应税劳务发生且有增值为事实基础,同样开具增值税专用发票也应以实际发生商品流转或应税劳务为事实基础,在没有真实贸易的情况下开具增值税专用发票,就是一种虚假开具的行为,本质上属于虚开增值税专用发票行为,此种行为严重扰乱了增值税专用发票的正常管理秩序,已构成行政违法。但作为刑事犯罪的虚开增值税专用发票罪,不仅要从形式上把握是否存在虚假开具增值税专用发票的行为,还要从实质上把握行为人虚开增值税专用发票的主观心态以及客观后果……本案中,某公司找某1公司、甲公司虚开增值税专用发票,是因为之前某公司、山东分公司与中国某公司之间的贸易融资,某公司给中国某公司虚开了大量的增值税专用(进项)发票,某公司因此留下了相应的增值税专用(销项)发票,为避免因此缴纳相应的增值税,某公司找到某1公司、甲公司获取了虚开的增值税专用(进项)发票。从事情的前因看,某公司找某1公司、甲公司虚开增值税专用发票主观上并非出于骗取国家税款的目的。上述虚开的增值税专用(进项)发票虽已全部认证抵扣,但考虑到之前某公司因给中国某公司开具增值税专用发票而留下的大量销项发票,该部分发票因为没有实际发生商品流转,没有产生真实的商品增值,也就没有缴纳增值税的事实基础,不缴纳该部分税款也不会给国家造成实际的税款损失,现有证据不能排除某公司获取的虚开增值税专用(进项)发票就是抵扣了上述虚开的增值税专用(销项)发票的可能,也不足以证实所抵扣的增值税专用(销项)发票中包含有因存在真实交易而应当缴纳增值税的情况,故而认定某公司将虚开的增值税专用(进项)发票进行认证抵扣造成国家税款损失的证据不足。综上所述,某公司及其实际控制人赵某因主观上不具有骗取国家税款的目的,客观上认定造成国家税款损失的证据不足,因此,某公司、赵某的行为不构成虚开增值税专用发票罪。与之对应,负责开具相应增值税专用发票的某1公司、甲公司及其法定代表人刘某某基于同样的原因也不构成虚开增值税专用发票罪……2.某公司、赵某的行为构成非法购买增值税专用发票罪,某1公司、甲公司、刘某某的行为构成非法出售增值税专用发票罪……"

一审法院认为,本案争议的焦点有以下几点:一、甲公司2012年明细账、记账凭证等资料在搬家时丢失,是否属于《税收征收管理法》第二十四条规定的未按规定保管账簿、记账凭证。二、原石景山国税稽查局作出被诉处罚决定是否违反《关于加强行政执法与刑事司法衔接工作的意见》。三、按照虚开增值税专用发票对某1公司进行处罚是否合法。

一、关于甲公司2012年明细账、记账凭证等资料搬家时丢失,是否属于

《税收征收管理法》第二十四条规定的未按规定保管账簿、记账凭证的问题。《税收征收管理法》第二十四条规定,从事生产、经营的纳税人、扣缴义务人必须按照国务院财政、税务主管部门规定的保管期限保管账簿、记账凭证、完税凭证及其他有关资料。账簿、记账凭证、完税凭证及其他有关资料不得伪造、变造或者擅自损毁。《税收征收管理法实施细则》第二十九条规定,账簿、记账凭证、报表、完税凭证、发票、出口凭证以及其他有关涉税资料应当合法、真实、完整。账簿、记账凭证、报表、完税凭证、发票、出口凭证以及其他有关涉税资料应当保存10年;但是,法律、行政法规另有规定的除外。《税收征收管理法》第六十条第一款第二项规定,未按照规定设置、保管账簿或者保管记账凭证和有关资料的,由税务机关责令限期改正,可以处2 000元以下的罚款;情节严重的,处2 000元以上1万元以下的罚款。法院认为,甲公司搬家时导致相关材料丢失,客观上造成该公司存在未按规定保管账簿、记账凭证的情形,原石景山国税稽查局对甲公司按照《税收征收管理法》第六十条第一款第二项的规定,对其作出责令限期改正并处2 000元罚款,并无不当。

二、关于原石景山国税稽查局作出被诉处罚决定是否违反《关于加强行政执法与刑事司法衔接工作的意见》的问题。《关于加强行政执法与刑事司法衔接工作的意见》规定,行政执法机关向公安机关移送涉嫌犯罪案件,应当移交案件的全部材料,同时将案件移送书及有关材料目录抄送人民检察院。行政执法机关在移送案件时已经作出行政处罚决定的,应当将行政处罚决定书一并抄送公安机关、人民检察院;未作出行政处罚决定的,原则上应当在公安机关决定不予立案或者撤销案件、人民检察院作出不起诉决定、人民法院作出无罪判决或者免予刑事处罚后,再决定是否给予行政处罚。法院认为,原石景山国税稽查局对甲公司立案调查作出被诉处罚决定时,公安机关尚未对甲公司立案侦查。原石景山国税稽查局于2017年10月20日作出被诉处罚决定,于2017年10月23日将甲公司案件移送北京市公安局丰台分局,并不违反上述规定。

三、关于是否应当按照虚开增值税专用发票对甲公司进行处罚的问题。本案中,甲公司为某公司开具52份增值税专用发票,金额合计3 892 926.63元,税额合计661 797.47元,价税合计4 554 724.10元,之后将货款资金全部回流给了支付方某公司。某公司与甲公司没有进行过实际钢材贸易。法院113号刑事判决书虽然认定甲公司的上述行为不属于刑事犯罪的虚开增值税专用发票罪,但仍认可其本质上属于虚开增值税专用发票行为,此种行为严重扰乱了增值税专用发票的正常管理秩序,已构成行政违法。法院认为,原石景山国税稽查局对甲公司的上述行为按照虚开增值税专用发票进行处罚,并无不当。

原石景山国税稽查局立案后,查明相关事实,依法向甲公司送达行政处罚事先告知书，组织听证，并按照《重大税务案件审理办法》的规定，将甲公司案件提请审理委员会审理后作出被诉处罚决定。被诉处罚决定事实认定清楚，程序合法，适用法律正确，处罚适当，予以支持。

原北京国税局按照《行政复议法》和《行政复议法实施条例》的相关规定，依法受理了甲公司的行政复议申请，并向原石景山国税稽查局送达行政复议申请书副本及行政复议答复通知书。在审查期间，原北京国税局认为存在《行政复议法实施条例》第四十一条第一款第八项和《税务行政复议规则》第七十九条第一款第九项规定的情形，决定中止案件审理，在中止原因消除后及时恢复了案件审理，并将上述中止及恢复审理情况向甲公司进行了告知。经过审查，北京税务局作出被诉复议决定。法院认为，被诉复议决定认定事实清楚，适用法律正确，程序并无不当，予以支持。综上所述，甲公司请求撤销被诉处罚决定及被诉复议决定的诉讼请求不能成立，不予支持。故一审法院依照《行政诉讼法》第六十九条、第七十九条之规定，判决驳回甲公司的诉讼请求。

甲公司不服一审判决，上诉请求撤销一审判决，依法改判撤销北京税务局所作被诉复议决定和原石景山国税稽查局所作被诉处罚决定；两审诉讼费由北京税务第一稽查局、北京税务局承担。主要理由：1.一审判决认定基本事实错误，适用法律错误，程序严重违法。一审判决认定原石景山国税稽查局作出被诉处罚决定时公安机关尚未对甲公司立案侦查错误，在案证据证明被诉处罚决定是在公安机关立案后作出。2.一审判决适用法律错误。原石景山国税稽查局在明知公安机关已经对甲公司立案侦查并对法定代表人采取强制措施的前提下，仍然对甲公司作出被诉处罚决定，明显违反了《关于加强行政执法与刑事司法衔接工作的意见》第一条第三款的规定，一审判决适用法律错误。3.处罚机关在调查过程中，调查取证程序违法。根据《看守所条例》《看守所条例实施办法》的规定，原石景山国税稽查局在调查过程中到看守所对刘某某、赵某进行询问，违反规定。4.复议机关中止复议行为违法。复议机关根据《行政复议法实施条例》第四十一条第一款第八项、《税务行政复议规则》第七十九条第一款第九项的规定中止复议，法律依据错误。5.最高人民法院对本案类似情况的处理有明确规定，根据〔2008〕行他字第1号的明确规定，处罚机关对甲公司的处罚明显违反规定，应予以撤销。

北京税务第一稽查局同意一审判决，请求予以维持。

北京税务局同意一审判决，请求予以维持。

在一审诉讼期间，北京税务第一稽查局提交并在庭审中出示了税务稽查立案审批表、税务检查通知书、责令限期改正通知书、税务稽查工作底稿（二）、税务行政处罚事项告知书、行政处罚听证申请书、税务行政处罚听证通知书、听证笔录、税收违法案件集体审理纪要、重大税务案件审理提请书、重大税务案件审理委员会审理意见书、被诉处罚决定、涉嫌犯罪案件移送书、起诉意见书、国家税务总局北京市税务局关于国家税务总局北京市税务局稽查局等5个税务稽查机构工作职责的公告、询问（调查）笔录、询问/讯问笔录、采购合同、记账凭证、北京增值税专用发票、增值税专用发票认证发票查询、中国建设银行网上银行电子回单、协助查询财产通知书、银行账户明细、稽查局税收违法案件协查回复、司法会计鉴定意见书、送达回证等证据，用以证明北京税务第一稽查局所作被诉处罚决定的合法性。

在一审诉讼期间，北京税务局提交并在庭审中出示了行政复议申请书及相关材料、行政复议申请回执、受理行政复议申请通知书、行政复议答复通知书、行政复议答复书、证据清单、法律依据清单、行政复议中止审理通知书、行政复议恢复审理通知书、被诉复议决定、113号刑事判决书、起诉意见书、邮寄凭证、送达回证等证据，用以证明北京税务局所作被诉复议决定的合法性。

在一审诉讼期间，甲公司提交并在庭审中出示了换押证、起诉书、行政复议中止审理通知书、113号刑事判决书等证据，用以证明被诉处罚决定、被诉复议决定应被撤销。

经庭审质证，一审法院对上述证据作如下确认：北京税务第一稽查局提交的被诉处罚决定、北京税务局提交的被诉复议决定系本案被诉行政行为载体，不宜作为证据使用，不予采纳。北京税务第一稽查局、北京税务局提交的其他证据、甲公司提交的证据符合《最高人民法院关于行政诉讼证据若干问题的规定》对证据的要求，能够证明案件相关事实，予以确认。

一审法院已将当事人提交的上述证据随案移送本院。经审查，一审法院对上述证据材料的认证意见符合《最高人民法院关于行政诉讼证据若干问题的规定》，认证意见正确，北京二中院予以确认。

北京二中院经审理查明的事实与一审判决认定的事实一致。

北京二中院认为，根据《税收征收管理法》第十四条及《税收征收管理法实施细则》第九条关于涉税案件查处机关及其职责的规定，北京税务第一稽查局具有依法查处涉税案件并作出相应处理的法定职责。依照《行政复议法》关于行政复议机关及其职责的规定，北京税务局具有受理甲公司所提行政复议申请，并根据具体情况作出行政复议决定的法定职责。

根据《税收征收管理法》第二十四条第一款、第六十条第一款第二项的规定，从事生产、经营的纳税人、扣缴义务人必须按照国务院财政、税务主管部门规定的保管期限保管账簿、记账凭证、完税凭证及其他有关资料。纳税人未按照规定设置、保管账簿或者保管记账凭证和有关资料的，由税务机关责令限期改正，可以处2 000元以下的罚款；情节严重的，处

2 000元以上1万元以下的罚款。《税收征收管理法实施细则》第二十九条第二款规定，账簿、记账凭证、报表、完税凭证、发票、出口凭证以及其他有关涉税资料应当保存10年；但是，法律、行政法规另有规定的除外。本案中，根据在案证据证明的事实，甲公司未按照规定保管账簿、记账凭证的行为违反了上述涉税资料保管规定，税务机关依法责令甲公司限期改正，并处以罚款，并无不当。

根据《发票管理办法》第二十二条第二款第一项的规定，任何单位和个人不得为他人、为自己开具与实际经营业务情况不符的发票。第三十七条规定，违反该办法第二十二条第二款的规定虚开发票的，由税务机关没收违法所得；虚开金额在1万元以下的，可以并处5万元以下的罚款；虚开金额超过1万元的，并处5万元以上50万元以下的罚款；构成犯罪的，依法追究刑事责任。33号公告规定，纳税人虚开增值税专用发票，未就其虚开金额申报并缴纳增值税的，应按照其虚开金额补缴增值税；已就其虚开金额申报并缴纳增值税的，不再按照其虚开金额补缴增值税。税务机关对纳税人虚开增值税专用发票的行为，应按《税收征收管理法》及发票管理办法的有关规定给予处罚。纳税人取得虚开的增值税专用发票，不得作为增值税合法有效的扣税凭证抵扣其进项税额。本案中，甲公司在没有实际发生商品流转的情况下，向某公司开具增值税专用发票，收取的相关款项通过关联公司予以转回，根据上述规定，甲公司的行为属于虚开增值税专用发票的行为，税务机关依据事实及规定予以处罚，亦无不当。

税务机关在作出被诉处罚决定前按照《税务稽查工作规程》《重大税务案件审理办法》等有关规定，履行了立案、调查、告知、听证、送达等程序。故北京税务第一稽查局对甲公司作出的被诉处罚决定认定事实清楚，适用法律法规正确，程序合法。

根据《行政复议法》《行政复议法实施条例》《税务行政复议规则》等关于行政复议的受理、审查、程序、时限等相关规定，北京税务局在收到甲公司所提行政复议申请后，履行了受理、调查、中止、恢复、送达等程序，经审查作出被诉复议决定，符合规定。

对于甲公司所提关于被诉处罚决定在公安机关立案后作出、行政复议中止违法等主张，一审法院未予支持，并已有详细论述。北京二中院予以认可，不再赘述。

综上所述，一审法院判决驳回甲公司的诉讼请求正确，予以维持。甲公司的上诉请求无事实及法律依据，不予支持。

2021年4月9日，北京市二中院依照《行政诉讼法》第八十九条第一款第一项的规定，作出〔2021〕京02行终397号行政判决书，判决驳回上诉，维持一审判决。一、二审案件受理费各50元，均由北京甲商贸有限公司负担（已交纳）。

三、发票存疑不履行法定职责案[①]

济南甲食品有限公司（以下简称"甲公司"）诉山东省章丘市国家税务局（以下简称"章丘市国税局"）不履行法定职责一案，章丘市人民法院于2012年10月22日作出〔2012〕章行初字第17号行政判决。甲公司不服，提起上诉。济南市中级人民法院于2013年1月15日作出〔2012〕济行终字第208号行政判决。甲公司不服，向山东省高级人民法院（以下简称"山东高院"）申请再审。山东高院于2014年5月14日作出〔2014〕鲁行监字第1号行政裁定，裁定本案由山东高院进行提审。山东高院依法组成合议庭，书面审理了本案。本案现已审理终结。

章丘市人民法院一审查明：原告甲公司是在工商部门注册登记的企业法人单位，从事生产、加工谷物果实代用茶业务。2009年迁至章丘市相公庄镇十九郎村。2010年重新启动对日出口贸易。2010年6月起向被告章丘市国税局申报出口货物应退税款。被告先后于2012年1月、2月为原告办理出口退税共计34万余元，剩余42 843.84元被告以原告提供了虚假发票为由没有退回。原告不服，于2012年4月19日向济南市国家税务局提起行政复议。复议过程中，双方达成和解协议，约定：申请人（原告）自觉配合被申请人（被告）对出口退税相关事项的调查、检查；被申请人及时组织人员进行调查、检查，并将结果向申请人反馈。原告撤回复议申请。被告在审查过程中认为出售人为杨某某、张某某的33份发票存在疑点，涉嫌虚开农产品收购发票，向章丘市公安局进行了通报。章丘市公安局立案后派员到江苏省射阳县千秋镇找杨某某、张某某进行了调查，杨某某、张某某二人否认2010年和2011年与原告发生过农产品买卖业务。原告不服，诉至法院，请求法院判令被告立即退还出口货物应退税42 843.84元，利息3 602元，共计人民币46 445.84元。

章丘市人民法院一审认为：《增值税暂行条例》第八条规定，"纳税人购进货物或者接受应税劳务（以下简称'购进货物或者应税劳务'）支付或者负担的增值税税额，为进项税额。下列进项税额准予从销项税额中抵扣……（三）购进农产品，除取得增值税专用发票或者海关进出口增值税缴款书外，按照农产品收购发票或者销售发票上注明的农产品买价和13%的扣除率计算的进项税额。进项税计算公式：进项税额＝卖价×扣税率……"本案中，出售人为杨某某、张某某的33份发票总额为329 658元，依据该计算公式，其进项税为329 658×13%＝42 843.84元，即原告要求退税的部分。《发票管理办法实施细则》（国家税务总局令2011年第25号）第二十六条规定："填开发票的单位和个人必须在发生经营业务确认营业收入时开具发票，未发生经营业务一律不准开具发票。"《山东省国家税务局转发〈国家税务总局关于加强以农产品为主要原料生产的出口货物退税管理的通知〉的通知》

[①] 资料来源：山东省高级人民法院〔2014〕鲁行再终字第4号行政判决书。

第三章 账簿凭证管理及案例分析

（鲁国税函〔2006〕220号文件）第二条规定："凡发现其购、产、销、运输、报关、收汇等环节存在疑点、不能确定其业务真实性的，一律先暂停办理退税，并按有关规定落实和处理。"根据上述规定，被告在审查原告提供的相关资料进行出口退税的过程中，发现原告提供的出售人为杨某某、张某某33份发票存在疑点后，对其产生的进项额暂停计算退税。《国家税务总局关于开展打击制售假发票和非法开发票专项整治行动有关问题的通知》（国税发〔2008〕40号）第三条规定："……整治不合法发票的买方市场，是专项整治行动的重要方面，对于不符合规定的发票和其他凭证，包括虚假发票和非法代开发票，均不得用以税前扣除、出口退税、抵扣税款。"根据上述规定，被告将存在疑点的发票通报公安机关，公安机关受理后找相关人员进行了调查，杨某某、张某某否认与原告发生相应的农产品买卖业务。被告根据自身和公安机关的证据材料对该33份发票的进项税不予退还并无不当。因此，原告要求被告退还出口货物应退税款42 843.84元，利息3 602元的请求于法无据，不予支持。依照《最高人民法院关于执行〈中华人民共和国行政诉讼法〉若干问题的解释》第五十六条第（一）项之规定，判决驳回原告甲公司要求被告退还出口货物应退税款42 843.84元，利息3 602元的诉讼请求。

甲公司不服，向济南市中级人民法院提起上诉。济南市中级人民法院二审查明甲公司向章丘市国税局提出退税申请的时间是2011年6月，其他事实认定与一审判决无异。

济南市中级人民法院二审认为：《发票管理办法实施细则》第二十六条规定："填开发票的单位和个人必须在发生经营业务确认营业收入时开具发票，未发生经营业务一律不准开具发票。"《山东省国家税务局转发〈国家税务总局关于加强以农产品为主要原料生产的出口货物退税管理的通知〉的通知》（鲁国税函〔2006〕220号文件）第二条规定："凡发现其购、产、销、运输、报关、收汇等环节存在疑点、不能确定其业务真实性的，一律先暂停办理退税，并按有关规定落实和处理。"本案中，被上诉人在审核上诉人的退税业务中发现涉案33张农产品收购发票存在疑点。经被上诉人及公安机关的调查，该宗发票载明的农产品出售人杨某某、张某某均否认存在经营业务。被上诉人据此暂不办理上诉人涉案33份存在疑点发票的进项税退税并无不当。原审法院判决驳回济南甲食品有限公司要求被告退还出口货物应退税款42 843.84元，利息3 602元的诉讼请求，认定事实基本清楚，适用法律正确，程序合法，依法应予维持。依照《行政诉讼法》第六十一条第（一）项之规定，判决驳回上诉，维持原判。

甲公司申请再审称：1.申请再审人提供的证据可以证明申请再审人所开具的33张发票是真实的，不存在虚开的情况。被申请再审人不提交对周某1取证的证据，不提交除杨某某、张某某两人以外对其他9人调查取证的证据，仅凭杨某某、张某某两人的笔录为本案定性，缺乏证据的全面性。2.章丘市公安局出具结论是不予立案，否定了本案是经济犯罪案件。申请再审人的农产品收购发票和增值税普通发票都被核销完毕，按照法律规定不存在违法行为。3.二审法院判决没有对申请再审人出口货物业务的真实性进行审核，适用法律及审判程序上存在错误。一、二审判决适用了两个法律条文，即《发票管理办法实施细则》第二十六条和《山东省国家税务局转发〈国家税务总局关于加强以农产品为主要原料生产的出口货物退税管理的通知〉的通知》（鲁国税函〔2006〕220号文件）第二条，上述法律条文都没有不退税的规定。而且法律规定的是"先暂停办理退税，并按有关规定落实和处理"。二审法院判决并未审查被申请再审人暂不退税的期限以及在何期限内按有关规定落实和处理的意见，事实上将暂不退税演变成实际的不退税。请求撤销原审判决，支持甲公司的原诉讼请求。

双方当事人在一、二两审中提交的证据已随案移送山东高院，再审中未提交新的证据。二审案卷中，有甲公司在二审庭审中提供的张某某以及杨某某的丈夫周飞等人于2012年10月26日、28日出具的书面证言，用于证明他们于2010年至2011年间将大麦销售给了甲公司。二审庭审中章丘市国税局以证人未出庭作证等为由对上述书证不予认可，法院也未予以认证。合议庭经评议认为，章丘市国税局系因对甲公司申请退税事项存疑暂停办理退税，至于杨某某、张某某是否将大麦销售给了甲公司的事实属于税务机关依职权认定的问题，本案中无须认定。一、二两审法院查明的其他程序性案件事实，山东高院无不同意见。

山东高院认为：本案的主要争议焦点系甲公司所诉章丘市国税局暂停办理退税是否构成不履行法定职责。根据《增值税暂行条例》第八条之规定，本案中，出售人为杨某某、张某某的33份发票总额为329 658元，依据公式计算进项税为42 843.84元，即甲公司要求退税的部分。《山东省国家税务局转发〈国家税务总局关于加强以农产品为主要原料生产的出口货物退税管理的通知〉的通知》（鲁国税函〔2006〕220号文件）第二条规定："凡发现其购、产、销、运输、报关、收汇等环节存在疑点、不能确定其业务真实性的，一律先暂停办理退税，并按有关规定落实和处理。"章丘市国税局于2012年1月、2月为甲公司办理出口退税34万余元后，认为发票载明的农产品出售人杨某某、张某某否认存在经营业务，据此暂不办理涉案33份存在疑点发票的进项税退税并无不当。但甲公司向济南市国家税务局撤回复议申请后，章丘市国税局在审查过程中认为出售人为杨某某、张某某的33份发票存在疑点，涉嫌虚开农产品收购发票，向章丘市公安局进行了通报。章丘市公安局对甲公司涉嫌虚开农产品收购发票一案经过调查后，于2012年7月6日出具了"关于甲公司涉嫌虚开农产品收购发票不予立案的情况说明"，结论为"没有直接证据证明甲公司虚开农产品收购发票，经领导批准，不予立案。"依据上述法律规范的规定,税务机关发现存在疑点不能确定业务真实性的,在"暂停办理退税"之后,还应"按有关规定落实和处理"。针对当事人的申请决定是否办理退税系税务机关的法定职责,税务机关在暂停办理后,应当按照正当行政程序原则积极履行"落实和处理"职责,尽快作出最终处理意见,不应久拖不决或以暂停办理代替实质上的最终处理,否则亦构成不履行法定职责。特别是本案中,在章丘市公安局以"没有直接证据证明甲公司虚开农产品收购发票"为由决定不予立案后,甲公司申请退税问题实际上仍处于待处理状态,章丘市国税局应尽快按有关规定"落实和处理",在调查的基础上针对甲公司申报出口货物退税问题作出是否退税的处理决定。而章丘市国税局在章丘市公安局对甲公司涉嫌虚开农产品收购发票一案决定不予立案后,未"按有关规定落实和处理",属于适用法律错误,其行为构成不履行法定职责。原一、二审判决驳回甲公司的诉讼请求,亦属适用法律错误,依法应予以改判。

2014年5月20日,山东高院依据《行政诉讼法》第五十四条第(三)项、《最高人民法院关于执行〈中华人民共和国行政诉讼法〉若干问题的解释》第七十八条之规定,作出〔2014〕鲁行再终字第4号行政判决书,判决如撤销济南市中级人民法院〔2012〕济行终字第208号行政判决;撤销章丘市人民法院〔2012〕章行初字第17号行政判决;章丘市国税局于本判决生效之日起60日内针对甲公司的申请作出是否退税的处理决定。原一、二两审案件受理费各50元,均由章丘市国税局承担。

四、发票违法检举案①

上诉人国家税务总局深圳市龙华区税务局因与被上诉人李某行政处理决定纠纷一案,不服广东省深圳市盐田区人民法院〔2019〕粤0308行初665号行政判决,向深圳市中级人民法院(以下简称"深圳中院")提起上诉。深圳中院受理后依法组成合议庭,对本案进行了审理,现已审理终结。

经审理,原审判决查明的事实无误,法院予以确认。

深圳中院认为,根据一审法院的调查和李某的明确表示,本案被诉行政行为是上诉人于2019年1月23日向被上诉人作出的《检举税收违法行为查办结果简要告知书》,人民法院依法对该行为的合法性进行审查。根据《发票管理办法》第二十条规定:"所有单位和从事生产、经营活动的个人在购买商品、接受服务以及从事其他经营活动支付款项,应当向收款方取得发票。取得发票时,不得要求变更品名和金额。"该法第二十二条规定:"开具发票应当按照规定的时限、顺序、栏目,全部联次一次性如实开具,并加盖发票专用章。任何单位和个人不得有下列虚开发票行为:(一)为他人、为自

---

① 资料来源:广东省深圳市中级人民法院〔2019〕粤03行终1511号行政判决书。

已开具与实际经营业务情况不符的发票。（二）让他人为自己开具与实际经营业务情况不符的发票。（三）介绍他人开具与实际经营业务情况不符的发票。"又根据当时有效的《税收违法行为检举管理办法》第九条规定："举报中心受理检举事项的范围是：涉嫌偷税，逃避追缴欠税，骗税，虚开、伪造、非法提供、非法取得发票，以及其他税收违法行为。"该办法第二十条第一款规定："对实名检举案件，举报中心收到承办部门回复的查办结果以后，可以应检举人的要求将与检举线索有关的查办结果简要告知检举人；检举案件查结以前，不得向检举人透露案件查处情况。"本案中，被上诉人实名举报深圳市甲汽车服务有限公司未按规定向其开具发票，上诉人经调查核实，向被上诉人作出已责令被举报人开具发票的告知，被上诉人对此不服，提出复议申请，认为开具发票的品名填写错误。经复议，复议机关认为上诉人未查明真实交易情况，查处及答复存在事实不清、证据不足，故而撤销了上述告知，要求上诉人重新作出处理，上诉人于2019年1月作出本案所诉查办结果告知，告知：1.被检举人已向你开具发票两张。2.已对被检举人处以罚款，被检举人已缴纳。根据上诉人提交的涉案处罚决定，该决定针对深圳市甲汽车服务有限公司应开具而未开具发票的违法行为作出处罚。根据《发票管理办法》第二十条、第二十二条规定，本案中，深圳市甲汽车服务有限公司是否存在为他人开具与实际经营业务情况不符的发票，是否开具的发票品名不对应，事实仍不清楚，证据亦不充分。在事实未查明的基础上，上诉人即作出被诉查办结果告知，事实不清，依法应予撤销。上诉人的上诉主张不能成立，对其上诉请求，不予支持。原审判决认定事实清楚，适用法律、法规正确，依法应予维持。

2021年3月30日，深圳中院依照《行政诉讼法》第八十九条第一款第（一）项之规定，作出〔2019〕粤03行终1511号行政判决书，判决驳回上诉，维持原判。本案二审案件受理费人民币50元，由上诉人国家税务总局深圳市龙华区税务局负担。

五、虚开发票处罚过重案[①]

上诉人长海县甲生物科技有限公司（以下简称"甲公司"）因与被上诉人国家税务总局长海县税务局税务行政处罚一案，不服辽宁省长海县人民法院〔2020〕辽0224行初10号行政判决向大连市中级人民法院（以下简称"大连中院"）提起上诉。大连中院受理后，依法组成合议庭审理了本案，现已审理终结。

原审法院认定，原告甲公司向河南乙公司分别于2015年10月22日虚开3组增值税专用发票，开具货物名称为盐渍海参，发票金额均为876 106.19元，

[①] 资料来源：辽宁省大连市中级法院人民法院人〔2020〕辽02行终619行的判决书。

销项税额均为113 893.81元，3组增值税专用发票的价税合计为297万元；于2015年11月16日虚开3组增值税专用发票，销项税额均为113 893.81元，2组增值税专用发票的价税合计为1 979 999.98元；于2016年4月27日虚开4组增值税专用发票，开具货物名称为盐渍海参，发票金额均为876 106.19元，销项税额均为113 893.81元，4组增值税专用发票的价税合计为396万元。大连市长海县国家税务局于2016年5月9日立案稽查。2019年5月28日，被告向原告下发长税罚告〔2019〕924号《行政处罚告知书》，认定原告虚开9组增值税专用发票，拟对原告作出罚款30万元的行政处罚。原告收到后，申请了听证，被告于2019年6月13日依法召开听证会。2019年10月10日，被告向原告下发长税罚告〔2019〕934号《行政处罚告知书》，拟对原告作出罚款30万元的行政处罚。原告收到后，向被告提交了书面《复函》。2019年10月22日，被告向原告下发长税罚〔2019〕924号《行政处罚决定书》，对原告作出罚款30万元的行政处罚。对此，原告不服，诉至该院。

另查，2018年7月5日，因机构改革原大连市长海县国家税务局职能划归被告国家税务总局长海县税务局。

原审法院认为，《发票管理办法》第二十二条规定，开具发票应当按照规定的时限、顺序、栏目，全部联次一次性开具，并加盖发票专用章。任何单位和个人不得有下列虚开发票行为：（一）为他人、为自己开具与实际经营业务情况不符的发票。（二）让他人为自己开具与实际经营业务情况不符的发票……第三十七条第一款规定，违反该办法第二十二条第二款的规定虚开发票的，由税务机关没收违法所得；虚开金额在1万元以下的，可以并处5万元以下的罚款；虚开金额超过1万元的，并处5万元以上50万元以下的罚款；构成犯罪的，依法追究刑事责任。本案中，原告于2015年10月22日、11月16日、2016年4月27日分三次开具的9组增值税专用发票的行为，属于为他人开具发票的行为。被告通过对相关人员调查询问、取证、异地协查、提取办案机关询问笔录等检查方式，认定原告为他人开具与实际经营业务情况不符的事实清楚、证据充分。被告在执法过程中履行了相关程序规定，其执法过程符合法定程序要求。被告所依据案件事实作出的行政决定，适用法律、法规正确。因原告的诉讼主张无事实和法律依据，故该院不予采信。依据《行政诉讼法》第六十九条之规定，判决驳回原告甲公司的诉讼请求。

上诉人甲公司上诉称，请求撤销原审判决，改判撤销长税罚〔2019〕924号税务《行政处罚决定书》（以下简称"被诉行政处罚决定"）。主要理由是：被诉行政行为适用法律不当，原审判决认定被上诉人作出行政处罚适用法律正确，缺乏事实及法律依据。一、被上诉人作出罚款的行政处罚不符合其依据的法律规定。被上诉人依据《发票管理办法》第三十七条进行罚款，但该条规定对虚开发票，要处以没收违法所得的行政处罚、可以并处款。而上诉人虽然虚开发票，但实际上已全额缴纳了税款，并无违法所得可以没收，也就谈不上并处罚款。被上诉人作出单处罚款的行政处罚，与其依据的法律规定不符。最高院2018年12月04日发布了《人民法院充分发挥审判职能作用保护产权和企业家合法权益典型案例（第二批）》，其中的张某强虚开增值税专用发票案，在该案被上诉人因虚开增值税专用发票罪、一审法院在法定刑之下判决其承担刑事责任并报最高院核准后，最高院认为其并不具有偷逃税收的目的，其行为未对国家造成税收损失，不具有社会危害性。虽然被上诉人并未上诉，但是最高院基于刑法的谦抑性要求认为，该案不应定罪处罚，故未核准一审判决，并撤销一审判决，将该案发回重审。最终，一审法院宣告张某强无罪。可见虚开发票被追责的前提有二，一是行为人主观上有骗取国家税款的目的，二是该行为客观上造成国家税款的损失。同样，虚开发票这一违法行为也应具有上述主、客观条件，所以《发票管理办法》第三十七条规定的行政处罚首先是没收违法所得，在此基础上才是可以并处罚款。在没有骗取税款的目的、未给国家造成税收损失的前提下，没有违法所得可以没收的，不应单独给予罚款的行政处罚。二、罚款30万元，处罚幅度过重，没有任何法律依据。在处罚决定书中，被上诉人称系依据《发票管理办法》第三十七条第一款罚款30万元，但该条款仅规定虚开发票金额超过1万元的，可并处5万元以上50万元以下的罚款，并未具体规定处罚金额量定标准。在两份行政处罚告知书中，被上诉人明确说明，处罚裁量标准系依据《大连市国家税务局关于发布税务行政处罚裁量基准的公告》（大连市国家税务局公告2014年第16号）第二十七条第（五）项和《大连市地方税务局关于发布税务行政处罚裁量标准的公告》（大连市地方税务局公告2012年第6号）第三十条第（五）项"虚开发票，票面金额累计在30万元以上的，处30万元以上50万元以下的罚款"。故按最低限罚款30万元。但上述两份文件，已被大连市国家税务局、大连市地方税务局2016年6月23日发布的《大连市税务行政处罚裁量权基准》（大连市国家税务局、大连市地方税务局公告2016年第19号）第五十六条予以废止。虽然2016年第19号公告中有类似的处罚裁量标准，但该公告亦已失效。被上诉人明知上述文件已被废止，所以在处罚决定书中未再引用上述文件条款作为处罚依据，仅以《发票管理办法》第三十七条作为处罚依据。但罚款30万元，与上诉人无违法所得、未给国家造成税收损失的违法行为比较而言，明显处罚过重，违背了《行政处罚法》第四条的实施行政处罚必须与违法行为的事实、性质、情节以及社会危害程度相当的公正原则。《国家税务总局关于纳税人取得虚开的增值税专用发票处理问题的通知》（国税发〔1997〕134号）第三条规定：纳税人以上述第一条（受票方利用他人虚开的专用发票）、第二条（购货方从销售方取得第三方开具的专用发票，或者从销货地以外的地区取得专用发票）所列的方式取得专用发票未申报抵扣税款，或者未申请出口退税的，应当依照《发票管理办法》及有关规定，按所取得专用发票的份数，分别处以1万元以下的罚款。上诉人虚开发票、无违法所得、未造成国家税收损失的行为，与上述规定中的行为类似，应该参照上述规定，对30万元罚款，予以适当降低。综上所述，在上诉人无违法所得的前提下，单独处以罚款不符合相关法律规定；罚款30万元依据的是已失效的法律文件，与上诉人行为的性质、情节及社会危害程度严重不符。

被上诉人国家税务总局长海县税务局辩称，原审判决认定事实清楚，适用法律正确，请求驳回上诉，维持原判。一、行政机关应当依据行政法律规范行政，而不能依据刑事法律规范行政。上诉人混淆了行政和刑事的界限，以刑事法律规范的标准来审视行政行为的合法性，不符合"依法行政"的法律精神。上诉人所引用《人民法院充分发挥审判职能作用保护产权和企业家合法权益典型案例（第二批）》的案例是刑事案件，适用的刑事法律规范范畴的刑法追责，而本案上诉人的虚开发票违法行为事实清楚、证据确凿，其行为首先是违反《发票管理办法》行政法规的违法行为，应当受到行政法律的制裁惩戒，对其追责适用于行政法律规范的行政处罚，而非刑法追责。同理，无论将来本案上诉人虚开发票违法行为是否不予或免予追究刑事责任，均不能据此不予或免予行政追责。且对于本案而言，根据《发票管理办法》第二十二条、第三十七条规定，作出虚开发票行为即构成行政违法，不以行为人具有偷、逃税款的目的和实际造成税款损失的结果为构成要件。罚款和没收违法所得是并列的两个处罚种类，没收违法所得并不是罚款的前提条件。上诉人主张无违法所得就不能处以罚款，是曲解法律条文意思。二、对上诉人罚款30万元符合法律规定的处罚幅度，不属于处罚过重。《发票管理办法》第三十七条规定对虚开发票违法行为的罚款幅度为5万—50万元，被上诉人决定对上诉人罚款30万元没有超过法定幅度。行政处罚裁量基准是行政机关内部的指导性规定，本身并不直接影响相对人的权利和义务。并且，行政处罚裁量基准属于实体性规定，适用时应当遵循"从旧兼从轻"的原则。上诉人虚开发票行为发生在2015年10月至2016年4月，累计票面金额891万元。《大连市税务行政处罚裁量权基准》（大连市国家税务局、大连市地方税务局公告2016年第19号）是2016年6月23日发布的，并且新旧规定对于虚开发票违法行为的罚款幅度没有变化，均规定"虚开发票，票面金额累计在30万元以上的，处30万元以上50万元以下的罚款。"被上诉人适用行为当时有效的规定，符合"从旧兼从轻"的原则，也不损害上诉人的合法权益。并且，上诉人累计虚开发票票面金额远大于30万元，被上诉人决定罚款30万元已经是按裁量基准的下限进行处罚，不存在明显过重的问题。《国家税务总局关于纳税人取得虚开的增值税专用发票处理问题的通知》（国税发〔1997〕

134号）第三条规定是指接受发票一方不知道开票方提供的发票是虚开的发票且没有申报抵扣税款的情况，是对取得发票方（受票方）的处理规定，并不是对虚开发票方（开票方）的处理规定，本案的上诉人作为开票方与河南出版贸易有限公司双方均明知没有真实交易而开具发票，与前述通知规定的情况明显不同，不具有可以参照适用情形。

大连中院经审理查明，甲公司向河南乙公司于2015年11月16日虚开2组增值税专用发票，销项税额均为113 893.81元，2组增值税专用发票的价税合计为1 979 999.98元。原审判决认定2015年11月16日虚开3组增值税专用发票错误，予以纠正。大连中院认定的其他事实与原审判决认定的事实一致。

大连中院认为，被上诉人国家税务总局长海县税务局依法具有作出被诉行政处罚决定的职权。本案中，从被上诉人原审提交的证据来看，被上诉人国家税务总局长海县税务局对上诉人所涉税务违法行为立案后，依法履行通知、调查询问、听证、告知、集体讨论等程序，在经审批延长的办案期内作出被诉行政处罚决定，程序合法。《发票管理办法》第二十二条规定："开具发票应当按照规定的时限、顺序、栏目，全部联次一次性如实开具，并加盖发票专用章。任何单位和个人不得有下列虚开发票行为：（一）为他人、为自己开具与实际经营业务情况不符的发票。（二）让他人为自己开具与实际经营业务情况不符的发票。（三）介绍他人开具与实际经营业务情况不符的发票。"第三十七条第一款亦规定："违反该办法第二十二条第二款的规定虚开发票的，由税务机关没收违法所得；虚开金额在1万元以下的，可以并处5万元以下的罚款；虚开金额超过1万元的，并处5万元以上50万元以下的罚款；构成犯罪的，依法追究刑事责任。"国家税务总局长海县税务局根据上诉人开具的案涉9组发票，结合相关人员的询问笔录、销售合同、相关公司的预付账款明细、记账凭证明细、应收账款明细及相关账户交易记录等证据，认定上诉人存在开具9组与实际经营业务情况不符的发票行为，并据此在前述法律规定的处罚幅度范围内作出被诉行政处罚决定，事实清楚，适用法律正确，并无不妥。关于上诉人提出被诉行政处罚决定不符合法律规定及处罚幅度过重的主张，因均无事实及法律依据，不采纳。综上所述，原审判决正确，予以维持。上诉人的上诉请求缺乏事实与法律依据，不予支持。

2020年12月21日，大连中院依照《行政诉讼法》第八十六条、第八十九条第一款第（一）项之规定，作出〔2020〕辽02行终619号行政判决书，判决驳回上诉，维持原判决。二审案件受理费人民币50元，由上诉人长海县甲生物科技有限公司负担（已交纳）。

第四章 纳税申报管理及案例分析

导读

本章介绍纳税申报管理及案例分析，包括五节，分别介绍纳税申报通用管理制度、增值税纳税申报管理、企业所得税纳税申报管理、个人所得税纳税申报管理以及纳税申报管理典型案例分析。

第一节 纳税申报通用管理制度

一、《税收征收管理法》的相关规定

（1）纳税人必须依照法律、行政法规规定或者税务机关依照法律、行政法规的规定确定的申报期限、申报内容如实办理纳税申报，报送纳税申报表、财务会计报表以及税务机关根据实际需要要求纳税人报送的其他纳税资料。

扣缴义务人必须依照法律、行政法规规定或者税务机关依照法律、行政法规的规定确定的申报期限、申报内容如实报送代扣代缴、代收代缴税款报告表以及税务机关根据实际需要要求扣缴义务人报送的其他有关资料。

（2）纳税人、扣缴义务人可以直接到税务机关办理纳税申报或者报送代扣代缴、代收代缴税款报告表，也可以按照规定采取邮寄、数据电文或者其他方式办理上述申报、报送事项。

（3）纳税人、扣缴义务人不能按期办理纳税申报或者报送代扣代缴、代收代缴税款报告表的，经税务机关核准，可以延期申报。

经核准延期办理上述规定的申报、报送事项的，应当在纳税期内按照上期实际缴纳的税额或者税务机关核定的税额预缴税款，并在核准的延期内办理税款结算。

疑难问题解答

问：税务局税管人员要求一般纳税人的报税人员必须要有会计从业资

格证，合理吗？

答：（国家税务总局河南省税务局）目前税法政策中暂无一般纳税人报税人员必须要有会计从业资格证的规定。具体涉税事宜，请与主管税务机关联系确认。

二、《税收征收管理法实施细则》的相关规定

（1）税务机关应当建立、健全纳税人自行申报纳税制度。纳税人、扣缴义务人可以采取邮寄、数据电文方式办理纳税申报或者报送代扣代缴、代收代缴税款报告表。

数据电文方式，是指税务机关确定的电话语音、电子数据交换和网络传输等电子方式。

（2）纳税人采取邮寄方式办理纳税申报的，应当使用统一的纳税申报专用信封，并以邮政部门收据作为申报凭据。邮寄申报以寄出的邮戳日期为实际申报日期。

纳税人采取电子方式办理纳税申报的，应当按照税务机关规定的期限和要求保存有关资料，并定期书面报送主管税务机关。

（3）纳税人在纳税期内没有应纳税款的，也应当按照规定办理纳税申报。

纳税人享受减税、免税待遇的，在减税、免税期间应当按照规定办理纳税申报。

（4）纳税人、扣缴义务人的纳税申报或者代扣代缴、代收代缴税款报告表的主要内容包括：税种、税目，应纳税项目或者应代扣代缴、代收代缴税款项目，计税依据，扣除项目及标准，适用税率或者单位税额，应退税项目及税额、应减免项目及税额，应纳税额或者应代扣代缴、代收代缴税额，税款所属期限、延期缴纳税款、欠税、滞纳金等。

（5）纳税人办理纳税申报时，应当如实填写纳税申报表，并根据不同的情况相应报送下列有关证件、资料：①财务会计报表及其说明材料；②与纳税有关的合同、协议书及凭证；③税控装置的电子报税资料；④外出经营活动税收管理证明和异地完税凭证；⑤境内或者境外公证机构出具的有关证明文件；⑥税务机关规定应当报送的其他有关证件、资料。

（6）扣缴义务人办理代扣代缴、代收代缴税款报告时，应当如实填写代扣代缴、代收代缴税款报告表，并报送代扣代缴、代收代缴税款的合法凭证以及税务机关规定的其他有关证件、资料。

（7）实行定期定额缴纳税款的纳税人，可以实行简易申报、简并征期等申报纳税方式。

第四章　纳税申报管理及案例分析

（8）纳税人、扣缴义务人按照规定的期限办理纳税申报或者报送代扣代缴、代收代缴税款报告表确有困难，需要延期的，应当在规定的期限内向税务机关提出书面延期申请，经税务机关核准，在核准的期限内办理。

纳税人、扣缴义务人因不可抗力，不能按期办理纳税申报或者报送代扣代缴、代收代缴税款报告表的，可以延期办理；但是，应当在不可抗力情形消除后立即向税务机关报告。税务机关应当查明事实，予以核准。

疑难问题解答

问：我已经从上一家企业离职，企业一直拖着不变更办税员，我是否可以带着离职证明去大厅删除办税员身份？

答：（河北省税务局）根据《全国税务机关纳税服务规范》的规定，解除相关人员关联关系。

业务描述：

主张身份证件被冒用于登记注册为法定代表人，根据登记机关登记信息的变化情况，更改该法定代表人与纳税人的关联关系。

主张身份证件被冒用于登记为财务负责人和其他办税人员，根据其出具的个人声明、公安机关接报案回执等相关资料，解除其与纳税人的关联关系。

主张本人身份信息被其他单位或个人违法使用办理虚假纳税申报的自然人纳税人，可向税务机关进行检举。

办理材料：个人声明1份。

有以下情形的，还应提供相应材料：

（1）财务负责人和其他办税人员离职后，原任职单位未及时报告税务机关维护：离职证明1份。

（2）身份信息被冒用登记为财务负责人、办税人员：公安机关接报案回执复印件1份。

三、邮寄纳税申报办法

《邮寄纳税申报办法》（1997年9月26日，国税发〔1997〕147号文件印发，根据2016年5月29日《国家税务总局关于公布全文废止和部分条款废止的税务部门规章目录的决定》和2018年6月15日《国家税务总局关于修改部分税务部门规章的决定》修正）规定如下：

（一）适用范围

凡实行查账征收方式的纳税人，均可采用该办法。

（二）邮寄内容

邮寄申报的邮件内容包括纳税申报表、财务会计报表以及税务机关要求纳税人报送的其他纳税资料。

（三）办理程序

（1）纳税人在法定的纳税申报期内，按税务机关规定的要求填写各类申报表和纳税资料后，使用统一规定的纳税申报特快专递专用信封，可以根据约定时间由邮政人员上门收寄，也可到指定的邮政部门办理交寄手续。无论是邮政人员上门收寄还是由纳税人到邮政部门办理交寄，邮政部门均应向纳税人开具收据。该收据作为邮寄申报的凭据，备以查核。

（2）邮政部门办理纳税申报特快专递邮件参照同城特快邮件方式交寄、封发处理，按照与税务机关约定的时限投递，保证传递服务质量。具体投递频次、时限由省、自治区、直辖市邮政、税务部门协商确定。业务量、业务收入统计按照同城特快业务现行规定办理。

（3）各基层税务机关要指定人员统一接收、处理邮政部门送达的纳税申报邮件。

（四）邮资

纳税申报特快专递邮件实行按件收费，每件中准价为8元，各省、自治区、直辖市邮政管理局可根据各地实际情况，以中准价为基础上下浮动30%。价格确定后，须报经省物价主管部门备案。

邮件资费的收取方式及相关手续由各省、自治区、直辖市税务和邮政部门协商确定。

（五）申报日期确认

邮寄纳税申报的具体日期以邮政部门收寄日戳日期为准。

（六）专用信封

邮寄纳税申报专用信封，由各省、自治区、直辖市邮政管理局与同级税务机关共同指定印刷厂承印，并负责监制；由各地（市）、州、盟税务局按照国家邮政局、国家税务总局确定的式样（附后）印制；由纳税人向主管税务机关领购。

（七）解释与实施

该办法由国家税务总局、国家邮政局负责解释；各省、自治区、直辖市税务局、邮政管理局可依据该办法制定具体的实施办法。

四、网上纳税申报软件管理规范

根据《网上纳税申报软件管理规范（试行）》（国家税务总局公告2010年第3号）的规定，为规范网上纳税（费）申报软件开发与服务，加强对软件开发与服务单位（以下简称"开发服务商"）的监管，确保纳税人申报的电子涉税数据准确、完整和安全，国家税务总局特制定《网上纳税申报软件管理规范》。

（一）总则

（1）网上纳税申报软件分为低保型纳税申报软件、商品化纳税申报软件和纳税人自行开发纳税申报软件。

低保型纳税申报软件是指税务机关免费为纳税人提供、符合相关规定、满足基本要求的纳税申报软件。

商品化纳税申报软件是指市场上开发服务商根据相关规定开发的，纳税人自愿选用并享有配套服务的纳税申报软件。

纳税人自行开发纳税申报软件是指纳税人自行研发符合相关规定的纳税申报软件。

（2）根据国家法律法规和税收政策，国家税务总局制定和修订统一的网上纳税申报业务标准（以下简称"业务标准"），并及时向社会发布。

业务标准之外税（费）申报，由省税务机关依据业务标准增补相应的内容，并报国家税务总局备案后及时向社会发布。

（3）低保型纳税申报软件，由国家税务总局组织开发和维护，免费提供给纳税人使用。商品化纳税申报软件和纳税人自行开发纳税申报软件，由开发服务商和自行开发纳税人自行组织开发和维护。

（4）税务机关应对开发服务商服务质量进行约束和监督。

（二）网上纳税申报软件评测

（1）国家税务总局负责对开发服务商进行评测及监管。开发服务商应当具备以下条件：①较强的综合实力：专职软件开发人员不少于30人，技术服务人员不少于50人。②软件开发管理能力：软件能力成熟度（CMMI）达到3级以上。③软件支持服务能力：拥有集软件升级维护保障、远程客户服务呼叫中心、本地化上门服务于一体的完善的支持服务体系。④有参与税务信息化或国家大型信息化建设项目的经验。

（2）网上纳税申报软件的具体评测由国家税务总局自行组织或委托、联合第三方测评机构实施。

（3）国家税务总局定期发布评测公告，开发服务商根据公告向国家税务总局提出评测申请。

(4)评测合格的网上纳税申报软件及开发服务商目录由国家税务总局向社会公布,各地税务机关必须在目录中选择使用,选定后由省税务机关上报国家税务总局备案。未通过评测的软件各级税务机关不得选用。

(5)国家税务总局不定期对在用网上纳税申报软件进行抽检。

(三)服务与权益保障

(1)纳税人选用商品化纳税申报软件,应当与开发服务商签订合同。开发服务商应当免费提供网上纳税申报软件,并提供按年和按次两种收费服务项目,由纳税人自愿选择服务项目,不服务不得收取费用。

(2)开发服务商应当公告服务项目和收费标准。开发服务商收费标准,应当随着推广规模的逐步扩大而逐年降低。

(3)开发服务商应当提供优质服务,其配套服务的主要内容应包括咨询、软件升级维护、现场技术支持等。

(四)数据传输质量与保密

(1)网上纳税申报软件,应当采用必要的安全认证措施,解决网上纳税申报的身份识别问题,各地税务机关不得强制纳税人有偿使用。

(2)开发服务商应保障其软件能按照税务机关的要求,及时、完整、准确地传输纳税申报电子数据。

(3)开发服务商必须遵守国家保密规定,保证纳税人电子申报数据安全,不得对纳税人的纳税申报电子数据有任何泄密行为。

(五)日常运行维护

(1)低保型纳税申报软件由国家税务总局负责督促选定的开发服务商进行软件升级,并及时公布。

(2)商品化纳税申报软件由开发服务商根据税务机关发布的业务标准及时升级,并提供给纳税人使用。

(3)自行开发的纳税申报软件的纳税人根据税务机关发布的业务标准及时升级。

(六)法律责任

(1)凡开发服务商发生下列情形之一者,按管辖权限由相应的省税务机关责令限期整改。给纳税人造成损失的,由开发服务商按照合同协议承担赔偿责任:①未按照国家税务总局规定的业务标准和补充说明,及时进行申报软件修改升级,给纳税人造成损失或经抽检不合格的;②未按照合同协议规定的标准提供服务和收取服务费用的;③纳税人投诉反映强烈,经核查属实并造成重大影响的;④纳税人满意度达不到各地税务机关制定的具体标准的。

第四章 纳税申报管理及案例分析

（2）凡开发服务商发生下列情形之一者，按管辖权限由相应的省税务机关责令其退出网上纳税申报技术服务市场，并及时上报国家税务总局备案和向社会公布。给纳税人造成损失的，由开发服务商按照合同协议承担赔偿责任。①网上纳税申报软件经评测不合格，一个月内修改后再次评测仍不合格的；②将纳税人纳税申报电子数据向第三方泄露经核查属实的；③限期整改仍不合格的。

第二节 增值税纳税申报管理

一、增值税纳税申报基本制度

（一）《增值税暂行条例》的规定

中华人民共和国境外的单位或者个人在境内销售劳务，在境内未设有经营机构的，以其境内代理人为扣缴义务人；在境内没有代理人的，以购买方为扣缴义务人。

1.增值税纳税义务发生时间

（1）发生应税销售行为，为收讫销售款项或者取得索取销售款项凭据的当天；先开具发票的，为开具发票的当天。

（2）进口货物，为报关进口的当天。

增值税扣缴义务发生时间为纳税人增值税纳税义务发生的当天。

增值税由税务机关征收，进口货物的增值税由海关代征。

2.增值税纳税地点

（1）固定业户应当向其机构所在地的主管税务机关申报纳税。总机构和分支机构不在同一县（市）的，应当分别向各自所在地的主管税务机关申报纳税；经国务院财政、税务主管部门或者其授权的财政、税务机关批准，可以由总机构汇总向总机构所在地的主管税务机关申报纳税。

（2）固定业户到外县（市）销售货物或者劳务，应当向其机构所在地的主管税务机关报告外出经营事项，并向其机构所在地的主管税务机关申报纳税；未报告的，应当向销售地或者劳务发生地的主管税务机关申报纳税；未向销售地或者劳务发生地的主管税务机关申报纳税的，由其机构所在地的主管税务机关补征税款。

（3）非固定业户销售货物或者劳务，应当向销售地或者劳务发生地的主管税务机关申报纳税；未向销售地或者劳务发生地的主管税务机关申报纳税的，由其机构所在地或者居住地的主管税务机关补征税款。

（4）进口货物，应当向报关地海关申报纳税。

扣缴义务人应当向其机构所在地或者居住地的主管税务机关申报缴纳其扣缴的税款。

3.增值税纳税期限

（1）增值税的纳税期限分别为1日、3日、5日、10日、15日、1个月或者1个季度。纳税人的具体纳税期限，由主管税务机关根据纳税人应纳税额的大小分别核定；不能按照固定期限纳税的，可以按次纳税。

纳税人以1个月或者1个季度为1个纳税期的，自期满之日起15日内申报纳税；以1日、3日、5日、10日或者15日为1个纳税期的，自期满之日起5日内预缴税款，于次月1日起15日内申报纳税并结清上月应纳税款。

扣缴义务人解缴税款的期限，依照上述规定执行。

（2）纳税人进口货物，应当自海关填发海关进口增值税专用缴款书之日起15日内缴纳税款。

（3）纳税人出口货物适用退（免）税规定的，应当向海关办理出口手续，凭出口报关单等有关凭证，在规定的出口退（免）税申报期内按月向主管税务机关申报办理该项出口货物的退（免）税；境内单位和个人跨境销售服务和无形资产适用退（免）税规定的，应当按期向主管税务机关申报办理退（免）税。具体办法由国务院财政、税务主管部门制定。

出口货物办理退税后发生退货或者退关的，纳税人应当依法补缴已退的税款。

疑难问题解答

问：我公司是客运公司，将本公司的出租车（车辆属于公司）对外发包给个人经营，我公司只按月收取固定管理费。我公司已将管理费按月申报增值税，那承包我公司出租车的个人取得的客运收入是否还需要我公司代缴增值税？

答：（国家税务总局湖南省税务局）根据《财政部　国家税务总局关于全面推开营业税改征增值税试点的通知》（财税〔2016〕36号）附件1"营业税改征增值税试点实施办法"第二条的规定，单位以承包、承租、挂靠方式经营的，承包人、承租人、挂靠人（以下统称"承包人"）以发包人、出租人、被挂靠人（以下统称"发包人"）名义对外经营并由发包人承担相关法律责任的，以该发包人为纳税人。否则，以承包人为纳税人。

（二）《增值税暂行条例实施细则》的规定

《增值税暂行条例》规定的收讫销售款项或者取得索取销售款项凭据的当天，按销售结算方式的不同，具体为：

（1）采取直接收款方式销售货物，不论货物是否发出，均为收到销售款或者取得索取销售款凭据的当天。

（2）采取托收承付和委托银行收款方式销售货物，为发出货物并办妥托收手续的当天。

（3）采取赊销和分期收款方式销售货物，为书面合同约定的收款日期的当天，无书面合同的或者书面合同没有约定收款日期的，为货物发出的当天。

（4）采取预收货款方式销售货物，为货物发出的当天，但生产销售生产工期超过12个月的大型机械设备、船舶、飞机等货物，为收到预收款或者书面合同约定的收款日期的当天。

（5）委托其他纳税人代销货物，为收到代销单位的代销清单或者收到全部或者部分货款的当天。未收到代销清单及货款的，为发出代销货物满180天的当天。

（6）销售应税劳务，为提供劳务同时收讫销售款或者取得索取销售款的凭据的当天。

（7）纳税人发生《增值税暂行条例实施细则》所列视同销售货物行为，为货物移送的当天。

《增值税暂行条例》以1个季度为纳税期限的规定仅适用于小规模纳税人。小规模纳税人的具体纳税期限，由主管税务机关根据其应纳税额的大小分别核定。

二、增值税一般纳税人纳税申报办法

（一）适用范围

根据《税收征收管理法》及其实施细则、《增值税暂行条例》和《发票管理办法》的有关规定，国家税务总局制定《增值税一般纳税人纳税申报办法》（国税发〔2003〕53号印发）。凡增值税一般纳税人（以下简称"纳税人"）均按该办法进行纳税申报。

（二）电子信息采集

纳税人进行纳税申报必须实行电子信息采集。使用防伪税控系统开具增值税专用发票的纳税人必须在抄报税成功后，方可进行纳税申报。

（三）纳税申报资料

1.必报资料

（1）《增值税纳税申报表（适用于增值税一般纳税人）》及其《增值税纳税申报表附列资料（表一）（表二）（表三）（表四）》。

（2）使用防伪税控系统的纳税人，必须报送记录当期纳税信息的IC卡（明细数据备份在软盘上的纳税人，还须报送备份数据软盘）、《增值税专用发票存根联明细表》及《增值税专用发票抵扣联明细表》。

（3）《资产负债表》和《损益表》。

（4）《成品油购销存情况明细表》（发生成品油零售业务的纳税人填报）。

（5）主管税务机关规定的其他必报资料。

纳税申报实行电子信息采集的纳税人，除向主管税务机关报送上述必报资料的电子数据外，还需报送纸介的《增值税纳税申报表（适用于一般纳税人）》（主表及附表）。

2.备查资料

（1）已开具的增值税专用发票和普通发票存根联。

（2）符合抵扣条件并且在本期申报抵扣的增值税专用发票抵扣联。

（3）海关进口货物完税凭证、运输发票、购进农产品普通发票及购进废旧物资普通发票的复印件。

（4）收购凭证的存根联或报查联。

（5）代扣代缴税款凭证存根联。

（6）主管税务机关规定的其他备查资料。

备查资料是否需要在当期报送，由各省级税务局确定。

（四）增值税纳税申报资料的管理

1.增值税纳税申报必报资料

纳税人在纳税申报期内，应及时将全部必报资料的电子数据报送主管税务机关，并在主管税务机关按照税法规定确定的期限内（具体时间由各省级税务局确定），将该办法要求报送的纸介的必报资料（具体份数由省一级税务局确定）报送主管税务机关，税务机关签收后，一份退还纳税人，其余留存。

2.增值税纳税申报备查资料

纳税人在月度终了后，应将备查资料认真整理并装订成册。

（1）属于整本开具的手工版增值税专用发票及普通发票的存根联，按原顺序装订；开具的电脑版增值税专用发票，包括防伪税控系统开具的增值税专用发票的存根联，应按开票顺序号码每25份装订一册，不足25份的按实际开具份数装订。

（2）对属于扣税凭证的单证，根据取得的时间顺序，按单证种类每25份装订一册，不足25份的按实际份数装订。

（3）装订时，必须使用税务机关统一规定的《征税/扣税单证汇总簿封面》（以下简称《封面》），并按规定填写封面内容，由办税人员和财务人员审核签章。启用《封面》后，纳税人可不再填写原增值税专用发票的封面内容。

（4）纳税人当月未使用完的手工版增值税专用发票，暂不加装《封面》，两个月仍未使用完的，应在主管税务机关对其剩余部分剪角作废的当月加装《封面》。

纳税人开具的普通发票及收购凭证在其整本使用完毕的当月，加装《封面》。

（5）《封面》的内容包括纳税人单位名称、本册单证份数、金额、税额、本月此种单证总册数及本册单证编号、税款所属时间等，具体格式由各省一级税务局制定。

（五）纳税申报表的领购

《增值税纳税申报表（适用于增值税一般纳税人）》（主表及附表）由纳税人向主管税务机关购领。

（六）申报期限

纳税人应按月进行纳税申报，申报期为次月1日起至10日止，遇最后一日为法定节假日的，顺延1日；在每月1日至10日内有连续3日以上法定休假日的，按休假日天数顺延。

（七）罚则

（1）纳税人未按规定期限办理纳税申报和报送纳税资料的，按照《税收征收管理法》第六十二条的有关规定处罚。

（2）纳税人经税务机关通知申报而拒不申报或者进行虚假的纳税申报，不缴或者少缴应纳税款的，按偷税处理，并按《税收征收管理法》第六十三条的有关规定处罚。

（3）纳税人不进行纳税申报，不缴或者少缴应纳税款的，按《税收征收管理法》第六十四条的有关规定处罚。

三、全面推开营业税改征增值税试点后增值税纳税申报有关事项

为保障全面推开营业税改征增值税改革试点工作顺利实施，国家税务总局印发了《关于全面推开营业税改征增值税试点后增值税纳税申报有关事项的公告》（国家税务总局公告2016年第13号印发），有关增值税纳税申报事项如下。

（一）适用范围

中华人民共和国境内增值税纳税人均应按照该公告的规定进行增值税纳税申报。

（二）纳税申报资料

纳税申报资料包括纳税申报表及其附列资料和纳税申报其他资料。

1. 纳税申报表及其附列资料

（1）增值税一般纳税人（以下简称"一般纳税人"）纳税申报表及其附列资料包括：①《增值税纳税申报表（一般纳税人适用）》。②《增值税纳税申报表附列资料（一）》（本期销售情况明细）。③《增值税纳税申报表附列资料（二）》（本期进项税额明细）。④《增值税纳税申报表附列资料（三）》（服务、不动产和无形资产扣除项目明细）。一般纳税人销售服务、不动产和无形资产，在确定服务、不动产和无形资产销售额时，按照有关规定可以从取得的全部价款和价外费用中扣除价款的，需填报《增值税纳税申报表附列资料（三）》。其他情况不填写该附列资料。⑤《增值税纳税申报表附列资料（四）》（税额抵减情况表）。⑥《增值税纳税申报表附列资料（五）》（不动产分期抵扣计算表）。⑦《固定资产（不含不动产）进项税额抵扣情况表》。⑧《本期抵扣进项税额结构明细表》。⑨《增值税减免税申报明细表》。

（2）增值税小规模纳税人（以下简称"小规模纳税人"）纳税申报表及其附列资料包括：①《增值税纳税申报表（小规模纳税人适用）》。②《增值税纳税申报表（小规模纳税人适用）附列资料》。小规模纳税人销售服务，在确定服务销售额时，按照有关规定可以从取得的全部价款和价外费用中扣除价款的，需填报《增值税纳税申报表（小规模纳税人适用）附列资料》。其他情况不填写该附列资料。③《增值税减免税申报明细表》。

2. 纳税申报其他资料

（1）已开具的税控机动车销售统一发票和普通发票的存根联。

（2）符合抵扣条件且在本期申报抵扣的增值税专用发票（含税控机动车销售统一发票）的抵扣联。

（3）符合抵扣条件且在本期申报抵扣的海关进口增值税专用缴款书、购进农产品取得的普通发票的复印件。

（4）符合抵扣条件且在本期申报抵扣的税收完税凭证及其清单，书面合同、付款证明和境外单位的对账单或者发票。

（5）已开具的农产品收购凭证的存根联或报查联。

（6）纳税人销售服务、不动产和无形资产，在确定服务、不动产和无形资产销售额时，按照有关规定从取得的全部价款和价外费用中扣除价款的合法凭证及其清单。

（7）主管税务机关规定的其他资料。

3. 资料要求

纳税申报表及其附列资料为必报资料。纳税申报其他资料的报备要求由各省、自治区、直辖市和计划单列市税务局确定。

（三）增值税预缴税款表

纳税人跨县（市）提供建筑服务、房地产开发企业预售自行开发的房地产项目、纳税人出租与机构所在地不在同一县（市）的不动产，按规定需要在项目所在地或不动产所在地主管税务机关预缴税款的，需填写《增值税预缴税款表》。

（四）宣传和辅导

主管税务机关应做好增值税纳税申报的宣传和辅导工作。

疑难问题解答

问：增值税纳税申报表第4栏"纳税检查调整的销售额"可不可以填写企业自己发现以前年度的报税错误中少报的销售额，如果不可以，企业发现错误后如何补报税？

答：（国家税务总局河北省税务局）《国家税务总局关于增值税 消费税与附加税费申报表整合有关事项的公告》（国家税务总局公告2021年第20）附件2"《增值税及附加税费申报表（一般纳税人适用）》 及其附列资料填写说明"规定："（十八）第4栏'纳税检查调整的销售额'：填写纳税人因税务、财政、审计部门检查，并按一般计税方法在本期计算调整的销售额。但享受增值税即征即退政策的货物、劳务和服务、不动产、无形资产，经纳税检查属于偷税的，不填入'即征即退项目'列，而应填入'一般项目'列。"

营业税改征增值税的纳税人，服务、不动产和无形资产有扣除项目的，本栏应填写扣除之前的不含税销售额。

本栏"一般项目"列"本月数"=《附列资料（一）》第7列第1至第5行之和。

四、增值税纳税申报比对管理操作规程

（一）制定依据

为进一步加强和规范增值税纳税申报比对（以下简称"申报比对"）管理，提高申报质量，优化纳税服务，根据《税收征收管理法》和《增值税暂行条例》等有关税收法律、法规规定，国家税务总局制定《增值税纳税申报比对管理操作规程（试行）》（税总发〔2017〕124号印发）。

（二）申报比对管理的含义

申报比对管理是指税务机关以信息化为依托，通过优化整合现有征管信息资源，对增值税纳税申报信息进行票表税比对，并对比对结果进行相应处理。

（三）设置申报异常处理岗

主管税务机关应设置申报异常处理岗，主要负责异常比对结果的核实及相关处理工作。异常处理岗原则上不设置在办税服务厅前台。

（四）申报比对范围及内容

1.比对信息范围

（1）增值税纳税申报表及其附列资料（以下简称"申报表"）信息。

（2）增值税一般纳税人和小规模纳税人开具的增值税发票信息。

（3）增值税一般纳税人取得的进项抵扣凭证信息。

（4）纳税人税款入库信息。

（5）增值税优惠备案信息。

（6）申报比对所需的其他信息。

2.比对内容

比对内容包括表表比对、票表比对和表税比对。表表比对是指申报表表内、表间逻辑关系比对。票表比对是指各类发票、凭证、备案资格等信息与申报表进行比对。表税比对是指纳税人当期申报的应纳税款与当期的实际入库税款进行比对。

（五）申报比对规则

1.逻辑关系

申报表表内、表间逻辑关系比对，按照税务总局制定的申报表填写规则执行。

2.增值税一般纳税人票表比对规则

1）销项比对

当期开具发票（不包含不征税发票）的金额、税额合计数应小于或者等于当期申报的销售额、税额合计数。

纳税人当期申报免税销售额、即征即退销售额的，应当比对其增值税优惠备案信息，按规定不需要办理备案手续的除外。

2）进项比对

（1）当期已认证或确认的进项增值税专用发票（以下简称"专用发票"）上注明的金额、税额合计数应大于或者等于申报表中本期申报抵扣的专用发票进项金额、税额合计数。

（2）经稽核比对相符的海关进口增值税专用缴款书上注明的税额合计数应大于或者等于申报表中本期申报抵扣的海关进口增值税专用缴款书的税额。

（3）取得的代扣代缴税收缴款凭证上注明的增值税税额合计数应大于或者等于申报表中本期申报抵扣的代扣代缴税收缴款凭证的税额。

（4）取得的《出口货物转内销证明》上注明的进项税额合计数应大于或者等于申报表中本期申报抵扣的外贸企业进项税额抵扣证明的税额。

（5）按照政策规定，依据相关凭证注明的金额计算抵扣进项税额的，计算得出的进项税额应大于或者等于申报表中本期申报抵扣的相应凭证税额。

（6）红字增值税专用发票信息表中注明的应作转出的进项税额应等于申报表中进项税额转出中的红字专用发票信息表注明的进项税额。

（7）申报表中进项税额转出金额不应小于零。

3）应纳税额减征额比对

当期申报的应纳税额减征额应小于或者等于当期符合政策规定的减征税额。

4）预缴税款比对

申报表中的预缴税额本期发生额应小于或者等于实际已预缴的税款。

5）特殊规则

（1）实行汇总缴纳增值税的总机构和分支机构可以不进行票表比对。

（2）按季申报的纳税人应当对其季度数据进行汇总比对。

3.增值税小规模纳税人票表比对规则

（1）当期开具的增值税专用发票金额应小于或者等于申报表填报的增值税专用发票销售额。

（2）当期开具的增值税普通发票金额应小于或者等于申报表填报的增值税普通发票销售额。

（3）申报表中的预缴税额应小于或者等于实际已预缴的税款。

（4）纳税人当期申报免税销售额的，应当比对其增值税优惠备案信息，按规定不需要办理备案手续的除外。

4.表税比对规则

纳税人当期申报的应纳税款应小于或者等于当期实际入库税款。

5.申报比对其他规则

（1）税务总局可以根据增值税风险管理的需要，对申报表特定项目设置申报比对规则。

（2）各省国税机关可以根据申报比对管理实际，合理设置相关比对项目金额尾差的正负范围。

（3）主管税务机关可以结合申报比对管理实际，将征收方式、发票开具等业务存在特殊情形的纳税人列入白名单管理，并根据实际情况确定所适用的申报比对规则。白名单实行动态管理。

6.规则的适用

上述第1至第3项比对规则为基本规则，第4至第5项比对规则为可选规则。各省税务机关可以在上述比对规则的基础上，根据申报管理的需要自主增加比对规则。

（六）申报比对操作流程

申报比对环节可以设置在事中或者事后，由省税务机关根据申报管理需要进行确定。主管税务机关通过征管信息系统或网上申报系统进行申报比对，并根据比对结果分别采取以下处理流程。

1.申报比对相符

申报比对相符后，主管税务机关对纳税人税控设备进行解锁。

2.申报比对不相符

申报比对不相符的，向纳税人反馈比对不相符的内容，并按照下列流程进行处理：

（1）申报比对不符的，除符合本项第2点情形外，暂不对其税控设备进行解锁，并将异常比对结果转交申报异常处理岗。

（2）纳税人仅因为相关资格尚未备案，造成比对不符的，应当对税控设备进行解锁。

（3）异常比对结果经申报异常处理岗核实可以解除异常的，对纳税人税控设备进行解锁；核实后仍不能解除异常的，不得对税控设备解锁，由税源管理部门继续核实处理。

（4）异常比对结果经税源管理部门核实可以解除异常的，对纳税人税控设备进行解锁。核实后发现涉嫌虚开发票等严重涉税违法行为，经稽查部门分析判断认为需要稽查立案的，转交稽查部门处理，经处理可以解除异常的，对纳税人税控设备进行解锁。

（5）异常比对结果的处理期限，由主管税务机关根据实际情况确定。

（七）应急措施

由于出现信息系统异常等突发情形，影响正常纳税申报秩序时，省税务机关可以采取应急措施，暂停申报比对。在突发情形消除后，可以根据实际情况重新启动申报比对流程。

疑难问题解答

问：2021年7月份及之后税款所属期，纳税人收到主管税务机关税务事项通知书，告知其已申报抵扣的增值税专用发票为异常增值税扣税凭证。纳税人在办理增值税纳税申报时应当如何处理？

答：（国家税务总局天津市税务局）按照《增值税及附加税费申报表（一般纳税人适用）》及其附列资料的填写说明，在《增值税及附加税费申报表附列资料（二）》第23a栏"异常凭证转出进项税额"栏次，填写本期异常增值税扣税凭证转出的进项税额。

如果纳税人的纳税信用等级不为A级，按照《国家税务总局关于异常增值税扣税凭证管理等有关事项的公告》（国家税务总局公告2019年第38号，以下简称"38号公告"）第三条第（一）项的规定，应当在纳税人办理收到相关税务事项通知书对应税款所属期的增值税及附加税费申报时，按照《增值税及附加税费申报表附列资料（二）》填写说明的要求，将对应专用发票已抵扣税额计入《增值税及附加税费申报表附列资料（二）》第23a栏。

如果纳税人的纳税信用等级为A级，则可以按照38号公告第三条第（四）项的规定，自接到税务机关通知之日起10个工作日内，向主管税务机关提出核实申请，在税务机关出具核实结果之前暂不作进项税额转出处理，也不需要将对应专用发票已抵扣税额计入《增值税及附加税费申报表附列资料（二）》第23a栏。

若纳税人逾期未提出核实申请，或者提出核实申请但经核实确认相关发票不符合现行增值税进项税额抵扣相关规定的，应当继续作进项转出处理。

五、增值税、消费税与附加税费申报表整合

根据《国家税务总局关于增值税、消费税与附加税费申报表整合有关事项的公告》（国家税务总局公告2021年第20号）的规定，自2021年8月1日起，增值税、消费税分别与城市维护建设税、教育费附加、地方教育附加申报表整合，启用《增值税及附加税费申报表（一般纳税人适用）》《增值税及附加税费申报表（小规模纳税人适用）》《增值税及附加税费预缴表》及其附列资料和《消费税及附加税费申报表》，《废止文件及条款清单》所列文件、条款同时废止。

疑难问题解答

问：申报表整合后，如何进行增值税、消费税及附加税费申报？

答：（国家税务总局天津市税务局）新启用的《增值税及附加税费申报表（一般纳税人适用）》《增值税及附加税费申报表（小规模纳税人适

用）》《增值税及附加税费预缴表》及其附列资料和《消费税及附加税费申报表》中，附加税费申报表作为附列资料或附表，纳税人在进行增值税、消费税申报的同时完成附加税费申报。

具体为纳税人填写增值税、消费税相关申报信息后，自动带入附加税费附列资料（附表）；纳税人填写完附加税费其他申报信息后，回到增值税、消费税申报主表，形成纳税人本期应缴纳的增值税、消费税和附加税费数据。上述表内信息预填均由系统自动实现。

问：申报表整合施行后原附加税费申报表还可以使用吗？

答：（国家税务总局天津市税务局）不可以。增值税、消费税与附加税费申报表整合后，不仅对申报表进行了改进，而且对支撑申报的信息系统和电子税务局进行了功能的优化和完善，覆盖了增值税、消费税和附加税费申报的所有场景。因此，申报表整合施行后，原《城市维护建设税　教育费附加　地方教育附加申报表》不再使用。

第三节　企业所得税纳税申报管理

一、企业所得税纳税申报基本制度

（一）《企业所得税法》的规定

（1）除税收法律、行政法规另有规定外，居民企业以企业登记注册地为纳税地点；但登记注册地在境外的，以实际管理机构所在地为纳税地点。

居民企业在中国境内设立不具有法人资格的营业机构的，应当汇总计算并缴纳企业所得税。

（2）非居民企业取得《企业所得税法》第三条第二款规定的所得，以机构、场所所在地为纳税地点。非居民企业在中国境内设立两个或者两个以上机构、场所，符合国务院税务主管部门规定条件的，可以选择由其主要机构、场所汇总缴纳企业所得税。

非居民企业取得《企业所得税法》第三条第三款规定的所得，以扣缴义务人所在地为纳税地点。

（3）除国务院另有规定外，企业之间不得合并缴纳企业所得税。

企业所得税按纳税年度计算。纳税年度自公历1月1日起至12月31日止。

企业在一个纳税年度中间开业，或者终止经营活动，使该纳税年度的实际经营期不足12个月的，应当以其实际经营期为一个纳税年度。

企业依法清算时，应当以清算期间作为一个纳税年度。

（4）企业所得税分月或者分季预缴。

企业应当自月份或者季度终了之日起15日内，向税务机关报送预缴企业所得税纳税申报表，预缴税款。

企业应当自年度终了之日起5个月内，向税务机关报送年度企业所得税纳税申报表，并汇算清缴，结清应缴应退税款。

企业在报送企业所得税纳税申报表时，应当按照规定附送财务会计报告和其他有关资料。

（5）企业在年度中终止经营活动的，应当自实际经营终止之日起六十日内，向税务机关办理当期企业所得税汇算清缴。

企业应当在办理注销登记前，就其清算所得向税务机关申报并依法缴纳企业所得税。

（二）《企业所得税法实施条例》的规定

《中华人民共和国企业所得税法实施条例》（2007年12月6日中华人民共和国国务院令第512号公布，根据2019年4月23日《国务院关于修改部分行政法规的决定》修订，以下简称《企业所得税法实施条例》）的规定如下：

（1）《企业所得税法》第五十条所称企业登记注册地，是指企业依照国家有关规定登记注册的住所地。

（2）企业汇总计算并缴纳企业所得税时，应当统一核算应纳税所得额，具体办法由国务院财政、税务主管部门另行制定。

（3）《企业所得税法》第五十一条所称主要机构、场所，应当同时符合下列条件：①对其他各机构、场所的生产经营活动负有监督管理责任；②设有完整的账簿、凭证，能够准确反映各机构、场所的收入、成本、费用和盈亏情况。

（4）企业所得税分月或者分季预缴，由税务机关具体核定。

企业根据《企业所得税法》第五十四条规定分月或者分季预缴企业所得税时，应当按照月度或者季度的实际利润额预缴；按照月度或者季度的实际利润额预缴有困难的，可以按照上一纳税年度应纳税所得额的月度或者季度平均额预缴，或者按照经税务机关认可的其他方法预缴。预缴方法一经确定，该纳税年度内不得随意变更。

（5）企业在纳税年度内无论盈利或者亏损，都应当依照《企业所得税法》第五十四条规定的期限，向税务机关报送预缴企业所得税纳税申报表、年度企业所得税纳税申报表、财务会计报告和税务机关规定应当报送的其他有关资料。

二、简化小型微利企业所得税年度纳税申报

《国家税务总局关于简化小型微利企业所得税年度纳税申报有关措施的公告》（国家税务总局公告2018年第58号）规定，为切实减轻小型微利企

纳税申报负担，根据《国家税务总局关于进一步深化税务系统"放管服"改革 优化税收环境的若干意见》（税总发〔2017〕101号）有关精神，国家税务总局就实行查账征收企业所得税的小型微利企业（以下简称"小型微利企业"）填报《中华人民共和国企业所得税年度纳税申报表（A类，2017年版）》（国家税务总局公告2017年第54号发布，国家税务总局公告2018年第57号修订）有关事项公告如下：

（1）《中华人民共和国企业所得税年度纳税申报表（A类）》（A100000）为小型微利企业必填表单。

（2）《企业所得税年度纳税申报基础信息表》（A000000）中的"基本经营情况"为小型微利企业必填项目；"有关涉税事项情况"为选填项目，存在或者发生相关事项时小型微利企业必须填报；"主要股东及分红情况"为小型微利企业免填项目。

（3）小型微利企业免于填报《一般企业收入明细表》（A101010）、《金融企业收入明细表》（A101020）、《一般企业成本支出明细表》（A102010）、《金融企业支出明细表》（A102020）、《事业单位、民间非营利组织收入、支出明细表》（A103000）、《期间费用明细表》（A104000）。上述表单相关数据应当在《中华人民共和国企业所得税年度纳税申报表（A类）》（A100000）中直接填写。

（4）除上述规定的表单、项目外，小型微利企业可结合自身经营情况，选择表单填报。未发生表单中规定的事项，无须填报。

（5）小型微利企业，是指符合《企业所得税法》及其实施条例、《财政部 税务总局关于进一步扩大小型微利企业所得税优惠政策范围的通知》（财税〔2018〕77号）、《财政部 税务总局关于实施小微企业普惠性税收减免政策的通知》（财税〔2019〕13号）等规定的企业。上述政策规定发生调整的，按照最新政策规定执行。

（6）上述制度适用于小型微利企业2018年度及以后年度企业所得税汇算清缴纳税申报。

三、企业所得税年度纳税申报表的调整

根据《国家税务总局关于企业所得税年度纳税申报有关事项的公告》（国家税务总局公告2022年第27号）的规定，为贯彻落实《企业所得税法》及有关税收政策，进一步减轻纳税人办税负担，对企业所得税年度纳税申报有关事项进行如下调整：

（1）对《中华人民共和国企业所得税年度纳税申报表（A类，2017年版）》部分表单和填报说明进行修订，具体如下：对《资产折旧、摊销及纳税调整明细表》（A105080）、《企业重组及递延纳税事项纳税调整明细表》

（A105100）、《免税、减计收入及加计扣除优惠明细表》（A107010）、《研发费用加计扣除优惠明细表》（A107012）、《减免所得税优惠明细表》（A107040）的表单样式及填报说明进行修订；对《纳税调整项目明细表》（A105000）的填报说明进行修订。

（2）企业搬迁完成当年，向主管税务机关报送企业所得税年度纳税申报表时，不再报送《企业政策性搬迁清算损益表》。

（3）上述调整适用于2022年度及以后年度企业所得税汇算清缴申报。《国家税务总局关于发布〈中华人民共和国企业所得税年度纳税申报表（A类，2017年版）〉的公告》（2017年第54号）、《国家税务总局关于修订〈中华人民共和国企业所得税年度纳税申报表（A类，2017年版）〉部分表单样式及填报说明的公告》（2018年第57号）、《国家税务总局关于修订企业所得税年度纳税申报表的公告》（2020年第24号）、《国家税务总局关于企业所得税年度汇算清缴有关事项的公告》（2021年第34号）中的上述表单和填报说明同时废止。《国家税务总局关于发布〈企业政策性搬迁所得税管理办法〉的公告》（2012年第40号）第二十五条关于"应同时报送《企业政策性搬迁清算损益表》（表样附后）"的规定和附件《企业政策性搬迁清算损益表》同时废止。

第四节 个人所得税纳税申报管理

一、个人所得税纳税申报基本制度

（一）《个人所得税法》的规定

《中华人民共和国个人所得税法》（1980年9月10日第五届全国人民代表大会第三次会议通过，根据1993年10月31日第八届全国人民代表大会常务委员会第四次会议《关于修改〈中华人民共和国个人所得税法〉的决定》第一次修正，根据1999年8月30日第九届全国人民代表大会常务委员会第十一次会议《关于修改〈中华人民共和国个人所得税法〉的决定》第二次修正，根据2005年10月27日第十届全国人民代表大会常务委员会第十八次会议《关于修改〈中华人民共和国个人所得税法〉的决定》第三次修正，根据2007年6月29日第十届全国人民代表大会常务委员会第二十八次会议《关于修改〈中华人民共和国个人所得税法〉的决定》第四次修正，根据2007年12月29日第十届全国人民代表大会常务委员会第三十一次会议《关于修改〈中华人民共和国个人所得税法〉的决定》第五次修正，根据2011年6月30日第十一届全国人民代表大会常务委员会第二十一次会议《关于修改〈中华人民共和国个人所得税法〉的决定》第六次修正，根据2018年8月31日第十三届全国人民代表大会常务委员会第五次会议《关于修改〈中华人民共和国个人所得税法〉的决定》第七次修正，以下简称《个人所得税法》）的规定如下：

（1）有下列情形之一的，纳税人应当依法办理纳税申报：①取得综合所得需要办理汇算清缴；②取得应税所得没有扣缴义务人；③取得应税所得，扣缴义务人未扣缴税款；④取得境外所得；⑤因移居境外注销中国户籍；⑥非居民个人在中国境内从两处以上取得工资、薪金所得；⑦国务院规定的其他情形。

扣缴义务人应当按照国家规定办理全员全额扣缴申报，并向纳税人提供其个人所得和已扣缴税款等信息。

（2）居民个人取得综合所得，按年计算个人所得税；有扣缴义务人的，由扣缴义务人按月或者按次预扣预缴税款；需要办理汇算清缴的，应当在取得所得的次年3月1日至6月30日内办理汇算清缴。预扣预缴办法由国务院税务主管部门制定。

居民个人向扣缴义务人提供专项附加扣除信息的，扣缴义务人按月预扣预缴税款时应当按照规定予以扣除，不得拒绝。

非居民个人取得工资、薪金所得，劳务报酬所得，稿酬所得和特许权使用费所得，有扣缴义务人的，由扣缴义务人按月或者按次代扣代缴税款，不办理汇算清缴。

（3）纳税人取得经营所得，按年计算个人所得税，由纳税人在月度或者季度终了后15日内向税务机关报送纳税申报表，并预缴税款；在取得所得的次年3月31日前办理汇算清缴。

纳税人取得利息、股息、红利所得，财产租赁所得，财产转让所得和偶然所得，按月或者按次计算个人所得税，有扣缴义务人的，由扣缴义务人按月或者按次代扣代缴税款。

（4）纳税人取得应税所得没有扣缴义务人的，应当在取得所得的次月15日内向税务机关报送纳税申报表，并缴纳税款。

纳税人取得应税所得，扣缴义务人未扣缴税款的，纳税人应当在取得所得的次年6月30日前，缴纳税款；税务机关通知限期缴纳的，纳税人应当按照期限缴纳税款。

居民个人从中国境外取得所得的，应当在取得所得的次年3月1日至6月30日内申报纳税。

非居民个人在中国境内从两处以上取得工资、薪金所得的，应当在取得所得的次月15日内申报纳税。

纳税人因移居境外注销中国户籍的，应当在注销中国户籍前办理税款清算。

（5）扣缴义务人每月或者每次预扣、代扣的税款，应当在次月15日内缴入国库，并向税务机关报送扣缴个人所得税申报表。

纳税人办理汇算清缴退税或者扣缴义务人为纳税人办理汇算清缴退税的，税务机关审核后，按照国库管理的有关规定办理退税。

（二）《个人所得税法实施条例》的规定

《中华人民共和国个人所得税法实施条例》（1994年1月28日中华人民共和国国务院令第142号发布，根据2005年12月19日《国务院关于修改〈中华人民共和国个人所得税法实施条例〉的决定》第一次修订，根据2008年2月18日《国务院关于修改〈中华人民共和国个人所得税法实施条例〉的决定》第二次修订，根据2011年7月19日《国务院关于修改〈中华人民共和国个人所得税法实施条例〉的决定》第三次修订，2018年12月18日中华人民共和国国务院令第707号第四次修订，以下简称《个人所得税法实施条例》）的规定如下：

（1）取得综合所得需要办理汇算清缴的情形包括：①从两处以上取得综合所得，且综合所得年收入额减除专项扣除的余额超过6万元；②取得劳务报酬所得、稿酬所得、特许权使用费所得中一项或者多项所得，且综合所得年收入额减除专项扣除的余额超过6万元；③纳税年度内预缴税额低于应纳税额；④纳税人申请退税。

纳税人申请退税，应当提供其在中国境内开设的银行账户，并在汇算清缴地就地办理税款退库。

汇算清缴的具体办法由国务院税务主管部门制定。

（2）《个人所得税法》第十条第二款所称全员全额扣缴申报，是指扣缴义务人在代扣税款的次月十五日内，向主管税务机关报送其支付所得的所有个人的有关信息、支付所得数额、扣除事项和数额、扣缴税款的具体数额和总额以及其他相关涉税信息资料。

（3）纳税人办理纳税申报的地点以及其他有关事项的具体办法，由国务院税务主管部门制定。

（4）居民个人取得工资、薪金所得时，可以向扣缴义务人提供专项附加扣除有关信息，由扣缴义务人扣缴税款时减除专项附加扣除。纳税人同时从两处以上取得工资、薪金所得，并由扣缴义务人减除专项附加扣除的，对同一专项附加扣除项目，在一个纳税年度内只能选择从一处取得的所得中减除。

居民个人取得劳务报酬所得、稿酬所得、特许权使用费所得，应当在汇算清缴时向税务机关提供有关信息，减除专项附加扣除。

（5）纳税人可以委托扣缴义务人或者其他单位和个人办理汇算清缴。

（6）扣缴义务人应当按照纳税人提供的信息计算办理扣缴申报，不得擅自更改纳税人提供的信息。

纳税人发现扣缴义务人提供或者扣缴申报的个人信息、所得、扣缴税款等与实际情况不符的，有权要求扣缴义务人修改。扣缴义务人拒绝修改的，纳税人应当报告税务机关，税务机关应当及时处理。

纳税人、扣缴义务人应当按照规定保存与专项附加扣除相关的资料。税务机关可以对纳税人提供的专项附加扣除信息进行抽查，具体办法由国务院税务主管部门另行规定。税务机关发现纳税人提供虚假信息的，应当责令改正并通知扣缴义务人；情节严重的，有关部门应当依法予以处理，纳入信用信息系统并实施联合惩戒。

（7）纳税人申请退税时提供的汇算清缴信息有错误的，税务机关应当告知其更正；纳税人更正的，税务机关应当及时办理退税。

扣缴义务人未将扣缴的税款解缴入库的，不影响纳税人按照规定申请退税，税务机关应当凭纳税人提供的有关资料办理退税。

（8）所得为人民币以外货币的，按照办理纳税申报或者扣缴申报的上一月最后一日人民币汇率中间价，折合成人民币计算应纳税所得额。年度终了后办理汇算清缴的，对已经按月、按季或者按次预缴税款的人民币以外货币所得，不再重新折算；对应当补缴税款的所得部分，按照上一纳税年度最后一日人民币汇率中间价，折合成人民币计算应纳税所得额。

疑难问题解答

问：在办理综合所得申报后，发现填错了，税款已扣，于是更正了申报，但是已经多交了税款，那怎么进行退税呢？是否支持在线无接触办理？

答：（国家税务总局湖北省税务局）一、您可在自行办理年度汇算申报后，直接申请退税。如果您通过手机个人所得税APP或自然人电子税务局网页端（https://etax.chinatax.gov.cn）等网络方式进行年度汇算申报，在税款计算后您可选择申请退税或放弃退税，只要您提供中国境内开设的符合条件的银行账户即可直接申请退税。

二、如您由扣缴义务人或者其他单位和个人代为办理年度汇算的，可以由其在为您完成年度汇算后一并申请退税。

三、若采取邮寄或到办税服务厅申报的，在填报申报表时勾选"申请退税"，并填写您中国境内开设的符合条件的银行卡账户信息。

由于您的问题涉及当地主管税务机关的具体涉税征管操作事项，建议您直接联系当地主管税务机关进行处理。湖北省电子税务局（https://etax.hubei.chinatax.gov.cn）——公众服务——办税地图——当地主管税务机关办税服务厅联系电话。

二、个人所得税自行纳税申报

根据《国家税务总局关于个人所得税自行纳税申报有关问题的公告》（国家税务总局公告2018年第62号）的规定，个人所得税自行纳税申报制度如下。

第四章 纳税申报管理及案例分析

（一）取得综合所得需要办理汇算清缴的纳税申报

取得综合所得且符合下列情形之一的纳税人，应当依法办理汇算清缴：

（1）从两处以上取得综合所得，且综合所得年收入额减除专项扣除后的余额超过6万元。

（2）取得劳务报酬所得、稿酬所得、特许权使用费所得中一项或者多项所得，且综合所得年收入额减除专项扣除的余额超过6万元。

（3）纳税年度内预缴税额低于应纳税额。

（4）纳税人申请退税。

需要办理汇算清缴的纳税人，应当在取得所得的次年3月1日至6月30日内，向任职、受雇单位所在地主管税务机关办理纳税申报，并报送《个人所得税年度自行纳税申报表》。纳税人有两处以上任职、受雇单位的，选择向其中一处任职、受雇单位所在地主管税务机关办理纳税申报；纳税人没有任职、受雇单位的，向户籍所在地或经常居住地主管税务机关办理纳税申报。

纳税人办理综合所得汇算清缴，应当准备与收入、专项扣除、专项附加扣除、依法确定的其他扣除、捐赠、享受税收优惠等相关的资料，并按规定留存备查或报送。

（二）取得经营所得的纳税申报

个体工商户业主、个人独资企业投资者、合伙企业个人合伙人、承包承租经营者个人以及其他从事生产、经营活动的个人取得经营所得，包括以下情形：

（1）个体工商户从事生产、经营活动取得的所得，个人独资企业投资人、合伙企业的个人合伙人来源于境内注册的个人独资企业、合伙企业生产、经营的所得。

（2）个人依法从事办学、医疗、咨询以及其他有偿服务活动取得的所得。

（3）个人对企业、事业单位承包经营、承租经营以及转包、转租取得的所得。

（4）个人从事其他生产、经营活动取得的所得。

纳税人取得经营所得，按年计算个人所得税，由纳税人在月度或季度终了后十五日内，向经营管理所在地主管税务机关办理预缴纳税申报，并报送《个人所得税经营所得纳税申报表（A表）》。在取得所得的次年3月31日前，向经营管理所在地主管税务机关办理汇算清缴，并报送《个人所得税经营所得纳税申报表（B表）》；从两处以上取得经营所得的，选择向其中一处经营管理所在地主管税务机关办理年度汇总申报，并报送《个人所得税经营所得纳税申报表（C表）》。

（三）取得应税所得，扣缴义务人未扣缴税款的纳税申报

纳税人取得应税所得，扣缴义务人未扣缴税款的，应当区别以下情形办理纳税申报：

（1）居民个人取得综合所得的，按照该公告第一条办理。

（2）非居民个人取得工资、薪金所得，劳务报酬所得，稿酬所得，特许权使用费所得的，应当在取得所得的次年六月三十日前，向扣缴义务人所在地主管税务机关办理纳税申报，并报送《个人所得税自行纳税申报表（A表）》。有两个以上扣缴义务人均未扣缴税款的，选择向其中一处扣缴义务人所在地主管税务机关办理纳税申报。非居民个人在次年6月30日前离境（临时离境除外）的，应当在离境前办理纳税申报。

（3）纳税人取得利息、股息、红利所得，财产租赁所得，财产转让所得和偶然所得的，应当在取得所得的次年6月30日前，按相关规定向主管税务机关办理纳税申报，并报送《个人所得税自行纳税申报表（A表）》。税务机关通知限期缴纳的，纳税人应当按照期限缴纳税款。

（四）取得境外所得的纳税申报

居民个人从中国境外取得所得的，应当在取得所得的次年3月1日至6月30日内，向中国境内任职、受雇单位所在地主管税务机关办理纳税申报；在中国境内没有任职、受雇单位的，向户籍所在地或中国境内经常居住地主管税务机关办理纳税申报；户籍所在地与中国境内经常居住地不一致的，选择其中一地主管税务机关办理纳税申报；在中国境内没有户籍的，向中国境内经常居住地主管税务机关办理纳税申报。

（五）因移居境外注销中国户籍的纳税申报

纳税人因移居境外注销中国户籍的，应当在申请注销中国户籍前，向户籍所在地主管税务机关办理纳税申报，进行税款清算。

（1）纳税人在注销户籍年度取得综合所得的，应当在注销户籍前，办理当年综合所得的汇算清缴，并报送《个人所得税年度自行纳税申报表》。尚未办理上一年度综合所得汇算清缴的，应当在办理注销户籍纳税申报时一并办理。

（2）纳税人在注销户籍年度取得经营所得的，应当在注销户籍前，办理当年经营所得的汇算清缴，并报送《个人所得税经营所得纳税申报表（B表）》。从两处以上取得经营所得的，还应当一并报送《个人所得税经营所得纳税申报表（C表）》。尚未办理上一年度经营所得汇算清缴的，应当在办理注销户籍纳税申报时一并办理。

（3）纳税人在注销户籍当年取得利息、股息、红利所得，财产租赁所得，财产转让所得和偶然所得的，应当在注销户籍前，申报当年上述所得的

完税情况，并报送《个人所得税自行纳税申报表（A表）》。

（4）纳税人有未缴或者少缴税款的，应当在注销户籍前，结清欠缴或未缴的税款。纳税人存在分期缴税且未缴纳完毕的，应当在注销户籍前，结清尚未缴纳的税款。

（5）纳税人办理注销户籍纳税申报时，需要办理专项附加扣除、依法确定的其他扣除的，应当向税务机关报送《个人所得税专项附加扣除信息表》《商业健康保险税前扣除情况明细表》《个人税收递延型商业养老保险税前扣除情况明细表》等。

（六）非居民个人在中国境内从两处以上取得工资、薪金所得的纳税申报

非居民个人在中国境内从两处以上取得工资、薪金所得的，应当在取得所得的次月15日内，向其中一处任职、受雇单位所在地主管税务机关办理纳税申报，并报送《个人所得税自行纳税申报表（A表）》。

（七）纳税申报方式

纳税人可以采用远程办税端、邮寄等方式申报，也可以直接到主管税务机关申报。

（八）其他有关问题

（1）纳税人办理自行纳税申报时，应当一并报送税务机关要求报送的其他有关资料。首次申报或者个人基础信息发生变化的，还应报送《个人所得税基础信息表（B表）》。

（2）纳税人在办理纳税申报时需要享受税收协定待遇的，按照享受税收协定待遇有关办法办理。

疑难问题解答

问：我公司注册资本100万元，两个自然人股东，A占60%，实缴30万元；B占40%，实缴为0，公司经营亏损，目前净资产8万元（低于实收资本）；现在B要转让股权，请问B对应的净资产份额怎么确定？可以0股价转让吗？（章程规定按实缴资本分红）。

答：（国家税务总局河南省税务局）一、根据《中华人民共和国个人所得税法》的规定，财产转让所得应当缴纳个人所得税。应纳税所得额的计算：财产转让所得，以转让财产的收入额减除财产原值和合理费用后的余额，为应纳税所得额。

二、《股权转让所得个人所得税管理办法（试行）》（国家税务总局公告2014年第67号）规定：

"第二条 本办法所称股权是指自然人股东（以下简称个人）投资于在中国境内成立的企业或组织（以下统称被投资企业，不包括个人独资企业和合伙企业）的股权或股份。

"第三条 本办法所称股权转让是指个人将股权转让给其他个人或法人的行为，包括以下情形：（一）出售股权……（六）以股权抵偿债务；（七）其他股权转移行为。

"第七条 股权转让收入是指转让方因股权转让而获得的现金、实物、有价证券和其他形式的经济利益。

"第八条 转让方取得与股权转让相关的各种款项，包括违约金、补偿金以及其他名目的款项、资产、权益等，均应当并入股权转让收入。

"第十条 股权转让收入应当按照公平交易原则确定。

"第十二条 符合下列情形之一，视为股权转让收入明显偏低：（一）申报的股权转让收入低于股权对应的净资产份额的。其中，被投资企业拥有土地使用权、房屋、房地产企业未销售房产、知识产权、探矿权、采矿权、股权等资产的，申报的股权转让收入低于股权对应的净资产公允价值份额的；（二）申报的股权转让收入低于初始投资成本或低于取得该股权所支付的价款及相关税费的；（三）申报的股权转让收入低于相同或类似条件下同一企业同一股东或其他股东股权转让收入的；（四）申报的股权转让收入低于相同或类似条件下同类行业的企业股权转让收入的；（五）不具合理性的无偿让渡股权或股份；（六）主管税务机关认定的其他情形。

"第十三条 符合下列条件之一的股权转让收入明显偏低，视为有正当理由：（一）能出具有效文件，证明被投资企业因国家政策调整，生产经营受到重大影响，导致低价转让股权……（四）股权转让双方能够提供有效证据证明其合理性的其他合理情形。……

"第十四条 主管税务机关应依次按照下列方法核定股权转让收入：（一）净资产核定法 股权转让收入按照每股净资产或股权对应的净资产份额核定。被投资企业的土地使用权、房屋、房地产企业未销售房产、知识产权、探矿权、采矿权、股权等资产占企业总资产比例超过20%的，主管税务机关可参照纳税人提供的具有法定资质的中介机构出具的资产评估报告核定股权转让收入。6个月内再次发生股权转让且被投资企业净资产未发生重大变化的，主管税务机关可参照上一次股权转让时被投资企业的资产评估报告核定此次股权转让收入。

"第十五条 个人转让股权的原值依照以下方法确认：（一）以现金

出资方式取得的股权，按照实际支付的价款与取得股权直接相关的合理税费之和确认股权原值；（二）以非货币性资产出资方式取得的股权，按照税务机关认可或核定的投资入股时非货币性资产价格与取得股权直接相关的合理税费之和确认股权原值……

"第十六条 股权转让人已被主管税务机关核定股权转让收入并依法征收个人所得税的，该股权受让人的股权原值以取得股权时发生的合理税费与股权转让人被主管税务机关核定的股权转让收入之和确认。

"第十七条 个人转让股权未提供完整、准确的股权原值凭证，不能正确计算股权原值的，由主管税务机关核定其股权原值。"

三、《中华人民共和国税收征收管理法》第三十五条规定："纳税人有下列情形之一的，税务机关有权核定其应纳税额……（六）纳税人申报的计税依据明显偏低，又无正当理由的。"

因此，根据您的描述，暂不清楚您具体咨询哪个税种资产份额确定的问题。如果您咨询的是个人所得税资产份额确认，建议您参考上述文件规定进行确认。是否可以0股价转让，建议您参考上述文件界定是否属于股权转让收入明显偏低情形，如果股权转让收入明显偏低且无正当理由，主管税务机关应依次按照文件规定的方法核定股权转让收入。具体涉税事宜您可联系主管税务机关进一步确认。

三、个人所得税扣缴申报管理

（一）立法目的

（1）为规范个人所得税扣缴申报行为，维护纳税人和扣缴义务人合法权益，根据《个人所得税法》及其实施条例、《税收征收管理法》及其实施细则等法律法规的规定，国家税务总局制定《个人所得税扣缴申报管理办法（试行）》（国家税务总局公告2018年第61号）。

（2）扣缴义务人是指向个人支付所得的单位或者个人。扣缴义务人应当依法办理全员全额扣缴申报。

全员全额扣缴申报是指扣缴义务人应当在代扣税款的次月十五日内，向主管税务机关报送其支付所得的所有个人的有关信息、支付所得数额、扣除事项和数额、扣缴税款的具体数额和总额以及其他相关涉税信息资料。

（二）基础信息申报

（1）扣缴义务人每月或者每次预扣、代扣的税款，应当在次月十五日内缴入国库，并向税务机关报送《个人所得税扣缴申报表》。

（2）实行个人所得税全员全额扣缴申报的应税所得包括：①工资、薪金所得；②劳务报酬所得；③稿酬所得；④特许权使用费所得；⑤利息、股息、红利所得；⑥财产租赁所得；⑦财产转让所得；⑧偶然所得。

（3）扣缴义务人首次向纳税人支付所得时，应当按照纳税人提供的纳税人识别号等基础信息，填写《个人所得税基础信息表（A表）》，并于次月扣缴申报时向税务机关报送。

扣缴义务人对纳税人向其报告的相关基础信息变化情况，应当于次月扣缴申报时向税务机关报送。

（三）工资薪金预扣税款的计算

（1）扣缴义务人向居民个人支付工资、薪金所得时，应当按照累计预扣法计算预扣税款，并按月办理扣缴申报。

累计预扣法是指扣缴义务人在一个纳税年度内预扣预缴税款时，以纳税人在本单位截至当前月份工资、薪金所得累计收入减除累计免税收入、累计减除费用、累计专项扣除、累计专项附加扣除和累计依法确定的其他扣除后的余额为累计预扣预缴应纳税所得额，适用个人所得税预扣率表一（表4-1），计算累计应预扣预缴税额，再减除累计减免税额和累计已预扣预缴税额，其余额为本期应预扣预缴税额。余额为负值时，暂不退税。纳税年度终了后余额仍为负值时，由纳税人通过办理综合所得年度汇算清缴，税款多退少补。

表4-1　个人所得税预扣率表一

（居民个人工资、薪金所得预扣预缴适用）

级数	累计预扣预缴应纳税所得额	预扣率	速算扣除数
1	不超过36 000元的	3%	0
2	超过36 000元至14 4000元的部分	10%	2 520
3	超过144 000元至300 000元的部分	20%	16 920
4	超过300 000元至420 000元的部分	25%	31 920
5	超过420 000元至660 000元的部分	30%	52 920
6	超过660 000元至960 000元的部分	35%	85 920
7	超过960 000元的部分	45%	181 920

具体计算公式如下：

本期应预扣预缴税额=（累计预扣预缴应纳税所得额×预扣率-速算扣除数）-累计

第四章 纳税申报管理及案例分析

减免税额－累计已预扣预缴税额

累计预扣预缴应纳税所得额＝累计收入－累计免税收入－累计减除费用－累计专项扣除－累计专项附加扣除－累计依法确定的其他扣除

其中：累计减除费用，按照5 000元/月乘以纳税人当年截至本月在本单位的任职受雇月份数计算。

（2）居民个人向扣缴义务人提供有关信息并依法要求办理专项附加扣除的，扣缴义务人应当按照规定在工资、薪金所得按月预扣预缴税款时予以扣除，不得拒绝。

计算案例分析

2023年1月份孙先生工资明细如下：①工资15 000元；②缴纳社会保险费1 000元；③缴纳公积金1 000元；④附加扣除2 000元。孙先生2023年1月工资所得应预扣税款180元〔（15 000－5 000－1 000－1 000－2 000）×3%〕，该笔个人所得税在2023年2月15日之前申报缴纳。

2023年2月份孙先生工资明细如下：①工资16 000元；②缴纳社会保险费1 100元；③缴纳公积金1 000元；④附加扣除3 000元。孙先生2021年2月工资所得应预扣税款177元〔（15 000＋16 000－5 000×2－1 000－1 100－1 000×2－2 000－3 000）×3%－180〕，该笔个人所得税在2023年3月15日之前申报缴纳。

2023年3月及以后月份预扣税款的计算以此类推，如果中间计算的余额为负值时，暂不退税，在孙先生办理2023年度综合所得年度汇算清缴时，再多退少补。

（四）其他综合所得预扣税款的计算

扣缴义务人向居民个人支付劳务报酬所得、稿酬所得、特许权使用费所得时，应当按照以下方法按次或者按月预扣预缴税款。

劳务报酬所得、稿酬所得、特许权使用费所得以收入减除费用后的余额为收入额；其中，稿酬所得的收入额减按70%计算。

减除费用：预扣预缴税款时，劳务报酬所得、稿酬所得、特许权使用费所得每次收入不超过4 000元的，减除费用按800元计算；每次收入4 000元以上的，减除费用按收入的20%计算。

应纳税所得额：劳务报酬所得、稿酬所得、特许权使用费所得，以每次收入额为预扣预缴应纳税所得额,计算应预扣预缴税额。劳务报酬所得适用个人所得税预扣率表二(表4-2),稿酬所得、特许权使用费所得适用20%的比例预扣率。

表4-2 个人所得税预扣率表二
(居民个人劳务报酬所得预扣预缴适用)

级数	预扣预缴应纳税所得额	预扣率	速算扣除数
1	不超过20 000元的	20%	0
2	超过20 000元至50 000元的部分	30%	2 000
3	超过50 000元的部分	40%	7 000

居民个人办理年度综合所得汇算清缴时,应当依法计算劳务报酬所得、稿酬所得、特许权使用费所得的收入额,并入年度综合所得计算应纳税款,税款多退少补。

计算案例分析

王先生在甲公司上班,每月领取工资,同时还在乙公司兼职,每月领取800元劳务报酬,乙公司每月发放劳务报酬时,应预扣预缴多少个人所得税?

解析:劳务报酬预扣预缴个人所得税时,每次收入不超过4 000元的,减除费用按800元计算,因此,每次取得收入不超过800元的,不需要预扣预缴个人所得税。但年度结束后,王先生应将其取得的全部劳务报酬并入综合所得,重新计算个人所得税并多退少补。

(五)非居民个人预扣税款的计算

(1)扣缴义务人向非居民个人支付工资、薪金所得,劳务报酬所得,稿酬所得和特许权使用费所得时,应当按照以下方法按月或者按次代扣代缴税款:

非居民个人的工资、薪金所得,以每月收入额减除费用5 000元后的余额为应纳税所得额;劳务报酬所得、稿酬所得、特许权使用费所得,以每次收入额为应纳税所得额,适用个人所得税税率表三(表4-3)计算应纳税额。劳务报酬所得、稿酬所得、特许权使用费所得以收入减除20%的费用后的余额为收入额;其中,稿酬所得的收入额减按70%计算。

第四章 纳税申报管理及案例分析

表4-3 个人所得税税率表三

(非居民个人工资、薪金所得,劳务报酬所得,稿酬所得,特许权使用费所得适用)

级数	应纳税所得额	税率	速算扣除数
1	不超过3 000元的	3%	0
2	超过3 000元至12 000元的部分	10%	210
3	超过12 000元至25 000元的部分	20%	1 410
4	超过25 000元至35 000元的部分	25%	2 660
5	超过35 000元至55 000元的部分	30%	4 410
6	超过55 000元至80 000元的部分	35%	7 160
7	超过80 000元的部分	45%	15 160

非居民个人在一个纳税年度内税款扣缴方法保持不变,达到居民个人条件时,应当告知扣缴义务人基础信息变化情况,年度终了后按照居民个人有关规定办理汇算清缴。

(2)纳税人需要享受税收协定待遇的,应当在取得应税所得时主动向扣缴义务人提出,并提交相关信息、资料,扣缴义务人代扣代缴税款时按照享受税收协定待遇有关办法办理。

(六)其他所得预扣税款的计算

(1)扣缴义务人支付利息、股息、红利所得,财产租赁所得,财产转让所得或者偶然所得时,应当依法按次或者按月代扣代缴税款。

(2)劳务报酬所得、稿酬所得、特许权使用费所得,属于一次性收入的,以取得该项收入为1次;属于同一项目连续性收入的,以一个月内取得的收入为1次。

财产租赁所得,以一个月内取得的收入为1次。

利息、股息、红利所得,以支付利息、股息、红利时取得的收入为1次。

偶然所得,以每次取得该项收入为1次。

(七)扣缴信息核对

(1)支付工资、薪金所得的扣缴义务人应当于年度终了后两个月内,向纳税人提供其个人所得和已扣缴税款等信息。纳税人年度中间需要提供上述信息的,扣缴义务人应当提供。

纳税人取得除工资、薪金所得以外的其他所得,扣缴义务人应当在扣缴税款后,及时向纳税人提供其个人所得和已扣缴税款等信息。

（2）扣缴义务人应当按照纳税人提供的信息计算税款、办理扣缴申报，不得擅自更改纳税人提供的信息。

扣缴义务人发现纳税人提供的信息与实际情况不符的，可以要求纳税人修改。纳税人拒绝修改的，扣缴义务人应当报告税务机关，税务机关应当及时处理。

纳税人发现扣缴义务人提供或者扣缴申报的个人信息、支付所得、扣缴税款等信息与实际情况不符的，有权要求扣缴义务人修改。扣缴义务人拒绝修改的，纳税人应当报告税务机关，税务机关应当及时处理。

（八）扣缴义务及手续费

（1）扣缴义务人对纳税人提供的《个人所得税专项附加扣除信息表》，应当按照规定妥善保存备查。

（2）扣缴义务人应当依法对纳税人报送的专项附加扣除等相关涉税信息和资料保密。

（3）对扣缴义务人按照规定扣缴的税款，按年付给2%的手续费。不包括税务机关、司法机关等查补或者责令补扣的税款。

扣缴义务人领取的扣缴手续费可用于提升办税能力、奖励办税人员。

（九）罚则

（1）扣缴义务人依法履行代扣代缴义务，纳税人不得拒绝。纳税人拒绝的，扣缴义务人应当及时报告税务机关。

（2）扣缴义务人有未按照规定向税务机关报送资料和信息、未按照纳税人提供信息虚报虚扣专项附加扣除、应扣未扣税款、不缴或少缴已扣税款、借用或冒用他人身份等行为的，依照《税收征收管理法》等相关法律、行政法规处理。

（十）完善调整部分纳税人个人所得税预扣预缴方法

根据《国家税务总局关于完善调整部分纳税人个人所得税预扣预缴方法的公告》（国家税务总局公告2020年第13号）的规定，有关完善调整年度中间首次取得工资、薪金所得等人员有关个人所得税预扣预缴方法的事项如下：

（1）自2020年7月1日起，对一个纳税年度内首次取得工资、薪金所得的居民个人，扣缴义务人在预扣预缴个人所得税时，可按照5 000元/月乘以纳税人当年截至本月月份数计算累计减除费用。

（2）正在接受全日制学历教育的学生因实习取得劳务报酬所得的，扣缴义务人预扣预缴个人所得税时，可按照《国家税务总局关于发布〈个人所得税扣缴申报管理办法（试行）〉的公告》（2018年第61号）规定的累计预扣法计算并预扣预缴税款。

（3）符合上述规定并可按上述条款预扣预缴个人所得税的纳税人，应当及时向扣缴义务人申明并如实提供相关佐证资料或承诺书，并对相关资料及承诺书的真实性、准确性、完整性负责。相关资料或承诺书，纳税人及扣缴义务人需留存备查。

（4）首次取得工资、薪金所得的居民个人，是指自纳税年度首月起至新入职时，未取得工资、薪金所得或者未按照累计预扣法预扣预缴过连续性劳务报酬所得个人所得税的居民个人。

计算案例分析

纳税人小赵2023年1—8月份一直未找到工作，没有取得过工资、薪金所得，仅有过一笔8 000元的劳务报酬且按照单次收入适用20%的预扣率预扣预缴了税款，9月初找到新工作并开始领薪，那么新入职单位在为小赵计算并预扣9月份工资、薪金所得个人所得税时，可以扣除自年初开始计算的累计减除费用45 000元（9×5 000）。

李先生2023年7月1日到甲公司工作，月工资40 000元，社会保险费与住房公积金为3 000元，没有专项附加扣除。按照旧政策，甲公司应为李先生7月工资预扣预缴个人所得税960元〔（40 000－5 000－3 000）×3%〕；甲公司应为李先生8月工资预扣预缴个人所得税2 920元〔（40 000×2－5 000×2－3 000×2）×10%－2520－960〕。按照新政策，甲公司应为李先生7月工资预扣预缴个人所得税60元〔（40 000－5 000×7－3 000）×3%〕；甲公司应为李先生8月工资预扣预缴个人所得税960元〔（40 000×2－5 000×8－3 000×2）×3%－60〕。李先生7月工资少预扣预缴个人所得税900元（960－60），李先生8月工资少预扣预缴个人所得税1 960元（2 920－960）。

学生小张2023年7月份在某公司实习取得劳务报酬3 000元。扣缴单位在为其预扣预缴劳务报酬所得个人所得税时，可采取累计预扣法预扣预缴税款。如果采用该方法，那么小张7月份劳务报酬扣除5 000元减除费用后则无须预缴税款，比预扣预缴方法完善调整前少预缴440元〔（3 000－800）×20%－0〕。如果小张年内再无其他综合所得，也就无须办理年度汇算退税。

（十一）进一步简便优化部分纳税人个人所得税预扣预缴方法

根据《国家税务总局关于进一步简便优化部分纳税人个人所得税预扣预缴方法的公告》（国家税务总局公告2020年第19号）的规定，有关进一步简便优化部分纳税人个人所得税预扣预缴方法事项如下：

（1）自2021年1月1日起，对上一完整纳税年度内每月均在同一单位预扣预缴工资、薪金所得个人所得税且全年工资、薪金收入不超过6万元的居民个人，扣缴义务人在预扣预缴本年度工资、薪金所得个人所得税时，累计减除费用自1月份起直接按照全年6万元计算扣除。即：在纳税人累计收入不超过6万元的月份，暂不预扣预缴个人所得税；在其累计收入超过6万元的当月及年内后续月份，再预扣预缴个人所得税。

扣缴义务人应当按规定办理全员全额扣缴申报，并在《个人所得税扣缴申报表》相应纳税人的备注栏注明"上年各月均有申报且全年收入不超过6万元"字样。

（2）对按照累计预扣法预扣预缴劳务报酬所得个人所得税的居民个人，扣缴义务人比照上述规定执行。

四、个人所得税专项附加扣除暂行办法

（一）总则

（1）根据《个人所得税法》规定，国务院制定《个人所得税专项附加扣除暂行办法》（国发〔2018〕41号印发）。

（2）该办法所称个人所得税专项附加扣除，是指《个人所得税法》规定的子女教育、继续教育、大病医疗、住房贷款利息或者住房租金、赡养老人等6项专项附加扣除。

（3）个人所得税专项附加扣除遵循公平合理、利于民生、简便易行的原则。

（4）根据教育、医疗、住房、养老等民生支出变化情况，适时调整专项附加扣除范围和标准。

（二）子女教育

（1）纳税人的子女接受全日制学历教育的相关支出，按照每个子女每月1 000元[①]的标准定额扣除。

学历教育包括义务教育（小学、初中教育）、高中阶段教育（普通高中、中等职业、技工教育）、高等教育（大学专科、大学本科、硕士研究生、博士研究生教育）。

年满3岁至小学入学前处于学前教育阶段的子女，按上述规定执行。

（2）父母可以选择由其中一方按扣除标准的100%扣除，也可以选择由双方分别按扣除标准的50%扣除，具体扣除方式在一个纳税年度内不能变更。

（3）纳税人子女在中国境外接受教育的，纳税人应当留存境外学校录取通知书、留学签证等相关教育的证明资料备查。

（三）继续教育

（1）纳税人在中国境内接受学历（学位）继续教育的支出，在学历（学

---

① 自2023年1月1日起，提高到每月2 000元。

位）教育期间按照每月400元定额扣除。同一学历（学位）继续教育的扣除期限不能超过48个月。纳税人接受技能人员职业资格继续教育、专业技术人员职业资格继续教育的支出，在取得相关证书的当年，按照3 600元定额扣除。

（2）个人接受本科及以下学历（学位）继续教育，符合该办法规定扣除条件的，可以选择由其父母扣除，也可以选择由本人扣除。

（3）纳税人接受技能人员职业资格继续教育、专业技术人员职业资格继续教育的，应当留存相关证书等资料备查。

（四）大病医疗

（1）在一个纳税年度内，纳税人发生的与基本医保相关的医药费用支出，扣除医保报销后个人负担（指医保目录范围内的自付部分）累计超过15 000元的部分，由纳税人在办理年度汇算清缴时，在80 000元限额内据实扣除。

（2）纳税人发生的医药费用支出可以选择由本人或者其配偶扣除；未成年子女发生的医药费用支出可以选择由其父母一方扣除。

纳税人及其配偶、未成年子女发生的医药费用支出，按上述规定分别计算扣除额。

（3）纳税人应当留存医药服务收费及医保报销相关票据原件（或者复印件）等资料备查。医疗保障部门应当向患者提供在医疗保障信息系统记录的本人年度医药费用信息查询服务。

（五）住房贷款利息

（1）纳税人本人或者配偶单独或者共同使用商业银行或者住房公积金个人住房贷款为本人或者其配偶购买中国境内住房，发生的首套住房贷款利息支出，在实际发生贷款利息的年度，按照每月1 000元的标准定额扣除，扣除期限最长不超过240个月。纳税人只能享受一次首套住房贷款的利息扣除。

该办法所称首套住房贷款是指购买住房享受首套住房贷款利率的住房贷款。

（2）经夫妻双方约定，可以选择由其中一方扣除，具体扣除方式在一个纳税年度内不能变更。

夫妻双方婚前分别购买住房发生的首套住房贷款，其贷款利息支出，婚后可以选择其中一套购买的住房，由购买方按扣除标准的100%扣除，也可以由夫妻双方对各自购买的住房分别按扣除标准的50%扣除，具体扣除方式在一个纳税年度内不能变更。

（3）纳税人应当留存住房贷款合同、贷款还款支出凭证备查。

（六）住房租金

（1）纳税人在主要工作城市没有自有住房而发生的住房租金支出，可以按照以下标准定额扣除：①直辖市、省会（首府）城市、计划单列市以及国务院确定的其他城市，扣除标准为每月1 500元；②除第一项所列城市以外，市辖区户籍人口超过100万的城市，扣除标准为每月1 100元；市辖区户籍人口不超过100万的城市，扣除标准为每月800元。

纳税人的配偶在纳税人的主要工作城市有自有住房的，视同纳税人在主要工作城市有自有住房。

市辖区户籍人口，以国家统计局公布的数据为准。

（2）该办法所称主要工作城市是指纳税人任职受雇的直辖市、计划单列市、副省级城市、地级市（地区、州、盟）全部行政区域范围；纳税人无任职受雇单位的，为受理其综合所得汇算清缴的税务机关所在城市。

夫妻双方主要工作城市相同的，只能由一方扣除住房租金支出。

（3）住房租金支出由签订租赁住房合同的承租人扣除。

（4）纳税人及其配偶在一个纳税年度内不能同时分别享受住房贷款利息和住房租金专项附加扣除。

（5）纳税人应当留存住房租赁合同、协议等有关资料备查。

（七）赡养老人

（1）纳税人赡养一位及以上被赡养人的赡养支出，统一按照以下标准定额扣除：①纳税人为独生子女的，按照每月2 000元的标准定额扣除；②纳税人为非独生子女的，由其与兄弟姐妹分摊每月2 000元的扣除额度，每人分摊的额度不能超过每月1 000元。[①]可以由赡养人均摊或者约定分摊，也可以由被赡养人指定分摊。约定或者指定分摊的须签订书面分摊协议，指定分摊优先于约定分摊。具体分摊方式和额度在一个纳税年度内不能变更。

（2）该办法所称被赡养人是指年满60岁的父母，以及子女均已去世的年满60岁的祖父母、外祖父母。

（八）保障措施

（1）纳税人向收款单位索取发票、财政票据、支出凭证，收款单位不能拒绝提供。

（2）纳税人首次享受专项附加扣除，应当将专项附加扣除相关信息提交扣缴义务人或者税务机关，扣缴义务人应当及时将相关信息报送税务机关，纳税人对所提交信息的真实性、准确性、完整性负责。专项附加扣除信息发生变化的，纳税人应当及时向扣缴义务人或者税务机关提供相关信息。

上述所称专项附加扣除相关信息，包括纳税人本人、配偶、子女、被赡养人等个人身份信息，以及国务院税务主管部门规定的其他与专项附加扣除相关的信息。

该办法规定纳税人需要留存备查的相关资料应当留存五年。

[①] 自2023年1月1日起，赡养老人专项附加扣除标准，由每月2 000元提高到3 000元，其中，独生子女每月扣除3 000元；非独生子女与兄弟姐妹分摊每月3 000元的扣除额度，每人不超过1 500元。

（3）有关部门和单位有责任和义务向税务部门提供或者协助核实以下与专项附加扣除有关的信息：①公安部门有关户籍人口基本信息、户成员关系信息、出入境证件信息、相关出国人员信息、户籍人口死亡标识等信息；②卫生健康部门有关出生医学证明信息、独生子女信息；③民政部门、外交部门、法院有关婚姻状况信息；④教育部门有关学生学籍信息（包括学历继续教育学生学籍、考籍信息）、在相关部门备案的境外教育机构资质信息；⑤人力资源社会保障等部门有关技工院校学生学籍信息、技能人员职业资格继续教育信息、专业技术人员职业资格继续教育信息；⑥住房城乡建设部门有关房屋（含公租房）租赁信息、住房公积金管理机构有关住房公积金贷款还款支出信息；⑦自然资源部门有关不动产登记信息；⑧人民银行、金融监督管理部门有关住房商业贷款还款支出信息；⑨医疗保障部门有关在医疗保障信息系统记录的个人负担的医药费用信息；⑩国务院税务主管部门确定需要提供的其他涉税信息。

上述数据信息的格式、标准、共享方式，由国务院税务主管部门及各省、自治区、直辖市和计划单列市税务局商有关部门确定。

有关部门和单位拥有专项附加扣除涉税信息，但未按规定要求向税务部门提供的，拥有涉税信息的部门或者单位的主要负责人及相关人员承担相应责任。

（4）扣缴义务人发现纳税人提供的信息与实际情况不符的，可以要求纳税人修改。纳税人拒绝修改的，扣缴义务人应当报告税务机关，税务机关应当及时处理。

（5）税务机关核查专项附加扣除情况时，纳税人任职受雇单位所在地、经常居住地、户籍所在地的公安派出所、居民委员会或者村民委员会等有关单位和个人应当协助核查。

（九）附则

（1）该办法所称父母，是指生父母、继父母、养父母。该办法所称子女，是指婚生子女、非婚生子女、继子女、养子女。父母之外的其他人担任未成年人的监护人的，比照该办法规定执行。

（2）个人所得税专项附加扣除额一个纳税年度扣除不完的，不能结转以后年度扣除。

（3）个人所得税专项附加扣除具体操作办法，由国务院税务主管部门另行制定。

（4）该办法自2019年1月1日起施行。

五、设立3岁以下婴幼儿照护个人所得税专项附加扣除

根据《国务院关于设立3岁以下婴幼儿照护个人所得税专项附加扣除的通知》（国发〔2022〕8号）的规定，为贯彻落实《中共中央 国务院关于优化生

育政策促进人口长期均衡发展的决定》，依据《中华人民共和国个人所得税法》有关规定，国务院决定，设立3岁以下婴幼儿照护个人所得税专项附加扣除。有关事项如下：

（1）纳税人照护3岁以下婴幼儿子女的相关支出，按照每个婴幼儿每月1 000元①的标准定额扣除。

（2）父母可以选择由其中一方按扣除标准的100%扣除，也可以选择由双方分别按扣除标准的50%扣除，具体扣除方式在一个纳税年度内不能变更。

（3）3岁以下婴幼儿照护个人所得税专项附加扣除涉及的保障措施和其他事项，参照《个人所得税专项附加扣除暂行办法》有关规定执行。

（4）3岁以下婴幼儿照护个人所得税专项附加扣除自2022年1月1日起实施。

六、个人所得税专项附加扣除操作办法

（一）总则

（1）为了规范个人所得税专项附加扣除行为，切实维护纳税人合法权益，根据新修改的《个人所得税法》及其实施条例、《税收征收管理法》及其实施细则、《国务院关于印发个人所得税专项附加扣除暂行办法的通知》（国发〔2018〕41号）的规定，国家税务总局制定《个人所得税专项附加扣除操作办法（试行）》（国家税务总局公告2022年第7号修订发布）。

（2）纳税人享受子女教育、继续教育、大病医疗、住房贷款利息或者住房租金、赡养老人、3岁以下婴幼儿照护专项附加扣除的，依照该办法规定办理。

（二）享受扣除及办理时间

（1）纳税人享受符合规定的专项附加扣除的计算时间分别为：①子女教育。学前教育阶段为子女年满3周岁当月至小学入学前一月；学历教育为子女接受全日制学历教育入学的当月至全日制学历教育结束的当月。②继续教育。学历（学位）继续教育为在中国境内接受学历（学位）继续教育入学的当月至学历（学位）继续教育结束的当月，同一学历（学位）继续教育的扣除期限最长不得超过48个月；技能人员职业资格继续教育、专业技术人员职业资格继续教育，为取得相关证书的当年。③大病医疗。其为医疗保障信息系统记录的医药费用实际支出的当年。④住房贷款利息。其为贷款合同约定开始还款的当月至贷款全部归还或贷款合同终止的当月，扣除期限最长不得超过240个月。⑤住房租金。其为租赁合同（协议）约定的房屋租赁期开始的当月至租赁期结束的当月。提前终止合同（协议）的，以实际租赁期限为准。⑥赡养老人。其为被赡养人年满60周岁的当月至赡养义务终止的年末。⑦3岁以下婴幼儿照护。其为婴幼儿出生的当月至年满3周岁的前一个月。

---

① 自2023年1月1日起，提高到每月2 000元。

上述第一项、第二项规定的学历教育和学历（学位）继续教育的期间，包含因病或其他非主观原因休学但学籍继续保留的休学期间，以及施教机构按规定组织实施的寒暑假等假期。

（2）享受子女教育、继续教育、住房贷款利息或者住房租金、赡养老人、3岁以下婴幼儿照护专项附加扣除的纳税人，自符合条件开始，可以向支付工资、薪金所得的扣缴义务人提供上述专项附加扣除有关信息，由扣缴义务人在预扣预缴税款时，按其在本单位本年可享受的累计扣除额办理扣除；也可以在次年3月1日至6月30内，向汇缴地主管税务机关办理汇算清缴申报时扣除。

纳税人同时从两处以上取得工资、薪金所得，并由扣缴义务人办理上述专项附加扣除的，对同一专项附加扣除项目，一个纳税年度内，纳税人只能选择从其中一处扣除。

享受大病医疗专项附加扣除的纳税人，由其在次年3月1日至6月30日内，自行向汇缴地主管税务机关办理汇算清缴申报时扣除。

（3）扣缴义务人办理工资、薪金所得预扣预缴税款时，应当根据纳税人报送的《个人所得税专项附加扣除信息表》（以下简称《扣除信息表》）为纳税人办理专项附加扣除。

纳税人年度中间更换工作单位的，在原单位任职、受雇期间已享受的专项附加扣除金额，不得在新任职、受雇单位扣除。原扣缴义务人应当自纳税人离职不再发放工资薪金所得的当月起，停止为其办理专项附加扣除。

（4）纳税人未取得工资、薪金所得，仅取得劳务报酬所得、稿酬所得、特许权使用费所得需要享受专项附加扣除的，应当在次年3月1日至6月30日内，自行向汇缴地主管税务机关报送《扣除信息表》，并在办理汇算清缴申报时扣除。

（5）一个纳税年度内，纳税人在扣缴义务人预扣预缴税款环节未享受或未足额享受专项附加扣除的，可以在当年内向支付工资、薪金的扣缴义务人申请在剩余月份发放工资、薪金时补充扣除，也可以在次年3月1日至6月30日内，向汇缴地主管税务机关办理汇算清缴时申报扣除。

（三）报送信息及留存备查资料

（1）纳税人选择在扣缴义务人发放工资、薪金所得时享受专项附加扣除的，首次享受时应当填写并向扣缴义务人报送《扣除信息表》；纳税年度中间相关信息发生变化的，纳税人应当更新《扣除信息表》相应栏次，并及时报送给扣缴义务人。

更换工作单位的纳税人，需要由新任职、受雇扣缴义务人办理专项附加扣除的，应当在入职的当月，填写并向扣缴义务人报送《扣除信息表》。

（2）纳税人次年需要由扣缴义务人继续办理专项附加扣除的，应当于每年12月份对次年享受专项附加扣除的内容进行确认，并报送至扣缴义务人。纳税人未及时确认的，扣缴义务人于次年1月起暂停扣除，待纳税人确认后再行办理专项附加扣除。

扣缴义务人应当将纳税人报送的专项附加扣除信息，在次月办理扣缴申报时一并报送至主管税务机关。

（3）纳税人选择在汇算清缴申报时享受专项附加扣除的，应当填写并向汇缴地主管税务机关报送《扣除信息表》。

（4）纳税人将需要享受的专项附加扣除项目信息填报至《扣除信息表》相应栏次。填报要素完整的，扣缴义务人或者主管税务机关应当受理；填报要素不完整的，扣缴义务人或者主管税务机关应当及时告知纳税人补正或重新填报。纳税人未补正或重新填报的，暂不办理相关专项附加扣除，待纳税人补正或重新填报后再行办理。

（5）纳税人享受子女教育专项附加扣除，应当填报配偶及子女的姓名、身份证件类型及号码、子女当前受教育阶段及起止时间、子女就读学校以及本人与配偶之间扣除分配比例等信息。

纳税人需要留存备查资料包括：子女在境外接受教育的，应当留存境外学校录取通知书、留学签证等境外教育佐证资料。

（6）纳税人享受继续教育专项附加扣除，接受学历（学位）继续教育的，应当填报教育起止时间、教育阶段等信息；接受技能人员或者专业技术人员职业资格继续教育的，应当填报证书名称、证书编号、发证机关、发证（批准）时间等信息。

纳税人需要留存备查资料包括：纳税人接受技能人员职业资格继续教育、专业技术人员职业资格继续教育的，应当留存职业资格相关证书等资料。

（7）纳税人享受住房贷款利息专项附加扣除，应当填报住房权属信息、住房坐落地址、贷款方式、贷款银行、贷款合同编号、贷款期限、首次还款日期等信息；纳税人有配偶的，填写配偶姓名、身份证件类型及号码。

纳税人需要留存备查资料包括住房贷款合同、贷款还款支出凭证等资料。

（8）纳税人享受住房租金专项附加扣除，应当填报主要工作城市、租赁住房坐落地址、出租人姓名及身份证件类型和号码或者出租方单位名称及纳税人识别号（社会统一信用代码）、租赁起止时间等信息；纳税人有配偶的，填写配偶姓名、身份证件类型及号码。

纳税人需要留存备查资料包括住房租赁合同或协议等资料。

（9）纳税人享受赡养老人专项附加扣除，应当填报纳税人是否为独生子女、月扣除金额、被赡养人姓名及身份证件类型和号码、与纳税人关系；有共同赡养人的，需填报分摊方式、共同赡养人姓名及身份证件类型和号码等信息。

纳税人需要留存备查资料包括约定或指定分摊的书面分摊协议等资料。

（10）纳税人享受大病医疗专项附加扣除，应当填报患者姓名、身份证件类型及号码、与纳税人关系、与基本医保相关的医药费用总金额、医保目录范围内个人负担的自付金额等信息。

纳税人需要留存备查资料包括大病患者医药服务收费及医保报销相关票据原件或复印件，或者医疗保障部门出具的纳税年度医药费用清单等资料。

（11）纳税人享受3岁以下婴幼儿照护专项附加扣除，应当填报配偶及子女的姓名、身份证件类型（如居民身份证、子女出生医学证明等）及号码以及本人与配偶之间扣除分配比例等信息。

纳税人需要留存备查资料包括子女的出生医学证明等资料。

（12）纳税人应当对报送的专项附加扣除信息的真实性、准确性、完整性负责。

（四）信息报送方式

（1）纳税人可以通过远程办税端、电子或者纸质报表等方式，向扣缴义务人或者主管税务机关报送个人专项附加扣除信息。

（2）纳税人选择纳税年度内由扣缴义务人办理专项附加扣除的，按下列规定办理：①纳税人通过远程办税端选择扣缴义务人并报送专项附加扣除信息的，扣缴义务人根据接收的扣除信息办理扣除。②纳税人通过填写电子或者纸质《扣除信息表》直接报送扣缴义务人的，扣缴义务人将相关信息导入或者录入扣缴端软件，并在次月办理扣缴申报时提交给主管税务机关。《扣除信息表》应当一式两份，纳税人和扣缴义务人签字（章）后分别留存备查。

（3）纳税人选择年度终了后办理汇算清缴申报时享受专项附加扣除的，既可以通过远程办税端报送专项附加扣除信息，也可以将电子或者纸质《扣除信息表》（一式两份）报送给汇缴地主管税务机关。

报送电子《扣除信息表》的，主管税务机关受理打印，交由纳税人签字后，一份由纳税人留存备查，一份由税务机关留存；报送纸质《扣除信息表》的，纳税人签字确认、主管税务机关受理签章后，一份退还纳税人留存备查，一份由税务机关留存。

（4）扣缴义务人和税务机关应当告知纳税人办理专项附加扣除的方式和渠道，鼓励并引导纳税人采用远程办税端报送信息。

（五）后续管理

（1）纳税人应当将《扣除信息表》及相关留存备查资料，自法定汇算清缴期结束后保存5年。

纳税人报送给扣缴义务人的《扣除信息表》，扣缴义务人应当自预扣预缴年度的次年起留存5年。

（2）纳税人向扣缴义务人提供专项附加扣除信息的，扣缴义务人应当按照规定予以扣除，不得拒绝。扣缴义务人应当为纳税人报送的专项附加扣除信息保密。

（3）扣缴义务人应当及时按照纳税人提供的信息计算办理扣缴申报，不得擅自更改纳税人提供的相关信息。

扣缴义务人发现纳税人提供的信息与实际情况不符，可以要求纳税人修改。纳税人拒绝修改的，扣缴义务人应当向主管税务机关报告，税务机关应当及时处理。

除纳税人另有要求外，扣缴义务人应当于年度终了后两个月内，向纳税人提供已办理的专项附加扣除项目及金额等信息。

（4）税务机关定期对纳税人提供的专项附加扣除信息开展抽查。税务机关核查时，纳税人无法提供留存备查资料，或者留存备查资料不能支持相关情况的，税务机关可以要求纳税人提供其他佐证；不能提供其他佐证材料，或者佐证材料仍不足以支持的，不得享受相关专项附加扣除。

（5）税务机关核查专项附加扣除情况时，可以提请有关单位和个人协助核查，相关单位和个人应当协助。

（6）纳税人有下列情形之一的，主管税务机关应当责令其改正；情形严重的，应当纳入有关信用信息系统，并按照国家有关规定实施联合惩戒；涉及违反《税收征收管理法》等法律法规的，税务机关依法进行处理：①报送虚假专项附加扣除信息。②重复享受专项附加扣除。③超范围或标准享受专项附加扣除。④拒不提供留存备查资料。⑤税务总局规定的其他情形。

纳税人在任职、受雇单位报送虚假扣除信息的，税务机关责令改正的同时，通知扣缴义务人。

第五节　纳税申报管理典型案例分析

一、增值税纳税申报案例[①]

原告北京甲文化传媒有限公司（以下简称甲公司）不服被告北京市海淀区国家税务局第九税务所（以下简称第九税务所）作出的行政处罚决定，向北京市海淀区人民法院（以下简称海淀法院）提起行政诉讼。海淀法院于2013年12月24日受理后，依法组成合议庭。2014年1月21日，海淀法院公开开庭审理了本案。本案现已审理终结。

2013年9月27日，第九税务所对甲公司作出海九国简罚〔2013〕1014号税务行政处罚决定书（简易），认定甲公司2013年8月增值税逾期未申报，依据《税收征收管理法》第六十二条的规定，罚款人民币100元。

在法定举证期限内，被告第九税务所提交如下证据并当庭出示：①税种登记表、北京市海淀区国家税务局（以下简称海淀国税局）告知事项，上述

---

① 资料来源：北京市海淀区人民法院〔2014〕海行初字第58号行政判决书。

证据证明原告于2013年8月21日到海淀国税局办理税务登记,核定税种为增值税,海淀国税局告知原告应自2013年9月起,1日至15日内申报增值税,并告知原告依法履行申报义务和咨询途径;②纳税申报通知单、税种登记信息,上述证据证明海淀国税局通知原告到被告处办理备案,且原告于8月29日到被告处办理了备案手续;③未结案违法违章案件信息,证明原告在2013年9月未在规定的期限内办理纳税申报,已构成违法;④税务行政处罚事项告知书、原告提交的申请、被告执法人员出具的说明,上述证据证明被告告知了原告作出行政处罚的相关事项,原告进行了陈述与申辩;⑤增值税纳税申报表,证明原告在接受税务行政处罚后,于2013年9月30日进行了增值税纳税申报;⑥海国税复决字〔2013〕1号税务行政复议决定书,证明复议决定维持了被告作出的行政处罚。同时,被告第九税务所当庭出示《行政处罚法》《税收征收管理法》第十四条、第二十五条、第六十二条、第七十四条,《税收征收管理法实施细则》第三十二条,《增值税暂行条例》第十九条、第二十三条,以及财税〔2013〕37号《财政部 国家税务总局关于在全国开展交通运输业和部分现代服务业营业税改征增值税试点税收政策的通知》(以下简称37号文件)作为其作出具体行政行为的法律规范依据。

原告甲公司诉称,第一,被告没有尽到告知义务,原告无过错,被告作出的处罚没有法定依据。《税收征收管理法》中规定纳税人有权了解与纳税程序有关的情况。被告作出的处罚决定认定原告"2013年8月增值税逾期未申报",而原告在受罚后补报的是"无增值税申报",被告的认定与事实不符。在告知事项中没有告知原告报2013年8月增值税,也没有告知原告要报"无增值税申报"。第二,原告是新办企业,原告从何时起成为增值税纳税人是认定处罚决定是否合法的关键。根据《增值税暂行条例》的相关规定,原告至2013年9月27日没有取得税控机和发票,没有发生纳税义务,不是增值税纳税人。而被告作出行政处罚依据的《税收征收管理法》第二十五条、第六十二条中都规定,这些法律适用的对象必须是纳税人。被告用约束增值税纳税人的法律规定,处罚不存在的事物或非增值税纳税人,没有法律依据。综上,原告认为被告作出的行政处罚认定事实不清、适用法律错误,请求人民法院依法撤销海九国简罚〔2013〕1014号税务行政处罚决定书。

在法院指定的证据交换期限内,原告甲公司提交如下证据并当庭出示:①海国税复决字〔2013〕1号税务行政复议决定书,证明原告于2013年8月21日领取税务登记证、核定税种,税务机关没有告知原告应申报2013年8月的无增值税申报,处罚决定认定原告"2013年8月增值税逾期未申报"与事实不符;原告至9月27日都没有发生增值税纳税义务,原告不是纳税人,被告的处罚决定适用法律错误;②领取税控机、发票机通知,证明至9月27日,被告仍在给原告办相关手续，原告没有经营，无增值税，不是纳税人；③电子缴税付款凭证，证明被告对非增值税纳税人作出了错误处罚。同时，原告当庭出示《税收征收管理法》第四条、第十四条、第六十二条、第七十四条，《税收征收管理法实施细则》第三十二条，《增值税暂行条例》第一条、第十九条、第二十三条作为支持其诉讼请求的法律法规依据。

被告第九税务所辩称，第一，被告作出的处罚决定事实清楚，证据确凿，法律适用正确，程序合法，过罚相当。原告于2013年8月21日到海淀国税局办理税务登记，核定税种为增值税，通过《北京市海淀区国家税务局告知事项》告知原告"自2013年9月起，1日至15日内申报流转税（增值税、消费税等）（按月申报）"，原告于同日签收。海淀国税局于同日向原告送达《纳税申报通知单》，告知原告到被告处办理备案，原告于8月29日到被告处办理了新户备案手续。9月17日，经被告在"税收征管信息系统"查询确认，原告未按照规定的期限对所属期为2013年8月的增值税进行纳税申报，其行为违反了《税收征收管理法》第二十五条的规定。9月27日被告依据《税收征收管理法》第六十二条的规定，对原告作出罚款100元的行政处罚。第二，原告的诉讼请求没有事实和法律依据，不能成立。根据37号文件的规定，海淀国税局认定原告为增值税纳税人符合相关税法规定；根据《增值税暂行条例》第二十三条的规定，原告知道也应当知道其2013年9月应对8月的增值税进行申报；根据海淀国税局的告知事项及《税收征收管理法》第二十五条的规定，原告也应当知道会计期间和纳税期间同样为自然月。原告混淆了发生增值税纳税义务的时间与纳税申报期限的概念。原告在办理税务登记后，无论是否实际发生增值税纳税义务，都必须履行在申报期内进行纳税申报的义务。综上所述，被告作出的海九国简罚〔2013〕1014号税务行政处罚决定合法、适当，请求人民法院依法判决驳回原告的诉讼请求。

上述证据经过庭审质证，各方当事人发表质辩意见如下：

针对被告提交的证据，原告对证据1、证据3、证据5的证明事项存在异议，认为被告未明确告知原告需要申报8月份无增值税的纳税申报，原告未发生增值税业务，不是增值税纳税人。原告对被告提交的其他证据均无异议。

针对原告提交的证据，被告对证据1、证据2的真实性、关联性予以认可，但不同意原告的证明事项；被告认为证据3与本案不具有关联性。

法院在听取了各方当事人的质辩意见并经评议后，认证如下：

被告第九税务所提交的全部证据形式上符合《最高人民法院关于行政诉讼证据若干问题的规定》中规定的提供证据的要求，与本案被诉的行政行为具有关联性，且内容真实、合法，能够证明其所要证明的事项，法院均予以采信。

原告甲公司提交的全部证据形式上符合《最高人民法院关于行政诉讼证据若干问题的规定》中规定的提供证据的要求，与本案被诉的行政行为具有关联性，且内容真实、合法，本院予以采纳。但原告提交的上述证据不能证明其欲证明的事项，对其证明事项，法院不予采信。

根据以上经过认证的证据以及庭审查明的情况，可以确认如下事实：

甲公司于2013年8月21日在海淀国税局税务登记窗口办理税务登记，经核定税种为增值税。同时，海淀国税局向甲公司办税人员送达了《北京市海淀区国家税务局告知事项》，告知其"自2013年9月起，1日至15日内申报流转税（增值税、消费税等）（按月申报）"。同年8月29日，甲公司到第九税务所办理新户报到手续。此后，甲公司因2013年8月增值税逾期未申报，第九税务所于9月27日向甲公司作出海九国简罚〔2013〕1014号税务行政处罚决定书，罚款金额100元。甲公司于9月30日进行了所属期为2013年8月的增值税纳税申报补报，并缴纳了罚款。

甲公司对上述处罚决定不服，于2013年10月15日向海淀国税局申请行政复议，该局于同年12月6日作出海国税复决字〔2013〕1号税务行政复议决定书，维持了上述行政处罚决定。甲公司也不服，遂向法院提起诉讼。

法院认为，依据《税收征收管理法》第五条、第十四条、第七十四条的规定，被告第九税务所作为税务机关，依法对于本行政区域内的税收征管工作负责，同时，对于罚款金额在2 000元以下的行政处罚，依法享有决定权。

《税收征收管理法》第四条规定，法律、行政法规规定负有纳税义务的单位和个人为纳税人。第二十五条规定，纳税人必须依照法律、行政法规规定或者税务机关依照法律、行政法规的规定确定的申报期限、申报内容如实办理纳税申报，报送纳税申报表、财务会计报表以及税务机关根据实际需要要求纳税人报送的其他纳税资料。《增值税暂行条例》第二十三条规定，纳税人的具体纳税期限，由主管税务机关根据纳税人应纳税额的大小分别核定。依据上述规定，海淀国税局根据原告的情况核定税种为增值税并办理税务登记后，无论是否发生增值税应税项目，原告即已成为增值税纳税人，负有在规定期限内办理纳税申报的义务。同时，海淀国税局告知了原告纳税申报的期限，履行了相应的告知义务。虽然，原告在办理税务登记的当月没有发生增值税应税项目，但根据《税收征收管理法实施细则》第三十二条的规定，纳税人在纳税期内没有应纳税款的，也应当按照规定办理纳税申报，并在税务机关告知的期限内予以申报。因此，本案中，被告针对原告未按照规定的期限办理纳税申报的行为，依据《税收征收管理法》第六十二条的规定进行处罚，认定事实清楚，证据充分，适用法律正确，依法履行了相关程序。原告的诉讼请求缺乏事实和法律依据，法院不予支持。

2014年3月6日，海淀法院依照《最高人民法院关于执行〈中华人民共和国行政诉讼法〉若干问题的解释》第五十六条第（四）项的规定，作出〔2014〕

海行初字第58号行政判决书，判决驳回原告北京甲文化传播有限公司的诉讼请求。案件受理费50元，由原告北京甲文化传播有限公司负担（已交纳）。

二、企业所得税纳税申报案[①]

上诉人台山市甲数控制品有限公司（以下简称甲公司）因与被上诉人台山市国家税务局稽查局（以下简称台山国税稽查局）税务行政处罚纠纷一案，上诉人甲公司不服广东省江门市江海区人民法院〔2015〕江海法行初字第261号行政判决，向江门市中级人民法院（以下简称江门中院）提起上诉。江门中院于2017年4月13日立案后，依法组成合议庭进行了审理。本案现已审理终结。

一审法院经审理查明：甲公司于2005年1月19日在工商行政管理部门登记成立，是外国自然人独资的有限责任公司，已领取企业法人营业执照并已办理税务登记，营业执照注册号为××。在2009年7月至2011年4月期间，甲公司按里程公司的要求为其加工腔体（散热片）等产品，产品完工后由甲公司运至里程公司指定地点，里程公司工作人员在送货单上签名确认从而完成交付。双方已就2009年7月至2010年6月期间的完工产品进行对账，确认货款金额为1 941 295.83元，其余已交付的完工产品，双方未进行对账。经法院生效判决确认，双方未对账而通过送货单结合相应的订单的货款金额为2 854 200.47元。另外，还确认2009年10月20日起至同年11月26日止、甲公司为里程公司加工定做的电池内、外壳样品的货款为19 364.88元。综上，2009年至2011年，甲公司交付给里程公司的完工产品等货款含税金额合计4 814 861.18元。2010年8月至2011年4月，甲公司为里程公司开具增值税专用发票22张，发票金额为1 714 113.53元，该部分金额已在会计账簿销售收入科目上列明并进行了纳税申报，税额合计291 399.30元，价税合计2 005 512.83元。其余完工产品货款金额合计2 809 348.35元未开具发票，也未在会计账簿销售收入科目中列明，亦未进行纳税申报。2013年7月23日，里程公司以银行汇兑方式汇款给甲公司，汇款金额2 030 318.12元（包括偿付甲公司的货款2 002 498.12元及法院案件受理费27 820元），至此，甲公司为里程公司进行加工定做的完工产品的货款全部结算完毕。收到前述款项后，甲公司将该款项记载在会计账簿银行存款科目中，但未在销售收入科目中列明。至本案庭审时，甲公司仍未就余下完工产品货款金额合计2 809 348.35元进行纳税申报并缴纳相应税款。

2014年5月5日，台山国税稽查局向甲公司发出台国税稽检通一〔2014〕8号《税务检查通知书》及台国税稽调〔2014〕8号《调取账簿资料通知书》，决定从2014年5月5日起对甲公司2009年1月1日至2011年12月31日涉税情况进行检查并调取账簿、凭证以及其他有关纳税资料。2015年7月29日，台山国

[①] 资料来源：广东省江门市中级人民法院〔2017〕粤07行终74号行政判决书。

税稽查局向甲公司调取营业执照及账簿等有关纳税资料,甲公司的法定代表人Yan Lian Li(中文名:李某某)拒绝在前述纳税资料复印件上签名确认并加盖公章,也拒绝在税务稽查工作底稿陈述意见栏中加以说明并签名确认、加盖公章。台山国税稽查局经调查,于2015年8月20日向甲公司作出并送达台国税稽罚告〔2015〕15号《税务行政处罚事项告知书》,告知拟作出行政处罚的事实、依据、陈述、申辩及听证权利。次日,甲公司向台山国税稽查局提交《听证申请书》,台山国税稽查局于同日进行受理并于2015年9月2日组织召开了听证会。2015年9月6日,台山国税稽查局作出《关于台山市甲数控制品有限公司行政处罚听证会的听证报告》,建议维持原处罚。2015年9月29日,台山国税稽查局向甲公司作出台国税稽罚〔2015〕13号《税务行政处罚决定书》,认为甲公司2010年7月至2011年4月期间为里程公司进行加工承揽业务的完工产品货款收入未能按实际收入依法申报纳税,在账簿上少列收入,折不含税金额2 401 152.44元;在账簿上少列收入,没有依法申报应纳税所得额,少计应税收入2 401 152.44元,少申报应纳税所得额2 401 152.44元,遂根据《税收征收管理法》第六十三条第一款的规定,对甲公司少缴增值税、企业所得税税款的偷税行为,分别处少缴前述税款一倍的罚款408 195.91元、550 984.19元,合计959 180.10元。2015年10月8日,台山国税稽查局将前述决定书送达甲公司。甲公司不服,提起本案行政诉讼。

另查明,2015年9月29日,台山国税稽查局还向甲公司作出台国税稽处〔2015〕13号《税务处理决定书》,认为甲公司2010年7月至2011年4月为里程公司进行加工承揽业务的完工产品货款收入未能按实际收入依法申报纳税,在账簿上少列收入,折不含税金额2 401 152.44元;在账簿上少列收入,没有依法申报应纳税所得额,少计应税收入2 401 152.44元,少申报应纳税所得额2 401 152.44元,认为甲公司在账簿上少列收入,少缴增值税及企业所得税的行为为偷税行为,决定向甲公司追缴2010年至2011年少缴的增值税408 195.91元及所得税550 984.19元。2015年10月8日,台山国税稽查局将前述决定书送达甲公司。甲公司不服,于2015年12月1日向台山市国家税务局提出行政复议申请,台山市国家税务局作出台国税复〔2015〕1号《不予受理决定书》,对甲公司提出的复议申请不予受理。甲公司仍不服,向一审法院提起行政诉讼。一审法院受理后,作出〔2016〕粤0704行初1号《行政判决书》,判决驳回甲公司的诉讼请求。甲公司亦不服,向江门中院提起上诉,该院于2016年10月12日作出〔2016〕粤07行终69号《行政判决书》,判决驳回上诉,维持原判。该判决已于2016年10月18日发生法律效力。

一审法院认为,本案系税务行政处罚纠纷。《税收征收管理法》第二条规定:"凡依法由税务机关征收的各种税收的征收管理,均适用本法。"第五条规定:"国务院税务主管部门主管全国税收征收管理工作。各地国家税务局和地方税务局应当按照国务院规定的税收征收管理范围分别进行征收管理。"第十四条规定："本法所称税务机关是指各级税务局、税务分局、税务所和按照国务院规定设立的并向社会公告的税务机构。"《税收征收管理法实施细则》第九条规定："《税收征收管理法》第十四条所称按照国务院规定设立的并向社会公告的税务机构，是指省以下税务局的稽查局。稽查局专司偷税、逃避追缴欠税、骗税、抗税案件的查处。"可见，省以下税务局的稽查局具有对偷税、逃避追缴欠税、骗税、抗税案件的查处职能。本案中，台山国税稽查局作为法定的税务机关，具有对其税收征收管理范围内的偷税案件进行查处的法定职责，其执法主体适格，一审法院予以确认。

综合各方当事人的诉辩意见，本案的争议焦点是台山国税稽查局作出的台国税稽罚〔2015〕13号《税务行政处罚决定书》是否合法。

《行政处罚法》第三十一条规定："行政机关在作出行政处罚决定之前，应当告知当事人作出行政处罚决定的事实、理由及依据，并告知当事人依法享有的权利。"第四十二条规定："行政机关作出较大数额罚款等行政处罚决定之前，应当告知当事人有要求举行听证的权利；当事人要求听证的，行政机关应当组织听证。"第四十三条规定："听证结束后，行政机关依照本法第三十八条的规定，作出决定。"本案中，台山国税稽查局在作出涉案处罚决定前告知了甲公司拟作出处罚的事实、理由和依据以及甲公司应享有的听证等权利。之后，依据甲公司的申请，进行了听证，并在听证结束后，作出涉案处罚决定并送达甲公司，台山国税稽查局作出涉案行政处罚程序符合法律规定。

《税收征收管理法》第二十五条规定："纳税人必须依照法律、行政法规规定或者税务机关依照法律、行政法规的规定确定的申报期限、申报内容如实办理纳税申报，报送纳税申报表、财务会计报表以及税务机关根据实际需要要求纳税人报送的其他纳税资料。"第二十七条规定："纳税人、扣缴义务人不能按期办理纳税申报，经税务机关核准，可以延期申报。经核准延期办理前款规定的申报、报送事项的，应当在纳税期内按照上期实际缴纳的税额或者税务机关核定的税额预缴税款，并在核准的延期内办理税款结算。"第三十一条规定："纳税人、扣缴义务人按照法律、行政法规规定或者税务机关依照法律、行政法规的规定确定的期限，缴纳或者解缴税款。纳税人因有特殊困难，不能按期缴纳税款的，经省、自治区、直辖市国家税务局、地方税务局批准，可以延期缴纳税款，但是最长不得超过三个月。"第六十三条规定："纳税人伪造、变造、隐匿、擅自销毁账簿、记账凭证，或者在账簿上多列支出或者不列、少列收入，或者经税务机关通知申报而拒不申报或者进行虚假的纳税申报，不缴或者少缴应纳税款的，是偷税。对纳税人偷税的，由税务机关追缴其不缴或者少缴的税款、滞纳金，并处不缴或者少缴的税款百分之五十以上五倍以下的罚款;构成犯罪的,依法追究刑事责任。"《税收征收管理法实施细则》第三十二条规定:"纳税人在纳税期内没有应纳税款的,也应当按照规定办理纳税申报。"《增值税暂行条例》第十九条规定:"增值税纳税义务发生时间:(一)销售货物或者应税劳务,为收讫销售款项或者取得索取销售款项凭据的当天;先开具发票的,为开具发票的当天。增值税扣缴义务发生时间为纳税人增值税义务发生的当天。"第二十三条规定:"增值税的纳税期限分别为1日、3日、5日、10日、15日、1个月或者1个季度。纳税人的具体纳税期限,由主管税务机关根据纳税人应纳税额的大小分别核定;不能按照固定期限纳税的,可以按次纳税。纳税人以1个月或者1个季度为1个纳税期的,自期满之日起15日内申报纳税;以1日、3日、5日、10日或者15日为1个纳税期的,自期满之日起5日内预缴税款,于次月1日起15日内申报纳税并结清上月应纳税款。"《企业所得税法》第五十三条规定:"企业所得税按纳税年度计算。纳税年度自公历1月1日起至12月31日止。"第五十四条规定:"企业所得税分月或者分季预缴。企业应当自月份或者季度终了之日起十五日内,向税务机关报送预缴企业所得税纳税申报表,预缴税款。企业应当自年度终了之日起五个月内,向税务机关报送年度企业所得税纳税申报表,并汇算清缴,结清应缴应退税款。"《企业所得税法实施条例》第九条规定:"企业应纳税所得额的计算,以权责发生制为原则,属于当期的收入和费用,不论款项是否收付,均作为当期的收入和费用;"第一百二十九条规定:"企业在纳税年度内无论盈利或者亏损,都应当依照《企业所得税法》第五十四条规定的期限,向税务机关报送预缴企业所得税纳税申报表资料。"由上述法律规定可知,纳税人必须按照相关法律、法规的规定或者税务机关依法确定的申报期限、申报内容如实办理纳税申报,不能按期办理的,经税务机关核准,可以延期申报。纳税人在纳税期内没有应纳税款的,也应当按照规定办理纳税申报。销售货物或者应税劳务的,增值税纳税义务发生时间为收讫销售款项或者取得索取销售款项凭据的当天,先开具发票的,为开具发票的当天。企业应纳税所得额的计算,以权责发生制为原则,属于当期的收入和费用,不论款项是否收付,均作为当期的收入和费用。纳税人应在法定的纳税期限内缴纳增值税和企业所得税。企业在纳税年度内无论盈利或者亏损,都应当在法定的期限,向税务机关进行企业所得税的纳税申报。纳税人在账簿上不列、少列收入,不缴或者少缴应纳税款的,是偷税。对纳税人偷税的,由税务机关追缴其不缴或者少缴的税款、滞纳金,并处不缴或者少缴的税款百分之五十以上五倍以下的罚款。

本案现有证据显示,2009年7月至2011年4月,甲公司为里程公司加工腔体(散热片)等产品,双方已交付的完工产品货款含税金额合计4 814 861.18元。根据上述法律规定,甲公司应按照法律规定的申报期限、申报内容如实办理纳税申报并缴纳相应的税款,但台山国税稽查局经调查后发现甲公司尚有余下完工产品货款金额合计2 809 348.35元未在会计账簿销售收入科目中列明，亦未在法定期限内进行纳税申报并缴纳相应税款，也未有证据显示甲公司具有延期申报及缴纳税款等法定情形，台山国税稽查局据此认定甲公司存在偷税行为并作出涉案行政处罚决定，未违反法律规定。甲公司关于未在会计账簿中列明及未在法定期限申报纳税是由于里程公司未按时支付货款、双方之间的债权债务诉讼未终结以及2013年7月23日收到货款后即在会计账簿银行收入中列明，不存在偷税故意，不应认定为偷税的主张理据不足，一审法院不予采纳。综上所述，依照《行政诉讼法》第六十九条的规定，判决驳回台山市甲数控制品有限公司的诉讼请求。案件受理费人民币50元，由甲公司负担。

上诉人甲公司上诉请求：撤销一审行政判决，改判为撤销台山国税稽查局作出的台国税稽罚〔2015〕13号《税务行政处罚决定书》。事实和理由：案涉经营活动中，甲公司既无偷税的故意，亦未实施偷税的行为，台山国税稽查局以偷税为由对甲公司进行处罚缺乏事实的依据。本案中，对2011年之前甲公司与里程公司发生的交易，甲公司已开具发票缴纳税款的交易金额为2 005 512.83元，但对台山国税稽查局认定为偷税的其余交易，因甲公司与里程公司在交易的价款、金额、违约责任承担等方面发生了争议，由于里程公司拒绝支付款项，甲公司于2011年8月作为原告提起诉讼，同月，里程公司也在另案中以甲公司违约为由提起诉讼。

甲公司作为原告的诉讼2013年5月判决生效后，按判决甲公司可收回2 002 498.12元，2013年7月甲公司收到里程公司支付的款项，虽然甲公司没有将该2 002 498.12元在财务账簿中列入"销售收入"科目，但却及时如实地将该笔款项记录在财务账簿的"银行存款"科目中。

本案争议产生的原因，与我国的税制改革有密切的关系。21世纪初期前，我国财务会计制度采用的是"实际收付制"，即应纳税项目需待实际完成收取或支付后，才进行纳税，此种征税方式的好处是纳税时税款金额确定，不存在税款解缴后再需调整的不便。21世纪初，国家由于财政压力，财政部要求按"权责发生制"进行征税，即只要交易发生，无论应纳税项目是否实际完成收付，均需要立即缴纳税款，此种征税方式的好处是国家可以最快、最大利益化的征收税款，但缺点是企业负担极重，若应收账款出现呆账坏账，企业在成本都无法收回的情况下，税款还是需要全额缴纳（税款入库后是无法退还的，多缴纳的税款只能在以后应缴税款中慢慢抵扣）。本案中，之所以甲公司没有立即将涉案的该2 002 498.12元交易列入销售收入科目，而只是列入银行存款科目，便是基于相关交易存有争议，且里程公司作为原告针对甲公司提起的诉讼尚未有处理结果，无法最终确认甲公司是否还需要向里程公司支付违约金，因此，该笔2 002 498.12元的款项还无法最终确定能否作为甲公司的收入来进行记账（实际上，里程公司起诉甲公司的案件，省高院判决甲公司需向里程公司支付违约金2 778 996.88元，即甲公司收回的款项还不够向里程公司支付违约金）。

《税收征收管理法》第六十三条，对何为偷税定义为："纳税人伪造、变造、隐匿、擅自销毁账簿、记账凭证，或者在账簿上多列支出或者不列、少列收入，或者经税务机关通知申报而拒不申报或者进行虚假申报的，不缴或者少缴应纳税款的，是偷税。"从以上法律条文可知，构成偷税，除在主观上需具有偷逃税款的故意，在客观上还需积极实施了偷逃税款的行为。本案中，甲公司既没有伪造、变造、隐匿、擅自销毁账簿、所取得收入也立即如实记载于财务账簿中，亦没有进行虚假申报。甲公司需特别提醒法庭注意的是，除已完税的交易外，对台山国税稽查局认为甲公司偷税的交易，在2010年，甲公司还曾向里程公司开具4张价税合计达389 234.89元的增值税发票，只是由于里程公司以双方存有争议为由，拒绝付款并拒绝接受该四份发票，甲公司只好将该四份发票作废。由此可见，甲公司在整个经营过程中，既没有偷税的故意，也没有实施偷税的行为，只是因为涉及民事诉讼，以及对"权责发生制"的会计制度理解出现偏差，才导致未能及时缴纳税款，但若认定甲公司偷税则完全没有事实根据。《税收征收管理法》第六十条对未按规定设置、保管账簿等违规行为亦有明确的处罚措施。由此可见，法律亦预见到除故意的偷税行为外，亦可能存在并非故意的税务违规行为，对此两种性质截然不同的行为，亦需要区别对待制定不同的处罚措施。台山国税稽查局对甲公司进行税务稽查后，甲公司向税务专业人士进行了咨询并查阅了相关法律法规，甲公司承认，自身在财务会计制度上确实存在不规范、不完善之处，对税务机关核查后应补缴的增值税和所得税，甲公司亦认可予以缴纳。但甲公司的行为绝非故意的偷税行为，台山国税稽查局未能对财务制度中的不规范行为与偷税行为进行正确区分，简单粗暴地以偷税为由对甲公司进行处罚，既没有事实的依据，也没有法律的依据。甲公司本为守法经营的诚信企业，一直以来遵守中国的法律法规，之前从未受过工商、税务等机关的任何处罚，无奈因合作伙伴里程公司拒付货款，将甲公司拖入到漫长的多次民事诉讼程序中，进而导致税款未能及时缴纳，但台山国税稽查局将甲公司的违规行为错误定性为"偷税"并处罚，如此的错误认定及处罚直接将甲公司置于破产倒闭的境地。恳请二审法院查明事实，对一审错误判决予以纠正。

被上诉人台山国税稽查局辩称，甲公司不服一审判决，其提出的上诉理由归纳起来有两点，一是认为其没有偷税的主观故意，二是认为其没有实施偷税的行为。台山国税稽查局认为，甲公司的这两点上诉理由均不成立，甲公司既实施了偷税的实际行为，又具有偷税的主观故意，更造成了偷税的危害后果。

（1）甲公司实施了偷税的行为。《税收征收管理法》第六十三条明确规定了偷税行为："纳税人伪造、变造、隐匿、擅自销毁账簿、记账凭证，或者在账簿上多列支出或者不列、少列收入，或者经税务机关通知申报而拒不申报或者进行虚假的纳税申报，不缴或者少缴应纳税款的，是偷税。"本案甲公司的行为，符合其中的在账簿上不列、少列收入以及进行虚假的纳税申报的规定。甲公司在2009年至2011年期间取得经里程公司签字的送货单等能证明货物移交的凭据，即为取得了索取货款的凭证。根据《小企业会计制度》第一条第十一项第八目、《增值税暂行条例》第十九条、《企业所得税法》第九条等相关规定，甲公司即应在其账簿上"主营业务收入""应交税费"等科目中记录这些收入，在纳税申报时申报这些收入并缴纳税款，但甲公司实际上并没有在账簿作出任何记录，也没有依法申报纳税。甲公司2013年实际取得这些收入后，在账簿上借记银行存款，贷记应收账款，即只作减少应收款，增加银行存款的记录，仍然没有在账簿中"主营业务收入"和"应交税费"等其依法应当记录的科目记录这些收入，以此方式掩盖了其已经实际取得应税收入的事实；在相应的纳税申报中继续隐瞒已经实际收到款项的事实，作出虚假的纳税申报。直至税务机关对甲公司实施检查，甲公司始终没有在账簿中能够反映其收入的"主营业务收入"和"应交税费"等科目中记录涉案的应税收入，始终没有如实向税务机关申报这些收入和应缴纳的税款。可见甲公司明显实施了在账簿上不列、少列收入以及进行虚假的纳税申报的实际偷税行为。

（2）甲公司具有偷税的主观故意。甲公司实施的在账簿上不列少列收入、虚假的纳税申报行为，具有主观故意性。

甲公司系明知故为，故意不按照规定在相关会计科目中记录收入，隐瞒事实作出虚假纳税申报。甲公司以其对"权责发生制"会计制度理解偏差，执行财务制度不规范、不完善为由，来解释其违法发生的原因。这种解释明显属于谎言。首先，从2009年最初发生违法行为时起，到2014年税务机关实施检查之时，长达5年的时间，甲公司始终不在账簿上记录相关收入，不如实作出纳税申报，这难以用一般的过失来解释；其次，2013年甲公司已经实际收到相关款项，即使按照甲公司自称的"收付实现制"，也应当确认收入申报纳税，这怎么属于对"权责发生制"的理解偏差？而其中账簿上直接借记银行存款，贷记应收账款做法，正是一种常见的隐瞒收入的会计处理方法，系有意为之。最后，本案涉及的会计、税收规则、属于常识性的规则，甲公司具备正常会计核算的制度和人员，理应知晓这些规则。

甲公司以存在民事纠纷为由辩解，正好暴露了其不愿依法在账簿上记录收入，依法申报纳税的真实意图。甲公司在上诉状中表明，其2008年至2011年期间之所以不按照规定在账簿中记录收入，系担心应收账款形成呆账坏账；其在2013年之所以不在账簿中记录收入申报纳税，系因为与里程公司之间存在民事纠纷,担心需要支付违约金。这些解释恰恰暴露了甲公司的真实意图,即其将自己的利益凌驾于会计制度和税法的规定之上,当自己的利益可能受到损害时,就可以违背会计制度和税法的规定,就可以不缴少缴税款。

在税务机关指出错误后拒不纠正,在税务机关作出《税务处理决定书》后拒不缴纳税款,进一步说明了甲公司意图不缴少缴税款的主观故意性。台山国税稽查局于2014年对甲公司实施检查过程中,就指出了甲公司的错误;在送达的《税务行政处罚事项告知书》中,明确告知了其错误;在2015年作出了《税务处理决定书》和《税务行政处罚决定书》中,更是针对其错误作出了处理处罚决定。如果甲公司确因过失而不存在主观故意,又怎会一而再、再而三地拒绝纠正错误,拒不补缴税款?这些事实能够说明甲公司的行为根本不属于过失少缴税款行为,而是本意上就不愿缴纳相关税款。

(3)甲公司的偷税行为造成了严重的危害后果。甲公司故意实施了在账簿上不列少列收入,虚假的纳税申报行为,该行为性质上属于偷税。甲公司的偷税行为,已经产生了严重的危害后果,共计造成少缴税款959 180.10元;且由于甲公司长期拒不缴纳相关税款,进一步侵犯了国家的税收利益,产生滞纳金。甲公司的偷税行为,理应依法给予行政处罚。

综上所述,甲公司的全部上诉理由均不能成立,一审判决认定事实清楚,适用法律正确,请上诉法院依法驳回上诉,维持原判。

江门中院经二审审理,对一审法院判决所查明基本事实予以确认。再查明:二审期间,甲公司确认于2010年7月到12月期间少缴增值税为280 540.74元。在2011年1月至4月期间少缴增值税127 655.17元,共计408 195.91元。2011年度少缴企业所得税188 718.83元,2010年度少缴企业所得税362 265.36元,共计550 984.19元。两项合计959 180.10元。

江门中院认为,本案是税务行政处罚纠纷。根据《税收征收管理法》第十四条"本法所称税务机关是指各级税务局、税务分局、税务所和按照国务院规定设立的并向社会公告的税务机构"及《税收征收管理法实施细则》第九条第一款"《税收征收管理法》第十四条所称按照国务院规定设立的并向社会公告的税务机构,是指省以下税务局的稽查局。稽查局专司偷税、逃避追缴欠税、骗税、抗税案件的查处"的规定,台山国税稽查局作为法定的税务机关,具有对其税收征收管理范围内的偷税案件进行查处的法定职责,其在本案中执法主体适格。

本案的争议焦点是台山国税稽查局作出的台国税稽罚〔2015〕13号《税务行政处罚决定书》是否合法。

《行政处罚法》第三十一条"行政机关在作出行政处罚决定之前,应当告知当事人作出行政处罚决定的事实、理由及依据,并告知当事人依法享有的权利"、第四十二条"行政机关作出责令停产停业、吊销许可证或者执照、较大数额罚款等行政处罚决定之前，应当告知当事人有要求举行听证的权利；当事人要求听证的，行政机关应当组织听证"、第四十三条"听证结束后，行政机关依照本法第三十八条的规定，作出决定"本案中，台山国税稽查局在作出涉案处罚决定前进行了合法调查，向甲公司法定代表人制作了询问笔录，并告知了甲公司存在的违法事实及税务行政处罚的事实依据、法律依据和拟作出的处罚决定以及甲公司应享有的陈述和申辩及申请听证等权利，并依据甲公司听证申请，台山国税稽查局亦依法组织了听证程序，并制作了听证笔录及听证报告。之后，台山国税稽查局作出涉案税务行政处罚决定并向甲公司合法送达，该税务行政处罚决定程序合法。

根据《税收征收管理法》第二十五条"纳税人必须依照法律、行政法规规定或者税务机关依照法律、行政法规的规定确定的申报期限、申报内容如实办理纳税申报，报送纳税申报表、财务会计报表以及税务机关根据实际需要要求纳税人报送的其他纳税资料"、第六十三条"纳税人伪造、变造、隐匿、擅自销毁账簿、记账凭证，或者在账簿上多列支出或者不列、少列收入，或者经税务机关通知申报而拒不申报或者进行虚假的纳税申报，不缴或者少缴应纳税款的，是偷税。对纳税人偷税的，由税务机关追缴其不缴或者少缴的税款、滞纳金，并处不缴或者少缴的税款百分之五十以上五倍以下的罚款；构成犯罪的，依法追究刑事责任"、《增值税暂行条例》第十九条"增值税纳税义务发生时间：（一）销售货物或者应税劳务，为收讫销售款项或者取得索取销售款项凭据的当天；先开具发票的，为开具发票的当天。增值税扣缴义务发生时间为纳税人增值税义务发生的当天"、第二十三条"增值税的纳税期限分别为1日、3日、5日、10日、15日、1个月或者1个季度。纳税人的具体纳税期限，由主管税务机关根据纳税人应纳税额的大小分别核定；不能按照固定期限纳税的，可以按次纳税。纳税人以1个月或者1个季度为1个纳税期的，自期满之日起15日内申报纳税；以1日、3日、5日、10日或者15日为1个纳税期的，自期满之日起5日内预缴税款，于次月1日起15日内申报纳税并结清上月应纳税款"、《企业所得税法实施条例》第九条"企业应纳税所得额的计算，以权责发生制为原则，属于当期的收入和费用，不论款项是否收付，均作为当期的收入和费用"的规定，纳税销售货物或者应税劳务的，增值税纳税义务发生时间为收讫销售款项或者取得索取销售款项凭据的当天，先开具发票的，为开具发票的当天。企业应纳税所得额的计算，以权责发生制为原则，属于当期的收入和费用，不论款项是否收付，均作为当期的收入和费用。纳税人在账簿上不列、少列收入，不缴或者少缴应纳税款的，是偷税。对纳税人偷税的，由税务机关追缴其不缴或者少缴的税款、滞纳金，并处不缴或者少缴的税款百分之五十以上五倍以下的罚款。

结合本案已查明的事实和现有证据显示，2009年7月至2011年4月，甲公司为里程公司加工腔体（散热片）等产品，双方已交付的完工产品货款含税金额合计4 814 861.18元。其间甲公司已取得经里程公司签字的送货单等能证明货物移交的凭据即取得了索取货款的凭证，甲公司应按照法律规定的申报期限、申报内容在纳税申报时如实办理这些收入的纳税申报并缴纳相应的税款。本案除甲公司已在会计账账簿销售收入科目上列明并进行了纳税申报的价税合计2 005 512.83元外，甲公司尚有余下完工产品货款含税销售额合计2 809 348.35元未在会计账簿销售收入科目中列明，亦未在法定期限内进行纳税申报并缴纳相应税款。2013年7月23日甲公司取得里程公司货款收入2 002 498.12元后，在其会计账簿上列明借记银行存款，贷记应收账款，即只作减少应收款，增加银行存款的记录，仍然没有在其会计账簿中"主营业务收入"和"应交税费"等依法应当记录的科目记录这些收入，在所得税核算时也没有将这些收入作为当年收入计算在内，同时，本案也未有证据显示甲公司具有延期申报及缴纳税款等法定情形，台山国税稽查局据此认定甲公司上述期间为里程公司进行加工承揽业务的完工产品货款收入未能按实际收入依法申报纳税，在账簿上少列收入，折不含税销售额2 401 152.44元，少申报应纳税所得额2 401 152.44元，2010年7月至2011年4月期间存在少缴增值税税款及少缴企业所得税税款的偷税行为并作出处以少缴税款的一倍的罚款共计959 180.10元的涉案行政处罚决定，未违反法律规定且处理合理合法。甲公司上诉主张其未在会计账簿销售收入科目中列明及未在法定期限申报纳税是由于涉及民事诉讼以及对"权责发生制"的会计制度理解出现偏差，才导致未能及时缴纳税且不存在偷税故意，不应认定为偷税缺乏理据。

综上所述，原审判决认定事实清楚，适用法律法规正确，予以维持。

2017年6月29日，江门中院依照《行政诉讼法》第八十九条第一款第一项的规定，作出〔2017〕粤07行终74号行政判决书，判决驳回上诉，维持原判。二审案件受理费50元，由台山市甲数控制品有限公司负担。

三、个人所得税纳税申报案例①

上诉人北京市赵公口甲酒楼（以下简称甲酒楼）因诉国家税务总局北京市丰台区税务局第一税务所（以下简称第一税务所）处罚决定及国家税务总局北京市丰台区税务局（以下简称丰台税务局）行政复议决定一案，不服北京市丰台区人民法院（以下简称一审法院）所作〔2020〕京0106行初236号行政判决，向北京市第二中级人民法院（以下简称北京二中院）提起上诉。北京二中院受理后依法组成合议庭进行了审理，本案现已审理终结。

2020年3月23日，第一税务所向甲酒楼作出京丰一税简罚〔2020〕6258号

---

① 资料来源：北京市第二中级人民法院〔2020〕京02行终1047号行政判决书。

《税务行政处罚决定书（简易）》（以下简称被诉处罚决定），认定甲酒楼2019年6月1日至2019年6月30日个人所得税（工资薪金所得）未按期进行申报、2019年10月1日至2019年12月31日企业所得税（应纳税所得额）未按期进行申报、2019年10月1日至2019年12月31日城市维护建设税〔市区（增值税附征）〕未按期进行申报、2019年10月1日至2019年12月31日增值税未按期进行申报，违反了《税收征收管理法》第六十二条的规定，处罚款400元。甲酒楼不服，向丰台税务局提起行政复议。丰台税务局于2020年5月20日作出京丰税复字〔2020〕2号《行政复议决定书》（以下简称被诉复议决定），认为甲酒楼未按规定期限办理纳税申报、报送纳税资料和报送代缴报告表，存在多个税种逾期未申报、未报送资料的税收违法行为，维持了第一税务所作出的被诉处罚决定。

甲酒楼不服上述行政行为，诉至一审法院称：其按照税务部门要求办理报税工作，在申报税务相关事项中不存在过错过失。甲酒楼被税务部门处罚是由于税务部门工作人员不问清事实情况，违规违章粗暴处置所致。甲酒楼申请行政复议后，丰台税务局作出被诉复议决定维持了第一税务所作出的被诉处罚决定。请求法院依法撤销被诉处罚决定及被诉复议决定。

第一税务所一审辩称：第一税务所作为一级税务机构，依法具有作出被诉处罚决定的职责权限，甲酒楼负有按期申报和报送有关资料的义务，并存在逾期申报的行为。被诉处罚决定事实清楚，证据充分，法律适用正确，程序合法，处罚适当，甲酒楼的诉讼请求和事实理由没有事实和法律依据，不能成立，请求法院依法驳回。

丰台税务局一审辩称：丰台税务局依法受理甲酒楼的行政复议申请，并作出被诉复议决定，履行了行政复议的法定职责，程序合法，被诉复议决定及被诉处罚决定事实清楚，法律适用正确，甲酒楼的诉讼请求没有事实根据和法律依据，请求法院依法驳回。

一审法院经审理认为，《税收征收管理法》第十四条规定，本法所称税务机关是指各级税务局、税务分局、税务所和按照国务院规定设立的并向社会公告的税务机构。第七十四条规定，本法规定的行政处罚，罚款额在2 000元以下的，可以由税务所决定。据此，第一税务所具有实施行政处罚的法定职权。《税收征收管理法》第二十五条规定，纳税人必须依照法律、行政法规规定或者税务机关依照法律、行政法规的规定确定的申报期限、申报内容如实办理纳税申报，报送纳税申报表、财务会计报表以及税务机关根据实际需要要求纳税人报送的其他纳税资料。扣缴义务人必须依照法律、行政法规规定或者税务机关依照法律、行政法规的规定确定的申报期限、申报内容如实报送代扣代缴、代收代缴税款报告表以及税务机关根据实际需要要求扣缴义务人报送的其他有关资料。《税收征收管理法实施细则》第三十二条规定,纳税人在纳税期内没有应纳税款的,也应当按照规定办理纳税申报。纳税人享受减税、免税待遇的,在减税、免税期间应当按照规定办理纳税申报。《个人所得税法》第九条规定,个人所得税以所得人为纳税人,以支付所得的单位或者个人为扣缴义务人。第十四条规定,扣缴义务人每月或者每次预扣、代扣的税款,应当在次月十五日内缴入国库,并向税务机关报送扣缴个人所得税申报表。《企业所得税法》第五十四条规定,企业所得税分月或者分季预缴。企业应当自月份或者季度终了之日起十五日内,向税务机关报送预缴企业所得税纳税申报表,预缴税款。企业应当自年度终了之日起五个月内,向税务机关报送年度企业所得税纳税申报表,并汇算清缴,结清应缴应退税款。企业在报送企业所得税纳税申报表时,应当按照规定附送财务会计报告和其他有关资料。《增值税暂行条例》第二十三条第二款规定,纳税人以1个月或者1个季度为1个纳税期的,自期满之日起15日内申报纳税。《城市维护建设税暂行条例》第三条规定,城市维护建设税,以纳税人实际缴纳的消费税、增值税、营业税税额为计税依据,分别与消费税、增值税、营业税同时缴纳。第五条规定,城市维护建设税的征收、管理、纳税环节、奖罚等事项,比照消费税、增值税、营业税的有关规定办理。《税收征收管理法》第六十二条规定,纳税人未按照规定的期限办理纳税申报和报送纳税资料的,或者扣缴义务人未按照规定的期限向税务机关报送代扣代缴、代收代缴税款报告表和有关资料的,由税务机关责令限期改正,可以处2 000元以下的罚款;情节严重的,可以处2 000元以上1万元以下的罚款。《行政处罚法》第三十一条规定,行政机关在作出行政处罚决定之前,应当告知当事人作出行政处罚决定的事实、理由及依据,并告知当事人依法享有的权利。第三十三条规定,违法事实确凿并有法定依据,对公民处以50元以下、对法人或者其他组织处以1 000元以下罚款或者警告的行政处罚的,可以当场作出行政处罚决定。当事人应当依照本法第四十六条、第四十七条、第四十八条的规定履行行政处罚决定。第三十四条规定,执法人员当场作出行政处罚决定的,应当向当事人出示执法身份证件,填写预定格式、编有号码的行政处罚决定书。行政处罚决定书应当当场交付当事人。前款规定的行政处罚决定书应当载明当事人的违法行为、行政处罚依据、罚款数额、时间、地点以及行政机关名称,并由执法人员签名或者盖章。执法人员当场作出的行政处罚决定,必须报所属行政机关备案。《国家税务总局关于修订税务行政处罚(简易)执法文书的公告》(国家税务总局公告2017年第33号)第一条规定,税务机关依法对公民、法人或者其他组织当场作出行政处罚决定的,使用修订后的《税务行政处罚决定书(简易)》,不再另行填写《陈述申辩笔录》和《税务文书送达回证》。本案中,甲酒楼应当依照规定办理个人所得税、企业所得税、城市维护建设税及增值税的纳税申报和报送纳税资料,但其未按时进行申报。第一税务所依据相关法律法规，作出责令改正通知书，同时作出被诉处罚决定，事实清楚，程序合法。丰台税务局接到甲酒楼的复议申请后，履行了受理、送达等程序，作出被诉复议决定，并无不当。甲酒楼的诉讼请求，缺乏事实根据和法律依据，不予支持。一审法院依照《行政诉讼法》第六十九条的规定，判决驳回甲酒楼的诉讼请求。

甲酒楼不服一审判决，上诉至北京二中院，请求撤销一审判决，依法改判支持其一审诉讼请求。第一税务所、丰台税务局均同意一审判决，请求予以维持。

在一审诉讼期间，第一税务所在法定举证期限内提交并在庭审中出示了如下证据，证明被诉处罚决定的合法性：税收管理系统查询截图；责令限期改正通知书、税务文书送达回证；被诉处罚决定、税收（规费）违法行为登记表。

在一审诉讼期间，丰台税务局在法定举证期限内提交并在庭审中出示了如下证据，证明被诉复议决定的合法性：行政复议申请书及所附材料（包括：责令限期改正通知书、被诉处罚决定）、EMS快递单及查询结果；行政复议答复通知书、行政复议文书送达回证；被申请人答复书、证据目录清单、法律依据清单；EMS快递单及查询结果、行政复议文书送达回证。

在一审诉讼期间，甲酒楼在法定举证期限内提交并在庭审中出示了2020年3月20日15时40分手机短信截图、2015年6月24日10时45分手机短信截图作为证据证明其属于东铁匠营税务所管辖。

经庭审质证，一审法院对当事人提交的证据作如下确认：第一税务所和丰台税务局的证据，具备真实性、合法性及与本案的关联性，证明目的成立，予以采信。甲酒楼的证据与本案不具有关联性，不予采用。

一审法院已将当事人提交的上述证据随案移送北京二中院。经审查，一审法院对上述证据材料的认证意见符合《最高人民法院关于行政诉讼证据若干问题的规定》，认证意见正确，北京二中院予以确认。

北京二中院根据合法有效的证据以及当事人的有关陈述，查明如下事实：税收管理系统查询界面显示，甲酒楼2019年6月1日至2019年6月30日个人所得税（工资薪金所得）未按期进行申报、2019年10月1日至2019年12月31日企业所得税（应纳税所得额）未按期进行申报、2019年10月1日至2019年12月31日城市维护建设税〔市区（增值税附征）〕未按期进行申报、2019年10月1日至2019年12月31日增值税未按期进行申报。第一税务所认定甲酒楼的前述行为属于未按照规定期限办理纳税申报和报送纳税资料，违反了《税收征收管理法》第六十二条的规定，于2020年3月23日向甲酒楼作出并送达《责令限期改正通知书》，责令其于2020年3月30日前改正上述行为。同日，第一税务所向甲酒楼作出并送达被诉处罚决定。甲酒楼不服被诉处罚决定，于2020年4月3日向丰台税务局提出行政复议申请,丰台税务局于2020年5月20日作出被诉复议决定,维持了被诉处罚决定。

北京二中院认为:《税收征收管理法》第十四条规定,本法所称税务机关是指各级税务局、税务分局、税务所和按照国务院规定设立的并向社会公告的税务机构。据此,第一税务所具有征税的法定职权。根据《行政复议法》的相关规定,丰台税务局负有对被诉征税行为进行行政复议并作出复议决定的法定职责。

《税收征收管理法》第二十五条规定,纳税人必须依照法律、行政法规规定或者税务机关依照法律、行政法规的规定确定的申报期限、申报内容如实办理纳税申报,报送纳税申报表、财务会计报表以及税务机关根据实际需要要求纳税人报送的其他纳税资料。扣缴义务人必须依照法律、行政法规规定或者税务机关依照法律、行政法规的规定确定的申报期限、申报内容如实报送代扣代缴、代收代缴税款报告表以及税务机关根据实际需要要求扣缴义务人报送的其他有关资料。《税收征收管理法实施细则》第三十二条规定,纳税人在纳税期内没有应纳税款的,也应当按照规定办理纳税申报。纳税人享受减税、免税待遇的,在减税、免税期间应当按照规定办理纳税申报。《个人所得税法》第九条规定,个人所得税以所得人为纳税人,以支付所得的单位或者个人为扣缴义务人。第十四条规定,扣缴义务人每月或者每次预扣、代扣的税款,应当在次月十五日内缴入国库,并向税务机关报送扣缴个人所得税申报表。《企业所得税法》第五十四条规定,企业所得税分月或者分季预缴。企业应当自月份或者季度终了之日起十五日内,向税务机关报送预缴企业所得税纳税申报表,预缴税款。企业应当自年度终了之日起五个月内,向税务机关报送年度企业所得税纳税申报表,并汇算清缴,结清应缴应退税款。企业在报送企业所得税纳税申报表时,应当按照规定附送财务会计报告和其他有关资料。《增值税暂行条例》第二十三条第二款规定,纳税人以1个月或者1个季度为1个纳税期的,自期满之日起15日内申报纳税。《城市维护建设税暂行条例》第三条规定,城市维护建设税,以纳税人实际缴纳的消费税、增值税、营业税税额为计税依据,分别与消费税、增值税、营业税同时缴纳。第五条规定,城市维护建设税的征收、管理、纳税环节、奖罚等事项,比照消费税、增值税、营业税的有关规定办理。《税收征收管理法》第六十二条规定,纳税人未按照规定的期限办理纳税申报和报送纳税资料的,或者扣缴义务人未按照规定的期限向税务机关报送代扣代缴、代收代缴税款报告表和有关资料的,由税务机关责令限期改正,可以处2 000元以下的罚款;情节严重的,可以处2 000元以上1万元以下的罚款。本案中,甲酒楼未按期申报个人所得税(工资薪金所得)、企业所得税(应纳税所得额)、城市维护建设税〔市区(增值税附征)〕、增值税。第一税务所认定甲酒楼的前述行为属于未按照规定期限办理纳税申报和报送纳税资料，依据相关法律法规责令限期改正，并作出被诉处罚决定，事实清楚，程序合法。丰台税务局接到甲酒楼的复议申请后，履行了受理、调查、送达等程序，作出被诉复议决定，亦无不当之处。

综上，一审法院根据《行政诉讼法》第六十九条之规定，判决驳回甲酒楼的诉讼请求是正确的，应予维持。甲酒楼的上诉请求，缺乏依据，不予支持。

2020年11月26日，北京二中院依照《行政诉讼法》第八十九条第一款第（一）项之规定，作出〔2020〕京02行终1047号行政判决书，判决驳回上诉，维持一审判决。一、二审案件受理费各50元，均由北京市赵公口甲酒楼负担（已交纳）。

第五章 税款缴纳管理及案例分析

导读

本章介绍税款缴纳管理及案例分析，包括四节，分别介绍税款缴纳管理通用制度、纳税担保制度、纳税信用管理制度以及税款缴纳管理典型案例分析。

第一节 税款缴纳管理通用制度

一、《税收征收管理法》的规定

（一）税款征收法定原则

（1）税务机关依照法律、行政法规的规定征收税款，不得违反法律、行政法规的规定开征、停征、多征、少征、提前征收、延缓征收或者摊派税款。

（2）除税务机关、税务人员以及经税务机关依照法律、行政法规委托的单位和人员外，任何单位和个人不得进行税款征收活动。

（3）扣缴义务人依照法律、行政法规的规定履行代扣、代收税款的义务。对法律、行政法规没有规定负有代扣、代收税款义务的单位和个人，税务机关不得要求其履行代扣、代收税款义务。

扣缴义务人依法履行代扣、代收税款义务时，纳税人不得拒绝。纳税人拒绝的，扣缴义务人应当及时报告税务机关处理。

税务机关按照规定付给扣缴义务人代扣、代收手续费。

（二）依法缴纳或解缴税款

（1）纳税人、扣缴义务人按照法律、行政法规规定或者税务机关依照法律、行政法规的规定确定的期限，缴纳或者解缴税款。

纳税人因有特殊困难，不能按期缴纳税款的，经省、自治区、直辖市税务局批准，可以延期缴纳税款，但是最长不得超过三个月。

（2）纳税人未按照规定期限缴纳税款的，扣缴义务人未按照规定期限解缴税款的，税务机关除责令限期缴纳外，从滞纳税款之日起，按日加收滞纳税款0.5‰的滞纳金。

（2）纳税人依照法律、行政法规的规定办理减税、免税。

地方各级人民政府、各级人民政府主管部门、单位和个人违反法律、行政法规规定，擅自作出的减税、免税决定无效，税务机关不得执行，并向上级税务机关报告。

（3）税务机关征收税款时，必须给纳税人开具完税凭证。扣缴义务人代扣、代收税款时，纳税人要求扣缴义务人开具代扣、代收税款凭证的，扣缴义务人应当开具。

（三）核定征税与反避税

（1）纳税人有下列情形之一的，税务机关有权核定其应纳税额：①依照法律、行政法规的规定可以不设置账簿的；②依照法律、行政法规的规定应当设置账簿但未设置的；③擅自销毁账簿或者拒不提供纳税资料的；④虽设置账簿，但账目混乱或者成本资料、收入凭证、费用凭证残缺不全，难以查账的；⑤发生纳税义务，未按照规定的期限办理纳税申报，经税务机关责令限期申报，逾期仍不申报的；⑥纳税人申报的计税依据明显偏低，又无正当理由的。

税务机关核定应纳税额的具体程序和方法由国务院税务主管部门规定。

（2）企业或者外国企业在中国境内设立的从事生产、经营的机构、场所与其关联企业之间的业务往来，应当按照独立企业之间的业务往来收取或者支付价款、费用；不按照独立企业之间的业务往来收取或者支付价款、费用，而减少其应纳税的收入或者所得额的，税务机关有权进行合理调整。

（四）税收保全措施

（1）对未按照规定办理税务登记的从事生产、经营的纳税人以及临时从事经营的纳税人，由税务机关核定其应纳税额，责令缴纳；不缴纳的，税务机关可以扣押其价值相当于应纳税款的商品、货物。扣押后缴纳应纳税款的，税务机关必须立即解除扣押，并归还所扣押的商品、货物；扣押后仍不缴纳应纳税款的，经县以上税务局（分局）局长批准，依法拍卖或者变卖所扣押的商品、货物，以拍卖或者变卖所得抵缴税款。

（2）税务机关有根据认为从事生产、经营的纳税人有逃避纳税义务行为的，可以在规定的纳税期之前，责令限期缴纳应纳税款；在限期内发现纳税人有明显的转移、隐匿其应纳税的商品、货物以及其他财产或者应纳税的收入的迹象的，税务机关可以责成纳税人提供纳税担保。如果纳税人不能提供纳税担保，经县以上税务局（分局）局长批准，税务机关可以采取下列税收保全措施：①书面通知纳税人开户银行或者其他金融机构冻结纳税人的金额相当于应纳税款的存款；②扣押、查封纳税人的价值相当于应纳税款的商品、货物或者其他财产。

纳税人在上述规定的限期内缴纳税款的，税务机关必须立即解除税收保全措施；限期期满仍未缴纳税款的，经县以上税务局（分局）局长批准，税务机关可以书面通知纳税人开户银行或者其他金融机构从其冻结的存款中扣缴税款，或者依法拍卖或者变卖所扣押、查封的商品、货物或者其他财产，以拍卖或者变卖所得抵缴税款。

个人及其所扶养家属维持生活必需的住房和用品，不在税收保全措施的范围之内。

（3）纳税人在限期内已缴纳税款，税务机关未立即解除税收保全措施，使纳税人的合法利益遭受损失的，税务机关应当承担赔偿责任。

（五）税收强制执行措施

（1）从事生产、经营的纳税人、扣缴义务人未按照规定的期限缴纳或者解缴税款，纳税担保人未按照规定的期限缴纳所担保的税款，由税务机关责令限期缴纳，逾期仍未缴纳的，经县以上税务局（分局）局长批准，税务机关可以采取下列强制执行措施：①书面通知其开户银行或者其他金融机构从其存款中扣缴税款；②扣押、查封、依法拍卖或者变卖其价值相当于应纳税款的商品、货物或者其他财产，以拍卖或者变卖所得抵缴税款。

税务机关采取强制执行措施时，对上述所列纳税人、扣缴义务人、纳税担保人未缴纳的滞纳金同时强制执行。

个人及其所扶养家属维持生活必需的住房和用品，不在强制执行措施的范围之内。

（2）上述规定的采取税收保全措施、强制执行措施的权力，不得由法定的税务机关以外的单位和个人行使。

（3）税务机关采取税收保全措施和强制执行措施必须依照法定权限和法定程序，不得查封、扣押纳税人个人及其所扶养家属维持生活必需的住房和用品。

（4）税务机关滥用职权违法采取税收保全措施、强制执行措施，或者采取税收保全措施、强制执行措施不当，使纳税人、扣缴义务人或者纳税担保人的合法权益遭受损失的，应当依法承担赔偿责任。

（六）离境清税与税收优先权

（1）欠缴税款的纳税人或者他的法定代表人需要出境的，应当在出境前向税务机关结清应纳税款、滞纳金或者提供担保。未结清税款、滞纳金，又不提供担保的，税务机关可以通知出境管理机关阻止其出境。

（2）税务机关征收税款，税收优先于无担保债权，法律另有规定的除外；纳税人欠缴的税款发生在纳税人以其财产设定抵押、质押或者纳税人的财产被留置之前的，税收应当先于抵押权、质权、留置权执行。

纳税人欠缴税款，同时又被行政机关决定处以罚款、没收违法所得的，税收优先于罚款、没收违法所得。

税务机关应当对纳税人欠缴税款的情况定期予以公告。

（3）纳税人有欠税情形而以其财产设定抵押、质押的，应当向抵押权人、质权人说明其欠税情况。抵押权人、质权人可以请求税务机关提供有关的欠税情况。

（4）税务机关扣押商品、货物或者其他财产时，必须开付收据；查封商品、货物或者其他财产时，必须开付清单。

（七）欠税报告与税收保全措施

（1）纳税人有合并、分立情形的，应当向税务机关报告，并依法缴清税款。纳税人合并时未缴清税款的，应当由合并后的纳税人继续履行未履行的纳税义务；纳税人分立时未缴清税款的，分立后的纳税人对未履行的纳税义务应当承担连带责任。

（2）欠缴税款数额较大的纳税人在处分其不动产或者大额资产之前，应当向税务机关报告。

（3）欠缴税款的纳税人因怠于行使到期债权，或者放弃到期债权，或者无偿转让财产，或者以明显不合理的低价转让财产而受让人知道该情形，对国家税收造成损害的，税务机关可以依照《民法典》的规定行使代位权、撤销权。

税务机关依照上述规定行使代位权、撤销权的，不免除欠缴税款的纳税人尚未履行的纳税义务和应承担的法律责任。

（八）退税与补税制度

（1）纳税人超过应纳税额缴纳的税款，税务机关发现后应当立即退还；纳税人自结算缴纳税款之日起3年内发现的，可以向税务机关要求退还多缴的税款并加算银行同期存款利息，税务机关及时查实后应当立即退还；涉及从国库中退库的，依照法律、行政法规有关国库管理的规定退还。

（2）因税务机关的责任，致使纳税人、扣缴义务人未缴或者少缴税款的，税务机关在三年内可以要求纳税人、扣缴义务人补缴税款，但是不得加收滞纳金。

因纳税人、扣缴义务人计算错误等失误，未缴或者少缴税款的，税务机关在三年内可以追征税款、滞纳金；有特殊情况的，追征期可以延长到五年。

对偷税、抗税、骗税的，税务机关追征其未缴或者少缴的税款、滞纳金或者所骗取的税款，不受上述规定期限的限制。

（3）国家税务局和地方税务局应当按照国家规定的税收征收管理范围和

第五章 税款缴纳管理及案例分析

税款入库预算级次，将征收的税款缴入国库。

对审计机关、财政机关依法查出的税收违法行为，税务机关应当根据有关机关的决定、意见书，依法将应收的税款、滞纳金按照税款入库预算级次缴入国库，并将结果及时回复有关机关。

疑难问题解答

问：我司为房地产企业，A项目2015年预售时预缴企业所得税80万元，2016年交楼后企业自行计算项目应缴纳180万元，补缴100万元（180－80），现在2021年稽查后认定，2016年多结转成本，调整后应缴纳200万元，合计需再补缴20万元。请问，滞纳金的计算是按照以下哪个金额作为计算基数？

（1）2016年应缴纳200万元。

（2）2021年补缴的20万元。

（3）100万元（16年应缴纳200万元－16年补缴纳100万元）。

（4）120万元（16年应缴纳200万元－15年预缴80万元）。

答：（国家税务总局河南省税务局）（1）根据《国家税务总局关于印发〈房地产开发经营业务企业所得税处理办法〉的通知》（国税发〔2009〕31号）第九条的规定，企业销售未完工开发产品取得的收入，应先按预计计税毛利率分季（或月）计算出预计毛利额，计入当期应纳税所得额。开发产品完工后，企业应及时结算其计税成本并计算此前销售收入的实际毛利额，同时将其实际毛利额与其对应的预计毛利额之间的差额，计入当年度企业本项目与其他项目合并计算的应纳税所得额。在年度纳税申报时，企业须出具对该项开发产品实际毛利额与预计毛利额之间差异调整情况的报告以及税务机关需要的其他相关资料。

（2）《中华人民共和国税收征收管理法》第二十五条规定："纳税人必须依照法律、行政法规规定或者税务机关依照法律、行政法规的规定确定的申报期限、申报内容如实办理纳税申报，报送纳税申报表、财务会计报表以及税务机关根据实际需要要求纳税人报送的其他纳税资料。"第三十二条规定："纳税人未按照规定期限缴纳税款的，扣缴义务人未按照规定期限解缴税款的，税务机关除责令限期缴纳外，从滞纳税款之日起，按日加收滞纳税款万分之五的滞纳金。"

因此，根据上述文件规定，企业销售未完工开发产品取得的收入，应先按预计计税毛利率分季（或月）计算出预计毛利额，计入当期应纳税所得额。开发产品完工后，企业应及时结算其计税成本并计算此前销售收入的实际毛利额，同时将其实际毛利额与其对应的预计毛利额之间的差额，计入当年度企业本项目与其他项目合并计算的应纳税所得额。纳税人未按照规定期限缴纳税款的,从滞纳税款之日起,按日加收滞纳税款0.5‰的滞纳金。

二、《税收征收管理法实施细则》的规定

(一)税务机关的征税职责

(1)税务机关应当加强对税款征收的管理,建立、健全责任制度。

税务机关根据保证国家税款及时足额入库、方便纳税人、降低税收成本的原则,确定税款征收的方式。

税务机关应当加强对纳税人出口退税的管理,具体管理办法由国家税务总局会同国务院有关部门制定。

(2)税务机关应当将各种税收的税款、滞纳金、罚款,按照国家规定的预算科目和预算级次及时缴入国库,税务机关不得占压、挪用、截留,不得缴入国库以外或者国家规定的税款账户以外的任何账户。

已缴入国库的税款、滞纳金、罚款,任何单位和个人不得擅自变更预算科目和预算级次。

(3)税务机关应当根据方便、快捷、安全的原则,积极推广使用支票、银行卡、电子结算方式缴纳税款。

(二)延期纳税与减免税制度

(1)纳税人有下列情形之一的,属于《税收征收管理法》第三十一条所称特殊困难:①因不可抗力,导致纳税人发生较大损失,正常生产经营活动受到较大影响的;②当期货币资金在扣除应付职工工资、社会保险费后,不足以缴纳税款的。

计划单列市税务局可以参照《税收征收管理法》第三十一条第二款的批准权限,审批纳税人延期缴纳税款。

(2)纳税人需要延期缴纳税款的,应当在缴纳税款期限届满前提出申请,并报送下列材料:申请延期缴纳税款报告,当期货币资金余额情况及所有银行存款账户的对账单,资产负债表,应付职工工资和社会保险费等税务机关要求提供的支出预算。

税务机关应当自收到申请延期缴纳税款报告之日起20日内作出批准或者不予批准的决定;不予批准的,从缴纳税款期限届满之日起加收滞纳金。

(3)享受减税、免税优惠的纳税人,减税、免税期满,应当自期满次日起恢复纳税;减税、免税条件发生变化的,应当在纳税申报时向税务机关报告;不再符合减税、免税条件的,应当依法履行纳税义务;未依法纳税的,

税务机关应当予以追缴。

（三）委托征税与完税凭证

（1）税务机关根据有利于税收控管和方便纳税的原则，可以按照国家有关规定委托有关单位和人员代征零星分散和异地缴纳的税收，并发给委托代征证书。受托单位和人员按照代征证书的要求，以税务机关的名义依法征收税款，纳税人不得拒绝；纳税人拒绝的，受托代征单位和人员应当及时报告税务机关。

（2）《税收征收管理法》第三十四条所称完税凭证，是指各种完税证、缴款书、印花税票、扣（收）税凭证以及其他完税证明。

未经税务机关指定，任何单位、个人不得印制完税凭证。完税凭证不得转借、倒卖、变造或者伪造。完税凭证的式样及管理办法由国家税务总局制定。

（3）税务机关收到税款后，应当向纳税人开具完税凭证。纳税人通过银行缴纳税款的，税务机关可以委托银行开具完税凭证。

（四）核定征税与信誉等级评定

（1）纳税人有《税收征收管理法》第三十五条或者第三十七条所列情形之一的，税务机关有权采用下列任何一种方法核定其应纳税额：①参照当地同类行业或者类似行业中经营规模和收入水平相近的纳税人的税负水平核定；②按照营业收入或者成本加合理的费用和利润的方法核定；③按照耗用的原材料、燃料、动力等推算或者测算核定；④按照其他合理方法核定。

采用上述所列一种方法不足以正确核定应纳税额时，可以同时采用两种以上的方法核定。

纳税人对税务机关采取上述规定的方法核定的应纳税额有异议的，应当提供相关证据，经税务机关认定后，调整应纳税额。

（2）税务机关负责纳税人纳税信誉等级评定工作。纳税人纳税信誉等级的评定办法由国家税务总局制定。

（五）特殊经营模式与特殊情形下的税款征收

（1）承包人或者承租人有独立的生产经营权，在财务上独立核算，并定期向发包人或者出租人上缴承包费或者租金的，承包人或者承租人应当就其生产、经营收入和所得纳税，并接受税务管理；但是，法律、行政法规另有规定的除外。

发包人或者出租人应当自发包或者出租之日起30日内将承包人或者承租人的有关情况向主管税务机关报告。发包人或者出租人不报告的，发包人或者出租人与承包人或者承租人承担纳税连带责任。

（2）纳税人有解散、撤销、破产情形的，在清算前应当向其主管税务机关报告；未结清税款的，由其主管税务机关参加清算。

（六）反避税制度

（1）《税收征收管理法》第三十六条所称关联企业，是指有下列关系之一的公司、企业和其他经济组织：①在资金、经营、购销等方面，存在直接或者间接的拥有或者控制关系。②直接或者间接地同为第三者所拥有或者控制。③在利益上具有相关联的其他关系。

纳税人有义务就其与关联企业之间的业务往来，向当地税务机关提供有关的价格、费用标准等资料。具体办法由国家税务总局制定。

（2）《税收征收管理法》第三十六条所称独立企业之间的业务往来，是指没有关联关系的企业之间按照公平成交价格和营业常规所进行的业务往来。

（3）纳税人可以向主管税务机关提出与其关联企业之间业务往来的定价原则和计算方法，主管税务机关审核、批准后，与纳税人预先约定有关定价事项，监督纳税人执行。

（4）纳税人与其关联企业之间的业务往来有下列情形之一的，税务机关可以调整其应纳税额：①购销业务未按照独立企业之间的业务往来作价；②融通资金所支付或者收取的利息超过或者低于没有关联关系的企业之间所能同意的数额，或者利率超过或者低于同类业务的正常利率；③提供劳务，未按照独立企业之间业务往来收取或者支付劳务费用；④转让财产、提供财产使用权等业务往来，未按照独立企业之间业务往来作价或者收取、支付费用；⑤未按照独立企业之间业务往来作价的其他情形。

（5）纳税人有上述所列情形之一的，税务机关可以按照下列方法调整计税收入额或者所得额：①按照独立企业之间进行的相同或者类似业务活动的价格；②按照再销售给无关联关系的第三者的价格所应取得的收入和利润水平；③按照成本加合理的费用和利润；④按照其他合理的方法。

（6）纳税人与其关联企业未按照独立企业之间的业务往来支付价款、费用的，税务机关自该业务往来发生的纳税年度起3年内进行调整；有特殊情况的，可以自该业务往来发生的纳税年度起10年内进行调整。

（七）税收保全与强制执行制度

（1）《税收征收管理法》第三十七条所称未按照规定办理税务登记从事生产、经营的纳税人，包括到外县（市）从事生产、经营而未向营业地税务机关报验登记的纳税人。

（2）税务机关依照《税收征收管理法》第三十七条的规定，扣押纳税人商品、货物的，纳税人应当自扣押之日起15日内缴纳税款。

对扣押的鲜活、易腐烂变质或者易失效的商品、货物，税务机关根据被扣押物品的保质期，可以缩短前款规定的扣押期限。

（3）《税收征收管理法》第三十八条、第四十条所称其他财产，包括纳税人的房地产、现金、有价证券等不动产和动产。

机动车辆、金银饰品、古玩字画、豪华住宅或者一处以外的住房不属于《税收征收管理法》第三十八条、第四十条、第四十二条所称个人及其所扶养家属维持生活必需的住房和用品。

税务机关对单价5 000元以下的其他生活用品，不采取税收保全措施和强制执行措施。

（4）《税收征收管理法》第三十八条、第四十条、第四十二条所称个人所扶养家属，是指与纳税人共同居住生活的配偶、直系亲属以及无生活来源并由纳税人扶养的其他亲属。

（5）《税收征收管理法》第三十八条、第八十八条所称担保，包括经税务机关认可的纳税保证人为纳税人提供的纳税保证，以及纳税人或者第三人以其未设置或者未全部设置担保物权的财产提供的担保。

纳税保证人是指在中国境内具有纳税担保能力的自然人、法人或者其他经济组织。

法律、行政法规规定的没有担保资格的单位和个人，不得作为纳税担保人。

（6）纳税担保人同意为纳税人提供纳税担保的，应当填写纳税担保书，写明担保对象、担保范围、担保期限和担保责任以及其他有关事项。担保书须经纳税人、纳税担保人签字盖章并经税务机关同意，方为有效。

纳税人或者第三人以其财产提供纳税担保的，应当填写财产清单，并写明财产价值以及其他有关事项。纳税担保财产清单须经纳税人、第三人签字盖章并经税务机关确认，方为有效。

（7）税务机关执行扣押、查封商品、货物或者其他财产时，应当由两名以上税务人员执行，并通知被执行人。被执行人是自然人的，应当通知被执行人本人或者其成年家属到场；被执行人是法人或者其他组织的，应当通知其法定代表人或者主要负责人到场；拒不到场的，不影响执行。

（8）税务机关执行《税收征收管理法》第三十七条、第三十八条、第四十条的规定，扣押、查封价值相当于应纳税款的商品、货物或者其他财产时，参照同类商品的市场价、出厂价或者评估价估算。

税务机关按照上述方法确定应扣押、查封的商品、货物或者其他财产的价值时，还应当包括滞纳金和拍卖、变卖所发生的费用。

（9）对价值超过应纳税额且不可分割的商品、货物或者其他财产，税务机关在纳税人、扣缴义务人或者纳税担保人无其他可供强制执行的财产的情况下，可以整体扣押、查封、拍卖。

（10）税务机关执行《税收征收管理法》第三十七条、第三十八条、第四十条的规定，实施扣押、查封时，对有产权证件的动产或者不动产，税务机关可以责令当事人将产权证件交税务机关保管，同时可以向有关机关发出协助执行通知书，有关机关在扣押、查封期间不再办理该动产或者不动产的过户手续。

（11）对查封的商品、货物或者其他财产，税务机关可以指令被执行人负责保管，保管责任由被执行人承担。

继续使用被查封的财产不会减少其价值的，税务机关可以允许被执行人继续使用；因被执行人保管或者使用的过错造成的损失，由被执行人承担。

纳税人在税务机关采取税收保全措施后，按照税务机关规定的期限缴纳税款的，税务机关应当自收到税款或者银行转回的完税凭证之日起1日内解除税收保全。

（12）税务机关将扣押、查封的商品、货物或者其他财产变价抵缴税款时，应当交由依法成立的拍卖机构拍卖；无法委托拍卖或者不适于拍卖的，可以交由当地商业企业代为销售，也可以责令纳税人限期处理；无法委托商业企业销售，纳税人也无法处理的，可以由税务机关变价处理，具体办法由国家税务总局规定。国家禁止自由买卖的商品，应当交由有关单位按照国家规定的价格收购。

拍卖或者变卖所得抵缴税款、滞纳金、罚款以及拍卖、变卖等费用后，剩余部分应当在3日内退还被执行人。

（13）《税收征收管理法》第三十九条、第四十三条所称损失，是指因税务机关的责任，使纳税人、扣缴义务人或者纳税担保人的合法利益遭受的直接损失。

（14）《税收征收管理法》所称其他金融机构，是指信托投资公司、信用合作社、邮政储蓄机构以及经中国人民银行、中国证券监督管理委员会等批准设立的其他金融机构。

（15）《税收征收管理法》所称存款，包括独资企业投资人、合伙企业合伙人、个体工商户的储蓄存款以及股东资金账户中的资金等。

（八）离境清税与欠税公告

（1）从事生产、经营的纳税人、扣缴义务人未按照规定的期限缴纳或者解缴税款的，纳税担保人未按照规定的期限缴纳所担保的税款的，由税务机关发出限期缴纳税款通知书，责令缴纳或者解缴税款的最长期限不得超过15日。

（2）欠缴税款的纳税人或者其法定代表人在出境前未按照规定结清应纳税款、滞纳金或者提供纳税担保的，税务机关可以通知出入境管理机关阻止其出境。阻止出境的具体办法，由国家税务总局会同公安部制定。

（3）《税收征收管理法》第三十二条规定的加收滞纳金的起止时间，为法律、行政法规规定或者税务机关依照法律、行政法规的规定确定的税款缴纳期限届满次日起至纳税人、扣缴义务人实际缴纳或者解缴税款之日止。

（4）县级以上各级税务机关应当将纳税人的欠税情况，在办税场所或者广播、电视、报纸、期刊、网络等新闻媒体上定期公告。

对纳税人欠缴税款的情况实行定期公告的办法，由国家税务总局制定。

（5）《税收征收管理法》第四十九条所称欠缴税款数额较大，是指欠缴税款5万元以上。

（九）退税与补税制度

（1）税务机关发现纳税人多缴税款的，应当自发现之日起10日内办理退还手续；纳税人发现多缴税款，要求退还的，税务机关应当自接到纳税人退还申请之日起30日内查实并办理退还手续。

《税收征收管理法》第五十一条规定的加算银行同期存款利息的多缴税款退税，不包括依法预缴税款形成的结算退税、出口退税和各种减免退税。

退税利息按照税务机关办理退税手续当天中国人民银行规定的活期存款利率计算。

（2）当纳税人既有应退税款又有欠缴税款的，税务机关可以将应退税款和利息先抵扣欠缴税款；抵扣后有余额的，退还纳税人。

（3）《税收征收管理法》第五十二条所称税务机关的责任，是指税务机关适用税收法律、行政法规不当或者执法行为违法。

（4）《税收征收管理法》第五十二条所称纳税人、扣缴义务人计算错误等失误，是指非主观故意的计算公式运用错误以及明显的笔误。

（5）《税收征收管理法》第五十二条所称特殊情况，是指纳税人或者扣缴义务人因计算错误等失误，未缴或者少缴、未扣或者少扣、未收或者少收税款，累计数额在10万元以上的。

（6）《税收征收管理法》第五十二条规定的补缴和追征税款、滞纳金的期限，自纳税人、扣缴义务人应缴未缴或者少缴税款之日起计算。

（7）审计机关、财政机关依法进行审计、检查时，对税务机关的税收违法行为作出的决定，税务机关应当执行；发现被审计、检查单位有税收违法行为的，向被审计、检查单位下达决定、意见书，责成被审计、检查单位向税务机关缴纳应当缴纳的税款、滞纳金。税务机关应当根据有关机关的决定、意见书，依照税收法律、行政法规的规定，将应收的税款、滞纳金按照国家规定的税收征收管理范围和税款入库预算级次缴入国库。

税务机关应当自收到审计机关、财政机关的决定、意见书之日起30日内将执行情况书面回复审计机关、财政机关。

有关机关不得将其履行职责过程中发现的税款、滞纳金自行征收入库或者以其他款项的名义自行处理、占压。

三、欠税公告制度

（一）立法目的与适用范围

（1）为了规范税务机关的欠税公告行为，督促纳税人自觉缴纳欠税，防止新的欠税的发生，保证国家税款的及时足额入库，根据《税收征收管理法》及其实施细则的规定，国家税务总局制定《欠税公告办法（试行）》（2004年10月10日国家税务总局令第9号公布，根据2018年6月15日国家税务总局令第

44号《国家税务总局关于修改部分税务部门规章的决定》修正)。

(2)扣缴义务人、纳税担保人的欠税公告参照该办法的规定执行。

(二)公告机关与欠税的界定

(1)该办法所称公告机关为县以上(含县)税务局。

(2)该办法所称欠税是指纳税人超过税收法律、行政法规规定的期限或者纳税人超过税务机关依照税收法律、行政法规规定确定的纳税期限(以下简称税款缴纳期限)未缴纳的税款,包括:①办理纳税申报后,纳税人未在税款缴纳期限内缴纳的税款。②经批准延期缴纳的税款期限已满,纳税人未在税款缴纳期限内缴纳的税款。③税务检查已查定纳税人的应补税额,纳税人未在税款缴纳期限内缴纳的税款。④税务机关根据《税收征收管理法》第二十七条、第三十五条核定纳税人的应纳税额,纳税人未在税款缴纳期限内缴纳的税款。⑤纳税人的其他未在税款缴纳期限内缴纳的税款。

税务机关对上述规定的欠税数额应当及时核实。

该办法公告的欠税不包括滞纳金和罚款。

(三)公告频率与内容

(1)公告机关应当按期在办税场所或者广播、电视、报纸、期刊、网络等新闻媒体上公告纳税人的欠缴税款情况。①企业或单位欠税的,每季公告一次;②个体工商户和其他个人欠税的,每半年公告一次;③走逃、失踪的纳税户以及其他经税务机关查无下落的非正常户欠税的,随时公告。

(2)欠税公告内容如下:①企业或单位欠税的,公告企业或单位的名称、纳税人识别号、法定代表人或负责人姓名、居民身份证或其他有效身份证件号码、经营地点、欠税税种、欠税余额和当期新发生的欠税金额;②个体工商户欠税的,公告业户名称、业主姓名、纳税人识别号、居民身份证或其他有效身份证件号码、经营地点、欠税税种、欠税余额和当期新发生的欠税金额;③个人(不含个体工商户)欠税的,公告其姓名、居民身份证或其他有效身份证件号码、欠税税种、欠税余额和当期新发生的欠税金额。

(四)公告权限

(1)企业、单位纳税人欠缴税款200万元以下(不含200万元),个体工商户和其他个人欠缴税款10万元以下(不含10万元)的,由县级税务局(分局)在办税服务厅公告。

企业、单位纳税人欠缴税款200万元以上(含200万元),个体工商户和其他个人欠缴税款10万元以上(含10万元)的,由地(市)级税务局(分局)公告。

对走逃、失踪的纳税户以及其他经税务机关查无下落的纳税人欠税的,由各省、自治区、直辖市和计划单列市税务局公告。

(2)对按该办法规定需要由上级公告机关公告的纳税人欠税信息,下级公告机关应及时上报。具体的时间和要求由各省、自治区、直辖市和计划单列市税务局确定。

（五）欠税数额的确认

（1）公告机关在欠税公告前，应当深入细致地对纳税人欠税情况进行确认，重点要就欠税统计清单数据与纳税人分户台账记载数据、账簿记载书面数据与信息系统记录电子数据逐一进行核对，确保公告数据的真实、准确。

（2）欠税一经确定，公告机关应当以正式文书的形式签发公告决定，向社会公告。

欠税公告的数额实行欠税余额和新增欠税相结合的办法，对纳税人的以下欠税，税务机关可不公告：①已宣告破产，经法定清算后，依法注销其法人资格的企业欠税；②被责令撤销、关闭，经法定清算后，被依法注销或吊销其法人资格的企业欠税；③已经连续停止生产经营一年（按日历日期计算）以上的企业欠税；④失踪两年以上的纳税人的欠税。

公告决定应当列为税收征管资料档案，妥善保存。

（六）保密义务与催缴义务

（1）公告机关公告纳税人欠税情况不得超出该办法规定的范围，并应依照《税收征收管理法》及其实施细则的规定对纳税人的有关情况进行保密。

（2）欠税发生后，除依照该办法公告外，税务机关应当依法催缴并严格按日计算加收滞纳金，直至采取税收保全、税收强制执行措施清缴欠税。任何单位和个人不得以欠税公告代替税收保全、税收强制执行等法定措施的实施，干扰清缴欠税。各级公告机关应指定部门负责欠税公告工作，并明确其他有关职能部门的相关责任，加强欠税管理。

（七）责任追究

公告机关应公告不公告或者应上报不上报，给国家税款造成损失的，上级税务机关除责令其改正外，应按《中华人民共和国公务员法》规定，对直接责任人员予以处理。

第二节　纳税担保制度

一、总则

（一）立法目的与概念界定

（1）为规范纳税担保行为，保障国家税收收入，保护纳税人和其他当事人的合法权益，根据《税收征收管理法》及其实施细则和其他法律、法规的规定，国家税务总局制定《纳税担保试行办法》（国家税务总局令第11号）。

（2）该办法所称纳税担保，是指经税务机关同意或确认，纳税人或其他自然人、法人、经济组织以保证、抵押、质押的方式，为纳税人应当缴纳的税款及滞纳金提供担保的行为。纳税担保人包括以保证方式为纳税人提供纳税担保的纳税保证人和其他以未设置或者未全部设置担保物权的财产为纳税人提供纳税担保的第三人。

（二）适用范围

（1）纳税人有下列情况之一的，适用纳税担保：①税务机关有根据认为从事生产、经营的纳税人有逃避纳税义务行为，在规定的纳税期之前经责令其限期缴纳应纳税款，在限期内发现纳税人有明显的转移、隐匿其应纳税的商品、货物以及其他财产或者应纳税收入的迹象，责成纳税人提供纳税担保的；②欠缴税款、滞纳金的纳税人或者其法定代表人需要出境的；③纳税人同税务机关在纳税上发生争议而未缴清税款，需要申请行政复议的；④税收法律、行政法规规定可以提供纳税担保的其他情形。

（2）扣缴义务人按照《税收征收管理法》第八十八条规定需要提供纳税担保的，适用该办法的规定。

纳税担保人按照《税收征收管理法》第八十八条规定需要提供纳税担保的，应当按照该办法规定的抵押、质押方式，以其财产提供纳税担保；纳税担保人已经以其财产为纳税人向税务机关提供担保的，不再需要提供新的担保。

（三）纳税担保范围

纳税担保范围包括税款、滞纳金和实现税款、滞纳金的费用。费用包括抵押、质押登记费用，质押保管费用，以及保管、拍卖、变卖担保财产等相关费用支出。

用于纳税担保的财产、权利的价值不得低于应当缴纳的税款、滞纳金，并考虑相关的费用。纳税担保的财产价值不足以抵缴税款、滞纳金的，税务机关应当向提供担保的纳税人或纳税担保人继续追缴。

（四）担保财产的估算

用于纳税担保的财产、权利的价格估算，除法律、行政法规另有规定外，由税务机关按照《税收征收管理法实施细则》第六十四条规定的方式，参照同类商品的市场价、出厂价或者评估价估算。

二、纳税保证

（一）纳税保证的含义

（1）纳税保证是指纳税保证人向税务机关保证，当纳税人未按照税收法律、行政法规规定或者税务机关确定的期限缴清税款、滞纳金时，由纳税保证人按照约定履行缴纳税款及滞纳金的行为。税务机关认可的，保证成立；税务机关不认可的，保证不成立。

（2）该办法所称纳税保证为连带责任保证，纳税人和纳税保证人对所担保的税款及滞纳金承担连带责任。当纳税人在税收法律、行政法规或税务机关确定的期限届满未缴清税款及滞纳金的，税务机关即可要求纳税保证人在其担保范围内承担保证责任，缴纳担保的税款及滞纳金。

（二）纳税保证人

（1）纳税保证人，是指在中国境内具有纳税担保能力的自然人、法人或者其他经济组织。法人或其他经济组织财务报表资产净值超过需要担保的税额及滞纳金2倍的，自然人、法人或其他经济组织所拥有或者依法可以处分的未设置担保的财产的价值超过需要担保的税额及滞纳金的，为具有纳税担保能力。

（2）国家机关，学校、幼儿园、医院等事业单位、社会团体不得作为纳税保证人。

企业法人的职能部门不得为纳税保证人。企业法人的分支机构有法人书面授权的，可以在授权范围内提供纳税担保。

有以下情形之一的，不得作为纳税保证人：①有偷税、抗税、骗税、逃避追缴欠税行为被税务机关、司法机关追究过法律责任未满2年的；②因有税收违法行为正在被税务机关立案处理或涉嫌刑事犯罪被司法机关立案侦查的；③纳税信誉等级被评为C级以下的；④在主管税务机关所在地的市（地、州）没有住所的自然人或税务登记不在本市（地、州）的企业；⑤无民事行为能力或限制民事行为能力的自然人；⑥与纳税人存在担保关联关系的；⑦有欠税行为的。

（三）纳税担保书

（1）纳税保证人同意为纳税人提供纳税担保的，应当填写纳税担保书。纳税担保书应当包括以下内容：①纳税人应缴纳的税款及滞纳金数额、所属期间、税种、税目名称；②纳税人应当履行缴纳税款及滞纳金的期限；③保证担保范围及担保责任；④保证期间和履行保证责任的期限；⑤保证人的存款账号或者开户银行及其账号；⑥税务机关认为需要说明的其他事项。

（2）纳税担保书须经纳税人、纳税保证人签字盖章并经税务机关签字盖章同意方为有效。

纳税担保从税务机关在纳税担保书签字盖章之日起生效。

（四）保证期间

保证期间为纳税人应缴纳税款期限届满之日起60日，即税务机关自纳税人应缴纳税款的期限届满之日起60日内有权要求纳税保证人承担保证责任，缴纳税款、滞纳金。

履行保证责任的期限为15日，即纳税保证人应当自收到税务机关的纳税通知书之日起15日内履行保证责任，缴纳税款及滞纳金。

纳税保证期间内税务机关未通知纳税保证人缴纳税款及滞纳金以承担担保责任的，纳税保证人免除担保责任。

（五）担保责任

纳税人在规定的期限届满未缴清税款及滞纳金，税务机关在保证期限内书面通知纳税保证人的，纳税保证人应按照纳税担保书约定的范围，自收到纳税通知书之日起15日内缴纳税款及滞纳金，履行担保责任。

纳税保证人未按照规定的履行保证责任的期限缴纳税款及滞纳金的，由税务机关发出责令限期缴纳通知书，责令纳税保证人在限期15日内缴纳；逾期仍未缴纳的，经县以上税务局（分局）局长批准，对纳税保证人采取强制执行措施，通知其开户银行或其他金融机构从其存款中扣缴所担保的纳税人应缴纳的税款、滞纳金，或扣押、查封、拍卖、变卖其价值相当于所担保的纳税人应缴纳的税款、滞纳金的商品、货物或者其他财产，以拍卖、变卖所得抵缴担保的税款、滞纳金。

三、纳税抵押

（一）纳税抵押的含义

纳税抵押是指纳税人或纳税担保人不转移对该办法第十五条所列财产的占有，将该财产作为税款及滞纳金的担保。纳税人逾期未缴清税款及滞纳金的，税务机关有权依法处置该财产以抵缴税款及滞纳金。

上述规定的纳税人或者纳税担保人为抵押人，税务机关为抵押权人，提供担保的财产为抵押物。

（二）纳税抵押的财产

（1）下列财产可以抵押：①抵押人所有的房屋和其他地上定着物；②抵押人所有的机器、交通运输工具和其他财产；③抵押人依法有权处分的国有的房屋和其他地上定着物；④抵押人依法有权处分的国有的机器、交通运输工具和其他财产；⑤经设区的市、自治州以上税务机关确认的其他可以抵押的合法财产。

（2）以依法取得的国有土地上的房屋抵押的，该房屋占用范围内的国有土地使用权同时抵押。以乡（镇）、村企业的厂房等建筑物抵押的，其占用范围内的土地使用权同时抵押。

（3）下列财产不得抵押：①土地所有权；②土地使用权，但该办法第十六条规定的除外；③学校、幼儿园、医院等以公益为目的的事业单位、社会团体、民办非企业单位的教育设施、医疗卫生设施和其他社会公益设施；④所有权、使用权不明或者有争议的财产；⑤依法被查封、扣押、监管的财产；⑥依法定程序确认为违法、违章的建筑物；⑦法律、行政法规规定禁止流通的财产或者不可转让的财产；⑧经设区的市、自治州以上税务机关确认的其他不予抵押的财产。

（4）学校、幼儿园、医院等以公益为目的事业单位、社会团体，可以其教育设施、医疗卫生设施和其他社会公益设施以外的财产为其应缴纳的税款及滞纳金提供抵押。

（三）纳税担保书

纳税人提供抵押担保的，应当填写纳税担保书和纳税担保财产清单。纳税担保书应当包括以下内容：①担保的纳税人应缴纳的税款及滞纳金数额、所属期间、税种名称、税目；②纳税人履行应缴纳税款及滞纳金的期限；③抵押物的名称、数量、质量、状况、所在地、所有权权属或者使用权权属；④抵押担保的范围及担保责任；⑤税务机关认为需要说明的其他事项。

纳税担保财产清单应当写明财产价值以及相关事项。纳税担保书和纳税担保财产清单须经纳税人签字盖章并经税务机关确认。

（四）抵押物登记

纳税抵押财产应当办理抵押物登记。纳税抵押自抵押物登记之日起生效。纳税人应向税务机关提供由以下部门出具的抵押登记的证明及其复印件（以下简称证明材料）：①以城市房地产或者乡（镇）、村企业的厂房等建筑物抵押的，提供县级以上地方人民政府规定部门出具的证明材料；②以船舶、车辆抵押的，提供运输工具的登记部门出具的证明材料；③以企业的设备和其他动产抵押的，提供财产所在地的工商行政管理部门出具的证明材料或者纳税人所在地的公证部门出具的证明材料。

（五）抵押物变动

（1）抵押期间，经税务机关同意，纳税人可以转让已办理登记的抵押物，并告知受让人转让物已经抵押的情况。

纳税人转让抵押物所得的价款，应当向税务机关提前缴纳所担保的税款、滞纳金。超过部分，归纳税人所有，不足部分由纳税人缴纳或提供相应的担保。

（2）在抵押物灭失、毁损或者被征用的情况下，税务机关应该就该抵押物的保险金、赔偿金或者补偿金要求优先受偿,抵缴税款、滞纳金。

抵押物灭失、毁损或者被征用的情况下,抵押权所担保的纳税义务履行期未满的,税务机关可以要求将保险金、赔偿金或补偿金等作为担保财产。

(六)实现抵押权

(1)纳税人在规定的期限内未缴清税款、滞纳金的,税务机关应当依法拍卖、变卖抵押物,变价抵缴税款、滞纳金。

(2)纳税担保人以其财产为纳税人提供纳税抵押担保的,按照纳税人提供抵押担保的规定执行;纳税担保书和纳税担保财产清单须经纳税人、纳税担保人签字盖章并经税务机关确认。

纳税人在规定的期限届满未缴清税款、滞纳金的,税务机关应当在期限届满之日起15日内书面通知纳税担保人自收到纳税通知书之日起15日内缴纳担保的税款、滞纳金。

纳税担保人未按照上述期限缴纳所担保的税款、滞纳金的,由税务机关责令限期在15日内缴纳;逾期仍未缴纳的,经县以上税务局(分局)局长批准,税务机关依法拍卖、变卖抵押物,抵缴税款、滞纳金。

四、纳税质押

(一)纳税质押的含义

纳税质押是指经税务机关同意,纳税人或纳税担保人将其动产或权利凭证移交税务机关占有,将该动产或权利凭证作为税款及滞纳金的担保。纳税人逾期未缴清税款及滞纳金的,税务机关有权依法处置该动产或权利凭证以抵缴税款及滞纳金。纳税质押分为动产质押和权利质押。

动产质押包括现金以及其他除不动产以外的财产提供的质押。

汇票、支票、本票、债券、存款单等权利凭证可以质押。

对于实际价值波动很大的动产或权利凭证,经设区的市、自治州以上税务机关确认,税务机关可以不接受其作为纳税质押。

(二)纳税担保书

纳税人提供质押担保的,应当填写纳税担保书和纳税担保财产清单并签字盖章。纳税担保书应当包括以下内容:①担保的税款及滞纳金数额、所属期间、税种名称、税目;②纳税人履行应缴纳税款、滞纳金的期限;③质物的名称、数量、质量、价值、状况、移交前所在地、所有权权属或者使用权权属;④质押担保的范围及担保责任;⑤纳税担保财产价值;⑥税务机关认为需要说明的其他事项。

纳税担保财产清单应当写明财产价值及相关事项。

纳税质押自纳税担保书和纳税担保财产清单经税务机关确认和质物移交之日起生效。

（三）质押财产的处理

（1）以汇票、支票、本票、公司债券出质的，税务机关应当与纳税人背书清单记载"质押"字样。以存款单出质的，应由签发的金融机构核押。

（2）以载明兑现或者提货日期的汇票、支票、本票、债券、存款单出质的，汇票、支票、本票、债券、存款单兑现日期先于纳税义务履行期或者担保期的，税务机关与纳税人约定将兑现的价款用于缴纳或者抵缴所担保的税款及滞纳金。

（3）纳税人在规定的期限内缴清税款及滞纳金的，税务机关应当自纳税人缴清税款及滞纳金之日起3个工作日内返还质物，解除质押关系。

纳税人在规定的期限内未缴清税款、滞纳金的，税务机关应当依法拍卖、变卖质物，抵缴税款、滞纳金。

（四）质押权的实现

纳税担保人以其动产或财产权利为纳税人提供纳税质押担保的，按照纳税人提供质押担保的规定执行；纳税担保书和纳税担保财产清单须经纳税人、纳税担保人签字盖章并经税务机关确认。

纳税人在规定的期限内缴清税款、滞纳金的，税务机关应当在3个工作日内将质物返还给纳税担保人，解除质押关系。

纳税人在规定的期限内未缴清税款、滞纳金的，税务机关应当在期限届满之日起15日内书面通知纳税担保人自收到纳税通知书之日起15日内缴纳担保的税款、滞纳金。

纳税担保人未按照前款规定的期限缴纳所担保的税款、滞纳金，由税务机关责令限期在15日内缴纳；缴清税款、滞纳金的，税务机关自纳税担保人缴清税款及滞纳金之日起3个工作日内返还质物、解除质押关系；逾期仍未缴纳的，经县以上税务局（分局）局长批准，税务机关依法拍卖、变卖质物，抵缴税款、滞纳金。

五、法律责任

（一）纳税人的法律责任

（1）纳税人、纳税担保人采取欺骗、隐瞒等手段提供担保的，由税务机关处以1 000元以下的罚款；属于经营行为的，处以10 000元以下的罚款。

非法为纳税人、纳税担保人实施虚假纳税担保提供方便的，由税务机关处以1 000元以下的罚款。

（2）纳税人采取欺骗、隐瞒等手段提供担保，造成应缴税款损失的，由税务机关按照《税收征收管理法》第六十八条规定处以未缴、少缴税款50%以上5倍以下的罚款。

（二）税务机关的法律责任

税务机关负有妥善保管质物的义务。因保管不善致使质物灭失或者毁损，或未经纳税人同意擅自使用、出租、处分质物而给纳税人造成损失的，税务机关应当对直接损失承担赔偿责任。

纳税义务期限届满或担保期间，纳税人或者纳税担保人请求税务机关及时行使权利，而税务机关怠于行使权利致使质物价格下跌造成损失的，税务机关应当对直接损失承担赔偿责任。

（三）税务人员的法律责任

税务机关工作人员有下列情形之一的，根据情节轻重给予行政处分：①违反该办法规定，对符合担保条件的纳税担保，不予同意或故意刁难的；②违反该办法规定，对不符合担保条件的纳税担保，予以批准，致使国家税款及滞纳金遭受损失的；③私分、挪用、占用、擅自处分担保财物的；④其他违法情形。

第三节　纳税信用管理制度

一、基本管理制度

（一）总则

（1）为规范纳税信用管理，促进纳税人诚信自律，提高税法遵从度，推进社会信用体系建设，根据《税收征收管理法》及其实施细则、《国务院关于促进市场公平竞争维护市场正常秩序的若干意见》（国发〔2014〕20号）和《国务院关于印发社会信用体系建设规划纲要（2014—2020年）的通知》（国发〔2014〕21号），国家税务总局制定《纳税信用管理办法（试行）》（国家税务总局公告2014年第40号发布）。

（2）该办法所称纳税信用管理，是指税务机关对纳税人的纳税信用信息开展的采集、评价、确定、发布和应用等活动。

（3）该办法适用于已办理税务登记，从事生产、经营并适用查账征收的企业纳税人（以下简称纳税人）。

扣缴义务人、自然人纳税信用管理办法由国家税务总局另行规定。

个体工商户和其他类型纳税人的纳税信用管理办法由省税务机关制定。

（4）国家税务总局主管全国纳税信用管理工作。省以下税务机关负责所辖地区纳税信用管理工作的组织和实施。

（5）纳税信用管理遵循客观公正、标准统一、分级分类、动态调整的原则。

（6）国家税务总局推行纳税信用管理工作的信息化，规范统一纳税信用管理。

（7）税务机关积极参与社会信用体系建设，与相关部门建立信用信息共建共享机制，推动纳税信用与其他社会信用联动管理。

（二）纳税信用信息采集

（1）纳税信用信息采集是指税务机关对纳税人纳税信用信息的记录和收集。

（2）纳税信用信息包括纳税人信用历史信息、税务内部信息、外部信息。

纳税人信用历史信息包括基本信息和评价年度之前的纳税信用记录，以及相关部门评定的优良信用记录和不良信用记录。

税务内部信息包括经常性指标信息和非经常性指标信息。经常性指标信息是指涉税申报信息、税（费）款缴纳信息、发票与税控器具信息、登记与账簿信息等纳税人在评价年度内经常产生的指标信息；非经常性指标信息是指税务检查信息等纳税人在评价年度内不经常产生的指标信息。

外部信息包括外部参考信息和外部评价信息。外部参考信息包括评价年度相关部门评定的优良信用记录和不良信用记录；外部评价信息是指从相关部门取得的影响纳税人纳税信用评价的指标信息。

（3）纳税信用信息采集工作由国家税务总局和省税务机关组织实施，按月采集。

（4）纳税人信用历史信息中的基本信息由税务机关从税务管理系统中采集，税务管理系统中暂缺的信息由税务机关通过纳税人申报采集；评价年度之前的纳税信用记录，以及相关部门评定的优良信用记录和不良信用记录，从税收管理记录、国家统一信用信息平台等渠道中采集。

（5）税务内部信息从税务管理系统中采集。

（6）外部信息主要通过税务管理系统、国家统一信用信息平台、相关部门官方网站、新闻媒体或者媒介等渠道采集。通过新闻媒体或者媒介采集的信息应核实后使用。

（三）纳税信用评价

（1）纳税信用评价采取年度评价指标得分和直接判级方式。评价指标包括税务内部信息和外部评价信息。

年度评价指标得分采取扣分方式。纳税人评价年度内经常性指标和非经常性指标信息齐全的，从100分起评；非经常性指标缺失的，从90分起评。

直接判级适用于有严重失信行为的纳税人。

纳税信用评价指标由国家税务总局另行规定。

（2）外部参考信息在年度纳税信用评价结果中记录，与纳税信用评价信息形成联动机制。

（3）纳税信用评价周期为一个纳税年度，有下列情形之一的纳税人，不参加本期的评价：①纳入纳税信用管理时间不满一个评价年度的；②因涉嫌税收违法被立案查处尚未结案的；③被审计、财政部门依法查出税收违法行为，税务机关正在依法处理，尚未办结的；④已申请税务行政复议、提起行政诉讼尚未结案的；⑤其他不应参加本期评价的情形。

（4）纳税信用级别设A、B、C、D四级。A级纳税信用为年度评价指标得分90分以上的；B级纳税信用为年度评价指标得分70分以上不满90分的；C级纳税信用为年度评价指标得分40分以上不满70分的；D级纳税信用为年度评价指标得分不满40分或者直接判级确定的。

（5）有下列情形之一的纳税人，本评价年度不能评为A级：①实际生产经营期不满3年的；②上一评价年度纳税信用评价结果为D级的；③非正常原因一个评价年度内增值税或营业税连续3个月或者累计6个月零申报、负申报的；④不能按照国家统一的会计制度规定设置账簿，并根据合法、有效凭证核算，向税务机关提供准确税务资料的。

（6）有下列情形之一的纳税人，本评价年度直接判为D级：①存在逃避缴纳税款、逃避追缴欠税、骗取出口退税、虚开增值税专用发票等行为，经判决构成涉税犯罪的；②存在前项所列行为，未构成犯罪，但偷税（逃避缴纳税款）金额10万元以上且占各税种应纳税总额10%以上，或者存在逃避追缴欠税、骗取出口退税、虚开增值税专用发票等税收违法行为，已缴纳税款、滞纳金、罚款的；③在规定期限内未按税务机关处理结论缴纳或者足额缴纳税款、滞纳金和罚款的；④以暴力、威胁方法拒不缴纳税款或者拒绝、阻挠税务机关依法实施税务稽查执法行为的；⑤存在违反增值税发票管理规定或者违反其他发票管理规定的行为，导致其他单位或者个人未缴、少缴或者骗取税款的；⑥提供虚假申报材料享受税收优惠政策的；⑦骗取国家出口退税款，被停止出口退（免）税资格未到期的；⑧有非正常户记录或者由非正常户直接责任人员注册登记或者负责经营的；⑨由D级纳税人的直接责任人员注册登记或者负责经营的；⑩存在税务机关依法认定的其他严重失信情形的。

（7）纳税人有下列情形的，不影响其纳税信用评价：①由于税务机关原因或者不可抗力，造成纳税人未能及时履行纳税义务的。②非主观故意的计算公式运用错误以及明显的笔误造成未缴或者少缴税款的。③国家税务总局认定的其他不影响纳税信用评价的情形。

（四）纳税信用评价结果的确定和发布

（1）纳税信用评价结果的确定和发布遵循谁评价、谁确定、谁发布的原则。

（2）税务机关每年4月确定上一年度纳税信用评价结果，并为纳税人提供自我查询服务。

（3）纳税人对纳税信用评价结果有异议的，可以书面向作出评价的税务机关申请复评。作出评价的税务机关应按该办法第三章规定进行复核。

（4）税务机关对纳税人的纳税信用级别实行动态调整。

因税务检查等发现纳税人以前评价年度需扣减信用评价指标得分或者直接判级的，税务机关应按该办法第三章规定调整其以前年度纳税信用评价结果和记录。

纳税人因该办法第十七条第三、四、五项所列情形解除而向税务机关申请补充纳税信用评价的，税务机关应按该办法第三章规定处理。

（5）纳税人信用评价状态变化时，税务机关可采取适当方式通知、提醒纳税人。

（6）税务机关对纳税信用评价结果，按分级分类原则，依法有序开放：①主动公开A级纳税人名单及相关信息；②根据社会信用体系建设需要，以及与相关部门信用信息共建共享合作备忘录、协议等规定，逐步开放B、C、D级纳税人名单及相关信息；③定期或者不定期公布重大税收违法案件信息。

（五）纳税信用评价结果的应用

（1）税务机关按照守信激励，失信惩戒的原则，对不同信用级别的纳税人实施分类服务和管理。

（2）对纳税信用评价为A级的纳税人，税务机关予以下列激励措施：①主动向社会公告年度A级纳税人名单；②一般纳税人可单次领取3个月的增值税发票用量，需要调整增值税发票用量时即时办理；③普通发票按需领用。④连续3年被评为A级信用级别（简称3连A）的纳税人，除享受以上措施外，还可以由税务机关提供绿色通道或专门人员帮助办理涉税事项；⑤税务机关与相关部门实施的联合激励措施，以及结合当地实际情况采取的其他激励措施。

（3）对纳税信用评价为B级的纳税人，税务机关实施正常管理，适时进行税收政策和管理规定的辅导，并视信用评价状态变化趋势选择性地提供该办法第二十九条的激励措施。

（4）对纳税信用评价为C级的纳税人，税务机关应依法从严管理，并视信用评价状态变化趋势选择性地采取该办法第三十二条的管理措施。

（5）对纳税信用评价为D级的纳税人，税务机关应采取以下措施：①按照该办法第二十七条的规定，公开D级纳税人及其直接责任人员名单，对直接责任人员注册登记或者负责经营的其他纳税人纳税信用直接判为D级；②增值税专用发票领用按辅导期一般纳税人政策办理，普通发票的领用实行交（验）旧供新、严格限量供应；③加强出口退税审核。④加强纳税评估，严格审核其报送的各种资料；⑤列入重点监控对象，提高监督检查频次，发现税收违法违规行为的，不得适用规定处罚幅度内的最低标准；⑥将纳税信用评价结果通报相关部门，建议在经营、投融资、取得政府供应土地、进出口、出人境、注册新公司、工程招投标、政府采购、获得荣誉、安全许可、生产许可、从业任职资格、资质审核等方面予以限制或禁止；⑦D级评价保留2年，第三年纳税信用不得评价为A级；⑧税务机关与相关部门实施的联合惩戒措施，以及结合实际情况依法采取的其他严格管理措施。

二、纳税信用管理制度改革

（一）明确纳税信用补评和复评事项

根据《国家税务总局关于明确纳税信用补评和复评事项的公告》（国家税务总局公告2015年第46号）的规定，有关纳税信用补评、复评事项如下：

（1）纳税人因《纳税信用管理办法（试行）》第十七条第三、四、五项所列情形解除，或对当期未予评价有异议的，可填写《纳税信用补评申请表》，向主管税务机关申请补充纳税信用评价。纳税人主管税务机关按照《纳税信用管理办法（试行）》第三章的规定开展纳税信用补评工作。主管税务机关应自受理申请之日起15个工作日内完成补评工作，并向纳税人反馈纳税信用评价信息或提供评价结果的自我查询服务。

（2）纳税人对纳税信用评价结果有异议的，可在纳税信用评价结果确定的当年内，填写《纳税信用复评申请表》，向主管税务机关申请复评。作出评价的税务机关应按《纳税信用管理办法（试行）》第三章规定对评价结果进行复核。主管税务机关自受理申请之日起15个工作日内完成复评工作，并向纳税人反馈纳税信用复评信息或提供复评结果的自我查询服务。

（3）主管税务机关应于每月前5个工作日内将纳税信用补评、复评情况层报至省税务机关备案，并发布A级纳税人变动情况通告。省税务机关应及时更新税务网站公布的纳税信用评价信息，并于每月前10个工作日内将A级纳税人变动情况报送税务总局（纳税服务司）。

（二）明确纳税信用管理若干业务口径

根据《国家税务总局关于明确纳税信用管理若干业务口径的公告》（国家税务总局公告2015年第85号）的规定，有关纳税信用管理若干业务口径如下：

1. 关于《纳税信用管理办法（试行）》的适用范围

《纳税信用管理办法（试行）》的适用范围为：已办理税务登记（含"三证合一、一照一码"、临时登记），从事生产、经营并适用查账征收的独立核算企业、个人独资企业和个人合伙企业。

查账征收是指企业所得税征收方式为查账征收，个人独资企业和个人合伙企业的个人所得税征收方式为查账征收。

2. 关于纳税信用信息采集

根据《纳税信用管理办法（试行）》第十三条的规定，税务内部信息从税务管理系统中采集，采集的信息记录截止时间为评价年度12月31日（含本日，下同）。

主管税务机关遵循"无记录不评价、何时（年）记录、何时（年）评价"的原则，使用税务管理系统中纳税人的纳税信用信息，按照规定的评价指标和评价方式确定纳税信用级别。

3.关于起评分

非经常性指标缺失是指：在评价年度内，税务管理系统中没有纳税评估、大企业税务审计、反避税调查或税务稽查出具的决定（结论）文书的记录。

4.关于评价范围

在《纳税信用管理办法（试行）》适用范围内，有下列情形之一的纳税人，不参加本期的评价：

（1）纳入纳税信用管理时间不满一个评价年度的。评价年度为公历年度，即1月1日至12月31日。纳入纳税信用管理时间不满一个评价年度是指：税务登记在评价年度1月2日以后；或者税务登记在评价年度12月31日以前注销的。

营改增企业的税务登记日期，为原地方税务机关税务登记日期。2015年10月1日之后，新办的"三证合一、一照一码"企业纳入纳税信用管理的时间，从税务机关采集纳税人补充信息之日计算。

由非正常户直接责任人员、D级纳税人直接责任人员注册登记或负责经营的企业，纳入纳税信用管理时间不满一个评价年度的，按该公告第六条第八项、第九项规定执行。

（2）因涉嫌税收违法被立案查处尚未结案的。因涉嫌税收违法被立案查处是指：因涉嫌税收违法被移送公安机关或被公安机关直接立案查处，根据税务管理系统中的移送记录或被立案记录确定。被税务稽查部门立案检查的，不属于该情形，应纳入本期评价范围。

尚未结案是指：在评价年度12月31日前，税务管理系统中有移送记录或被立案记录而没有已结案的记录。

（3）被审计、财政部门依法查出税收违法行为，税务机关正在依法处理，尚未办结的。尚未办结是指：在评价年度12月31日前，税务管理系统中有在办、在流转处理的记录而没有办结的记录。

（4）已申请税务行政复议、提起行政诉讼尚未结案的。尚未结案是指在评价年度12月31日前，税务管理系统中有受理复议、提起诉讼的记录而没有结案的记录。

5.关于不能评为A级的情形

非正常原因一个评价年度内增值税或营业税连续3个月或者累计6个月零申报、负申报的，不能评为A级。

正常原因是指：季节性生产经营、享受政策性减免税等正常情况原因。

非正常原因是除上述原因外的其他原因。

按季申报视同连续3个月。

6.关于直接判为D级的情形

（1）存在逃避缴纳税款、逃避追缴欠税、骗取出口退税、虚开增值税专用发票等行为，经判决构成涉税犯罪的。

以判决结果在税务管理系统中的记录日期确定判D级的年度，同时按照《纳税信用管理办法（试行）》第二十五条规定调整其以前年度信用记录。

（2）存在前项所列行为，未构成犯罪，但偷税（逃避缴纳税款）金额10万元以上且占各税种应纳税总额10%以上，或者存在逃避追缴欠税、骗取出口退税、虚开增值税专用发票等税收违法行为，已缴纳税款、滞纳金、罚款的。

以处理结果在税务管理系统中的记录日期确定判D级的年度，同时按照《纳税信用管理办法（试行）》第二十五条规定调整其以前年度信用记录。

偷税（逃避缴纳税款）金额占各税种应纳税总额比例＝一个纳税年度的各税种偷税（逃避缴纳税款）总额÷该纳税年度各税种应纳税总额

（3）在规定期限内未按税务机关处理结论缴纳或者足额缴纳税款、滞纳金和罚款的。

以该情形在税务管理系统中的记录日期确定判D级的年度。

（4）以暴力、威胁方法拒不缴纳税款或者拒绝、阻挠税务机关依法实施税务稽查执法行为的。

以该情形在税务管理系统中的记录日期确定判D级的年度，同时按照《纳税信用管理办法（试行）》第二十五条规定调整其以前年度信用记录。

（5）存在违反增值税发票管理规定或者违反其他发票管理规定的行为，导致其他单位或者个人未缴、少缴或者骗取税款的。

以该情形在税务管理系统中的记录日期确定判D级的年度，同时按照《纳税信用管理办法（试行）》第二十五条规定调整其以前年度信用记录。

（6）提供虚假申报材料享受税收优惠政策的。以该情形在税务管理系统中的记录日期确定判D级的年度，同时按照《纳税信用管理办法（试行）》第二十五条规定调整其以前年度信用记录。

（7）骗取国家出口退税款，被停止出口退（免）税资格未到期的。在评价年度内，被停止出口退（免）税资格未到期。根据税务管理系统中的记录信息确定。

（8）有非正常户记录或者由非正常户直接责任人员注册登记或者负责经营的。有非正常户记录是指：在评价年度12月31日为非正常状态。

由非正常户直接责任人员注册登记或者负责经营的是指：由非正常户直接责任人员在认定为非正常户之后注册登记或负责经营的企业。该类企业不受《纳税信用管理办法（试行）》第十七条第一项规定限制，在纳入纳税信用管理的当年即纳入评价范围，且直接判为D级。

第五章 税款缴纳管理及案例分析

（9）由D级纳税人的直接责任人员注册登记或者负责经营的。由D级纳税人的直接责任人员在被评价为D级之后注册登记或者负责经营的企业，不受《纳税信用管理办法（试行）》第十七条第一项规定限制，在纳入纳税信用管理的当年即纳入评价范围，且直接判为D级。

（10）存在税务机关依法认定的其他严重失信情形的。税务机关按照《国家税务总局关于发布〈重大税收违法案件信息公布办法（试行）〉的公告》（国家税务总局公告2014年第41号）公布的重大税收违法案件当事人，在公布的评价年度判为D级，其D级记录一直保持至从公布栏中撤出的评价年度（但不得少于2年），次年不得评为A级。

7.关于D级评价的保留

（1）D级企业直接责任人在企业被评价为D级之后注册登记或者负责经营的企业评价为D级（简称关联D）。关联D只保留一年，次年度根据《纳税信用管理办法（试行）》规定重新评价但不得评为A级。

（2）因该公告第六条第一项、第二项、第四项、第五项、第六项被直接判为D级的，主管税务机关应调整其以前年度纳税信用级别为D级，该D级评价（简称动态D）不保留到下一年度。

8.关于发布A级纳税人名单

（1）按照谁评价、谁确定、谁发布的原则，纳税人主管税务机关负责纳税信用的评价、确定和发布，上级税务机关汇总公布评价结果。

（2）主管税务机关于每年4月按照税务总局统一规定的时间分别以通告的形式对外发布A级纳税人信息，发布内容包括：纳税人识别号、纳税人名称、评价年度、纳税人主管税务机关。税务总局、省税务机关、市税务机关通过门户网站（或子网站）汇总公布管辖范围内的A级纳税人信息。由于复评、动态调整等原因需要调整A级名单的，应发布变化情况通告，及时更新公告栏、公布栏内容，并层报税务总局（纳税服务司）。

（3）在评价结果公布前（每年1月至4月），发现评价为A级的纳税人已注销或被税务机关认定为非正常户的，其评价结果不予发布。

疑难问题解答

问：个体户的纳税等级如何查询？

答：（国家税务总局陕西省税务局）《国家税务总局关于明确纳税信用管理若干业务口径的公告》（国家税务总局公告2015年第85号）第一条规定："《纳税信用管理办法（试行）》的适用范围为已办理税务登记（含'三证合一、一照一码'、临时登记），从事生产、经营并适用查账征收的独立核算企业、个人独资企业和个人合伙企业。查账征收是指企业所得税征收方式为查账征收，个人独资企业和个人合伙企业的个人所得税征收方式为查账征收。"

因此，个体工商户不适用《纳税信用管理办法（试行）》（国家税务总局公告2014年第40号），没有纳税信用等级。

（三）完善纳税信用管理有关事项

根据《国家税务总局关于完善纳税信用管理有关事项的公告》（国家税务总局公告2016年第9号）的规定，根据《深化国税、地税征管体制改革方案》关于建立促进诚信纳税机制的要求，国家税务总局对《纳税信用管理办法（试行）》（国家税务总局公告2014年第40号发布）有关内容进行了调整完善，有关事项如下。

1.关于税务机关对纳税人的纳税信用级别实行动态调整的方法和程序

（1）因税务检查等发现纳税人以前评价年度存在直接判为D级情形的，主管税务机关应调整其相应评价年度纳税信用级别为D级，并记录动态调整信息，该D级评价不保留至下一年度。对税务检查等发现纳税人以前评价年度存在需扣减纳税信用评价指标得分情形的，主管税务机关暂不调整其相应年度纳税信用评价结果和记录。

（2）主管税务机关按月开展纳税信用级别动态调整工作。

（3）主管税务机关完成动态调整工作后，于次月月初5个工作日内将动态调整情况层报至省税务机关备案，并发布A级纳税人变动情况通告。省税务机关据此更新税务网站公布的纳税信用评价信息，于每月上旬将A级纳税人变动情况汇总报送税务总局（纳税服务司）。

（4）纳税信用年度评价结果发布前，主管税务机关发现纳税人在评价年度存在动态调整情形的，应调整后再发布评价结果。

2.关于税务机关对纳税信用评价状态发生变化的纳税人通知、提醒方式

纳税信用评价状态发生变化是指，纳税信用评价年度之中，纳税人的信用评价指标出现扣分且将影响评价级别下降的情形。

税务机关按月采集纳税信用评价信息时，发现纳税人出现上述情形的，可通过邮件、短信、微信等方式，通知、提醒纳税人，并视纳税信用评价状态变化趋势采取相应的服务和管理措施，促进纳税人诚信自律，提高税法遵从度。

（四）纳税信用评价有关事项

根据《国家税务总局关于纳税信用评价有关事项的公告》（国家税务总局公告2018年第8号）的规定，随着纳税信用体系建设不断推进，纳税信用的

社会价值和社会影响力日益增强,成为纳税人参与市场竞争的重要资产。为进一步落实国务院"放管服"改革精神,优化税收营商环境,鼓励"大众创业、万众创新",根据《税收征收管理法》和《国务院关于印发社会信用体系建设规划纲要（2014—2020年）的通知》（国发〔2014〕21号）,国家税务总局就进一步完善纳税信用评价的有关事项公告如下：

（1）新增下列企业参与纳税信用评价：①从首次在税务机关办理涉税事宜之日起时间不满一个评价年度的企业（以下简称"新设立企业"）。评价年度是指公历年度,即1月1日至12月31日。②评价年度内无生产经营业务收入的企业。③适用企业所得税核定征收办法的企业。

（2）上述所列企业的纳税信用评价时限如下：①新设立企业在2018年4月1日以前已办理涉税事宜的,税务机关应在2018年4月30日前对其纳税信用进行评价；从2018年4月1日起,对首次在税务机关办理涉税事宜的新设立企业,税务机关应及时进行纳税信用评价。②评价年度内无生产经营业务收入的企业和适用企业所得税核定征收办法的企业,税务机关在每一评价年度结束后,按照《纳税信用管理办法（试行）》（国家税务总局公告2014年第40号发布,以下简称《信用管理办法》）规定的时限进行纳税信用评价。

（3）增设M级纳税信用级别,纳税信用级别由A、B、C、D四级变更为A、B、M、C、D五级。未发生《信用管理办法》第二十条所列失信行为的下列企业适用M级纳税信用：①新设立企业。②评价年度内无生产经营业务收入且年度评价指标得分70分以上的企业。

（4）对纳税信用评价为M级的企业,税务机关实行下列激励措施：税务机关适时进行税收政策和管理规定的辅导。

（5）企业（包括新设立企业）发生《信用管理办法》第二十条所列失信行为的,税务机关应及时对其纳税信用级别进行调整,并以适当的方式告知。

（6）除上述规定外,纳税信用管理的其他事项按照《信用管理办法》规定执行。

（五）加强个人所得税纳税信用建设

根据《国家发展改革委办公厅、国家税务总局办公厅关于加强个人所得税纳税信用建设的通知》（发改办财金规〔2019〕860号）的规定,有关加强个人所得税纳税信用建设的事项如下。

1.总体要求

2019年1月1日起全面施行的《个人所得税法》及其实施条例,是党中央、国务院着眼于优化税收制度、推动经济发展、惠及百姓民生作出的一项重大决策部署。各地区、各部门要以习近平新时代中国特色社会主义思想为指导,全面贯彻党的十九大和十九届二中、三中全会精神,按照党中央、国务院关于社会信用体系建设的总体要求和部署，以培育诚信意识、践行社会主义核心价值观为根本，建立健全个人所得税纳税信用记录，完善守信激励与失信惩戒机制，加强个人信息安全和权益维护，有效引导纳税人诚信纳税，公平享受减税红利，推动税务领域信用体系建设迈上新台阶。开展个人所得税纳税信用建设，要坚持依法推进原则，严格依照法律法规建立健全个人所得税纳税信用机制；要坚持业务协同原则，充分发挥各业务主管部门在个人所得税纳税信用建设中的组织引导和示范推动作用，形成个人所得税纳税信用建设合力；要坚持权益保护原则，注重纳税人信息安全和隐私保护，健全信用修复机制，维护纳税人合法权益。

2.建立个人所得税纳税信用管理机制

（1）全面实施个人所得税申报信用承诺制。税务部门在个人所得税自行纳税申报表、个人所得税专项附加扣除信息表等表单中设立格式规范、标准统一的信用承诺书，纳税人需对填报信息的真实性、准确性、完整性作出守信承诺。信用承诺的履行情况纳入个人信用记录，提醒和引导纳税人重视自身纳税信用，并视情况予以失信惩戒。

（2）建立健全个人所得税纳税信用记录。税务总局以自然人纳税人识别号为唯一标识，以个人所得税纳税申报记录、专项附加扣除信息报送记录、违反信用承诺和违法违规行为记录为重点，研究制定自然人纳税信用管理的制度办法，全面建立自然人纳税信用信息采集、记录、查询、应用、修复、安全管理和权益维护机制，依法依规采集和评价自然人纳税信用信息，形成全国自然人纳税信用信息库，并与全国信用信息共享平台建立数据共享机制。

（3）建立自然人失信行为认定机制。对于违反《税收征收管理法》《个人所得税法》以及其他法律法规和规范性文件，违背诚实信用原则，存在偷税、骗税、骗抵、冒用他人身份信息、恶意举报、虚假申诉等失信行为的当事人，税务部门将其列入重点关注对象，依法依规采取行政性约束和惩戒措施；对于情节严重、达到重大税收违法失信案件标准的，税务部门将其列为严重失信当事人，依法对外公示，并与全国信用信息共享平台共享。

3.完善守信联合激励和失信联合惩戒机制

（1）对个人所得税守信纳税人提供更多便利和机会。探索将个人所得税守信情况纳入自然人诚信积分体系管理机制。对个人所得税纳税信用记录持续优良的纳税人，相关部门应提供更多服务便利，依法实施绿色通道、容缺受理等激励措施；鼓励行政管理部门在颁发荣誉证书、嘉奖和表彰时将其作为参考因素予以考虑。

（2）对个人所得税严重失信当事人实施联合惩戒。税务部门与有关部门合作，建立个人所得税严重失信当事人联合惩戒机制，对经税务部门依法认定，在个人所得税自行申报、专项附加扣除和享受优惠等过程中存在严重违法失信行为的纳税人和扣缴义务人，向全国信用信息共享平台推送相关信息并建立信用信息数据动态更新机制，依法依规实施联合惩戒。

4.加强信息安全和权益维护

（1）强化信息安全和隐私保护。税务部门依法保护自然人纳税信用信息，积极引导社会各方依法依规使用自然人纳税信用信息。各地区、各部门要按最小授权原则设定自然人纳税信用信息管理人员权限。加大对信用信息系统、信用服务机构数据库的监管力度，保护纳税人合法权益和个人隐私，确保国家信息安全。

（2）建立异议解决和失信修复机制。对个人所得税纳税信用记录存在异议的，纳税人可向税务机关提出异议申请，税务机关应及时回复并反馈结果。自然人在规定期限内纠正失信行为、消除不良影响的，可以通过主动做出信用承诺、参与信用知识学习、税收公益活动或信用体系建设公益活动等方式开展信用修复，对完成信用修复的自然人，税务部门按照规定修复其纳税信用。对因政策理解偏差或办税系统操作失误导致轻微失信，且能够按照规定履行涉税义务的自然人，税务部门将简化修复程序，及时对其纳税信用进行修复。

5.强化组织实施

（1）加强组织领导和统筹协调。各地区、各部门要统筹实施个人所得税纳税信用管理工作，完善配套制度建设，建立联动机制，实现跨部门信用信息共享，构建税收共治管理、信用协同监管格局。要建立工作考核推进机制，对本地区、本部门个人所得税纳税信用建设工作要定期进行督促、指导和检查。

（2）加强纳税人诚信教育。各地区、各部门要充分利用报纸、广播、电视、网络等渠道，做好个人所得税改革的政策解读和舆论引导，加大依法诚信纳税的宣传力度；依托街道、社区、居委会，引导社会力量广泛参与，褒扬诚信、惩戒失信，提升全社会诚信意识，形成崇尚诚信、践行诚信的良好风尚。

（六）关于纳税信用修复有关事项

根据《国家税务总局关于纳税信用修复有关事项的公告》（国家税务总局公告2019年第37号）的规定，有关纳税信用修复的事项如下：

（1）纳入纳税信用管理的企业纳税人，符合下列条件之一的，可在规定期限内向主管税务机关申请纳税信用修复。①纳税人发生未按法定期限办理纳税申报、税款缴纳、资料备案等事项且已补办的。②未按税务机关处理结论缴纳或者足额缴纳税款、滞纳金和罚款，未构成犯罪，纳税信用级别被直接判为D级的纳税人，在税务机关处理结论明确的期限期满后60日内足额缴纳、补缴的。③纳税人履行相应法律义务并由税务机关依法解除非正常户状态的。

（2）符合上述第①项所列条件且失信行为已纳入纳税信用评价的，纳税人可在失信行为被税务机关列入失信记录的次年年底前向主管税务机关提出信用修复申请，税务机关按照《纳税信用修复范围及标准》调整该项纳税信用评价指标分值，重新评价纳税人的纳税信用级别；符合第①项所列条件但失信行为尚未纳入纳税信用评价的，纳税人无须提出申请，税务机关按照《纳税信用修复范围及标准》调整纳税人该项纳税信用评价指标分值并进行纳税信用评价。

符合上述第②项、第③项所列条件的，纳税人可在纳税信用被直接判为D级的次年年底前向主管税务机关提出申请，税务机关根据纳税人失信行为纠正情况调整该项纳税信用评价指标的状态，重新评价纳税人的纳税信用级别，但不得评价为A级。

非正常户失信行为纳税信用修复一个纳税年度内只能申请一次。纳税年度自公历1月1日起至12月31日止。

纳税信用修复后纳税信用级别不再为D级的纳税人，其直接责任人注册登记或者负责经营的其他纳税人之前被关联为D级的，可向主管税务机关申请解除纳税信用D级关联。

（3）需向主管税务机关提出纳税信用修复申请的纳税人应填报《纳税信用修复申请表》，并对纠正失信行为的真实性作出承诺。税务机关发现纳税人虚假承诺的，撤销相应的纳税信用修复，并按照《纳税信用评价指标和评价方式（试行）调整表》予以扣分。

（4）主管税务机关自受理纳税信用修复申请之日起15个工作日内完成审核，并向纳税人反馈信用修复结果。

（5）纳税信用修复完成后，纳税人按照修复后的纳税信用级别适用相应的税收政策和管理服务措施，之前已适用的税收政策和管理服务措施不作追溯调整。

（七）纳税信用管理有关事项

根据《国家税务总局关于纳税信用管理有关事项的公告》（国家税务总局公告2020年第15号）的规定，有关纳税信用管理的事项如下：

（1）非独立核算分支机构可自愿参与纳税信用评价。非独立核算分支机构是指由企业纳税人设立，已在税务机关完成登记信息确认且核算方式为非独立核算的分支机构。非独立核算分支机构参评后，2019年度之前的纳税信用级别不再评价，在机构存续期间适用国家税务总局纳税信用管理相关规定。

（2）自开展2020年度评价时起，调整纳税信用评价计分方法中的起评分规则。近三个评价年度内存在非经常性指标信息的，从100分起评；近三个评价年度内没有非经常性指标信息的，从90分起评。

（3）自开展2019年度评价时起，调整税务机关对D级纳税人采取的信用管理措施。对于因评价指标得分评为D级的纳税人，次年由直接保留D级评价调整为评价时加扣11分；税务机关应按照前述规定在2020年11月30日前调整其2019年度纳税信用级别，2019年度以前的纳税信用级别不作追溯调整。对于因直接判级评为D级的纳税人，维持D级评价保留2年、第三年纳税信用不得评价为A级。

（4）纳税人对指标评价情况有异议的，可在评价年度次年3月份填写《纳税信用复评（核）申请表》，向主管税务机关提出复核，主管税务机关在开展年度评价时审核调整，并随评价结果向纳税人提供复核情况的自我查询服务。

（八）纳税信用评价与修复有关事项

根据《国家税务总局关于纳税信用评价与修复有关事项的公告》（国家税务总局公告2021年第31号）的规定，有关纳税信用评价与修复的事项规定如下：

（1）符合下列条件之一的纳税人，可向主管税务机关申请纳税信用修复：①破产企业或其管理人在重整或和解程序中，已依法缴纳税款、滞纳金、罚款，并纠正相关纳税信用失信行为的。②因确定为重大税收违法失信主体，纳税信用直接判为D级的纳税人，失信主体信息已按照国家税务总局相关规定不予公布或停止公布，申请前连续12个月没有新增纳税信用失信行为记录的。③由纳税信用D级纳税人的直接责任人员注册登记或者负责经营，纳税信用关联评价为D级的纳税人，申请前连续6个月没有新增纳税信用失信行为记录的。④因其他失信行为纳税信用直接判为D级的纳税人，已纠正纳税信用失信行为、履行税收法律责任，申请前连续12个月没有新增纳税信用失信行为记录的。⑤因上一年度纳税信用直接判为D级，本年度纳税信用保留为D级的纳税人，已纠正纳税信用失信行为、履行税收法律责任或失信主体信息已按照国家税务总局相关规定不予公布或停止公布，申请前连续12个月没有新增纳税信用失信行为记录的。

（2）符合《国家税务总局关于纳税信用修复有关事项的公告》（2019年第37号）所列条件的纳税人，其纳税信用级别及失信行为的修复仍从其规定。

（3）符合上述所列条件的纳税人，可填写《纳税信用修复申请表》，对当前的纳税信用评价结果向主管税务机关申请纳税信用修复。税务机关核实纳税人纳税信用状况，按照《纳税信用修复范围及标准》调整相应纳税信用评价指标状态，根据纳税信用评价相关规定，重新评价纳税人的纳税信用级别。

申请破产重整企业纳税信用修复的,应同步提供人民法院批准的重整计划或认可的和解协议,其破产重整前发生的相关失信行为,可按照《纳税信用修复范围及标准》中破产重整企业适用的修复标准开展修复。

(4)自2021年度纳税信用评价起,税务机关按照"首违不罚"相关规定对纳税人不予行政处罚的,相关记录不纳入纳税信用评价。

(5)上述规定自2022年1月1日起施行。《国家税务总局关于明确纳税信用管理若干业务口径的公告》(2015年第85号,2018年第31号修改)第六条第(十)项、《国家税务总局关于纳税信用修复有关事项的公告》(2019年第37号)所附《纳税信用修复申请表》《纳税信用修复范围及标准》同时废止。

疑难问题解答

问:如何查询企业纳税信用等级?

答:(国家税务总局陕西省税务局)您可以通过以下方式查询企业的纳税信用等级:

方法1:您可通过国家税务总局陕西省电子税务局的"公众服务—公共查询—信用等级—A类纳税人查询"模块查询A类纳税人。

方法2:您可使用企业登录国家税务总局陕西省电子税务局后,在"我要办税—纳税信用—纳税信用查询"模块,或者在"我要查询—一户式查询—纳税信用查询"模块查询本企业纳税信用等级。

方法3:您可联系企业主管税务局机关查询。

三、重大税收违法失信案件信息公布制度

(一)总则

(1)为了贯彻落实中共中央办公厅、国务院办公厅印发的《关于进一步深化税收征管改革的意见》,维护正常税收征收管理秩序,惩戒重大税收违法失信行为,保障税务行政相对人合法权益,促进依法诚信纳税,推进社会信用体系建设,根据《中华人民共和国税收征收管理法》《优化营商环境条例》等相关法律法规,国家税务总局制定《重大税收违法失信主体信息公布管理办法》(国家税务总局令第54号发布)。

(2)税务机关依照《重大税收违法失信主体信息公布管理办法》的规定,确定重大税收违法失信主体,向社会公布失信信息,并将信息通报相关部门实施监管和联合惩戒。

(3)重大税收违法失信主体信息公布管理应当遵循依法行政、公平公正、

统一规范、审慎适当的原则。

（4）各级税务机关应当依法保护税务行政相对人合法权益，对重大税收违法失信主体信息公布管理工作中知悉的国家秘密、商业秘密或者个人隐私、个人信息，应当依法予以保密。

（5）税务机关工作人员在重大税收违法失信主体信息公布管理工作中，滥用职权、玩忽职守、徇私舞弊的，依照有关规定严肃处理；涉嫌犯罪的，依法移送司法机关。

（二）失信主体的确定

（1）上述所称"重大税收违法失信主体"（以下简称"失信主体"）是指有下列情形之一的纳税人、扣缴义务人或者其他涉税当事人（以下简称"当事人"）：①伪造、变造、隐匿、擅自销毁账簿、记账凭证，或者在账簿上多列支出或者不列、少列收入，或者经税务机关通知申报而拒不申报或者进行虚假的纳税申报，不缴或者少缴应纳税款100万元以上，且任一年度不缴或者少缴应纳税款占当年各税种应纳税总额10%以上的，或者采取前述手段，不缴或者少缴已扣、已收税款，数额在100万元以上的；②欠缴应纳税款，采取转移或者隐匿财产的手段，妨碍税务机关追缴欠缴的税款，欠缴税款金额100万元以上的；③骗取国家出口退税款的；④以暴力、威胁方法拒不缴纳税款的；⑤虚开增值税专用发票或者虚开用于骗取出口退税、抵扣税款的其他发票的；⑥虚开增值税普通发票100份以上或者金额400万元以上的；⑦私自印制、伪造、变造发票，非法制造发票防伪专用品，伪造发票监制章的；⑧具有偷税、逃避追缴欠税、骗取出口退税、抗税、虚开发票等行为，在稽查案件执行完毕前，不履行税收义务并脱离税务机关监管，经税务机关检查确认走逃（失联）的；⑨为纳税人、扣缴义务人非法提供银行账户、发票、证明或者其他方便，导致未缴、少缴税款100万元以上或者骗取国家出口退税款的；⑩税务代理人违反税收法律、行政法规造成纳税人未缴或者少缴税款100万元以上的；⑪其他性质恶劣、情节严重、社会危害性较大的税收违法行为。

（2）税务机关对当事人依法作出《税务行政处罚决定书》，当事人在法定期限内未申请行政复议、未提起行政诉讼，或者申请行政复议，行政复议机关作出行政复议决定后，在法定期限内未提起行政诉讼，或者人民法院对税务行政处罚决定或行政复议决定作出生效判决、裁定后，有上述规定情形之一的，税务机关确定其为失信主体。

（3）对移送公安机关的当事人，税务机关在移送时已依法作出《税务处理决定书》，未作出《税务行政处罚决定书》的，当事人在法定期限内未申请行政复议、未提起行政诉讼，或者申请行政复议，行政复议机关作出行政复议决定后，在法定期限内未提起行政诉讼，或者人民法院对税务处理决定或行政复议决定作出生效判决、裁定后，有上述规定情形之一的，税务机关确定其为失信主体。

（4）税务机关应当在作出确定失信主体决定前向当事人送达告知文书，告知其依法享有陈述、申辩的权利。告知文书应当包括以下内容：①当事人姓名或者名称、有效身份证件号码或者统一社会信用代码、地址。没有统一社会信用代码的，以税务机关赋予的纳税人识别号代替；②拟确定为失信主体的事由、依据；③拟向社会公布的失信信息；④拟通知相关部门采取失信惩戒措施提示；⑤当事人依法享有的相关权利；⑥其他相关事项。

对纳入纳税信用评价范围的当事人，还应当告知其拟适用D级纳税人管理措施。

（5）当事人在税务机关告知后5日内，可以书面或者口头提出陈述、申辩意见。当事人口头提出陈述、申辩意见的，税务机关应当制作陈述申辩笔录，并由当事人签章。

税务机关应当充分听取当事人陈述、申辩意见，对当事人提出的事实、理由和证据进行复核。当事人提出的事实、理由或者证据成立的，应当采纳。

（6）经设区的市、自治州以上税务局局长或者其授权的税务局领导批准，税务机关在申请行政复议或提起行政诉讼期限届满，或者行政复议决定、人民法院判决或裁定生效后，于30日内制作失信主体确定文书，并依法送达当事人。失信主体确定文书应当包括以下内容：①当事人姓名或者名称、有效身份证件号码或者统一社会信用代码、地址。没有统一社会信用代码的，以税务机关赋予的纳税人识别号代替；②确定为失信主体的事由、依据；③向社会公布的失信信息提示；④相关部门采取失信惩戒措施提示；⑤当事人依法享有的相关权利；⑥其他相关事项。

对纳入纳税信用评价范围的当事人，还应当包括适用D级纳税人管理措施提示。

上述规定的时限不包括因其他方式无法送达，公告送达告知文书和确定文书的时间。

（三）信息公布

（1）税务机关应当在失信主体确定文书送达后的次月15日内，向社会公布下列信息：①失信主体基本情况；②失信主体的主要税收违法事实；③税务处理、税务行政处罚决定及法律依据；④确定失信主体的税务机关；⑤法律、行政法规规定应当公布的其他信息。

对依法确定为国家秘密的信息，法律、行政法规禁止公开的信息，以及公开后可能危及国家安全、公共安全、经济安全、社会稳定的信息，税务机关不予公开。

（2）税务机关按照上述规定向社会公布失信主体基本情况。失信主体为法人或者其他组织的，公布其名称、统一社会信用代码（纳税人识别号）、注册地址以及违法行为发生时的法定代表人、负责人或者经人民法院生效裁判确定的实际责任人的姓名、性别及身份证件号码（隐去出生年、月、日号码段）；失信主体为自然人的，公布其姓名、性别、身份证件号码（隐去出生年、月、日号码段）。

经人民法院生效裁判确定的实际责任人，与违法行为发生时的法定代表人或者负责人不一致的，除有证据证明法定代表人或者负责人有涉案行为外，税务机关只向社会公布实际责任人信息。

（3）税务机关应当通过国家税务总局各省、自治区、直辖市、计划单列市税务局网站向社会公布失信主体信息，根据本地区实际情况，也可以通过税务机关公告栏、报纸、广播、电视、网络媒体等途径以及新闻发布会等形式向社会公布。

国家税务总局归集各地税务机关确定的失信主体信息，并提供至"信用中国"网站进行公开。

（4）属于"重大税收违法失信主体"所列情形第一项、第二项的失信主体，在失信信息公布前按照《税务处理决定书》《税务行政处罚决定书》缴清税款、滞纳金和罚款的，经税务机关确认，不向社会公布其相关信息。

属于"重大税收违法失信主体"所列情形第八项的失信主体，具有偷税、逃避追缴欠税行为的，按照上述规定处理。

（5）税务机关对按上述规定确定的失信主体，纳入纳税信用评价范围的，按照纳税信用管理规定，将其纳税信用级别判为D级，适用相应的D级纳税人管理措施。

（6）对按规定向社会公布信息的失信主体，税务机关将失信信息提供给相关部门，由相关部门依法依规采取失信惩戒措施。

（7）失信主体信息自公布之日起满3年的，税务机关在5日内停止信息公布。

（四）提前停止公布

（1）失信信息公布期间，符合下列条件之一的，失信主体或者其破产管理人可以向作出确定失信主体决定的税务机关申请提前停止公布失信信息：①按照《税务处理决定书》《税务行政处罚决定书》缴清（退）税款、滞纳金、罚款，且失信主体失信信息公布满六个月的；②失信主体破产，人民法院出具批准重整计划或认可和解协议的裁定书，税务机关依法受偿的；③在发生重大自然灾害、公共卫生、社会安全等突发事件期间，因参与应急抢险救灾、疫情防控、重大项目建设或者履行社会责任作出突出贡献的。

（2）按上述第一项规定申请提前停止公布的，申请人应当提交停止公布失信信息申请表、诚信纳税承诺书。

按上述第二项规定申请提前停止公布的，申请人应当提交停止公布失信信息申请表，人民法院出具的批准重整计划或认可和解协议的裁定书。

按上述第三项规定申请提前停止公布的，申请人应当提交停止公布失信信息申请表、诚信纳税承诺书以及省、自治区、直辖市、计划单列市人民政府出具的有关材料。

（3）税务机关应当自收到申请之日起2日内作出是否受理的决定。申请材料齐全、符合法定形式的，应当予以受理，并告知申请人。不予受理的，应当告知申请人，并说明理由。

（4）受理申请后，税务机关应当及时审核。符合上述第一项规定条件的，经设区的市、自治州以上税务局局长或者其授权的税务局领导批准，准予提前停止公布；符合上述第二项、第三项规定条件的，经省、自治区、直辖市、计划单列市税务局局长或者其授权的税务局领导批准，准予提前停止公布。

税务机关应当自受理之日起15日内作出是否予以提前停止公布的决定，并告知申请人。对不予提前停止公布的，应当说明理由。

（5）失信主体有下列情形之一的，不予提前停止公布：①被确定为失信主体后，因发生偷税、逃避追缴欠税、骗取出口退税、抗税、虚开发票等税收违法行为受到税务处理或者行政处罚的；②五年内被确定为失信主体两次以上的。

失信主体破产，人民法院出具批准重整计划或认可和解协议的裁定书，税务机关依法受偿的，申请人按这一规定申请提前停止公布的，不受前述规定限制。

（6）税务机关作出准予提前停止公布决定的，应当在5日内停止信息公布。

（7）税务机关可以组织申请提前停止公布的失信主体法定代表人、财务负责人等参加信用培训，开展依法诚信纳税教育。信用培训不得收取任何费用。

（五）附则

上述规定的期间以日计算的，是指工作日，不含法定休假日；期间以年、月计算的，到期月的对应日为期间的最后一日；没有对应日的，月末日为期间的最后一日。期间开始的当日不计算在期间内。

上述所称"以上、日内"，包含本数（级）。

第四节 税款缴纳管理典型案例分析

一、核定征税案例[①]

上诉人周某1诉被上诉人国家税务总局淮安市税务局（以下简称"淮安市

---

① 资料来源：江苏省淮安市中级人民法院〔2019〕苏08行终122号行政判决书。

税务局")、被上诉人国家税务总局江苏省税务局(以下简称"江苏省税务局")税收行政管理及行政复议一案,不服淮安市淮阴区人民法院〔2018〕苏0804行初81号行政判决,向江苏省淮安市中级人民法院(以下简称"淮安中院")提起上诉。淮安中院于2019年5月10日立案受理后,依法组成合议庭公开审理了本案。本案现已审理终结。

一审法院经审理查明:2018年7月12日,周某1、苗某和陈某某、周某2签订《房屋买卖合同》,约定陈某某、周某2将自有坐落于荷花池小区3号楼701室的房屋以72万元的价格转让于周某1、苗某。同年7月19日,上述买卖双方至被告淮安市税务局税务窗口办理存量房交易的纳税申报。被告按规定使用全省统一的存量房交易计税价格评估系统对申报交易的涉案存量房进行现场评估,评估系统所需录入的项目内容均从纳税人提供的房产证和网签合同信息中直接获取。评估系统生成的评估价格为983 663.06元。窗口工作人员打印系统文书《存量房交易计税价格核定明细单(确认书)》,交由买卖双方阅读并陈述意见。陈述栏中有A、B两类打印意见,A项为"我已对上述内容阅知,对核定的计税价格无异议(√)",B项为"对价格有异议,不能接受,申请转交相关评估机构进行再评估( )"。买卖双方阅后在该确认书中签字,对上述勾选事项作出确认。随后,原告方向被告缴纳了作为买方的相关税费9 836.64元。

后原告不服,向江苏省税务局提起行政复议。被告江苏省税务局依法受理后,通知被告淮安市税务局提交书面答复和证据材料,淮安市税务局在法定期限内提交行政复议答复书及证据材料。2018年10月29日,被告江苏省税务局作出苏税复决字〔2018〕2号《税务行政复议决定书》,决定对淮安市税务局作出的核定税款行为予以维持。

原告认为被告淮安市税务局未告知原告相关权利,程序违法,侵犯其合法权益,遂诉至一审法院,请求判决确认被告淮安市税务局的核税行为违法,并判决撤销被告江苏省税务局作出的苏税复决字〔2018〕2号《税务行政复议决定书》。

一审法院认为:(1)关于计税依据。根据《中华人民共和国契税暂行条例》(以下简称《契税暂行条例》)第四条第二款的规定,被告在发现纳税人的申报价格明显低于市场价格时,被告有权参照市场价格核定计税依据。同时,《财政部、国家税务总局关于推广应用房地产估价技术加强存量房交易税收征管工作的通知》规定,自2012年7月1日起对存量房交易价格进行全面评估,严格禁止不经评估直接按申报的交易价格征税。而《江苏省地方税务局存量房评估工作管理办法》对评估的规范也作出了具体规定。该案中,被告淮安市税务局通过全省统一开发的价格评估系统现场评估后,根据系统反馈的价格和提示,发现原告申报的交易价格明显偏低,且原告并不能说明其具备的正当理由，被告根据上述评估工作办法依照系统生成的交易价格进行计税，符合法规和规范性文件的规定。（2）关于计税价格争议的处理。针对纳税人对税务机关核定的计税价格有异议的，《江苏省地方税务局存量房交易计税价格争议处理办法》对争议处理程序作出了明确规定。该案中，原告虽主张被告没有告知提出异议的权利，但从确认书中能够清楚表明，被告向原告告知了陈述申辩的权利，而原告通过签字确认的方式表示对系统生成的评估价格并无异议，被告也就无从启动争议处理程序，因此，原告的主张没有事实依据，法院不予支持。（3）关于行政复议程序的合法性。一审法院认为，被告江苏省税务局收到原告的行政复议申请后，经通知被申请人答复、举证后，依法作出行政复议决定并送达双方，该行政复议符合法定程序。综上，被告淮安市税务局的核税行为依据的事实清楚，程序合法，适用法律正确，被告江苏省税务局所作行政复议决定的程序合法，原告周某1的诉请无事实和法律依据，法院不予支持。根据《行政诉讼法》第六十九条之规定，判决驳回原告周某1的诉讼请求。

上诉人周某1上诉称：（1）一审法院依据窗口工作人员打印系统文书《存量房交易计税价格核定明细单（确认书）》认定上诉人的主张没有事实根据。该确认书陈述栏中A、B两类打印意见的勾选项在上诉人现场签字时未作勾选，上诉人当时就核税价格有异议，现场便提出，现场工作人员不能现场解决，持续数小时，上诉人现场签字时得到现场工作人员的答复是签字后便可以提起价格异议。签字后，上诉人很快到税务机关提起复议。（2）涉案房屋买卖双方系亲属关系（周某2与周某1系姐弟），该房屋买卖与正常的房屋买卖具有明显区别，具有赞助的情况。综上，请求撤销一审判决，判决淮安市税务局核税行为违法，判令江苏省税务局撤销行政复议决定，判令两被上诉人共同承担诉讼费用。

被上诉人淮安市税务局、江苏省税务局均未提交书面答辩意见。各方当事人在一审中提交的证据均已随卷移送淮安中院。

二审中，上诉人周某1提交以下证据：①《证明》；②《常住人口登记表》，旨在证明涉案房屋买卖双方的亲属关系，也证明区别于一般的房屋买卖，不管是哪种亲属关系被上诉人都应该考虑。被上诉人淮安市税务局、江苏省税务局质证认为，证据的真实性、合法性无异议，关联性有异议，缴税现场询问上诉人交易价格明显低于评估价格的原因，上诉人提出的理由是装潢比较差，并未提出其他理由和证据，复议过程中亦未提出，即使上诉人现在提出异议，其提出的理由也不属于正当理由。经审查，以上证据不属于法律规定的新的证据，无正当理由未在法定举证期限内提交，法院不予采纳。

淮安中院经审理查明的事实与一审认定事实一致。

淮安中院认为，《税收征收管理法》第三十五条第一款规定："纳税人有下列情形之一的,税务机关有权核定其应纳税额……(六)纳税人申报的计税依据明显偏低,又无正当理由的。"《契税暂行条例》第四条规定:"契税的计税依据:(一)国有土地使用权出让、土地使用权出售、房屋买卖,为成交价格……前款成交价格明显低于市场价格并且无正当理由的,或者所交换土地使用权、房屋的价格的差额明显不合理并且无正当理由的,由征收机关参照市场价格核定。"《财政部、国家税务总局关于推广应用房地产估价技术加强存量房交易税收征管工作的通知》(财税〔2011〕61号)规定:"二、严格按照规定推行存量房评估工作(一)积极推进存量房评估工作,自2012年7月1日起对纳税人所申报的存量房交易价格要进行全面评估。严格禁止不经评估即直接按纳税人申报的交易价格征税……(二)严格按照规定实施存量房评估。对于评估认定申报交易价格偏低的,应进一步经过规定程序确认申报交易价格偏低是否有正当理由。有正当理由的,按申报交易价格征税;没有正当理由的,按核定计税价格征税。"《江苏省地方税务局存量房评估工作管理办法》(苏地税发〔2012〕89号)对存量房评估亦作出了具体的规定。本案中,被上诉人淮安市税务局根据上述规定,使用全省统一的评估系统对涉案存量房进行评估,并对评估价格和申报价格进行比对,申报价格明显偏低且无正当理由,被上诉人淮安市税务局按照评估系统生成的评估价格核定计税价格,其核税行为并无不当。

关于上诉人主张其对核定的计税价格有异议,现场签字时未在《存量房交易计税价格核定明细单(确认书)》纳税人陈述栏选项中进行过勾选的问题。法院认为,被上诉人所举证的《存量房交易计税价格核定明细单(确认书)》中,"纳税人陈述(选择打'√')"一栏载明勾选的是"A、我已对上述内容阅知,对核定的计税价格无异议",并由包含上诉人在内的买卖双方签字。上诉人主张其当时并未勾选,系被上诉人工作人员事后勾选,对此主张并未在法定举证期限内提供证据予以证明。同时,在该栏目内除上述A选项外,亦明确载有"B、我已对上述内容阅知,对核定的计税价格存在异议,不能接受,申请转交相关评估机构进行再评估",上诉人如果对核定的计税价格存在异议,可以勾选B选项,但是其并未对B选项进行勾选,亦与常理不符。上诉人该上诉理由不能成立,法院不予采纳。

关于上诉人主张涉案房屋买卖双方系姐弟关系,该房屋买卖与正常房屋买卖具有明显区别,被上诉人对此应予考虑的问题。法院认为,上诉人在行政程序中并未提出过上述理由及相关证据,且《关于进一步加强存量房评估工作的通知》(苏地税发〔2014〕58号)中规定,"四、严格按照规定进行争议处理。……以下情况可视为正当理由:(一)法院判决;(二)亲属(三代以内直系血亲)间交易;(三)房屋客观上有明显缺损等严重质量问题;(四)税务机关认定的其他情形。"上诉人该理由不属于"正当理由"，其认为无论是何种亲属关系均应予以考虑的主张，缺乏法律依据，法院不予支持。

关于被上诉人江苏省税务局所作行政复议决定是否合法的问题。法院认为，被上诉人江苏省税务局在收到上诉人周某1的复议申请后，履行了受理、通知答复等程序，在法定期限内作出维持原行政行为的复议决定，并无不当。上诉人诉请撤销该行政复议决定的理由亦不能成立，法院不予支持。

综上，一审判决认定事实清楚，适用法律正确，程序合法，应予维持。上诉人周某1的上诉理由不能成立，其上诉请求不予支持。

2019年7月29日，淮安中院依照《行政诉讼法》第八十六条、第八十九条第一款第（一）项之规定，作出〔2019〕苏08行终122号行政判决书，判决驳回上诉，维持原判。二审案件受理费50元，由上诉人周某1负担。

二、税收强制执行案例①

上诉人福建甲医药有限公司（以下简称甲公司）因与被上诉人国家税务总局漳州市税务局第一稽查局（以下简称第一稽查局）、国家税务总局漳州市税务局（以下简称漳州市税务局）税务行政强制执行决定一案，不服漳州市芗城区人民法院〔2019〕闽0602行初179号行政判决，向福建省漳州市中级人民法院（以下简称漳州中院）提起上诉。漳州中院依法组成合议庭，公开开庭审理了本案。本案现已审理终结。

原审查明，2017年7月14日，第一稽查局（原南靖县国家税务局稽查局，下同）向甲公司作出靖国税稽处〔2017〕2号《税务处理决定书》称，经对甲公司2013年1月1日至2015年12月31日的涉税情况依法检查后认定该公司存在虚构收购业务、虚构委托加工业务、财务作虚假核算、虚开增值税专用发票等违法行为，作出决定补缴增值税及滞纳金的决定。同日，第一稽查局向甲公司送达该《税务处理决定书》。2017年7月31日，第一稽查局（原南靖县国家税务局稽查局）向甲公司发出靖国税稽通〔2017〕1号《税务事项通知书》，该《税务事项通知书》事由为责令限期缴纳税款，通知内容为限甲公司于2017年8月9日前向其缴纳自2013年1月1日至2015年12月31日的应缴税款159 670 110.02元及从税款滞纳之日起至缴纳或解缴之日止，按日加收滞纳税款万分之五的滞纳金。同日，第一稽查局向甲公司送达该《税务事项通知书》。2019年4月23日，第一稽查局向甲公司作出漳税一稽强催〔2019〕1号《催告书》，要求甲公司在收到该催告书之日起十日内缴纳自2013年1月1日至2015年12月31日的应缴税款159 670 110.02元及从税款滞纳之日起至缴纳或解缴之日止，按日加收滞纳税款万分之五的滞纳金，逾期仍未履行，将依法强制执行。2019年4月23日，第一稽查局前往甲公司经营地址公证送达该《催告书》，并于2019年

---

① 资料来源：福建省漳州市中级人民法院〔2020〕闽06行终55号行政判决书。

第五章 税款缴纳管理及案例分析

4月24日向甲公司邮寄送达该《催告书》。2019年4月25日,甲公司向第一稽查局提交《行政处理陈述与申辩书》。2019年5月7日,第一稽查局向甲公司作出《关于对〈福建甲医药有限公司行政处理陈述与申辩书〉的回复》,对陈述申辩内容不予采纳,并于2019年5月9日送达。2019年5月29日,第一稽查局向甲公司作出漳税一稽强扣〔2019〕1号《税收强制执行决定书》,决定从甲公司开户于中国邮政储蓄银行南靖支行账号为10×××01账户中扣缴税款及滞纳金合计16 136.32元并缴入国库。同日,第一稽查局向中国邮政储蓄银行南靖支行发出漳税一稽扣通〔2019〕1号《扣缴税收款项通知书》并实际扣缴税款及滞纳金合计16 136.32元入库。漳税一稽强扣〔2019〕1号《税收强制执行决定书》于2019年6月3日送达甲公司。2019年6月13日,甲公司不服第一稽查局作出的漳税一稽强扣〔2019〕1号《税收强制执行决定书》,向漳州市税务局申请行政复议。2019年9月6日,漳州市税务局作出漳税复决字〔2019〕1号《行政复议决定书》,维持第一稽查局作出的漳税一稽强扣〔2019〕1号《税收强制执行决定书》。

原审另查明,甲公司不服第一稽查局作出靖国税稽处〔2017〕2号《税务处理决定书》,向漳州市税务局(原福建省漳州市国家税务局,下同)提起行政复议申请。2017年9月11日,漳州市税务局作出漳国税复不受字〔2017〕1号《不予受理行政复议申请决定书》。甲公司不服,于2017年9月25日向原审法院提起行政诉讼,案号为〔2017〕闽0602行初149号。2017年11月10日,甲公司撤回起诉。

原审认为,根据甲公司、第一稽查局、漳州市税务局的诉辩意见,本案争议的焦点主要有以下三点:(1)第一稽查局作出的漳税一稽强扣〔2019〕1号《税收强制执行决定书》是否具有事实根据;(2)第一稽查局作出的税收强制执行决定及实施的程序是否合法;(3)漳州市税务局作出的漳税复决字〔2019〕1号《行政复议决定书》是否合法。

关于焦点一,甲公司主张靖国税稽处〔2017〕2号《税务处理决定书》存在认定事实不清、计算错误等违法情形。原审认为,本案的被诉行政行为系行政强制执行行为,是税务机关对不履行税务处理决定的公民、法人或者其他组织依法强制履行义务的行政行为。在此类案件中,被强制执行的行政决定是否合法,不属于本案的司法审查范围。人民法院对被强制执行的行政决定的审查仅止于判定其是否属于无效行政决定。如案涉的税务处理决定无效,则被诉税务强制行为缺乏事实根据;如案涉的税务处理决定有效,则被诉税务强制行为具有事实根据;根据《行政诉讼法》第七十五条和《最高人民法院关于适用〈中华人民共和国行政诉讼法〉的解释》第九十九条规定,只有行政决定具有下列情形之一时,才能被认定无效:一是行政行为实施主体不具有行政主体资格;二是减损权利或者增加义务的行政决定没有法律规范依据；三是行政决定的内容客观上不可能实施；四是具有其他重大且明显违法的情形。《行政诉讼法》已经赋予行政相对人就不服行政决定可以提起行政诉讼的权利。甲公司对靖国税稽处〔2017〕2号《税务处理决定书》不服，已行使了行政复议及行政诉讼的法律救济权利，上述《税务处理决定书》已依法生效。因此，靖国税稽处〔2017〕2号《税务处理决定书》可以作为本案案涉税务强制执行决定书的强制执行依据，甲公司主张因《税务处理决定书》存在违法进而导致案涉《税务强制执行决定书》存在继续违法的主张，不予采纳。

关于焦点二，甲公司主张第一稽查局作出的税收强制执行决定前并未依照法定程序完成相应的行政告知及催告义务，且在作出实际税收强制执行行为后才向甲公司送达案涉税务强制执行决定书，属程序违法。原审认为，根据《中华人民共和国行政强制法》（以下简称《行政强制法》）第三十五条至第三十八条的规定，对不履行行政决定的，行政机关应当以书面的方式对当事人进行催告，催告过程中要充分保障当事人的陈述和申辩权。经催告仍不履行的，行政机关应当作出强制执行决定并予以执行。本案中，第一稽查局在甲公司不履行靖国税稽处〔2017〕2号《税务处理决定书》后，依法向甲公司作出漳税一稽强催〔2019〕1号《催告书》并送达甲公司，已完成法定催告义务。该《催告书》明确告知逾期不履行时拟强制执行的理由和依据，并告知了依法享有的陈述和申辩权。甲公司亦在收到上述《催告书》后提交了《行政处理陈述与申辩书》，第一稽查局受理该《行政处理陈述与申辩书》并作出答复，充分保障了甲公司作为行政相对人的行政救济权利。在甲公司逾期不履行靖国税稽处〔2017〕2号《税务处理决定书》的情况下，第一稽查局作出案涉税务强制执行决定书，对甲公司名下账户进行税款及滞纳金扣缴，符合法律规定。另，根据《税收征收管理法》第四十条规定，经局长批准，书面通知甲公司的开户银行或者其他金融机构从甲公司存款中扣缴税款，所适用的法律法规现行有效，适用正确；扣缴数额未超过拟强制执行的标的额，所采取的扣缴范围为法律规定的书面通知金融机构，扣缴对象为普通账户中的存款，行为适当；完成了强制执行决定的审批、制作、扣缴和送达的相关法定程序，符合法定程序要求。

关于焦点三，漳州市税务局具有作出行政复议的法定职权，且案涉行政复议决定认定事实清楚、适用法律正确、复议程序合法，并无不当。

综上，依照《行政诉讼法》第六十九条的规定，判决驳回甲公司的诉讼请求。案件受理费50元，由甲公司负担。

甲公司不服原审判决，向漳州中院提起上诉，请求撤销原审判决，并依法改判或发回重审，本案一、二审诉讼费用由二被上诉人共同承担。主要理由：（1）靖国税稽处〔2017〕2号《税务处理决定书》存在重大且明显违法，

第五章 税款缴纳管理及案例分析

已是无效行政决定,不能作为漳税一稽强扣〔2019〕1号《税收强制执行决定书》的事实根据,一审法院应当进行关联性审查但未进行。上诉人在一审诉讼中,已明确指明《税务处理决定书》补缴税额错误明显,同时还存在各种程序与实体的重大违法问题:①程序上,如应当同时作出处罚决定,但其未同时作出,剥夺了上诉人的陈述与申辩权;违反选案、检查相分离原则,检查人员应当回避而没有回避,在稽查终结后无合法手续仍进行稽查、调取以前年度账簿未经税务局局长批准;②实体上,《税务处理决定书》《催告书》《强拍决定书》中税款金额计算错误明显、上诉人不构成虚开收购发票业务等。上述重大且明显违法已导致《税务处理决定书》是无效行政决定,依据《行政诉讼法》第七十五条及《最高人民法院关于适用〈中华人民共和国行政诉讼法〉的解释》第九十九条第(四)项规定,《税务处理决定书》符合具有其他重大且明显违法的情形,应认定为无效,不得作为被诉强制执行行为的事实依据。上述规定实际已证即使《税务处理决定书》在形式上已生效,亦可由于《税务处理决定书》存在法定情形而否定行政行为形式上"已生效"所产生的效果,即上诉人即使对《税务处理决定书》进行过权利救济,该《税务处理决定书》形式上已生效,均不影响其内容实质的重大且明显违法而导致无效,因此,其不得作为本案强制执行行为的事实根据。一审法院忽略行政决定实质可否定形式外观的事实,仅以《税务处理决定书》已生效而认定其可作为强制执行依据是错误的。只有法院对《税务处理决定书》进行关联性审查,才能确定《税务处理决定书》是否存在无效的法定情形。而一审法院未就此问题进行审查,实质是认定事实不清,应予纠正。

(2)一审法院有意回避第一稽查局强制执行决定中未载明强制执行理由与依据以及第一稽查局先实施强制执行行为、后送达强制执行决定程序违法的客观事实,继而认定第一稽查局的行政强制行为合法,明显认定错误,应予纠正。①一审法院仅提及《催告书》中载明了强制执行的理由与依据,但对第一稽查局作出的漳税一稽强扣〔2019〕1号《税收强制执行决定书》中是否载明了强制执行的理由与依据避而不谈。从该《税收强制执行决定书》中可明显看到,该决定书并未载明强制执行的理由与依据,根据《行政强制法》第三十五、三十七条规定,《催告书》中是否载明强制执行的理由与依据均不得代替该《税收强制执行决定书》本应载明的强制执行的理由与依据的法定内容,因此,第一稽查局的行为违法。②从行政强制法第四章"行政机关强制执行程序"条文编纂的逻辑顺序即已极为明确地表明了强制执行程序存在先催告、后作出强制执行决定、再送达、最后执行的执行顺序。而第一稽查局于2019年5月29日便实施强制扣划的行为,但却是在2019年6月3日才将被诉《税收强制执行决定书》送达上诉人,该先扣划后送达决定的行为已明显违法,但一审法院对此并未给予正面回应,避而不谈径直认定第一稽查局的行

349

政强制行为符合法定程序要求，明显错误，应当予以纠正。（3）一审法院严重不负责，一审判决书中存在多处笔误。从这些笔误中可以看出一审法院在判决本案时草草了事，并未认真对待上诉人提及的二被上诉人违法问题，从而作出错误判决，应当予以纠正。

被上诉人第一稽查局辩称：（1）靖国税稽处〔2017〕2号《税务处理决定书》属于生效的合法的行政决定，上诉人就该《税务处理决定书》已经行使过法定的救济权利，《税务处理决定书》并非本案审查范围。上诉人已经行使过法定救济权利，却在本案中要求法院对《税务处理决定书》再次审查，于法无据。（2）行政强制执行行为是由催告书的作出及送达、强制执行决定书的作出及送达、强制执行措施的实施三个阶段共同组成。第一稽查局在作出本案被诉行政强制扣款执行行为中，已经告知了上诉人甲公司所执行的依据和理由，保障了甲公司的程序性权利，甲公司也已经充分行使了其陈述申辩等权利。在甲公司逾期不履行《税务处理决定书》的情况下，第一稽查局作出被诉《税收强制执行决定书》，该行为合法有据，未对上诉人的程序性权利造成任何损害。（3）第一稽查局先扣款后通知的行为符合法律法规的规定。《税收征收管理法》和《行政强制法》的法律位阶相同，《税收征收管理法》属于特别法。根据《税收征收管理法》第四十条第一款第（一）项、第二款规定，在第一稽查局向上诉人催告履行后，因上诉人拒不履行，第一稽查局有权书面通知银行扣缴上诉人所欠缴的税款及滞纳金，而该扣缴税款的行为无须提前告知欠缴税款的纳税人。（4）上诉人的上诉理由第三点属于主观臆测、恶意揣测，不能成立。综上所述，一审判决认定事实清楚、适用法律正确，请求依法驳回上诉，维持原判。被上诉人漳州市税务局的答辩意见与被上诉人第一稽查局的答辩意见一致。

经审理查明，各方当事人在法定举证期限内向原审法院提交的证据材料，已经原审庭审举证、质证，相关证据材料亦随案移送漳州中院。根据本案有效证据及各方当事人的庭审陈述，漳州中院查明以下事实：

2017年7月14日，原福建省南靖县国家税务局稽查局（以下简称原南靖县国税稽查局）作出靖国税稽处〔2017〕2号《税务处理决定书》，其中决定上诉人应补缴增值税共计163 670 110.02元，并对应补税款从滞纳税款之日起至实际解缴税款之日止，按日加收万分之五的滞纳金，限甲公司自收到该决定书之日起15日内到原南靖县国家税务局纳税服务大厅将上述税款及滞纳金缴纳入库，逾期未缴清的，将依照《税收征收管理法》第四十条规定强制执行。同日，甲公司收到该《税务处理决定书》。因甲公司于稽查期间预缴税款400万元，原南靖县国税稽查局于2017年7月31日作出靖国税稽通〔2017〕1号《税务事项通知书》，通知甲公司限于2017年8月9日前缴纳2013年1月1日至2015年12月31日的应缴税款159 670 110.02元，并从税款滞纳之日起至缴纳或解缴之日止，按日加收滞纳税款万分之五的滞纳金，与税款一并缴纳。并于同日将该《税务事项通知书》送达给甲公司。2017年9月7日，甲公司因不服靖国税稽处〔2017〕2号《税务处理决定书》，向原福建省漳州市国家税务局提出复议申请，该局于2017年9月11日作出漳国税复不受字〔2017〕1号《不予受理行政复议申请决定书》。甲公司不服，于2017年9月27日向原审法院提起行政诉讼，后于2017年11月10日提出撤诉申请，原审法院于同日作出〔2017〕闽0602行初149号行政裁定书，准许甲公司撤回起诉。2019年3月8日，第一稽查局作出漳税一稽通〔2019〕1号《税务事项通知书》，通知甲公司案件执法主体由南靖县国税稽查局变更为第一稽查局。2019年4月23日，第一稽查局作出漳税一稽强催〔2019〕1号《催告书》，载明甲公司在法定期限不履行原南靖县国税稽查局作出的靖国税稽处〔2017〕2号《税务处理决定书》，根据《行政强制法》第三十四条、第三十五条规定向甲公司催告，要求甲公司收到该催告书之日起十日内缴纳税款159 670 110.02元，并从税款滞纳之日起至缴纳或解缴之日止，按日加收滞纳税款万分之五的滞纳金，与税款一并缴纳；逾期仍未履行义务的，第一稽查局将依法强制执行；并告知甲公司在收到催告书后有权进行陈述和申辩。同日，第一稽查局到上诉人的住所地在"东大路164号"门牌号的下方粘贴上述《催告书》。2019年4月24日，第一稽查局向甲公司邮寄上述《催告书》，甲公司于2019年4月25日签收该《催告书》并向第一稽查局提交《行政处理陈述与申辩书》。2019年5月7日，第一稽查局作出《关于对〈福建甲医药有限公司行政处理陈述与申辩书〉的回复》，认为甲公司陈述与申辩的内容不能成立，不予采纳。并于2019年5月9日送达该回复给甲公司。2019年5月29日，第一稽查局作出漳税一稽强扣〔2019〕1号《税收强制执行决定书》，载明根据《税收征收管理法》第四十条规定，经漳州市税务局局长批准，决定从2019年5月29日起从甲公司在中国邮政储蓄银行南靖支行的存款账户中扣缴税款9 750.04元、滞纳金6 386.28元，合计16 136.32元缴入国库。第一稽查局于2019年6月3日将该《税收强制执行决定书》送达给甲公司。甲公司不服，向漳州市税务局申请行政复议。漳州市税务局于2019年6月17日收到甲公司的行政复议申请并予以受理。2019年6月20日，漳州市税务局向第一稽查局送达《行政复议答复通知书》。甲公司申请听证后，漳州市税务局于2019年7月22日举行听证会。漳州市税务局认为案件情况复杂，不能在规定期限内作出行政复议决定，经负责人批准，于2019年8月9日作出《行政复议延期审理通知书》，决定延期至2019年9月12日之前作出。2019年8月12日，漳州市税务局分别向甲公司、第一稽查局送达《行政复议延期审理通知书》及《行政复议听证通知书》。2019年8月22日，漳州市税务局再次举行听证会。2019年9月6日，经负责人批准后，漳州市税务局作出漳税复决字〔2019〕1号《行政复议决定书》，决定维持第一稽查局于2019年5月29日作出的漳税一稽强扣〔2019〕1号《税收强制执行决定书》，并于2019年9月9日将该《行政复议决定书》分别直接送达给甲公司和第一稽查局。

漳州中院认为，《税收征收管理法》第四十条第一款第（一）项规定："从事生产、经营的纳税人、扣缴义务人未按照规定的期限缴纳或者解缴税款，纳税担保人未按照规定的期限缴纳所担保的税款，由税务机关责令限期缴纳，逾期仍未缴纳的，经县以上税务局（分局）局长批准，税务机关可以采取下列强制执行措施：（一）书面通知其开户银行或者其他金融机构从其存款中扣缴税款。"该条第二款规定："税务机关采取强制执行措施时，对前款所列纳税人、扣缴义务人、纳税担保人未缴纳的滞纳金同时强制执行。"《行政强制法》第三十七条第一款规定："经催告，当事人逾期仍不履行行政决定，且无正当理由的，行政机关可以作出强制执行决定。"本案中，原南靖县国税稽查局于2017年7月14日作出靖国税稽处〔2017〕2号《税务处理决定书》，其中决定甲公司应补缴增值税共计163 670 110.02元，并从滞纳税款之日起至实际解缴税款之日止，按日加收万分之五的滞纳金，限甲公司自收到该决定书之日起15日内将上述税款及滞纳金缴纳入库。同日，甲公司收到该《税务处理决定书》。被上诉人第一稽查局于2019年5月29日作出本案被诉漳税一稽强扣〔2019〕1号《税收强制执行决定书》时，靖国税稽处〔2017〕2号《税务处理决定书》系生效的行政处理决定。甲公司逾期未依法履行该《税务处理决定书》确定的义务，第一稽查局经催告、听取甲公司陈述、申辩等程序，在甲公司无正当理由逾期仍不履行缴纳税款及滞纳金义务的情况下，经依法批准作出漳税一稽强扣〔2019〕1号《税收强制执行决定书》，并依法送达甲公司，并无不当。漳州市税务局作为复议机关，受理上诉人的行政复议申请后，经向被上诉人第一稽查局送达《行政复议答复通知书》、依法延长审理期限、举行听证会、审批等程序作出被诉行政复议决定，维持了漳税一稽强扣〔2019〕1号《税收强制执行决定书》，并依法送达，亦无不当。上诉人上诉主张靖国税稽处〔2017〕2号《税务处理决定书》存在税款金额计算错误等重大且明显违法问题，根据《行政诉讼法》第七十五条以及《最高人民法院关于适用〈中华人民共和国行政诉讼法〉的解释》第九十九条等规定，属无效行政决定，不能作为本案强制执行的事实依据。经审查，《行政诉讼法》第七十五条关于"行政行为有实施主体不具有行政主体资格或者没有依据等重大且明显违法情形，原告申请确认行政行为无效的，人民法院判决确认无效"，以及《最高人民法院关于适用〈中华人民共和国行政诉讼法〉的解释》第九十九条关于"有下列情形之一的，属于行政诉讼法第七十五条规定的'重大且明显违法'：（一）行政行为实施主体不具有行政主体资格；（二）减损权利或者增加义务的行政行为没有法律规范依据;(三)行政行为的内容客观上不可能实施;(四)其他重大且明显违法的情形"等规定,均是针对被诉行政行为而言,而本案被诉行政行为系第一稽查局作出的漳税一稽强扣〔2019〕1号《税收强制执行决定书》,并非靖国税稽处〔2017〕2号《税务处理决定书》,该《税务处理决定书》系已经发生法律效力的行政决定,即使甲公司关于该《税务处理决定书》的附表中的合计金额"1 255 465 772.51"元错误,应为"1 255 715 774.11"元的主张成立,但由于附表中的合计金额"1 255 465 772.51"元小于甲公司主张的合计金额"1 255 715 774.11"元,该《税务处理决定书》中决定甲公司应补缴的增值税金额也是少于甲公司实际应补缴的金额,且被诉强制执行决定中扣缴税款金额及滞纳金金额,均远远低于上诉人应补缴的税款及滞纳金金额,甲公司的合法权益明显不会因该问题而受到损害。本案现有有效证据不能证明靖国税稽处〔2017〕2号《税务处理决定书》存在实施主体不具有行政主体资格、明显缺乏事实依据、明显缺乏法律、法规依据以及其他明显违法并损害被执行人合法权益等足以阻却强制执行的情形。上诉人的上述上诉主张不能成立,不予支持。关于上诉人上诉主张被诉《税收强制执行决定书》中未载明强制执行理由与依据违法的问题。经审查,《行政强制法》第三十七条第二款规定:"强制执行决定应当以书面形式作出,并载明下列事项:(二)强制执行的理由和依据"。《税收征收管理法实施细则》第一百零七条第(四)项规定:"税务文书的格式由国家税务总局制定。本细则所称税务文书,包括:(四)税收强制执行决定书。"《国家税务总局关于印发全国统一税收执法文书式样的通知》(国税发〔2005〕179号)下发的全国统一税收执法文书,其中包含了税收强制执行决定书(扣缴税收款项适用),自2006年5月1日起执行。本案被诉《税收强制执行决定书》系依据《国家税务总局关于印发全国统一税收执法文书式样的通知》(国税发〔2005〕179号)附表1中的税收强制执行决定书(扣缴税收款项适用)的格式进行制作,已载明了强制执行的依据是《税收征收管理法》第四十条规定。本案第一稽查局在作出被诉强制执行决定前已向上诉人送达《催告书》,《催告书》中也已载明甲公司在法定期限内不履行靖国税稽处〔2017〕2号《税务处理决定书》,催告其缴纳税款及滞纳金,逾期仍未履行义务的,将依法强制执行。上诉人进行了陈述申辩,实际上已经知晓了强制执行的理由,故上诉人的上述上诉主张不能成立,不予支持。鉴于《国家税务总局关于印发全国统一税收执法文书式样的通知》施行时,《行政强制法》尚未开始施行,现该文书格式存在一定滞后性,法院将针对上述文书格式问题另行向税务机关提出司法建议。关于上诉人提出第一稽查局先实施强制执行行为后送达强制执行决定,程序违法问题。因本案审查的是被上诉人第一稽查局作出漳税一稽强扣〔2019〕1号《税收强制执行决定书》的合法性,而非之后的强制执行行为,上诉人提出的该问题属强制执行行为程序合法性问题，不属本案审查范畴，因此，上诉人的该上诉主张不能成立，不予支持。至于上诉人提出原审判决的"本院认为"部分存在多处笔误的问题，二审期间，原审法院对存在的多处笔误已经裁定补正并送达各方当事人，但原审法院要引以为戒，防止此类问题再次发生。综上，上诉人的上诉请求均不能成立，不予支持。原审判决认定的基本事实清楚，适用法律、法规正确，应予维持。

2020年6月28日，漳州中院依照《行政诉讼法》第八十九条第一款第（一）项之规定，作出〔2020〕闽06行终55号行政判决书，判决驳回上诉，维持原判。二审案件受理费50元，由上诉人福建甲医药有限公司负担。

三、纳税人超期申请退税案例①

刘某某诉国家税务总局北京市西城区税务局（以下简称西城税务局）作出的通知及国家税务总局北京市税务局（以下简称市税务局）行政复议一案，西城税务局不服北京市西城区人民法院（以下简称一审法院）所作〔2017〕京0102行初813号行政判决（以下简称一审判决），向北京市第二中级人民法院（以下简称北京二中院）提起上诉。北京二中院依法组成合议庭，于2019年8月19日公开开庭进行了审理。本案现已审理终结。

2016年12月26日，西城税务局作出京地税西税通〔2016〕31517号《税务事项通知书》（以下简称被诉通知书），主要内容为，刘某某；事由：退抵税（费）审批通知；依据：《税收征收管理法》第五十一条；通知内容：你（单位）于2016年12月22日提出的退抵税（费）审批收悉，经审核，不符合要求，不予审批。2017年1月18日，西城税务局作出《更正通知书》，主要内容为，刘某某：现将我局向你送达的被诉通知书内容更正如下："2016年12月22日"更正为"2016年12月13日"。

刘某某不服被诉通知书，向市税务局提起行政复议。市税务局于2017年7月31日作出京地税复字〔2017〕3号《税务行政复议决定书》（以下简称被诉复议决定），认为西城税务局作出的被诉通知书认定事实清楚、证据充分、适用依据正确、程序合法、内容适当，依据《行政复议法》第二十八条第一款第（一）项、《税务行政复议规则》第七十五条第一项的规定，维持被诉通知书。

刘某某向一审法院诉称，2011年，刘某某欲将位于北京市西城区菜市口大街6号院3号楼6单元203室房屋（以下简称涉案房屋）通过出售的方式过户给沈某。2011年9月5日，刘某某向西城税务局缴纳营业税42 500元、城市维护建设税2 975元、教育费附加1 275元，共计46 750元。在涉案房屋交易过程中，刘某某前夫王某发现其对涉案房屋的权利受到侵害，因此与刘某某之

---

① 资料来源：北京市第二中级人民法院〔2019〕京02行终964号行政判决书。

间产生系列诉讼,最终法院判决认定涉案房屋权属归王某所有,导致刘某某与沈某之间的房屋交易失败。依照法律规定,营业税等税款是在房屋交易成功的情况下税务机关收取的,现刘某某与沈某之间的房屋交易失败,西城税务局应予退回。刘某某向西城税务局申请退营业税、城市维护建设税、教育费附加,西城税务局于2016年12月26日作出被诉通知书。刘某某不服,于2017年1月9日向市税务局申请行政复议,市税务局2017年7月31日作出被诉复议决定维持被诉通知书,刘某某于2017年8月2日收到。现诉至法院,请求法院:1.撤销西城税务局作出的被诉通知书及市税务局作出的被诉复议决定;2.判令西城税务局向刘某某退营业税42 500元、城市维护建设税2 975元、教育费附加1 275元,共计46 750元;3.诉讼费用由西城税务局、市税务局承担。

西城税务局向一审法院辩称,(1)西城税务局作出的被诉通知书认定事实清楚、法律适用正确、程序合法。2011年9月5日,刘某某持民事调解书、强制执行裁定书等材料到西城税务局所辖第七税务所申报缴纳将涉案房屋过户给沈某发生的税费,第七税务所向刘某某征收营业税42 500元、城市维护建设税2 975元、教育费附加1 275元。2016年12月13日,刘某某向西城税务局所辖第二税务所提出退税申请。经查验,第二税务所依法受理退税申请后,将退税申请材料交西城税务局办理。西城税务局经审核发现,刘某某于2011年9月5日缴纳营业税、城市维护建设税、教育费附加,于2016年12月13日提出退税申请,已超过《税收征收管理法》第五十一条规定的三年退税申请期限,据此作出被诉通知书并向刘某某送达。(2)刘某某主张"营业税等税款是在房屋交易成功的情况下税务机关收取的,现刘某某与沈某之间的房屋交易失败,西城税务局应予退回"没有法律根据,不能成立。《税收征收管理法》第五十一条规定"超过应纳税额缴纳的税款"的产生原因有多种,包括因法律原因、技术原因以及其他原因导致的多缴税款。该条还规定,应退还的纳税人多缴的税款有两类,一是由税务机关发现,二是由纳税人自己发现。由纳税人发现的多缴税款,无论什么原因造成,都应在结算缴纳税款之日起三年内申请退还,超过三年申请退税的,税务机关不能办理退还手续。本案中,刘某某缴纳营业税、城市维护建设税、教育费附加的时间是2011年9月5日,提出退税申请的时间是2016年12月13日,已超过法定的三年退税申请期限,因此,其提出的退税申请不符合退税条件,西城税务局据此作出不予退税的被诉通知书并无不当。综上,刘某某所诉事由没有法律依据,请求法院判决驳回刘某某的诉讼请求。

市税务局向一审法院辩称,(1)市税务局受理刘某某提出的行政复议申请并作出被诉复议决定,履行了行政复议的法定职责,程序合法。2017年1月9日,刘某某不服西城税务局作出的被诉通知书向市税务局提出行政复议,复议请求为"责令西城税务局将刘某某缴纳的营业税、城市维护建设税、教育费附加退回"。2017年1月12日，市税务局决定受理刘某某的行政复议申请并向刘某某邮寄送达《行政复议申请受理通知书》，向西城税务局送达《行政复议答复通知书》。2017年1月20日，西城税务局提交《行政复议答复书》及证据、法律依据等材料。经审理，市税务局认为本案情况复杂，不能在规定期限内作出行政复议决定，根据《行政复议法》第三十一条第一款、《税务行政复议规则》第八十三条第一款的规定，决定延长案件审理期限30日，并于2017年3月10日将《行政复议延期通知书》邮寄送达刘某某。由于本案涉及退税相关政策的法律适用问题需有权机关作出解释或者确认，根据《行政复议法实施条例》第四十一条第一款第六项、《税务行政复议规则》第七十九条第一款第七项的规定，市税务局决定自2017年3月22日起中止该案审理。中止原因消除后，于2017年7月21日决定恢复审理。2017年7月31日作出被诉复议决定并邮寄送达刘某某。（2）西城税务局作出的被诉通知书认定事实清楚、证据确凿、适用法律正确、程序合法。刘某某所称"营业税等税款是在房屋交易成功的情况下，税务机关收取的，现其与沈某之间的房屋交易失败，西城税务局应予退回"没有法律根据，不能成立。综上，被诉复议决定认定事实清楚、证据确实充分、适用法律正确，刘某某的诉讼请求没有事实和法律依据，请求法院驳回刘某某的诉讼请求。

沈某向一审法院述称，财政部、国家税务总局文件《关于购房人办理退房有关契税问题的通知》（财税〔2011〕32号，以下简称32号通知）明确如果没有办理权属登记可以退还契税。关于刘某某的各项税费我们认为基于同一笔交易，刘某某税费应予以退还，不应适用《税收征收管理法》第五十一条，该条规定是多缴纳税款，而不适用交易不成功的情况；西城税务局答辩中也表达了刘某某缴纳的税款应该退还，只不过是涉及时效的问题；《税收征收管理法》第五十一条还规定，税务机关如果发现应该予以退还并没有时效的规定，相当于现在西城税务局已经知晓情况却不予办理。刘某某本人一直在进行民事诉讼，主张退还税款的权利，只不过主张对象有问题，但是不能要求纳税人知道应该如何办理退税。

王某向一审法院述称，关于刘某某和沈某之间的诉讼不了解过程，至于退税问题也不清楚情况，对刘某某的诉讼请求无法发表意见。

一审法院经审理查明：

2009年3月3日，刘某某与北京甲房地产有限公司签订《商品房预售合同》，约定刘某某购买涉案房屋，总价款1 465 156元。2009年3月6日，刘某某与王某登记结婚。2010年1月26日，刘某某与王某协议离婚，并在离婚协议中约定涉案房屋归男方所有，女方协助办理过户，所欠贷款由王某偿还。

2010年4月1日，因刘某某与范某某民间借贷纠纷，北京市海淀区人民法院（以下简称海淀法院）作出〔2010〕海民初字第9925号民事调解书，确定刘某某在约定时间内偿还范某某85万元借款，如未按期还款，刘某某应将涉案房屋过户给范某某或范某某指定的第三人。同月，因刘某某未履行调解书确定的还款义务，海淀法院作出〔2010〕海民执字第4656号强制执行裁定书，将涉案房屋过户给范某某指定的第三人沈某。

2011年4月28日，王某向海淀法院起诉刘某某，要求确认涉案房屋归王某所有。2011年8月29日，海淀法院作出〔2011〕海民初字第17526号民事判决书，判决因涉案房屋尚未办理产权证书，无法确认涉案房屋产权人，离婚协议书约定的条件尚未成立，故驳回王某的诉讼请求。王某不服提起上诉，2011年10月30日，北京市第一中级人民法院（以下简称一中院）作出〔2011〕一中民终字第15498号民事判决书，驳回上诉，维持原判。

2011年9月5日，刘某某到西城税务局第七税务所申报缴纳了涉案房屋过户给沈某产生的营业税42 500元、城市维护建设税2 975元、教育费附加1 275元，共计46 750元，同时代理沈某申报缴纳了契税25 500元。

2011年11月4日，一中院指令海淀法院对刘某某、范某某民间借贷纠纷案件自行审查处理。海淀法院按照一中院的要求，对〔2010〕海民初字第9925号民事调解书进行再审，于2012年4月20日作出〔2012〕海民再初字第37号民事判决书，判决撤销〔2010〕海民初字第9925号民事调解书，刘某某偿还范某某85万元。后范某某提起上诉，2012年9月18日，一中院作出〔2012〕一中民再终字第07154号民事判决书，判决驳回上诉，维持原判。

2012年，王某将刘某某诉至一审法院，要求法院判令将涉案房屋过户到王某名下。一审法院于2012年3月20日作出〔2012〕西民初字第4807号民事判决书，判决刘某某协助王某办理将涉案房屋所有权证登记于王某名下的手续。刘某某不服，提起上诉，2012年11月9日，一中院作出〔2012〕一中民终字第6209号民事判决书，驳回上诉，维持原判。现涉案房屋已登记于王某名下。

2016年6月14日，刘某某向海淀法院起诉王某不当得利纠纷，请求法院判决王某返还其垫付的购房款及税费。后对返还税款22 127.17元不再主张，海淀法院作出〔2016〕京0108民初20622号民事判决书，判决王某于本判决生效后十日内返还刘某某532 470元；驳回刘某某其他诉讼请求。刘某某、王某不服，提起上诉。2017年3月24日，一中院作出〔2017〕京01民终669号民事判决书，判决撤销〔2016〕京0108民初20622号民事判决书；王某于本判决生效后十日内返还刘某某532 470元，并按中国人民银行公布的同期贷款利率给付2013年3月7日至实际返还之日止的利息；驳回刘某某的其他诉讼请求；驳回王某的上诉请求。

2016年12月13日，刘某某向西城税务局第二税务所提出退税申请，请求退还其于2011年9月5日缴纳的营业税42 500元、城市维护建设税2 975元、教育费附加1 275元，共计46 750元。西城税务局经审查，于2016年12月26日作出被诉通知书并送达刘某某，后因被诉通知书中对退税申请提出时间描述错误，于2017年1月18日作出《更正通知书》将错误日期更正并送达刘某某。

2017年1月9日，刘某某向市税务局提出行政复议申请，复议请求为，责令西城税务局将刘某某缴纳的营业税、城市维护建设税、教育费附加退回。2017年1月12日，市税务局决定受理刘某某的行政复议申请并向刘某某邮寄送达《行政复议申请受理通知书》，向西城税务局送达《行政复议答复通知书》。2017年1月20日，西城税务局提交《行政复议答复书》及证据、依据等相关材料。市税务局经审理认为本案情况复杂，不能在规定期限内作出行政复议决定，根据《行政复议法》第三十一条第一款、《税务行政复议规则》第八十三条第一款的规定，于2017年3月10日作出《行政复议延期通知书》决定延长案件审理期限30日，并邮寄送达刘某某及西城税务局。由于本案涉及退税相关政策的法律适用问题需有权机关作出解释或者确认，根据《行政复议法实施条例》第四十一条第一款第六项、《税务行政复议规则》第七十九条第一款第七项的规定，市税务局于2017年3月22日作出《行政复议中止通知书》决定中止案件审理并送达刘某某及西城税务局。中止原因消除后，于2017年7月21日作出《行政复议恢复审理通知书》并送达刘某某及西城税务局。2017年7月31日作出被诉复议决定并邮寄送达刘某某及西城税务局。

一审法院认为，根据《税收征收管理法》第五条、第十四条的规定，西城税务局负责本行政区域内税务征收管理工作，具有对退税申请予以审查并处理的法定职责。根据《税务行政复议规则》第十七条、《行政复议法》第十二条的规定，市税务局作为西城税务局的上一级主管部门，具有对西城税务局作出行政行为不服提起行政复议予以受理、审查并作出处理的法定职责。

归纳本案的审理焦点为：一是刘某某缴纳的营业税、城市维护建设税、教育费附加的性质如何认定，是否应予退还；二是西城税务局适用《税收征收管理法》第五十一条作出被诉通知书是否正确。

关于焦点一，一审法院认为，刘某某曾缴纳的税款自其与沈某基于以房抵债的行为不具备法律效力时，已不符合税的根本属性，不具备课税要素条件和税收依据，依法应予退还，否则将有违税法的立法精神和宗旨。

（1）税收的概念和基本构成要素。税收或称租税、赋税、税金等，简称税，是国家为实现其公共职能，满足社会公共需要而凭借其政治权力，按照预定的标准和程序，无偿地、强制地取得财政收入的一种活动或手段，具有国家单方强制性、无偿征收性、标准确定性等特征，应遵循一定的原则并按照规定的标准得以实施。课税要素是指国家征税必不可少的要素即必须具备的条件，从狭义上说主要针对税收实体法要素，包括征税主体、征税客体、税率等。课税要素理论是判定相关主体的纳税义务是否成立以及国家是否有权征税的标准，只有满足课税要素，相关主体才能成为税法上的纳税人并负有依法纳税的义务，国家才能作为征收主体对其征收税款。其中征税客体即主要解决对什么征税的问题，一般界定为物，主要涉及商品、所得以及财产等，如具有收益性和营利性则一般可以征税，如具有一定的公益性和非营利性则一般不予征税。

本案中，2011年9月5日，刘某某和沈某分别缴纳营业税、城市维护建设税、教育费附加及契税，其缴税基础源于〔2010〕海民初字第9925号民事调解书所确定的刘某某基于对范某某以房抵债行为而将涉案房屋过户给沈某的民事义务。此时，依据税法理论和规定，因房屋权属发生移转变更的事实，应由承受房屋所有权的人即沈某作为纳税主体缴纳契税，相对出让房屋所有权的人即刘某某作为纳税主体缴纳营业税、城市维护建设税、教育费附加，征税客体为涉案房屋，因具有财产收益性故满足课税要素的基本构成要件。此后，海淀法院于2012年4月20日作出〔2012〕海民再初字第37号民事判决书，判决撤销〔2010〕海民初字第9925号民事调解书，刘某某偿还范某某人民币85万元。一中院于2012年9月18日二审予以维持。一审法院于2012年3月20日作出〔2012〕西民初字第4807号民事判决书，判决刘某某协助王某办理将涉案房屋所有权证登记于王某名下的手续。一中院于2012年11月9日二审予以维持。至此，刘某某与沈某之间基于涉案房屋的以房抵债行为灭失，其缴纳的税款性质要结合课税要素、税收依据等因素加以综合判定。

税收依据是指纳税人据以缴纳税款的原因和国家可以据以征收税款的理由，国家征收是否有法可依、有据可循是征收活动是否合法有效进行的基础性前提，如征税无据则国家可能涉嫌侵权。国家税务总局《关于无效产权转移征收契税的批复》（国税函〔2008〕438号，以下简称438号批复）中明确，按照现行契税政策规定，对经法院判决的无效产权转移行为不征收契税。法院判决撤销房屋所有权证后，已纳契税款应予退还。32号通知中明确，对已缴纳契税的购房单位和个人，在未办理房屋权属变更登记前退房的，退还已纳契税；在办理房屋权属变更登记后退房的，不予退还已纳契税。结合本案事实，刘某某与沈某之间基于以房抵债的行为失去法律效力后，从税收主体上看，刘某某不会基于涉案房屋过户而获取收益，沈某亦不能取得涉案房屋所有权的实质利益，两者均已不具备纳税人的基本构成要件，国家不再具有征税的基础和理由，其与纳税人之间已不具备特定的征纳关系；从税收客体上看，涉案房屋不再涉及以房抵债之客观条件且未发生房屋权属变更登记至沈某名下的基础事实，税收客体亦不复存在。刘某某与沈某曾缴纳的税款已不符合课税要素的必要条件，不具备税收依据的基础，不再符合税的根本属性。

（2）税收原则和税法宗旨。税收原则是在税制设计和实施都应遵循的，同时也是评价税制优劣和考核税务机关行政管理状况的基本准则。一般认为，我国当代税收原则主要包括税收财政、公平、效率、适度、法治原则等，其中税收是否公平通常认为是税制制定和实施的首要原则，也成为涉税行政诉讼案件司法审查的重点。《税收征收管理法》第一条规定，为了加强税收征收管理，规范税收征收和缴纳行为，保障国家税收收入，保护纳税人的合法权益，促进经济和社会发展，制定本法。该法律条款明确规定税法的立法目的，必然要求制定明确稳定的税收征收标准，确立税法基本原则并体现在课税要素的诸项规定之中。根据对涉案事实的分析，刘某某缴纳的税款性质发生变化，国家作为公权力在已不具备课税要素以及税收依据的前提下应予以退还，如若不然，将不符合税收公平、适度、法治等基本原则，相对于个人私权而言，涉嫌存在税收利益的不平衡和不合理，有违保护纳税人合法权益，促进经济和社会发展的税法立法宗旨，违背法的公平正义的基本价值取向。

关于焦点二，一审法院认为，税务机关针对纳税人提出的退税申请，应遵循税法的立法精神，秉承行政合法性原则为基础、行政合理性原则为补充的执法理念，正确行使税收管理职责，切实维护行政相对人的合法权益。

具体到本案中，主要涉及退税制度的法律适用问题。退税制度由纳税人退还请求权的实现和征税主体的退还义务两部分构成，主要解决纳税人因超出应纳税额缴税、误缴或不应缴纳税款等多种因素引发的税款是否应予退还等问题。目前，我国税收管理领域关于退税制度的法律规定主要是《税收征收管理法》第五十一条，即纳税人超过应纳税额缴纳的税款，税务机关发现后应当立即退还；纳税人自结算缴纳税款之日起三年内发现的，可以向税务机关要求退还多缴的税款并加算银行同期存款利息，税务机关及时查实后应当立即退还；涉及从国库中退库的，依照法律、行政法规有关国库管理的规定退还。此外，438号批复明确无效产权转移行为不征收契税；32号通知明确在未办理房屋权属变更登记前退房的，退还已纳契税。

关于如何理解和适用上述法律及相关规定，在学界以及税收行政管理执法实践中均存在较大争议，集中体现在何种情况下适用以及如何适用《税收征收管理法》第五十一条中关于三年退税期限的规定。刘某某代表一方观点，即认为其曾缴纳的税款不再属于税款性质，不应受《税收征收管理法》第五十一条超过应纳税额缴纳的税款之前提条件，进而不应适用三年退税申请期限的限制；西城税务局及市税务局代表另一方观点，即认为刘某某2011年9月5日结算缴纳税款，2016年12月13日申请退税，已超过三年退税申请期限，故不应予以退还。对此，一审法院结合行政执法理念与司法审查标准，作如下分析：

（1）行政合法性原则的基本要求。行政合法性原则，是行政法上的基本原则，也是行政诉讼法上应当遵循的基本原则，合法行政既要保障行政相对人的合法权益，又要求行政机关及时、正确行使行政职权。《税收征收管理法》第五十一条是目前我国税收管理领域中关于退税的法律依据，其中针对纳税人超过应纳税额缴纳的税款，主要分两种情况予以处理：一是税务机关发现应当立即退还；二是纳税人自结算缴纳税款之日起三年内发现的，可以向税务机关要求退还多缴的税款，税务机关及时查实后应当立即退还。税务机关在行政执法过程中，应基于行政合法性原则，针对具体涉案事实所对应的法律适用情形，严格依法履职，不作当然的扩大解释或缩小解释。本案中，如焦点一所述，刘某某与沈某曾缴纳的税款已不符合税的根本属性，不具备税收依据，国家作为征税主体依法应予退还，但《税收征收管理法》第五十一条中没有与之完全相对应的适用情形，在此情况下，需要行政机关运用行政合理性原则，正确行使自由裁量权。

（2）行政合理性原则的有益补充。行政合理性原则，主要体现在行政机关自由裁量权的行使过程中，不仅应当按照法律、法规规定的条件、种类和幅度范围实施行政管理，且要符合法律的意图、精神和宗旨，符合公平正义等法的价值目标。随着行政法治的发展和我国依法治国方略的确立，行政诉讼司法审查不仅限于对行政行为合法性的审查，最终目标是实现行政争议的实质性解决，行政行为是否合理、适当亦成为目前我国行政诉讼司法审查的内容之一。

行政机关如何运用行政权解决行政争议，是对其执法水平和能力提出的更高要求。《税收征收管理法》第五十一条规定"纳税人超过应纳税额缴纳的税款，税务机关发现后应当立即退还"，其主旨也是考虑本着税收公平、公正等基本原则，赋予税务机关针对客观上确应予以退税的情形，不以期限限制而运用行政自由裁量权加以甄别和判断，以确保依法及时退还多缴税款，最大程度保护纳税人及相关利害关系人的合法权益。本案中，西城税务局已明知刘某某就退税问题引发争议且应属退税情形，应遵循税法立法精神和税收法定、公平、公正等基本原则，综合考虑刘某某一直通过民事诉讼等途径主张纳税损失等具体情况，对其提出的退税申请予以全面、客观、正确的评价和考量并作出实质性判定，切实解决在房产交易经司法审查不能继续履行的情况下，如何最大程度保护行政相对人合法权益的问题，不宜对纳税人应在三年内就发现多缴的税款申请退税作形式理解，苛以更为严格的义务，使行政执法缺乏合理性和必要性，让行政相对人或公众质疑行政执法的可信度，降低执法公信力。

需要指出的是，目前我国公民总体法律意识仍然处于较低水平，法律意识体现着社会成员对国家法律制度的认知水平、价值取向、行为自觉性以及对法律制度的支持态度和心理接受能力。具体到本案，刘某某虽然通过提起民事诉讼等方式向王某主张其缴纳税款的损失，但因对我国现行税收管理制度和相关法律规定不甚了解，致使其未能及时向税务主管部门主张退税的合法权利，这也从另一角度真实反映出我国公民普遍存在的，对纳税知识、税收管理法律规定知之甚少的现状，究其原因是多方面的。鉴于此，对公民个人而言，不能因不知法抗辩不守法，而要积极学习法律，践行法律，逐步提高全民法律素养，正确运用法律手段维护自身合法权益；对税务机关而言，根据我国目前公民对税收政策和法律规定知悉程度不高的现状，应更为广泛地宣传税收法律、行政法规，普及纳税知识，无偿地为纳税人提供咨询服务，制定更有针对性的纳税人基本权利保护制度，如完善纳税人在缴纳税款时对退税、复议诉讼等权利救济途径的释明和告知程序等，使公民对税法的认知水平逐步提高，以期进一步规范税收征管秩序，营造良好的执法环境。税收主管部门在行政执法过程中，应依法依规并结合个案具体情形，坚持服务与执法并重，在实事求是的基础上正确行使行政职权，让行政相对人得以信服，从而提升执法公信力，实现法的价值的内在要求，促进经济和社会良性、稳定、健康发展。

本案中，西城税务局过于严格要求刘某某对税收法律制度明确知悉，并适用《税收征收管理法》第五十一条纳税人应在缴纳税款之日起三年内提出退税申请，缺乏行政合理性，适用法律错误。市税务局在行政复议程序中，就涉案事实进行核查，对所确认的事实部分一审法院不持异议；其严格按照法律规定履行受理、审查、请示、延期、中止、恢复审理等事项，执法程序并无不当；其对西城税务局适用《税收征收管理法》第五十一条是否合法的问题已予以高度关注并报请国家税务总局，但依然未从税收的性质、课税要素以及税法宗旨等方面并结合涉案事实予以综合考量，将刘某某不应缴纳的营业税、城市维护建设税、教育费附加，适用《税收征收管理法》第五十一条加以退税期限三年的时限约束，有违合理行政原则。据此，市税务局依据《行政复议法》第二十八条第一款第（一）项、《税务行政复议规则》第七十五条第（一）项的规定维持被诉通知书，适用法律错误。

综上，西城税务局作出的被诉通知书以及市税务局作出的被诉复议决定适用法律错误，依法应予撤销。刘某某主张撤销被诉通知书及被诉复议决定的诉讼请求于法有据，应予支持；刘某某主张判令西城税务局向刘某某退营业税42 500元、城市维护建设税2 975元、教育费附加1 275元，共计46 750元的诉讼请求，因系行政机关行政权的行使范围，司法权不宜介入，西城税务局应对刘某某主张退还已缴税款的申请，遵循税法宗旨、税收基本原则，兼具行政合法性和行政合理性的执法理念，结合具体涉案事实重新予以处理。综上，一审法院依照《行政诉讼法》第七十条第（二）项、第七十九条之规定，判决：一、撤销被诉通知书；二、撤销被诉复议决定；三、西城税务局于本判决生效后,对刘某某2016年12月13日提出退营业税、城市维护建设税、教育费附加的申请重新进行处理。

西城税务局不服一审判决,提出上诉,请求撤销一审判决,改判驳回刘某某的诉讼请求,诉讼费由刘某某承担。理由如下:一、刘某某向税务机关缴纳及申请退还的款项均是税费,其性质没有发生根本变化;二、刘某某主张"税款是在房屋交易成功的情况下税务机关收取的,现刘某某与沈某之间的房屋交易失败,西城税务局应予退回"没有法律根据,不能成立。《税收征收管理法》第五十一条规定"超过应纳税额缴纳的税款"的产生原因有多种,包括因法律原因、技术原因以及其他原因导致的多缴税款。该条还规定,应退还的纳税人多缴的税款有两类,一是由税务机关发现,二是由纳税人自己发现。由纳税人发现的多缴税款,无论什么原因造成,都应在结算缴纳税款之日起三年内申请退还,超过三年申请退税的,税务机关不能办理退还手续。本案中,刘某某缴纳税款的时间是2011年9月5日,提出退税申请的时间是2016年12月13日,已超过法定的三年退税申请期限,因此,其提出的退税申请不符合退税条件,西城税务局据此作出不予退税的被诉通知书认定事实清楚、适用法律正确、程序合法,并无不当。

市税务局同意西城税务局的意见。刘某某、沈某同意一审判决,请求维持原判。王某未陈述意见。

刘某某在法定期限内向一审法院提交了如下证据:

(1)2011年9月5日城市维护建设税、教育费附加、营业税税票,证明刘某某2011年9月5日缴纳了三项税款。

(2)〔2010〕海民初字第9925号民事调解书、〔2011〕海民初字第17526号民事判决书、〔2012〕西民初字第4807号民事判决书、〔2012〕海民再初字第37号民事判决书、〔2012〕一中民再终字第07154号民事判决书、〔2013〕一中民终字第09728号民事裁定书、〔2014〕一中民终字第09839号民事调解书、〔2016〕京0108民初20622号民事判决书、〔2017〕京01民终669号民事判决书,证明刘某某一直在进行民事诉讼主张自己的合法权益,要求退还税款和尾款。

西城税务局在法定期限内向一审法院提交了如下证据:

(1)《退(抵)税申请表》及所附材料,证明刘某某于2011年9月5日在办理涉案房屋产权过户之前依法申报缴纳了相关税费,于2016年12月13日向西城税务局提出退税申请,超过《税收征收管理法》第五十一条规定的三年退税期限。

(2)《税务事项通知书》(京地税西二税通〔2016〕30645号)及送达回证,证明经查验,西城税务局所辖第二税务所依法受理刘某某的退税申请,程序合法。

（3）被诉通知书及更正通知书，证明西城税务局作出不予退税的被诉通知书及更正通知书并依法送达刘某某。

市税务局在法定期限内向一审法院提交了如下证据：

（1）《接收行政复议申请材料收据》《行政复议申请书》及所附材料，证明刘某某2017年1月9日向市税务局提出行政复议申请，2017年4月提交了补充材料。

（2）《行政复议申请受理通知书》、EMS邮寄单及邮寄查询记录，证明市税务局依法受理刘某某的行政复议申请。

（3）《行政复议答复通知书》及送达回证，证明市税务局通知西城税务局在10日内提出书面答复并提交相关证据、依据和有关材料。

（4）西城税务局提交的《行政复议答复书》、证据和法律依据，证明西城税务局作出行政复议答复并提交相关证据、依据和有关材料。

（5）《行政复议延期通知书》、EMS邮寄单及邮寄查询记录、送达回证，证明市税务局依法决定对行政复议案件进行延期审理。

（6）《行政复议中止通知书》、EMS邮寄单、邮寄查询记录、送达回证及《行政复议恢复审理通知书》、EMS邮寄单、邮寄查询记录、送达回证，证明市税务局依法中止行政复议案件的审理，并在中止原因消除后恢复审理。

（7）《关于行政复议案件中相关法律适用问题的请示》及答复意见，证明市税务局依法向上级机关进行法律适用问题的请示并收到答复意见。

（8）被诉复议决定的EMS邮寄单、邮寄查询记录及送达回证，证明市税务局将其作出的被诉复议决定依法送达刘某某和西城税务局。

沈某、王某在法定期限内未向一审法院提交证据。

一审法院对上述经质证的证据材料作如下确认：西城税务局提交的证据3中的被诉通知书系本案行政行为的载体，不作证据使用。西城税务局提交的其他证据，刘某某及市税务局提交的全部证据，形式上符合《最高人民法院关于行政诉讼证据若干问题的规定》中规定提供证据的要求，内容真实，与本案具有关联性，予以采纳。

一审法院已将上述证据材料全部移送北京二中院，北京二中院审查后认定，一审法院对上述证据材料所作认证符合《最高人民法院关于行政诉讼证据若干问题的规定》的有关规定，经审查属实，亦予以确认。根据上述被认定合法有效的证据，北京二中院认定一审法院审理查明的事实成立。

北京二中院认为，根据《税收征收管理法》第五条、第十四条的规定，西城税务局负责本行政区域内税务征收管理工作，具有对退税申请予以审查并处理的法定职责。根据《税务行政复议规则》第十七条、《行政复议法》第十二条的规定，市税务局作为西城税务局的上一级主管部门，具有对西城税务局作出行政行为不服提起行政复议予以受理、审查并作出处理的法定职责。

《税收征收管理法》第四条规定"法律、行政法规规定负有纳税义务的单位和个人为纳税人",第五十一条规定"纳税人超过应纳税额缴纳的税款,税务机关发现后应当立即退还;纳税人自结算缴纳税款之日起三年内发现的,可以向税务机关要求退还多缴的税款并加算银行同期存款利息,税务机关及时查实后应当立即退还;涉及从国库中退库的,依照法律、行政法规有关国库管理的规定退还"。根据前述规定,依法负有应纳税义务的纳税人多缴税款后,应适用第五十一条之规定,对多缴纳的税款予以退还。在税收征缴过程中,当事人交纳了相关款项,但经查明实际上不负有纳税义务的,以缴纳税款名义实际缴纳的款项,该种情形不属于第五十一条规定的"超过应纳税额缴纳"问题,对该款项的退还,亦不宜适用前述第五十一条的规定。

本案中,刘某某2011年9月5日应缴纳税费的民事基础行为已被法院生效判决予以撤销,其已不负有纳税义务,其实际缴纳的款项,不属于《税收征收管理法》第五十一条规定的"超过应纳税额缴纳"情形。西城税务局作出的被诉通知书及市税务局作出的被诉复议决定适用法律错误,依法应予撤销。对刘某某请求判令西城税务局退还营业税42 500元、城市维护建设税2 975元、教育费附加1 275元,共计46 750元的主张,应由西城税务局根据法律法规的规定,结合本案具体情况,对其申请重新予以处理。一审判决认定事实清楚,程序合法,适用法律正确,予以维持。西城税务局的上诉请求缺乏事实及法律依据,不予支持。

2020年4月28日,北京二中院依照《行政诉讼法》第八十九条第一款第(一)项之规定,作出〔2019〕京02行终964号行政判决书,判决驳回上诉,维持一审判决。一审案件受理费五十元,由国家税务总局北京市西城区税务局、国家税务总局北京市税务局负担;二审案件受理费五十元,由国家税务总局北京市西城区税务局负担(已交纳)。

第六章 税务稽查管理及案例分析

导读

本章介绍税务稽查管理及案例分析，包括四节，分别介绍税务稽查管理基本制度、税务稽查程序制度、税务稽查随机抽查制度以及税务稽查典型案例分析。

第一节 税务稽查管理基本制度

一、《税收征收管理法》的相关规定

（一）税务检查的对象

税务机关有权进行下列税务检查：

（1）检查纳税人的账簿、记账凭证、报表和有关资料，检查扣缴义务人代扣代缴、代收代缴税款账簿、记账凭证和有关资料。

（2）到纳税人的生产、经营场所和货物存放地检查纳税人应纳税的商品、货物或者其他财产，检查扣缴义务人与代扣代缴、代收代缴税款有关的经营情况。

（3）责成纳税人、扣缴义务人提供与纳税或者代扣代缴、代收代缴税款有关的文件、证明材料和有关资料。

（4）询问纳税人、扣缴义务人与纳税或者代扣代缴、代收代缴税款有关的问题和情况。

（5）到车站、码头、机场、邮政企业及其分支机构检查纳税人托运、邮寄应纳税商品、货物或者其他财产的有关单据、凭证和有关资料。

（6）经县以上税务局（分局）局长批准，凭全国统一格式的检查存款账户许可证明，查询从事生产、经营的纳税人、扣缴义务人在银行或者其他金融机构的存款账户。税务机关在调查税收违法案件时，经设区的市、自治州以上税务局（分局）局长批准，可以查询案件涉嫌人员的储蓄存款。税务机关查询所获得的资料，不得用于税收以外的用途。

（二）采取税收保全措施与强制执行措施

税务机关对从事生产、经营的纳税人以前纳税期的纳税情况依法进行税务检查时，发现纳税人有逃避纳税义务行为，并有明显的转移、隐匿其应纳税的商品、货物以及其他财产或者应纳税的收入的迹象的，可以按照《税收征收管理法》规定的批准权限采取税收保全措施或者强制执行措施。

（三）纳税人与扣缴义务人的配合义务

纳税人、扣缴义务人必须接受税务机关依法进行的税务检查，如实反映情况，提供有关资料，不得拒绝、隐瞒。

（四）有关单位和个人的配合义务

税务机关依法进行税务检查时，有权向有关单位和个人调查纳税人、扣缴义务人和其他当事人与纳税或者代扣代缴、代收代缴税款有关的情况，有关单位和个人有义务向税务机关如实提供有关资料及证明材料。

（五）税务检查的手段

税务机关调查税务违法案件时，对与案件有关的情况和资料，可以记录、录音、录像、照相和复制。

（六）税务检查的合法性要求

税务机关派出的人员进行税务检查时，应当出示税务检查证和税务检查通知书，并有责任为被检查人保守秘密；未出示税务检查证和税务检查通知书的，被检查人有权拒绝检查。

二、《税收征收管理法实施细则》的相关规定

（一）税务检查制度建设

税务机关应当建立科学的检查制度，统筹安排检查工作，严格控制对纳税人、扣缴义务人的检查次数。

税务机关应当制定合理的税务稽查工作规程，负责选案、检查、审理、执行的人员的职责应当明确，并相互分离、相互制约，规范选案程序和检查行为。

税务检查工作的具体办法，由国家税务总局制定。

（二）税务检查的对象

税务机关行使《税收征收管理法》第五十四条第（一）项职权时，可以在纳税人、扣缴义务人的业务场所进行；必要时，经县以上税务局（分局）

局长批准，可以将纳税人、扣缴义务人以前会计年度的账簿、记账凭证、报表和其他有关资料调回税务机关检查，但是税务机关必须向纳税人、扣缴义务人开付清单，并在3个月内完整退还；有特殊情况的，经设区的市、自治州以上税务局局长批准，税务机关可以将纳税人、扣缴义务人当年的账簿、记账凭证、报表和其他有关资料调回检查，但是税务机关必须在30日内退还。

（三）检查存款账户的要求

税务机关行使《税收征收管理法》第五十四条第（六）项职权时，应当指定专人负责，凭全国统一格式的检查存款账户许可证明进行，并有责任为被检查人保守秘密。

检查存款账户许可证明，由国家税务总局制定。

税务机关查询的内容，包括纳税人存款账户余额和资金往来情况。

（四）税收保全措施的期限

依照《税收征收管理法》第五十五条规定，税务机关采取税收保全措施的期限一般不得超过6个月；重大案件需要延长的，应当报国家税务总局批准。

（五）税务检查的合法性要求

税务机关和税务人员应当依照《税收征收管理法》及其实施细则的规定行使税务检查职权。

税务人员进行税务检查时，应当出示税务检查证和税务检查通知书；无税务检查证和税务检查通知书的，纳税人、扣缴义务人及其他当事人有权拒绝检查。税务机关对集贸市场及集中经营业户进行检查时，可以使用统一的税务检查通知书。

税务检查证和税务检查通知书的式样、使用和管理的具体办法，由国家税务总局制定。

三、税务检查证管理办法

（一）总则

（1）为加强税务检查证管理，规范税务执法行为，保护纳税人、扣缴义务人及其他当事人合法权益，根据《税收征收管理法》等相关规定，国家税务总局制定《税务检查证管理办法》（国家税务总局公告2018年第44号发布）。

（2）税务检查证是具有法定执法权限的税务人员，对纳税人、扣缴义务人及其他当事人进行检查时，证明其执法身份、职责权限和执法范围的专用证件。

税务检查证的名称为《中华人民共和国税务检查证》。

（3）国家税务总局负责制定、发布税务检查证式样和技术标准。国家税务总局负责适用全国范围税务检查证的审批、制作、发放、监督管理工作。

国家税务总局各省、自治区、直辖市、计划单列市税务局（以下简称省税务局）负责适用本辖区税务检查证的审批、制作、发放、监督管理工作。

国家税务总局和省税务局应当严格控制税务检查证的发放。

（4）税务检查证分为稽查部门专用税务检查证和征收管理部门专用税务检查证。

稽查部门专用税务检查证，适用于稽查人员开展稽查工作，由稽查部门归口管理。

征收管理部门专用税务检查证，适用于征收、管理人员开展日常检查工作，由征收管理部门归口管理。

（5）税务检查证实行信息化管理。

省税务局应当在税收征管信息系统中的税务检查证管理模块内及时完善、更新持证人员相关信息，提供税务检查证互联网验证服务。

（二）证件式样

（1）税务检查证由专用皮夹和内卡组成。税务检查证的皮夹式样如下：①稽查部门专用税务检查证皮夹为竖式黑色皮质，征收管理部门专用税务检查证皮夹为竖式咖啡色皮质；②皮夹外部正面镂刻税徽图案、"中华人民共和国税务检查证"字样，背面镂刻"CHINA TAXATION"字样；③皮夹内部上端镶嵌税徽一枚和"中国税务"四字，下端放置内卡。

（2）税务检查证内卡应当载明下列事项：持证人的姓名、照片、工作单位、证号、二维码、检查范围、检查职责、税务检查证专用印章、有效期限。

内卡需内置芯片，存储持证人员上述信息。

（3）税务检查证的皮夹和内卡文字均使用中文。民族自治区可以同时使用当地通用的一种民族文字。

（三）证件申领和核发

（1）税务人员因岗位职责需要办理税务检查证时，由其所在单位税务检查证主管部门核实基础信息后，填报税务检查证申请。

首次申领税务检查证的，应当取得税务执法资格。

（2）国家税务总局及省税务局税务检查证主管部门负责审批办证申请。审批通过后，国家税务总局及省税务局税务检查证主管部门印制《中华人民共和国税务检查证》，由申请人员所在单位税务检查证主管部门负责具体发放工作。

（3）税务人员到所在单位管辖区域以外临时执行检查公务的，由国家税务总局或者执行公务所在地省税务局税务检查证主管部门核发相应有效期限的临时税务检查证。临时税务检查证有效期限不得超过一年，临时公务执行完毕后应当及时缴销。

（四）证件使用

（1）税务人员进行检查时，应当出示税务检查证和税务检查通知书，可以以文字或音像形式记录出示情况。

税务人员出示税务检查证时，可以告知被检查人或其他当事人通过扫描二维码查验持证人身份。

（2）税务人员应当严格依法行使税务检查职权，并为被检查人或其他当事人保守秘密。

（3）税务检查证只限于持证人本人使用，不得转借、转让或涂改。

（4）持证人应当妥善保管税务检查证，防止遗失、损毁。

税务检查证遗失的，持证人应当作出书面情况说明，并在税务检查证所注明的管辖区域内公开发行的报纸或者政府网站、税务机关网站发布公告后，再申请补发。

税务检查证严重损毁、无法使用的，持证人可以申请换发，并在办理换发手续时交回原证件。

（五）监督管理

（1）税务检查证实行定期审验制度，每两年审验一次。临时税务检查证不在审验范围。

（2）国家税务总局及省税务局税务检查证主管部门统一组织审验工作，持证人所在单位税务检查证主管部门负责具体实施，并及时报送审验情况。

（3）通过比对内卡芯片信息与税务检查证管理模块中所载持证人信息进行审验，一致的为审验通过。

（4）税务检查证审验不通过的，持证人所在单位税务检查证主管部门应当及时变更、清理相关信息。

（5）持证人因调动、辞退、辞职、退休或者岗位调整等原因不再从事税务检查工作的，由持证人所在单位税务检查证主管部门在工作变动前收缴其税务检查证。

持证人因涉嫌违法违纪被立案审查、尚未作出结论的，应当暂时收缴其税务检查证。

（6）收回的税务检查证应当由发放证件机关定期销毁。

第二节　税务稽查程序制度

一、税务稽查案件办理程序规定

（一）总则

（1）为了贯彻落实中共中央办公厅、国务院办公厅印发的《关于进一步深化税收征管改革的意见》，保障税收法律、行政法规的贯彻实施，规范税务稽查案件办理程序，强化监督制约机制，保护纳税人、扣缴义务人和其他涉税当事人合法权益，根据《税收征收管理法》《税收征收管理法实施细则》等法律、行政法规，国家税务总局制定《税务稽查案件办理程序规定》（国家税务总局令第52号）。

（2）稽查局办理税务稽查案件适用该规定。

（3）办理税务稽查案件应当以事实为根据，以法律为准绳，坚持公平、公正、公开、效率的原则。

（4）税务稽查由稽查局依法实施。稽查局主要职责是依法对纳税人、扣缴义务人和其他涉税当事人履行纳税义务、扣缴义务情况及涉税事项进行检查处理，以及围绕检查处理开展的其他相关工作。稽查局具体职责由国家税务总局依照《税收征收管理法》《税收征收管理法实施细则》和国家有关规定确定。

（5）稽查局办理税务稽查案件时，实行选案、检查、审理、执行分工制约原则。

（6）稽查局应当在税务局向社会公告的范围内实施税务稽查。上级税务机关可以根据案件办理的需要指定管辖。

税收法律、行政法规和国家税务总局规章对税务稽查管辖另有规定的，从其规定。

（7）税务稽查管辖有争议的，由争议各方本着有利于案件办理的原则逐级协商解决；不能协商一致的，报请共同的上级税务机关决定。

（8）税务稽查人员具有《税收征收管理法实施细则》规定回避情形的，应当回避。

被查对象申请税务稽查人员回避或者税务稽查人员自行申请回避的，由稽查局局长依法决定是否回避。稽查局局长发现税务稽查人员具有规定回避情形的，应当要求其回避。稽查局局长的回避，由税务局局长依法审查决定。

（9）税务稽查人员对实施税务稽查过程中知悉的国家秘密、商业秘密或者个人隐私、个人信息，应当依法予以保密。

纳税人、扣缴义务人和其他涉税当事人的税收违法行为不属于保密范围。

（10）税务稽查人员应当遵守工作纪律，恪守职业道德，不得有下列行为：①违反法定程序、超越权限行使职权；②利用职权为自己或者他人牟取利益；③玩忽职守，不履行法定义务；④泄露国家秘密、工作秘密，向被查对象通风报信、泄露案情；⑤弄虚作假，故意夸大或者隐瞒案情；⑥接受被查对象的请客送礼等影响公正执行公务的行为；⑦其他违法违纪行为。

税务稽查人员在执法办案中滥用职权、玩忽职守、徇私舞弊的，依照有关规定严肃处理；涉嫌犯罪的，依法移送司法机关处理。

（11）税务稽查案件办理应当通过文字、音像等形式，对案件办理的启动、调查取证、审核、决定、送达、执行等进行全过程记录。

（二）选案

（1）稽查局应当加强稽查案源管理，全面收集整理案源信息，合理、准确地选择待查对象。案源管理依照国家税务总局有关规定执行。

（2）待查对象确定后，经稽查局局长批准实施立案检查。

必要时，依照法律法规的规定，稽查局可以在立案前进行检查。

（3）稽查局应当统筹安排检查工作，严格控制对纳税人、扣缴义务人的检查次数。

（三）检查

（1）检查前，稽查局应当告知被查对象检查时间、需要准备的资料等，但预先通知有碍检查的除外。

检查应当由两名以上具有执法资格的检查人员共同实施，并向被查对象出示税务检查证件、出示或者送达税务检查通知书，告知其权利和义务。

（2）检查应当依照法定权限和程序，采取实地检查、调取账簿资料、询问、查询存款账户或者储蓄存款、异地协查等方法。

对采用电子信息系统进行管理和核算的被查对象，检查人员可以要求其打开该电子信息系统，或者提供与原始电子数据、电子信息系统技术资料一致的复制件。被查对象拒不打开或者拒不提供的，经稽查局局长批准，可以采用适当的技术手段对该电子信息系统进行直接检查，或者提取、复制电子数据进行检查，但所采用的技术手段不得破坏该电子信息系统原始电子数据，或者影响该电子信息系统正常运行。

（3）检查应当依照法定权限和程序收集证据材料。收集的证据必须经查证属实，并与证明事项相关联。

不得以下列方式收集、获取证据材料：①严重违反法定程序收集；②以违反法律强制性规定的手段获取且侵害他人合法权益；③以利诱、欺诈、胁迫、暴力等手段获取。

（4）调取账簿、记账凭证、报表和其他有关资料时，应当向被查对象出具调取账簿资料通知书，并填写调取账簿资料清单交其核对后签章确认。

调取纳税人、扣缴义务人以前会计年度的账簿、记账凭证、报表和其他有关资料的，应当经县以上税务局局长批准，并在3个月内完整退还；调取纳税人、扣缴义务人当年的账簿、记账凭证、报表和其他有关资料的，应当经设区的市、自治州以上税务局局长批准，并在30日内退还。

退还账簿资料时，应当由被查对象核对调取账簿资料清单，并签章确认。

（5）需要提取证据材料原件的，应当向当事人出具提取证据专用收据，由当事人核对后签章确认。对需要退还的证据材料原件，检查结束后应当及时退还，并履行相关签收手续。需要将已开具的纸质发票调出查验时，应当向被查验的单位或者个人开具发票换票证；需要将空白纸质发票调出查验时，应当向被查验的单位或者个人开具调验空白发票收据。经查无问题的，应当及时退还，并履行相关签收手续。

提取证据材料复制件的，应当由当事人或者原件保存单位（个人）在复制件上注明"与原件核对无误"及原件存放地点，并签章。

（6）询问应当由两名以上检查人员实施。除在被查对象生产、经营、办公场所询问外，应当向被询问人送达询问通知书。

询问时应当告知被询问人有关权利义务。询问笔录应当交被询问人核对或者向其宣读；询问笔录有修改的，应当由被询问人在改动处捺指印；核对无误后，由被询问人在尾页结束处写明"以上笔录我看过（或者向我宣读过），与我说的相符"，并逐页签章、捺指印。被询问人拒绝在询问笔录上签章、捺指印的，检查人员应当在笔录上注明。

（7）当事人、证人可以采取书面或者口头方式陈述或者提供证言。当事人、证人口头陈述或者提供证言的，检查人员应当以笔录、录音、录像等形式进行记录。笔录可以手写或者使用计算机记录并打印，由当事人或者证人逐页签章、捺指印。

当事人、证人口头提出变更陈述或者证言的，检查人员应当就变更部分重新制作笔录，注明原因，由当事人或者证人逐页签章、捺指印。当事人、证人变更书面陈述或者证言的，变更前的笔录不予退回。

（8）制作录音、录像等视听资料的，应当注明制作方法、制作时间、制作人和证明对象等内容。

调取视听资料时，应当调取有关资料的原始载体；难以调取原始载体的，可以调取复制件，但应当说明复制方法、人员、时间和原件存放处等事项。

对声音资料，应当附有该声音内容的文字记录；对图像资料，应当附有必要的文字说明。

（9）以电子数据的内容证明案件事实的，检查人员可以要求当事人将电子数据打印成纸质资料，在纸质资料上注明数据出处、打印场所、打印时间或者提供时间，注明"与电子数据核对无误"，并由当事人签章。

需要以有形载体形式固定电子数据的，检查人员应当与提供电子数据的个人、单位的法定代表人或者财务负责人或者经单位授权的其他人员一起将电子数据复制到存储介质上并封存，同时在封存包装物上注明制作方法、制作时间、制作人、文件格式及大小等，注明"与原始载体记载的电子数据核对无误"，并由电子数据提供人签章。

收集、提取电子数据，检查人员应当制作现场笔录，注明电子数据的来源、事由、证明目的或者对象，提取时间、地点、方法、过程，原始存储介质的存放地点以及对电子数据存储介质的签封情况等。进行数据压缩的，应当在笔录中注明压缩方法和完整性校验值。

（10）检查人员实地调查取证时，可以制作现场笔录、勘验笔录，对实地调查取证情况予以记录。

制作现场笔录、勘验笔录，应当载明时间、地点和事件等内容，并由检查人员签名和当事人签章。

当事人经通知不到场或者拒绝在现场笔录、勘验笔录上签章的，检查人员应当在笔录上注明原因；如有其他人员在场，可以由其签章证明。

（11）检查人员异地调查取证的，当地税务机关应当予以协助；发函委托相关稽查局调查取证的，必要时可以派人参与受托地稽查局的调查取证，受托地稽查局应当根据协查请求，依照法定权限和程序调查。

需要取得境外资料的，稽查局可以提请国际税收管理部门依照有关规定程序获取。

（12）查询从事生产、经营的纳税人、扣缴义务人存款账户，应当经县以上税务局局长批准，凭检查存款账户许可证明向相关银行或者其他金融机构查询。

查询案件涉嫌人员储蓄存款的，应当经设区的市、自治州以上税务局局长批准，凭检查存款账户许可证明向相关银行或者其他金融机构查询。

（13）被查对象有下列情形之一的，依照《税收征收管理法》和《税收征收管理法实施细则》有关逃避、拒绝或者以其他方式阻挠税务检查的规定处理：①提供虚假资料，不如实反映情况，或者拒绝提供有关资料的；②拒绝或者阻止税务机关记录、录音、录像、照相和复制与案件有关的情况和资料的；③在检查期间转移、隐匿、销毁有关资料的；④有不依法接受税务检查的其他情形的。

（14）税务机关有根据认为从事生产、经营的纳税人有逃避纳税义务行为，可以在规定的纳税期之前，责令限期缴纳应纳税款；在限期内发现纳税人有明显的转移、隐匿其应纳税的商品、货物以及其他财产或者应纳税收入迹象的，可以责成纳税人提供纳税担保。如果纳税人不能提供纳税担保，经县以上税务局局长批准，可以依法采取税收强制措施。

检查从事生产、经营的纳税人以前纳税期的纳税情况时，发现纳税人有逃避纳税义务行为，并有明显的转移、隐匿其应纳税的商品、货物以及其他财产或者应纳税收入迹象的，经县以上税务局局长批准，可以依法采取税收强制措施。

(15)稽查局采取税收强制措施时,应当向纳税人、扣缴义务人、纳税担保人交付税收强制措施决定书,告知其采取税收强制措施的内容、理由、依据以及依法享有的权利、救济途径,并履行法律、法规规定的其他程序。

采取冻结纳税人在开户银行或者其他金融机构的存款措施时,应当向纳税人开户银行或者其他金融机构交付冻结存款通知书,冻结其相当于应纳税款的存款;并于作出冻结决定之日起3个工作日内,向纳税人交付冻结决定书。

采取查封、扣押商品、货物或者其他财产措施时,应当向纳税人、扣缴义务人、纳税担保人当场交付查封、扣押决定书,填写查封商品、货物或者其他财产清单或者出具扣押商品、货物或者其他财产专用收据,由当事人核对后签章。查封清单、扣押收据一式二份,由当事人和稽查局分别保存。

采取查封、扣押有产权证件的动产或者不动产措施时,应当依法向有关单位送达税务协助执行通知书,通知其在查封、扣押期间不再办理该动产或者不动产的过户手续。

(16)按照上述第(14)项第二款规定采取查封、扣押措施的,期限一般不得超过6个月;重大案件有下列情形之一,需要延长期限的,应当报国家税务总局批准:①案情复杂,在查封、扣押期限内确实难以查明案件事实的;②被查对象转移、隐匿、销毁账簿、记账凭证或者其他证据材料的;③被查对象拒不提供相关情况或者以其他方式拒绝、阻挠检查的;④解除查封、扣押措施可能使纳税人转移、隐匿、损毁或者违法处置财产,从而导致税款无法追缴的。

除上述规定情形外采取查封、扣押、冻结措施的,期限不得超过30日;情况复杂的,经县以上税务局局长批准,可以延长,但是延长期限不得超过30日。

(17)有下列情形之一的,应当依法及时解除税收强制措施:①纳税人已按履行期限缴纳税款、扣缴义务人已按履行期限解缴税款、纳税担保人已按履行期限缴纳所担保税款的;②税收强制措施被复议机关决定撤销的;③税收强制措施被人民法院判决撤销的;④其他法定应当解除税收强制措施的。

(18)解除税收强制措施时,应当向纳税人、扣缴义务人、纳税担保人送达解除税收强制措施决定书,告知其解除税收强制措施的时间、内容和依据,并通知其在规定时间内办理解除税收强制措施的有关事宜:①采取冻结存款措施的,应当向冻结存款的纳税人开户银行或者其他金融机构送达解除冻结存款通知书,解除冻结;②采取查封商品、货物或者其他财产措施的,应当解除查封并收回查封商品、货物或者其他财产清单;③采取扣押商品、货物或者其他财产措施的,应当予以返还并收回扣押商品、货物或者其他财产专用收据。

税收强制措施涉及协助执行单位的，应当向协助执行单位送达税务协助执行通知书，通知解除税收强制措施相关事项。

（19）有下列情形之一，致使检查暂时无法进行的，经稽查局局长批准后，中止检查：①当事人被有关机关依法限制人身自由的；②账簿、记账凭证及有关资料被其他国家机关依法调取且尚未归还的；③与税收违法行为直接相关的事实需要人民法院或者其他国家机关确认的；④法律、行政法规或者国家税务总局规定的其他可以中止检查的。

中止检查的情形消失，经稽查局局长批准后，恢复检查。

（20）有下列情形之一，致使检查确实无法进行的，经稽查局局长批准后，终结检查：①被查对象死亡或者被依法宣告死亡或者依法注销，且有证据表明无财产可抵缴税款或者无法定税收义务承担主体的；②被查对象税收违法行为均已超过法定追究期限的；③法律、行政法规或者国家税务总局规定的其他可以终结检查的。

（21）检查结束前，检查人员可以将发现的税收违法事实和依据告知被查对象。

被查对象对违法事实和依据有异议的，应当在限期内提供说明及证据材料。被查对象口头说明的，检查人员应当制作笔录，由当事人签章。

（四）审理

（1）检查结束后，稽查局应当对案件进行审理。符合重大税务案件标准的，稽查局审理后提请税务局重大税务案件审理委员会审理。

重大税务案件审理依照国家税务总局有关规定执行。

（2）案件审理应当着重审核以下内容：①执法主体是否正确；②被查对象是否准确；③税收违法事实是否清楚，证据是否充分，数据是否准确，资料是否齐全；④适用法律、行政法规、规章及其他规范性文件是否适当，定性是否正确；⑤是否符合法定程序；⑥是否超越或者滥用职权；⑦税务处理、处罚建议是否适当；⑧其他应当审核确认的事项或者问题。

（3）有下列情形之一的，应当补正或者补充调查：①被查对象认定错误的；②税收违法事实不清、证据不足的；③不符合法定程序的；④税务文书不规范、不完整的；⑤其他需要补正或者补充调查的。

（4）拟对被查对象或者其他涉税当事人作出税务行政处罚的，应当向其送达税务行政处罚事项告知书，告知其依法享有陈述、申辩及要求听证的权利。税务行政处罚事项告知书应当包括以下内容：①被查对象或者其他涉税当事人姓名或者名称、有效身份证件号码或者统一社会信用代码、地址。没有统一社会信用代码的，以税务机关赋予的纳税人识别号代替；②认定的税收违法事实和性质；③适用的法律、行政法规、规章及其他规范性文件；④拟作出的税务行政处罚;⑤当事人依法享有的权利;⑥告知书的文号、制作日期、税务机关名称及印章;⑦其他相关事项。

(5)被查对象或者其他涉税当事人可以书面或者口头提出陈述、申辩意见。对当事人口头提出陈述、申辩意见,应当制作陈述申辩笔录,如实记录,由陈述人、申辩人签章。

应当充分听取当事人的陈述、申辩意见;经复核,当事人提出的事实、理由或者证据成立的,应当采纳。

(6)被查对象或者其他涉税当事人按照法律、法规、规章要求听证的,应当依法组织听证。

听证依照国家税务总局有关规定执行。

(7)经审理,区分下列情形分别作出处理:①有税收违法行为,应当作出税务处理决定的,制作税务处理决定书;②有税收违法行为,应当作出税务行政处罚决定的,制作税务行政处罚决定书;③税收违法行为轻微,依法可以不予税务行政处罚的,制作不予税务行政处罚决定书;④没有税收违法行为的,制作税务稽查结论。

税务处理决定书、税务行政处罚决定书、不予税务行政处罚决定书、税务稽查结论引用的法律、行政法规、规章及其他规范性文件,应当注明文件全称、文号和有关条款。

(8)税务处理决定书应当包括以下主要内容:①被查对象姓名或者名称、有效身份证件号码或者统一社会信用代码、地址。没有统一社会信用代码的,以税务机关赋予的纳税人识别号代替;②检查范围和内容;③税收违法事实及所属期间;④处理决定及依据;⑤税款金额、缴纳期限及地点;⑥税款滞纳时间、滞纳金计算方法、缴纳期限及地点;⑦被查对象不按期履行处理决定应当承担的责任;⑧申请行政复议或者提起行政诉讼的途径和期限;⑨处理决定书的文号、制作日期、税务机关名称及印章。

(9)税务行政处罚决定书应当包括以下主要内容:①被查对象或者其他涉税当事人姓名或者名称、有效身份证件号码或者统一社会信用代码、地址。没有统一社会信用代码的,以税务机关赋予的纳税人识别号代替;②检查范围和内容;③税收违法事实、证据及所属期间;④行政处罚种类和依据;⑤行政处罚履行方式、期限和地点;⑥当事人不按期履行行政处罚决定应当承担的责任;⑦申请行政复议或者提起行政诉讼的途径和期限;⑧行政处罚决定书的文号、制作日期、税务机关名称及印章。

税务行政处罚决定应当依法公开。公开的行政处罚决定被依法变更、撤销、确认违法或者确认无效的,应当在3个工作日内撤回原行政处罚决定信息并公开说明理由。

(10)不予税务行政处罚决定书应当包括以下主要内容:①被查对象或者其他涉税当事人姓名或者名称、有效身份证件号码或者统一社会信用代码、地址。没有统一社会信用代码的，以税务机关赋予的纳税人识别号代替；②检查范围和内容；③税收违法事实及所属期间；④不予税务行政处罚的理由及依据；⑤申请行政复议或者提起行政诉讼的途径和期限；⑥不予行政处罚决定书的文号、制作日期、税务机关名称及印章。

（11）税务稽查结论应当包括以下主要内容：①被查对象姓名或者名称、有效身份证件号码或者统一社会信用代码、地址。没有统一社会信用代码的，以税务机关赋予的纳税人识别号代替；②检查范围和内容；③检查时间和检查所属期间；④检查结论；⑤结论的文号、制作日期、税务机关名称及印章。

（12）稽查局应当自立案之日起90日内作出行政处理、处罚决定或者无税收违法行为结论。案情复杂需要延期的，经税务局局长批准，可以延长不超过90日；特殊情况或者发生不可抗力需要继续延期的，应当经上一级税务局分管副局长批准，并确定合理的延长期限。但下列时间不计算在内：①中止检查的时间；②请示上级机关或者征求有权机关意见的时间；③提请重大税务案件审理的时间；④因其他方式无法送达，公告送达文书的时间；⑤组织听证的时间；⑥纳税人、扣缴义务人超期提供资料的时间；⑦移送司法机关后，税务机关需根据司法文书决定是否处罚的案件，从司法机关接受移送到司法文书生效的时间。

（13）税收违法行为涉嫌犯罪的，填制涉嫌犯罪案件移送书，经税务局局长批准后，依法移送公安机关，并附送以下资料：①涉嫌犯罪案件情况的调查报告；②涉嫌犯罪的主要证据材料复制件；③其他有关涉嫌犯罪的材料。

（五）执行

（1）稽查局应当依法及时送达税务处理决定书、税务行政处罚决定书、不予税务行政处罚决定书、税务稽查结论等税务文书。

（2）具有下列情形之一的，经县以上税务局局长批准，稽查局可以依法强制执行，或者依法申请人民法院强制执行：①纳税人、扣缴义务人未按照规定的期限缴纳或者解缴税款、滞纳金，责令限期缴纳逾期仍未缴纳的；②经稽查局确认的纳税担保人未按照规定的期限缴纳所担保的税款、滞纳金，责令限期缴纳逾期仍未缴纳的；③当事人对处罚决定逾期不申请行政复议也不向人民法院起诉、又不履行的；④其他可以依法强制执行的。

（3）当事人确有经济困难，需要延期或者分期缴纳罚款的，可向稽查局提出申请，经税务局局长批准后，可以暂缓或者分期缴纳。

（4）作出强制执行决定前，应当制作并送达催告文书，催告当事人履行义务，听取当事人陈述、申辩意见。经催告，当事人逾期仍不履行行政决定，且无正当理由的，经县以上税务局局长批准，实施强制执行。

实施强制执行时，应当向被执行人送达强制执行决定书，告知其实施强制执行的内容、理由及依据，并告知其享有依法申请行政复议或者提起行政诉讼的权利。

催告期间，对有证据证明有转移或者隐匿财物迹象的，可以作出立即强制执行决定。

（5）稽查局采取从被执行人开户银行或者其他金融机构的存款中扣缴税款、滞纳金、罚款措施时，应当向被执行人开户银行或者其他金融机构送达扣缴税收款项通知书，依法扣缴税款、滞纳金、罚款，并及时将有关凭证送达被执行人。

（6）拍卖、变卖被执行人商品、货物或者其他财产，以拍卖、变卖所得抵缴税款、滞纳金、罚款的，在拍卖、变卖前应当依法进行查封、扣押。

稽查局拍卖、变卖被执行人商品、货物或者其他财产前，应当制作拍卖/变卖抵税财物决定书，经县以上税务局局长批准后送达被执行人，予以拍卖或者变卖。拍卖或者变卖实现后，应当在结算并收取价款后3个工作日内，办理税款、滞纳金、罚款的入库手续，并制作拍卖/变卖结果通知书，附拍卖/变卖查封、扣押的商品、货物或者其他财产清单，经稽查局局长审核后，送达被执行人。

以拍卖或者变卖所得抵缴税款、滞纳金、罚款和拍卖、变卖等费用后，尚有剩余的财产或者无法进行拍卖、变卖的财产的，应当制作返还商品、货物或者其他财产通知书，附返还商品、货物或者其他财产清单，送达被执行人，并自办理税款、滞纳金、罚款入库手续之日起3个工作日内退还被执行人。

（7）执行过程中发现有下列情形之一的，经稽查局局长批准后，中止执行：①当事人死亡或者被依法宣告死亡，尚未确定可执行财产的；②当事人进入破产清算程序尚未终结的；③可执行财产被司法机关或者其他国家机关依法查封、扣押、冻结，致使执行暂时无法进行的；④可供执行的标的物需要人民法院或者仲裁机构确定权属的；⑤法律、行政法规和国家税务总局规定其他可以中止执行的。

中止执行情形消失后，经稽查局局长批准，恢复执行。

（8）当事人确无财产可供抵缴税款、滞纳金、罚款或者依照破产清算程序确实无法清缴税款、滞纳金、罚款，或者有其他法定终结执行情形的，经税务局局长批准后，终结执行。

（9）税务处理决定书、税务行政处罚决定书等决定性文书送达后，有下列情形之一的，稽查局可以依法重新作出：①决定性文书被人民法院判决撤销的；②决定性文书被行政复议机关决定撤销的；③税务机关认为需要变更或者撤销原决定性文书的；④其他依法需要变更或者撤销原决定性文书的。

（六）附则

（1）该规定相关税务文书的式样，由国家税务总局规定。

（2）该规定所称签章，区分以下情况确定：①属于法人或者其他组织的，由相关人员签名，加盖单位印章并注明日期；②属于个人的，由个人签名并注明日期。

该规定所称"以上""日内"，均含本数。

二、税务稽查办案专项经费管理

（一）总则

（1）为了规范税务稽查办案专项经费管理，加强税务稽查办案专项经费使用的监督，提高财政资金使用效益，根据《中华人民共和国预算法》等法规的相关规定，财政部制定《税务稽查办案专项经费管理暂行办法》（财行〔2009〕557号印发）。

（2）税务稽查办案专项经费是指中央财政保障国家税务局系统（以下简称国税系统）查办税收案件任务的完成，安排用于税务稽查部门查办税收案件的专项经费。包括一般办案费和大案要案办案费。

一般办案费是指县以上国家税务局依照国家税务总局《税务稽查工作规程》（国税发〔1995〕226号印发）有关规定立案查办除大案要案以外的税收案件所发生的相关费用。

大案要案办案费是指国家税务总局直接组织查办或者督办税收违法大案要案所发生的有关费用。

（3）国家税务总局直接组织查办或督办的大案要案主要包括：①党中央、国务院批转交办的案件；②最高人民法院、最高人民检察院、公安部、审计署、国家信访局等部门需要国税系统协助查办的案件；③国家税务总局领导批转交办，或者由国家税务总局稽查局直接组织查办或负责督办的案件等。

（4）各省、自治区、直辖市、计划单列市国家税务局提请国家税务总局督办或者组织协查，并符合下列标准之一的案件，视同大案要案处理：①单位偷税、逃避追缴欠税数额在250万元以上（含250万元，下同），个人（包括个体工商户）偷税、逃避追缴欠税数额在50万元以上的；②抗税数额在30万元以上，或者聚众抗税，或者冲击、打砸税务机关，或者围攻、殴打税务人员，或者暴力抗税致人重伤、死亡的；③骗取出口退税款数额在200万元以上的；④虚开增值税专用发票及其他可抵扣凭证，涉及税款数额在300万元以上的；⑤伪造增值税专用发票及其他可抵扣凭证，或者出售伪造的增值税专用发票及其他可抵扣凭证，份数在250份以上的；⑥非法出售增值税专用发票及其他可抵扣凭证，或者非法购买增值税专用发票及其他可抵扣凭证，或者购买伪造的增值税专用发票及其他可抵扣凭证，份数在250份以上的；⑦非法出售其他发票，或者伪造、擅自制造其他发票，或者出售伪造、擅自制造的其他发票，份数在1 000份以上的。

（5）税务稽查办案专项经费的管理使用应当遵循专款专用、专项管理、厉行节约、注重实效的原则，不得用于弥补日常经费支出或挪作其他用途。

（二）支出范围和标准

（1）税务稽查办案专项经费的支出范围包括：①差旅费，是指办案人员外出调查取证所发生的住宿费、旅费、伙食补助费及杂费；②邮电费，是指办案人员在集中办案或者异地办案期间所发生的邮寄费、电话费（不含移动通信费）、电报费、传真费、网络通讯费等；③会议费，是指召开与办案直接相关的会议所发生的会议场地租用费、印刷费等；④设备购置费，是指为查办税收案件购置必需计算机、摄像器材、传真机、复印机等办案设备所发生的费用；⑤租赁费，是指集中办案过程中临时租赁办公用房、交通工具及其他设备所发生的费用；⑥培训费，是指集中办案期间，对办案人员进行培训所发生的费用；⑦检举奖励费，是指按照有关规定，用于奖励已查实并结案的税收违法案件检举有功人员的经费；⑧协查办案费，是指办案单位在办案过程中支付给案件协查单位的有关费用，复制、翻拍、传递情报材料的费用以及组织、委托有关方面人员进行专题情报研究的费用等；⑨误餐费，是指办案人员在市内调查取证过程中，因工作需要不能正常用餐的补助。

（2）税务稽查办案专项经费支出，国家已有相关支出标准的，应当严格执行有关规定；没有支出标准的，应当严格控制支出。①差旅费、会议费和培训费的支出标准，按照有关规定执行。②从严控制设备购置支出，办案所需设备原则上使用已有设备。需新购置设备的，所需经费从基本支出经费中安排，确实无法安排而办案又急需的，可从设备购置经费中安排。设备购置按照政府采购有关规定执行。③严格控制租赁设备支出，根据办案工作需要，应当在参照当地相关设备租赁价格水平的基础上，从严控制租赁费支出。④检举奖励费标准，按照财政部、国家税务总局、人力资源社会保障部的有关规定执行。⑤邮电费、误餐费根据相关规定执行。⑥根据协查办案业务量，从严控制协查办案费支出。

（三）预算编制和执行

（1）税务稽查办案专项经费的预算编制和批复程序，按照财政部部门预算的要求和国家税务总局的规定执行。

（2）财政部批复国家税务总局部门预算后，国家税务总局应当按照部门预算管理的相关要求，及时向下级预算单位批复稽查办案专项经费预算。

（3）各级国家税务局应当严格执行税务稽查办案专项经费预算，不得自行调整。预算执行过程中如确需调整税务稽查办案专项经费预算的，必须按照规定的程序报批。

（4）税务稽查办案专项经费年底形成的结余资金，按照财政部结余资金管理的有关规定执行。

（四）经费使用和监督

（1）税务稽查办案专项经费由各级国家税务局财务部门和稽查部门按照职责分工实施管理。财务部门负责编制税务稽查办案专项经费预算、决算，实施日常会计核算。稽查部门负责提出税务稽查办案专项经费预算申请，并严格按照该办法有关规定使用。

（2）各级国家税务局财务部门要加强税务稽查办案专项经费支出的财务管理，按照规定的支出范围和标准支付费用。①差旅费、会议费、邮电费和培训费，凭有效发票（单据），经专案负责人和稽查部门审核后，报主管本级稽查办案的国家税务局（以下简称主管局）审批。②购置办案所需设备，应当由办案单位提出申请，经专案交办单位或者批准立案单位相关领导批准后，由同级固定资产管理部门和财务部门按照政府采购的有关规定进行购置。发生的相关费用，按照相关财务审核审批程序和国库集中支付的有关规定办理。用办案经费购置的设备，由省级国家税务局按照规定权限和程序审批，报国家税务总局备案。③租赁办案用房、办案设备由办案单位提出申请，经专案交办单位或者批准立案单位相关领导审核，报主管局审批。发生的相关费用，由办案单位的相关负责人签字后凭有效单据报销。④检举奖励按照国家税务总局的有关规定执行。⑤协查办案费，应当由办案单位提出申请，经专案交办单位或者批准立案单位相关领导审核，由办案单位的相关责任人签字后，报主管局审批。⑥误餐费，应当由办案单位的相关负责人签字后，按照财政部规定的有关标准，凭有效单据报销。

（3）使用税务稽查办案专项经费购置的固定资产，应当按照有关政策规定纳入本单位固定资产核算和管理。

（4）各级国家税务局应当按照该办法规定的支出范围和标准，加强对税务稽查办案专项经费使用情况的监督检查。

财政部和国家税务总局按照有关规定和职责分工对稽查办案专项经费的使用情况进行监督检查。

对超范围使用、超标准支出、挤占挪用税务稽查办案专项经费的依照《财政违法行为处罚处分条例》（国务院令第427号）等有关规定追究法律责任，并由上级税务机关按照有关规定扣减下一年度税务稽查办案专项经费。

（五）补充规定

根据《财政部 税务总局关于〈税务稽查办案专项经费管理暂行办法〉的补充通知》（财行〔2017〕84号）的规定，财政部、各级国税部门及其工作人员在税务稽查办案经费预算编制、调剂、决算等审批工作中，存在违规编报、批复预决算，违规管理税务稽查办案项目资金等行为的，以及其他滥用职权、玩忽职守、徇私舞弊等违法违纪行为的，按照《中华人民共和国预算法》《中华人民共和国公务员法》《中华人民共和国行政监察法》《财政违法行为处罚处分条例》等国家有关规定追究相应责任；涉嫌犯罪的，移送司法机关处理。

三、税务稽查案源管理

（一）总则

（1）为规范税务稽查案源管理，提高税务稽查质效，推进税务稽查体制机制改革，根据《税收征收管理法》及其实施细则等相关规定，国家税务总局制定《税务稽查案源管理办法（试行）》（税总发〔2016〕71号印发）。

（2）该办法适用于国家税务总局及省、市、县税务局。

（3）该办法所称税务稽查案源（以下统称案源）即税收违法案件的来源，是指经过收集、分析、判断、处理等程序形成的涉嫌偷税（逃避缴纳税款）、逃避追缴欠税、骗税、抗税、虚开发票等税收违法行为的相关数据、信息和线索。

（4）该办法所称税务稽查案源管理，是指税务局稽查局（以下简称稽查局）按照规定程序，对各类涉税数据、信息和线索进行收集、处理、立案、反馈的管理过程。

案源管理的具体流程主要包括案源信息的收集、案源的分类处理、案源的立案分配和处理结果的使用。

（5）案源管理应当遵循依法依规、风险导向、统筹协调、分类分级、动态管理的原则。

（6）税务局应当以风险管理为导向，以税收大数据为支撑，以风险推送、外部转办、稽查自选为重点，以打击偷税（逃避缴纳税款）、逃避追缴欠税、骗税、抗税、虚开发票等税收违法行为为目标，注重处理结果的分析反馈和增值使用，形成风险闭环式案源管理的新格局。

（7）案源由稽查局归口管理。

上级稽查局对下级稽查局的案源管理工作进行指导和监督。

下级稽查局确定的案源属于上级稽查局重点稽查对象名录范围的，应当报上级稽查局审批。

实施案源集中管理的地区，由上级稽查局审批确定下级稽查局选取的案源。

（8）各级税务机关应当不断提高案源管理信息化水平，高效采集、有效整合税收征管数据与社会公共数据，保障案源信息的及时性、有效性和准确性。

（二）案源信息

（1）案源信息是指税务局在税收管理中形成的，以及外部相关单位、部门或者个人提供的纳税人、扣缴义务人和其他涉税当事人（以下简称纳税人）的税收数据、信息和违法行为线索。

（2）案源信息的内容具体包括：①纳税人自行申报的税收数据和信息，以及税务局在税收管理过程中形成的税务登记、发票使用、税收优惠、资格认定、出口退税、企业财务报表等涉税数据和信息；②税务局风险管理等部门在风险分析和识别工作中发现并推送的高风险纳税人风险信息；③上级党委、政府、纪检监察等单位和上级税务机关（以下统称上级机关）通过督办函、交办函等形式下发的督办、交办任务提供的税收违法线索；④检举人提供的税收违法线索；⑤受托协查事项形成的税收违法线索；⑥公安、检察、审计、纪检监察等外部单位以及税务局督察内审、纪检监察等部门提供的税收违法线索；⑦专项情报交换、自动情报交换和自发情报交换等过程中形成的国际税收情报信息；⑧稽查局执法过程中形成的案件线索、处理处罚等税务稽查数据；⑨政府部门和社会组织共享的涉税信息以及税务局收集的社会公共信息等第三方信息；⑩其他涉税数据、信息和税收违法线索。

（3）稽查局应当拓展信息来源渠道，按规定收集和整理案源信息。

稽查局案源部门（以下简称案源部门）负责以下事项：①接收风险管理等部门推送的高风险纳税人风险信息，税务局内、外部相关单位和部门提供的税收违法线索，并确认案源信息来源部门的工作和时限要求；②接收督办、交办线索，并明确督办、交办事项的工作和时限要求；③收集和整理纳税人自行申报信息、税收管理数据、税务稽查数据、国际税收情报信息和第三方信息等涉税数据、信息，并按照稽查任务和计划，提取选案所需的案源信息。

稽查局举报受理部门（以下简称举报受理部门）负责接收书信、来访、互联网、传真等形式的检举线索。12366纳税服务热线举报专岗负责接收的电话形式的检举线索，应填制举报工单后移交举报受理部门进一步处理。

稽查局协查部门（以下简称协查部门）负责接收协查信息管理系统发函、不通过协查系统发起的纸质发函、实地协查等形式的协查线索，并按照《税收违法案件协查函》的内容登记案源信息。

（4）案源信息以纳税人识别号为标识，一户一档建立案源信息档案。案源信息档案包括基本信息、分类信息、异常信息、共享信息和必要的信息标识等。

（5）稽查局应当对案源信息进行分类处理，建立案源信息库；同时按照随机抽查工作要求，在案源信息档案中分级标识重点稽查对象，作为建立税务稽查随机抽查对象名录库的重要信息来源。

（三）案源类型

（1）根据案源信息的来源不同，将案源分为九种类型：①推送案源，是指根据风险管理等部门按照风险管理工作流程推送的高风险纳税人风险信息分析选取的案源；②督办案源，是指根据上级机关以督办函等形式下达的，有明确工作和时限要求的特定纳税人税收违法线索或者工作任务确认的案源；③交办案源，是指根据上级机关以交办函等形式交办的特定纳税人税收违法线索或者工作任务确认的案源；④安排案源，是指根据上级税务局安排的随机抽查计划和打击偷税（逃避缴纳税款）、逃避追缴欠税、骗税、抗税、虚开发票等稽查任务，对案源信息进行分析选取的案源；⑤自选案源，是指根据本级税务局制定的随机抽查和打击偷税（逃避缴纳税款）、逃避追缴欠税、骗税、抗税、虚开发票等稽查任务，对案源信息进行分析选取的案源；⑥检举案源，是指对检举线索进行识别判断确认的案源；⑦协查案源，是指对协查线索进行识别判断确认的案源；⑧转办案源，是指对公安、检察、审计、纪检监察等外部单位以及税务局督察内审、纪检监察等部门提供的税收违法线索进行识别判断确认的案源；⑨其他案源，是指对税务稽查部门自行收集或者税务局内、外部相关单位和部门提供的其他税收违法线索进行识别判断确认的案源。

（2）督办案源、交办案源、转办案源、检举案源和协查案源由于来源渠道特殊，统称为特殊案源。

对特殊案源应当由稽查局指定专人负责管理，严格遵守保密纪律，依法依规进行处理。

（四）案源处理

（1）案源处理是指案源部门对收集的案源信息进行识别和判断，根据案源类型、纳税人状态、线索清晰程度、税收风险等级等因素，进行退回或者补正、移交税务局相关部门、暂存待查、调查核实（包括协查）、立案检查等分类处理的过程。

（2）案源部门对案源信息进行识别判断，提出拟处理意见，填写《税务稽查案源审批表》，经稽查局负责人批准后处理。

（3）推送和转办的案源信息符合下列情形之一的，案源部门制作《案源信息退回（补正）函》，退回信息来源部门或者要求信息来源部门补充资料：①纳税人不属于管辖范围，纳税人状态为非正常或者注销的，可以作退回处理；②案源信息数据有误、未提供必要数据资料或者其他导致无法进一步处理的情形，可以作退回处理或者要求补充资料；③税收违法线索不清晰或者资料不完整，要求补充资料不能补充资料的，可以作退回处理；④其他需要退回信息来源部门或者要求补充资料的情形。

（4）符合下列情形之一的，案源部门制作《转办函》，移交税务局相关部门处理：①检举、转办等案源信息涉及发票违法等事项，通过日常税务管理能够纠正的，经税务局负责人批准移交相关部门处理；②协查事项需要提供纳税人查无此户、非正常、注销等状态证明或者提取征管资料、鉴定发票等事项，经稽查局负责人批准移交相关部门配合取证；③案源信息涉及特别纳税调整事项的，经税务局负责人批准移交反避税部门处理；④其他需要移交相关部门配合工作的事项。

（5）符合下列情形之一的，作暂存待查处理：①纳税人状态为非正常或者注销的督办、交办案源信息，经督办、交办部门同意可以作暂存待查处理；②纳税人状态为非正常、注销或者税收违法线索不清晰的检举案源信息可以作暂存待查处理；③纳税人走逃而无法开展检查的可以作暂存待查处理；④其他不宜开展检查又无法退回的情形。

（6）符合下列情形之一的特殊案源，经稽查局负责人批准进行调查核实（包括协查）：①督办、交办的工作任务只涉及协助取证等事项，通过调查核实（包括协查）可以完成，经督办、交办部门同意的；②检举案源信息线索较明确但缺少必要证明资料，举报受理部门认为需要通过调查核实（包括协查）确认的；③协查案源信息不符合《税收违法案件发票协查管理办法（试行）》规定的直接立案条件的，应当根据协查要求及时安排调查核实（包括协查）；④其他特殊案源信息，存在一定疑点线索但缺少必要证明资料，需要通过进一步调查核实（包括协查）确认的。

需要调查核实（包括协查）的，应由案源部门或者举报受理部门或者协查部门制作《税务稽查调查核实（包括协查）任务通知书》，转送稽查局检查部门（以下简称检查部门），检查部门制作《税务检查通知书（检通二）》进行调查核实（包括协查）。检查部门应当按照有关要求根据调查核实结果制作《税务稽查调查核实（包括协查）报告》反馈安排调查核实（包括协查）任务的部门。

（7）符合下列情形之一的，确认为需要立案检查的案源：①督办、交办事项明确要求立案检查的案源；②案源部门接收并确认的高风险纳税人风险信息案源，以及按照稽查任务和计划要求安排和自选的案源；③举报受理部门受理的检举内容详细、线索清楚的案源；④协查部门接收的协查案源信息涉及的纳税人状态正常，且存在下列情形之一的案源：委托方已开具《已证实虚开通知单》并提供相关证据的；委托方提供的证据资料能够证明协查对象存在税收违法嫌疑的；协查证实协查对象存在税收违法行为的；⑤转办案源涉及的纳税人状态正常，且税收违法线索清晰的案源；⑥经过调查核实（包括协查）发现纳税人存在税收违法行为的案源；⑦其他经过识别判断后应当立案的案源；⑧上级稽查局要求立案检查的案源。

（五）案源分配

（1）稽查局应当建立案源管理集体审议会议制度，负责重点稽查对象和批量案源立案或者撤销的审批，并制定集体审议案源的标准。

对达到集体审议标准的重点稽查对象和批量案源立案或者撤销案源的审

批，由稽查局负责人主持召开案源管理集体审议会议，稽查局相关部门负责人参加。

（2）需要立案检查的案源，由案源部门制作《税务稽查立案审批表》，经稽查局负责人批准或者案源管理集体审议会议审议决定立案。

同一批次立案户数较多的，可附《税务稽查案源清册》。

（3）案源立案的优先原则：①督办案源优先于其他案源；②重要或者紧急的案源，优先于一般案源；③实名检举案源优先于匿名检举案源。

（4）涉及国税、地税共同管辖的案源，符合下列情形的应当共同立案：①上级机关要求开展联合稽查的；②共同管辖的重点稽查对象；③通过联合随机抽查选取的；④共同获得具体税收违法线索的；⑤除以上情形之外，经国税、地税协商一致，需要共同立案的。

（5）案源部门对立案的案源，应当合理地分配到检查部门，实施检查。①稽查层级与管理对象相匹配。对纳入全国、省级和市级重点稽查对象名录库的案源，按照分级管理的原则，由国家税务总局和省、市税务局稽查局分别组织或者实施检查。②执法主体与案件性质相匹配。按照案源的涉税违法数额大小、情节轻重、案情复杂程度、涉案地区多少、社会影响情况等因素，分别由国家税务总局和省、市、县税务局稽查局组织或者实施检查。本级稽查局查处确有困难的案源，可以报请上级稽查局督办。上级机关下发的督办案源未经批准，本级稽查局不得转给下级稽查局查处。③稽查力量与检查任务相匹配。案情复杂的案源可以采取"项目式管理、团队化作业"的形式组织检查。④办案能力与案源特点相匹配。根据案源所属行业和税收违法类型等特点，合理搭配检查人员力量或者采取竞标等形式选派检查人员。

（6）案源分配计划经批准后，案源部门制作《税务稽查任务通知书》，附《税务稽查项目书》，列明检查所属期、检查疑点、检查时限和要求等内容，连同相关资料一并移交检查部门。

（7）符合下列情形之一的，提请撤销案源的部门填写《税务稽查案源撤销审批表》，经稽查局负责人批准或者案源管理集体审议会议决定，可以撤销案源：①案源登记有误或者案源重复的；②多个部门同时入户，经所属税务局负责人决定稽查局停止实施检查的；③不符合上级政策规定或者上级机关要求撤销案源的。

（六）结果使用

（1）稽查局应当按照风险管理要求，对案源处理结果进行跟踪反馈和统计分析，实现案源闭环管理。

（2）稽查局相关部门应当及时将案源处理结果填写《案源处理结果反

馈单》，归集到案源部门。①未立案的，由案源部门记录未立案理由；②中止、终结检查的，由检查部门反馈并附阶段性检查情况和中止、终结理由；③中止、终结执行的，由执行部门反馈并附中止、终结理由、《税务处理决定书》《税务行政处罚决定书》及相关资料；④执行完毕的，由执行部门反馈并附《税务处理决定书》《税务行政处罚决定书》《税收缴款书》及相关资料。

（3）案源部门接到案源处理结果，应当及时处理，并填写《案源处理结果反馈单》。①推送案源，按照风险管理工作流程的要求向风险管理等部门反馈处理结果，对于高风险应对任务中反映出的行业性、地域性或者特定类型纳税人的共性税收风险特征，及时提交风险管理等部门；②督办案源、交办案源和转办案源，根据案源来源部门要求就需核实的税收违法线索检查情况进行反馈；③自选案源和安排案源，汇总检查情况并定期上报稽查局负责人；④检举案源和协查案源，将检查情况反馈给举报受理部门或者协查部门，由举报受理部门或者协查部门反馈给实名检举人或者协查委托方。

（4）按反馈对象的不同，《案源处理结果反馈单》的审批要求如下：①反馈稽查局相关部门、实名检举人和协查委托方的，分别由案源部门、举报受理部门和协查部门负责人批准；②反馈税务局其他部门的，由稽查局负责人批准；③反馈税务局外部单位的，由税务局负责人批准。

（5）稽查局未立案检查的推送案源，反馈后推送部门仍认为需要立案检查的，经税务局负责人批准，由稽查局按交办案源程序立案检查。

（6）确因案情复杂无法按期查结反馈的，应当向信息来源部门说明情况。

（7）案源部门负责按照年度工作任务和计划的要求，从案源信息的收集、案源的分类处理和立案分配、案源处理结果的使用等方面，对立案检查案源的分布区域、所属行业、企业规模、经济性质、税收违法类型、查补入库税额等情况定期进行统计分析。

（8）稽查局要通过对稽查结果的统计分析和典型案例剖析，查找税收管理薄弱环节，并就完善税收政策和加强管理等方面提出意见和建议。

（七）附则

（1）案源管理工作适用保密条款的，应当依照《保守国家秘密法》《税收征收管理法》《税收征收管理法实施细则》《国家税务机关系统保密工作规则》《税收违法行为检举管理办法》《税务稽查案件协查管理办法（试行）》等有关规定执行。

（2）该办法所称税务局负责人是指税务局局长或者经税务局局长授权的税务局领导。

该办法所称稽查局负责人是指稽查局局长或者经稽查局局长授权的稽查局领导。

四、重大税务案件审理办法

（一）总则

（1）为贯彻落实中共中央办公厅、国务院办公厅印发的《关于进一步深化税收征管改革的意见》，推进税务机关科学民主决策，强化内部权力制约，优化税务执法方式，严格规范执法行为，推进科学精确执法，保护纳税人缴费人等税务行政相对人合法权益，根据《行政处罚法》《税收征收管理法》，国家税务总局制定《重大税务案件审理办法》（2014年12月2日国家税务总局令第34号公布，根据2021年6月7日国家税务总局令第51号修正）。

（2）省以下各级税务局开展重大税务案件审理工作适用该办法。

（3）重大税务案件审理应当以事实为根据、以法律为准绳，遵循合法、合理、公平、公正、效率的原则，注重法律效果和社会效果相统一。

（4）参与重大税务案件审理的人员应当严格遵守国家保密规定和工作纪律，依法为纳税人缴费人等税务行政相对人的商业秘密、个人隐私和个人信息保密。

（二）审理机构和职责

（1）省以下各级税务局设立重大税务案件审理委员会（以下简称审理委员会）。

审理委员会由主任、副主任和成员单位组成，实行主任负责制。

审理委员会主任由税务局局长担任，副主任由税务局其他领导担任。审理委员会成员单位包括政策法规、税政业务、纳税服务、征管科技、大企业税收管理、税务稽查、督察内审部门。各级税务局可以根据实际需要，增加其他与案件审理有关的部门作为成员单位。

（2）审理委员会履行下列职责：①拟定本机关审理委员会工作规程、议事规则等制度；②审理重大税务案件；③指导监督下级税务局重大税务案件审理工作。

（3）审理委员会下设办公室，办公室设在政策法规部门，办公室主任由政策法规部门负责人兼任。

（4）审理委员会办公室履行下列职责：①组织实施重大税务案件审理工作；②提出初审意见；③制作审理会议纪要和审理意见书；④办理重大税务案件审理工作的统计、报告、案卷归档；⑤承担审理委员会交办的其他工作。

（5）审理委员会成员单位根据部门职责参加案件审理，提出审理意见。

稽查局负责提交重大税务案件证据材料、拟作税务处理处罚意见、举行听证。

稽查局对其提交的案件材料的真实性、合法性、准确性负责。

（6）参与重大税务案件审理的人员有法律法规规定的回避情形的，应当回避。

重大税务案件审理参与人员的回避，由其所在部门的负责人决定；审理委员会成员单位负责人的回避，由审理委员会主任或其授权的副主任决定。

（三）审理范围

（1）该办法所称重大税务案件包括：①重大税务行政处罚案件，具体标准由各省、自治区、直辖市和计划单列市税务局根据本地情况自行制定，报国家税务总局备案；②根据《重大税收违法案件督办管理暂行办法》督办的案件；③应监察、司法机关要求出具认定意见的案件；④拟移送公安机关处理的案件；⑤审理委员会成员单位认为案情重大、复杂，需要审理的案件；⑥其他需要审理委员会审理的案件。

有下列情形之一的案件，不属于重大税务案件审理范围：①公安机关已就税收违法行为立案的；②公安机关尚未就税收违法行为立案，但被查对象为走逃（失联）企业，并且涉嫌犯罪的；③国家税务总局规定的其他情形。

（2）应监察、司法机关要求出具认定意见的案件经审理委员会审理后，应当将拟处理意见报上一级税务局审理委员会备案。备案5日后可以作出决定。

（3）稽查局应当在每季度终了后5日内将稽查案件审理情况备案表送审理委员会办公室备案。

（四）提请和受理

（1）稽查局应当在内部审理程序终结后5日内，将重大税务案件提请审理委员会审理。

当事人按照法律、法规、规章有关规定要求听证的，由稽查局组织听证。

（2）稽查局提请审理委员会审理案件，应当提交以下案件材料：①重大税务案件审理案卷交接单；②重大税务案件审理提请书；③税务稽查报告；④税务稽查审理报告；⑤听证材料；⑥相关证据材料。

重大税务案件审理提请书应当写明拟处理意见，所认定的案件事实应当标明证据指向。

证据材料应当制作证据目录。

稽查局应当完整移交证据目录所列全部证据材料，不能当场移交的应当注明存放地点。

（3）审理委员会办公室收到稽查局提请审理的案件材料后，应当在重大税务案件审理案卷交接单上注明接收部门和收到日期，并由接收人签名。

对于证据目录中列举的不能当场移交的证据材料，必要时，接收人在签收前可以到证据存放地点现场查验。

（4）审理委员会办公室收到稽查局提请审理的案件材料后，应当在5日内进行审核。

根据审核结果，审理委员会办公室提出处理意见，报审理委员会主任或其授权的副主任批准：①提请审理的案件属于该办法规定的审理范围，提交了该办法第十五条规定的材料的，建议受理；②提请审理的案件属于该办法规定的审理范围，但未按照该办法第十五条的规定提交相关材料的，建议补正材料；③提请审理的案件不属于该办法规定的审理范围的，建议不予受理。

（五）审理程序

1.一般规定

（1）重大税务案件应当自批准受理之日起30日内作出审理决定，不能在规定期限内作出审理决定的，经审理委员会主任或其授权的副主任批准，可以适当延长，但延长期限最多不超过15日。

补充调查、请示上级机关或征求有权机关意见、拟处理意见报上一级税务局审理委员会备案的时间不计入审理期限。

（2）审理委员会审理重大税务案件，应当重点审查：①案件事实是否清楚；②证据是否充分、确凿；③执法程序是否合法；④适用法律是否正确；⑤案件定性是否准确；⑥拟处理意见是否合法适当。

（3）审理委员会成员单位应当认真履行职责，根据上述规定提出审理意见，所出具的审理意见应当详细阐述理由、列明法律依据。

审理委员会成员单位审理案件，可以到审理委员会办公室或证据存放地查阅案卷材料，向稽查局了解案件有关情况。

（4）重大税务案件审理采取书面审理和会议审理相结合的方式。

2.书面审理

（1）审理委员会办公室自批准受理重大税务案件之日起5日内，将重大税务案件审理提请书及必要的案件材料分送审理委员会成员单位。

（2）审理委员会成员单位自收到审理委员会办公室分送的案件材料之日起10日内，提出书面审理意见送审理委员会办公室。

（3）审理委员会成员单位认为案件事实不清、证据不足，需要补充调查的，应当在书面审理意见中列明需要补充调查的问题并说明理由。

审理委员会办公室应当召集提请补充调查的成员单位和稽查局进行协调，确需补充调查的，由审理委员会办公室报审理委员会主任或其授权的副主任批准，将案件材料退回稽查局补充调查。

（4）稽查局补充调查不应超过30日，有特殊情况的，经稽查局局长批准可以适当延长，但延长期限最多不超过30日。

稽查局完成补充调查后，应当按照上述"（四）提请和受理"第（2）项和第（3）项的规定重新提交案件材料、办理交接手续。

稽查局不能在规定期限内完成补充调查的，或者补充调查后仍然事实不清、证据不足的，由审理委员会办公室报请审理委员会主任或其授权的副主任批准，终止审理。

（5）审理过程中，稽查局发现该办法第十一条第二款规定情形的，书面告知审理委员会办公室。审理委员会办公室报请审理委员会主任或其授权的副主任批准，可以终止审理。

（6）审理委员会成员单位认为案件事实清楚、证据确凿，但法律依据不明确或者需要处理的相关事项超出本机关权限的，按规定程序请示上级税务机关或者征求有权机关意见。

（7）审理委员会成员单位书面审理意见一致，或者经审理委员会办公室协调后达成一致意见的，由审理委员会办公室起草审理意见书，报审理委员会主任批准。

3.会议审理

（1）审理委员会成员单位书面审理意见存在较大分歧，经审理委员会办公室协调仍不能达成一致意见的，由审理委员会办公室向审理委员会主任或其授权的副主任报告，提请审理委员会会议审理。

（2）审理委员会办公室提请会议审理的报告，应当说明成员单位意见分歧、审理委员会办公室协调情况和初审意见。

审理委员会办公室应当将会议审理时间和地点提前通知审理委员会主任、副主任和成员单位，并分送案件材料。

（3）成员单位应当派员参加会议，三分之二以上成员单位到会方可开会。审理委员会办公室以及其他与案件相关的成员单位应当出席会议。案件调查人员、审理委员会办公室承办人员应当列席会议。必要时，审理委员会可要求调查对象所在地主管税务机关参加会议。

（4）审理委员会会议由审理委员会主任或其授权的副主任主持。首先由稽查局汇报案情及拟处理意见。审理委员会办公室汇报初审意见后，各成员单位发表意见并陈述理由。

审理委员会办公室应当做好会议记录。

（5）经审理委员会会议审理，根据不同情况，作出以下处理：①案件事实清楚、证据确凿、程序合法、法律依据明确的，依法确定审理意见；②案件事实不清、证据不足的，由稽查局对案件重新调查；③案件执法程序违法的，由稽查局对案件重新处理；④案件适用法律依据不明确，或者需要处理的有关事项超出本机关权限的，按规定程序请示上级机关或征求有权机关的意见。

（6）审理委员会办公室根据会议审理情况制作审理纪要和审理意见书。

审理纪要由审理委员会主任或其授权的副主任签发。会议参加人员有保留意见或者特殊声明的，应当在审理纪要中载明。

审理意见书由审理委员会主任签发。

第六章 税务稽查管理及案例分析

（六）执行和监督

（1）稽查局应当按照重大税务案件审理意见书制作税务处理处罚决定等相关文书，加盖稽查局印章后送达执行。

文书送达后5日内，由稽查局送审理委员会办公室备案。

（2）重大税务案件审理程序终结后，审理委员会办公室应当将相关证据材料退回稽查局。

（3）各级税务局督察内审部门应当加强对重大税务案件审理工作的监督。

（4）审理委员会办公室应当加强重大税务案件审理案卷的归档管理，按照受理案件的顺序统一编号，做到一案一卷、资料齐全、卷面整洁、装订整齐。

需要归档的重大税务案件审理案卷包括税务稽查报告、税务稽查审理报告以及有关文书。

（5）各省、自治区、直辖市和计划单列市税务局应当于每年1月31日之前，将本辖区上年度重大税务案件审理工作开展情况和重大税务案件审理统计表报送国家税务总局。

（七）附则

（1）各级税务局办理的其他案件，需要移送审理委员会审理的，参照该办法执行。特别纳税调整案件按照有关规定执行。

（2）各级税务局在重大税务案件审理工作中可以使用重大税务案件审理专用章。

（3）该办法规定期限的最后一日为法定休假日的，以休假日期满的次日为期限的最后一日；在期限内有连续3日以上法定休假日的，按休假日天数顺延。

该办法有关"5日"的规定指工作日，不包括法定休假日。

（4）各级税务局应当按照国家税务总局的规划和要求，积极推动重大税务案件审理信息化建设。

（5）各级税务局应当加大对重大税务案件审理工作的基础投入，保障审理人员和经费，配备办案所需的录音录像、文字处理、通信等设备，推进重大税务案件审理规范化建设。

第三节　税务稽查随机抽查制度

一、推进税务稽查随机抽查实施方案

为深入贯彻落实《国务院办公厅关于推广随机抽查规范事中事后监管的通知》（国办发〔2015〕58号）要求，推进税务稽查随机抽查，增强执法效能，

国家税务总局制定《推进税务稽查随机抽查实施方案》（税总发〔2015〕104号印发）。

（一）总体要求

1.指导思想

贯彻党中央、国务院的决策部署，落实简政放权、放管结合、优化服务要求，坚持执法公正，提高执法效率，以风险管理为导向，建立健全科学的随机抽查机制，规范税务稽查，创新方式方法，加强专业化和集约化，努力实现执法成本最小化和执法效能最大化，促进税法遵从和公平竞争。

2.基本原则

依法实施。严格执行相关法律、行政法规和规章，规范执法行为，确保税务稽查随机抽查工作依法顺利进行。

公正高效。坚持规范公正文明执法，对不同类型税务稽查对象分别采取适当的随机抽查方法，注重公平，兼顾效率，减轻纳税人负担，优化市场环境。

公开透明。在阳光下运行执法权力，公开税务稽查随机抽查职责、程序、事项、结果等，强化社会监督，切实做到确职限权，尽责担当。

稳步推进。充分利用相关信息数据，立足税源分布结构、稽查资源配置等实际情况，分步实施，有序推进，务求实效。

（二）完善税务稽查随机抽查机制

1.随机抽查依据

《税收征收管理法》第四章及其实施细则第六章等法律、行政法规和税务部门规章相关规定。

2.随机抽查主体

税务稽查随机抽查主体是各级税务稽查部门。国家税务总局稽查局负责组织、协调全国税务稽查随机抽查工作，根据工作需要从全国重点税源企业中随机抽取待查对象，组织或督促相关地区税务稽查部门实施稽查。省、市税务局稽查局负责组织、协调、实施辖区内税务稽查随机抽查工作。县税务局稽查局负责实施辖区内税务稽查随机抽查工作。

省税务局可以根据本地实际情况，适当调整税务稽查选案层级，对辖区内的全国、省、市重点税源企业由省税务局稽查局集中确定随机抽查对象。上级税务稽查部门随机抽取的待查对象，可以自行稽查，也可以交由下级税务稽查部门稽查。下级税务稽查部门因力量不足实施稽查确有困难的，可以报请上级税务稽查部门从其他地区选调人员参与稽查。

上级税务稽查部门可以对下级税务稽查部门随机抽查情况进行复查，以检验抽查绩效。复查以案卷审核为主，必要时可以实地核查。

3. 随机抽查对象和内容

依法检查纳税人、扣缴义务人和其他涉税当事人（以下统称为税务稽查对象）履行纳税义务、扣缴税款义务情况及其他税法遵从情况。所有待查对象，除线索明显涉嫌偷逃骗抗税和虚开发票等税收违法行为直接立案查处的外，均须通过摇号等方式，从税务稽查对象分类名录库和税务稽查异常对象名录库中随机抽取。

各级税务局建立税务稽查对象分类名录库，实施动态管理。国家税务总局名录库包括全国重点税源企业，相关信息由税务稽查对象所在省税务局提供。省税务局名录库包括辖区内的全国、省、市重点税源企业。市、县税务局名录库包括辖区内的所有税务稽查对象。名录库应录入税务稽查对象税务登记基本信息和前三个年度经营规模、纳税数额以及税务检查、税务处理处罚、涉税刑事追究等情况。该项工作应于2015年12月31日前完成。

省、市、县税务局在收集各类税务稽查案源信息的基础上，建立税务稽查异常对象名录库，实施动态管理。名录库应包括长期纳税申报异常企业、税收高风险企业、纳税信用级别低的企业、多次被检举有税收违法行为的企业、相关部门列明违法失信联合惩戒企业等，并录入税务登记基本信息以及涉嫌税收违法等异常线索情况。该项工作应于2016年3月31日前完成。

税务稽查对象分类名录库和税务稽查异常对象名录库相关信息应从税收信息管理系统获取。

4. 随机抽查方式

随机抽查分为定向抽查和不定向抽查。定向抽查是指按照税务稽查对象类型、行业、性质、隶属关系、组织架构、经营规模、收入规模、纳税数额、成本利润率、税负率、地理区域、税收风险等级、纳税信用级别等特定条件，通过摇号等方式，随机抽取确定待查对象名单，对其纳税等情况进行稽查。不定向抽查是指不设定条件，通过摇号等方式，随机抽取确定待查对象名单，对其纳税等情况进行稽查。定向抽查与不定向抽查要结合应用，兼施并举，确保稽查执法效能。

对随机抽查对象，税务稽查部门可以直接检查，也可以要求其先行自查，再实施重点检查，或自查与重点检查同时进行。对自查如实报告税收违法行为，主动配合税务稽查部门检查，主动补缴税款和缴纳滞纳金的，依法从轻、减轻或不予行政处罚；税务稽查部门重点检查发现存在重大税收违法行为或故意隐瞒税收违法行为的，应依法从严处罚；涉嫌犯罪的，应依法移送公安机关处理。

5. 分类确定随机抽查比例和频次

随机抽查比例和频次要合理适度，切合实际，以不影响公正与效率为前提，既要保证必要的抽查覆盖面和工作力度，又要防止检查过多和执法扰民。

对全国、省、市重点税源企业，采取定向抽查与不定向抽查相结合的方式，每年抽查比例约20%，原则上每5年检查一轮。

对非重点税源企业，采取以定向抽查为主、辅以不定向抽查的方式，每年抽查比例不超过3%。

对非企业纳税人，主要采取不定向抽查方式，每年抽查比例不超过1%。

对列入税务稽查异常对象名录库的企业，要加大抽查力度，提高抽查比例和频次。

3年内已被随机抽查的税务稽查对象，不列入随机抽查范围。

6.随机和竞标选派执法检查人员

各级税务局建立税务稽查执法检查人员分类名录库，实施动态管理。国家税务总局名录库人员由各省税务局推荐，国家税务总局稽查局审核确定。省、市、县税务局名录库应包括辖区内所有税务稽查执法检查人员。名录库应录入执法检查人员基本信息及其专长、业绩等情况，并按照执法检查人员擅长检查的行业、领域、税种、案件等进行分类。该项工作应于2015年12月31日前完成。

实施抽查的执法检查人员，通过摇号方式，从税务稽查执法检查人员分类名录库中随机选派，也可以采取竞标等方式选派。执法检查人员应根据抽查内容，结合其专长进行选派。在一定周期内对同一抽查对象不得由同一执法检查人员实施检查。对同一抽查对象实施检查，选派执法检查人员不得少于2人。执法检查人员与抽查对象有利害关系的，应依法回避。

7.国税、地税开展联合抽查

国税、地税机关建立税务稽查联合随机抽查机制，共同制订并实施联合抽查计划，确定重点抽查对象，实施联合稽查，同步入户执法，及时互通查获的情况，商讨解决疑难问题，准确定性处理。

8.实现抽查成果增值运用

对随机抽查发现税收违法行为的税务稽查对象，综合运用经济惩戒、信用惩戒、联合惩戒和从严监管等措施，加大税收违法代价，加强抽查威慑力，引导纳税人自觉遵从税法，提高税收征管整体效能。抽查中发现的税收征管薄弱环节和税收政策缺陷，及时向相关部门反馈，强化工作成果增值运用。

（三）保障措施

1.实行计划统筹管理

科学安排年度税务稽查随机抽查工作计划，制订严密的具体实施方案，统筹考虑辖区内税务稽查对象数量、稽查资源配置、税收违法案件数量、工作任务计划及企业、行业分布结构等因素，合理确定年度定向抽查、不定向抽查的比例，保持各类税务稽查对象相对均衡。税务稽查部门的检查与税收征管部门的检查要相互协调，统筹安排实地检查事项，统一规范进户执法，避免多头重复检查和交叉重叠执法，切实解决检查任性、执法扰民、效率低下、影响形象问题。税务稽查部门与税收征管、大企业税收管理等部门要充分沟通配合，统筹协同做好国家税务总局、省税务局定点联系企业（列名企业）等重点税源企业抽查工作。

2.强化信息技术支持

将税务稽查随机抽查纳入税收信息管理系统，运用信息技术手段确保其落实到位，并实现全程跟踪记录，运行透明，痕迹可查，效果可评，责任可追。税务稽查对象分类名录库和税务稽查异常对象名录库相关信息，通过税收信息管理系统在税务系统共享。国家税务总局和省税务局应加强税务稽查选案指标体系建设，加快定向抽查分析模型设计，并不断修正完善。

3.加强纵向横向联动

上级税务机关布置、安排、督办随机抽查事项，要严密跟踪、督促、指导实施稽查的税务机关开展工作，防止敷衍塞责和消极懈怠。下级税务机关对上级税务机关布置、安排、督办的随机抽查事项，应严格按照规定的时限和要求办理。随机抽查事项涉及其他地区的，相关地区税务机关应积极协助主办地区税务机关调查取证，不得推诿抵制和包庇袒护。积极参与当地人民政府协调组织的联合抽查，进一步加强与公安、海关、工商等部门执法协作。

4.推进与社会信用体系相衔接

将税务稽查随机抽查结果纳入纳税信用和社会信用记录，按规定推送至全国信用信息共享交换平台和全国企业信用信息公示系统平台，与相关部门实现信息共享；将严重税收违法行为列入税收违法"黑名单"，实施联合惩戒，让失信者一处违法、处处受限。

5.接受社会监督

向社会公布税务稽查随机抽查的依据、主体、内容、方式等事项清单，公布抽查情况和抽查结果，自觉接受社会监督，扩大执法社会影响。

（四）工作要求

1.统一思想认识

推进税务稽查随机抽查，是税务系统贯彻落实党中央、国务院关于深化行政体制改革，加快转变政府职能，推进简政放权、放管结合、优化服务的决策部署的重要举措。各级税务机关务必高度认识此项工作的重要性和必要性，创造性地落实工作部署和要求，充分发挥税务稽查职能作用，打击税收违法活动，整顿规范税收秩序，促进市场公平竞争，服务经济社会发展。

2.加强组织领导

各级税务机关主要领导对税务稽查随机抽查工作要亲自抓，分管领导具体抓，税务稽查部门牵头落实，相关部门协作配合。根据本实施方案确定的抽查工作任务和目标，相应调整充实一线执法检查力量。加强对抽查工作的组织部署、督促指导和业绩考评，确保抽查工作顺利开展，取得明显实效。

3.强化责任落实

明确工作进度要求，落实责任任务，一级抓一级，一级督一级，强化对税务稽查随机抽查工作的过程监控和绩效评价。各省税务局要根据本实施方案要求，具体细化辖区内推进随机抽查的任务和步骤，确保此项工作落到实处，抓出成效。要激励先进，鞭策后进，通过纳入绩效考核，对落实到位、成绩突出的单位和个人，按有关规定给予激励；对落实不力、成绩较差的单位和个人，按有关规定处理。

4.注重培训宣传

加强税务稽查随机抽查业务培训和交流，转变执法理念，增强执法能力，组建专业团队。充分利用广播、电视、报刊、网络等多种渠道，广泛开展宣传报道，积极争取各界支持。加大相关税收政策法规解读力度，及时回应纳税人关切，解疑释惑，增进理解，促进和谐，为随机抽查工作顺利开展营造良好的氛围。

各省税务局要按照本实施方案的要求，作出贯彻落实国办发〔2015〕58号文件和本实施方案的具体工作安排，于2015年9月15日前报送国家税务总局（稽查局）；后续工作进展及主要成果等情况，于每年7月1日前和12月31日前各报送一次。

二、税务稽查随机抽查对象名录库管理

（一）总则

（1）为贯彻落实《国务院办公厅关于推广随机抽查规范事中事后监管的通知》（国办发〔2015〕58号）精神，健全完善税务稽查随机抽查机制，统一规范税务稽查随机抽查对象名录库管理，根据国家税务总局《推进税务稽查随机抽查实施方案》（税总发〔2015〕104号文件印发）有关要求，国家税务总局制定《税务稽查随机抽查对象名录库管理办法（试行）》（税总发〔2016〕73号印发）。

（2）随机抽查对象包括各级税务局辖区内的全部纳税人、扣缴义务人和其他涉税当事人。

随机抽查对象名录库是指市（地、盟、州以及直辖市和计划单列市的区，下同）以上税务局根据税务稽查随机抽查工作要求，针对随机抽查对象的不同类别，按照不同层级建设和管理的信息库。

（3）该办法所称随机抽查对象名录库包括随机抽查对象异常名录。

（4）随机抽查对象名录库的建设、使用和维护应当充分运用信息化手段，遵循统筹规划、分类管理、分级使用、动态维护的原则。

（5）随机抽查对象名录库由市以上税务局稽查局案源管理部门归口管理，专人负责。

（6）市以上税务局相关部门应当加强协作配合，为随机抽查对象名录库的建设提供符合需求的数据和信息，实现数据和信息共建共享。

（7）市以上税务局应当加强联系与协作，定期交换、共享随机抽查对象名录库的相关数据和信息。

（8）随机抽查对象名录库主要适用于市以上税务局稽查局随机抽查对象的选取。

（二）分类管理

（1）市以上税务局稽查局应当按照管理层级、稽查资源配置与纳税规模等标准，将随机抽查对象分为重点稽查对象和非重点稽查对象。

（2）重点稽查对象由市以上税务局稽查局根据稽查工作任务和计划，参照收入规划核算、大企业税收管理等相关部门确定的重点税源企业范围，按照纳税规模、所属行业、分布区域、注册类型、集团类企业等因素以及稽查资源的匹配程度确定。

非重点稽查对象为未达到市以上税务局稽查局确定的重点稽查对象标准的随机抽查对象，包括非企业纳税人。

（3）国家税务总局稽查局和省（自治区、直辖市、计划单列市，下同）、市税务局稽查局依照上述原则和不同层级分别确定相应层级重点稽查对象。

（4）国家税务总局重点稽查对象主要包括：①国务院国有资产监督管理委员会中央企业名录列名的企业，由财政部按规定管理的金融类企业以及代表国务院履行出资人职责管理的国有企业；②国家税务总局稽查局确定的纳税规模较大的重点税源企业；③国家税务总局稽查局确定的跨区域经营的大型企业集团；④国家税务总局稽查局确定的其他重点稽查对象。

（5）省税务局稽查局根据稽查工作任务和计划，在国家税务总局重点稽查对象之外，按照本级确定重点稽查对象的要求，综合考虑纳税规模、所属行业、分布区域、稽查资源配置等因素，确定本级税务局重点稽查对象名录。

（6）市税务局稽查局根据稽查工作任务和计划，在国家税务总局和省税务局重点稽查对象之外，按照本级确定重点稽查对象的要求，综合考虑纳税规模、所属行业、稽查资源配置等因素，确定本级税务局重点稽查对象名录。

（7）市以上税务局应当建立随机抽查对象名录库。

国家税务总局随机抽查对象名录库主要包括国家税务总局重点稽查对象；省税务局随机抽查对象名录库主要包括辖区内的国家税务总局、省税务局重点稽查对象，并对国家税务总局重点稽查对象进行标识；市税务局随机抽查对象名录库包括辖区内的所有随机抽查对象，并对国家税务总局、省税务局重点稽查对象进行分别标识。

（8）省、市税务局应当在建立随机抽查对象名录库的基础上，通过接收、分析、整理和确认随机抽查对象的异常涉税信息并进行标识，建立随机抽查对象异常名录。

（9）对符合下列情形之一的随机抽查对象，列入随机抽查对象异常名录：①税收风险等级为高风险的；②两个年度内两次以上被检举且经检查均有税收违法行为的；③受托协查事项中存在税收违法行为的；④长期纳税申报异常的；⑤纳税信用级别为D级的；⑥被相关部门列为违法失信联合惩戒的；⑦存在其他异常情况的。

（10）随机抽查对象名录库应当按照随机抽查对象类型，完整准确采录相关涉税信息。

重点稽查对象的采录信息主要包括：登记类信息、前三年纳税申报及财务报表、税控开票、风险分析、纳税评估、出口退税、纳税信用等级、跨区域企业集团组织架构情况，以及是否为国家税务局、地方税务局共管户等信息。

非重点稽查对象的采录信息主要包括：登记类信息、前三年纳税申报及财务报表、税控开票，以及是否为国家税务局、地方税务局共管户等信息。

非企业纳税人的采录信息主要包括：登记类信息、前三年纳税申报、税控开票，以及自行确定的其他信息。

随机抽查对象标识的异常涉税信息主要包括：高风险分析信息、检举线索、协查违法线索、长期异常纳税申报、纳税信用等级、相关部门列明的违法失信联合惩戒等相关信息。

（11）国家税务总局随机抽查对象名录库的信息由国家税务总局稽查局采录，重点稽查对象所在省税务局稽查局负责协助补充相关信息。

省、市税务局随机抽查对象名录库的信息由省、市税务局稽查局分别采录，涉及国家税务局、地方税务局共同管辖的，由国家税务局、地方税务局稽查局联合采录。

（三）分级使用

（1）市以上税务局稽查局应当按照随机抽查工作要求，遵循分级使用的原则，运用随机抽查对象名录库，采用定向抽查和不定向抽查的方式选取检查对象。

（2）市以上税务局稽查局对随机抽查对象名录库中的随机抽查对象，应当合理适度确定随机抽查比例和频次。①国家税务总局稽查局根据稽查工作任务和计划，按照计划有序、依次安排的原则，每年按行业随机选取重点稽查对象组织开展检查，原则上每五年检查一轮。对国家税务总局大企业税收管理司列名的"千户集团"企业，国家税务总局稽查局和大企业税收管理司协商制定工作规划和年度计划，选取随机抽查对象，实现数据共享、资源共享、结果共享。②省、市税务局稽查局根据本级稽查工作任务和计划，有序选取重点稽查对象开展检查,原则上每五年检查一轮。③对非重点稽查对象中的企业纳税人,每年抽查比例不超过3%;对非重点稽查对象中的非企业纳税人,每年抽查比例不超过1%。④三年内已被抽查的随机抽查对象,不列入随机抽查范围。

(3)对列入随机抽查对象异常名录且属于持续经营状态的随机抽查对象,省、市税务局稽查局要加大抽查力度,具体抽查比例和频次由省、市税务局稽查局确定。

(4)市以上税务局稽查局对随机选取的检查对象,按照税务稽查案源管理相关规定进行立案审批。

(5)税务局稽查局应当根据联合稽查工作计划,按照相关行业、区域、项目,随机选取共同管辖的检查对象,开展联合稽查工作。

(6)市以上税务局稽查局要按照风险管理制度和机制要求,对随机抽查中发现的税收政策及管理问题,及时向税务局相关部门反馈,提出管理建议,强化稽查成果增值利用。

(四)动态维护

(1)市以上税务局应当充分运用信息化手段建立随机抽查对象名录库,逐步实现国家税务总局、省税务局和市税务局三级信息共享。

(2)国家税务总局统一规划建设随机抽查对象名录库管理信息系统,满足按照纳税规模、所属行业、分布区域、注册类型等条件进行随机抽查的需要。

(3)市以上税务局稽查局应当定期维护、及时更新辖区内随机抽查对象名录库的相关信息。

三、税务稽查随机抽查执法检查人员名录库管理

(一)总则

(1)为贯彻落实《国务院办公厅关于推广随机抽查规范事中事后监管的通知》(国办发〔2015〕58号)精神,健全税务稽查随机抽查机制,统一规范税务稽查随机抽查执法检查人员名录库管理,根据国家税务总局《推进税务稽查随机抽查实施方案》(税总发〔2015〕104号文件印发)有关要求,国家税务总局制定《税务稽查随机抽查执法检查人员名录库管理办法(试行)》(税总发〔2016〕74号印发)。

(2)各级税务机关税务稽查随机抽查执法检查人员名录库的建立、运用和管理适用该办法。

(3)该办法所称税务稽查随机抽查执法检查人员(以下简称执法检查人员),是指各级税务机关中取得《中华人民共和国税务检查证》的从事稽查实施工作的人员。

该办法所称税务稽查随机抽查执法检查人员名录库（以下简称执法检查人员名录库），是指国家税务总局和省（自治区、直辖市和计划单列市，下同）、市（地、盟、州及直辖市和计划单列市的区，下同）、县（县级市、旗，下同）税务局根据税务稽查随机抽查工作要求，按照不同层级建设和管理的执法检查人员相关信息库。

（4）建立、运用和管理执法检查人员名录库应当遵循统筹规划、统一建设、规范运用、动态管理、公正公开、持续完善的原则。

（5）各级税务机关由稽查部门牵头负责、相关部门协作配合，建立、运用和管理本级执法检查人员名录库。

（二）执法检查人员名录库的建立

（1）国家税务总局、省、市、县税务局分别建立执法检查人员名录库。国家税务总局执法检查人员名录库人员包括税务总局本级执法检查人员和各省税务局推荐执法检查人员，推荐执法检查人员的数量为本省执法检查人员总数的1%，由国家税务总局稽查局审核确定。各省税务局执法检查人员名录库人员包括省税务局本级执法检查人员和各市税务局推荐执法检查人员，推荐执法检查人员的数量由各省税务局自行确定。市、县税务局执法检查人员名录库包括辖区内所有执法检查人员。

（2）改革了属地稽查方式，推行省、市一级稽查模式或者实施稽查集约化管理的地区，相应的市、县税务局可不建立执法检查人员名录库。

（3）国家税务总局、省税务局执法检查人员名录库中的推荐执法检查人员应当具备以下基本条件：①热爱税收事业，具有良好的政治素质，敬业爱岗，勤政廉洁，累计从事税务稽查工作2年以上，身体健康，能够承担外出办案等特定工作任务。②工作实绩突出，领导和群众认可度较高，骨干带头作用较为明显，在本单位或者本专业领域具有一定的影响。③具备较高的业务素质和专业素养，熟练掌握财税知识，具有较强的检查办案能力、组织协调能力、解决复杂问题能力，有一定业务专长，对相关行业有较丰富的实际检查工作经验，有办理重大案件经历。④符合下列情形之一的，同等条件下可优先备选税务总局、省税务局执法检查人员名录库：获得各类专业资格证书或相应职称的；获得市税务局以上稽查能手、征管能手等荣誉称号的；省税务局以上税务领军人才或者专业人才库成员；多次被上级机关抽调参与全国、全省、全市各类案件检查、业务检查、重大专项行动等工作，取得突出成绩并受到表彰的。

（4）执法检查人员信息包括以下四类：

基本信息。它包括姓名、性别、年龄、政治面貌、学历学位、所学专业、职业资格、所在单位、所在岗位、职务、稽查工作年限、能级等次（主辅查）、证件号码等。

专长信息。它是指执法检查人员擅长检查的行业、税种、案件、其他特长等信息。一名执法检查人员可以同时具备一项或多项专长,具体包括:①擅长检查的行业门类(包括采矿业、制造业,电力、热力、燃气及水的生产和供应业,建筑业;批发和零售业,交通运输、仓储和邮政业,住宿和餐饮业,信息传输、软件和信息技术服务业,金融保险业,房地产业,租赁和商务服务业,文化、体育和娱乐业等)。②擅长检查的税种(包括增值税、营业税、消费税、企业所得税、个人所得税、资源税、土地增值税、其他各税)。③擅长检查的案件(包括逃避缴纳税款案件、逃避追缴欠税案件、骗取出口退税案件、虚开发票案件、制售非法发票案件等)。④擅长的其他领域(包括法律、会计、电子查账等领域)。

业绩信息。①近三年检查的企业数量、重大税收违法案件数量、重点税源企业数量及相应查补数额。②工作考核考评结果、获得各类奖励情况等。③上级评价信息,包括上级借调记录及借调期间工作评价等。④其他业绩信息,如科研成果、各类竞赛荣誉等。

状态信息。①个人当前在查案件数量。②个人为税务总局、省税务局执法检查人员名录库成员的标记信息。③个人为各级税务领军人才、各类人才库成员的标记信息。④个人应当回避的信息,主要是指本人配偶、直系血亲、三代以内旁系血亲、近姻亲等可能影响公正执法的利害关系人担任执法检查人员本人执法权限范围内企业的法定代表人、实际控制人、重要股东或者直接责任人等信息。

(5)国家税务总局执法检查人员名录库的信息由国家税务总局稽查局采录,推荐执法检查人员所在省税务局稽查局协助提供相关信息。

省、市、县税务局执法检查人员名录库的信息由省、市、县税务局稽查局分别采录。

(三)执法检查人员的选派

(1)选派执法检查人员实施随机抽查,可以通过摇号方式从执法检查人员名录库中随机选派,也可以采取竞标等方式选派。

随机选派分为定向选派和不定向选派。定向选派是指根据抽查对象类型、性质和抽查内容,结合执法检查人员专长进行选派。不定向选派是指随机抽取检查对象后完全随机抽取主查、辅查等执法检查人员。执法检查人员的分组相对固定的稽查局,可只随机选派主查人员,由该主查人员所属的检查组实施随机抽查。定向选派与不定向选派要结合应用,兼施并举,确保稽查执法效能。

竞标选派是指相关执法检查人员组成相对固定的检查团队或者检查小组,针对特定稽查对象,按照先申请、后评定的方式,取得承担随机抽查任务的资格。竞标选派的具体方式可由各地税务局结合实际情况探索施行。

(2)选派执法检查人员应符合以下要求:①执法检查人员在检查工作完成后,原则上3年内不得被选派对同一抽查对象再次实施检查。②对同一抽查对象选派执法检查人员不得少于2人。③执法检查人员与抽查对象有利害关系的，应当依法回避。

（3）当前承担在查案件数量3起以上（含）的执法检查人员，原则上不再列入随机选派人员范围。

（4）市以上税务局稽查局组织开展随机抽查工作，应当从本级执法检查人员名录库中随机选派执法检查人员。确有必要时，可以从下级稽查局执法检查人员名录库中抽调成员参加检查工作。下级稽查局可以提请上级稽查局随机选派执法检查人员，指导、协调或者直接参加下级稽查局组织开展的随机抽查工作。

（5）同一执法检查人员在被上级稽查局选派承担抽查任务期间，本级稽查局不再将其列入随机选派人员范围。

（6）上级稽查局从下级稽查局执法检查人员名录库中选派参加随机抽查工作的人员，原则上连续调用时间不得超过半年。情况特殊需要延长调用时间的，必须经上级稽查局主管领导批准，并且延长期限最长不得超过一年。

（7）国家税务局、地方税务局对共同管辖的纳税人开展联合抽查，应当协商选派执法检查人员组成检查组，同步入户执法，履行各自执法程序，协作开展查处工作。

（四）执法检查人员名录库的管理

（1）国家税务总局统一开发执法检查人员名录库管理信息系统，实现对随机选派执法检查人员工作全程跟踪、痕迹可查、效果可评、责任可追。

（2）各级税务机关使用国家税务总局统一开发的执法检查人员名录库管理信息系统，实施动态管理。执法检查人员所属税务局稽查局按要求录入各类人员信息，并对信息的真实性进行严格审核。执法检查人员信息因职务晋升、岗位变动或者其他原因发生变更的，所属税务局稽查局应当及时在系统内调整、更新。

（3）国家税务总局稽查局、省税务局稽查局要按照定期与不定期相结合的原则，及时对本级执法检查人员名录库人员信息进行调整、更新。

（4）上级稽查局选派下级稽查局执法检查人员工作结束后，应当对调用人员进行工作评价，作为后续管理使用的依据。上级稽查局在工作评价中给予充分肯定的，相关执法检查人员在年终绩效考评时应当给予加分。对在重大专项行动、重大案件查处工作中有突出贡献的人员，人事部门应当在评先评优、选拔后备、晋升职务等方面，在同等条件下给予优先考虑。

（5）负责执法检查人员名录库管理信息系统维护的工作人员不得将相关信息用于税务稽查随机抽查以外的目的。

第四节 税务稽查典型案例分析

一、税收违法行为检举处理纠纷案[①]

上诉人张某因诉被上诉人国家税务总局天津市税务局（以下简称天津税务局）税务行政复议决定一案，不服天津市河北区人民法院〔2020〕津0105行初117号行政判决，向天津市第二中级人民法院（以下简称天津二中院）提起上诉。天津二中院依法组成合议庭，对本案进行了审理，现已审理终结。

原审法院查明，2020年3月26日，张某通过"天津市智慧信访信息系统"向国家信访局进行了网上投诉，内容为张某通过天津市甲房地产有限公司购买了天津市西青区××庄街××村××路××南侧的××号楼××门一套房产后，该公司没有为其开具购房发票，并对公司进行注销，张某认为天津税务局协助办理了公司注销手续，这一行为涉嫌偷税漏税。2020年4月9日，天津税务局将该投诉转至西青区税务局处理。2020年4月15日，西青区税务局予以受理。2020年4月21日，西青区税务局出具了《关于张某举报事项的受理告知》并邮寄给张某，告知了张某受理情况、办理机构及联系人。2020年5月13日，西青区税务局对天津市甲房地产有限公司金税三期税收管理系统登记注册经营地址进行了实地核查，已无人员办公。2020年5月14日，西青区税务局对天津市甲房地产有限公司金税三期税收管理系统登记法定代表人（财务负责人）进行了电话核实，对方表示并非该企业法定代表人，亦不知该企业情况。西青区税务局对天津市甲房地产有限公司金税三期税收管理系统登记办税人员进行了电话核实，对方表示企业已注销，已不在该企业工作。关于天津市甲房地产有限公司注销事宜，天津市甲房地产有限公司于2016年6月17日提交了注销税务登记申请。经审核，2016年7月19日，西青区税务局出具了同意注销税务登记通知。2016年9月19日，天津市甲房地产有限公司在西青区市场监督管理局办理了企业注销。根据调查核实结果，2020年5月18日，西青区税务局作出《关于张某举报事项的情况回复》，将处理情况告知张某。张某不认可该处理结果。2020年6月1日张某向天津税务局申请复议，要求：①确认西青区税务局关于对"张某举报天津甲房地产销售有限公司不开具发票、涉嫌偷税漏税行为"作出的行政行为违法；②确认西青区税务局对于"天津甲房地产销售有限公司涉嫌偷税漏税行为"不作为违法。2020年6月15日天津税务局向张某邮寄了《行政复议补正通知书》，通知张某提交其向国家信访

[①] 资料来源：天津市第二中级人民法院〔2021〕津02行终142号行政判决书。

局所反映问题的具体内容、其与天津甲房地产销售有限公司签订的房屋买卖合同和付款证明等材料及张某的身份证复印件。2020年6月22日天津税务局收到了张某向其补正的《关于俊城御墅购房合同及购房款的情况说明》及附件。2020年6月22日天津税务局作出《受理复议通知书》，通知张某提出的行政复议申请自收到复议申请之日（2020年6月9日）起予以受理，并邮寄给张某。当日天津税务局作出《行政复议答复通知书》，通知西青区税务局对张某的行政复议申请提出书面答复，并提交原行政行为的证据、当初作出具体行政行为的证据、依据和其他有关材料及未提交或者逾期提交的后果。2020年7月2日西青区税务局作出《行政复议答复书》，认为：①因天津甲房地产销售有限公司已正常办理注销手续，其机关无法对张某举报的事项进行调查核实；②其机关依法履行职责，作出的具体行政行为程序合法，并提交了相关证据。2020年7月31日天津税务局作出《决定延期通知书》，以情况复杂、天津税务局不能在规定期限内作出行政复议决定为由，决定延期至2020年9月7日前作出。当日天津税务局将该《决定延期通知书》邮寄给张某。2020年9月3日天津税务局作出津税复决字〔2020〕12号《税务行政复议决定书》，该《税务行政复议决定书》认定地产销售有限公司已注销税务登记，且张某未提供与天津甲房地产销售有限公司的购房合同等关键线索，依据国家税务总局令第49号《税收违法行为检举管理办法》第二十条第（三）项和《税务稽查案源管理办法（试行）》的规定，国家税务总局天津市西青区税务局应按规定做暂存待查处理。西青区税务局作出的无法责成被举报人开具发票、无法对被举报人进行调查核实的回复不当。天津税务局根据《行政复议法》第二十八条第一款第（三）项之规定，决定撤销西青区税务局作出的情况回复，责令该机关重新作出处理，并告知张某如对前述决定不服，可以直接到前述决定之日起十五日内，向人民法院提起行政诉讼。张某不认可该《税务行政复议决定书》，提起行政诉讼。庭审中张某陈述，其认为《税务行政复议决定书》处理结果即撤销原行政行为没有问题，但是撤销的理由是错误的，应当是西青区税务局回复的行政行为违法，请求撤销天津税务局作出的津税复决字〔2020〕12号《税务行政复议决定书》，并要求天津税务局重新作出复议决定。

原审法院认为，依据《行政复议法》第十二条第一款之规定，天津税务局具有作出行政复议决定的主体资格和法定职权。天津税务局对张某的复议申请受理后，按照法定程序对案件事实情况进行了审查，对西青区税务局的行政行为进行审理后，天津税务局认定西青区税务局没有依据《税收违法行为检举管理办法》和《税务稽查案源管理办法（试行）》的规定，对张某的举报做暂存待查处理，属于回复不当，作出《税务行政复议决定书》，决定撤销西青区税务局作出的情况回复，责令西青区税务局重新作出处理，并将该《税务行政复议决定书》依法向张某送达。天津税务局作出的涉案行政行为事实清楚，适用法律正确，程序合法。张某的请求依据不足，不予支持。综上，依照《行政诉讼法》第六十九条的规定，判决驳回张某的诉讼请求；案件受理费50元，由张某承担。

原审法院判决后，上诉人张某不服，向天津二中院提起上诉，请求：①撤销原审行政判决；②撤销被上诉人作出的津税复决字〔2020〕12号《行政复议决定书》，判令被上诉人重新作出复议决定；判令被上诉人对天津市西青区税务局行政不作为行为、对天津甲房地产销售有限公司涉嫌偷税漏税行为不依法调查的两项不作为违法行为进行违法认定。主要理由：上诉人按照被上诉人2020年6月15日发出的补正通知，就购房合同被天津甲房地产销售有限公司拿走及所购买房屋一事如实作出了合法合理的补正，并且申请被上诉人对上诉人补正进行调查。被上诉人未结合上诉人房屋购买的法律事实进行综合调查，仅以上诉人未提供房屋购买合同的关键线索为由不进行调查，没有认清上诉人购买房屋这一法律事实，故被上诉人对西青区税务局的两项不作为违法事实未进行违法认定。被上诉人在行政复议决定中明确责令西青区税务局按照国家税务总局内部规章即《税收违法行为检举管理办法》及《税务稽查案源管理办法（试行）》重新向上诉人作出行政行为而未责令西青区税务局依照《税收征收管理法》等法律规定作出行政行为错误。原审判决认定事实错误，在西青区税务局及被上诉人均认定天津甲房地产销售有限公司系正常办理注销手续的问题上认定事实不清，在上诉人购买房屋未取得发票的法律事实上认定西青区税务局协助天津甲房地产销售有限公司注销公司税务登记的行为合法属于认定事实不清。

被上诉人天津税务局辩称，原审判决认定事实清楚，适用法律正确，请求维持原审判决，驳回上诉人的上诉请求。被上诉人严格按照法律规定作出涉案具体行政行为，撤销了西青区税务局所作出的原行政行为，原行政行为已不再对上诉人发生法律效力，因此上诉人要求对涉案复议决定进行法律评价已无现实及法律意义。

双方当事人均坚持在原审提交的证据及对对方当事人提交证据的质证意见。合议庭经评议认为，原审法院认证意见正确，天津二中院予以认定。

天津二中院经审理查明的事实与原审判决认定的事实一致。

天津二中院认为，本案的争议焦点为被上诉人天津税务局作出的税务行政复议决定是否合法。依据《行政复议法》第十二条第二款之规定，被上诉人天津税务局具有作出行政复议决定的主体资格和法定职权。被上诉人天津税务局所举证据能够证实其履行了受理、审查、作出税务行政复议决定并送达等程序，程序合法。被上诉人天津税务局认定西青区税务局没有依据《税收违法行为检举管理办法》和《税务稽查案源管理办法（试行）》的规定，对上诉人张某的举报做暂存待查处理，属于回复不当，依据《行政复议法》第二十八条第一款第（三）项规定作出被诉《税务行政复议决定书》，认定事实清楚，适用法律正确。

综上，上诉人的上诉请求缺乏事实和法律依据，不予支持。原审判决驳回上诉人的诉讼请求并无不当，予以维持。

2021年3月30日，天津二中院依照《行政诉讼法》第八十六条、第八十九条第一款第（一）项之规定，作出〔2021〕津02行终142号行政判决书，判决驳回上诉，维持原判。二审案件受理费50元，由上诉人张某负担。

二、无权主体作出行政复议案[①]

再审申请人江苏甲新能源有限公司（以下简称甲公司）因诉国家税务总局常州市税务局稽查局（以下简称常州市税务局稽查局）税务行政处理及国家税务总局常州市税务局（以下简称常州市税务局）行政复议一案，不服江苏省常州市中级人民法院〔2017〕苏04行终6号行政判决，向江苏省高级人民法院（以下简称江苏高院）申请再审。江苏高院于2019年5月23日作出〔2017〕苏行申1743号行政裁定，提审本案，并依法组成合议庭对本案进行了审理，现已审理终结。

江苏省常州市新北区人民法院（以下简称新北法院）认定，甲公司系一家新能源生产企业，经营范围包括生物柴油、副产燃料油（甘油）、硫酸钠（无水）的制造，非食用废弃油脂的回收，生物柴油、副产燃料油（甘油）、硫酸钠（无水）、橡胶、塑胶、塑料制品、化工原料（除危险品）的销售。2014年9月3日，原常州市国家税务局稽查局（以下简称原常州市国税局稽查局）依据原江苏省国家税务局稽查局《关于开展石化产品消费税专项检查工作的通知》，确定甲公司为待查对象，对该公司进行立案检查。次日，原常州市国税局稽查局向甲公司送达了税务检查通知书。同年9月22日，原常州市国税局稽查局工作人员赴甲公司现场检查，向该公司采购部经理许某某、检验部何红君、磅房司磅员谷楚红了解情况并制作了现场笔录。同年9月28日和10月8日，原常州市国税局稽查局分别向甲公司会计李某和采购部经理许某某发送询问通知书，并制作了询问笔录。2014年10月21日，为进一步收集证据及咨询政策，原常州市国税局稽查局将检查时限延长至2015年5月29日。经调查，原常州市国税局稽查局向甲公司发送税务事项通知书，要求其进行陈述申辩。甲公司在规定期限内向原常州市国税局稽查局提交了书面陈述申辩意见

[①] 资料来源：江苏省高级人民法院〔2019〕苏行再7号行政判决书。

书。2015年8月7日，原常州市国税局稽查局认定甲公司在2011年1月至2013年12月生产销售"生物重油"14 767.426吨，未作消费税应税产品申报纳税，作出常国税稽处〔2015〕80号《税务处理决定书》（以下简称80号税务处理决定），要求该公司按燃料油消费税税率补缴消费税11 991 149.91元。甲公司不服，申请行政复议。2015年11月10日，原江苏省常州市国家税务局（以下简称原常州市国税局）作出常国税复字决字〔2015〕3号《行政复议决定书》（以下简称3号复议决定），维持了原常州市国税局稽查局的税务处理决定。甲公司仍不服，诉至法院，要求撤销80号税务处理决定中关于征收消费税的处理内容，撤销3号复议决定。

新北法院一审认为，《中华人民共和国消费税暂行条例》（以下简称《消费税暂行条例》）第四条第一款规定，生产应税消费品于纳税人销售时纳税。甲公司未及时纳税的行为属于欠缴税款的行为。《税收征收管理法实施细则》第九条明确，稽查局专司偷税、逃避追缴欠税、骗税、抗税案件的查处。国家税务总局应当明确划分税务局和稽查局的职责，避免职责交叉。国税发〔2004〕125号国家税务总局关于印发《关于进一步规范国家税务局系统机构设置明确职责分工的意见》的通知明确，稽查局负责税务违法案件的查处工作。《税收征收管理法》第五十四条对税务检查作了列举式规定，《税收征收管理法实施细则》第八十五条第三款规定，税务检查工作的具体办法，由国家税务总局制定。该条款属于授权性条款，国家税务总局有权制定《税务稽查工作规程》，该工作规程对税务检查工作具有拘束力。原常州市国税局稽查局具有对税务违法案件进行查处的法定职责，所作税务处理决定并未超越法定职权。

《成品油市场管理办法》第四条规定，该办法所称成品油是指汽油、煤油、柴油及其他符合国家产品质量标准、又有相同用途的乙醇汽油和生物柴油等替代燃料。因此，生物柴油亦属于成品油的范畴。《消费税暂行条例》第一条规定，在中华人民共和国境内生产、委托加工和进口本条例规定的消费品的单位和个人，以及国务院确定的销售本条例规定的消费品的其他单位和个人为消费税的纳税人，应当依照本条例缴纳消费税。第二条第一款规定，消费税的税目、税率，依照本条例所附的《消费税税目税率表》执行。第四条第一款规定，纳税人生产的应税消费品，于纳税人销售时纳税。成品油系消费税的应税商品，在销售时应当缴纳消费税。《财政部 国家税务总局关于提高成品油消费税税率的通知》（财税〔2008〕167号）附件2成品油消费税征收范围注释七"燃料油"，也称重油、渣油，是用原油或其他原料加工生产，主要用作电厂发电、锅炉用燃料、加热炉燃料、冶金和其他工业炉燃料。原常州市国税局稽查局将涉案"生物重油"归类于成品油并无不当。甲公司以生物重油的名义对外销售涉案油品，原常州市国税局稽查局按燃料油税率计算应缴消费税款亦无不当。

《税收征收管理法实施细则》第三十二条规定，纳税人在纳税期内没有应纳税款的，也应当按照规定办理纳税申报。纳税人享受减税、免税待遇的，在减税、免税期间应当按照规定办理纳税申报。第四十三条规定，法律、行政法规规定或者经法定的审批机关批准减税、免税的纳税人，应当持有关文件到主管税务机关办理减税、免税手续。因此，甲公司应当就其免税主张承担举证责任。《财政部 国家税务总局关于对利用废弃的动植物油生产纯生物柴油免征消费税的通知》（财税〔2010〕118号）规定，从2009年1月1日起，对同时符合下列条件的纯生物柴油免征消费税：（一）生产原料中废弃的动物油和植物油用量所占比重不低于70%。（二）生产的纯生物柴油符合国家《柴油机燃料调和用生物柴油（BD100）》标准。在原常州市国税局稽查局实施的税务检查过程中以及原审庭审中，甲公司均未能提供同时满足上述两项条件的证据，应承担举证不能的法律后果。原常州市国税局稽查局所作税务处理决定程序合法、事实清楚、法律适用正确。原常州市国税局作出行政复议决定的程序合法。依照《税收征收管理法》第五十四条、《税收征收管理法实施细则》第九条、第三十二条、第四十三条、第八十五条第三款、《消费税暂行条例》第一条、第二条第一款、第四条第一款及《行政诉讼法》第六十九条、第七十九条的规定，判决驳回甲公司的诉讼请求。甲公司不服一审判决，向江苏省常州市中级人民法院（以下简称常州中院）提起上诉。

常州中院二审审理查明的案件事实与一审法院审理查明的事实一致。

常州中院二审认为，甲公司对原常州市国税局稽查局认定的其2011年1月至2013年12月销售生物重油的数量不持异议，亦对原常州市国税局作出行政复议决定的程序不持异议，对此均予以确认。本案的争议焦点为，原常州市国税局稽查局对甲公司销售的涉案生物重油按燃料油的税率征收消费税，是否具有相应的法律依据。

《中华人民共和国消费税暂行条例实施细则》第三条规定，"条例所附《消费税税目税率表》中所列应税消费品的具体征税范围，由财政部、国家税务总局确定。"《财政部 国家税务总局关于提高成品油消费税税率的通知》（财税〔2008〕167号）附件2成品油消费税征收范围注释七对燃料油进行了界定，"燃料油也称重油、渣油，是用原油或其他原料加工生产，主要用作电厂发电、锅炉用燃料、加热炉燃料、冶金和其他工业炉燃料。"该通知自2009年1月1日起执行。此后，《财政部 国家税务总局关于对利用废弃的动植物油生产纯生物柴油免征消费税的通知》（财税〔2010〕118号）明确了利用废弃的动植物油生产的纯生物柴油免征消费税须要符合的国家标准。该通知强调，对不符合规定的生物柴油，或者以柴油、柴油组分调和生产的生物柴油照章征收消费税。该通知亦从2009年1月1日起执行。由上述规定可见，甲公司认为其利用地沟油生产的各类油品均不在消费税征收范围的主张，于法无据。根据《税收征收管理法实施细则》第四十三条规定，甲公司认为涉案生物重油符合免征消费税的条件，但其未持有关文件到主管税务机关办理免税手续。原常州市国税局稽查局对甲公司销售的涉案生物重油按燃料油的税率征收消费税，适用法律正确。依照《行政诉讼法》第八十九条第一款第（一）项的规定，判决驳回上诉，维持原判。

再审申请人甲公司申请再审称，申请人用地沟油生产生物柴油，并将生产生物柴油后的剩余物质即地沟油的残留物自行命名为"生物重油"，该产品虽能替代部分成品油，但没有成品油的任何成分，根据相关规定，申请人生产的"生物重油"不属于成品油消费税征收列举范围，原常州市国税局稽查局作出80号税务处理决定，要求申请人按燃料油消费税税率补缴消费税11 991 149.91元违法；根据《税务行政复议规则》的规定，对经重大税务案件审理程序作出的80号税务处理决定不服提出行政复议的，审理委员会所在税务机关即原常州市国税局为被申请人，80号税务处理决定却告知申请人向原常州市国税局申请行政复议，且原常州市国税局受理了申请人的复议申请并作出3号复议决定，程序违法。据此，原审法院判决驳回申请人要求撤销80号税务处理决定和3号复议决定的诉讼请求错误。

被申请人常州市税务局稽查局答辩称，根据相关法律和行政法规规定，原常州市国税局稽查局具有独立执法主体资格，负有对申请人涉税行为进行查处并作出相应税务行政处理的职责。申请人所生产的"生物重油"用于化工原料增塑剂，也可以用作其他燃料的添加物，用途主要是用于燃烧，符合燃料油特征，故对"生物重油"应当征收消费税，原常州市国税局稽查局对申请人作出80号税务处理决定，要求申请人按燃料油消费税税率补缴消费税符合法律规定，申请人认为"生物重油"不属于消费税征税范围的主张于法无据。原常州市国税局稽查局在对申请人涉税行为立案检查后制作《涉税案件审理报告》《重大税务案件审理提请书》，提请原常州市国税局集体审议，经原常州市国税局重大税务案件审理委员会集体审理后，原常州市国税局稽查局依据《原常州市国税局重大税务案件审理委员会审理意见书》制发80号税务处理决定，并依据相关法律规定告知救济权利，依法送达申请人，程序合法。请求法院驳回申请人的再审申请。

被申请人常州市税务局答辩称，根据《重大税务案件审理办法》（国家税务总局令第34号）第三十四条规定，经过重大税务案件审理委员会审理的案件作出的税务处理决定书应该加盖稽查局的印章。80号税务处理决定虽经重大税务案件审理委员会审理，但该处理决定上加盖的是原常州市国税局稽查局的印章，故作出该处理决定的主体是原常州市国税局稽查局。原常州市国税局稽查局在80号税务处理决定中告知申请人向原常州市国税局申请行政复议，符合《行政复议法》第十五条第（三）项的规定，程序合法。因《重大税务案件审理办法》2015年修订后，《税务行政复议规则》第二十九的规定未进行相应的修订，该条规定与行政复议法的规定相冲突，在此情形下，应当优先适用行政复议法的规定。据此，甲公司以原常州市国税局稽查局为被申请人向原常州市国税局申请行政复议，原常州市国税局是适格的复议机关，原常州市国税局受理申请人的复议申请并作出3号复议决定，程序合法。请求法院驳回申请人的再审申请。

江苏高院经审理查明的事实与原审法院审理查明的事实一致。

江苏高院复查期间另查明，原常州市国税局和原江苏省常州地方税务局于2018年7月5日合并成立常州市税务局，原常州市国税局稽查局和原江苏省常州地方税务局稽查局于2018年7月5日合并成立常州市税务局稽查局。根据《行政诉讼法》第二十六条第六款的规定，行政机关被撤销或者职权变更的，继续行使其职权的行政机关是被告，故常州市税务局和常州市税务局稽查局是本案的适格被申请人。

江苏高院认为，《税收征收管理法》第八十八条第一款规定，纳税人、扣缴义务人、纳税担保人同税务机关在纳税上发生争议时，必须先依照税务机关的纳税决定缴纳或者解缴税款及滞纳金或者提供相应的担保，然后可以依法申请行政复议；对行政复议决定不服的，可以依法向人民法院起诉。国家税务总局《重大税务案件审理办法》第三十四条第一款规定，稽查局应当按照重大税务案件审理意见书制作税务处理处罚决定等相关文书，加盖稽查局印章后送达执行。《税务行政复议规则》（2009年12月15日国家税务总局第2次局务会议审议通过，2010年2月10日国家税务总局令第21号公布，自2010年4月4日起施行）二十九条第一款规定，税务机关依照法律、法规和规章规定，经上级税务机关批准作出具体行政行为的，批准机关为被申请人。第二款规定，申请人对经重大税务案件审理程序作出的决定不服的，审理委员会所在税务机关为被申请人。本案中，原常州市国税局重大税务案件审理委员会对原常州市国税局稽查局提交的甲公司一案，作出常国税重审决字〔2015〕09号《重大税务案件审理委员会审理意见书》，要求其依据审理委员会意见制作相应的法律文书并送达执行。后原常州市国税局稽查局依照上述意见书的意见对申请人作出80号税务处理决定。依据上述规定，申请人甲公司对经重大税务案件审理程序作出的80号税务处理决定不服，本应以案件审理委员会所在的原常州市国税局为被申请人，根据《行政复议法》第十二条第二款"对海关、金融、国税、外汇管理等实行垂直领导的行政机关和国家安全机关的具体行政行为不服的，向上一级主管部门申请行政复议"的规定，向原常州市国税局上一级税务机关原江苏省国家税务局（现国家税务总局江苏省税务局，以下简称江苏省税务局）申请行政复议。因原常州市国税局并非符合上述规章规定的涉案80号税务处理决定适格的复议机关，故原常州市国税局稽查局在80号税务处理决定中告知申请人向原常州市国税局申请行政复议错误，原常州市国税局受理申请人的复议申请并作出3号复议决定，显然违反上述规章的规定。

根据《行政诉讼法》第七十条第（四）项的规定，超越职权作出的行政行为，人民法院判决撤销或者部分撤销，并可以判决被告重新作出行政行为。据此，原常州市国税局在无复议职权的情形下对80号税务处理决定作出的3号复议决定，应当予以撤销。《行政复议法》第十七条第一款规定，行政复议机关收到行政复议申请后，应当在五日内进行审查，对不符合本法规定的行政复议申请，决定不予受理，并书面告知申请人；对符合本法规定，但是不属于本机关受理的行政复议申请，应当告知申请人向有关行政复议机关提出。因申请人甲公司向原常州市国税局提出行政复议申请系原常州市国税局稽查局在80号税务处理决定中错误告知复议机关所致，原常州市国家税务局亦未依法作出处理告知甲公司向有权复议机关提出申请，而是在无复议职权的情况下作出复议决定，故3号复议决定被撤销所致不属于其自身原因行政复议申请期限被耽误的不利后果，不应当由甲公司承担，应由受理甲公司行政复议申请的常州市税务局参照《行政复议法》第十八条的规定，将甲公司的复议申请移送有复议权的江苏省税务局处理。

《行政复议法》第十五条第（三）项规定，对法律、法规授权的组织的具体行政行为不服的，分别向直接管理该组织的地方人民政府、地方人民政府工作部门或者国务院部门申请行政复议。2010年4月4日施行的《税务行政复议规则》第二十九第二款的规定与上述规定并不冲突，且根据2015年12月28日《国家税务总局关于修改〈税务行政复议规则〉的决定》修正后的《税务行政复议规则》亦未对该规章的第二十九条规定作出修改，故常州市税务局认为其作出3号复议决定程序合法的主张于法无据，不能成立，法院不予支持。

综上，原审判决适用法律错误，2020年12月29日，江苏高院依照《行政诉讼法》第七十条第（四）项、第八十九条第一款第二项、《最高人民法院关于适用〈中华人民共和国行政诉讼法〉的解释》第一百一十九条第一款、第一百二十二条之规定，作出〔2019〕苏行再7号行政判决书，判决撤销江苏省常州市中级人民法院〔2017〕苏04行终6号行政判决和江苏省常州市新北区人民法院〔2015〕新行初字第207号行政判决；撤销原江苏省常州市国家税务局作出的常国税复字决字〔2015〕3号《行政复议决定书》；责令国家税务总局常州市税务局在本判决生效之日起十五日内将江苏甲新能源有限公司对常国税稽处〔2015〕80号《税务处理决定书》提出的行政复议申请移送国家税务总局江苏省税务局处理。一、二审案件受理费共计人民币100元,由被申请人国家税务总局常州市税务局稽查局和国家税务总局常州市税务局共同负担。

三、追回退税款未保障纳税人权利案[①]

再审申请人宁波甲控股集团股份有限公司(以下简称甲公司)因诉国家税务总局宁波市税务局第三稽查局(原宁波市国家税务局第三稽查局,以下简称稽查三局)、国家税务总局宁波市税务局(原宁波市国家税务局,以下简称宁波国税局)税务行政处理及行政复议一案,不服浙江省宁波市中级人民法院于2018年7月20日作出的〔2018〕浙02行终135号行政判决,向浙江省高级人民法院(以下简称浙江高院)申请再审。浙江高院经审查后于2019年12月18日作出〔2019〕浙行申454号行政裁定,对本案提起再审。2020年3月16日,浙江高院依法对该案立案再审,并依法组成合议庭,于2020年4月14日公开开庭审理本案。本案现已审理终结。

一审宁波市江北区人民法院经审理查明:2010年9月23日,甲公司与乙电子科技(香港)有限公司(以下简称香港乙公司)签署合同编号为JCETDZ2010—11号《售货合约》1份,约定香港乙公司以跨年度订单方式向甲公司购买高保真音响连接线约41万米。2011年12月9日,甲公司与香港乙公司续签合同编号为JETCDZ2012《售货合约》1份,香港乙公司再次以年度订单方式向甲公司进口音响连接线35万米。2011年4月5日,甲公司与香港丙国际音讯工程有限公司(以下简称香港丙公司)签署合同编号为LSD—C11—YC的《售货合约》1份,香港丙公司以下达八个月订单方式向甲公司购买音响连接线24万米。2012年1月6日,香港丙公司与甲公司续签合同编号为LSD—C12—YC的《售货合约》1份,再次以年度订单的方式向甲公司进口音响连接线28万米。此外,2010年10月22日、2011年10月22日,甲公司先后与临海市丁电子元件有限公司(以下简称丁公司)签订2份《委托代理出口协议》,就委托代理出口货物有关事宜作出约定。2010年10月至2012年4月期间,甲公司又与丁公司签订119份《工矿产品购销合同》,其中9份在结算方式及期限中载明"出货收汇后,凭增值税发票结算",在其他约定事项中载明"仅供商检"。其余110份合同在结算方式及期限中载明"预付10%货款,剩余货款在出货30日后凭增值税发票结算"。上述《工矿产品购销合同》项下货物出口后,甲公司通过出口退税申报,陆续获得出口退税款25 615 391.31元。2014年2月21日,被告稽查三局作出甬国税稽三处〔2014〕5号《税务处理决定书》,认定甲公司构成外贸出口"真代理、假进销"的违规操作,依据《关于进一步规范外贸出口经营秩序切实加强出口货物退(免)税管理的通知》(国

[①] 资料来源:浙江省高级人民法院〔2020〕浙行再6号行政判决书。

税发〔2006〕24号）第二条、《关于出口货物劳务增值税和消费税政策的通知》第七条的规定，对甲公司已获得的出口退税款25 615 391.31元予以追缴。后因甲公司未在规定期限内将税款缴纳入库，被告稽查三局于2015年9月6日向甲公司送达甬国税稽三处〔2014〕01号《宁波市国家税务局第三稽查局催告执行通知书》，要求甲公司在收到通知书10日内缴税。甲公司仍未按要求缴纳税款。被告稽查三局遂于2015年9月24日从甲公司银行账户中强制扣缴人民币25 615 391.31元执行入库。甲公司不服上述甬国税稽三处〔2014〕5号《税务处理决定书》，于2015年11月10日向宁波国税局申请行政复议。被告宁波国税局于2017年6月30日作出甬国税复决字〔2017〕1号《税务行政复议决定书》，对原行政行为予以维持。

一审法院认为，被告稽查三局作为国家税务机关的直属机构，具有作出被诉税务处理决定的行政主体资格。被告宁波国税局作为被告稽查三局直属上级机关，具有就被诉税务处理决定进行行政复议审查并作出行政复议决定的行政职责。正当程序原则是行政法的基本原则，也是行政机关实施行政行为的基本要求。根据正当程序原则，行政机关在作出影响相对人权益的行政决定时，应当履行事前告知义务、充分保障相对人陈述、申辩的权利。本案中，被告稽查三局作出的被诉税务处理决定对原告甲公司已申报并实际取得的25 615 391.31元出口退税款予以追缴，对原告甲公司的权益产生重大影响。被告在作出该处理决定前，未因影响重大利益举行听证，未充分保障原告甲公司陈述、申辩的权利，违背了正当程序原则，程序违法，应予撤销。被告宁波国税局所作行政复议决定认定被告稽查三局作出甬国税稽三处〔2014〕5号《税务处理决定书》程序合法，该事实认定错误，同样应予撤销。据此，依照《行政诉讼法》第七十条第（三）项、第七十九条之规定，判决撤销稽查三局2014年2月21日作出的甬国税稽三处〔2014〕5号《行政处理决定书》；撤销宁波国税局2017年6月30日作出甬国税复决字〔2017〕1号《税务行政复议决定书》；案件受理费50元，由稽查三局和宁波国税局共同负担。

稽查三局和宁波国税局不服，上诉至二审法院宁波市中级人民法院。

二审期间，稽查三局提供了：①稽查三局税务稽查工作底稿（二）违法事实记录，拟证明2014年1月7日已告知甲公司追缴退税、该公司签章知情的事实；②2014年1月8日、4月2日、11月26日甲公司关于出口高保真音响连接线的情况说明、补充情况说明，拟证明已经听取甲公司陈述申辩保障其相关权利。甲公司认为，该几份证据，在复议以及一审法院的审理过程当中未作为证据提交过，根据《行政诉讼法》以及司法解释的相关规定不得作为认定原具体行政行为合法的依据。该院认可甲公司的质证意见，上述证据依法不能作为证明原行政行为合法的证据，至于稽查三局是否保障甲公司的正当程序权利，将在以下另行论述。被上诉人甲公司向该院补充提供一份《重大税务案件审理办法（试行）》，拟证明稽查三局处理程序违法，上诉人稽查三局提供甬国税发〔2004〕71号《宁波市国家税务局关于印发重大税务案件审理办法的通知》，以证明本案不属于重大税务案件，经质证该院认为，本案不适用重大税务案件的审理办法规定。

二审法院认为，根据查明的事实，对本案各争议焦点问题分析认定如下：

（1）稽查三局作出甬国税稽三处〔2014〕5号《税务处理决定书》是否需要进行听证，有无保障甲公司的程序权利。根据《税收征收管理法》第三条、《税收征收管理法实施细则》第一百条等法律的规定，追回退税是税务行政处理行为。就直接规定而言，仅2015年2月1日起实施的《重大税务案件审理办法》第十四条第二款规定"当事人要求听证的，由稽查局组织听证"，该规定因涉案事实发生在2015年2月1日之前而不能直接适用于本案，故本案无直接法律规定应适用听证程序。但鉴于涉案追缴退税数额达两千多万元，数额巨大，依行政执法的正当程序原则，应保障甲公司在决定作出过程中的程序参与、陈述申辩的权利。上诉人稽查三局提供的税务稽查工作底稿等证据，源自行政处理的案卷中，是稽查三局在追缴退税处理与相对人甲公司互动过程中形成的。因稽查三局未在一审时作为证据提供、根据证据规则不能直接认定该证据。但本案在处理过程中，"甲股份自2014年3月起，多次通过宁波市商务委员会、宁波经济技术开发区管委会等与宁波国税局及稽查三局协调、沟通"，具体包括："2014年5月22日，原宁波市对外贸易合作局向商务部递交《关于要求协调解决宁波甲控股集团股份有限公司出口退税问题的请示》（甬外经贸财〔2014〕45号）。2014年6月3日，商务部财务司向国家税务总局货物和劳务税司发出《关于商请解决宁波甲控股集团股份有限公司出口退税有关问题的函》。2014年7月30日、9月22日，原宁波市对外贸易合作局和宁波经济技术开发区管委会共同向宁波市人民政府报送《关于要求协调宁波甲控股集团股份有限公司出口退税有关问题的请示》（宁开政〔2014〕9号）。"该院〔2017〕浙02行再1号判决书对此过程予以了确认。对照甲公司一审时提供的甬外经贸财〔2014〕45号、宁开政〔2014〕9号两份文件和该公司给稽查三局提供的陈述申辩情况说明，其内容基本一致，可知甲公司的意见已经通过上述行政机关进行了转达。而稽查三局2014年2月21日作出处理决定，时隔9个月后才于2014年11月28日留置送达该税务处理决定书，也给了甲公司足够的时间表达意见。该税务处理决定也是在国家税务总局货物和劳务税司给商务部财务司作出了税总货便函〔2014〕152号答复之后送达的，即稽查三局系认真听取和研究各方意见后才正式发送处理决定的。综上，应认定本案虽未组织正式听证，但甲公司相关实质性陈述、申辩权利应认为已经得到保障。甲公司强调稽查三局未对丁公司进行调查而程序违法,稽查三局认为,一方面本案源自海关查处丁公司出口骗税案,因丁公司的法定代表人外逃,最终海关未认定刑事犯罪,后案件移交给国税部门,其间宁波海关查处过程中已进行了调查取证,向国税部门移交了100多份合同,即本案已由海关进行了调查;另一方面,国税部门调查时,该公司已经人去楼空,故无法再对丁公司再另行核实,即认为该局系调查未果。该院对此予以认可。甲公司又认为本案存在两份税务行政处理决定,稽查三局认为,首先在处理过程中确实曾经作出过两份处理决定,第一份决定引用了《财政部 国家税务总局关于出口货物劳务增值税和消费税政策的通知》(财税〔2012〕39号),但报市局审查的时候未获通过,故重新起草第二份决定;其次,实际最后送达的是未引用39号文件的这份决定书,对此甲公司代理人已于一审时当庭自认;最后,送达文书以后,甲公司代理人曾经到该局查阅案卷,在还没有最后装订的档案袋里找到这份未送达生效的决定书并复印走。故一审认定相关事实错误。该院认为,甲公司一审作为证据提供了两份甬国税稽三处〔2014〕5号税务行政处理决定书,第一份(一审案卷第2卷4～5页)上面有稽查三局局长签名且引用了国税发〔2012〕39号文件,第二份(一审案卷第4卷3～4页)上无稽查三局局长签名,亦未引用国税发〔2012〕39号文件,因甲公司不能提供第一份处理决定盖红章的原件,鉴于其承认到稽查三局查阅并复印案卷的事实、且正常对外送达法律文书不可能在盖章之外另由法定代表人签名,故该份处理决定不能视为正式送达的法律文书。本案应认定甲公司举证的第二份未引用国税发〔2012〕39号文件的税务处理决定书才应是稽查三局留置送达的生效法律文书。甲公司另主张本案稽查三局违反《重大税务案件审理办法(试行)》的规定而构成程序违法,该院经审查认为,(甬国税发〔2004〕71号)《宁波市国家税务局关于印发重大税务案件审理办法的通知》系宁波国税局根据《重大税务案件审理办法(试行)》的规定制定的有效规范性文件,该《通知》第三条明确规定稽查局查处的重大税务案件限于以下三种情形:偷税、逃避追缴欠税,骗取出口退税额在50万元以上;罚款数额50万元以上的;没收违法所得在10万元以上的。本案系甲公司违规出口获取退税而予以追回,不属于上述任一情形,故本案难以认定为前述试行《办法》规定意义上的重大税务案件,对甲公司相关程序违法的主张不予支持。综上,稽查三局作出被诉行政处理,其程序应认定合法,一审判决相关认定错误。

(2)本案适用《国家税务总局、商务部关于进一步规范外贸出口经营秩序切实加强出口货物退(免)税管理的通知》(国税发〔2006〕24号)双合同不能退税的规则是否正确。本案中,甲公司和丁公司先后签订了2份《委托代理出口协议》和119份《工矿产品购销合同》,除9份购销合同外,110份购销合同中双方约定预付款10%、其余在出货后30天后凭增值税发票结算,这种结算方式更接近于购销合同的结算方式,但因之前的委托代理协议中有着由甲公司与外商签订出口合同、负责办理出口报关、收汇及甲公司不承担货物质量和知识产权等纠纷及收汇风险的约定。故上述预付款及定期付款也应视为不影响委托代理出口关系的成立。两公司之间的真实关系应该认定为委托代理出口合同关系,即便在履行过程中有变更合同的意思,也因没有明确的书面合同终止原委托代理协议内容而不应认定。甲公司关于其与丁公司之间只有一个实质的购销合同而不存在双合同的主张,该院不予采信,鉴于甲公司与丁公司之间存在代理与购销双合同,故稽查三局适用双合同规则追回退税的处理决定,事实认定清楚。被上诉人甲公司主张其有真实货物出口亦不存在骗取出口退税,故双合同不能退税的规则在本案中不应适用。对此二上诉人认为,出口有自营和委托代理两种出口模式,根据相关规定,只有自营商(包括自主出口的生产厂商或者出口贸易商在购买商品后以自己名义出口)才能够退税;如果是代理模式,不能由代理人即外贸公司以自己名义申请退税,而应该由其委托方(无出口资质的生产厂商)取得委托出口货物证明后在所在地办理退税。目前一些未取得出口资质的生产企业,委托异地大的出口平台公司出口货物,不是按规定拿到委托出口货物证明后在企业本地自行申请退税,而是通过签订双合同的方式,由外贸出口公司以自营出口的名义在外贸公司所在地申请退税。这种操作模式有别于传统的两种出口模式,虽有一定的便捷优势,但也给出口管理增加了风险——因目前出口及退税主要是单证管理,存在不法企业或个人通过伪造单证出口限制出口货物或单纯制造出口假象以骗取退税等现象,相关案件即便事后查出往往也难以追回损失;而严格自营出口及委托代理出口,因为生产环节即由税务部门介入监管,出问题的可能性会因此降低。故出于整体监管秩序的需要,在没有发展出新的有效监管方式之前,禁止双合同出口是合理、相对有效和必要的,该院对此予以认可。国税发〔2006〕24号文件虽然是规范性文件,但有着合法的法律授权,各方对此均无异议。且截至目前,该规则仍然普遍适用,故稽查三局适用双合同不能退税规则对甲公司进行处理并无不当。另,国税发〔2006〕24号第二条(三)项规定,出口企业以自营名义出口,其出口的同一批货物既签订购货合同,又签订代理出口合同(或协议)的出口企业不得将该业务向税务机关申报办理出口货物退(免)税。第三条规定出口企业凡从事本通知第二条所述业务之一并申报退(免)税的,一经发现,该业务已退(免)税款予以追回,未退(免)税款不再办理。根据本案查明事实,甲公司所获取的退税因违反了双合同禁止退税规则而应由稽查三局依法予以追回,国税稽三处〔2014〕5号税务行政处理决定书认定了甲公司违反了国税发〔2006〕24号文件第二条的规定,也明确了其违法获取的出口退税应予追回，但该处理决定没有明确适用国税发〔2006〕24号文件第三条，"其违法获得的出口退税应予驳回，应追缴已退税款25 615 391.31元"也应按上述文件的规定规范表述为"其违法获得的出口退税税款25 615 391.31元应予追回"，该院对以上问题均予以指正。上诉人宁波国税局依法受理甲公司的行政复议申请后，依申请人的申请，于2017年6月16日组织进行了听证，保障了甲公司的陈述、申辩权利，于2017年6月30日作出甬国税复决字〔2017〕1号《税务行政复议决定书》，相关程序合法，认定事实清楚、适用法律基本正确，应予以维持。

综上，甬国税稽三处〔2014〕5号《行政处理决定书》和甬国税复决字〔2017〕1号《税务行政复议决定书》认定事实清楚，适用法律基本正确，程序合法，均应维持其法律效力。一审原告诉请撤销该两项具体行政行为的诉讼请求，无事实和法律依据，依法应予以驳回。一审判决以违反正当程序理由撤销该两项具体行政行为，事实认定和法律适用错误，该院依法予以纠正，依照《行政诉讼法》第六十九条、第八十九条（二）项的规定，判决撤销宁波市江北区人民法院于2018年3月8日作出〔2017〕浙0205行初85号行政判决；驳回甲公司要求撤销甬国税稽三处〔2014〕5号《行政处理决定书》和甬国税复决字〔2017〕1号《税务行政复议决定书》的诉讼请求；一、二审案件受理费各50元，由甲公司负担。

甲公司不服，向浙江高院申请再审称：一、二审法院判决认定事实错误。（一）二审法院判决在遗漏重要证据的情况下直接认为本案不适用重大税务案件的审理办法规定，属于严重的事实认定不清。（二）二审法院认定"被诉税务处理程序、被诉行政复议程序合法"错误。1.税务稽查中检查程序违法。实际询问人只有一人，询问笔录中写明两人。2.被诉处理决定未适用《宁波市国家税务局关于印发重大税务案件审理办法的通知》的规定举行听证程序错误。3.未对丁公司调查取证即作出事实认定，取证程序违法。4.被诉税务处理决定作出前未能保障申请人的实质性陈述、申辩权，其作出决定的程序违法。（三）二审法院认定"被诉税务处理决定、被诉行政复议决定事实清楚"错误。（四）被诉税务处理决定的文书内容存在违法事项。二、二审法院认定"稽查三局作出被诉决定、宁波国税局作出复议决定适用法律正确"的结论错误。稽查三局作出处理决定适用法律依据错误，理由有三：（一）根据"法律不溯及既往原则"，财税〔2012〕39号文件不能作为稽查三局作出税务处理决定的依据。（二）国税发〔2006〕24号同样不应作为本案税务处理决定的依据。（三）形式上存在"双合同"与"真代理、假进销"的违规操作无必然联系。三、甲公司作为出口退税主体应当享有出口退税权。出口退税是我国为鼓励出口而采取的措施。本案中所有交易的环节均表明已满足出口退税要求，在丁公司已经开具增值税发票收款后，作为唯一的退税主体甲公司若不能退税，则其增加的成本或者亏损则无任何救济途径，这完全不符合我国对外贸易政策及相关出口退税政策。甲公司从无出口许可的生产企业购货，再以外贸公司自己的名义出口，交易过程合法，税收流程完备（生产企业依法纳税、货物完成出口且已收汇），不存在骗取出口退税的情形，国家税收没有受损，现仅仅以形式上的"双合同原则"通过税务处理决定书的方式将已退税款予以追缴，有失政策公平性且是对民营企业的致命打击，不利于民营企业的成长和发展。请求法院：1.依法撤销浙江省宁波市中级人民法院〔2018〕浙02行终135号行政判决；2.依法撤销甬国税稽三局〔2014〕5号《税务处理决定书》；3.依法撤销甬国税复决字〔2017〕1号《税务行政复议决定书》；4.请求稽查三局依法退还扣缴的全部款项25 615 391.31元，并赔偿相应的利息损失（按中国人民银行同期贷款基准利率4.35%计算）。

被申请人稽查三局答辩称：

一、二审法院判决认定的被诉行政行为程序合法正当。（一）本案严格依照《税务稽查工作规程》规定的税务行政处理程序进行处理。2013年12月24日，答辩人向甲公司送达《税务检查通知书》和《询问通知书》，其于同日签收。2013年12月31日，答辩人向甲公司送达《调取账簿资料通知书》，其于同日签收。答辩人查阅甲公司的账簿资料，从该公司处取得的证据均由其签字盖章确认。答辩人的二位工作人员依法对甲公司业务八部经理赵某某做了询问笔录，该事实已由一审法院在一审判决中明确认定。2014年1月7日，答辩人将载明有陈述申辩权内容的工作底稿告知甲公司，由其签字盖章确认。2014年11月28日，答辩人向甲公司登门送达《税务处理决定书》，甲公司又拒绝签收，答辩人对留置送达情况进行了录像，并在送达回证上注明。（二）被诉税务处理行为依法无须进行听证。1.此类案件法律等依据并未设定听证程序。《行政处罚法》及国家税务总局制定的《税务稽查工作规程》（国税发〔2009〕157号）均只规定在对当事人进行行政处罚时，才应当履行法定的听证程序。本案所涉的追回出口退税行政争议不是行政处罚行为。2.答辩人必须遵循依法行政、税收法定等原则。（三）答辩人税务检查程序正当合法，且已充分保障了甲公司的陈述申辩权利。1.答辩人在作出甬国税稽三处〔2014〕5号《税务处理决定书》前，已通过多种形式告知了甲公司享有陈述申辩的权利。在对甲公司业务员赵某某所做的两份《询问笔录》上，在权利告知环节均明确告知"你有权对自己的纳税情况进行解释和说明，对税务机关的决定进行陈述申辩"，赵某某均表示"清楚"。在答辩人制作的税务稽查工作底稿（二）上，在检查环节已明确告知被答辩人的违法事实为"违反规定获取出口退税款"，"应追缴已退税款25 615 391.31元"，并注明"请阅后签证,如有异议,应如实申辩,并提供相关证据"。甲公司也在"被查单位意见"栏注明"关于高保真音响连接线出口业务经过,我公司已用书面材料作出说明",并签字盖章确认。可见,答辩人已将认定的违法事实和依据、拟作出的税务处理决定以及陈述申辩权利清楚、明确地书面告知了甲公司,且其也完全清楚并明确表示以书面材料进行陈述申辩。2.事实上,答辩人也收到了甲公司提交的多份书面陈述申辩材料,分别为《关于出口高保真音响连接线的情况说明》(2014年1月8日)、《关于出口高保真音响连接线的情况补充说明》(2014年4月2日)、《关于出口高保真音响连接线的补充情况说明》(2014年11月26日)。可见,答辩人在2014年11月28日向甲公司留置送达《税务处理决定书》前,多次听取了甲公司的陈述申辩意见,已充分保障了其陈述申辩权利。(四)该案件不属于规定的重大税务案件,不适用重大税务案件审理程序。1.答辩人在二审期间向宁波市中级人民法院提交的《关于甲公司案件有关重大税务案件审理的情况说明》中已列举相关规定证明,该案件不属于规定的重大税务案件。2.根据《宁波市国家税务局关于印发重大税务案件审理办法的通知》(甬国税发〔2004〕71号)第二条和第四条的规定,由于该案件不属于规定的重大税务案件,因此答辩人作为原宁波市国家税务局的本级税务稽查部门,根据程序规定无需将案件移交原宁波市国家税务局审理,但答辩人基于谨慎办案的考虑,仍对该案件在本局内部进行集体讨论,体现了答辩人行政执法的严谨性,符合法治精神。3.《宁波市国家税务局关于印发重大税务案件审理办法的通知》(甬国税发〔2004〕71号)第十四条第(六)项规定"由移送单位按规定程序进行处罚事项告知,举行听证,作出处理决定书、处罚决定书"。因此,并非所有的重大税务案件都适用听证,即便属于规定的重大税务案件,也只有在进行处罚时才适用听证,未进行处罚的,不适用听证。这一规定也与《行政处罚法》第四十二条的规定相一致。综上,答辩人的税务行政处理程序取证程序正当合法。

二、二审法院认定的事实清楚,适用依据正确,甲公司与丁公司是实质上的委托代理关系。(一)甲公司与丁公司在委托代理关系存续期间,分别于2010年10月22日、2011年10月22日签订2份《委托代理出口协议》,同时又分别签订119份《工矿产品购销合同》,且多份《工矿产品购销合同》中均明确约定"仅供商检",2份《委托代理出口协议》也明确约定"所有甲方和乙方签订的货物购销合同仅供商检用"。同时,第二份《委托代理出口协议》在第七条"结算形式及付款方式"中将第1份《委托代理出口协议》约定的"按照1美元收取1角人民币的费用"补充修改为"按照1元美金收取人民币0.10/元的代理费用",特意增加了"代理"二字。此外,上述《工矿产品购销合同》的部分主要内容明显有悖常理,比如,第一条"质量标准、技术标准，供方对质量负责的条件和期限：按需方提供的样衣及资料打样并封样，需方确认后方可进行大货生产。"该条所载的"样衣"与出品的高保真音响连接线"风马牛不相及"，所谓的"打样"乃是服装行业的专用名词。这些条款表明，被答辩人与丁公司签订的《工矿产品购销合同》存在极大的随意性，根本无法作为涉案的买卖合同进行履行。结合诸如该笔业务的业务员赵某某的询问笔录、款项收付情况等各种证据，不难发现其目的仅为凭借该购销合同办理出口商检手续从而获取出口退税款，而非真正履行该购销合同，双方实际履行的为《委托代理出口协议》，该协议是双方的真实意思表示。（二）两份《委托代理出口协议》的效力及于整个出口业务存续期间。（三）在最根本的款项结算和发票开具上，甲公司与丁公司也是按照《委托代理出口协议》的约定在实际操作。根据答辩人在检查期间取得的甲公司收汇、退税以及其与丁公司之间的款项支付和发票开具的相关证据，其实际操作完全是按照《委托代理出口协议》的约定在履行。（四）至于甲公司所谓的向丁公司支付300万"预付款"，事实上这一款项并不符合预付款的特征，因为根据往来明细账可以表明，在2012年1月16日，丁公司已将该300万元返还给甲公司，其实质上乃是企业间的一种资金拆借。综上，无论是在约定条款的文本形式上，还是实际履行上，甲公司与丁公司都是无可争议的委托代理关系，是假借"进销"名义而行"代理"之实，即为"真代理、假进销"。

三、二审法院认定本案适用国税发〔2006〕24号文件"双合同"不能退税的结论正确无误。（一）《税收征收管理法实施细则》第三十八条第三款明确规定"税务机关应当加强对纳税人出口退税的管理，具体管理办法由国家税务总局会同国务院有关部门制定。"据此，为了加强出口退税管理，国家税务总局与商务部根据授权，联合制定了《国家税务总局 商务部关于进一步规范外贸出口经营秩序切实加强出口货物退（免）税管理的通知》（国税发〔2006〕24号），其上位法依据明确。（二）国税发〔2006〕24号文件第二条第（三）项明确规定，出口企业以自营名义出口，其出口的同一批货物既签订购货合同，又签订代理出口合同（或）协议的，出口企业不得将该业务向税务机关申报办理出口退（免）税。第三条又明确规定，出口企业凡从事本通知第二条所述业务之一并申报退（免）税的，一经发现，该业务已退（免）税款予以追回，未退（免）税款不再办理。甲公司与丁公司既签订《委托代理出口协议》又签订《工矿产品购销合同》的行为，完全符合该文件规定的不得退税的情形，其违规取得的退税款应予以追回，答辩人作出的税务处理决定于法有据，法律依据明确。（三）国家打击出口企业签订"双合同"的政策具有一致性和连续性，且越来越严格。2012年7月1日实施的《财政部 国家税务总局关于出口货物劳务增值税和消费税调整政策的通知》

第六章 税务稽查管理及案例分析

（财税〔2012〕39号）第七条第（一）项第7目同样规定出口企业在签订"双合同"的情形下不予退税，不仅如此，还要视同内销征收增值税。可见，从始至终，出口企业以签订"双合同"的形式规避出口监管，违规获取出口退税款的行为都不被国家认可，明令禁止并予以严厉打击。（四）答辩人以国税发〔2006〕24号文件的规定作为作出税务处理决定的依据，向甲公司送达的《税务处理决定书》也仅引用了国税发〔2006〕24号文件，并未引用甲公司违规行为发生时尚未生效的财税〔2012〕39号文件作为依据，这一事实已在一审庭审时由甲公司代理人当庭自认，并被二审法院予以明确认定，对此不存在争议。

四、甲公司签订"双合同"的行为严重扰乱了国家出口退税秩序。（一）国家对出口货物退税管理具有明确规定。出口分为自营出口和委托代理出口两种模式，不同的出口模式有其严格的条件和程序要求。甲公司通过与丁公司签订"双合同"的手段，故意模糊委托代理出口和自营出口的界限，规避监管，扰乱国家出口退税秩序。（二）丁公司作为无出口经营资格的生产企业，生产的又是国家限制出口的银制品，如果采用正规的委托代理出口模式，因为未办理出口退税的各项备案和认定手续，是无法取得出口退税款的。于是，丁公司与甲公司采取既签订《委托代理出口协议》又签订《工矿产品购销合同》的手段，借助甲公司这个平台，明面上由甲公司以自营名义出口，实质上却是代理出口，从而避开海关、税务等部门的监管，由甲公司取得出口退税款后再回流至丁公司。这样，丁公司最终取得了原本无法取得的退税款，甲公司则收取代理费。甲公司与丁公司的行为，事实上扰乱了出口退税秩序，造成了国家税款流失。（三）必须明确的是，有出口行为，并不意味着国家必然给予出口退税。企业从事出口业务，并非一定可以取得出口退税款，还必须具备规定的条件，国家行政机关为规范出口退税管理，有权对出口退税设定肯定性和否定性的相应条件。本案中，国家税务总局在国税发〔2006〕24号文件中将出口企业签订"双合同"行为设定为出口退税的否定性条件，即使甲公司有出口行为，但因其行为符合规定的不得退税的条件而不得退税，已退税款应予追回。（四）甲公司既签订《委托代理出口协议》又签订《工矿产品购销合同》的行为，置国家政策于不顾，严重扰乱了国家的出口退税秩序，若纵容这一行为，势必严重冲击现有的出口退税管理机制，导致国家税款的流失，不利于我国外贸行业的良性健康发展。综上，二审法院以事实为依据，以法律为准绳作出判决，客观公正，维护了税法权威，挽回了国家税款损失，请求依法驳回甲公司的再审请求。

被申请人宁波国税局答辩称：一、答辩人作出甬国税复决字〔2017〕1号行政复议决定，主体适格。二、答辩人作出的被诉行政复议决定，程序合法。三、答辩人作出的被诉行政复议决定，认定事实清楚，证据确凿，适用法律法规正确，再审申请人申请再审的事实和理由不能成立。（一）申请人符合"双合同"违规出口情形，稽查三局作出认定事实清楚，证据确凿。1.代理协议一直有效，条款约定详实，并按此履行。第一，申请人与丁公司签订的2份《委托代理出口协议》明确约定"本协议自签订之日起生效，如无书面通知更改或取消本协议，则一直生效"。第二，2份《委托代理出口协议》明确出现了"甲乙双方经友好协商，就委托代理出口货物的有关事宜，达成如下协议""按照1元美金收取人民币0.10元的代理费用"等跟代理相关的条款。第三，2份《委托代理出口协议》对第1份《委托代理出口协议》的部分条款进行了补充和改动，将原来"按照1元美金收取1角人民币的费用"的条款修改为"按照1元美金收取人民币0.1元的代理费用"，条款中增加了"代理"二字，通过这种方式再次着重强调了双方之间的委托代理关系。第四，申请人与丁公司签订的《委托代理出口协议》明确约定，由丁公司承担出口货物及收汇过程中各环节发生的一切费用，如系申请人垫付的，丁公司应及时偿还，也可由申请人在收汇后扣除。这一条款足以证明，即使申请人在以自己名义办理出口业务的过程中支付了相关费用，那也只是"垫付"，而非"最终承担者"，费用的最终承担者是丁公司。2.购销合同仅供商检，有名无实。申请人与丁公司签订的《工矿产品购销合同》明确约定"仅供商检"。同时，双方签订的2份《委托代理出口协议》也明确约定"双方签订的所有购销合同仅供商检用"。这些条款表明双方签订的购销合同仅仅是用于获取出口退税的手段，因为如果没有购销合同，就无法取得出口退税款。3.国家税务总局作为税收最高主管部门已对本案的性质作出了认定。（二）对"双合同"违规出口，稽查三局作出处理决定适用依据正确。申请人的出口行为符合《国家税务总局商务部关于进一步规范外贸出口经营秩序切实加强出口货物退（免）税管理的通知》（国税发〔2006〕24号）第二条第（三）项规定的不得退税的情形。（三）稽查三局已充分保障了申请人的陈述申辩权利，程序合法正当。1.被诉税务处理行为不适用重大税务案件审理程序。根据《重大税务案件审理办法（试行）》（国税发〔2001〕21号）第三条第一款对重大税务案件标准的授权，原宁波市国家税务局于2004年4月14日印发了《宁波市国家税务局关于印发重大税务案件审理办法的通知》（甬国税发〔2004〕71号），对重大税务案件审理办法进行了细化规定，其第三条明确规定"宁波市国家税务局稽查局查处的税务案件符合下列情形之一的为本办法所称的重大税务案件：（一）偷税、逃避追缴欠税、骗取出口退税额在50万元以上的；（二）罚款数额50万元以上的；（三）没收违法所得，数额在10万元以上的。"该案系申请人违规出口获取退税而予以追回，不符合上述情形中的任何一种，因此不属于重大税务案件。再审申请人将重大税务案件审理与内部集体审议相混淆，误认为经稽查三局内部集体审议的案件就属于重大税务案件，实属误解。2.被诉税务处理行为不属于法定听证范围。该案系申请人违规出口获取退税而予以追回，是税务行政处理行为而非行政处罚行为。只有对当事人进行特定的行政处罚时，当事人才享有要求举行听证的权利；当事人要求听证的，税务机关才负有举行听证的义务。现行法律法规并没有明确规定作出税务处理决定之前必须实施听证，因此稽查三局在程序上完全符合税收征管法、《税务稽查工作规程》等相关法律法规、规范性文件的规定。3.稽查三局已充分保障了申请人的陈述申辩权利。稽查三局分别通过《询问笔录》等多种形式，告知了申请人享有陈述申辩的权利。而再审申请人也通过《关于出口高保真音响连接线的情况说明》（2014年1月8日）、《关于出口高保真音响连接线的情况补充说明》（2014年4月2日）、《关于出口高保真音响连接线的补充情况说明》（2014年11月26日）提出了陈述申辩。在稽查三局向再审申请人留置送达《税务处理决定书》前，再审申请人一直在通过各种途径表达意见，前述商务部财务司向国家税务总局货物和劳务税司的发函就是明证。再审申请人在再审申请中提出未能保障其实质性陈述、申辩权，完全与事实不符。四、二审判决认定事实清楚，适用法律、法规正确，程序正当合法。二审法院对于稽查三局和再审申请人提交的补充材料，因为已过举证期限，均未作为新证据进行认定，因此不存在再审申请人所主张的遗漏涉案证据的问题，二审审判程序正当合法。综上，再审申请人陈述的事实和理由不成立，二审判决认定事实清楚，适用法律正确，程序正当合法，请求法院依法驳回再审申请人的诉请。

再审庭审中，各方当事人围绕被申请人稽查三局作出的税务处理决定及被申请人宁波国税局作出的复议决定是否合法等审理重点进行了辩论。

经审理，浙江高院对原一审判决查明的事实予以确认。

浙江高院认为：行政机关作出对行政相对人不利的行政处理决定之前，应当依据正当程序原则的要求，事先告知相对人，并听取相对人的陈述和申辩，以充分保障行政相对人的合法权益。本案中，被申请人稽查三局作出的被诉税务处理决定，系决定追缴再审申请人甲公司已申报并实际取得的25 615 391.31元出口退税款，该处理决定明显对甲公司的权益产生重大不利影响。稽查三局在作出上述处理决定的过程中，应当按照正当程序原则的要求，依法告知，并充分保障甲公司的陈述、申辩权利。但稽查三局在原审法定期间内提交的证据显示，其在作出该处理决定前，未因影响重大利益举行听证，亦未充分保障原告甲公司陈述、申辩的权利。稽查三局辩称其于2014年1月7日已将载明有陈述申辩权内容的税务稽查工作底稿（二）告知甲公司，甲公司也分别于2014年1月8日、4月2日、11月26日向稽查三局出具甲公司关于出口高保真音响连接线的情况说明、补充情况说明。但该税务稽查工作底稿及甲公司出具的情况说明材料系稽查三局在二审期间提交，在复议和一审期间均未提交，二审法院已依法认定上述证据不能作为证明被诉行政行为合法的证据，故稽查三局的上述主张不能成立。二审法院认为，甲公司自2014年3月起，多次通过宁波市商务委员会、宁波经济技术开发区管委会等与宁波国税局及稽查三局协调、沟通，甲公司的意见已经通过上述机关进行了转达。且稽查三局于作出被诉税务处理决定9个月以后的2014年11月28日才予以留置送达，也给甲公司足够的时间表达意见。但本案被诉税务处理决定于2014年2月21日作出，宁波市商务委员会、宁波经济技术开发区管委会等进行协调、沟通的时间为被诉税务处理决定作出以后，此时甲公司客观上已无法进行陈述、申辩，即使表达意见，对于被诉税务处理决定的处理结果亦不会产生任何影响。稽查三局作出被诉税务处理决定，应依法及时进行送达，其时隔9个月才进行送达，程序明显违法。据此，二审法院关于被诉税务处理决定保障了甲公司实质性陈述、申辩权利的观点难以成立。综上，稽查三局作出被诉税务处理决定，程序违法，依法应予撤销。宁波国税局复议维持稽查三局作出的税务处理决定错误，亦应予以撤销。一审法院判决撤销稽查三局作出的税务处理决定以及宁波国税局作出的复议决定正确。二审法院改判撤销一审判决不当，依法应予纠正。

2020年6月9日，浙江高院依照《行政诉讼法》第八十九条第一款第（二）项和《最高人民法院关于适用〈中华人民共和国行政诉讼法〉的解释》第一百一十九条第一款、第一百二十二条之规定，作出〔2020〕浙行再6号行政判决书，判决撤销浙江省宁波市中级人民法院〔2018〕浙02行终135号行政判决；维持浙江省宁波市江北区人民法院〔2017〕浙0205行初85号行政判决。一、二审案件受理费共计100元，由被申请人国家税务总局宁波市税务局第三稽查局、国家税务总局宁波市税务局负担。

第七章 金税四期个人所得税筹划

> **导读**
>
> 本章介绍金税四期个人所得税筹划，包括四节，分别介绍工资薪金所得的纳税筹划、其他综合所得的纳税筹划、个人经营所得的纳税筹划以及个人财产转让所得的纳税筹划。

第一节 工资薪金所得的纳税筹划

一、充分利用企业年金与职业年金

筹划思路

根据《财政部 人力资源社会保障部 国家税务总局关于企业年金 职业年金个人所得税有关问题的通知》（财税〔2013〕103号）的规定，企业和事业单位根据国家有关政策规定的办法和标准，为在本单位任职或者受雇的全体职工缴付的企业年金或职业年金单位缴费部分，在计入个人账户时，个人暂不缴纳个人所得税。个人根据国家有关政策规定缴付的年金个人缴费部分，在不超过本人缴费工资计税基数的4%标准内的部分，暂从个人当期的应纳税所得额中扣除。计算综合所得个人所得税的税率表见表7-1。由于目前事业单位强制设立职业年金，而企业年金的设立是自愿的，广大企业可以充分利用这一优惠，帮助员工减轻个人所得税负担。

表7-1 个人所得税税率表一

（综合所得适用）

级数	全年应纳税所得额	税率	速算扣除数
1	不超过36 000元的部分	3%	0
2	超过36 000元至144 000元的部分	10%	2 520

（续表）

级数	全年应纳税所得额	税率	速算扣除数
3	超过144 000元至300 000元的部分	20%	16 920
4	超过300 000元至420 000元的部分	25%	31 920
5	超过420 000元至660 000元的部分	30%	52 920
6	超过660 000元至960 000元的部分	35%	85 920
7	超过960 000元的部分	45%	181 920

注：本表所称全年应纳税所得额是指依照《个人所得税法》规定，居民个人取得综合所得以每一纳税年度收入额减除费用6万元以及专项扣除、专项附加扣除和依法确定的其他扣除后的余额。

筹划案例

甲公司共有员工1万余人，人均年薪200 000元，人均年个人所得税税前扣除标准为120 000元，人均年应纳税所得额为80 000元，人均年应纳个人所得税5 480元（80 000×10%－2 520）。

如果甲公司为全体员工设立企业年金，员工人均年缴费8 000元（200 000×4%），符合税法规定，可以税前扣除。由此，人均年应纳个人所得税4 680元〔（80 000－8 000）×10%－2 520〕。人均节税800元（5 480－4 680）。甲公司全体员工年节税8 000 000元（800×10 000）。

二、充分利用享受优惠的商业健康保险

筹划思路

根据《财政部 税务总局 保监会关于将商业健康保险个人所得税试点政策推广到全国范围实施的通知》（财税〔2017〕39号）的规定，自2017年7月1日起，对个人购买符合规定的商业健康保险产品的支出，允许在当年（月）计算应纳税所得额时予以税前扣除，扣除限额为2 400元/年（200元/月）。单位统一为员工购买符合规定的商业健康保险产品的支出，应分别计入员工个人工资薪金，视同个人购买，按上述限额予以扣除。2 400元/年（200元/月）的限额扣除为个人所得税法规定减除费用标准之外的扣除。企业为员工统一购买商业健康保险既是为员工提供的福利，也可以起到节税的作用。

筹划案例

甲公司共有员工1万余人,人均年薪200 000元,人均年个人所得税税前扣除标准为120 000元,人均年应纳税所得额为80 000元,人均年应纳个人所得税5 480元(80 000×10%-2 520)。

如果甲公司从员工的应发工资中为全体员工统一购买符合税法规定的商业健康保险,员工人均年缴费2 400元,可以税前扣除。由此,人均年应纳个人所得税5 240元[(80 000-2 400)×10%-2 520]。人均节税240元(5 480-5 240)。甲公司全体员工年节税2 400 000元(240×10 000)。

三、灵活运用子女教育专项附加扣除

筹划思路

根据《个人所得税专项附加扣除暂行办法》的规定,纳税人的子女接受全日制学历教育的相关支出,按照每个子女每月1 000元(自2023年1月1日起,提高到每月2 000元)的标准定额扣除。学历教育包括义务教育(小学、初中教育)、高中阶段教育(普通高中、中等职业、技工教育)、高等教育(大学专科、大学本科、硕士研究生、博士研究生教育)。年满3岁至小学入学前处于学前教育阶段的子女,按上述规定执行。父母可以选择由其中一方按扣除标准的100%扣除,也可以选择由双方分别按扣除标准的50%扣除,具体扣除方式在一个纳税年度内不能变更。凡是家庭中有3岁至28岁接受教育的子女,应积极申报。如果夫妻二人均需要缴纳个人所得税,子女教育扣除应由税率高的一方全额申报,税率低的一方不申报。

筹划案例

张先生和张太太有一儿一女,儿子读小学一年级,女儿读小学六年级。2022年度,张先生的应纳税所得额为100 000元(尚未考虑子女教育专项附加扣除),张太太的应纳税所得额为30 000元(尚未考虑子女教育专项附加扣除)。

如果张先生与张太太因疏忽而忘记申报子女教育专项附加扣除,则2022年度,张先生应纳个人所得税7 480元(100 000×10%-2 520);张太太应纳个人所得税900元(30 000×3%)。

如果由张太太申报两个子女的教育专项附加扣除24 000元,则2022年度,张先生应纳个人所得税7 480元(100 000×10%-2 520);张太太应纳个人所得税180元[(30 000-24 000)×3%]。可节税720元(900-180)。

如果由张先生和张太太各申报一个子女的教育专项附加扣除12 000元，2022年度，张先生应纳个人所得税6 280元［（100 000－12 000）×10%－2 520］；张太太应纳个人所得税540元［（30 000－12 000）×3%］。可节税1 560元（7 480－6 280＋900－540）。

如果由张先生申报两个子女的教育专项附加扣除24 000元，则2022年度，张先生应纳个人所得税5 080元［（100 000－24 000）×10%－2 520］；张太太应纳个人所得税900元（30 000×3%）。可节税2 400元（7 480－5 080）。

对张先生夫妇而言，24 000元的子女教育专项附加扣除抵税的最大额度就是2 400元。

四、灵活运用大病医疗专项附加扣除

筹划思路

根据《个人所得税专项附加扣除暂行办法》的规定，在一个纳税年度内，纳税人发生的与基本医保相关的医药费用支出，扣除医保报销后个人负担（指医保目录范围内的自付部分）累计超过15 000元的部分，由纳税人在办理年度汇算清缴时，在80 000元限额内据实扣除。纳税人发生的医药费用支出可以选择由本人或者其配偶扣除；未成年子女发生的医药费用支出可以选择由其父母一方扣除。纳税人及其配偶、未成年子女发生的医药费用支出，按上述规定分别计算扣除额。纳税人发生符合上述规定的医疗费时，应积极申报扣除。对纳税人未成年子女发生的符合上述规定的医疗费，应由税率最高的父母一方申报扣除。

筹划案例

王先生和王太太2023年喜添千金，但因女儿有先天性疾病，当年花费医疗费1 000 000元，全部自己承担，王先生和王太太本人当年并未产生自负医疗费。2023年度，张先生的应纳税所得额为100 000元（尚未考虑大病医疗专项附加扣除），张太太的应纳税所得额为30 000元（尚未考虑大病医疗专项附加扣除）。

如果王先生与王太太因疏忽而忘记申报大病医疗专项附加扣除，则2023年度，王先生应纳个人所得税7 480元（100 000×10%－2 520）；王太太应纳个人所得税900元（30 000×3%）。

如果由王太太申报大病医疗专项附加扣除80 000元，则2023年度，王先生应纳个人所得税7 480元（100 000×10%－2 520）；王太太应纳个人所得税为0。可节税900元。

如果由王先生申报大病医疗专项附加扣除8万元，则2023年度，王先生应纳个人所得税600元［（100 000－80 000）×3%］；王太太应纳个人所得税900元（30 000×3%）。可节税6 880元（7 480－600）。

对王先生夫妇而言，80 000元的大病医疗专项附加扣除抵税的最大额度就是6 880元。

五、灵活运用赡养老人专项附加扣除

筹划思路

根据《个人所得税专项附加扣除暂行办法》的规定，纳税人赡养一位及以上被赡养人的赡养支出，统一按照以下标准定额扣除：

（1）纳税人为独生子女的，按照每月2 000元的标准定额扣除。

（2）纳税人为非独生子女的，由其与兄弟姐妹分摊每月2 000元的扣除额度，每人分摊的额度不能超过每月1 000元。可以由赡养人均摊或者约定分摊，也可以由被赡养人指定分摊。约定或者指定分摊的须签订书面分摊协议，指定分摊优先于约定分摊。具体分摊方式和额度在一个纳税年度内不能变更。

被赡养人是指年满60岁的父母，以及子女均已去世的年满60岁的祖父母、外祖父母。凡是有60岁以上被赡养人的纳税人均应积极申报赡养老人专项附加扣除。对多兄弟姐妹而言，应由税率最高的两位分别申报1 000元。

自2023年1月1日起，赡养老人专项附加扣除标准，由每月2 000元提高到3 000元，其中，独生子女每月扣除3 000元；非独生子女与兄弟姐妹分摊每月3 000元的扣除额度，每人不超过1 500元。

筹划案例

秦先生和秦女士均年满60岁，其三个子女分别为秦一、秦二和秦三。2022年度，秦一的应纳税所得额为10万元，秦二的应纳税所得额为30 000元，秦三的应纳税所得额为0，以上数额均未考虑赡养老人专项附加扣除。

如果三位子女因疏忽未申报赡养老人专项附加扣除，则2022年度，秦一应纳个人所得税7 480元（100 000×10%－2 520）；秦二应纳个人所得税900元（30 000×3%）；秦三应纳个人所得税为0。

如果由秦二一人申报赡养老人专项附加扣除12 000元，则2022年度，秦一应纳个人所得税7 480元（100 000×10%－2 520）；秦二应纳个人所得税540元［（30 000－12 000）×3%］；秦三应纳个人所得税为0。可节税360元（900－540）。

如果由秦一一人申报赡养老人专项附加扣除12 000元，则2022年度，秦一应纳个人所得税6 280元［（100 000－12 000）×10%－2 520］；秦二应纳个人所得税900元（30 000×3%）；秦三应纳个人所得税为0。可节税1 200元（7 480－6 280）。

如果由秦一和秦二各申报赡养老人专项附加扣除12 000元，则2022年度，秦一应纳个人所得税6 280元［（100 000－12 000）×10%－2 520］；秦二应纳个人所得税540元［（30 000－12 000）×3%］；秦三应纳个人所得税为0。可节税1 560元（7 480－6 280+900－540）。

对秦家兄妹三人而言，24 000元的赡养老人专项附加扣除抵税的最大额度就是1 560元。

六、将工资适当转化为职工福利

筹划思路

工资与职工福利的使用范围存在一定程度的重合，如员工取得工资后需要支付的交通费、通讯费、餐饮费、房租以及部分设备购置费等均可以由公司来提供，公司在为员工提供上述福利以后，可以相应减少其应发的工资，由此，不仅可以为员工节税，还可以为公司节省社会保险费的支出。

筹划案例

甲公司共有员工1万余人，目前没有给员工提供任何职工福利，该公司员工的年薪比同行业其他公司略高，平均为200 000元。其中，税法允许的税前扣除额人均约130 000元，人均应纳税所得额为70 000元。人均应纳税额4 480元（70 000×10%－2 520）。

甲公司可充分利用税法规定的职工福利费、职工教育经费等，为职工提供上下班交通工具、三顿工作餐、工作手机及相应通讯费、工作电脑、职工宿舍、职工培训费、差旅补贴等选项由每位职工根据自身需求选用。选用公司福利的员工，其工资适当调低，以弥补公司提供上述福利的成本。假设通过上述方式，该公司50%的员工年薪由此降低10 000元，则人均应纳税额3 480元（60 000×10%－2 520），人均可节税1 000元（4 480－3 480）。5 000名员工节税总额为5 000 000元。假设甲公司为员工缴纳"五险一金"的比例为工资总额的30%，则该项筹划为甲公司节约"五险一金"15 000 000元（1×5 000×30%）。

七、充分利用公益慈善事业捐赠

筹划思路

根据《个人所得税法》的规定，个人将其所得对教育、扶贫、济困等公益慈善事业进行捐赠，捐赠额未超过纳税人申报的应纳税所得额30%的部分，可以从其应纳税所得额中扣除；国务院规定对公益慈善事业捐赠实行全额税前扣除的，从其规定。根据《财政部 国家税务总局关于企业等社会力量向红十字事业捐赠有关所得税政策问题的通知》（财税〔2000〕30号）的规定，个人通过非营利性的社会团体和国家机关（包括中国红十字会）向红十字事业的捐赠，在计算缴纳个人所得税时准予全额扣除。利用公益慈善事业捐赠进行纳税筹划应注意三个问题：第一，通过有资格接受捐赠的组织进行公益捐赠，不能直接向受赠者捐赠，否则，无法税前扣除；第二，一般公益捐赠的税前扣除具有限额，特殊公益捐赠的税前扣除没有限额，应尽量选择可以全额税前扣除的项目；第三，在个人需要纳税的年度进行公益捐赠可以起到抵税的作用，如果个人在某个年度不需要纳税，公益捐赠则无法起到抵税的作用。

筹划案例

李先生为某地企业家，为提高自身形象与知名度，决定以个人名义长期开展一些公益捐赠。假设李先生每年综合所得应纳税所得额为1 000万元，某筹划公司为李先生设计了三种筹划方案：方案一，每年直接向若干所希望小学捐赠500万元；方案二，通过某地民政局向贫困地区每年捐赠500万元；方案三，每年向中国红十字会捐赠500万元。

如果不进行公益捐赠，李先生综合所得每年应纳税额为431.81万元（1 000×45%－18.19）。

如果按照方案一进行公益捐赠，李先生综合所得每年应纳税额与上述情形相同，即无法税前扣除，公益捐赠起不到抵税的作用。

如果按照方案二进行公益捐赠，李先生综合所得每年应纳税额为296.81万元〔（1 000－1 000×30%）×45%－18.19〕，可节税135万元（431.81－296.81）。

如果按照方案三进行公益捐赠，李先生综合所得每年应纳税额为206.81万元〔（1 000－500）×45%－18.19〕，可节税225万元（431.81－206.81）。

八、充分利用年终奖单独计税

筹划思路

根据《财政部 税务总局关于个人所得税法修改后有关优惠政策衔接问题的通知》（财税〔2018〕164号）、《财政部 税务总局关于延续实施全年一次性奖金等个人所得税政策的公告》（财政部 税务总局公告2023年第30号）的规定，居民个人取得全年一次性奖金，在2027年12月31日前，不并入当年综合所得，以全年一次性奖金收入除以12个月得到的数额，按照按月换算后的综合所得税率表，确定适用税率和速算扣除数，单独计算纳税。计算公式为：应纳税额＝全年一次性奖金收入×适用税率－速算扣除数。居民个人取得全年一次性奖金，也可以选择并入当年综合所得计算纳税。年终奖单独计税相当于给纳税人额外提供了一次可以低税率纳税的方法，综合所得应纳税额超过3.6万元的纳税人应充分利用。利用年终奖单独计税进行纳税筹划应注意两个问题：第一，年终奖适用的税率不能超过综合所得适用的最高税率，否则，无法起到节税的效果；第二，年终奖的计算方法实际上是全额累进。因此，应特别注意在两个税率过渡阶段的纳税筹划，原则上，如果某笔年终奖的适用税率刚刚超过某个档次，适当降低年终奖的数额，使其适用低一档次的税率可以起到节税的效果。

筹划案例

刘先生2023年度综合所得应纳税所得额为100万元，全部来自工资薪金。单位为其提供了五种方案供其选择：方案一，全部通过工资薪金发放，不发放年终奖；方案二，发放3.6万元年终奖，综合所得应纳税所得额为96.4万元；方案三，发放14.4万元年终奖，综合所得应纳税所得额为85.6万元；方案四，发放43万元年终奖，综合所得应纳税所得额为57万元；方案五，发放42万元年终奖，综合所得应纳税所得额为58万元。

在方案一下，刘先生应纳个人所得税26.81万元（100×45%－18.19）。

在方案二下，刘先生综合所得应纳个人所得税25.19万元（96.4×45%－18.19），年终奖应纳个人所得税0.11万元（3.6×3%），合计应纳个人所得税25.3万元（25.19+0.11）。方案二比方案一节税1.51万元（26.81－25.3）。

在方案三下，刘先生综合所得应纳个人所得税21.37万元（85.6×35%－8.59），年终奖应纳个人所得税1.42万元（14.4×10%－0.02），合计应纳个人所得税22.79万元（21.37+1.42）。方案三比方案二节税2.51万元（25.3－

22.79），方案三比方案一节税4.02万元（26.81－22.79）。

在方案四下，刘先生综合所得应纳个人所得税11.81万元（57×30%－5.29），年终奖应纳个人所得税12.46万元（43×30%－0.44），合计应纳个人所得税24.27万元（11.81＋12.46）。方案四比方案三多纳税1.48万元（24.27－22.79），方案四比方案二节税1.03万元（25.3－24.27），方案四比方案一节税2.54万元（26.81－24.27）。

在方案五下，刘先生综合所得应纳个人所得税12.11万元（58×30%－5.29），年终奖应纳个人所得税10.23万元（42×25%－0.27），合计应纳个人所得税22.34万元（12.11＋10.23）。方案五比方案四节税1.93万元（24.27－22.34），方案五比方案三节税0.45万元（22.79－22.34），方案五比方案二节税2.96万元（25.3－22.34），方案五比方案一节税4.47万元（26.81－22.34）。

九、充分利用股票期权所得单独计税

筹划思路

根据《财政部 税务总局关于个人所得税法修改后有关优惠政策衔接问题的通知》（财税〔2018〕164号）、《财政部 税务总局关于延续实施上市公司股权激励有关个人所得税政策的公告》（财政部 税务总局公告2023年第25号）的规定，居民个人取得股票期权、股票增值权、限制性股票、股权奖励等股权激励（以下简称股权激励），在2027年12月31日前，不并入当年综合所得，全额单独适用综合所得税率表，计算纳税。计算公式为：应纳税额＝股权激励收入×适用税率－速算扣除数。股票期权等股票激励所得单独计税为纳税人提供了将一年的综合所得分为两次纳税的机会，凡是综合所得应纳税所得额超过3.6万元的纳税人，在满足适用条件的前提下，均可以利用股票期权所得单独计税的政策进行纳税筹划。最佳的节税方案就是将综合所得应纳税所得额的一半分配至股票期权所得。

筹划案例

董女士为某上市公司老总，预计2023年度综合所得应纳税所得额为500万元。公司为董女士设计了四套纳税方案：方案一，不发放股票期权所得，综合所得应纳税所得额为500万元；方案二，发放股票期权所得3.6万元，综合所得应纳税所得额为496.4万元；方案三，发放股票期权所得14.4万元，综合所得应纳税所得额为485.6万元；方案四，发放股票期权250万元，综合所得应纳税所得额为250万元。

在方案一下，董女士应纳个人所得税206.81万元（500×45%－18.19）。

在方案二下，董女士股票期权所得应纳个人所得税0.11万元（3.6×3%），综合所得应纳个人所得税205.19万元（496.4×45%－18.19），合计应纳个人所得税205.30万元（0.11＋205.19）。方案二比方案一节税1.51万元（206.81－205.3）。

在方案三下，董女士股票期权所得应纳个人所得税1.19万元（14.4×10%－0.25），综合所得应纳个人所得税200.33万元（485.6×45%－18.19），合计应纳个人所得税201.52万元（1.19＋200.33）。方案三比方案二节税3.78万元（205.3－201.52），方案三比方案一节税5.29万元（206.81－201.52）。

在方案四下，董女士股票期权所得应纳个人所得税94.31万元（250×45%－18.19），综合所得应纳个人所得税94.31万元（250×45%－18.19），合计应纳个人所得税188.62万元（94.31＋94.31）。方案四比方案三节税12.9万元（201.52－188.62），方案四比方案二节税16.68万元（205.3－188.62），方案四比方案一节税18.19万元（206.81－188.62）。

十、综合利用年终奖与股票期权所得单独计税

筹划思路

在条件允许的前提下，纳税人如果能充分且合理利用多种税收优惠政策，如综合利用年终奖与股票期权所得单独计税的政策，可以最大限度地降低整体税收负担。筹划的具体方法为，股权期权与综合所得适用相同的税率，年终奖适用的税率比综合所得适用的税率低一个档次。

筹划案例

马先生为某上市公司老总，预计2023年度综合所得应纳税所得额为600万元。公司为马先生设计了四套纳税方案：方案一，不发放年终奖与股票期权所得，综合所得应纳税所得额为600万元；方案二，发放年终奖3.6万元、股票期权所得3.6万元，综合所得应纳税所得额为592.8万元；方案三，发放年终奖200万元、股票期权所得200万元，综合所得应纳税所得额为200万元；方案四，发放年终奖96万元、股票期权所得252万元，综合所得应纳税所得额为252万元。

在方案一下，马先生应纳个人所得税251.81万元（600×45%－18.19）。

在方案二下,马先生年终奖应纳个人所得税0.11万元(3.6×3%),股票期权所得应纳个人所得税0.11万元(3.6×3%),综合所得应纳个人所得税248.57万元(592.8×45%−18.19),合计应纳个人所得税248.79万元(0.11+0.11+248.57)。方案二比方案一节税3.02万元(251.81−248.79)。

在方案三下,马先生年终奖应纳个人所得税88.48万元(200×45%−1.52),股票期权所得应纳个人所得税71.81万元(200×45%−18.19),综合所得应纳个人所得税71.81万元(200×45%−18.19),合计应纳个人所得税232.1万元(88.48+71.81+71.81)。方案三比方案二节税16.69万元(248.79−232.1),方案三比方案一节税19.71万元(251.81−232.1)。

在方案四下,马先生年终奖应纳个人所得税32.88万元(96×35%−0.72),股票期权所得应纳个人所得税95.21万元(252×45%−18.19),综合所得应纳个人所得税95.21万元(252×45%−18.19),合计应纳个人所得税223.3万元(32.88+95.21+95.21)。方案四比方案三节税8.8万元(232.1−223.3),方案四比方案二节税25.49万元(248.79−223.3),方案四比方案一节税28.51万元(251.81−223.3)。

第二节 其他综合所得的纳税筹划

一、预缴劳务报酬中的纳税筹划

筹划思路

劳务报酬所得虽然应并入综合所得综合计征个人所得税,但在实际征管中采取的是预缴与汇算清缴相结合的方法。扣缴义务人向居民个人支付劳务报酬所得时,应当按照以下方法按次或者按月预扣预缴税款:

(1)劳务报酬所得以收入减除费用后的余额为收入额。

(2)预扣预缴税款时,劳务报酬所得每次收入不超过4 000元的,减除费用按800元计算;每次收入4 000元以上的,减除费用按收入的20%计算。

(3)劳务报酬所得以每次收入额为预扣预缴应纳税所得额,计算应预扣预缴税额。劳务报酬所得适用个人所得税预扣率表二(表7-2)。

(4)居民个人办理年度综合所得汇算清缴时,应当依法计算劳务报酬所得的收入额,并入年度综合所得计算应纳税款,税款多退少补。根据这一预扣预缴方法,纳税人应尽量降低每次取得劳务报酬的数量,从而可以降低预扣预缴税款的数额。

表7-2 个人所得税预扣率表二
（居民个人劳务报酬所得预扣预缴适用）

级数	预扣预缴应纳税所得额	预扣率	速算扣除数
1	不超过20 000元的	20%	0
2	超过20 000元至50 000元的部分	30%	2 000
3	超过50 000元的部分	40%	7 000

筹划案例

秦先生为某大学教授，2023年度为甲公司担任税务顾问，合同约定了两种支付方案：方案一，甲公司在2023年一次性向秦先生支付全年顾问费60 000元；方案二，甲公司在2023年分12次向秦先生支付全年顾问费，每次为5 000元。假设秦先生2023年度综合所得应纳税所得额（已经计算该60 000元顾问费）为100 000元，除该顾问费以外，尚未预缴税款。

在方案一下，甲公司在支付顾问费时应预扣预缴税款12 400元［60 000×（1－20%）×30%－2 000］。秦先生2023年度综合所得应纳个人所得税7 480元（100 000×10%－2 520）。秦先生应申请退税4 920元（12 400－7 480）。

在方案二下，甲公司在支付顾问费时应预扣预缴税款9 600元［5 000×（1－20%）×20%×12］。秦先生2023年度综合所得应纳个人所得税7 480元（100 000×10%－2 520）。秦先生应申请退税2 120元（9 600－7 480）。方案二比方案一少占用秦先生资金2 800元（4 920－2 120）。

二、转移劳务报酬中的成本

筹划思路

在预扣预缴劳务报酬的税款时，劳务报酬所得每次收入不超过4 000元的，减除费用按800元计算；每次收入4 000元以上的，减除费用按收入的20%计算。这种固定数额与固定比例的扣除模式导致花费成本较高的劳务报酬税负较高，为此，纳税人在取得劳务报酬时，原则上应将各类成本转移至被服务单位。由此可以降低劳务报酬的表面数额，从而降低劳务报酬的整体税收负担。

第七章 金税四期个人所得税筹划

筹划案例

吴先生是全国著名的税法专家,每年在全国各级巡回讲座几十次。每次讲座课酬的支付方式有两种:方案一,邀请单位支付课酬60 000元,各种费用均由吴先生自己负担,假设每次讲座的交通费、住宿费、餐饮费等必要费用为10 000元;方案二,邀请单位支付课酬50 000元,各种费用均由邀请单位负担。

在方案一下,邀请单位需要预扣预缴税款12 400元[60 000×(1−20%)×30%−2 000]。吴先生自负的10 000元各类费用无法税前扣除,起不到抵税的作用。

在方案二下,邀请单位需要预扣预缴税款10 000元[50 000×(1−20%)×30%−2 000]。方案二比方案一节税2 400元(12 400−10 000)。

三、将部分劳务报酬分散至他人

筹划思路

劳务报酬所得按照每个纳税人取得的数额分别计征个人所得税,因此,在纳税人的劳务实际上是由若干人提供的情况下,可以通过将部分劳务报酬分散至他人的方式来减轻税收负担。

筹划案例

某影视明星承担了甲影视公司的某个拍摄项目,整个拍摄工作在3个月内完成,甲影视公司需要支付劳务报酬120万元。甲公司设计了三套发放方案:方案一,拍摄任务完成后,一次性支付120万元劳务报酬;方案二,根据拍摄项目进度,每个月发放劳务报40万元;方案三,由该影视明星雇用10名工作人员为其服务,平均每月劳务报酬为2万元,甲公司每月向该10名工作人员每人支付2万元劳务报酬,每月向该明星支付20万元劳务报酬。

在方案一下,甲公司需要预扣预缴税款37.7万元[120×(1−20%)×40%−0.7]。

在方案二下,甲公司每月需要预扣预缴税款12.1万元[40×(1−20%)×40%−0.7],合计预扣预缴税款36.3万元(12.1×3)。方案二比方案一少预扣税款1.4万元(37.7−36.3)。

在方案三下,甲公司每月需要为该明星预扣预缴税款5.7万元[20×(1−20%)×40%−0.7],甲公司每月需要为该工作人员预扣预缴税款3.2万元

［2×（1－20%）×20%×10］，合计预扣预缴税款26.7万元［（5.7＋3.2）×3］。方案三比方案二少预扣税款9.6万元（36.3－26.7），方案三比方案一少预扣税款11万元（37.7－26.7）。

四、将劳务报酬转变为公司经营所得

筹划思路

根据《财政部　税务总局关于明确增值税小规模纳税人减免增值税等政策的公告》（财政部　税务总局公告2023年第1号）及《财政部　税务总局关于增值税小规模纳税人减免增值税政策的公告》（财政部　税务总局公告2023年第19号）的规定，自2023年1月1日至2027年12月31日，对月销售额10万元以下（含本数）的增值税小规模纳税人，免征增值税。

根据《财政部　税务总局关于小微企业和个体工商户所得税优惠政策的公告》（财政部　税务总局公告2023年第6号）及《财政部　税务总局关于进一步支持小微企业和个体工商户发展有关税费政策的公告》（财政部　税务总局公告2023年第12号）的规定，自2023年1月1日至2027年12月31日，对小型微利企业年应纳税所得额不超过100万元的部分，减按25%计入应纳税所得额，按20%的税率缴纳企业所得税。

根据《财政部　税务总局关于进一步实施小微企业所得税优惠政策的公告》（财政部　税务总局公告2022年第13号）及《财政部　税务总局关于进一步支持小微企业和个体工商户发展有关税费政策的公告》（财政部　税务总局公告2023年第12号）的规定，自2022年1月1日至2027年12月31日，对小型微利企业年应纳税所得额超过100万元但不超过300万元的部分，减按25%计入应纳税所得额，按20%的税率缴纳企业所得税。

对于频繁取得劳务报酬且数额较大的个人，可以考虑成立公司来提供相关劳务，从而将个人劳务报酬所得转变为公司所得，由于小微企业可以享受较多税收优惠，这种转变可以大大降低个人的税收负担。

筹划案例

孙先生为某大学教授，其收入主要为所在大学的工资以及在某培训机构讲课的课酬。2023年度，其所在大学发放工资总额为20万元，不考虑其他收入，由此计算的综合所得应纳税所得额为3.6万元。培训机构每月支付孙先生课酬8万元，如果考虑该课酬，孙先生2023年度的综合所得应纳税所得额将提高至80.4万元。某筹划公司为孙先生提供了两套方案：方案一，延续以往模式,由培训机构向孙先生每月支付课酬8万元;方案二,孙先生成立甲公司,每月向培训机构开具8万元培训费发票,由甲公司取得8万元收入。

在方案一下,孙先生综合所得应纳个人所得税19.55万元(80.4×35%－8.59)。

在方案二下,孙先生综合所得应纳个人所得税0.11万元(3.6×3%)。甲公司每月取得8万培训费,根据小微企业增值税优惠政策,不需要缴纳增值税及其附加。假设甲公司的应纳税所得额为20万元,根据小微企业所得税优惠政策,甲公司需要缴纳企业所得税1万元(20×25%×20%),合计纳税1.11万元(0.11+1)。方案二比方案一节税18.44万元(19.55－1.11)。

五、稿酬所得的纳税筹划

扣缴义务人向居民个人支付稿酬所得时,应当按照以下方法按次或者按月预扣预缴税款:

(1)稿酬所得以收入减除费用后的余额为收入额;稿酬所得的收入额减按70%计算。

(2)预扣预缴税款时,稿酬所得每次收入不超过4 000元的,减除费用按800元计算;每次收入4 000元以上的,减除费用按收入的20%计算。

(3)稿酬所得以每次收入额为预扣预缴应纳税所得额,计算应预扣预缴税额。稿酬所得适用20%的比例预扣率。

(4)居民个人办理年度综合所得汇算清缴时,应当依法计算稿酬所得的收入额,并入年度综合所得计算应纳税款,税款多退少补。

稿酬所得的筹划除采取工资薪金所得、劳务报酬所得的筹划方法以外,最主要的方法就是多分次数,分给多个纳税人,降低预扣预缴税款的数额,如纳税人的年度综合所得数额有较大变化,可以在不同年度之间进行调节。

筹划案例

赵女士在甲出版社出版了一本小说,稿酬总额为100 000元。已知赵女士2023年度综合所得应纳税所得额为36 000元,2024年度综合所得应纳税所得额为0,同时还有50 000元的费用允许税前扣除。关于该笔稿酬发放的时间,甲出版社提供了两个方案:方案一,2023年底支付100 000元稿酬;方案二,2024年年初支付100 000元稿酬。

在方案一下,该笔稿酬应当缴纳个人所得税5 600元[100 000×70%×

（1－20%）×10%〕。

在方案二下，该笔稿酬应当缴纳个人所得税180元｛〔100 000×70%×（1－20%）－50 000〕×3%｝。方案二比方案一节税5 420元（5 600－180）。

六、特许权使用费所得的纳税筹划

筹划思路

扣缴义务人向居民个人支付特许权使用费所得时，应当按照以下方法按次或者按月预扣预缴税款：

（1）特许权使用费所得以收入减除费用后的余额为收入额。

（2）预扣预缴税款时，特许权使用费所得每次收入不超过4 000元的，减除费用按800元计算；每次收入4 000元以上的，减除费用按收入的20%计算。

（3）特许权使用费所得，以每次收入额为预扣预缴应纳税所得额，计算应预扣预缴税额。特许权使用费所得适用20%的比例预扣率。

（4）居民个人办理年度综合所得汇算清缴时，应当依法计算特许权使用费所得的收入额，并入年度综合所得计算应纳税款，税款多退少补。

特许权使用费所得的纳税筹划，除灵活运用上述工资薪金所得、劳务报酬所得、稿酬所得的筹划方法以外，最重要的就是尽量选择按年度支付特许权使用费，而不要按两年或者多年支付特许权使用费。

筹划案例

周先生为甲公司工程师，每年综合所得应纳税所得额为3.6万元。2023年度，周先生取得一项专利，授予乙公司使用十年，专利费总额为100万元。关于专利费支付方式，乙公司设计了三套方案：方案一：每五年支付专利费50万元，共支付两次；方案二，每两年支付专利费20万元，共支付五次；方案三，每年支付专利费10万元，共支付十次。

在方案一下，周先生取得50万元专利费需要缴纳个人所得税10.68万元〔（14.4－3.6）×10%＋（30－14.4）×20%＋（42－30）×25%＋（53.6－42）×30%〕，合计缴纳个人所得税21.36万元（10.68×2）。

在方案二下，周先生取得20万元专利费需要缴纳个人所得税2.92万元〔（14.4－3.6）×10%＋（23.6－14.4）×20%〕，合计缴纳个人所得税14.6万元（2.92×5）。方案二比方案一节税6.76万元（21.36－14.6）。

在方案三下，周先生取得10万元专利费需要缴纳个人所得税1万元（10×10%），合计缴纳个人所得税（1×10）10万元。方案三比方案二节税4.6万元（14.6－10），方案三比方案一节税11.36万元（21.36－10）。

第三节　个人经营所得的纳税筹划

一、充分利用税法规定的各项扣除

筹划思路

个人独资企业经营所得按照收入总额减去税法允许扣除的各项费用后的余额计算，因此，个人独资企业在计算经营所得的应纳税所得额时，应尽量充分利用税法规定的各项扣除，尽量减少应纳税所得额，从而降低税收负担。

筹划案例

2022年度，秦先生注册了一家个人独资企业从事餐饮，每月销售额为10万元，按税法规定允许扣除的各项费用为2万元。秦先生的妻子也在该餐馆帮忙，但考虑是一家人，并未领取工资。2023年度，秦先生有两个方案可供选择：方案一，继续2022年度的经营模式，即其妻子继续在餐馆帮忙，但不领取工资；方案二，秦先生的妻子每月领取0.5万元的工资。

在方案一下，秦先生2023年度经营所得应纳税所得额为96万元［（10－2）×12］。秦先生应当缴纳个人所得税13.53万元［（96×35%－6.55）×50%］。

在方案二下，秦先生2023年度经营所得应纳税所得额为90万元［（10－2－0.5）×12］。秦先生应当缴纳个人所得税12.48万元［（96×35%－6.55）×50%］。方案二比方案一节税1.05万元（13.53－12.48）。

二、将个人独资企业转变为一人有限责任公司

筹划思路

随着我国对小微企业的所得实行更低的税率，小微企业的税负已经低于个人独资企业。因此，将个人独资企业转变为一人有限责任公司可以降低

税收负担。

筹划案例

李女士响应政府号召返乡创业，在某小学附近开办了"小饭桌"，性质为个人独资企业。每年可以取得经营所得应纳税所得额100万元。2023年度，李女士有三个方案可供选择：方案一，该"小饭桌"继续保持个人独资企业的性质；方案二，将"小饭桌"注册为一人有限责任公司，税后利润全部分配；方案三，将"小饭桌"注册为一人有限责任公司，税后利润保留在公司，不做分配。

在方案一下，李女士需要缴纳个人所得税14.23万元［（100×35%－6.55）×50%］。

在方案二下，"小饭桌"公司需要缴纳企业所得税5万元（100×25%×20%），李女士取得税后利润需要缴纳个人所得税19万元［（100－5）×20%］，合计纳税24万元（5＋19）。方案二比方案一多纳税9.77万元（24－14.23）。

在方案三下，"小饭桌"公司需要缴纳企业所得税5万元（100×25%×20%）。方案三比方案二节税19万元（24－5），方案三比方案一节税9.23万元（14.23－5）。

三、增加合伙企业的合伙人

筹划思路

合伙企业经营所得应纳税所得额的计算方法与个人独资企业相同，略有区别的是，合伙企业的应纳税所得额会按照比例分配给每一个合伙人，由合伙人计算缴纳个人所得税。由于增加一个合伙人就可以增加基本扣除6万元，合伙企业的合伙人越多，每个合伙人缴纳的个人所得税就越少。

筹划案例

甲合伙企业2023年度的应纳税所得额为100万元，平均分配给2个合伙人。2023年度甲合伙企业有两个方案可供选择：方案一，仍然保持2个合伙人；方案二，2个合伙人均将自己的配偶或者其他直系亲属一人增加为合伙人，合伙企业的应纳税所得额平均分配给4个合伙人。假设该4个合伙人均未取得除合伙企业利润以外的其他所得，每个合伙人的基本扣除标准均为6万元。

在方案一下,每个合伙人需要缴纳个人所得税9.15万元〔(50-6)×30%-4.05〕,合计缴纳个人所得税18.3万元(9.15×2)。

在方案二下,每个合伙人需要缴纳个人所得税2.75万元〔(25-6)×20%-1.05〕,合计缴纳个人所得税11万元(2.75×4)。方案二比方案一节税7.3万元(18.3-11)。

四、合伙人平均分配合伙企业利润

筹划思路

合伙企业的合伙人按照下列原则确定应纳税所得额:

(1)合伙企业的合伙人以合伙企业的生产经营所得和其他所得,按照合伙协议约定的分配比例确定应纳税所得额。

(2)合伙协议未约定或者约定不明确的,以全部生产经营所得和其他所得,按照合伙人协商决定的分配比例确定应纳税所得额。

(3)协商不成的,以全部生产经营所得和其他所得,按照合伙人实缴出资比例确定应纳税所得额。

(4)无法确定出资比例的,以全部生产经营所得和其他所得,按照合伙人数量平均计算每个合伙人的应纳税所得额。

由于合伙人应纳税所得额适用的是超额累进税率,在全体合伙人平均分配合伙企业利润的情形下可以实现整体税负的最轻。

筹划案例

甲合伙企业2023年度的应纳税所得额为100万元(假设已经扣除合伙人的个人扣除额)。甲合伙企业共有4个合伙人,有三个分配方案:方案一,4个合伙人的分配数额分别为3万元、3万元、3万元和82万元;方案二,4个合伙人的分配数额分别为3万元、9万元、30万元和58万元;方案四,4个合伙人平均分配,每人均为25万元。

在方案一下,全体合伙人应当缴纳个人所得税22.6万元(3×5%×3+82×35%-6.55)。

在方案二下,全体合伙人应当缴纳个人所得税19.6万元(3×5%+9×10%-0.15+30×20%-1.05+58×35%-6.55)。方案二比方案一节税3万元(22.6-19.6)。

在方案三下,全体合伙人应当缴纳个人所得税15.8万元〔(25×20%-1.05)×4〕。方案三比方案二节税3.8万元(19.6-15.8),方案三比方案一节税6.8万元(22.6-15.8)。

第四节 个人财产转让所得的纳税筹划

一、利用"满五唯一"免税政策

筹划思路

根据《财政部 国家税务总局关于个人所得税若干政策问题的通知》（财税〔1994〕020号）的规定，个人转让自用达五年以上并且是唯一的家庭生活用房取得的所得，暂免征收个人所得税。根据《财政部 国家税务总局 建设部关于个人出售住房所得征收个人所得税有关问题的通知》（财税〔1999〕278号）的规定，对个人转让自用5年以上并且是家庭唯一生活用房取得的所得，继续免征个人所得税。如果纳税人满足上述税收优惠政策的条件，应尽量享受该税收优惠政策。需要注意的是，上述"五年"的起算点是取得房产证或者缴纳契税之日，因此，纳税人购买房产以后应尽快缴纳契税。

筹划案例

郑先生2015年1月以300万元购买了家庭第一套住房且当月缴纳了契税，2023年12月，郑先生计划购买家庭第二套住房并出售第一套住房。关于家庭住房的换购，郑先生有两套方案可选择：方案一，先购置第二套住房，待搬家以后，再以500万元转让第一套住房；方案二，先以500万元转让第一套住房，临时租房安置家具，再购买第二套住房。本案例仅考虑个人所得税，不考虑其他税费。

在方案一下，郑先生转让第一套住房需要缴纳个人所得税40万元〔（500－300）×20%〕。

在方案二下，郑先生转让第一套住房可以享受免征个人所得税的优惠政策。方案二比方案一节税40万元。

彭大妈老伴去世多年，名下仅有一套住房，该套住房为10年前购置，购买价格为100万元，目前市场价格为500万元。彭大妈计划将该套住房转给其独子，未来由其儿子再将该套住房转让。现有两个转移方案可供选择：方案一，彭大妈将该套住房赠与其独子，3年后，其儿子再将该套住房以600万元出售；方案二，彭大妈将该套住房以500万元的价格卖给其独子，3年后，其儿子再将该套住房以600万元出售。仅考虑个人所得税，不考虑其他税费。

在方案一下，彭大妈将该套住房赠与其独子可以享受免税政策，彭大妈的儿子出售该套住房需要缴纳个人所得税100万元〔（600－100）×20%〕。

在方案二下，彭大妈将该套住房卖给其独子可以享受免税政策，彭大妈的儿子出售该套住房需要缴纳个人所得税20万元〔（600－500）×20%〕。方案二比方案一节税80万元（100－20）。

二、利用直系亲属房产赠与免税政策

筹划思路

根据《财政部 国家税务总局关于个人无偿受赠房屋有关个人所得税问题的通知》（财税〔2009〕78号）的规定，以下情形的房屋产权无偿赠与，对当事双方不征收个人所得税：

（1）房屋产权所有人将房屋产权无偿赠与配偶、父母、子女、祖父母、外祖父母、孙子女、外孙子女、兄弟姐妹。

（2）房屋产权所有人将房屋产权无偿赠与对其承担直接抚养或者赡养义务的抚养人或者赡养人。

（3）房屋产权所有人死亡，依法取得房屋产权的法定继承人、遗嘱继承人或者受遗赠人。

除上述情形以外，房屋产权所有人将房屋产权无偿赠与他人的，受赠人因无偿受赠房屋取得的受赠所得，按照20%的税率缴纳个人所得税。对受赠人无偿受赠房屋计征个人所得税时，其应纳税所得额为房地产赠与合同上标明的赠与房屋价值减除赠与过程中受赠人支付的相关税费后的余额。受赠人转让受赠房屋的，以其转让受赠房屋的收入减除原捐赠人取得该房屋的实际购置成本以及赠与和转让过程中受赠人支付的相关税费后的余额，为受赠人的应纳税所得额，依法计征个人所得税。纳税人可以充分利用上述直系亲属房产赠与免税的优惠政策进行纳税筹划。

筹划案例

张先生准备将一套住房赠与其侄子，已知该套住房为张先生5年前以200万元购买，目前的市场价格为500万元。张先生有两套方案可选择：方案一，张先生直接将该套住房赠与其侄子；方案二，张先生将该套住房赠与其弟弟，其弟弟再赠予其儿子（即张先生的侄子）。本案例仅考虑个人所得税，不考虑其他税费。

在方案一下，张先生的侄子需要缴纳个人所得税100万元（500×20%）。

在方案二下，张先生将该套住房赠与其弟弟可以享受免税优惠，其弟弟再赠予其儿子（即张先生的侄子）也可以享受免税优惠。方案二比方案一节税100万元。

赵先生准备将一套住房赠与其侄子，已知该套住房为赵先生5年前以200万元购买，目前的市场价格为500万元，赵先生的哥哥（即赵先生侄子的父亲）已经去世，赵先生的侄子目前为30周岁。赵先生有两套方案可选择：方案一，赵先生直接将该套住房赠与其侄子；方案二，赵先生将该套住房的永久使用权赠与其侄子并办理公证，同时设立一份公证遗嘱，赵先生去世后，将该套住房遗赠给其侄子。本案例仅考虑个人所得税，不考虑其他税费。

在方案一下，赵先生的侄子需要缴纳个人所得税100万元（500×20%）。

在方案二下，赵先生将该套住房的永久使用权赠与其侄子不需要缴纳所得税，赵先生去世后将该套住房遗赠给其侄子可以享受免税优惠。方案二比方案一节税100万元。

三、利用核定征税政策

筹划思路

根据《国家税务总局关于个人住房转让所得征收个人所得税有关问题的通知》（国税发〔2006〕108号）的规定，对住房转让所得征收个人所得税时，以实际成交价格为转让收入。纳税人申报的住房成交价格明显低于市场价格且无正当理由的，征收机关依法有权根据有关信息核定其转让收入，但必须保证各税种计税价格一致。纳税人未提供完整、准确的房屋原值凭证，不能正确计算房屋原值和应纳税额的，税务机关可根据《税收征收管理法》的规定，对其实行核定征税，即按纳税人住房转让收入的一定比例核定应纳个人所得税税额。具体比例由省级地方税务局或者省级地方税务局授权的地市级地方税务局根据纳税人出售住房的所处区域、地理位置、建造时间、房屋类型、住房平均价格水平等因素，在住房转让收入1%～3%的幅度内确定。如果纳税人转让房产的购置年代较久、增值较高，税务机关不掌握该房产的购置成本信息，纳税人可以申请税务机关核定征收个人所得税。

筹划案例

马先生25年前以100万元购置一套房产，且房产购置发票、合同等凭证丢失，目前准备以800万元出售。马先生有两套方案可供选择：方案一，按照实际成本计算缴纳个人所得税；方案二，马先生可向税务机关申请按照3%的比率核定征收个人所得税。本案例仅考虑个人所得税，不考虑其他税费。

在方案一下，马先生需要缴纳个人所得税140万元［（800－100）×20%］。

在方案二下，马先生需要缴纳个人所得税24万元（800×3%）。方案二比方案一节税116万元（140－24）。

四、利用不动产投资分期纳税政策

根据《财政部　国家税务总局关于个人非货币性资产投资有关个人所得税政策的通知》（财税〔2015〕41号）的规定，个人以非货币性资产投资，属于个人转让非货币性资产和投资同时发生。对个人转让非货币性资产的所得，应按照"财产转让所得"项目，依法计算缴纳个人所得税。个人以非货币性资产投资，应按评估后的公允价值确认非货币性资产转让收入。非货币性资产转让收入减除该资产原值及合理税费后的余额为应纳税所得额。个人应在发生上述应税行为的次月15日内向主管税务机关申报纳税。纳税人一次性缴税有困难的，可合理确定分期缴纳计划并报主管税务机关备案后，自发生上述应税行为之日起不超过5个公历年度内分期缴纳个人所得税。纳税人在使用自有不动产投资创办公司时，可以充分利用上述分期缴纳个人所得税的优惠政策。

筹划案例

朱先生计划将一套店铺投资设立一家有限责任公司，已知该店铺为5年前以200万元购置，目前的市场价为300万元。朱先生有两个方案可选择：方案一，在店铺过户时一次性缴纳个人所得税；方案二，在店铺过户时分5年缴纳个人所得税，前4年每年缴税100元。本案例仅考虑个人所得税，不考虑其他税费。

在方案一下，朱先生需要在当期缴纳个人所得税20万元［（300－200）×20%］。

在方案二下，朱先生仅需在当期象征性地缴纳100元税款，20万元的税款可以延期5年缴纳。假设5年贷款年利率为5%，方案二比方案一节税5万元（20×5%×5）。

五、利用小微企业转让股权

筹划思路

个人转让股权适用的税率是20%，目前利润100万元以下的小微企业实际适用的所得税税率仅为5%，因此，如能在最初投资时即设立双层公司，由上层小微企业作为转让股权的主体，利用小微企业的低税率优惠就可以最大限度地降低股权转让所得的税收负担。

筹划案例

周先生若干年前投资100万元持有甲公司10%的股权，现周先生准备以200万元的价格转让该10%的股权。周先生应当缴纳个人所得税20万元〔（200－100）×20%〕。

如果周先生在投资甲公司时采取双层公司结构，即周先生投资设立乙公司，乙公司投资100万元持有甲公司10%的股权，现乙公司以200万元的价格转让该10%的股权。乙公司应当缴纳企业所得税5万元〔（200－100）×25%×20%〕，可节税15万元（20－5）。

六、利用双层公司分配股息

筹划思路

根据《个人所得税法》的规定，个人取得股息需要缴纳20%的个人所得税。根据《企业所得税法》的规定，公司从公司取得股息属于免税所得，不缴纳企业所得税。很多被转让股权的企业中都有较大数额的未分配利润，如能利用双层公司的结构，在股权转让之前将未分配利润分配至上一层公司，就可以降低股权转让的价格，从而降低股权转让的所得税。

筹划案例

吴先生于10年前投资100万元创办了甲公司，为减轻税收负担，甲公司10年的利润均未分配，目前已经累计达到1 000万元。现吴先生准备将甲公司的股权转让给他人，转让价为1 200万元。需要缴纳个人所得税220万元〔（1 200－100）×20%〕。

如果吴先生在10年前即创办双层公司，即吴先生投资110万元创办乙公司，乙公司再投资100万元设立甲公司。乙公司在转让甲公司之前，可以将甲公司1 000万元的未分配利润分配至乙公司。由此，甲公司的股权转让价可以降低至200万元。乙公司需要缴纳企业所得税5万元［（200－100）×25%×20%］。除甲公司外，吴先生投资其他公司也通过乙公司进行，这样就可以将所有投资利润均留在乙公司层面。通过纳税筹划，可节税215万元（220－5）。

七、利用股权代持实现股权转让的目的

个人转让股权需要缴纳个人所得税，个人转让股权的收益权不需要缴纳个人所得税。纳税人可以通过股权代持的方式实现股权转让，待时机合适时再实际转让股权。

筹划案例

刘先生持有甲公司20%的股权，该笔股权的投资成本为100万元，目前对应的公司净资产为200万元。刘先生准备以200万元转让给王先生，刘先生应当缴纳个人所得税20万元［（200－100）×20%］。

如果刘先生与王先生签订股权代持协议，刘先生作为名义股东，王先生作为实际出资人，刘先生将该20%股权的一切权利均委托王先生代为行使，同时将股权质押给王先生，为此，王先生向刘先生支付200万元。王先生每年取得甲公司的分红。若干年后，因甲公司经营不善，出现亏损，甲公司20%股权对应的净资产仅为110万元。此时，刘先生再将该笔股权以110万元的名义价格（实际不需支付任何价款）转让给王先生，刘先生需要缴纳个人所得税2万元［（110－100）×20%］。通过纳税筹划，可节税18万元（20－2）。

八、个人技术出资的纳税筹划

根据《财政部　国家税务总局关于完善股权激励和技术入股有关所得税

政策的通知》（财税〔2016〕101号）的规定，个人以技术成果投资入股到境内居民企业，被投资企业支付的对价全部为股票（权）的，个人可选择继续按现行有关税收政策执行，也可选择适用递延纳税优惠政策。选择技术成果投资入股递延纳税政策的，经向主管税务机关备案，投资入股当期可暂不纳税，允许递延至转让股权时，按股权转让收入减去技术成果原值和合理税费后的差额计算缴纳所得税。个人选择适用上述任一项政策，均允许被投资企业按技术成果投资入股时的评估值入账并在企业所得税前摊销扣除。技术成果是指专利技术（含国防专利）、计算机软件著作权、集成电路布图设计专有权、植物新品种权、生物医药新品种，以及科技部、财政部、国家税务总局确定的其他技术成果。技术成果投资入股，是指纳税人将技术成果所有权让渡给被投资企业、取得该企业股票（权）的行为。纳税人可以根据上述税收优惠政策进行纳税筹划。

筹划案例

某科研人员涂女士取得一项专利，估值1 000万元，成本100万元。涂女士准备将该项专利投资入股甲公司，以发挥其社会效益。涂女士有三种方案可选择：方案一，将该项技术投资入股甲公司，在当期缴纳个人所得税；方案二，将该项技术投资入股甲公司，选择5年分期缴纳个人所得税；方案三，将该项技术投资入股甲公司，选择递延纳税优惠。

在方案一下，涂女士需要在当期缴纳个人所得税180万元〔（1 000－100）×20%〕。

在方案二下，涂女士在当期不需要缴纳个人所得税，只需要在第5年缴纳180万元税款即可。假设5年贷款年利率为5%，方案二比方案一节税45万元（180×5%×5）。

在方案三下，只要涂女士不转让甲公司的股权，可以一直不缴纳个人所得税。方案三比方案一节税180万元。

钱先生投资创办了甲公司，每年盈利1 000万元，缴纳企业所得税250万元。2023年度，钱先生以100万元低价收购了若干项专利，经评估，以1 000万元投资甲公司，同时选择递延纳税优惠。根据税法规定，该批专利的投资成本分10年摊销，每年摊销100万元，即减少甲公司的应纳税款25万元，10年可以减少甲公司的应纳税款250万元。钱先生为此付出的成本仅为100万元，不考虑该批专利给甲公司带来的利润，仅考虑上述抵税效果，甲公司由此实现节税150万元（250－100）。

九、拍卖物品选择核定征税

筹划思路

根据《国家税务总局关于加强和规范个人取得拍卖收入征收个人所得税有关问题的通知》（国税发〔2007〕38号）的规定，个人财产拍卖所得适用"财产转让所得"项目计算应纳税所得额时，纳税人凭合法有效凭证（税务机关监制的正式发票、相关境外交易单据或海关报关单据、完税证明等），从其转让收入额中减除相应的财产原值、拍卖财产过程中缴纳的税金及有关合理费用。纳税人如果不能提供合法、完整、准确的财产原值凭证，不能正确计算财产原值的，按转让收入额的3%征收率计算缴纳个人所得税；拍卖品为经文物部门认定是海外回流文物的，按转让收入额的2%征收率计算缴纳个人所得税。如果纳税人拥有的拍卖品增值较高且税务机关并不掌握拍卖品的成本，纳税人可以选择核定征税。

筹划案例

陈先生酷爱收藏，若干年前在香港以10万元购得一幅古画。现陈先生通过拍卖的方式将该幅古画以500万元出售。陈先生有两种纳税方案可选：方案一，提供其在香港购买古画的成本凭证，按照实际所得计算缴纳个人所得税；方案二，若无法提供其在香港购买古画的成本凭证，由税务机关核定征税。仅考虑个人所得税，不考虑其他税费。

在方案一下，陈先生应缴纳个人所得税98万元〔（500－10）×20%〕。

在方案二下，陈先生应缴纳个人所得税15万元（500×3%）。方案二比方案一节税83万元（98－15）。

第八章　金税四期企业所得税筹划

> **导读**
>
> 本章介绍金税四期企业所得税筹划，包括三节，分别介绍企业设立决策所得税筹划、企业经营决策所得税筹划以及企业投资决策所得税筹划。

第一节　企业设立决策所得税筹划

一、组织形式选择公司还是非公司

 筹划思路

根据现行的个人所得税和企业所得税政策，个体工商户、个人独资企业和合伙企业不征收企业所得税，仅对投资者个人征收个人所得税。2019年后，经营所得适用的税率见表8-1。在不享受税收优惠的情形下，公司需要缴纳25%的企业所得税，投资者个人从公司获得股息时还需要缴纳20%的个人所得税。由于个人投资公司需要缴纳两次所得税，因此，对于个人投资者准备设立不享受税收优惠的企业而言，最好设立个体工商户、个人独资企业或者合伙企业，设立公司的税收负担比较重。需要注意的是，由于小型微利企业可以享受诸多税收优惠，对于规模较小的企业而言，设立公司的税负可能更轻。

表8-1　经营所得个人所得税税率表

级数	全年应纳税所得额	税率	速算扣除数
1	不超过30 000元的	5%	0
2	超过30 000元至90 000元的部分	10%	1500
3	超过90 000元至300 000元的部分	20%	10 500

（续表）

级数	全年应纳税所得额	税率	速算扣除数
4	超过300 000元至500 000元的部分	30%	40 500
5	超过500 000元的部分	35%	65 500

筹划案例

李先生准备设立一家企业，预计该企业年盈利500万元，李先生原计划创办一家有限责任公司，公司的税后利润全部分配给股东。请对该投资提出纳税筹划方案。

如果设立有限责任公司，该公司需要缴纳企业所得税125万元（500×25%），税后利润为375万元（500－125）。如果税后利润全部分配，李先生需要缴纳个人所得税75万元（375×20%），获得税后利润300万元（375－75）。综合税负为40%〔（125+75）÷500×100%〕。

李先生可以考虑设立个人独资企业，该企业本身不需要缴纳所得税，李先生需要缴纳个人所得税168.45万元（500×35%－6.55），税后纯利润为331.55万元（500－168.45）。综合税负为33.69%（168.45÷500×100%）。

二、投资国家扶持产业

筹划思路

纳税筹划强调整体性，往往从投资伊始就要进行相应的筹划。企业设立决策中的纳税筹划往往是整体纳税筹划的第一步。设立决策是一个涉及面非常广的概念，设立决策中需要考虑的因素非常广泛，其中任何一个因素都有可能对投资决策的最终效果产生影响甚至是决定性的影响，因此，设立决策是企业以及个人的一项非常慎重的活动。

企业或者个人进行投资，首先需要选择的就是投资的产业。投资产业的选择需要考虑众多因素，仅就税收因素而言，国家对于不同产业的政策并不是一视同仁的，而是有所偏爱的。有些产业是国家重点扶持的，而有些产业则是国家限制发展甚至禁止发展的。国家对产业进行扶持或限制的主要手段之一就是税收政策。在税收政策中，最重要的是所得税政策，因为所得税是直接税，一般不能转嫁，国家减免所得税，其利益就直接进入了企业或个人的腰包。

筹划案例

某企业准备投资5 000万元用于中药材的种植或者香料作物的种植。预计种植中药材每年可以获得利润总额500万元,种植香料每年可以获得利润总额560万元。假设无纳税调整事项,从纳税筹划的角度出发,企业应选择哪一项目?

由于中药材种植可以享受免税优惠政策,企业投资中药材每年可以获得净利润500万元。由于香料作物种植可以享受减半征税的优惠政策,企业每年需要缴纳企业所得税70万元(560×25%×50%)。净利润为490万元(560－70)。种植中药材的利润总额低于种植香料的利润总额,但种植中药材的净利润(即税后利润)高于种植香料的净利润,企业应选择种植中药材。

三、分立企业享受小型微利企业税收优惠

筹划思路

自2023年1月1日至2027年12月31日,对小型微利企业年应纳税所得额不超过300万元的部分,减按25%计入应纳税所得额,按20%的税率缴纳企业所得税。

上述小型微利企业是指从事国家非限制和禁止行业,且同时符合年度应纳税所得额不超过300万元、从业人数不超过300人、资产总额不超过5 000万元等三个条件的企业。

如果企业规模超过了上述标准,可以通过分立或者多设立子公司的方式来享受小型微利企业的税收优惠政策。

筹划案例

2023年度,某运输公司共有10个运输车队,每个运输车队有员工50人,资产总额为1 000万元,每个车队年均盈利100万元,整个运输公司年盈利1 000万元。请对该运输公司提出纳税筹划方案。

该运输公司可以将10个运输车队分别注册为独立的子公司,这样,每个子公司都符合小型微利企业的标准,可以享受小微企业的优惠税率。如果不进行纳税筹划,该运输公司需要缴纳企业所得税250万元(1 000×25%)。纳税筹划后,该运输公司集团需要缴纳企业所得税50万元(100×25%×20%×10),可减轻税收负担200万元(250－50)。如果某车队的盈利能力

超过了300万元,该运输公司可以考虑设立更多子公司,从而可以最大限度地享受小型微利企业的税收优惠政策。

第二节　企业经营决策所得税筹划

一、招聘国家鼓励安置人员

筹划思路

根据现行企业所得税政策,企业的下列支出,可以在计算应纳税所得额时加计扣除:安置残疾人员及国家鼓励安置的其他就业人员所支付的工资。

企业安置残疾人员所支付的工资的加计扣除,是指企业安置残疾人员的,在按照支付给残疾职工工资据实扣除的基础上,按照支付给残疾职工工资的100%加计扣除。残疾人员的范围适用《中华人民共和国残疾人保障法》的有关规定。

由于企业雇用国家鼓励安置的残疾人员可以享受工资支出加计扣除100%的优惠政策,因此,如果企业的部分生产经营活动可以通过残疾人员来完成,则可以通过雇用残疾人员来进行纳税筹划。

筹划案例

某公司由于生产经营需要准备招用100名普通职工,由于该项工作不需要职工具备特殊技能而且是坐在椅子上从事工作,具有一定腿部残疾的人员也可以完成。该公司原计划招收非残疾人员,人均月工资为2 000元,合同期限为3年。请对该公司的招用计划进行纳税筹划。

由于该公司的工作残疾人员也可以胜任,因此,该公司可以通过招用残疾人员来进行纳税筹划。根据税法的规定,A公司可以享受按实际支付给残疾职工工资的100%加计扣除的优惠政策。3年内,支付给残疾职工的工资可以为企业节约企业所得税180万元(0.2×100×12×3×25%)。

除此以外,雇佣残疾人还可以为企业节约残疾人就业保障基金(残保金)的支出。假设该公司共有员工5 000人,按1.5%的标准应当雇佣残疾人75人。如果不雇佣上述100名残疾人,假设该公司人均年工资5万元,该公司每年应当缴纳残保金375万元(75×5)。

二、充分利用亏损结转政策

筹划思路

根据《企业所得税法》第十八条的规定,企业纳税年度发生的亏损,准予向以后年度结转,用以后年度的所得弥补,但结转年限最长不得超过5年,高新技术企业结转年限最长不得超过10年。弥补亏损期限,是指纳税人某一纳税年度发生亏损,准予用以后年度的应纳税所得弥补,一年弥补不足的,可以逐年连续弥补,弥补期最长不得超过5年,5年内不论是盈利还是亏损,都作为实际弥补年限计算。这一规定为纳税人进行纳税筹划提供了空间,纳税人可以通过对本企业投资和收益的控制来充分利用亏损结转的规定,将能够弥补的亏损尽量弥补。

筹划案例

某非高新技术生产企业2017年度发生年度亏损100万元,假设该企业2017—2023年各纳税年度应纳税所得额如表8-2所示。

表8-2　2017—2023年各纳税年度应纳税所得额

单位:万元

年　份	2017	2018	2019	2020	2021	2022	2023
应纳税所得额	−100	10	10	20	30	10	600

请计算该企业2023年应当缴纳的企业所得税,并提出筹划方案。

根据税法关于亏损结转的规定,该企业2017年的100万元亏损,可分别用2018—2022年的所得来弥补,由于2018—2022年的合计应纳税所得额为80万元,低于2017年度的亏损。这样,从2017年到2022年,该企业都不需要缴纳企业所得税。在2023年度,该年度的应纳税所得额只能弥补5年以内的亏损,也就是说,不能弥补2017年度的亏损。由于2018年以来该企业一直没有亏损,因此,2023年度应当缴纳企业所得税150万元(600×25%)。

从该企业各年度的应纳税所得额来看,该企业的生产经营一直是朝好的方向发展,2022年度之所以应纳税所得额比较少,可能主要因为增加了投资,或者增加了各项费用的支出,或者进行了公益捐赠等。由于2017年度仍有未弥补完的亏损,因此,如果企业能够在2022年度进行纳税筹划,压缩成本和支出，尽量增加企业的收入，将2022年度应纳税所得额提高到30万元，同时，2022年度压缩的成本和支出可以在2023年度予以开支，这样，2022年度的应纳税所得额为30万元，2023年度的应纳税所得额为580万元。

根据税法亏损弥补的相关规定，该企业在2022年度的应纳税所得额可以用来弥补2017年度的亏损，而2023年度的应纳税所得额则要全部计算缴纳企业所得税。这样，该企业在2023年度应当缴纳企业所得税145万元（580×25%），可减少企业所得税应纳税额5万元（150－145）。

三、将利润从高税率企业转向低税率企业

筹划思路

对于既有适用25%税率也有适用20%税率以及15%税率的企业集团而言，可以适当将适用25%税率的企业的收入转移到适用20%税率或者15%税率的企业中，从而适当降低企业集团的所得税负担。

企业与其关联方之间的业务往来，不符合独立交易原则而减少企业或者其关联方应纳税收入或者所得额的，税务机关有权按照合理方法调整。独立交易原则，是指没有关联关系的交易各方，按照公平成交价格和营业常规进行业务往来遵循的原则。

企业之间利润转移主要有关联交易和业务转移两种方法。通过关联交易转移利润应注意幅度的把握，明显的利润转移会受到税务机关的关注和反避税调查。业务转移是将甲公司的某项业务直接交给乙公司或者直接设立新公司来承担，通过这种方式转移利润，目前尚不受税法规制，税务风险比较小。

筹划案例

某企业集团下属甲、乙两家企业，其中，甲企业适用25%的企业所得税税率，乙企业属于需要国家扶持的高新技术企业，适用15%的企业所得税税率。预计2023纳税年度，甲企业的应纳税所得额为8 000万元，乙企业的应纳税所得额为9 000万元。请计算甲、乙两家企业以及该企业集团在2024纳税年度分别应当缴纳的企业所得税税款，并提出纳税筹划方案。

甲企业应当缴纳企业所得税2 000万元（8 000×25%），乙企业应当缴纳企业所得税1 350万元（9 000×15%），该企业集团合计缴纳企业所得税3 350万元（2 000＋1 350）。

由于甲企业的企业所得税税率高于乙企业的税率,因此可以考虑将甲企业的部分收入转移到乙企业。假设该企业集团通过纳税筹划将甲企业的应纳税所得额降低为7 000万元,乙企业的应纳税所得额相应增加为1亿元,则甲企业应当缴纳企业所得税1 750万元(7 000×25%),乙企业应当缴纳企业所得税1 500万元(10 000×15%),该企业集团合计缴纳企业所得税3 250万元(1 750+1 500)。由此可见,通过纳税筹划,该企业集团可以少缴企业所得税100万元(3 350-3 250)。

甲集团公司共有10家子公司,集团全年实现应纳税所得额8 000万元,由于均不符合高新技术企业的条件,均适用25%的企业所得税税率,合计缴纳企业所得税2 000万元。该集团中的乙公司与高新技术企业的条件比较接近,年应纳税所得额为1 000万元,请为甲集团公司提出纳税筹划方案。

甲集团公司可以集中力量将乙公司打造成高新技术企业,再将其他公司的盈利项目整合到乙公司,使得乙公司应纳税所得额提高至3 000万元,则集团可以少纳企业所得税300万元[3 000×(25%-15%)]。

第三节 企业投资决策所得税筹划

一、选择子公司还是分公司

筹划思路

企业设立分支机构主要有两种组织形式可供选择:一是分公司;二是子公司(严格来讲,子公司不属于分支机构,我们这里采用通常理解,把全资子公司视为分支机构)。两种不同的组织形式在所得税处理方式上是不同的。分公司不具有独立的法人资格,不能独立承担民事责任,在法律上与总公司视为同一主体。因此,在纳税方面,也是同总公司作为一个纳税主体,将其成本、费用、损失和收入并入总公司共同纳税。而子公司具有独立的法人资格,可以独立承担民事责任,在法律上与总公司视为两个主体。因此,在纳税方面,也是同总公司相分离,作为一个独立的纳税主体承担纳税义务。其成本、费用、损失和收入全部独立核算,独立缴纳企业所得税和其他各项税收。

两种组织形式在法律地位上的不同导致了两种分支机构在税收方面各有利弊,分公司由于可以和总公司合并纳税,因此,分支机构的损失可以抵消总公司的所得,从而降低公司整体的应纳税所得额,子公司则不享有这种优势。但子公司可以享受法律以及当地政府所规定的各种税收优惠政策,如减免企业所得税等。因此,企业如何选择分支机构的形式需要综合考虑分支机构的盈利能力,尽量在分支机构亏损期间采取分公司形式,而在分支机构盈利期间采取子公司的形式。

一般来讲,分支机构在设立初期需要大量投资,多数处于亏损状态,而经过一段时间的发展以后则一般处于盈利状态,因此,一般在设立分支机构初期采取分公司形式,而在分支机构盈利以后转而采取子公司的形式,当然,这仅是一般情况,并不是绝对的。在某些情况下,企业本身所适用的税率与准备设立的分支机构所适用的税率不同时,企业对其分支机构选择分公司还是子公司的形式差别很大,一般来讲,如果本企业所适用的税率高于分支机构所适用的税率,则选择子公司形式比较有利,反之,则选择分公司的形式比较有利。

自2023年1月1日至2027年12月31日,对小型微利企业年应纳税所得额不超过300万元的部分,减按25%计入应纳税所得额,按20%的税率缴纳企业所得税。

筹划案例

某公司准备设立一分支机构,原计划设立全资子公司。预计该子公司从2020年度至2023年度的应纳税所得额分别为-1 000万元、-500万元、1 000万元和2 000万元。该子公司4年分别缴纳企业所得税为0、0、0、375万元。请对此提出纳税筹划方案。

由于该子公司前期亏损、后期盈利,因此,可以考虑先设立分公司,第三年再将分公司转变为子公司。由于分公司和全资子公司的盈利能力大体相当,可以认为该公司形式的变化不会影响该公司的盈利能力。因此,该分公司在2020年度和2021年度将分别亏损1 000万元和500万元,上述亏损可以弥补总公司的应纳税所得额。由此,总公司在2020年度和2021年度将分别少纳企业所得税250万元和125万元。从第三年开始,该分公司变为子公司,需要独立纳税。2022年度和2023年度,该子公司应纳税额分别为250万元、500万元。从2020年度到2023年度,该分支机构无论是作为子公司还是分公司,纳税总额是相同的,都是375万元,但设立分公司可以在2020年度和2021年度弥补亏损,而设立子公司只能等到2022年度和2023年度再弥补亏损。设立分公司,使得该公司提前两年弥补了亏损,相当于获得了250万元和125万元的两年期无息贷款,其所节省的利息就是该纳税筹划的收益。

2023纳税年度，甲公司计划在全国增设10家分公司，经测算，每家分公司每年应纳税所得额约100万元，均符合小型微利企业的标准，请为甲公司提出纳税筹划方案。

如果设立分公司，则需要与甲公司汇总缴纳企业所得税250万元（100×10×25%）。如果能设立10家子公司，独立纳税，则其均可以享受小型微利企业的税收优惠，10家子公司合计缴纳企业所得税50万元（100×10×25%×20%）。

二、投资国家扶持项目

筹划思路

根据现行企业所得税政策，企业从事符合条件的环境保护、节能节水项目的所得可以免征、减征企业所得税。符合条件的环境保护、节能节水项目，包括公共污水处理、公共垃圾处理、沼气综合开发利用、节能减排技术改造、海水淡化等。企业从事上述符合条件的环境保护、节能节水项目的所得，自项目取得第一笔生产经营收入所属纳税年度起，第一年至第三年免征企业所得税，第四年至第六年减半征收企业所得税。

企业开发新技术、新产品、新工艺发生的研究开发费用可以在计算应纳税所得额时加计扣除。研究开发费用的加计扣除，是指企业为开发新技术、新产品、新工艺发生的研究开发费用，未形成无形资产计入当期损益的，在按照规定据实扣除的基础上，自2023年1月1日起，再按照实际发生额的100%在税前加计扣除；形成无形资产的，自2023年1月1日起，按照无形资产成本的200%在税前摊销。

筹划案例

2023纳税年度，某企业符合小型微利企业的从业人数和资产总额标准，但预计年应纳税所得额会达到400万元。该企业应如何进行纳税筹划？

该企业可以进行一项新产品的研发，投入研发资金50万元，该50万元研发费用可以直接计入当期成本，同时可以加计扣除100%的费用，也就是可以在当期扣除100万元的成本，这样，该企业的应纳税所得额就变成300万元，可以享受小型微利企业的低税率优惠政策。如果该企业不进行该纳税筹划，需要缴纳企业所得税100万元（400×25%），经过纳税筹划，需要缴纳企业所得税15万元（300×25%×20%），可减轻税收负担85万元（100－15）。

三、充分利用创业投资税收优惠

筹划思路

《企业所得税法》第三十一条规定,创业投资企业从事国家需要重点扶持和鼓励的创业投资,可以按投资额的一定比例抵扣应纳税所得额。《企业所得税法实施条例》第九十七条规定,抵扣应纳税所得额,是指创业投资企业采取股权投资方式投资于未上市的中小高新技术企业2年以上的,可以按照其投资额的70%在股权持有满2年的当年抵扣该创业投资企业的应纳税所得额;当年不足抵扣的,可以在以后纳税年度结转抵扣。

公司制创业投资企业采取股权投资方式直接投资于种子期、初创期科技型企业(以下简称初创科技型企业)满2年(24个月,下同)的,可以按照投资额的70%在股权持有满2年的当年抵扣该公司制创业投资企业的应纳税所得额;当年不足抵扣的,可以在以后纳税年度结转抵扣。

筹划案例

甲公司为创业投资企业,适用25%的企业所得税税率,计划在2024年2月底之前对外股权投资10亿元,相关部门提出两套方案,方案一是投资一家成熟的大型高新技术企业,方案二是投资一家初创期中型科技型企业,两个方案的投资收益率大体相当,请为甲公司提出纳税筹划方案。

建议甲公司选择第二套方案,该套方案可以为甲公司创造可抵扣应纳税所得额7亿元(10×70%),未来可以减少应纳税额1.75亿元。同时建议甲公司在2023年12月完成相关投资,这样可以在2025年度享受该项优惠,如果在2024年1月投资,则需推迟至2026年度才能开始享受该项优惠。

甲公司投资满2年后即可撤出,再选择其他初创期中型科技型企业进行投资,这样,该10亿元的投资可以每2年为企业创造7亿元的抵扣额,相当于每年3.5亿元的抵扣额,即每年节税8 750万元,收益率达到8.75%。

第九章　金税四期增值税筹划

> **导读**
>
> 本章介绍金税四期增值税筹划，包括三节，分别介绍利用增值税纳税人身份进行筹划、利用增值税简易计税进行筹划以及利用增值税税收优惠进行筹划。

第一节　利用增值税纳税人身份进行筹划

一、选择纳税人身份的纳税筹划

筹划思路

根据《增值税暂行条例》和《增值税暂行条例实施细则》的规定，我国增值税的纳税人分为两类：一般纳税人和小规模纳税人。

对一般纳税人实行凭增值税专用发票抵扣税款的制度，对其会计核算水平要求较高，管理也较为严格；对小规模纳税人实行简易征收办法，对纳税人的管理水平要求不高。一般纳税人所适用的增值税税率为13%、9%或者6%，小规模纳税人所适用的征收率为3%，2020—2023年度小规模纳税人的征收率临时降低为1%。一般纳税人的进项税税额可以抵扣，而小规模纳税人的进项税额不可以抵扣。自2020年2月1日起，小规模纳税人均可以自行开具增值税专用发票。在增值税专用发票的开具上，小规模纳税人与一般纳税人的区别已经不明显。

由于小规模纳税人不能使用增值税专用发票，从小规模纳税人处购买商品的一般纳税人无法取得增值税专用发票，也就无法抵扣这部分商品中所包含的增值税款，因此，容易增加产品购买方的税收负担，小规模纳税人的产品销售可能因此受到影响。由于一般纳税人和小规模纳税人所使用的征税方法不同，因此就有可能导致二者的税收负担存在一定的差异。在一定情况下，小规模纳税人可以向一般纳税人转化，这就为具备相关条件的小规模纳税人提供了纳税筹划的空间。小规模纳税人向一般纳税人转化，除了必须考虑税收负担，还必须考虑会计成本，因为税法对一般纳税人的会计制度要求比较严格，小规模纳税人向一般纳税人转化会增加会计成本。例如，企业需要增设会计账簿、培养或聘请会计人员等。

筹划案例

某生产型企业年应纳增值税销售额为900万元，会计核算制度也比较健全，符合一般纳税人的条件，属于增值税一般纳税人，适用13%的增值税税率。但是，该企业准予从销项税额中抵扣的进项税额较少，只占销项税额的20%。依照增值率判别法，增值率为80%［（900－900×20%）÷900］，80%＞23.08%，所以，该企业作为一般纳税人的增值税税负要远大于小规模纳税人。请提出纳税筹划方案（征收率暂按3%计算）。

由于增值税小规模纳税人可以转化为一般纳税人，而增值税一般纳税人不能转化为小规模纳税人，因此，可以将该企业分设为两家企业，各自作为独立核算的单位。两家企业年应税销售额分别为450万元和450万元，并且符合小规模纳税人的其他条件，按照小规模纳税人的征收率征税。在这种情况下，两家企业合计缴纳增值税27万元［（450＋450）×3%］。作为一般纳税人则需要缴纳增值税93.6万元（900×80%×13%）。通过纳税筹划，企业可以少纳增值税66.6万元（93.6－27）。

二、巧选供货人类型降低增值税负担

筹划思路

增值税一般纳税人和小规模纳税人不仅会影响自身的增值税负担，而且会影响采购它们的产品的企业的增值税负担，因为增值税一般纳税人可以开具增值税专用发票，从一般纳税人处采购货物的纳税人可以抵扣其中所包含的增值税，增值税小规模纳税人通常只能开具普通发票（部分可以开具增值税专用发票的试点行业除外，自2020年2月1日起，小规模纳税人均可以自行开具增值税专用发票），从小规模纳税人处采购货物的纳税人无法抵扣其中所包含的增值税。但是，增值税一般纳税人的产品相对价格较高，这就有一个选择和比较的问题。

假定取得普通发票的购货单价为X，取得13%增值税税率专用发票的购货单价为Y，则可以抵扣的进项税$=Y\div1.13\times13\%$，城市维护建设税、教育费附加和地方教育附加$=Y\div1.13\times13\%\times12\%$。令$X$与$Y$减去进项税及附加税费后的余额相等，得到下面的等式：

$$Y-Y\div1.13\times13\%\times(1+12\%)=X$$

$$Y=1.15\times X$$

也就是说，如果从增值税一般纳税人处的进价为Y，从小规模纳税人处的进价为$Y\div1.15$，二者所导致的增值税负担就是相等的。如果大于$Y\div1.15$，则从小规模纳税人采购货物所导致的增值税负担较轻。

实务中比较简单的方法就是将取得增值税专用发票上的不含税价格与增值税普通发票上的含税价格直接比较，价格低者即是应当选择的供货方。

筹划案例

某企业属于增值税一般纳税人，其所使用的原材料有两种进货渠道：一种是从一般纳税人那里进货，含税价格为116元/件，可以开具13%的增值税专用发票；另一种是从小规模纳税人那里进货，含税价格为100元/件，不能开具增值税专用发票。该企业2022年度一直从一般纳税人那里进货，一共进货10万件。请提出该企业的纳税筹划方案。

根据上述标准来判断，如果开具增值税普通发票的价格为100元，与之相对应的增值税专用发票价格应为115元。本例中一般纳税人的含税价格为116元，因此，从一般纳税人那里购进货物的价格较高。该企业应当选择小规模纳税人为供货商。当然，选择购货伙伴除了考虑这里的增值税负担，还需要考虑其他因素，如信用关系、运输成本、洽谈成本等，因此，应当将这里的增值税负担标准与其他的标准综合考虑。

三、小微企业免税优惠

筹划思路

自2023年1月1日至2027年12月31日，对月销售额10万元以下（含本数）的增值税小规模纳税人，免征增值税。

由省、自治区、直辖市人民政府根据本地区实际情况，以及宏观调控需要确定，对增值税小规模纳税人可以在50%的税额幅度内减征资源税、城市维护建设税、房产税、城镇土地使用税、印花税（不含证券交易印花税）、耕地占用税和教育费附加、地方教育附加。

第九章 金税四期增值税筹划

筹划案例

甲公司为增值税小规模纳税人,每月不含税销售额平均为11万元,全年需缴纳增值税1.32万元(11×12×1%)。如果甲公司合理调剂每月销售额,将其中3个季度的销售额控制在30万元以内,由此可以享受免征增值税的优惠。剩下1个季度的销售额42万元(11×12−30×3),需要缴纳增值税0.42万元(42×1%)。通过纳税筹划,可减轻增值税负担0.9万元(1.32−0.42)。

第二节 利用增值税简易计税进行筹划

一、公共交通运输服务企业选用简易计税方法

筹划思路

增值税的计税方法,包括一般计税方法和简易计税方法。简易计税方法的应纳税额,是指按照销售额和增值税征收率计算的增值税税额,不得抵扣进项税额。应纳税额计算公式:应纳税额=销售额×征收率。一般纳税人发生公共交通运输服务应税行为可以选择适用简易计税方法计税。简易计税时,适用增值税征收率为3%。

只要选择简易计税方法计税,营改增纳税人的税收负担都有所降低,因此,对于交通运输服务中的公共交通运输服务而言,原则上一定要选择简易计税方法计税。当然,如果有些公共交通运输企业的进项税额比较多,按照一般计税方法税负更低,可以考虑选择一般计税方法。

筹划案例

甲市公交公司年含税销售额约为5 000万元,由于营改增之后作为一般纳税人要适用9%的税率缴纳增值税,其税负有明显上升,请提出纳税筹划方案。

甲公司由于提供的是公共交通运输服务,可以选择简易计税方法计税。在营改增之前,甲公司需要缴纳营业税150万元(5 000×3%),税后营业收入为4 850万元(5 000−150)。在营改增之后,甲公司需要缴纳增值税145.63万元[5 000÷(1+3%)×3%],销售收入为4 854.37万元(5 000−145.63)。通过纳税筹划,可增加销售收入4.37万元(4 854.37−4 850)。

二、甲供工程提供建筑服务的纳税筹划

筹划思路

一般纳税人为甲供工程提供的建筑服务,可以选择适用简易计税方法计税。甲供工程,是指全部或部分设备、材料、动力由工程发包方自行采购的建筑工程。

一般纳税人只有采取甲供工程的方式提供建筑服务才能选择适用简易计税方法计税,否则,应当按照一般计税方法计税。当然,具体哪种方式更加节税,应当综合考虑工程所使用的设备、材料、动力中能够抵扣的进项税额的多少。多数情形下,选择适用简易计税方法计税可以实现最低税负。

筹划案例

甲安装公司主要通过甲供工程的方式提供建筑服务,年销售额约为 2 000万元,属于营改增一般纳税人,适用9%的税率,全年进项税额约为 40万元,需要缴纳增值税125.14万元[2 000÷(1+9%)×9%-40],请提出纳税筹划方案。

甲安装公司独立核算以甲供工程的方式提供的建筑服务,并选择适用简易计税方法计税。全年需要缴纳增值税58.25元[2 000÷(1+3%)×3%]。通过纳税筹划,可减轻增值税负担66.89万元(125.14-58.25)。

三、清包工提供建筑服务的纳税筹划

筹划思路

一般纳税人以清包工方式提供的建筑服务,可以选择适用简易计税方法计税。以清包工方式提供建筑服务,是指施工方不采购建筑工程所需的材料或只采购辅助材料,并收取人工费、管理费或者其他费用的建筑服务。

一般纳税人只有以清包工方式提供的建筑服务才可以选择适用简易计税方法计税,以包工包料的形式提供的建筑服务不能选择适用简易计税方法计税。因此,广大装修公司可以通过核算建筑工程所需的材料能够抵扣的进项税额来比较哪种提供建筑服务的方式税负较轻,从而在签订装修合同时,与客户协商采取该种方式。

筹划案例

甲装修公司主要以清包工方式提供装修服务,年含税销售额为3 000万元左右,属于营改增一般纳税人,适用9%的税率,全年进项税额约为50万元,需要缴纳增值税197.71万元[3 000÷(1+9%)×9%－50],请提出纳税筹划方案。

甲装修公司独立核算以清包工方式提供的建筑服务,并选择适用简易计税方法计税。全年需要缴纳增值税87.38元[3 000÷(1+3%)×3%]。通过纳税筹划,可减轻增值税负担110.33万元(197.71－87.38)。

第三节 利用增值税税收优惠进行筹划

一、利用个人买卖金融商品免税进行纳税筹划

筹划思路

个人从事金融商品转让业务取得的收入免征增值税。上述个人包括个体工商户及其他个人,即自然人。个人成立公司、个人独资企业或者合伙企业从事金融商品转让业务不能免征增值税。

筹划案例

张先生计划成立一家公司从事外汇、有价证券、非货物期货和其他金融商品买卖业务,预计年应税销售额约1 000万元,需要缴纳增值税约50万元。请提出纳税筹划方案。

张先生可以成立一家个体工商户从事上述金融商品买卖业务,这样就可以免纳增值税,每年可以减轻增值税负担约50万元。

二、持有满2年后再转让住房

筹划思路

个人将购买不足2年的住房对外销售的,按照5%的征收率全额缴纳增值

税;个人将购买2年以上(含2年)的非普通住房对外销售的,以销售收入减去购买住房价款后的差额按照5%的征收率缴纳增值税;个人将购买2年以上(含2年)的普通住房对外销售的,免征增值税。上述政策仅适用于北京市、上海市、广州市和深圳市。

个人将购买不足2年的住房对外销售的,按照5%的征收率全额缴纳增值税;个人将购买2年以上(含2年)的住房对外销售的,免征增值税。上述政策适用于北京市、上海市、广州市和深圳市之外的地区。自2021年度,上海、深圳和广州九个区将上述"2年"修改为"5年"。

筹划案例

吴先生2022年1月10日在成都市区购买了一套普通住房,总价款为400万元,2023年7月1日,吴先生准备将该套住房以500万元的价格转让给他人。如果此时转让,需要缴纳增值税23.81万元〔500÷(1+5%)×5%〕,需要缴纳城市维护建设税、教育费附加和地方教育附加2.86万元〔23.81×(7%+3%+2%)〕,合计税收负担26.67万元(23.81+2.86)。

如果吴先生能够再持有房产一段时间,在2024年1月10日进行房产过户,此时,吴先生已经持有该套房产满2年,可以免征增值税,可减轻增值税负担26.67万元。(暂时不考虑个人所得税负担)

刘先生2022年1月10日在北京市区购买了一套普通住房,总价款为480万元,2023年7月1日,刘先生因急需用钱,准备将该套住房以500万元的价格转让给他人。如果此时转让,需要缴纳增值税23.81万元〔500÷(1+5%)×5%〕,需要缴纳城市维护建设税、教育费附加和地方教育附加2.86万元〔23.81×(7%+3%+2%)〕,合计税收负担26.67万元(23.81+2.86)。

由于刘先生急需用钱,此时已经无法等到持有满2年再销售住房了,为了享受满2年免增值税的政策,刘先生可以先实际销售住房,等待满2年后再办理房产过户手续。

首先,为保证购房者的利益并预防刘先生未来再将住房销售给他人或者不办理房产过户手续,双方可以签订一个抵押借款协议。刘先生向购房者借款500万元,以该套住房作为抵押,并办理抵押登记。这样,不经过购房者同意,刘先生是不可能再将住房销售给他人的。

其次,刘先生与购房者签订一个购买该套住房的协议,协议约定住房办理过户的日期为2024年1月10日,如果刘先生拖延办理住房过户手续,可以约定每拖延一日支付一定数额的违约金,如果刘先生拒绝办理住房过户手续,可以约定一个比较高的违约金,这样就可以预防刘先生再以高价将住房出售给他人。通过上述筹划,可以减轻增值税负担26.67万元。(暂时不

考虑个人所得税负担）

三、利用资产重组不征增值税政策

筹划思路

纳税人在资产重组过程中，通过合并、分立、出售、置换等方式，将全部或者部分实物资产以及与其相关联的债权、负债和劳动力一并转让给其他单位和个人，不属于增值税的征税范围，其中涉及的货物转让，不征收增值税。

在资产重组过程中，通过合并、分立、出售、置换等方式，将全部或者部分实物资产以及与其相关联的债权、负债和劳动力一并转让给其他单位和个人，其中涉及的不动产、土地使用权转让行为不征收增值税。

纳税人可以利用上述优惠政策进行资产重组。

筹划案例

甲上市公司准备与乙公司进行资产置换，甲公司名下的所有资产和负债均转移给乙公司，乙公司名下的全部资产和负债转移给甲公司，双方互不支付差价。已知，甲公司名下的货物正常销售额为5 000万元，乙公司名下的货物正常销售额为4 000万元。甲公司与乙公司原计划各自按照资产销售的方式来进行税务处理，请对甲公司与乙公司的交易提出纳税筹划方案。

如果按普通资产销售来进行税务处理，不考虑其他税费，仅销售货物部分就需要计算增值税销项税额1 170万元［（5 000＋4 000）×13%］。

如果甲公司和乙公司在资产重组的框架下开展资产置换并按照相关规定将资产重组方案等文件资料报其主管税务机关，将资产与其相关的债权债务和劳动力一并转让，则可以享受货物转让不征收增值税的优惠政策，免于计算增值税销项税额1 170万元。

甲公司准备与乙公司进行资产互换，其中涉及的不动产、土地使用权转让以及机器设备等转让的销售额约1亿元，大约需要缴纳增值税400万元，请提出纳税筹划方案。

甲公司和乙公司将简单的资产互换设计为资产置换，不仅将全部实物资产互换，其中所涉及的债权、负债和劳动力也一并互换，这样，其中所涉及的货物转让、不动产转让和土地使用权转让均不征收增值税。通过纳税筹划，可减轻增值税负担约400万元。